La recherche juridique

Logiques Juridiques

Collection dirigée par Gérard Marcou

Le droit n'est pas seulement un savoir, il est d'abord un ensemble de rapports et pratiques que l'on rencontre dans presque toutes les formes de sociétés. C'est pourquoi il a toujours donné lieu à la fois à une littérature de juristes professionnels, produisant le savoir juridique, et à une littérature sur le droit, produite par des philosophes, des sociologues ou des économistes notamment.

Parce que le domaine du droit s'étend sans cesse et rend de plus en plus souvent nécessaire le recours au savoir juridique spécialisé, même dans des matières où il n'avait jadis qu'une importance secondaire, les ouvrages juridiques à caractère professionnel ou pédagogique dominent l'édition, et ils tendent à réduire la recherche en droit à sa seule dimension positive. À l'inverse de cette tendance, la collection « Logiques juridiques » des éditions L'Harmattan est ouverte à toutes les approches du droit. Tout en publiant aussi des ouvrages à vocation professionnelle ou pédagogique, elle se fixe avant tout pour but de contribuer à la publication et à la diffusion des recherches en droit, ainsi qu'au dialogue scientifique sur le droit. Comme son nom l'indique, elle se veut plurielle.

Dernières parutions

Bolleri PYM, *Le statut juridique des établissements de microfinance (EMF) en zone CEMAC, L'encadrement de la « petite finance » du secteur informel vers le secteur formel,* 2016.
Aurore GRANERO, *Les personnes publiques spéciales,* 2016.
Khaled MEJRI, *Le droit international humanitaire dans la jurisprudence internationale*, 2016.
Tiphaine THAUVIN, *Les services sociaux dans le droit de l'Union européenne*, 2016.
Louis-Marie LE ROUZIC, *Le droit à l'instruction dans la jurisprudence de la Cour européenne des droits de l'Homme*, 2015
Delphine COUVEINHES-MATSUMOTO, *Les droits des peuples autochtones et l'exploitation des ressources naturelles en Amérique latine*, 2015
Michel LASCOMBE Gilles TOULEMONDE, *Le droit constitutionnel de la Ve République*, 2015.
Sabrine Maya BOUYAHIA, *La proximité en droit international privé de la famille,* 2015.
Caroline LECLERC, *Le renouvellement de l'office du juge administratif français*, 2015.
Franck LUDWICZAK, *Les procédures alternatives aux poursuites : une autre justice pénale*, 2015.

Boris Barraud

La recherche juridique

Sciences et pensées du droit

L'Harmattan

Du même auteur

L'État. Entre fait et droit, L'Harmattan, coll. « Logiques juridiques », 2015.

Repenser la pyramide des normes à l'ère des réseaux. Pour une conception pragmatique du droit, L'Harmattan, coll. « Logiques juridiques », 2012.

L.I.D.2 M.S.

Laboratoire Interdisciplinaire de Droit des Médias & des Mutations Sociales

5-7, rue de l'Ecole-Polytechnique, 75005 Paris

http://www.harmattan.fr
diffusion.harmattan@wanadoo.fr

ISBN : 978-2-343-09170-9
EAN : 9782343091709

Sommaire

L'histoire de la pensée humaine montre que la science, et donc également la science du droit, se libère toujours de l'état de dépendance dans lequel le pouvoir tente continuellement de la maintenir. […] Dans la lutte incessante du pouvoir contre la pensée, […] la victoire du pouvoir n'est jamais définitive ; la pensée résiste […] jusqu'à atteindre à nouveau ce qui seul correspond à sa nature propre, à savoir la liberté.

H. KELSEN, « Qu'est-ce que la théorie pure du droit ? » (1953), *Dr. et société* 1992, p. 567-568.

Introduction

Cet ouvrage interroge l'actualité et l'avenir des objets et des moyens de la recherche juridique. Il s'inscrit ainsi dans le cadre de l'épistémologie juridique, discipline consistant à étudier les connaissances juridiques et, plus particulièrement, les modes de formation des connaissances juridiques. L'épistémologue du droit procède à l'examen critique des intentions, des principes, des hypothèses, des méthodes et des résultats des sciences et des pensées du droit, cela afin d'évaluer leurs légitimités respectives et d'envisager leurs évolutions possibles. Avant de présenter et discuter plus avant les objets et les moyens de la recherche juridique, il importe de préciser ce que recouvre l'expression « recherche juridique ».

La recherche désigne l'ensemble des travaux menés méthodiquement par les spécialistes d'une matière donnée afin de faire progresser la connaissance de cette matière[1]. La recherche juridique est donc l'ensemble des travaux menés méthodiquement par les spécialistes du droit afin de faire progresser la connaissance du droit, l'ensemble des études et des activités scientifiques et intellectuelles portant sur les normes, les institutions, les comportements et les opinions juridiques et visant à approfondir le savoir juridique.

Apparaît immédiatement combien cette recherche juridique est plurielle, en premier lieu parce que le droit qui constitue son objet peut se comprendre comme phénomène juridique, comme notion de droit, comme droit positif ou même comme recherche juridique — tel est le cas au sein des présentes pages qui consistent en une recherche relative à la recherche juridique —. De plus, elle n'est pas l'apanage des juristes. C'est pourquoi il faut parler de « recherche juridique » et non de « recherche en droit ». La recherche juridique est plus vaste que la recherche en droit, laquelle ne concerne que les juristes et exclut les sociologues, les anthropologues ou encore les économistes. Elle comprend tout un pan de recherche sur le droit extérieure au droit[2].

En outre, la recherche juridique se distingue de la science juridique en ce qu'elle inclut des travaux ne se conformant pas aux canons de la scientificité, à l'instar des travaux des philosophes du droit. La recherche

[1] V° « Recherche », in *Le petit Larousse illustré 2011*, Larousse, 2010 ; V° « Recherche », in *Dictionnaire Hachette*, Hachette, 2012 ; V° « Recherche », in *Le Petit Robert 2013*, Le Robert, 2012.

[2] Sur ce point, *cf.* O. GOHIN, « Recherches en droit *vs* recherches sur le droit », in Y. AGUILA et *alii*, *Quelles perspectives pour la recherche juridique ?*, Puf, coll. Droit et justice, 2007, p. 280 s.

juridique intègre en son sein la science du droit — qu'il faut strictement séparer de la science du droit positif, qui n'est qu'une forme de science du droit parmi d'autres — tout en la dépassant en différents points, lorsqu'elle poursuit l'ambition de faire progresser la connaissance du droit sans faire progresser la connaissance scientifique du droit. Aussi est-il loisible d'opposer les sciences du droit, objectives et empiriques, et les pensées du droit, personnelles et critiques.

Bien qu'elle concerne possiblement l'ensemble de ceux qui étudient le droit, et bien qu'il existe une *Revue de la recherche juridique*[1], qu'un éditeur entretienne une collection intitulée « Recherches juridiques »[2] et qu'il se trouve dans certaines universités des « instituts de recherche juridique » ou encore des « bibliothèques de recherche juridique », la recherche juridique a jusqu'à présent été envisagée uniquement sous la forme de réflexions éparses publiées au sein de périodiques[3] ou d'ouvrages collectifs[4]. C'est notamment ce constat qui incite à rédiger un livre *ad hoc* davantage substantiel, permettant d'appréhender le sujet, si ce n'est de manière exhaustive, du moins de manière plus complète. La recherche juridique pose une multitude de questions et aucun ouvrage ne saurait répondre à toutes. Il est difficile de proposer plus qu'une introduction à la recherche juridique ou qu'un essai sur la recherche juridique.

[1] Publiée par les Presses universitaires d'Aix-Marseille depuis maintenant plusieurs décennies, la *Revue de la recherche juridique – Droit prospectif* (*RRJ*) est une revue trimestrielle dont le rédacteur en chef est actuellement le professeur Emmanuel Putman et qui est ouverte à toutes les branches du droit et à toutes les branches de la recherche juridique.

[2] Cette collection des éditions Economica est destinée à accueillir des thèses de doctorat en droit.

[3] Notamment, P. AMSELEK, « Éléments d'une définition de la recherche juridique », *Arch. phil. droit* 1979, p. 297 s. ; I. DE LAMBERTIE, « Réflexions sur la recherche en sciences du droit », *Droits* 1994, n° 20, p. 159 s. ; D. ARDISSON, « Observations sur la recherche, l'enseignement et les pratiques du droit », *Dr. et Société* 1993, p. 143 s.

[4] En particulier, *Le Courrier du CNRS* 1990, n° 75, « Les sciences du droit – Les terrains nouveaux de la recherche juridique » ; Y. AGUILA et *alii*, *Quelles perspectives pour la recherche juridique ?*, Puf, coll. Droit et justice, 2007 ; G. DUPUIS et *alii*, *La recherche juridique – Droit public*, Economica, 1981 ; M. THALER, M. VERPEAUX, dir., *La recherche en droit constitutionnel comparé*, L'Harmattan, coll. Logiques juridiques, 2014 ; J.-L. BERGEL, « Essai de définition de la recherche juridique », in A. FLÜCKIGER, Th. TANQUEREL, dir., *L'évaluation de la recherche en droit – Enjeux et méthodes*, Bruylant (Bruxelles), coll. Penser le droit, 2015, p. 165 s. ; F. ROUVIÈRE, « Qu'est-ce qu'une recherche juridique ? », in A. FLÜCKIGER, Th. TANQUEREL, dir., *L'évaluation de la recherche en droit – Enjeux et méthodes*, Bruylant (Bruxelles), coll. Penser le droit, 2015, p. 117 s. ; K. BARTENSTEIN, Ch. LANDHEER-CIESLAK, « Pour la recherche en droit : quel(s) cadre(s) théorique(s) ? », in A. FLÜCKIGER, Th. TANQUEREL, dir., *L'évaluation de la recherche en droit – Enjeux et méthodes*, Bruylant (Bruxelles), coll. Penser le droit, 2015, p. 83 s. ; F. COLONNA D'ISTRIA, « Le concept méthodologique de la recherche juridique », in A. FLÜCKIGER, Th. TANQUEREL, dir., *L'évaluation de la recherche en droit – Enjeux et méthodes*, Bruylant (Bruxelles), coll. Penser le droit, 2015, p. 139 s.

En ces pages, l'accent sera tout d'abord mis sur la définition des différentes branches constitutives de la recherche juridique, de la théorie du droit à la politique juridique en passant par l'analyse économique du droit ou par l'histoire du droit (*première partie*). Cet exercice de particularisation de chacune des branches de la recherche juridique, inédit, apparaît important tant des prémisses propres à chaque spécialité dépendent les orientations et les conclusions des études. Il semble donc décisif, pour tout scientifique ou penseur du droit, d'être conscient de la discipline dans laquelle il s'inscrit, de ses spécificités et des conséquences qui en résultent. N'observe-t-on pas que, « aussi incroyable que cela puisse paraître, les juristes ne savent pas répondre à une question aussi simple que celle de savoir ce qu'est une recherche juridique »[1] ?

Ensuite, sera abordé le problème de la scientificité de la recherche juridique (*deuxième partie*). Si ses différentes branches ne sauraient aspirer à être toutes identiquement scientifiques, il faut gager que plus un objet est abordé sous un angle scientifique, plus les conclusions tirées des travaux seront pertinentes et légitimes. Sont scientifiques les « connaissances qui se rapportent à des faits obéissant à des lois objectives et dont la mise au point exige systématisation et méthode »[2]. Assurément, qui étudie le droit doit le plus souvent porter l'ambition de forger de telles connaissances scientifiques. Il est alors nécessaire que son entreprise respecte l'exigence de systématisation et de méthode. Or les sciences du droit conservent toutes une plus ou moins grande marge de progression en termes de scientificité et il faudra réfléchir aux quelques principes à appliquer afin de rapprocher le droit de la recherche scientifique et l'éloigner du discours dogmatique.

Est dogmatique l'attitude de qui accepte une affirmation uniquement en fonction de l'autorité de celui qui en est à l'origine, sans vérification aucune de son bien-fondé concret. La locution « *magister dixit* » (« le maître l'a dit ») témoigne parfaitement de ce qu'est le dogmatisme. Face à la menace de l'immobilisme et du suivisme que le voile dogmatique qui recouvre la recherche juridique fait planer, et au-delà du besoin d'étudier le droit de façon scientifique, il paraît indispensable de savoir également penser le droit de manière critique (*troisième partie*). Le droit évolue et s'avère incertain en bien des points. La recherche juridique, pour se développer, ne peut s'arc-bouter sur quelques mythes et préceptes *a priori* que ce soit. Doit être rappelé combien les conditions qui favorisent l'intuition scientifique sont « le profond désir de savoir, le stock de connaissances en mémoire, le sentiment de liberté, l'aptitude à briser la routine, la discussion avec d'autres

[1] F. ROUVIÈRE, « Qu'est-ce qu'une recherche juridique ? », in A. FLÜCKIGER, Th. TANQUEREL, dir., *L'évaluation de la recherche en droit – Enjeux et méthodes*, Bruylant (Bruxelles), coll. Penser le droit, 2015, p. 117.

[2] V° « Science », in *Trésor de la langue française*.

chercheurs, la lecture d'articles pertinents et la sérendipité »[1]. Si certaines de ces conditions ne sont pas réunies, le progrès de la recherche juridique se trouve entravé.

Mais le regard critique doit être critique parce que lucide et non critique parce qu'iconoclaste. Nul doute que la problématique de la liberté de la recherche juridique mérite des explications et, plus encore, suscite des discussions. Il s'agira d'avancer ces explications et de participer à ces discussions à travers la troisième partie.

L'étude scientifique et la pensée critique sont les deux jambes de la recherche juridique, sans lesquelles elle ne pourrait avancer. Le présent ouvrage aspire donc tout spécialement à mettre en exergue le besoin, en matière de sciences et de pensées du droit, de refuser le conformisme stérile et d'encourager la recherche véritable, soit la recherche indépendante mais encadrée, risquée mais raisonnée, libre mais éclairée.

Enfin, la quatrième et dernière partie de ce livre portera sur certains des enjeux actuels de la recherche juridique (*quatrième partie*). Les travaux de ceux qui étudient et pensent le droit ne sauraient présenter le même visage au XXe s. et au XXIe s. et il conviendra de réfléchir, par exemple, à l'opportunité de développer l'interdisciplinarité en droit ou avec le droit. À l'ère de l'internet, à l'heure de la globalisation et des grandes mutations spatiales et temporelles du droit, alors que le nombre des publications juridiques a explosé, il ne fait aucun doute que la recherche juridique est appelée à se réinventer dans des proportions non négligeables.

Les neufs difficultés ou problématiques interrogées dans la quatrième partie ont été choisies assez arbitrairement et d'autres mériteraient certainement d'être débattues. En revanche, le recensement des branches de la recherche juridique s'est voulu, lui, exhaustif. Est ici avancé que ces branches sont au nombre de quatorze. C'est par la description et l'explication de leurs caractéristiques respectives que débute cet ouvrage.

[1] W. B. CANNON, *The Way of an Investigator – A Scientist's Experiences in Medical Research* (1945), Hafner (New York-Londres), 1965 (cité par S. CATELLIN, « Sérendipité et réflexivité », *Alliage* 2012, n° 70).

Première partie

Les branches de la recherche juridique

Les quatorze branches de la recherche juridique identifiées sont les suivantes :

- la théorie du droit (*chapitre 1*) ;
- la philosophie du droit (*chapitre 2*) ;
- la science du droit positif (*chapitre 3*) ;
- l'histoire du droit (*chapitre 4*) ;
- le droit comparé (*chapitre 5*) ;
- la sociologie du droit (*chapitre 6*) ;
- l'anthropologie du droit (*chapitre 7*) ;
- l'analyse économique du droit (*chapitre 8*) ;
- la linguistique juridique (*chapitre 9*) ;
- la méthodologie juridique (*chapitre 10*) ;
- l'épistémologie juridique (*chapitre 11*) ;
- la science politique (*chapitre 12*) ;
- la légistique (*chapitre 13*) ;
- la politique juridique (*chapitre 14*).

Les branches de la recherche juridique ne doivent pas être confondues avec les branches du droit positif. L'identification des branches de la recherche juridique amène à étudier les activités de ceux qui observent et analysent le droit ; elle repose sur la particularisation de leurs intentions, méthodes et objets d'étude. L'identification des branches du droit positif, pour sa part, conduit à étudier les destinataires et les objets des normes en vigueur. C'est subséquemment à pareil examen qu'il devient possible de parler de « droit pénal », de « droit civil », de « droit des contrats publics », etc. Les branches de la recherche juridique sont parfaitement indifférentes aux branches du droit positif et, par exemple, il est permis d'aborder sous l'angle de l'analyse économique du droit aussi bien le droit pénal que le droit civil ou que le droit des contrats publics. Et les branches du droit positif sont indépendantes des branches de la recherche juridique ; le droit des contrats publics, par exemple, peut être envisagé dans le cadre de la politique juridique autant que dans le cadre de la méthodologie juridique ou que dans le cadre de la science du droit positif.

Par ailleurs, quelques explications doivent être apportées au sujet de l'exclusion de la géographie juridique du nombre des branches de la recherche juridique. Celle-ci est actuellement à l'état embryonnaire ; il semble n'exister, en France, aucun spécialiste de cette discipline qui, distincte du droit comparé, consisterait à évaluer les rapports entre l'espace et les normes afin de pouvoir estimer dans quelle mesure les dimensions du territoire, sa situation sur la carte du monde, la présence plus ou moins importante de montagnes ou de frontières maritimes, etc., influencent les régimes juridiques, du droit constitutionnel au droit commercial. La géographie juridique ne paraît pas être, pour l'heure, suffisamment développée pour justifier de considérer qu'elle constituerait, autant que l'histoire du droit ou que l'analyse économique du droit, une branche de la recherche juridique[1]. La géographie présente un grand intérêt du point de vue de beaucoup de sciences sociales[2], mais le droit fait partie de celles qui lui en accordent le moins.

On souligne combien « c'est le souci de rigueur, non l'utilisation abusive de termes scientifiques comme “épistémologie”, qui permettra aux sciences humaines d'accéder au statut de science »[3]. Partant, l'ambition de caractériser minutieusement les diverses branches de la recherche juridique ne semble pas être inconséquente ou futile. En premier lieu, il serait temps de ne plus confondre théorie du droit et philosophie du droit, l'une étant incomparable à l'autre dès lors que sont acceptées des conceptions précises et restrictives de ces disciplines.

Ensuite, puisque les définitions de certaines des branches de la recherche juridique sont très incertaines car trop (ou trop peu) débattues, le propos contenu en cette première partie pourra être parfois fort stipulatif, c'est-à-dire reposant sur des choix arbitraires de l'auteur. Néanmoins, l'intention, au moment d'isoler et de spécifier les branches de la recherche juridique, était de s'adonner à cette tâche de la manière la plus objective et la plus empirique, soit en se bornant à retranscrire les conceptions de ces branches actuellement dominantes dans la psyché juridique collective. Ce n'est que lorsque ces conceptions dominantes sont confuses et incertaines qu'il devient opportun de faire œuvre de proposition afin d'apporter quelque clarification. Tel est en particulier le cas concernant la distinction de la

[1] En ce sens, F. AUDREN, « Une entreprise sans postérité : la géo-histoire du droit d'Henri Klimrath », conférence donnée dans le cadre du séminaire « Formation et usages de la cartographie dans le champ des sciences – XVIIIe-XXe siècles », EHESS, 1er juin 2006

[2] Par exemple, H. LE BRAS, E. TODD, *L'invention de la France – Atlas anthropologique et politique*, Gallimard, coll. Nrf essais, 2012.

[3] M. GRAWITZ, *Méthodes des sciences sociales*, 11e éd., Dalloz, coll. Précis, 2001, p. 8.

théorie du droit et de la philosophie du droit, que d'aucuns assimilent l'une à l'autre mais qu'il paraît judicieux de séparer.

Et une exception à cette approche lexicale doit être faite à propos de l'utilisation de l'expression « science du droit ». En effet, la plupart des auteurs voient dans la « science du droit » ce qui sera en ces lignes envisagé derrière l'étiquette « science du droit positif ». Il existe d'autres sciences du droit, à l'image de l'histoire du droit, de la sociologie du droit, de l'anthropologie du droit ou encore de la linguistique juridique. Lorsqu'un usage s'avère inconséquent, il faut savoir œuvrer à son abandon et, en l'occurrence, plaider en faveur d'une stricte distinction de la science du droit, désignant l'ensemble des activités scientifiques en rapport avec les normes, les institutions et les pensées juridiques, et de la science du droit positif, laquelle sera décrite au sein du troisième chapitre à venir.

La théorie du droit sera étudiée en premier lieu parce qu'elle paraît être la plus fondamentale de toutes les branches de la recherche juridique. En effet, c'est au théoricien du droit qu'il appartient de donner sa substance à la notion de droit, au concept de droit. De la définition du droit retenue dépendent les champs d'investigation des treize autres branches. La théorie du droit est le premier des domaines de la recherche juridique, tant qualitativement que chronologiquement, en ce qu'elle délimite le périmètre du continent juridique à l'intérieur du monde social et, de la sorte, assigne aux scientifiques du droit les limites de leur objet d'étude. La recherche juridique s'appuie ainsi sur la théorie juridique plus que sur toute autre des spécialités qui la constituent. La théorie du droit est peut-être le tronc de la recherche juridique davantage que l'une de ses branches. De celui du sociologue du droit à celui du légiste spécialiste de la légistique, tout travail en droit ou sur le droit repose, au moins implicitement, sur une définition du droit, donc sur une théorie du droit. Les treize autres pans de la recherche juridique paraissent toujours se greffer, en un point ou en un autre, sur la théorie du droit. Il faut donc lui réserver un sort particulier, en en faisant la pièce maitresse du jeu de la recherche juridique, le cœur de l'étude et de la pensée du droit, ce qui leur donne vie dans l'antre des sciences humaines et sociales, et en débutant l'exposé par elle.

Pour le reste, après avoir spécifié la théorie du droit et la philosophie du droit, cette première partie présentera les huit branches de la recherche juridique qui revêtent le caractère *jus*-scientifique le plus affirmé (science du droit positif, histoire du droit, droit comparé, sociologie du droit, anthropologie du droit, analyse économique du droit, linguistique juridique et méthodologie juridique)[1] et se terminera par l'examen des trois branches

[1] Il faut toutefois distinguer l'analyse économique du droit, dont la scientificité peut être légitimement mise en doute, pour plusieurs raisons, des autres branches. L'analyse économique du droit semble être à moitié scientifique et à moitié politique.

qui sont intimement liées au domaine politique (science politique, légistique et politique juridique)[1]. Enfin, entre les unes et les autres se trouvera le neuvième chapitre consacré à l'épistémologie juridique. Il ne s'agira pas du moins important des quatorze chapitres puisque le présent ouvrage s'inscrit dans cette branche de la recherche juridique. Aussi une attention toute particulière lui sera-t-elle réservée.

[1] Si ces trois branches ont en commun de porter au moins autant sur des problématiques politiques que sur des problématiques juridiques, il importe de discriminer la science politique, qui est portée par une ambition scientifique, par rapport à la légistique et à la politique juridique, qui sont animées par des intentions politiques.

Chapitre 1

La théorie du droit

La possibilité de théories à caractère scientifique

Au début du XXe s., l'auteur d'une thèse très novatrice exigeait de ses contemporains qu'ils « permett[ent] à la théorie juridique une part d'hypothèse, c'est-à-dire un peu d'art et de philosophie. Peut-être ainsi contiendra-t-elle une idée-force »[1]. La théorie devrait donc se situer à la frontière de l'art et de la philosophie, notamment dès lors qu'elle émet des hypothèses et entend proposer quelque idée-force. Par conséquent, la scientificité serait incompatible avec la recherche de théorisation. Au contraire, il faut croire que toute théorie gagne en puissance logique, explicative et de conviction à mesure qu'elle gagne en scientificité. Et ce qu'elle perd en caractère ne serait que de peu de poids face à ces gains précieux.

C'est ainsi que l'auteur de ces lignes a pu proposer une théorie du droit, la théorie syncrétique du droit, qui, bien plutôt que de se rapprocher de l'art ou de la philosophie, entend se rapprocher de la science en reposant sur une méta-théorie scientifique et en constituant une science des théories[2]. Est de la sorte poursuivie l'ambition kelsénienne d' « élever la théorie du droit [...] au rang d'une véritable science »[3]. Il est remarquable, sur ce point, que la première édition de *Théorie pure du droit* porte en sous-titre « Introduction à la science du droit ». Une théorie du droit peut être une science du droit. Toutefois, si la théorie syncrétique pourrait légitimement revendiquer l'application à son égard de l'étiquette générique de « science du droit »[4], il est préférable de parler de « théorie scientifique du droit ». Que « la théorie du droit est une discipline de la science du droit »[5] est une affirmation acceptable uniquement à condition d'adhérer à une conception

[1] P. CONDOMINE, *Essai sur la théorie juridique et sa fonction*, th., Université de Lyon, 1912, p. 160.
[2] B. BARRAUD, « L'échelle de juridicité : un outil pour mesurer le droit et fonder une théorie syncrétique (première partie : présentation) », *Arch. phil. droit* 2013, p. 365 s. ; B. BARRAUD, *Théories du droit et pluralisme juridique – t. II : La théorie syncrétique du droit et la possibilité du pluralisme juridique*, PUAM (Aix-en-Provence), coll. Inter-normes, 2017.
[3] H. KELSEN, *Théorie pure du droit*, 2e éd., trad. Ch. Eisenmann, Dalloz, 1962, p. 12.
[4] Par exemple, A. AARNIO, « Dogmatique juridique », in A.-J. ARNAUD, dir., *Dictionnaire encyclopédique de théorie et de sociologie du droit*, 2e éd., LGDJ, 1993.
[5] O. BEAUD, *La puissance de l'État*, Puf, coll. Léviathan, 1994, p. 9.

foncièrement large de cette science du droit et de ne pas la confondre avec la science du droit positif. Or, parmi la littérature juridique et parmi les discours des chercheurs en droit, « science du droit » veut très généralement dire « science du droit positif ». Il est donc raisonnable de n'appeler aucune théorie du droit « science du droit », tandis que, au sein du présent ouvrage, science du droit et science du droit positif seront rigoureusement distinguées, la première n'étant qu'une branche de la seconde, la seconde étant loin de se réduire à la première.

Par suite, voir dans la théorisation une activité scientifique, une activité objective et empirique à finalité descriptive, est fort original et il faut théoriser la théorie plus avant, au-delà de la science. La théorie du droit peut être scientifique mais, le plus souvent, elle ne l'est guère ou que peu. Max Weber invitait à distinguer le raisonnement, opération intellectuelle de pesée des arguments, de l'intuition, « saisie immédiate et globale d'un objet de pensée »[1]. Partant, une théorie est déjà un raisonnement par opposition à une intuition qui, seule, quelle que soit sa congruence, peinera toujours à emporter la conviction. C'est là un premier élément permettant de séparer la théorie du droit de la philosophie du droit.

L'impossibilité de théories à caractère philosophique

Puisque la théorie du droit est la branche fondamentale de la recherche juridique, il est nécessaire de préciser l'expression « théorie du droit » et, au préalable, de cerner le terme « théorie ». Cela est même indispensable tant la théorie tend à fréquenter intimement la philosophie. Mais la théorie du droit n'est pas la philosophie du droit. Hart remarquait combien les notions de science, de théorie et de philosophie sont ambiguës et mal fixées[2]. Ce sont pourtant des dimensions différentes, même si elles peuvent s'attacher à de mêmes réalités. Seulement, comme le sens de « droit », les objets respectifs de ces disciplines varient excessivement d'un auteur à l'autre. Ainsi n'est-il pas rare qu'un scientifique se croie théoricien et qu'un théoricien se croie philosophe. Or, autant la théorie peut être scientifique — quoique la plupart du temps elle ne le soit pas —, autant elle ne saurait être philosophique.

Un ouvrage récent portant le titre *Philosophie du droit* se divise en deux parties intitulées « I. Théorie » et « II. Pratique »[3]. La théorie serait donc l'une des deux branches de la philosophie, l'autre étant la pratique, ce que différents auteurs soutiennent[4]. Le schéma est sans doute, davantage que

[1] Cité par G. TIMSIT, « Raisonnement juridique », in D. ALLAND, S. RIALS, dir., *Dictionnaire de la culture juridique*, Lamy-Puf, coll. Quadrige-dicos poche, 2003, p. 1290.
[2] H. L. A. HART, *Essays in Jurisprudence and Philosophy*, Clarendon Press (Oxford), 1983.
[3] B. OPPETIT, *Philosophie du droit*, Dalloz, coll. Méthodes du droit, 1999.
[4] Par exemple, É. MILLARD, *Théorie générale du droit*, Dalloz, coll. Connaissance du droit, 2006, p. 1.

celui de poupées gigognes, celui de régions épistémiques parallèles mais en interaction. Toute donnée est susceptible d'une analyse scientifique, d'une analyse théorique et d'une analyse philosophique ; et il existe d'autres dimensions, à l'image de la dimension politique.

Par suite, s'il est possible de parler de « théorie scientifique » — mais une théorie scientifique est une théorie avant d'être une science —, mieux vaut ne pas chercher à consacrer quelque forme de « théorie philosophique ». En effet, l'objet des prochaines pages sera notamment de montrer que théorie et science sont compatibles quand théorie et philosophie sont incompatibles — tout comme sont incompatibles philosophie et science —. Aristote définissait la « sagesse théorique » comme la « connaissance de la vérité sur les principes, la plus achevée des formes du savoir »[1]. La philosophie étant étymologiquement l'amour de la sagesse, il semble exister un lien intime entre philosophie et théorie. Et on pourrait théoriser davantage les idées que les éléments factuels et concrets. Sur ce qu'est — et ce que n'est pas — une théorie, des éclaircissements sont donc souhaitables.

La théorie* lato sensu *: une explication rationnelle et simple d'un phénomène

Les dictionnaires de la langue française font de la théorie un « ensemble organisé de principes, de règles, de lois scientifiques visant à décrire et à expliquer un ensemble de faits »[2] ; une « construction intellectuelle, hypothétique et synthétique, organisée en système et vérifiée par un protocole expérimental »[3] ; un « ensemble de lois formant un système cohérent et servant de base à une science, ou rendant compte de certains faits »[4]. Il s'agit là de la théorie au sens large, qui englobe mais dépasse la théorie au sens strict.

Une théorie peut donc être comprise, en premier lieu, comme une explication rationnelle et objective : « Un ensemble de propositions qui doivent être cohérentes pour permettre d'interpréter la réalité, et de formuler des hypothèses qui doivent être testées »[5]. « On appelle théorie, écrivait Kant, un ensemble de règles pratiques, lorsque ces règles sont conçues comme des principes ayant une certaine généralité »[6]. Là où le philosophe peut rechercher les explications dans un cadre métaphysique ou autrement

[1] ARISTOTE, *Éthique à Nicomaque* (vers 340 av. J.-C.), Vrin, coll. Textes philosophiques, 1994, L. VI, chap. 7 (cité par J.-P. CHAZAL, « Philosophie du droit et théorie du droit, ou l'illusion scientifique », *Arch. phil. droit* 2001, p. 325).

[2] V° « Théorie », in *Le petit Larousse illustré 2011*, Larousse, 2010.

[3] V° « Théorie », in *Trésor de la langue française*.

[4] *Ibid.*

[5] É. MILLARD, *Théorie générale du droit*, Dalloz, coll. Connaissance du droit, 2006, p. 3.

[6] I. KANT, *Éléments métaphysiques de la doctrine du droit*, Durand, 1853, p. 339.

spéculatif, le théoricien ne peut le faire ailleurs que dans un cadre rationnel ; ainsi des « tests » empiriques sont-ils envisageables et même indispensables.

Ensuite, une théorie peut consister en une classification, en une présentation, soit en un « système de propositions mathématiques, déduites d'un petit nombre de principes, qui ont pour but de représenter aussi simplement, aussi complètement et aussi exactement que possible, un ensemble de lois expérimentales »[1]. Simplicité, complétude, exactitude : voici peut-être les « lois » de la théorie. Cette dernière est forte lorsqu'elle parvient à simplifier la présentation de la réalité sans simplifier cette réalité elle-même, lorsqu'elle est simple sans être simpliste. Il faut répéter combien une théorie est dépendante de la pratique, car elle est théorie de la pratique. Une théorie qui trahirait la réalité pratique serait donc à jeter aux oubliettes. Représentation simple mais fidèle d'une figure matérielle complexe, une théorie se construit à la suite du repérage des propriétés essentielles de cet objet. Et ces propriétés sont reliées entre elles par des principes — plus que par des hypothèses — déduits de l'observation de leurs interrelations[2].

On explique qu'« une théorie vraie, ce n'est pas une théorie qui donne, des apparences physiques, une explication conforme à la réalité ; c'est une théorie qui représente de manière satisfaisante un ensemble de lois expérimentales ; la théorie devance l'expérience. Elle offre une économie de la pensée qui complète celle résultant de la loi expérimentale »[3]. Mais un « ensemble de lois expérimentales » est une réalité ; toute théorie pertinente est une explication et une représentation conforment à une réalité, quelle qu'elle soit. Il y a toujours une expérience qui précède et une expérience qui suit la théorie ; celle-ci n'est jamais première. La théorie est nécessaire à l'expérience en même temps que l'expérience est nécessaire à la théorie. L'expérimentateur met à jour des faits nouveaux et observe des lois nouvelles ; le théoricien imagine des représentations et des systèmes permettant de comprendre, notamment en les simplifiant, ces données brutes. Ensuite, il réoriente l'expérimentateur qui va découvrir d'autres faits nouveaux, etc. Toute science repose donc sur une théorie. Et une théorie est d'autant plus pertinente qu'elle se base elle-même sur des prémisses scientifiques, si ce n'est scientifistes.

[1] P. DUHEM, *La théorie physique, son objet, sa structure*, 2e éd. (1914), Vrin, 1989, p. 24 (cité par Ch. ATIAS, *Épistémologie juridique*, Dalloz, coll. Précis, 2002, p. 180).

[2] Cela contre l'affirmation selon laquelle ces principes « ne prétendent en aucune façon énoncer des relations véritables entre les propriétés réelles des corps mais [ils sont] combinés suivant les règles de l'analyse mathématique » (P. DUHEM, *La théorie physique, son objet, sa structure*, 2e éd. (1914), Vrin, 1989, p. 24 (cité par Ch. ATIAS, *Épistémologie juridique*, Dalloz, coll. Précis, 2002, p. 180)).

[3] *Ibid.*

La double fonction de la théorie stricto sensu *: assigner un objet d'étude et prescrire une méthode d'étude à une science*

Ainsi Bobbio définissait-il la théorie : « ensemble d'assertions liées entre elles, avec lesquelles un certain groupe de phénomènes est décrit, interprété, porté à un niveau plus élevé de généralisation, unifié ensuite en un système cohérent ; non pas le mode d'investigation d'une réalité déterminée, mais la manière de l'entendre, d'en donner une description et une explication globale »[1]. Où il apparaît à nouveau combien la théorie ne s'attache qu'aux seuls faits. Certes, tout est fait et, par exemple, une pensée est un fait si son existence peut être empiriquement constatée ; dès lors, tout est théorisable. La théorie ne se caractérise donc pas par son objet mais par ce qu'elle en fait, par la manière avec laquelle elle le traite.

Surtout, elle peut, contre la pensée de Bobbio, consister en un « mode d'investigation d'une réalité déterminée ». Plus encore, elle est essentiellement cela : *une théorie est la définition d'un objet d'étude et la prescription d'une méthode d'étude*. Elle est le cadre dans lequel évolue une science. Ainsi, suivant le sens strict ici retenu, *c'est la science, non la théorie, qui est chargée de comprendre et d'expliquer les faits*. La théorie se contente — mais c'est là la tâche la plus décisive de toutes — de dire à la science quels sont ces faits qu'elle doit étudier et comment elle doit les étudier.

La théorie telle qu'on la conçoit *lato sensu* intervient *a posteriori*, après l'expérience vécue, puisqu'elle est « une description et une explication globale d'une réalité déterminée »[2]. *Stricto sensu*, elle possède un rôle pré-expérimental : il lui revient d'arrêter l'objet d'étude et les principes méthodiques d'une science. Une fois les faits recueillis, la science cherche à les analyser pour les expliquer, tandis que la théorie joue son rôle avant que le scientifique ne procède à ses expériences. Les principes théoriques sont ainsi autant des propositions générales que des règles techniques[3]. Une théorie est en quelque sorte un « Code de la science » ; elle regroupe l'ensemble des principes impératifs qui confèrent à une matière scientifique son particularisme, du point de vue de son objet et du point de vue de ses méthodes, et dont dépend très directement l'état des connaissances. Il semble donc qu'une science ne puisse apparaître qu'après qu'il ait été fait œuvre théorique et parce qu'il a été fait œuvre théorique. Et une méta-théorie, théorie de la théorie, peut constituer le cadre d'exercice d'une théorie

[1] N. Bobbio, *Essais de théorie du droit*, trad. M. Guéret, Ch. Agostini, LGDJ-Bruylant (Paris-Bruxelles), coll. La pensée juridique, 1998, p. 24.
[2] X. Magnon, *Théorie(s) du droit*, Ellipses, coll. Universités-Droit, 2008, p. 10.
[3] M. Troper, *Pour une théorie juridique de l'État*, Puf, coll. Léviathan, 1994, p. 10.

scientifique telle que la théorie syncrétique du droit proposée par l'auteur de ces lignes[1].

Bachelard mettait en garde contre l'obstacle épistémologique du réalisme ou de l'empirisme immédiat consistant à prétendre que la connaissance s'induirait directement de l'observation du réel. Selon le philosophe des sciences, un objet n'accède pas immédiatement à la connaissance humaine ; pour que cette accession se produise, l'homme doit nécessairement et préalablement élaborer des théories. Il n'est guère de connaissance du réel possible sans construction intellectuelle préalable ; ce qui n'interdit pas les constructions intellectuelles postérieures. Bachelard écrivait que « l'instrument de mesure finit toujours par être une théorie et il faut comprendre que le microscope est un prolongement de l'esprit plutôt que de l'œil »[2]. Dès lors, « le réalisme est [...] une métaphysique sans fécondité, puisqu'il arrête la recherche au lieu de la provoquer »[3].

En résumé, la théorie, comprise dans son sens large, peut bien consister en une interprétation ou explication de certains faits, de certaines données ; mais son rôle fondamental, elle le joue à l'instant où elle confère à une science deux éléments : un objet d'étude et une méthode d'étude ; car alors, plus qu'encadrer cette science, elle la crée. Ainsi conçue, il est certain qu'une théorie ne peut pas être vraie ou fausse et vérifiable à l'identique des propositions empiriques et scientifiques[4], à moins d'être soumise à une méta-théorie qui l'oblige à ne pas stipuler la définition de l'objet en cause mais à rechercher sa définition lexicale. C'est principalement en cela que la théorie syncrétique du droit se distingue des autres théories du droit. Mais ici n'est pas l'endroit où davantage préciser ses prémisses et ses conséquences.

Théories au pluriel

Étymologiquement, la « *theoria* » signifie la vision, le regard. Cela accrédite plutôt la conception de la théorie en tant qu'approche subjective et post-scientifique. Seulement l'étymologie n'est-elle pas toujours bonne conseillère. L'origine latine ou grecque d'un mot peut être considérée comme un indice mais non comme une preuve. Le propre d'une langue et

[1] *Cf.* B. BARRAUD, « L'échelle de juridicité : un outil pour mesurer le droit et fonder une théorie syncrétique (première partie : présentation) », *Arch. phil. droit* 2013, p. 365 s. ; B. BARRAUD, *Théories du droit et pluralisme juridique – t. II : La théorie syncrétique du droit et la possibilité du pluralisme juridique*, PUAM (Aix-en-Provence), coll. Inter-normes, 2017.

[2] G. BACHELARD, *La formation de l'esprit scientifique*, Vrin, 1938, p. 242.

[3] *Ibid.*, p. 21.

[4] É. MILLARD, *Théorie générale du droit*, Dalloz, coll. Connaissance du droit, 2006, p. 17 ; M. TROPER, *Pour une théorie juridique de l'État*, Puf, coll. Léviathan, 1994, p. 11 ; M. Troper, « Contribution à une critique de la conception kelsénienne de la science du Droit », in *Mélanges Charles Chaumont*, Pedone, 1984, p. 530 ; D. DE BÉCHILLON, *Qu'est-ce qu'une règle de droit ?*, Odile Jacob, 1997, p. 229.

des mots qui la constituent est d'évoluer constamment et, parfois, radicalement.

Depuis Aristote, il est couramment accepté que la « *theoria* » s'oppose à la « *praxis* » (pratique). D'aucuns ont cependant déjà souligné combien théorie et pratique sont intimement liées, combien des rapports dialectiques les unissent à chaque instant. Certainement théoriser est-ce une pratique quand toute pratique s'appuie sur des prémisses théoriques qui l'orientent dans une plus ou moins grande mesure. Il n'en demeure pas moins que ce sont là, du point de vue didactique, deux manières d'appréhender et de concevoir des travaux parfaitement identifiables et séparables, *a fortiori* lorsqu'il s'agit de travaux académiques. Il est donc banal mais pas inconséquent d'aborder la théorie en tant que contraire de la pratique.

En outre, on dénombre, en opérant un détour par l'histoire de la pensée, trois sortes principales de théories correspondant à trois logiques différentes : la théorie classificatoire propre à la logique formelle d'Aristote, complétée par les stoïciens, la théorie critique attachée à la logique transcendantale de Kant et la théorie dialectique coïncidant avec la logique du même nom de Hegel[1]. Et ces types génériques de théories se divisent en d'innombrables sous-théories variant sur quelques ou sur de nombreux points. La théorie se conjugue donc au pluriel, d'autant plus qu'elle peut se rapporter à d'innombrables objets.

Enfin, sans doute est-il possible d'ajouter, avec Christian Atias, que « la théorie ne rend pas seulement l'ensemble [...] qu'elle représente plus aisé à manier, plus commode, plus utile ; elle le rend aussi plus beau »[2]. Si théoriser n'est pas un art, cette activité n'en comporte pas moins une dimension artistique certaine, spécialement une dimension littéraire.

Il est temps de s'intéresser plus spécifiquement à la théorie du droit. Assurément « vaste construction de l'esprit »[3], elle doit être définie finement, spécialement afin d'éviter qu'elle ne puisse être assimilée aux disciplines proches qu'elle côtoie mais avec lesquelles elle ne se confond pas ; ainsi qu'afin de pouvoir, en droit, distinguer entre les fonctions de jurislateur, d'observateur, de commentateur et de théoricien[4].

[1] J. JIANG, « *Quid jus* ? Esquisse d'une théorie dialectique de la définition du droit », *RRJ* 2002, p. 630.

[2] Ch. ATIAS, *Épistémologie juridique*, Dalloz, coll. Précis, 2002, p. 180.

[3] P. CONDOMINE, *Essai sur la théorie juridique et sa fonction*, th., Université de Lyon, 1912, p. 81.

[4] Par exemple, Ch. EISENMANN, « Deux théoriciens du droit : Duguit et Hauriou », *Revue philosophique* 1930, p. 231 s.

La théorie du droit comme définition de la notion de droit et de la méthode d'étude du droit

Si une théorie est la prescription d'un objet d'étude et d'une méthode d'étude à une science, alors la théorie du droit est la prescription du droit comme objet d'étude et d'une méthode d'étude du droit à la science du droit[1]. Au sens strict, théoriser le droit consiste donc à définir le droit et à définir les fins et les moyens de son étude, tandis qu'il incombe à la science juridique subséquente de l'analyser et de l'expliquer, en termes plus ou moins abstraits.

L'expression générique « théorie du droit » sert à désigner différents principes liés entre eux par une logique et par une cohérence et ayant pour objet de « permettre un travail savant sur le droit »[2]. Parmi les deux missions attachées à toute théorie du droit, définir cet objet d'étude et prescrire une méthode pour son étude, la première focalise classiquement toute l'attention, au détriment de la seconde. Mais, dans « théorie du droit », « droit » fait référence à la discipline juridique et non à la notion de droit. Les théories du droit sont autant de concepts de droit. Si une théorie est aussi une « méthode de la connaissance »[3], les théories du droit devraient être également autant de conceptions de la science du droit. En tout cas les éléments méthodico-théoriques sont-ils nombreux, ainsi qu'en témoigne, notamment, l'œuvre de Kelsen. En revanche, une théorie du droit n'est jamais une méthode pour l'action juridique ou politique et, lorsque, par exemple, des solutions d'ordre légistique sont proposées, cela est le fait d'un praticien et non d'un théoricien.

Théorie du droit, pensée du droit

Une théorie du droit est une pensée du droit — comme une philosophie du droit est une pensée du droit —. Sur ce point, le professeur Pierre-Yves Gautier suggère que, « avant de repenser le droit, encore faut-il d'abord l'avoir pensé »[4]. Il ne fait aucun doute que le droit a déjà été abondamment pensé tant les théories du droit et les philosophies du droit, qui sont autant de définitions du droit — les unes rationnelles, les autres métaphysiques ou essentialistes —, s'avèrent nombreuses et diverses ; ce qui n'empêche pas de nouveaux « programmes » d'être régulièrement

[1] En ce sens, par exemple, R. GUASTINI, « Alf Ross : une théorie du droit et de la science juridique », in P. AMSELEK, dir., *Théorie du droit et science*, Puf, coll. Léviathan, 1994, p. 249.
[2] É. MILLARD, *Théorie générale du droit*, Dalloz, coll. Connaissance du droit, 2006, p. 1.
[3] *Ibid.*, p. 2.
[4] P.-Y. GAUTIER, « Immatériel et droit – Rapport de synthèse », *Arch. phil. droit* 1999, p. 233.

présentés[1]. Pourtant, la prolifération des théories du droit et l'intérêt pour la matière sont des phénomènes relativement récents.

On note que ce n'est qu'au XXe s. que s'est imposée l'expression « théorie du droit » au sein de la littérature juridique, avec, en 1926, la fondation par Kelsen, à Brno en République Tchèque, de la *Revue internationale de la théorie du droit*. D'aucuns relèvent toutefois l'usage de cette expression par différents auteurs au cours du XIXe s.[2] et, en 1912, une thèse de doctorat novatrice avait été consacrée à « la théorie juridique et sa fonction »[3]. Mais se pencher sur la théorie du droit était alors comme se pencher aujourd'hui sur un hypothétique « droit postmoderne » : c'était faire œuvre subversive et risquer de ne rencontrer qu'au auditoire inattentif. Aux alentours des années 1950, en revanche, la discipline était devenue cardinale, quelques considérations théoriques s'avérant indispensables en toute étude sur le droit. Aussi est-il probable que, actuellement, la courbe de l'intérêt pour la théorie du droit soit descendante, ce qui s'expliquerait notamment par la multitude et la diversité des théories qui tendent à rendre la matière excessivement relative, contingente et, en somme, plus intime de la philosophie que de la pratique du droit, ce qui serait le signe de sa crise.

La théorie du droit n'est certainement pas une « théorie ordinaire », c'est-à-dire une théorie qui émerge directement et sans intermédiaire de la pratique et dont il est impossible d'identifier les auteurs[4]. Elle est, par opposition, une « théorie extraordinaire » dont les piliers ont été bâtis par quelques auteurs parfaitement identifiés et au premier rang desquels figure Kelsen. Suivant l'importante définition proposée par le théoricien austro-américain, la théorie du droit « se propose uniquement et exclusivement de connaître son objet, c'est-à-dire d'établir ce qu'est le droit et comment il est »[5]. La théorie du droit serait donc toujours objective, jamais prescriptive à l'égard de la science qu'elle sous-tend. Pourtant, l'œuvre kelsénienne ne manque pas d'imposer une méthode rigoureuse à la science du droit. Cette définition est donc incomplète, à moins que Kelsen ne considère que, à l'instant où il prescrit quelque attitude aux scientifiques du droit, il retire son habit de théoricien.

En tout cas, se retrouve ici le fait qu'une théorie définit l'objet d'étude d'une science : la science du droit étudie le droit tel que le conçoit la théorie du droit. Il faut que ladite science sache ce qu'est l'objet-droit, quels sont ses

1 Par exemple, P. DUBOUCHET, « Programme pour une théorie générale du droit », *RRJ* 1996, p. 335 s.
2 J.-P. CHAZAL, « Philosophie du droit et théorie du droit, ou l'illusion scientifique », *Arch. phil. droit* 2001, p. 312.
3 P. CONDOMINE, *Essai sur la théorie juridique et sa fonction*, th., Université de Lyon, 1912.
4 J. CHEYRONNAUD, E. PEDLER, dir., *Théories ordinaires*, Éditions de l'École des hautes études en sciences sociales, coll. Enquête, 2013.
5 H. KELSEN, *Théorie pure du droit*, 2e éd., trad. Ch. Eisenmann, Dalloz, 1962, p. 9.

traits caractéristiques et constants, notamment afin que les scientifiques puissent précisément circonscrire leur champ d'investigation (les normes, les institutions et les commentaires juridiques) et pour que la science du droit puisse être une science autonome, à part des autres sciences sociales et à l'abri des confusions inter- ou transdisciplinaires. En cela, la théorie du droit est foncièrement une pensée du droit et, plus précisément, une pensée de la notion de droit.

Pour beaucoup, d'ailleurs, la théorie du droit se réduirait à sa dimension définitionnelle : elle se limiterait à « définir la norme juridique par ses caractères essentiels »[1]. À ce titre, évoquer une « théorie de la définition du droit »[2] paraît être un pléonasme. Toute théorie du droit est une définition du droit. Et cette définition, pour être une œuvre théorique plus que philosophique — car le philosophe autant que le théoricien définit le droit —, doit être la plus rationnelle possible, c'est-à-dire issue d'un « procès de systématisation et de mise en cohérence logique »[3]. Partant, « une théorie juridique ne peut pas ne pas abstraire, c'est de son essence. [Elle] est un produit de notre esprit, par lequel nous cherchons à classer les faits de la vie réelle »[4]. Seulement s'agit-il pour le théoricien de recourir à l'abstraction logique et non à l'abstraction métaphysique ou spéculative. « Science littéraire » et pensée rigoureuse, la théorie du droit recourt à des constructions psychiques et verbales tout à fait particulières, empruntant notamment à l'argumentation[5].

Théorie générale du droit et théories particulières du droit

Kelsen parlait de « théorie *générale* du droit », de « théorie du droit positif en général, sans autre spécification »[6], ce qui implique qu'il existerait des « théories *particulières* du droit ». Cette dernière expression est inconnue de la littérature *jus*-théorique ; mais s'y rattachent sans doute, par exemple, les théories du droit français, du droit public, du droit administratif, du droit civil, du service public ou de l'obligation. La théorie générale du droit est « doublement générale : [...] en ce qu'elle s'attache à la

[1] M. TROPER, « Le territoire est plus intéressant que le territoire », *Jurisdoctoria* 2013, n° 10, p. 14.

[2] J. JIANG, « *Quid jus* ? Esquisse d'une théorie dialectique de la définition du droit », *RRJ* 2002, p. 627 s.

[3] G. TIMSIT, « Raisonnement juridique », in D. ALLAND, S. RIALS, dir., *Dictionnaire de la culture juridique*, Lamy-Puf, coll. Quadrige-dicos poche, 2003, p. 1290.

[4] L. MICHOUD, *La théorie de la personnalité morale et son application au droit français*, LGDJ, 1906, p. 43.

[5] N. MAC CORMICK, *Raisonnement juridique et théorie du droit*, trad. J. Gagey, Puf, coll. Les voies du droit, 1996 ; L. OLBRECHTS-TYTECA, Ch. PERELMAN, *Traité de l'argumentation*, 6e éd., Éditions de l'Université de Bruxelles, coll. UB lire fondamentaux, 2008.

[6] H. KELSEN, *Théorie pure du droit*, 2e éd., trad. Ch. Eisenmann, Dalloz, 1962, p. 9.

signification de la norme juridique par une analyse de sa finalité et de sa fonction et par une réflexion sur la structure, les procédés et la méthode de la pensée juridique ; et en ce qu'elle étudie le droit dans son ensemble et non simplement un système juridique particulier ou une branche spéciale du droit »[1]. Une théorie générale du droit veut proposer des réponses et des définitions universelles, valables à l'égard de tout le droit et de tous les droits ; elle entend décrire tous les systèmes juridiques existants et même tous les systèmes juridiques possibles[2]. Cependant, l'expression « théorie générale du droit » paraît être à la fois excessive et redondante : d'une part, l'ambition d'établir une théorie universelle est irréaliste, la théorie du droit romano-germanique peut difficilement être similaire à la théorie du *common law* et il n'est que peu — si ce n'est pas — d'éléments communs à tous les systèmes juridiques ; d'autre part, lorsqu'aucun qualificatif ne suit « droit » dans « théorie du droit », c'est implicitement mais nécessairement de théorie générale du droit dont il est question. Le qualificatif « général » peut donc être écarté car inutile. Et ce caractère général est bien sûr relatif : il faut soit considérer que le droit ne se retrouve pas dans toutes les sociétés — est alors en cause la théorie générale d'un droit rare —, soit considérer qu'une théorie générale du droit est impossible et que seules des théories particulières, attachées chacune à un système juridique, sont envisageables.

Se pose également la question de savoir si, par exemple, se référer exclusivement à l'idée de norme, ce qui permet de concevoir un objet spécifique à la « théorie pure » kelsénienne, n'a pas pour effet d'en faire une théorie spéciale plutôt que générale. Et puis toute théorie du droit apparaît telle une théorie spéciale aux yeux de la théorie syncrétique proposée par l'auteur de ces lignes ; quand la théorie du droit en général est une théorie particulière du point de vue de la théorie des sociétés.

Il est permis de penser que, chez Kelsen, une théorie pure est une théorie générale dans le sens d'une théorie objective et rationnelle, par opposition à une théorie subjective et spéculative — *i.e.* une philosophie —, reposant sur les valeurs[3]. Ainsi comprise, une théorie est par définition générale puisqu'elle doit être, dans la mesure du possible, objective et rationnelle.

Et la théorie générale du droit est encore générale parce qu'elle transcende par essence les frontières disciplinaires et, notamment, la *summa*

[1] J.-L. BERGEL, *Théorie générale du droit*, 5e éd., Dalloz, coll. Méthodes du droit, 2012, p. 5.
[2] F. OST, M. VAN HOECKE, « Théorie du droit », in A.-J. ARNAUD, *Dictionnaire encyclopédique de théorie et de sociologie du droit*, 2e éd, LGDJ, 1993 ; M. TROPER, « Les contraintes juridiques dans la production des normes », in É. SERVERIN, A. BERTHOUD, *La production des normes entre État et société civile – Les figures de l'institution et de la norme entre États et sociétés civiles*, L'Harmattan, 2000, p. 30.
[3] *Cf.* H. KELSEN, *Théorie pure du droit*, 2e éd., trad. Ch. Eisenmann, Dalloz, 1962, p. 9.

divisio droit public/droit privé[1]. Des branches de la théorie générale du droit peuvent sans peine être isolées[2]. Il n'en demeure pas moins que l'expression « théorie du droit » doit être appréhendée en tant que synonyme de « théorie générale du droit » et que l'idée de théorie générale du droit n'est que peu porteuse car excessivement relative et discutable.

Lorsque, dans *Le concept de droit*, Hart définit la théorie générale du droit comme la « science ayant pour objet l'exposé des principes, des notions et des distinctions qui sont communs aux divers systèmes de droit »[3], il faut soutenir cette proposition en ce qu'elle caractérise la théorie par la scientificité, mais non en ce qu'elle la caractérise par le fait qu'elle ne s'intéresserait qu'aux éléments « communs aux divers systèmes de droit » tant il est contestable que ceux-ci existent *de facto* et tant, si tel était toutefois le cas, cela mènerait à limiter abusivement le territoire de la théorie du droit.

Les multiples théories de la théorie du droit

La définition de la théorie du droit peut encore être discutée en bien des points. Il faut garder à l'esprit que la théorie de la théorie du droit ici proposée est fort stipulative et qu'il peut difficilement en aller autrement puisque les théoriciens du droit peinent à s'accorder sur l'objet et les limites de leur discipline. Par exemple, le professeur Jean-Louis Bergel retient que

> *La théorie générale du droit a pour objet de saisir le phénomène juridique par l'étude de sa raison d'être, de ses finalités, de ses concepts fondamentaux, de sa mise en œuvre, de ses instruments, de sa méthode... En un mot, elle étudie l'ordre juridique dans sa globalité, à travers son « pourquoi ? » et son « comment ? ». C'est une construction intellectuelle méthodique et organisée fondée sur l'observation et l'explication des divers systèmes juridiques et destinée à définir les grands axes de la construction et de l'application du droit. Son étude ne saurait négliger les aspects essentiels de la méthodologie juridique.*[4]

[1] É. MILLARD, *Théorie générale du droit*, Dalloz, coll. Connaissance du droit, 2006, p. 3.

[2] Il en va ainsi, selon le professeur Jean-Louis Bergel, de la méthodologie juridique qui serait une branche spécifique de la théorie du droit (J.-L. BERGEL, « Méthodologie juridique », in D. ALLAND, S. RIALS, dir., *Dictionnaire de la culture juridique*, Lamy-Puf, coll. Quadrige-dicos poche, 2003, p. 1022). Le professeur définit cette discipline comme celle qui « s'attache aux instruments et mécanismes de conception, de compréhension et d'application du droit » (*ibid.*, p. 1023).

[3] H. L. A. HART, *Le concept de droit*, trad. M. van de Kerchove, Publications des Facultés universitaires Saint-Louis (Bruxelles), 1994, p. 366 (non souligné dans le texte original). Ce que confirment F. OST, M. VAN HOECKE, « Théorie du droit », in A.-J. ARNAUD, *Dictionnaire encyclopédique de théorie et de sociologie du droit*, 2e éd, LGDJ, 1993.

[4] J.-L. BERGEL, *Théorie générale du droit*, 5e éd., Dalloz, coll. Méthodes du droit, 2012, p. 4.

Cette conception, selon laquelle le phénomène juridique serait donné à la théorie du droit et non définit par elle, ne partage que peu avec celle qui est en ces lignes retenue. Peut-être est-ce aussi en partie la philosophie du droit qui se trouve ainsi définie, spécialement lorsqu'est fait référence à la « raison d'être » et à la « finalité » du phénomène juridique ou au « "pourquoi ?" » de l'ordre juridique. Et peut-être la méthodologie juridique est-elle une branche parallèle, une science du droit à l'identique de l'histoire du droit ou de la sociologie du droit, plutôt qu'une sous-branche par rapport à la théorie du droit. Enfin, peut-être la théorie du droit ne déborde-t-elle pas du cadre de la définition du droit et de la prescription de la méthode d'étude du droit car la compréhension et l'explication du droit, y compris dans ses lignes principales, incomberaient non à elle mais à la science du droit qu'elle ordonne — étant entendu qu'un même chercheur peut revêtir tour à tour les habits de théoricien du droit et les habits de scientifique du droit —.

Reste qu'il est permis de penser que la qualité d'une théorie se mesure tout spécialement à sa « capacité explicative »[1], laquelle est un élément de sa « force scientifique ». Rien n'est plus décisif pour l'étude du droit que le cadre théorique retenu, que la notion de droit et la méthode d'étude acceptées. Dans tous les cas, il faut convenir que l'usage du terme « théorie » est, chez les juristes mais aussi au-delà, « flottant »[2] ; il se trouve encore bien d'autres manières d'appréhender son sens et sa portée.

Le point de vue externe et apolitique du théoricien du droit

La théorie du droit est une théorie qui concerne le discours scientifique produit sur le droit, soit la doctrine juridique, l'ensemble des commentaires et des opinions ayant le droit pour objet. Cette acception de la théorie du droit est particulièrement intéressante en ce qu'elle implique une dimension épistémologique forte et invite à « décide[r] de la nature de ce langage, et notamment s'il est scientifique, auquel cas la théorie doit préciser son objet, ses méthodes et ses conditions d'évaluation »[3]. La théorie du droit s'exprime en conséquence par un « méta-discours juridique, le discours dogmatico-doctrinal »[4].

En outre, le point de vue du théoricien serait nécessairement interne puisque de mêmes auteurs sont tour à tour commentateurs du droit et commentateurs de la doctrine, donc d'eux-mêmes, de leur propre œuvre

[1] R. RICCI, « Le statut épistémologique des théories juridiques : essai de définition d'une pratique scientifique juridique », *Dr. et société* 2002, p. 153.
[2] É. MILLARD, *Théorie générale du droit*, Dalloz, coll. Connaissance du droit, 2006, p. 1.
[3] *Ibid.*
[4] É. MILLARD, « Point de vue interne et science du droit : un point de vue empiriste », *RIEJ* 2007, n° 59, p. 60.

doctrinale[1]. Quant à cette problématique, il est préférable de convenir que la théorie du droit doit s'efforcer d'être la plus objective possible et donc ne peut aborder son objet que d'un point de vue externe[2]. De plus, rien n'interdit à un même auteur de revêtir alternativement différentes casquettes, y compris en un même ouvrage. Il est seulement exigé que le point de vue adopté soit clairement expliqué et qu'il soit tout aussi clairement précisé quand il en est changé. Il n'est guère de difficulté à passer de la théorie à la politique ou à la philosophie dès lors que cela est parfaitement transparent et que n'est pas proposé quelque indigeste *melting-pot* disciplinaire.

La théorie du droit est phénoménologique : elle s'intéresse uniquement à ce qu'est le droit et en aucun instant à ce qu'il devrait être[3]. Ainsi s'oppose-t-elle radicalement à la « politique juridique ». Kelsen enseignait que « le théoricien de la société n'est pas, en qualité de théoricien de la morale ou de théoricien du droit, une autorité sociale. Sa tâche n'est pas de règlementer la société humaine mais de connaître, de comprendre la société humaine »[4]. Quant à Bobbio, il retenait qu'une théorie du droit est « une façon d'entendre et d'expliquer le phénomène juridique »[5] ; jamais ne saurait-il être question de chercher à influencer ou à ordonner le phénomène juridique. La théorie du droit est prescriptive à l'égard de la science du droit ; en revanche, elle se veut, s'imagine parfaitement descriptive à l'égard de l'objet-droit. Lorsque la théorie affirme que la science du droit a une fonction descriptive et un contenu axiologique neutre, elle dit non ce que cette science est mais bien ce qu'elle doit être. Partant, au-dessus de la science du droit descriptive se trouve une méta-science prescriptive et idéale. Bobbio le reconnaissait parfaitement lorsqu'il écrivait que, « pour résumer la théorie kelsénienne de la science du droit en une formule à sensations, on pourrait dire qu'elle "prescrit de décrire" ; en d'autres termes, cela signifie qu'une science du droit "neutre" est obtenue au prix d'une méta-science "idéologisée" »[6].

Même si la théorie, *lato sensu*, peut vouloir expliquer la structure du droit positif, ce dernier lui est assez indifférent ; en tout cas se concentre-t-elle essentiellement sur la science du droit, en lui conférant son objet et sa méthode. En conséquence, il est logique que la théorie du droit demeure impassible lorsque le droit positif connaît des évolutions, lorsque les normes et les institutions changent. Certainement, se voulant générale, ne peut-elle

[1] *Ibid.*, p. 61.

[2] F. OST, M. VAN HOECKE, « Théorie du droit », in A.-J. ARNAUD, *Dictionnaire encyclopédique de théorie et de sociologie du droit*, 2e éd, LGDJ, 1993.

[3] P. AMSELEK, *Méthode phénoménologique et théorie du droit*, LGDJ, 1964 ; J.-L. BERGEL, *Théorie générale du droit*, 5e éd., Dalloz, coll. Méthodes du droit, 2012, p. 6.

[4] H. KELSEN, *Théorie pure du droit*, 2e éd., trad. Ch. Eisenmann, Dalloz, 1962, p. 119.

[5] N. BOBBIO, *Essais de théorie du droit*, trad. Ch. Agostini, M. Guéret, LGDJ-Bruylant (Paris-Bruxelles), coll. La pensée juridique, 1998, p. 47.

[6] *Ibid.*, p. 191.

décrire un quelconque contenu matériel commun à tous les systèmes juridiques puisque celui-ci n'existe pas[1] ; et la substance des normes juridiques n'est toujours que l'expression de l'idéologie de ceux qui les posent[2], ce qui est de peu d'intérêt d'un point de vue théorique. Surtout, si elle se concentre sur la forme ou sur la « logique »[3] du droit, comme en témoigne la « pyramide » des normes kelsénienne, et ignore complètement la substance du droit, c'est parce qu'elle se doit de répondre à l'exigence d'objectivité et de rationalité qui implique l'extériorité et le détachement par rapport à des données politiques contingentes. Aussi la théorie du droit serait-elle fondamentalement plus scientifique que la « dogmatique juridique »[4].

Les travaux théoriques comportent généralement peu de références aux normes juridiques positives, si ce n'est aucune, et en cela réside tout particulièrement l'origine du certain isolement dont souffre la théorie du droit parmi les facultés de droit, lesquelles, évidemment à juste titre, sont prioritairement des facultés de droit appliqué. Les théories du droit apparaissent, aux yeux de beaucoup, telles « des spéculations qui n'ont pas d'influence sur la réalité juridique »[5]. Peut-être sont-elles, en définitive et paradoxalement, trop extérieures au droit, c'est-à-dire trop extérieures au droit que pratiquent quotidiennement les juristes.

La crise de la théorie du droit

Le pluralisme du droit est aussi un pluralisme des théories du droit, certaines pouvant être rapprochées, d'autres étant très éloignées et clairement incompatibles. La concurrence parmi elles est féroce et a déjà été souligné combien cela occasionne la crise des théories du droit. Or la théorie syncrétique envisagée par l'auteur de ces lignes ne souhaite guère participer de ces controverses en venant se placer aux côtés des théories préexistantes et en cherchant à les combattre. Tout au contraire, elle aspire à régler ces difficultés, en partie du moins, en proposant auxdites théories un terrain d'entente et de conciliation[6].

[1] M. TROPER, « Les contraintes juridiques dans la production des normes », in É. SERVERIN, A. BERTHOUD, *La production des normes entre État et société civile – Les figures de l'institution et de la norme entre États et sociétés civiles*, L'Harmattan, 2000, p. 30.

[2] *Ibid.*

[3] Réf. à *Arch. phil. droit* 1966, « La logique du droit ».

[4] R. GUASTINI, « Préface », in N. BOBBIO, *Essais de théorie du droit*, trad. Ch. Agostini, M. Guéret, LGDJ-Bruylant (Paris-Bruxelles), coll. La pensée juridique, 1998, p. 5.

[5] R. RICCI, « Le statut épistémologique des théories juridiques : essai de définition d'une pratique scientifique juridique », *Dr. et société* 2002, p. 153.

[6] *Cf.* B. BARRAUD, « L'échelle de juridicité : un outil pour mesurer le droit et fonder une théorie syncrétique (première partie : présentation) », *Arch. phil. droit* 2013, p. 365 s. ; B. BARRAUD,

D'aucuns dressent un constat d'échec de la théorie du droit, laquelle serait « éclatée, [...] entrée dans l'âge de l'éclectisme et du bricolage, ce qui conduit à son affadissement voire à sa mort »[1] ; et d'ajouter : « Le déclin et la crise du droit [...] ne font que traduire le déclin et la crise de la théorie du droit elle-même. Entre la misère de la réalité et la misère du concept il existe une corrélation absolue »[2]. Pareilles observations sont certainement excessives — il faut souvent être excessif pour se faire entendre —. Néanmoins, alors qu'on souligne également le « statut épistémologique extrêmement sommaire »[3] et, plus généralement, les « insuffisances » — qui confinent souvent à la suffisance — de la théorie du droit[4], il s'agit, en faisant de la théorie syncrétique du droit une véritable science des théories du droit, de contribuer au renforcement dudit statut épistémologique de la théorie du droit. Il est certain que le terrain *jus*-théorique, malgré la profusion d'écrits qui le constellent, autorise aujourd'hui une marge de progression importante, ce qui invite à l'investir et à le creuser au moyen d'outils nouveaux.

Cela est d'autant plus important que le droit, par définition, ne saurait se passer de la théorie du droit. Il faut redire combien cette dernière est plus qu'une branche de la recherche juridique ; elle en est le tronc, sur lequel viennent se greffer de la science du droit positif à la linguistique juridique ; elle en est le socle, qui permet à l'anthropologie, à l'histoire ou à l'économie du droit de tenir debout. En d'autres termes, la théorie du droit est la source des sciences juridiques.

Suivant la distinction de Kant, le droit pose deux questions : « qu'en est-il en droit ? » et « qu'en est-il du droit ? »[5]. Tandis que la réponse à la première est à rechercher par la science juridique au sein du droit positif, la réponse à la seconde est à rechercher par la philosophie et/ou par la théorie du droit. Les deux interrogations sont sans commune mesure et la plupart des publications dans le domaine juridique ne s'intéressent qu'à la première, ce qui est heureux et compréhensible par le fait que le monde, la société, l'homme ou la vie sont avant tout des faits et des pratiques qui se passent volontiers des considérations philosophiques et/ou théoriques. En définitive, savoir répondre à « qu'en est-il du droit ? » importerait peu et d'aucuns ont déjà pu constater combien il est aisé de pratiquer le droit, d'être un bon

Théories du droit et pluralisme juridique – t. II : La théorie syncrétique du droit et la possibilité du pluralisme juridique, PUAM (Aix-en-Provence), coll. Inter-normes, 2017.

[1] J. JIANG, « *Quid jus* ? Esquisse d'une théorie dialectique de la définition du droit », *RRJ* 2002, p. 664.

[2] *Ibid.*, p. 665.

[3] R. RICCI, « Le statut épistémologique des théories juridiques : essai de définition d'une pratique scientifique juridique », *Dr. et société* 2002, p. 153.

[4] M. VIRALLY, *La pensée juridique*, LGDJ, 1960, p. XII.

[5] I. KANT, *Critique de la raison pure*, Hartknoch (Riga), 1781 (cité par Ch. ATIAS, « La question de droit », *RTD civ.* 2010, p. 248).

juriste même, sans savoir ce qu'est réellement ou essentiellement, théoriquement ou philosophiquement le droit[1].

Pourtant, la théorie du droit est fondamentale pour la science du droit comme toute théorie est fondamentale pour sa science ; et ce caractère ne saurait jamais se voir démenti, quel que soit l'état « des sociétés inscrites dans la mondialisation où le droit se technicise de plus en plus, où son enseignement devient de plus en plus procédural et statistique »[2]. Puisqu'une théorie est forcément nécessaire pour fonder et organiser une science, nul doute que la théorie du droit est indispensable du point de vue de la science du droit. Peut-être celle-ci ne le reconnaît-elle que ponctuellement, car désormais elle est parfaitement affirmée, mature et émancipée ; reste que la théorie du droit est une discipline fondatrice pour tout le droit, en premier lieu car elle dit ce qu'il est. C'est là une source de motivation intarissable pour qui travaille sur les questionnements qu'elle implique.

Considérée par beaucoup comme une discipline périphérique et sans influence, la théorie du droit est en réalité au cœur du droit. Si cela est souvent insensible, le droit, dans toutes ses dimensions, repose sur des données théoriques. Toute pratique est le fruit d'une conception théorique, même si cela n'est pas toujours conscient et encore moins souvent formalisé. Un commentaire pourra varier radicalement selon que son auteur est tenant de positions jusnaturalistes ou de positions normativistes ; et il y a autant de discours différents sur le droit que de conceptions différentes du droit. C'est pourquoi d'aucuns plaident contre le cloisonnement entre les matières et

[1] Par exemple, Georges Vedel, à qui l'on avait demandé quelle était sa définition du droit, en venait à s'expliquer en ces termes : « Voilà des mois que je sèche laborieusement sur la question, pourtant si apparemment innocente […] : "Qu'est-ce que le droit ?" Cet état, déjà peu glorieux, s'aggrave d'un sentiment de honte. J'ai entendu ma première leçon de droit voici plus de soixante ans ; j'ai donné mon premier cours en chaire voici plus de cinquante ; je n'ai pas cessé de faire métier de juriste tour à tour ou simultanément comme avocat, comme professeur, comme auteur, comme conseil et même comme juge. Et me voilà déconcerté tel un étudiant de première année remettant copie blanche, faute d'avoir pu rassembler les bribes de réponse qui font échapper au zéro. Le pire est que je ne puis justement rendre une feuille immaculée et que je dois expliquer, si ce n'est justifier mon ignorance. L'étudiant est heureux, qui peut se retrancher derrière la surprise de la question posée ou, sans vergogne, avouer sa paresse. Le sujet sur lequel on m'interroge est bien au programme et j'ai honnêtement travaillé. Si bien que me voilà réduit à un examen de conscience. […] Mais, après tout, dans des champs réputés pour leur rigueur, mathématiciens ou physiciens sont, m'a-t-on dit, perplexes sur la définition de l'objet de leur savoir […]. Cette résignation n'est pas glorieuse, mais elle n'est pas incommode. *Je crois qu'il est possible d'être juriste sans avoir une bonne définition du droit* » (G. VEDEL, « Indéfinissable mais présent », *Droits* 1990, n° 11, p. 67 et 70 (souligné dans le texte original)).

[2] É. LE ROY, « Autonomie du droit, hétéronomie de la juridicité – Généralité du phénomène et spécificités des ajustements », Séminaire international *Le nuove ambizioni del sapere del guirista : l'antropologia giuridica e la traduttorologia giuridica*, Rome, 12 mars 2008.

contre l'isolement de la théorie du droit par rapport au reste du discours juridique[1].

Par suite, la théorie du droit doit être précisément distinguée des branches de la recherche juridique qui entretiennent avec elle des liens de parenté mais qui sont loin d'être ses sœurs jumelles. On a pu proposer un schéma présentant des frontières fluides entre les domaines de la théorie du droit, de la philosophie du droit et de la doctrine juridique[2]. La rigueur scientifique prônée au sein du présent ouvrage relatif à la recherche juridique oblige à retenir pareille différenciation et à clairement identifier les critères de distinction.

Le mot « droit » est-il une fenêtre ou bien un mur[3] ? Il est certainement fenêtre et mur à la fois. Les fenêtres n'existant que grâce aux murs qui les encadrent, il faut autant chercher à creuser de nouvelles fenêtres que vouloir ériger de nouveaux murs pour les soutenir. Or il convient de rigoureusement séparer la théorie du droit et la philosophie du droit : dans la maison de la notion de droit, la théorie bâtit des murs quand la philosophie perce des fenêtres.

Orientations et illustrations bibliographiques

ABENSOUR Ch., *Le droit*, Quintette, coll. Philosopher, 1996

ALEXY R., « Idée et structure d'un système du droit rationnel », *Arch. phil. droit* 1988, p. 25 s.

AMSELEK P., *Perspectives critiques d'une réflexion épistémologique sur la théorie du Droit (Méthode phénoménologique et théorie du Droit)*, LGDJ, 1964

AMSELEK P., dir., *Théorie du droit et science*, Puf, coll. Léviathan, 1994

AMSELEK P., « L'acte juridique à travers la pensée de Charles Eisenmann », in *La pensée de Charles Eisenmann*, Economica-PUAM (Paris-Aix-en-Provence), 1986, p. 30 s.

AMSELEK P., « La phénoménologie et le droit », *Arch. phil. droit* 1972, p. 185 s.

AMSELEK P., « Réflexions critiques autour de la conception kelsenienne de l'ordre juridique », *RDP* 1978, p. 13 s.

AMSELEK P., « Le droit, technique de direction publique des conduites humaines », *Droits* 1989, n° 10, p. 7 s.

AMSELEK P., « L'étrangeté ontologique du droit », *Droits* 1990, n° 11, p. 85 s.

AMSELEK P., « La teneur indécise du droit », *RDP* 1991, p. 1199 s.

AMSELEK P., GRZEGORCZYK Ch., dir., *Controverses autour de l'ontologie du droit*, Puf, coll. Questions, 1989

Arch. phil. droit 1966, « La logique du droit »

Arch. phil. droit 1978, « Formes de rationalité en droit »

Arch. phil. droit 1986, « Le système juridique »

Arch. phil. droit 1990, « Vocabulaire fondamental du droit »

ARNAUD A.-J., dir., *Dictionnaire encyclopédique de théorie et de sociologie du droit*, 2e éd., LGDJ, 1993

[1] X. MAGNON, *Théorie(s) du droit*, Ellipses, coll. Universités-Droit, 2008, p. 6.

[2] M. VAN HOECKE, *What is Legal Theory*, Louvain, 1985, p. 64 (cité par R. SÈVE, *Philosophie et théorie du droit*, Dalloz, coll. Cours, 2007, p. 2).

[3] Réf. à M. ROSEMBERG, *Les mots sont des fenêtres ou bien ce sont des murs*, trad. A. Cessotti, C. Secretan, La découverte, 2005.

ATIAS Ch., *Théorie contre l'arbitraire : éléments pour une théorie des théories juridiques*, Puf, 1987

ATIAS Ch., « Quelle positivité ? Quelle notion de droit ? », *Arch. phil. droit* 1982, p. 220 s.

AUSTIN J., *The Province of Jurisprudence Determined*, 1832

AUSTIN J. L., *Quand dire c'est faire* (1962), Le Seuil, 1970

BARRAUD B., *Repenser la pyramide des normes à l'ère des réseaux – Pour une conception pragmatique du droit*, L'Harmattan, coll. Logiques juridiques, 2012

BARRAUD B., *Théories du droit et pluralisme juridique – t. I : Les théories dogmatiques du droit et la fragilité du pluralisme juridique*, PUAM (Aix-en-Provence), coll. Inter-normes, 2016

BARRAUD B., *Théories du droit et pluralisme juridique – t. II : La théorie syncrétique du droit et la possibilité du pluralisme juridique*, PUAM (Aix-en-Provence), coll. Inter-normes, 2017

BARRAUD B., « L'échelle de juridicité : un outil pour mesurer le droit et fonder une théorie syncrétique (première partie : présentation) », *Arch. phil. droit* 2013, p. 365 s.

BARRAUD B., « L'échelle de juridicité : un outil pour mesurer le droit et fonder une théorie syncrétique (seconde partie : application) », *Arch. phil. droit* 2014, p. 503 s.

BECCARIA C., *Traité des délits et des peines*, 1766

BERGEL J.-L., *Théorie générale du droit*, Dalloz, coll. Méthodes du droit, 5e éd., 2012

BEUDANT C., *Le droit individuel et l'État – Introduction à l'étude du droit*, 3e éd., Rousseau, 1920

BOBBIO N., *Théorie de la norme juridique*, Giappichelli (Turin), 1958

BOBBIO N., *Essais de théorie du droit*, trad. M. Guéret, Ch. Agostini, LGDJ-Bruylant (Paris-Bruxelles), coll. La pensée juridique, 1998

BOBBIO N., « Sur le positivisme juridique », in *Mélanges Paul Roubier*, t. I, Sirey, 1961, p. 53 s.

BOBBIO N., « Nouvelles réflexions sur les normes primaires et secondaires », in PERELMAN Ch., dir., *La règle de droit*, Bruylant (Bruxelles), 1971, p. 104 s.

BOBBIO N., « Kelsen et les sources du droit », *Arch. phil. droit* 1982, p. 135 s.

BOURDIEU P., *Esquisse d'une théorie de la pratique*, Droz (Genève), 1972

BOURETZ P., « Le droit et la règle : Herbert L. A. Hart », in BOURETZ P., dir., *La force du droit – Panorama des débats contemporains*, Esprit, 1991, p. 41 s.

BOYER R., SAILLARD Y., *Théorie de la régulation : l'état des savoirs*, La découverte, 1995

BRUNET P., MILLARD É., dir., *Le réalisme juridique scandinave en question*, Presses universitaires de Rouen, 2004

CABRILLAC R., *Introduction générale au droit*, 8e éd., Dalloz, coll. Cours, 2009

CARBONNIER J., *Théorie sociologique des sources du droit*, Association corporative des étudiants en droit de l'Université Panthéon-Sorbonne, 1960-1961

CARBONNIER J., *Flexible droit – Pour une sociologie du droit sans rigueur*, 8e éd., LGDJ, 1995

CARBONNIER J., « Il y a plus d'une définition dans la maison du droit », *Droits* 1990, n° 11, p. 5 s.

CARDOZO B. N., *The Nature of the Judicial Process*, 1921

CARDOZO B. N., *The Paradoxes of Legal Science*, Columbia University Press (New York), 1928

CARRÉ DE MALBERG R., *Confrontation de la théorie de la formation du droit par degrés avec les idées et les institutions consacrées par le droit positif français relativement à sa formation*, Librairie du Recueil Sirey, 1933

CARRÉ DE MALBERG R., « Réflexions très simples sur l'objet de la science juridique », in *Mélanges François Gény*, Sirey, 1935, p. 192 s.

CAYLA O., « Kelsen, Théorie pure du droit », in CAYLA O., HALPÉRIN J.-L., dir., *Dictionnaire des grandes œuvres juridiques*, Dalloz, 2008, p. 320 s.

CHAMPEIL-DESPLATS V., « Bobbio, Essais de théorie du droit », in CAYLA O., HALPÉRIN J.-L., dir., *Dictionnaire des grandes œuvres juridiques*, Dalloz, 2008, p. 61 s.

CHAMPEIL-DESPLATS V., GRZEGORCZYK Ch., TROPER M., *Théorie des contraintes juridiques*, LGDJ, 2005

CHAZAL J.-P., « Philosophie du droit et théorie du droit, ou l'illusion scientifique », *Arch. phil. droit* 2001, p. 303 s.

CHEVALLIER J., « Droit, ordre, institution », *Droits* 1989, n° 10, p. 19 s.

CHEYRONNAUD J., PEDLER E., dir., *Théories ordinaires*, École des hautes études en sciences sociales, 2013

CIURO-CALDANI M. A., « Contribution de la théorie générale des réponses juridiques au plurijuridisme », in BERGEL J.-L., dir., *Le plurijuridisme*, PUAM (Aix-en-Provence), 2005, p. 73 s.

COMBACAU J., « Une manière d'être des choses », *Droits* 1990, n° 11, p. 11 s.

COMTE A., *Discours sur l'esprit positif*, Carillan-Goeury et Vr. Dalmon, 1844

COMTE A., *Auguste Comte and Positivism, the Essential Writings*, University of Chicago Press, 1983

CONDOMINE P., *Essai sur la théorie juridique et sa fonction*, 1912

COPPENS P., LENOBLE J., « Les enjeux d'une question : théorie du droit et de l'État, théorie de la norme, et procéduralisation contextuelle », in COPPENS P., LENOBLE J., dir., *Démocratie et procéduralisation du droit*, Bruylant (Bruxelles), 2000, p. 1 s.

COTTA S., « De l'expérience du droit à sa définition », *Droits* 1990, n° 11, p. 15 s.

CUBERTAFOND B., *La création du droit*, coll. Le droit en questions, Ellipses, 1999

DABIN J., *Théorie générale du droit*, Dalloz, 1969

DABIN J., *Le droit subjectif*, Dalloz, 2007

DABIN J., « La définition du droit », in *Mélanges Paul Roubier*, t. I, Sirey, 1961, p. 199 s.

DAVIES M., *Delimiting the Law*, Pluto Press (Londres), 1996

DE BECHILLON D., *Hiérarchie des normes et hiérarchie des fonctions normatives de l'État*, Economica, 1996

DE BECHILLON D., *Qu'est-ce qu'une règle de droit ?*, Odile Jacob, 1997

DE BÉCHILLON D., « L'Ordre juridique est-il complexe ? », in DE BECHILLON D., dir., *Les défis de la complexité – Vers un nouveau paradigme de la connaissance ?*, L'Harmattan, 1994

DE HAULLEVILLE P. Ch. A., *La définition du droit*, Elibron, coll. Classics series, 1999

DEUMIER P., *Introduction générale au droit*, 2e éd., LGDJ, coll. Manuel, 2013

DIEBOLT S., *Le droit en mouvement – Éléments pour une compréhension constructiviste des transformations complexes des systèmes juridiques*, th., Université de Paris X - Nanterre-La Défense, 2000

DJUVARA M., « Quelques considérations sur la nature des sources et sur la formation du droit positif », in *Mélanges Henri Capitant*, Dalloz, 1939, p. 231 s.

D'ORS A., *Une introduction à l'étude du droit*, trad. A. Sériaux, PUAM (Aix en Provence), 1991

D'ORS A., « Le droit ? Tout ce qu'approuvent les juges », *Droits* 1989, n° 10, p. 51 s.

Droit et société 2002/1, « Une théorie empiriste du droit est-elle possible ? Lectures d'Alf Ross »

Droit et société 1988/10, « Pratiques de recherche, questions théoriques et problèmes épistémologiques sur le droit et la société »

Droits 1989, « Définir le droit 1 », n° 10

Droits 1990, « Définir le droit 2 », n° 11

DUBOUCHET P., *Trois essais pour une théorie générale du droit*, L'Hermès, 1998

DUBOUCHET P., « Herméneutique et théorie normative du droit », *RRJ* 1994, p. 745 s.

DUGUIT L., *L'État, le droit objectif et la loi positive*, Fontemoing, 1901

DUGUIT L., *Traité de droit constitutionnel – Tome premier : la règle de droit, le problème de l'État*, 3e éd., De Boccard, 1927

DUHEM P., *La théorie physique, son objet, sa structure*, 2e éd. (1914), Vrin, 1989

DWORKIN R., « La théorie du droit comme interprétation », *Dr. et Société* 1985, p. 99 s.

EHRLICH E., *Contribution à la théorie des sources du droit*, 1902

ENCINAS DE MUNAGORI R., *Introduction générale au droit*, Flammarion, 2006

FABRE-MAGNAN M., *Introduction générale au droit*, Puf, coll. Licence, 2009

FALCON Y TELLA M. J., *A Three-Dimensional Theory of Law*, trad. H. Shneider, Martinus Nijhoff Publishers (Leiden), 2010

FALCON Y TELLA M. J., « Concepto y fundamento de la validez del derecho », *Civitas* 1994

FALCON Y TELLA M. J., « La tridimensionalidad y el problema de la validez del derecho », *Revista de la Facultad de Derecho de la Universidad Complutense de Madrid* 1989, p. 75 s.

FARINAS DULCE M.-J., « El problema de la validez juridica », *Civitas* 1991

FOIRIERS P., « Règle de droit, essai d'une problématique », in PERELMAN Ch., dir., *La règle de droit*, Bruylant (Bruxelles), 1971

FONTAINE L., « Le pluralisme comme théorie des normes », in FONTAINE L., dir., *Droit et pluralisme*, Nemesis-Bruylant (Bruxelles), coll. Droit et justice, 2007, p. 125 s.

FRYDMAN B., *Les transformations du droit moderne*, Story-Scientia-Fondation Roi Baudoin (Bruxelles), coll. À la rencontre du droit, 1999
FRYDMAN B., « Renouveau et avancée dans la définition du droit », *D.* 2014, p. 989 s.
GARDIES J.-L., *L'erreur de Hume*, Puf, coll. Philosophie d'aujourd'hui, 1987
GASSIN R., « Système et droit », *RRJ* 1981, p. 353 s.
GÉNY F., *Méthode d'interprétation et sources en droit privé positif*, t. I et II, LGDJ, 1954
GÉNY F., *Science et technique en droit privé positif – Nouvelle contribution à la critique de la méthode juridique*, Sirey, t. I, II, III et IV, 1914-1924
GÉNY F., « La notion de droit en France, son présent, son avenir », *Arch. phil. droit* 1931, p. 15 s.
GÉRARD Ph., « L'idée de règle de reconnaissance : valeur, limites et incertitudes », *RIEJ* 2010, n° 65, p. 65 s.
GHESTIN J., GOUBEAUX G., *Introduction générale*, 4e éd., LGDJ, 1994
GOYARD-FABRE S., *Re-penser la pensée du droit*, Vrin, 2007
GRIDEL J.-P., *Introduction au droit et au droit français*, Dalloz, 1994
GRZEGORCZYK Ch., « Le droit comme interprétation officielle de la réalité », *Droits* 1990, n° 11, p. 31 s.
GRZEGORCZIK Ch., MICHAUT F., TROPER M., *Le positivisme juridique*, LGDJ-Story Scientia (Paris-Bruxelles), coll. La pensée juridique, 1993
GUASTINI R., « Alf Ross : une théorie du droit et de la science juridique », in AMSELEK P., dir., *Théorie du droit et science*, Puf, coll. Léviathan, 1994, p. 249 s.
HABIB L., « L'impur objet de la science du droit », *Droits* 1990, n° 11, p. 93 s.
HAESAERT J., *Théorie générale du droit*, Bruylant (Bruxelles), 1948
HALPÉRIN J.-L., « Hart, Le concept de droit », in CAYLA O., HALPÉRIN J.-L., dir., *Dictionnaire des grandes œuvres juridiques*, Dalloz, 2008, p. 240 s.
HALPÉRIN J.-L., « Jellinek, L'État moderne et son droit », in CAYLA O., HALPÉRIN J.-L., dir., *Dictionnaire des grandes œuvres juridiques*, Dalloz, 2008, p. 293 s.
HALPÉRIN J.-L., « Jhering, L'évolution du droit », in CAYLA O., HALPÉRIN J.-L., dir., *Dictionnaire des grandes œuvres juridiques*, Dalloz, 2008, p. 298 s.
HALPÉRIN J.-L., « Romano, L'ordre juridique », in CAYLA O., HALPÉRIN J.-L., dir., *Dictionnaire des grandes œuvres juridiques*, Dalloz, 2008, p. 485 s.
HAMON F., « Quelques réflexions sur la théorie réaliste de l'interprétation », in *Mélanges Michel Troper*, Economica, 2006, p. 487 s.
HART H. L. A., *Le concept de droit* (1961), trad. M. van de Kerchove, Publications des Facultés universitaires Saint-Louis (Bruxelles), 1994
HART H. L. A., *Essays in Jurisprudence and Philosophy*, Clarendon Press (Oxford), 1983
HART H. L. A., « L'importance des définitions en droit », in Ch. GRZEGORCZYK, F. MICHAUT, M. TROPER, *Le positivisme juridique*, LGDJ-Story Scientia (Paris-Bruxelles), coll. La pensée juridique, 1993, p. 89 s.
HART H. L. A., « Sur le réalisme scandinave », *Annales de la Faculté de droit de Strasbourg* 2000, p. 43 s.
HENNETTE-VAUCHEZ S., « Holmes, The Common Law », in CAYLA O., HALPÉRIN J.-L., dir., *Dictionnaire des grandes œuvres juridiques*, Dalloz, 2008, p. 275 s.
HENNETTE-VAUCHEZ S., « Pound, Mechanical Jurisprudence », in CAYLA O., HALPÉRIN J.-L., dir., *Dictionnaire des grandes œuvres juridiques*, Dalloz, 2008, p. 463 s.
HERRERA C.-M., *Théorie juridique et politique chez Hans Kelsen*, Kimé, 1997
HERRERA C. M., dir., *Actualité de Kelsen en France*, LGDJ, coll. La pensée juridique, 2001
HERVADA J., « Le droit dans le réalisme juridique classique », *Droits* 1989, n° 10, p. 31 s.
HOBBES Th., « La loi, source unique du droit », in Ch. GRZEGORCZYK, F. MICHAUT, M. TROPER, *Le positivisme juridique*, LGDJ-Story Scientia (Paris-Bruxelles), coll. La pensée juridique, 1993, p. 301 s.
HOGUE A. R., *Origins of the Common Law*, Liberty Fund (Indianapolis), 1986
HOLMES O. W., *The Common Law*, McMillan (Londres), 1881
HOLMES O. W., *Collected Legal Papers*, Peter Smith (New York), 1952
HOLMES O. W., « The Path of the Law », *Harward Law Review* 1920, p. 457 s.
HONEYBALL S., *Integrity, Community and Interpretation: a Critical Analysis of Ronald Dworkin's Theory of Law*, Aldershot-Ashgate (Brookfield-Darmouth), 1998
HUSSON L., *Nouvelles études sur la pensée juridique*, Dalloz, 1974

IBANEZ P., « Le concept de droit dans tous ses états », *RRJ* 2004, p. 75 s.
INTZESSILOGLOU N., « L'espace-temps du système juridique : de la spatio-temporalité systémique à la spatio-temporalité juridique », *Arch. phil. droit* 1998, p. 285 s.
JAKAB A., « Problèmes de la *stufenbaulehre* – L'échec de l'idée d'indifférence et les perspectives de la théorie pure du droit », *Dr. et société* 2002, p. 411 s.
JELLINEK G., *L'élément juridique dans la science de l'État et la méthode juridique*, trad. G. Fardis, Ch. Bourgoing-Dumonteil, Fontemoing, 1903
JELLINEK G., *L'État moderne et son droit – Deuxième partie : Théorie juridique de l'État*, trad. G. Fardis, Éditions Panthéon-Assas, coll. Les introuvables, 2005
JESTAZ Ph., *Le droit*, 7e éd., Dalloz, coll. Connaissance du droit, 2012
JESTAZ Ph., « La sanction ou l'inconnue du droit », *D.* 1986, p. 197 s.
JIANG J., *Théorie du droit public*, L'Harmattan, coll. Logiques juridiques, 2010
JIANG J., « *Quid jus* ? Esquisse d'une théorie dialectique de la définition du droit », *RRJ* 2002, p. 627 s.
JOUANJAN O., *Une histoire de la pensée juridique en Allemagne (1800-1918)*, Puf, 2005
JOUANJAN O., dir., *Théories réalistes du droit*, Presses universitaires de Strasbourg, 2000
JOURDAN A., *Le droit français*, 1875
KALINOWSKI G., « Trois notions de droit », *Droits* 1989, n° 10, p. 43 s.
KALINOWSKI J., *Querelle de la science normative – Une contribution à la théorie de la science*, LGDJ, 1969
KANTOROWICZ H., *La définition du droit* (1958), Giappichelli (Turin), 1962
KELSEN H., *Théorie pure du droit*, 1ère éd., trad. H. Thévenaz, La Baconnière, 1953
KELSEN H., *The communist Theory of Law*, Steven & Sons (Londres), 1955
KELSEN H., *Théorie pure du droit*, 2e éd., trad. Ch. Eisenmann, Dalloz, 1962
KELSEN H., *Théorie générale des normes*, trad. O. Beaud, F. Malkani, Puf, 1996
KELSEN H., *Théorie générale du droit et de l'État – La doctrine du droit naturel et le positivisme juridique*, trad. B. Laroche, V. Faure, LGDJ-Bruylant (Paris-Bruxelles), coll. La pensée juridique, 1997
KELSEN H., « Positivisme juridique et doctrine du droit naturel », in *Mélanges Jean Dabin*, Sirey, 1963, p. 141 s.
KELSEN H., « Sur le fondement de l'ordre juridique », in Ch. GRZEGORCZYK, F. MICHAUT, M. TROPER, *Le positivisme juridique*, LGDJ-Story Scientia (Paris-Bruxelles), coll. La pensée juridique, 1993, p. 137 s.
KELSEN H., « L'efficacité n'est pas une "*conditio per quam*" de la validité », in Ch. GRZEGORCZYK, F. MICHAUT, M. TROPER, *Le positivisme juridique*, LGDJ-Story Scientia (Paris-Bruxelles), coll. La pensée juridique, 1993, p. 326 s.
KELSEN H., « Théorie pure du droit », in BEHRENDT Ch., BOUHON F., *Introduction à la théorie générale de l'État – Recueil de textes*, Larcier (Bruxelles), coll. Faculté de droit de l'Université de Liège, 2009, p. 9 s.
KELSEN H., « L'ordre juridique », in BEHRENDT Ch., BOUHON F., *Introduction à la théorie générale de l'État – Recueil de textes*, Larcier (Bruxelles), coll. Faculté de droit de l'Université de Liège, 2009, p. 75 s.
KELSEN H., « La théorie juridique de la convention », *Arch. phil. droit* 1940, p. 33 s.
KELSEN H., « Quel est le fondement de la validité du droit ? », *Revue internationale de criminologie et de police technique* 1956, n° 10, p. 161 s.
KELSEN H., « Le système juridique », *Arch. phil. droit* 1986
KELSEN H., « Qu'est-ce que la théorie pure du droit ? », *Dr. et société* 1992, p. 551 s.
KELSEN H., « Une Théorie "réaliste" et la *Théorie pure du droit* – Remarques sur *On law and Justice* d'Alf Ross », *Annales de la Faculté de droit de Strasbourg* 2000, n° 4, p. 15 s.
KNAPP V., « Théorie du Droit et cybernétique », in *Mélanges Léon Julliot de la Morandière*, Dalloz, 1964, p. 233 s.
LABBÉE X., *Les critères de la norme juridique*, Presses universitaires de Lille, coll. Manuels, 1994
LEBEL-GRENIER S., *Pour un pluralisme juridique radical*, th., Université McGill de Montréal, 2002
LEBEN Ch., « Ordre juridique », in ALLAND D., RIALS S., dir., *Dictionnaire de la culture juridique*, Lamy-Puf, coll. Quadrige dicos poche, 2003

LEBEN Ch., « De quelques doctrines de l'ordre juridique », *Droits* 2001, n° 33, p. 19 s.
LE COUSTUMER J.-Ch., « Troper, Pour une théorie juridique de l'État », in CAYLA O., HALPÉRIN J.-L., dir., *Dictionnaire des grandes œuvres juridiques*, Dalloz, 2008, p. 579 s.
LE MOIGNE J.-L., « Les systèmes juridiques sont-ils passibles d'une représentation systémique ? », *RRJ* 1985, p. 155 s.
LEVINSON S., MAILLOUX S., *Interpreting Law and Literature*, Evanston, 1988
LINDHAL L., PECZENIK A., VAN ROERMUND B., dir., *Theory of Legal Science*, Dordrecht (Boston), 1983
LIVET P., *Les Normes – Analyse de la notion, étude de textes : Wittgenstein, Leibniz, Kelsen, Aristote*, Armand Colin, 2006
LUHMANN N., « L'unité du système juridique », *Arch. phil. droit* 1986, p. 163 s.
LUKIC R., *Théorie du droit et de l'État*, trad. M. Gjidara, Dalloz, 1974
LUNDSTEDT A. V., *Legal Thinking Revised (My Views on Law)*, Almqvist & Wiksell (Stockholm), 1956
MACCORMICK N., *Raisonnement juridique et théorie du droit* (1978), trad. J. Gagey, Puf, coll. Les voies du droit, 1996
MARTENS P., *Théories du droit et pensée juridique contemporaine*, Larcier (Bruxelles), coll. Faculté de droit de l'Université de Liège, 2003
MERKL A., *Allgemeines Verwaltungsrecht*, Vienne, 1927
MERKL A., « Das doppelte Rechtsantlitz – Eine Betrachtung aus der Erkenntnistheorie der Rechts », *Juristische Blätter* 1918, p. 425 s.
MIAILLE M., *Une introduction critique au droit*, François Maspero, 1982
MIAILLE M., « Définir le droit », *Droits* 1990, n° 11, p. 41 s.
MIEDZANAGORA J., *Droit positif et théories positivistes du droit*, LGDJ, 1970
MILLARD É., *Théorie générale du droit*, Dalloz, coll. Connaissance du droit, 2006
MILLARD É., « Réalisme », in ALLAND D., RIALS S., dir., *Dictionnaire de la culture juridique*, Lamy-Puf, coll. Quadrige dicos poche, 2003
MILLARD É., « Réalisme scandinave, réalisme américain : un essai de caractérisation », in BRUNET P., MILLARD É., dir., *Le Réalisme juridique scandinave en question*, Presses universitaires de Rouen, 2004
MILLARD É., « Quelques remarques sur la signification politique de la théorie réaliste de l'interprétation », in *Mélanges Michel Troper*, 2006, p. 725 s.
MILLARD É., « Ross, On Law and Justice », in CAYLA O., HALPÉRIN J.-L., dir., *Dictionnaire des grandes œuvres juridiques*, Dalloz, 2008, p. 488 s.
MILLARD É., « Qu'est-ce qu'une norme juridique ? », *Cah. Cons. const.* 2006, n° 21, p. 59 s.
MILLARD É., RUDE-ANTOINE E, YOUNÉS C., « Norme, normativité, juridicité », in RUDE-ANTOINE E., CHRÉTIEN-VERNICOS G., dir., *Anthropologies et droits, état des savoirs et orientations contemporaines*, Dalloz, 2009, p. 77 s.
NICÀCIO C. S., *Médiation et émergence du droit : pour un paradigme de la complexité juridique*, th., Université Paris I - Panthéon-Sorbonne, 2012
OLIVECRONA K., *Law as Fact*, 2e éd., Stevens & Sons (Londres), 1971
OLIVECRONA K., *De la loi et de l'État – Une contribution de l'école scandinave à la théorie réaliste du droit*, trad. P. Jonason, Dalloz, coll. Rivages du droit, 2010
OPPETIT B., *Droit et modernité*, Puf, coll. Doctrine juridique, 1998
OST F., « Essai de définition et de caractérisation de la validité juridique », in HAARSCHER G., RIGAUX F., VASSART P., dir., *Droit et pouvoir – t. I : La validité*, Story Scientia (Bruxelles), 1987, p. 97 s.
OST F., « Le rôle du droit : de la vérité révélée à la réalité négociée », in BELLOUBET-FRIER N., CLAISSE A., TIMSIT G., dir., *Les administrations qui changent*, Puf, coll. Politique d'aujourd'hui, 1996, p. 73 s.
OST F., « Sources et systèmes de droit », in AGUILA Y. et *alii*, *Quelles perspectives pour la recherche juridique ?*, Puf, coll. Droit et justice, 2007, p. 117 s.
OST F., « Entre ordre et désordre : le jeu du droit – Discussion du paradigme autopoiétique appliqué au droit », *Arch. phil. droit* 1986, p. 133 s.
OST F., VAN DE KERCHOVE M., *Le système juridique entre ordre et désordre*, Puf, 1988
OST F., VAN DE KERCHOVE M., *Le droit ou les paradoxes du jeu*, Puf, 1992

OST F., VAN DE KERCHOVE M., *De la pyramide au réseau ? Pour une théorie dialectique du droit*, Publications des Facultés universitaires Saint-Louis (Bruxelles), 2002
OST F., VAN DE KERCHOVE M., « *Juris-dictio* et définition du droit », *Droits* 1989, n° 10, p. 53 s.
PARIENTE-BUTTERLIN I., *Le droit, la norme et le réel*, Puf, coll. Quadrige manuels philosophie, 2005
PASHUKANIS E. B., *La théorie générale du droit et le marxisme* (1924), EDI (Paris), 1970
PATTARO E., dir., *Contributi al Realismo Giuridico*, Giuffre (Milan), 1982
PATTARO E., « Définir le droit », *Droits* 1990, n° 11, p. 47 s.
PECES-BARBA MARTINEZ G., « Une définition normative du droit », *Droits* 1990, n° 11, p. 51 s.
PERELMAN Ch., *Le raisonnable et le déraisonnable en droit*, LGDJ, 1984
PERELMAN Ch., dir., *La règle de droit*, Bruylant (Bruxelles), 1971
PERELMAN Ch., « Ontologie juridique », *Arch. phil. droit* 1982, p. 23 s.
PERRIN J.-F., « Définir le droit… selon une pluralité de perspectives », *Droits* 1989, n° 10, p. 63 s.
PETEV V., « Hans Kelsen et le Cercle de Vienne », in AMSELEK P., dir., *Théorie du droit et science*, Puf, coll. Léviathan, 1994, p. 233 s.
PFERSMANN O., « Hiérarchie des normes », in ALLAND D., RIALS S., dir., *Dictionnaire de la culture juridique*, Lamy-Puf, coll. Quadrige dicos poche, 2003
PICAVET E., *Kelsen et Hart – La norme et la conduite*, Puf, 2000
PIMONT S., « Peut-on réduire le droit en théories générales ? », *RTD civ.* 2009
PLAYOUST O., « Normativité et légitimité du droit », *RRJ* 1993, p. 193 s.
POUND R., « The Call for a Realist Jurisprudence », in *American Legal Realism*, New York, 1993
RAUCENT L., *Pour une théorie critique du droit*, Duculot, 1975
RAZ J., *The Concept of Legal System – An Introduction to the Theory of Legal System*, Clarendon Press (Oxford), 1970
RAZ J., *The Authority of Law*, Clarendon Press (Oxford), 1979
RAZ J., « Legal validity », *Archiv für Rechts und Sozialphilosophie* 1977, p. 339 s.
REALE M., « La science du droit selon la théorie tridimensionnelle du droit », in *Mélanges Jean Dabin*, Sirey, 1963, p. 211 s.
REALE M., « La situation actuelle de la théorie tridimensionnelle du droit », *Arch. phil. droit* 1987, p. 369 s.
REGOURD S., « La part du droit », *Droits* 1990, n° 11, p. 55 s.
RENARD G., *La théorie de l'institution, essai d'ontologie juridique*, Sirey, 1930
RICKERT H., *Théorie de la définition*, Gallimard, 1997
RIGAUX F., « Le droit au singulier et au pluriel », *RIEJ* 1982, n° 9, p. 13 s.
RIPERT G., *Les forces créatrices du droit*, LGDJ, 1955
ROBERT-WANG L., « Règle de droit », in ALLAND D., RIALS S., dir., *Dictionnaire de la culture juridique*, Lamy-Puf, coll. Quadrige dicos poche, 2003
ROGUIN E., *La règle de droit*, F. Rouge (Lausanne), 1889
ROMANO S., *L'ordre juridique* (1946), trad. L. François, P. Gothot, Dalloz, coll. Philosophie du droit, 1975
ROSS A., *On Law and Justice*, University of California Press (Berkeley), 1959
ROSS A., *Directives and Norms*, Routledge & Keegan (Londres), 1968
ROSS A., *Introduction à l'empirisme juridique*, trad. É. Millard, E. Matzner, Bruylant-LGDJ (Bruxelles-Paris), coll. La pensée juridique, 2004
ROSS A., « La validité dépend de l'efficacité », in GRZEGORCZYK Ch., MICHAUT F., TROPER M., *Le positivisme juridique*, LGDJ-Story Scientia (Paris-Bruxelles), coll. La pensée juridique, 1993, p. 323 s.
ROSS A., « Le problème des sources du droit à la lumière d'une théorie réaliste du droit », *Arch. phil. droit* 1934, p. 167 s.
ROUBIER P., *Théorie générale du droit – Histoire des doctrines juridiques et philosophiques des valeurs sociales*, Sirey, 1951
ROUBIER P., « L'ordre juridique et la théorie des sources du droit », in *Mélanges Georges Ripert*, t. I, LGDJ, 1950, p. 9 s.
ROUBIER P., « De la légitimité des situations juridiques », in *Mélanges Jean Dabin*, Sirey, 1963, p. 265 s.

ROUVILLOIS F., *Le droit*, Flammarion, coll. Corpus, 1999
SCARPELLI U., *Qu'est-ce que le positivisme juridique ?*, trad. C. Clavreul, Bruylant-LGDJ (Bruxelles-Paris), coll. La pensée juridique, 1996
SCHMITT C., « Le droit comme unité d'ordre (*Ordnung*) et de localisation (*Ortung*) », *Droits* 1990, n° 11, p. 77 s.
SÈVE R., *Philosophie et théorie du droit*, Dalloz, coll. Cours, 2007
SOURIOUX J.-L., *Introduction au droit*, 2e éd., Puf, coll. Droit fondamental, 1989
SUR S., « Actes, normes, droit : dix mille signes », *Droits* 1990, n° 11, p. 59 s.
TASSITCH G., « Le réalisme et le normativisme dans la science juridique », *Revue internationale de théorie du droit* 1927, n° 3
TERRÉ F., *Le droit*, Flammarion, coll. Dominos, 1999
TERRÉ F., « Une pyramide », *Droits* 1990, n° 11, p. 63 s.
TEUBNER G., *Le droit, un système autopoïétique*, Puf, coll. Les voies du droit, 1993
TEUBNER G., *Droit et réflexivité – L'autoréférence en droit et dans l'organisation*, trad. N. Boucquey, Story scientia-LGDJ (Bruxelles-Paris), 1994
TEUBNER G., dir., *Autopoietic Law: A New Approach to Law and Society*, Walter de Gruyter (Berlin-New York), 1988
TEUBNER G., « Evolution of Autopoietic Law », in TEUBNER G., dir., *Autopoietic Law: A New Approach to Law and Society*, Walter de Gruyter (Berlin-New York), 1988, p. 217 s.
THÉVENAZ H., « Le théorème de Gödel et la norme fondamentale de Kelsen », *Dr. et société* 1986, p. 533 s.
THIBIERGE C., « Au cœur de la norme : le tracé et la mesure – Pour une distinction entre normes et règles de droit », *Arch. phil. droit* 2008, p. 251 s.
THOMAS Y., *Mommsen et l'Isolierung du droit*, De Boccard, 1984
TIMSIT G., *Thèmes et systèmes de droit*, Puf, coll. Les voies du droit, 1986
TIMSIT G., *L'archipel de la norme*, Puf, 1997
TIMSIT G., « Système juridique », in ALLAND D., RIALS S., dir., *Dictionnaire de la culture juridique*, Lamy-Puf, coll. Quadrige dicos poche, 2003
TIMSIT G., « Sur l'engendrement du droit », *RDP* 1988, p. 39 s.
TIMSIT G., « Sept propositions (plus une) pour une définition systémale du droit », *Droits* 1989, n° 10, p. 93 s.
TROPER M., *Pour une théorie juridique de l'État*, Puf, coll. Léviathan, 1994
TROPER M., *La théorie du droit, le droit, l'État*, Puf, coll. Léviathan, 2001
TROPER M., « Normativisme », in ALLAND D., RIALS S., dir., *Dictionnaire de la culture juridique*, Lamy-Puf, coll. Quadrige dicos poche, 2003
TROPER M., « Science du droit », in ALLAND D., RIALS S., dir., *Dictionnaire de la culture juridique*, Lamy-Puf, coll. Quadrige dicos poche, 2003
TROPER M., « La théorie de l'interprétation et la structure de l'ordre juridique », *Revue internationale de philosophie* 1981, p. 519 s.
TROPER M., « Système juridique et État », *Arch. phil. droit* 1986, p. 29 s.
TROPER M., « Une théorie réaliste de l'interprétation », *Annales de la Faculté de droit de Strasbourg* 2000, n° 4, p. 51 s.
TROPER M., « Ross, Kelsen et la validité », *Dr. et société* 2002, p. 43 s.
TWINING W., *Globalization and Legal Theory*, Butterworths (Londres), 2000
VAN DE KERCHOVE M., « L'influence de Kelsen sur les théories du droit dans l'Europe francophone », in KELSEN H., *Théorie pure du droit*, 1ère éd., trad. H. Thévenaz, Publications des Facultés universitaires Saint Louis (Bruxelles), 1988
VAN DE KERCHOVE M., « Les rapports entre systèmes juridiques : entre clôture et ouverture », in BERGEL J.-L., dir., *Le plurijuridisme*, PUAM (Aix-en-Provence), 2005, p. 37 s.
VAN QUICKENBORNE M., « Quelques réflexions sur la notion de validité », *Arch. phil. droit* 1968, p. 185 s.
VERNENGO R., « Le droit est-il un système ? », *Arch. phil. droit* 1991, p. 253 s.
VIRALLY M., « Notes sur la validité du droit et son fondement », in *Mélanges Charles Eisenmann*, Cujas, 1975, p. 459 s.
VIRALLY M., « Un tiers droit ? Réflexions théoriques », in *Mélanges Berthold Goldman*, Litec, 1982, p. 373 s.
VIRALLY M., « Le phénomène juridique », *RDP* 1966, p. 6 s.

WILLKE H., « Le droit comme codage de la puissance publique légitime », *Droits* 1989, n° 10, p. 113 s.
WROBLEWSKY J., « Validité des normes juridiques, approche analytique », in HAARSCHER G., RIGAUX F., dir., *Droit et pouvoir – t. I : La validité*, Story-Scientia (Bruxelles), 1987, p. 135 s.

Chapitre 2

La philosophie du droit

La distinction de la philosophie et de la théorie du droit

L'édition originale des *Meditationes de prima philosophia* de Descartes a été, quelques années plus tard, traduite en français sous le nom *Méditations métaphysiques*[1]. Le raccourci paraît évident : la philosophie serait la métaphysique et la philosophie du droit serait la métaphysique du droit. Mais les raccourcis ne sont pas toujours les meilleurs chemins à emprunter et, pour beaucoup, « philosophie du droit » — expression notamment tirée des *Principes de la philosophie du droit* de Hegel[2] — et « théorie du droit » désigneraient peu ou prou la même matière[3], si ce n'est strictement la même matière, alors parfaitement unitaire[4]. Seules des « options épistémologiques » différentes sépareraient ces deux expressions[5] qui ont en tout cas en commun d'appartenir au monde de la gnoséologie, *i.e.* du rapport de connaissance aux choses. On intitulerait un ouvrage « théorie du droit » plutôt que « philosophie du droit » simplement par « souci d'humilité »[6] ; ou « théorie du droit » permettrait de désigner la philosophie du droit des juristes quand « philosophie du droit » servirait à évoquer la philosophie sur le droit des philosophes[7].

[1] R. DESCARTES, *Méditations métaphysiques*, 1647.

[2] G. W. F. HEGEL, *Principes de la philosophie du droit* (1821), Flammarion, 1999 ; G. MARMASSE, *Force et fragilité des normes – Les Principes de la philosophie du droit de Hegel*, Puf, coll. Série philosophie, 2011.

[3] Par exemple, G. VEDEL, « Indéfinissable mais présent », *Droits* 1990, n° 11, p. 68.

[4] Par exemple, J.-P. CHAZAL, « Philosophie du droit et théorie du droit, ou l'illusion scientifique », *Arch. phil. droit* 2001, p. 303 s. ; G. GURVITCH, *Le temps présent et l'idée du droit social*, Vrin, 1932 ; G. GURVITCH, *Éléments de sociologie juridique*, Aubier, 1940.

[5] J.-P. CHAZAL, « Philosophie du droit et théorie du droit, ou l'illusion scientifique », *Arch. phil. droit* 2001, p. 305.

[6] *Ibid.*, p. 317.

[7] *Ibid.*, p. 319. Paul Roubier écrivait : « La philosophie du droit fait partie de la philosophie ; dès lors, elle doit demeurer le domaine des philosophes. […] En d'autres termes, ce livre n'est pas l'œuvre d'un philosophe, il est l'œuvre d'un juriste » (P. ROUBIER, *Théorie générale du droit*, 2e éd., Sirey, 1951 (cité par J.-P. CHAZAL, « Philosophie du droit et théorie du droit, ou l'illusion scientifique », *Arch. phil. droit* 2001, p. 319)). Donc, selon cet auteur, la philosophie du droit et la théorie du droit auraient strictement le même objet et seule la formation académique des auteurs distinguerait les sphères de la philosophie et de la théorie.

La traduction française de *L'Ordre juridique* de Santi Romano a été publiée au sein d'une collection intitulée « Philosophie du droit »[1] ; et la première présentation de l' « échelle de juridicité » par l'auteur de ces lignes a été permise en une livraison des *Archives de philosophie du droit*[2], lesquelles proposent sans doute autant de contributions relevant de la théorie du droit que de contributions relevant de la philosophie du droit. Ainsi se pose la question « qu'est-ce que la philosophie du droit ? »[3] ; cela avec d'autant plus d'acuité que le concours d'agrégation en droit privé comporte une spécialité « philosophie du droit ». Quant à la « doctrine du droit », elle peut, *lato sensu*, correspondre tant à la théorie qu'à la philosophie du droit[4] ; mais, *stricto sensu*, elle n'est réductible et ne correspond ni à l'une ni à l'autre dimension[5].

Certainement définir est-ce spéculer, dans une certaine mesure du moins, si bien que des auteurs retiennent que seule la philosophie pourrait définir le mot « droit »[6] ; le philosophe aurait « seul la compétence de dire ce qu'est le droit »[7]. L'intention de théoriser le droit serait inutile, si ce n'est dangereuse[8]. Kant déjà soutenait que les juristes auraient à travailler sur l'état du droit positif, tandis que la question de la définition du droit relèverait de la philosophie du droit[9]. Selon la célèbre formule du philosophe de Königsberg, le juriste dit ce qui est droit (« *quid iuris* »), le philosophe dit ce qu'est le droit (« *quid ius* »). Mais il paraît bien difficile de trouver la justification de cette compétence définitionnelle ; et il n'est guère surprenant que pareille assertion soit le fait d'auteurs soutenant une ontologie métaphysique du phénomène juridique[10]. De plus, ce partage kantien des compétences entre le philosophe et le juriste a engendré une difficulté regrettable, inhérente à toute spécialisation excessive du savoir : l'isolement

[1] S. ROMANO, *L'ordre juridique*, trad. L. François, P. Gothot, Dalloz, coll. Philosophie du droit, 1975.

[2] B. BARRAUD, « L'échelle de juridicité : un outil pour mesurer le droit et fonder une théorie syncrétique (première partie : présentation) », *Arch. phil. droit* 2013, p. 365 s.

[3] *Arch. phil. droit* 1962, « Qu'est-ce que la philosophie du droit ? »

[4] P. DUBOUCHET, *Philosophie et doctrine du droit chez Kant, Fichte et Hegel*, L'Harmattan, 2005.

[5] *Cf.* CURAPP, *La doctrine juridique*, Puf, 1993.

[6] P. DEUMIER, *Introduction générale au droit*, 2e éd., LGDJ, coll. Manuel, 2013, p. 13 ; également, L. FRANÇOIS, *Le problème de la définition du droit – Introduction à un cours d'évolution de la philosophie du droit à l'époque contemporaine*, Faculté de droit, d'économie et de sciences sociales de Liège (Liège), 1978.

[7] A. SÉRIAUX, « Jalons pour la récupération d'une conception métaphysique du droit », *Droits* 1989, n° 10, p. 85.

[8] *Cf.* M. VILLEY, *Philosophie du droit – Définitions et fins du droit – Les moyens du droit*, Dalloz, coll. Bibliothèque Dalloz, 2001.

[9] Ch. ATIAS, « La question de droit », *RTD civ.* 2010, p. 248.

[10] I. KANT, *Principes métaphysiques du droit*, Ladrange, 1837 ; I. KANT, *Éléments métaphysiques de la doctrine du droit*, Durand, 1853 ; A. SÉRIAUX, « Jalons pour la récupération d'une conception métaphysique du droit », *Droits* 1989, n° 10, p. 85 s.

et l'incompréhension mutuelle ; *a fortiori* dès lors que Kant disait du droit qu' « il n'est en soi, indépendamment de la philosophie, qu'une belle tête, mais sans cervelle »[1]. Ainsi Michel Villey écrivait-il : « Nous nous défions de toutes ces idoles contemporaines de la philosophie [...]. Parce que, encore moins aujourd'hui qu'au XVIIIe s., les philosophes de la Sorbonne n'ont d'expérience en notre domaine. [...] L'intérêt véritable de ces philosophes ne va, pas plus que celui de Kant, à la justice des juristes, mais à un rêve d'expansion et de liberté ou d'égalité universelle, ou de transformation politique future de l'humanité »[2].

La quête philosophique de l'essence naturelle, universelle et éternelle du droit et de la justice

Il revient à la théorie du droit de définir le droit objet de la science du droit qu'elle institue, quand la philosophie du droit également cherche la quiddité du droit. La différence est qu'il s'agit de deux formes incomparables de définition en même temps que de méthode de recherche de la définition : d'une part, la théorie du droit recherche la définition objective et raisonnable du droit ; d'autre part, la philosophie du droit quête l'essence universelle et éternelle[3] du phénomène juridique, en recourant largement à la spéculation et à la stipulation. En somme, la théorie recherche une possible réalité du droit quand la philosophie recherche une impossible vérité du droit, en particulier la vérité de ses fins[4]. La philosophie ne semble donc être composée que d'opinions, ce qui interdit qu'elle puisse se tromper ou commettre des erreurs[5]. Et Gurvitch de retenir que « la philosophie est l'étude des valeurs et des idées [...] au point de vue de leur *véracité* »[6] — véracité nécessairement subjective et idéologisée —. Qui aborde la question philosophique doit admettre *ab initio* l'impossibilité de parvenir à une quelconque vérité[7]. La « réflexion sur [l]es structures idéales »[8] ne saurait permettre l'acquisition d'un savoir véritable, soit un

[1] I. KANT, *Éléments métaphysiques de la doctrine du droit*, Durand, 1853.

[2] M. VILLEY, *Critique de la pensée juridique moderne – Douze autres essais* (1976), Dalloz, coll. Bibliothèque Dalloz, 2009, p. 225 (cité par A. PUNZI, « Pour une philosophie réaliste du droit – Villey et les équivoques sur le droit naturel », *Dr. et société* 2009, p. 71).

[3] Par exemple, J. FREUND, *L'Essence du politique*, Sirey, 1981.

[4] Par exemple, M. VILLEY, *Philosophie du droit – Définition et fins du droit*, Dalloz, coll. Précis, 1975 ; H. BATIFFOL, *La philosophie du droit*, Puf, 1966 ; F. CASTBERG, *La philosophie du droit*, Pedone, 1970 ; Ch. ATIAS, *Philosophie du droit*, 3e éd., Puf, coll. Thémis droit, 2012.

[5] *Contra*, J.-L. GARDIES, *L'erreur de Hume*, Puf, coll. Philosophie d'aujourd'hui, 1987.

[6] G. GURVITCH, *Éléments de sociologie juridique*, Aubier, 1940, p. 262 (souligné dans le texte original).

[7] P. DEUMIER, *Introduction générale au droit*, 2e éd., LGDJ, coll. Manuel, 2013, p. 41.

[8] G. GURVITCH, *L'expérience juridique et la philosophie pluraliste du droit*, Pedone, 1935, p. 16.

savoir sur la réalité du monde et de la société. C'est pourquoi il n'y aurait guère que des essais qui pourraient être proposés[1].

Peut-être faut-il considérer que seule la théorie du droit répond à la question « qu'est-ce que le droit ? », car la philosophie, pour sa part, répond, parmi d'autres « grandes questions »[2], à « qu'est-ce que le juste ? » et à « qu'est-ce que la justice ? »[3]. « Philosophie » signifie étymologiquement « amour de la sagesse », ce que confirmaient Platon dans *Le Banquet*[4] et Descartes lorsqu'il présentait la philosophie comme le fait d' « être le seul homme à jeun dans l'ébriété universelle »[5]. La philosophie du droit serait donc « l'amour du droit sage », c'est-à-dire du droit juste, du droit bon, du droit droit. Cette étymologie rapproche philosophie et théorie qui se ressemblent en ce qu'elles ne sont « ni critique, ni apologie »[6]. Cependant, la définition philosophique du droit, loin de sa définition théorique, correspond à la description qu'Ulpien proposait, dans le *Digeste*, de la jurisprudence : « connaissance des choses divines et humaines, science du juste et de l'injuste »[7]. Le travail du jurisprudent, qualifié par le jurisconsulte de « prêtre »[8], est alors de rendre la justice conformément à sa connaissance du bon et de l'équitable ; et Ulpien de conclure ce fragment en affirmant que ce travail constitue la « *veram philosophiam* » (vraie philosophie)[9].

Cela conduit à hiérarchiser, assez subjectivement, les valeurs pour accorder aux unes la prééminence par rapport aux autres. Chez Platon, Aristote et la philosophie antique, la philosophie politique — en laquelle réside sans doute l'ancêtre de la philosophie juridique[10] — consiste en « une enquête sur la justice, fondée sur la compréhension de la nature de l'homme,

[1] Par exemple, M. VILLEY, *Seize essais de philosophie du droit*, Dalloz, 1969.

[2] S. GOYARD-FABRE, R. SÈVE, *Les grandes questions de la philosophie du droit*, 2e éd., Puf, coll. Questions, 1993.

[3] J. RAWLS, *Théorie de la justice* (1971), trad. C. Audard, Le Seuil, 1987.

[4] PLATON, *Le Banquet* (vers 380 av. J.-C.), trad. L. Brisson, Flammarion, coll. GF, 2007.

[5] Cité par R. ENTHOVEN, « Moby Dick - Melville », Le gai savoir, France culture, 7 avr. 2013.

[6] A. VAN REETH, « Philosophie du réseau (1/4) : le rhizome, Deleuze et Guattari », Les nouveaux chemins de la connaissance, France culture, 25 nov. 2013.

[7] Cité par J.-P. CHAZAL, « Philosophie du droit et théorie du droit, ou l'illusion scientifique », *Arch. phil. droit* 2001, p. 307.

[8] Ulpien écrivait que « le droit est l'art du bon et de l'équitable et c'est à bon droit qu'on qualifie [les juristes] de prêtres car nous exerçons la justice et nous faisons connaître ce qui est bon et équitable » (*Institutes*, 533, L. I (cité par A. LECA, *La lyre de Thémis ou la poésie du droit*, PUAM (Aix-en-Provence), coll. Histoire du droit, 2011, p. 38)).

[9] Cité par A. LECA, *La lyre de Thémis ou la poésie du droit*, PUAM (Aix-en-Provence), coll. Histoire du droit, 2011, p. 38.

[10] Platon et Aristote n'accordaient au droit qu'une position subordonnée ; ils se plaçaient dans le cadre d'une « constitution » dont les principes fondamentaux sont politiques et non juridiques. Les « Anciens » pensent en général le droit à partir de la politique, tandis que les « Modernes » tendent au contraire à placer la philosophie politique sous la dépendance de la philosophie du droit (Ph. RAYNAUD, « Anciens et modernes », in D. ALLAND, S. RIALS, dir., *Dictionnaire de la culture juridique*, Lamy-Puf, coll. Quadrige-dicos poche, 2003, p. 50).

et son premier but [est] d'élucider les relations entre le “juste” par nature et le “juste” légal »[1]. En ce sens, la définition philosophique porte une explicite prétention normative, là où la définition théorique est voulue descriptive. La description explicative est la perspective de la théorie du droit ; la justification normative est la perspective de la philosophie du droit. Le philosophe du droit définit le Droit qui lui sert d'étalon pour juger le droit ; la philosophie du droit se conçoit alors comme une « métaphysique juridique »[2].

Communauté de fins et divergence de moyens entre philosophie et théorie du droit

Ces explications impliquent que beaucoup de propositions habituellement qualifiées de « théories » relèvent davantage de la philosophie. Il serait tout autant contradictoire de parler de « théorie du droit naturel » que de parler de « philosophie du droit positif » et, selon les auteurs les plus prolixes sur la question, « le droit naturel est le point d'aboutissement de toute philosophie du droit »[3], « l'idée du droit naturel conserve pour la philosophie du droit une valeur fonctionnelle et directive dont il n'est guère possible de faire l'économie »[4]. « Philosophie du droit » et « droit naturel » ont même pu être, à une époque, considérés en tant que parfaits synonymes[5]. À moins qu'il faille distinguer les théories scientifiques du droit et les théories philosophiques du droit. Mais alors il existerait des degrés de scientificité et de philosophicité et une théorie pourrait se situer à mi-chemin entre ces deux pôles. Ce ne serait dès lors pas un gouffre mais un pont qui séparerait théorie et philosophie du droit.

En somme, théorie et philosophie du droit partagent les mêmes fins mais pas les mêmes moyens. Les « problèmes de base de la philosophie du droit » ne sont pas très éloignés des « problèmes de base de la théorie juridique » : il s'agit de comprendre « ce qu'est [le droit], à quoi il se reconnaît, quels sont ses buts et ses fondements »[6] — ces deux derniers

[1] Ph. RAYNAUD, « Anciens et modernes », in D. ALLAND, S. RIALS, dir., *Dictionnaire de la culture juridique*, Lamy-Puf, coll. Quadrige-dicos poche, 2003, p. 48.
[2] J.-L. BERGEL, *Théorie générale du droit*, 5e éd., Dalloz, coll. Méthodes du droit, 2012, p. 5.
[3] A. SÉRIAUX, « Droit naturel », in D. ALLAND, S. RIALS, dir., *Dictionnaire de la culture juridique*, Lamy-Puf, coll. Quadrige-dicos poche, 2003, p. 507.
[4] S. GOYARD-FABRE, « École du droit naturel moderne et rationalisme juridique moderne (XVIIe-XVIIIe) », in D. ALLAND, S. RIALS, dir., *Dictionnaire de la culture juridique*, Lamy-Puf, coll. Quadrige-dicos poche, 2003, p. 571.
[5] H. AHRENS, *Cours de droit naturel ou de philosophie du droit*, 7e éd., Brockaus (Leipzig), 1875.
[6] H. BATIFFOL, *Problèmes de base de philosophie du droit*, LGDJ, 1979, p. 8 (cité par J.-L. BERGEL, *Théorie générale du droit*, 5e éd., Dalloz, coll. Méthodes du droit, 2012, p. 21).

éléments étant néanmoins propres au point de vue philosophique[1] —. Mais les deux disciplines empruntent des chemins extrêmement différents pour parvenir à quelques réponses[2] : la théorie du droit passe par le droit, la philosophie du « droit » passe par un « droit-métaphysique » ou « supra-positif »[3] et par un « point de vue fondationnel »[4].

Et, comme la théorie qui connaît différents courants, la philosophie du droit connaît plusieurs écoles que décrivait, notamment, Paul Roubier[5]. Certaines, très philosophiques, n'ont rien de théorique quand d'autres, moins philosophiques, comportent des dimensions théoriques. Les niveaux de théoricité et de philosophicité sont inversement proportionnels les uns par rapport aux autres. De plus, là encore à l'identique de la théorie du droit, la philosophie du droit est susceptible d'être générale ou spéciale — c'est-à-dire concentrée sur une branche ou une question particulière du droit, à l'instar, par exemple, de la philosophie de la propriété[6] —.

La majorité des ouvrages de théorie du droit ont en commun de s'opposer, plus ou moins explicitement selon les auteurs, à la philosophie du droit et d'expliquer, dans leurs introductions, qu'il s'agit là de deux matières bien distinctes, autonomes et irréductibles l'une à l'autre. Le professeur Éric Millard, néanmoins, fait de la philosophie du droit une méta-discipline qui comporterait deux sous-disciplines : la théorie du droit et la théorie de la justice[7]. Cette architecture aurait été mise en place grâce aux travaux des philosophes britanniques Bentham et Austin, au tournant des XVIIIe et XIXe s., puis renforcée par Kelsen[8]. Pourtant, s'il est tout-à-fait imaginable que, par exemple, la philosophie du droit comprenne la philosophie de la justice, il est en revanche peu probable qu'une philosophie puisse se scinder en différentes théories, à moins de considérer comme synonymes « théorie » et « philosophie ». Et, lorsque Kelsen créa, en 1926, la *Revue internationale de la théorie du droit*, l'une de ses principales motivations résidait dans l'intention de se couper de la philosophie du droit, considérée par lui comme inséparable du jusnaturalisme.

Les dictionnaires sont clairs : une théorie est une « construction intellectuelle, hypothétique et synthétique, organisée en système et vérifiée par un protocole expérimental ; [un] ensemble de lois formant un système

[1] G. DUFOUR-KOWALSKA, « Philosophie du fondement et fondement du droit », *Arch. phil. droit* 1982, p. 202 s.

[2] P. ROUBIER, *Théorie générale du droit – Histoire des doctrines juridiques et philosophiques des valeurs sociales*, Sirey, 1951.

[3] R. SÈVE, *Philosophie et théorie du droit*, Dalloz, coll. Cours, 2007, p. 64.

[4] *Ibid.*, p. 2.

[5] *Cf.* P. ROUBIER, *Théorie générale du droit*, 2e éd., Sirey, 1951, n° 37.

[6] Par exemple, H. BATIFFOL, *Aspects philosophiques de droit international privé* (1956), Dalloz, coll. Bibliothèque Dalloz, 2002.

[7] É. MILLARD, *Théorie générale du droit*, Dalloz, coll. Connaissance du droit, 2006, p. 3.

[8] *Ibid.*

cohérent et servant de base à une science, ou rendant compte de certains faits »[1] ; tandis qu'une philosophie est un « ensemble de questions [et de réponses ?] que soulèvent la psychologie, la logique, la morale, l'esthétique ; [...] toute explication ou spéculation sur le devenir de l'humanité, sur la signification du mouvement de l'histoire »[2]. Il est remarquable que ces mêmes dictionnaires relèvent que le sens de « philosophie » a longtemps été très voisin du sens actuel de « théorie ». Ainsi notent-ils que, de l'Antiquité jusqu'au XIXe s., une philosophie était « toute connaissance rationnelle quel que soit son objet ; [un] système général des connaissances humaines ; [une] connaissance qui se fonde sur l'expérience, la raison, et est hostile à la révélation »[3]. Et ils ajoutent que, au XIXe s., une philosophie se concevait essentiellement en tant que « fondements généraux, principes de base d'une science ». Mais, si les dictionnaires prennent ainsi soin de souligner le caractère historique et inactuel de ces définitions, cela montre combien la philosophie ne saurait, aujourd'hui, être comprise en ces sens. La philosophie du droit comporterait un volet idéologique et un volet méthodologique, ce dernier correspondant à la théorie du droit[4]. Il semble que, à l'aube du XXIe s., ladite philosophie se réduise au premier volet, la théorie du droit étant devenue une figure de la connaissance juridique autonome, située à côté et non en-dessous de la philosophie du droit. Toutes deux visent la connaissance abstraite et non l'action concrète comme, par exemple, la méthodologie juridique ou la légistique, ce qui les rapproche ; mais il serait aventureux de les confondre.

Nombre d'ouvrages intitulés « philosophie du droit » datent du XIXe s.[5]. Certainement les juristes ont-ils longtemps fait de la philosophie l'âme de leur discipline avant de peu à peu s'en détourner pour, désormais, ne la regarder que de manière distante et, en définitive, assez dédaigneuse. Cela coïncide strictement avec le passage, en tant que conception dominante du droit, du jusnaturalisme au juspositivisme. Lorsque, au cours du XIXe s., Auguste Comte développait un courant de pensée alors très moderne appelé « positivisme »[6], depuis toujours le droit était compris comme justice divine ou, du moins, naturelle. Mais, progressivement quoique rapidement, une nouvelle vision du droit se développa, tendant à marginaliser l'approche

[1] V° « Théorie », in *Trésor de la langue française*.
[2] V° « Philosophie », in *Trésor de la langue française*.
[3] *Ibid.*
[4] É. MILLARD, *Théorie générale du droit*, Dalloz, coll. Connaissance du droit, 2006, p. 3.
[5] J.-P. CHAZAL, « Philosophie du droit et théorie du droit, ou l'illusion scientifique », *Arch. phil. droit* 2001, p. 311 (qui cite les travaux de Lerminier (*Philosophie du droit*, 1831), Belime (*Philosophie du droit*, 1843), Oudot (*Premiers essais de philosophie du droit*, 1846) et Boistel (*Cours de philosophie du droit*, 1899)).
[6] A. COMTE, *Discours sur l'esprit positif*, Carillan-Goeury et Dalmon, 1844 ; G. LENZER, *Auguste Comte and Positivism. The Essential Writings*, University of Chicago Press (Chicago), 1983.

philosophique. Désormais, la théorie se présente pour un nombre très important d'auteurs comme une activité positive consistant à décrire et à expliquer son objet loin de toutes considérations axiologiques. Pendant ce temps, la philosophie du droit a subi les foudres des juristes ; elle a connu, après le succès, le discrédit et la dérision[1] ; bien que, à partir des années 1950, les travaux de Michel Villey ou Henri Batiffol ont contribué à redorer en partie son blason. Il faut, en tout cas, soutenir qui présente horizontalement « la matière juridique [...] divisée en trois branches : la science du droit, la philosophie du droit et la théorie du droit »[2]. Comte ne pourrait plus intituler son cours « cours de philosophie positive », car il commettrait alors une *contradictio in adjecto* ; la philosophie d'aujourd'hui n'est pas celle d'hier[3].

La philosophie du droit comme politique macro-juridique

Comme l'a noté Dworkin, il est évident que « les juristes sont toujours des philosophes »[4] ; « la philosophie est consubstantielle au droit »[5]. Pour un philosophe, tout acte et même toute chose comprend une part de philosophie. La philosophie du droit, dès lors, imprègnerait toute la sphère juridique. Seulement importe-t-il, en ces lignes, de comprendre les notions dans leurs sens précis davantage que dans leurs sens larges. Il ne faut surtout pas considérer que tout serait philosophie du droit ; car si tout est philosophie du droit, rien n'est philosophie du droit. Une expression permettant de désigner n'importe quel objet ne permet de désigner aucun objet, ni même aucune catégorie d'objets. Mais restreindre les dimensions de la philosophie du droit n'est guère chose aisée. A déjà été souligné combien il est tentant — et courant — de la caractériser au départ des éléments propres à la théorie du droit.

Revenir à Kelsen est alors utile. L'illustre théoricien-constitutionnaliste enseignait que la distinction entre la philosophie et la théorie du droit est aisée tant chacune œuvre en une sphère épistémique particulière et poursuit des buts propres : « La philosophie du droit cherche à répondre à la question de savoir quelles règles le droit doit adopter ou établir, en d'autres termes son sujet spécifique est le problème de la justice. [...] Tout au contraire, la théorie du droit a pour sujet le droit tel qu'il est en

[1] P. AMSELEK, « L'étrangeté ontologique du droit », *Droits* 1990, n° 11, p. 85.
[2] R. RICCI, « Le statut épistémologique des théories juridique : essai de définition d'une pratique scientifique juridique », *Dr. et société* 2002, p. 178.
[3] *Arch. phil. droit* 1988, « La philosophie du droit aujourd'hui » ; *Arch. phil. droit* 1965, « Philosophes d'aujourd'hui en présence du droit ».
[4] R. DWORKIN, *L'empire du droit* (1986), Puf, coll. Recherches politiques, 1994, p. 413.
[5] J.-P. CHAZAL, « Philosophie du droit et théorie du droit, ou l'illusion scientifique », *Arch. phil. droit* 2001, p. 306.

fait, effectivement [...] »[1]. La différence paraît nette : la philosophie s'intéresse au droit tel qu'il doit ou devrait-être, ce qui implique de recourir à la subjectivité, aux valeurs et à la prescription ; la théorie du droit aborde objectivement le droit tel qu'il est. Alors que cette dernière n'a d'égards que pour le droit, la première s'inscrit dans une constante confrontation entre le droit et la morale ; alors que cette dernière se concentre sur la forme et la structure du droit, la première ne se préoccupe que de sa substance et des fins qu'il poursuit. Kelsen distinguait science juridique et politique juridique[2]. *La philosophie du droit est au macro-droit ce que la politique juridique est au micro-droit* — et la théorie du droit est au macro-droit ce que la science juridique est au micro-droit —.

De plus en plus d'auteurs en conviennent : « La philosophie du droit est une analyse qui adopte des positions idéologiques et morales au regard du droit jugé le meilleur »[3] ; elle « fourni[t] des modèles de justification dans une perspective tant politique qu'axiologique »[4]. Alors que la philosophie du droit est essentiellement tournée vers la recherche des fins du droit, la théorie du droit a été qualifiée par Michel Villey de « mort des fins »[5]. Ainsi, sans doute le « droit nazi » apparaît-il parfaitement juridique aux yeux du théoricien en même temps que totalement ajuridique du point de vue du philosophe.

La philosophie du droit : de la philosophie plus que du droit

Les rapports entre le droit et la morale constituent l'un des problèmes fondateurs de la philosophie du droit[6]. Dès lors, elle ne saurait être, tout au plus, qu'à-demi juridique ; à moins de considérer que droit et morale ne constitueraient pas deux univers distincts mais plutôt une seule et même chose, vision qui, justement, reconduit directement à la définition philosophique du droit. Partant, il semble que la philosophie du droit soit une matière juridique pour les philosophes du droit, mais une matière extrajuridique au sens des non-philosophes du droit. Et le professeur Otto Pfersmann de raccrocher très justement la philosophie du droit à la politique et à l'éthique[7] ; quand le professeur Alain Sériaux ne voit que des nuances

[1] H. KELSEN, « Qu'est-ce que la philosophie du droit ? », *Arch. phil. droit* 1962, p. 131.
[2] H. KELSEN, *Théorie pure du droit*, 2e éd., trad. Ch. Eisenmann, Dalloz, 1962.
[3] X. MAGNON, *Théorie(s) du droit*, Ellipses, coll. Universités-Droit, 2008, p. 15.
[4] V. PETEV, « Pluralisme juridique, construction européenne et droits participatifs », *Arch. phil. droit* 2005, p. 20.
[5] M. VILLEY, *Philosophie du droit – Définition et fins du droit*, Dalloz, coll. Précis, 1975, p. 132.
[6] O. PFERSMANN, « Morale et droit », in D. ALLAND, S. RIALS, dir., *Dictionnaire de la culture juridique*, Lamy-Puf, coll. Quadrige-dicos poche, 2003, p. 1040.
[7] *Ibid.*

infimes entre philosophie juridique, philosophie politique et philosophie morale[1].

Cette conception, faisant de la philosophie du droit une discipline non « purement » juridique, est renforcée par qui affirme que la théorie diffère de la philosophie en ce que, à l'inverse de cette dernière, elle « ne cherche pas à répondre aux questions non scientifiques, c'est-à-dire spéculatives »[2] ; par qui écrit que « l'idée d'un droit naturel est avant tout redevable à la philosophie et à la théologie, toutes deux sciences spéculatives »[3] ; ou par qui assigne à la philosophie du droit le soin de « traiter des questions métaphysiques » et à la théorie du droit celui de se préoccuper du droit positif[4]. La philosophie du droit peut alors être présentée comme une branche particulière de la philosophie générale quand la théorie du droit peut être désignée en tant que branche particulière de la science juridique générale. Partant, la philosophie du droit, au contraire de la théorie du droit, semble être une matière para-juridique, ce que tend à confirmer le fait que beaucoup de philosophes du droit sont des philosophes plutôt que des juristes quand la plupart des théoriciens du droit sont des juristes plutôt que des philosophes, du point de vue de leurs origines universitaires en tout cas.

Souvent, les philosophes du droit jugent ce dernier d'un point de vue qui se veut fondateur ou refondateur ; en cela, ils sont autrement plus philosophes que juristes. Bobbio ne disait pas autre chose quand il opposait « de manière fondamentale » le discours théorique et le discours philosophique par le prisme du caractère descriptif du premier[5]. Mais le théoricien italien distinguait également, ailleurs, la « philosophie du droit des juristes » et la « philosophie du droit des philosophes », ainsi que la « philosophie du droit descriptive » et la « philosophie du droit prescriptive »[6]. Sans doute convient-il de réserver l'expression « philosophie du droit » afin de désigner la « philosophie du droit des philosophes » ou la « philosophie du droit prescriptive » et de préférer « théorie du droit » à « philosophie du droit des juristes » ou « philosophie du droit descriptive ».

[1] A. SÉRIAUX, « Droit naturel », in D. ALLAND, S. RIALS, dir., *Dictionnaire de la culture juridique*, Lamy-Puf, coll. Quadrige-dicos poche, 2003, p. 507.
[2] É. MILLARD, « Le droit… à l'envers », conférence à l'Agora des savoirs, Centre Rabelais de Montpellier, 8 févr. 2012.
[3] A. SÉRIAUX, « Droit naturel », in D. ALLAND, S. RIALS, dir., *Dictionnaire de la culture juridique*, Lamy-Puf, coll. Quadrige-dicos poche, 2003, p. 507.
[4] J.-P. CHAZAL, « Philosophie du droit et théorie du droit, ou l'illusion scientifique », *Arch. phil. droit* 2001, p. 312.
[5] R. GUASTINI, « Norberto Bobbio, ou de la distinction », in N. BOBBIO, *Essais de théorie du droit*, trad. Ch. Agostini, M. Guéret, LGDJ-Bruylant (Paris-Bruxelles), coll. La pensée juridique, 1998, p. 4.
[6] *Ibid.*

Quant à ce qu'est la philosophie du droit, la définition proposée par le professeur Jean-Louis Bergel, pour qui « la philosophie du droit est plus de la philosophie que du droit »[1], peut également être retenue :

> *La philosophie du droit étudie le Droit par rapport aux valeurs qui l'inspirent et l'aborde à travers une certaine vision de l'homme et du monde. Les philosophes s'intéressent davantage à l'essence du droit qu'à sa substance. Ils ont tendance à dépouiller le droit de son appareil technique pour en découvrir la signification métajuridique. La philosophie du droit traite de la raison d'être du droit, de ses origines, de ses finalités en fonction de positions essentiellement métaphysiques, éthiques, idéologiques, politiques, sociologiques, socioéconomiques.*[2]

Le théoricien n'est donc pas un philosophe ; il ne cherche en aucun instant à participer du progrès du savoir philosophique, soit de la « connaissance par la raison seule des essences »[3]. Selon certains, il serait même douteux qu'une philosophie du droit existe et cette expression serait utilisée abusivement afin de désigner soit la philosophie de la morale, soit la théorie du droit. Mais, pour d'autres, « la philosophie du droit est à la fois la base et le sommet du système juridique »[4]. Et, lorsque Kant sépare le juriste, qui recherche le juste dans les lois positives, et le philosophe, qui poursuit l'idéal de justice en en appelant à la raison ou à la nature[5], il n'est pas certain que le premier ne fasse pas lui-aussi œuvre philosophique. Si tel était le cas, alors il se trouverait effectivement des juristes-philosophes.

Littérarité, ascientificité et complexité de la philosophie du droit

Il faut insister sur le caractère ô combien ascientifique des méthodes de la philosophie du droit. Quand celle-ci est définie comme « l'étude des valeurs et des idées […] au point de vue de leur *véracité* »[6], ce dernier terme apparaît par trop relatif ; car la vérité des uns est toujours la fausseté des autres et réciproquement. Si la philosophie se voit caractérisée, suivant l'idée de réminiscence platonicienne, comme le fait d' « apprendre ce que l'on sait déjà »[7], assurément ce savoir initial — qui se résume à une pensée

[1] J.-L. BERGEL, *Théorie générale du droit*, 5e éd., Dalloz, coll. Méthodes du droit, 2012, p. 5.
[2] J.-L. BERGEL, « Méthodologie juridique », in D. ALLAND, S. RIALS, dir., *Dictionnaire de la culture juridique*, Lamy-Puf, coll. Quadrige-dicos poche, 2003, p. 1023.
[3] P. KAHN, *L'État*, Quintette, coll. Philosopher, 1989, p. 28.
[4] Ch. CHALANOULI, « Essai sur une philosophie du droit constructive continue et ininterrompue », *Arch. phil. droit* 2012, p. 369.
[5] S. GOYARD-FABRE, « De l'idée de norme à la science des normes : Kant et Kelsen », in P. AMSELEK, dir., *Théorie du droit et science*, Puf, coll. Léviathan, 1994, p. 220.
[6] G. GURVITCH, *Éléments de sociologie juridique*, Aubier, 1940, p. 262 (souligné dans le texte original).
[7] R. ENTHOVEN, « Le réel et son double - Clément Rosset », Le gai savoir, France culture, 14 oct. 2012.

axiologique — varie-t-il d'un individu à l'autre. Et puis certains philosophes peuvent intituler leurs ouvrages « Pour une défense de l'éprouvante inopérationnalité du droit face à l'opérationnalité sans épreuve du comportementalisme numérique »[1].

La philosophie, si elle était à l'origine l' « amour de la sagesse », semble se caractériser de plus en plus par une tendance à l'excès et à l'obscurité dans le propos, par exemple lorsqu'elle soutient que « la vérité est souvent plus mensongère que le mensonge »[2] ou que « c'est parce qu'on meurt que nos vies sont inachevées »[3]. Peut encore être citée la célèbre formule de Platon : « Il y a ceux qui savent et ceux qui ignorent. Ceux qui savent savent qu'ils savent et par conséquent ne désirent pas savoir. Ceux qui ignorent ignorent qu'ils ignorent et donc croient qu'ils savent. Entre ceux qui savent et ceux qui ignorent, le désir de savoir est inexistant »[4]. Ces dires ne sont pas incohérents, bien au contraire, mais il existe peut-être des manières moins complexes de les exprimer, quoiqu'ils en perdraient sûrement toute leur saveur.

La philosophie est une discipline éminemment littéraire et Albert Camus, qui n'était pas le moins philosophe des écrivains, pouvait soutenir qu' « un roman est toujours une philosophie mise en images »[5]. Seulement d'aucuns notent-ils que le malheur de l'écrit philosophique est que, trop souvent, il faut en passer par plusieurs lectures d'une même phrase avant d'obtenir quelques bribes de compréhension. Bergson disait pourtant, à l'occasion de sa plus célèbre conférence, que « faire simplement de la philosophie est quelque-chose de naturel »[6]. Mais il expliquait aussi : « En ce point est quelque-chose de simple, d'infiniment simple, de si extraordinairement simple que le philosophe n'a jamais réussi à le dire. Et c'est pourquoi il a parlé toute sa vie »[7]. Partant, il serait simple de faire de la philosophie compliquée mais compliqué de faire de la philosophie simple, y compris en droit.

[1] A. ROUVROY, « Pour une défense de l'éprouvante inopérationnalité du droit face à l'opérationnalité sans épreuve du comportementalisme numérique », *Dissensus, revue de philosophie politique de l'Université de Liège* 2013. Et une importante revue peut se présenter en ces termes : « Par l'ouverture au possible, on fait intervenir une dimension critique, en creusant, par l'analyse et l'évaluation, des brèches dans la rigidité du réel qui sont aussi des accès à des figures du possible » (*Cités* (présentation de la revue sur <puf.com>)).

[2] R. ENTHOVEN, « Le mensonge : la querelle Kant/Constant », Le bien commun, France culture, 2 juin 2013.

[3] R. ENTHOVEN, « Matière-manière (III, 8) / Montaigne (partie 2) », Le gai savoir, France culture, 17 nov. 2013.

[4] PLATON, *Le Banquet* (vers 380 av. J.-C.), trad. L. Brisson, Flammarion, coll. GF, 2007.

[5] Cité par A. VAN REETH, « Albert Camus, ses pairs et sa mère (3/4) : Albert Camus et Jean-Paul Sartre, les deux philosophes », Les nouveaux chemins de la connaissance, France culture, 6 nov. 2013.

[6] H. BERGSON, *L'intuition philosophique*, Puf, coll. Quadrige grands textes, 2011.

[7] *Ibid.*

Alors qu'une théorie cherche à expliquer simplement et rationnellement ce qui est complexe autant que ce qui est simple, une philosophie paraît vouloir systématiquement complexifier ce qui est simple ou sur-complexifier ce qui est déjà complexe. Ainsi le philosophe se pose-t-il cette question : « pourquoi faire simple ? »[1] ; et ainsi propose-t-il aux lecteurs d'œuvres philosophiques de « ne pas avoir l'ambition de comprendre car les moments où on ne comprend pas le philosophe ne sont pas ceux où on le comprend le moins »[2]. Le paradoxe semble être décidément la forme courante d'expression du philosophe ou, en tout cas, sa figure de style préférée. Et, quand la sociologie décrit une entité qui « est dans chaque partie parce qu'elle est dans le tout, loin qu'elle soit dans le tout parce qu'elle est dans chaque partie »[3], il ne faut pas en conclure qu'elle connaîtrait de mêmes travers que la philosophie car, à l'instant où elle tient pareil propos, elle tient un propos philosophique et non un propos sociologique, et non un propos scientifique. Certainement peut-il en aller de même — et peut-être en va-t-il souvent de même — des théoriciens du droit et des juristes en général.

Pour la philosophie du droit, pour la vie du droit

La philosophie du droit a été, par le passé, déjà très âprement critiquée, par exemple par Gaston Jèze lorsqu'il écrivait que « toute philosophie du droit est une œuvre d'imagination, le pire roman dans le genre ennuyeux, monument d'orgueil et d'inutilité certaine »[4]. Quant à Portalis, ainsi regrettait-il l'influence kantienne sur ses contemporains : « Les inconvénients de la méthode de Kant sont de faire chercher ce que l'on sait déjà, et de nous faire douter si l'on sait bien ce que l'on cherche. [...] Les propositions de Kant ne déterminent rien. Il est facile d'en abuser, et l'usage qu'on peut en faire est nul »[5]. Il est vrai que beaucoup de philosophes s'inscrivent à la suite de Socrate et de la maïeutique, laquelle consiste à donner les outils pour exprimer « ce qu'on sait déjà sans le savoir ». Et sont dénoncées « les prophéties de ces philosophes qui écrivent sans avoir la moindre idée de ce qu'est le droit »[6]. Le professeur Paul

[1] R. ENTHOVEN, « Pourquoi faire simple ? », Le gai savoir, France culture, 8 déc. 2013.

[2] R. ENTHOVEN, « L'œil et l'esprit - Merleau-Ponty 2 », Le gai savoir, France culture, 12 janvier 2014.

[3] É. DURKHEIM, *Les règles de la méthode sociologique*, 2e éd. (1937), Puf, coll. Bibliothèque de philosophie contemporaine, 1973, p. 10.

[4] G. JÈZE, *Les principes généraux du droit administratif*, Giard, 1925, p. 11 (cité par P. IBANEZ, « Le concept de droit dans tous ses états », *RRJ* 2004, p. 80).

[5] J.-É.-M. PORTALIS, *De l'usage et de l'abus de l'esprit philosophique durant le XVIIIe siècle* (1820), Dalloz, coll. Bibliothèque Dalloz, 2006, chap. 22.

[6] M. VILLEY, *Critique de la pensée juridique moderne – Douze autres essais* (1976), Dalloz, coll. Bibliothèque Dalloz, 2009, p. 221 (cité par A. PUNZI, « Pour une philosophie réaliste du

Amselek explique que les raisons de pareils dénigrement et suspicion sont à rechercher chez les philosophes eux-mêmes, dans « l'hermétisme de leurs écrits, leur absence de clarté et de fermeté, leur propension à la rêverie métaphysique »[1]. Les philosophes reconnaissent d'ailleurs que « l'inutilité de la philosophie est incontestable »[2] — sans doute est-ce là un propos très philosophique —. En définitive, il semble que la philosophie soit un art qui, à l'instar de la peinture ou du cinéma, joue principalement un rôle de divertissement et, parfois, exerce quelque influence concrète au-delà de la sphère du loisir.

Cela étant dit, l'auteur de ces lignes doit confesser combien il apprécie la philosophie autant que les philosophes, combien il aime les lire et les écouter. La philosophie du droit est une forme de vie du droit qu'il serait malheureux de voir s'éteindre. Un « pur » droit ayant rompu tous ses liens avec la philosophie du droit, avec l'esprit du droit, serait un triste droit. La critique ici proposée n'est donc surtout pas une dénonciation. Sa seule visée est de chercher à démontrer au lecteur que la philosophie du droit est une branche de la recherche juridique à part entière, présentant des caractéristiques très singulières. Il importe, principalement, de distinguer philosophie et théorie du droit. Si elle définit le droit, à aucun instant la théorie juridique ne cherche à « dépouiller le droit de son appareil technique sous prétexte d'en mieux atteindre l'essence pour en découvrir la signification métajuridique, les valeurs qu'il doit poursuivre, le sens par rapport à une vision totale de l'homme et du monde »[3].

Mais demeure une interrogation : dès lors que la philosophie du droit semble irrémédiablement condamnée à se perdre dans des limbes ou des cieux où il n'est rien à trouver, dès lors que « toute quête philosophique est une forme de question vouée à rester sans réponse »[4], peut-on raisonnablement être « chercheur en philosophie du droit » ? Il faut gager que, s'il est difficile de trouver en philosophie du droit, il n'est pas interdit de chercher en philosophie du droit et que celle-ci devait figurer en bonne place au sein du présent ouvrage.

Il y aurait encore beaucoup à dire[5], par exemple en réfléchissant autour de cette affirmation de Wittgenstein selon laquelle, « en philosophie,

droit – Villey et les équivoques sur le droit naturel », *Dr. et société* 2009, p. 71). Mais cet auteur ne visait, en ces termes, que Kant, Locke, Hegel et Rousseau.

[1] P. AMSELEK, « L'étrangeté ontologique du droit », *Droits* 1990, n° 11, p. 86.

[2] R. ENTHOVEN, « Les philosophes et l'avenir », Le gai savoir, France culture, 8 sept. 2013.

[3] J.-L. BERGEL, *Théorie générale du droit*, 5e éd., Dalloz, coll. Méthodes du droit, 2012, p. 5.

[4] P. DEUMIER, *Introduction générale au droit*, 2e éd., LGDJ, coll. Manuel, 2013, p. 41.

[5] *Cf.*, par exemple, S. GOYARD-FABRE, R. SÈVE, *Les grandes questions de la philosophie du droit*, 2e éd., Puf, coll. Questions, 1993 ; Ch. ATIAS, *Philosophie du droit*, 3e éd., Puf, coll. Thémis droit, 2012 ; M. TROPER, *Philosophie du droit*, Puf, coll. Que sais-je ?, 2003 ; B. OPPETIT, *Philosophie du droit*, Dalloz, coll. Précis, 2006 ; A. RENAUT, L. SOSOE, *Philosophie du droit*, Puf, 1992 ; R. LEGEAIS, G. PLANTY-BONJOUR, dir., *L'évolution de la*

il est important de ne pas être intelligent tout le temps »[1]. Mais, en ces pages, il n'est pas possible de pousser plus avant la théorisation de la philosophie du droit. L'essentiel est de comprendre en quoi la philosophie du droit n'est pas assimilable à la théorie du droit (et inversement). Et insister sur ce point n'est pas anodin tant, aujourd'hui, il n'est pas rare de voir expliqué que philosophie et théorie du droit coïncideraient avec de mêmes objets et de mêmes méthodes, la seule différence étant que la philosophie du droit serait l'œuvre de philosophes s'intéressant au droit tandis que la théorie du droit serait l'œuvre de juristes faisant ainsi « de la philosophie du droit incognito, de l'intérieur »[2].

La distinction de l'approche philosophique et de l'approche théorique du droit est donc sujette à controverse. S'il fallait conclure en un mot, pourrait être cité Socrate lorsque Platon lui fait dire du philosophe qu'il « est incapable d'assaisonner un plat ou d'organiser une plaidoirie, mais il est capable de discuter avec les dieux »[3]. Le théoricien du droit, pour sa part, est capable de discuter avec le droit, ce qui importe peut-être davantage si quelques avancées épistémiques sont espérées relativement à ce qu'est le droit. La philosophie ne peut pas, par essence, faire de progrès ; c'est pourquoi Platon ou Aristote sont aujourd'hui encore les philosophes les plus étudiés.

Reste cette différence essentielle : contrairement à la philosophie du droit, la théorie du droit aspire à se présenter telle une activité positive, si ce n'est positiviste, c'est-à-dire neutre axiologiquement et reposant sur la méthode empirique. La philosophie, stimulante et passionnante intellectuellement, ne peut qu'être laissée au bord du chemin par qui recherche un savoir sûr et fiable en matière d'ontologie juridique. C'est pourquoi les juspositivismes ont pris le pas sur les jusnaturalismes, pourquoi les théories du droit ont pris le pas sur les philosophies du droit.

Après la théorie du droit et la philosophie du droit, il convient de présenter la science du droit positif — ce dernier qualificatif étant indispensable tant cette science cohabite avec différentes autres sciences du droit (qui sont autant de branches de la recherche juridique) —. Or les spécificités de la science du droit positif ne manquent pas de poser des difficultés[4], même si les confusions qui les entourent sont moins nombreuses

philosophie du droit en Allemagne et en France depuis la fin de la Seconde Guerre mondiale, Puf, 1991.

[1] Cité par M. GRAWITZ, *Méthodes des sciences sociales*, 11e éd., Dalloz, coll. Précis, 2001, p. 3.

[2] G. DEL VECCHIO, « Qu'est-ce que la philosophie du droit ? », *Arch. phil. droit* 1962, p. 117 (cité par J.-P. CHAZAL, « Philosophie du droit et théorie du droit, ou l'illusion scientifique », *Arch. phil. droit* 2001, p. 317).

[3] PLATON, *Théétète* (vers 369 av. J.-C.), trad. M. Narcy, Flammarion, coll. GF, 1999.

[4] *Cf.*, par exemple, Ch. GRZEGORCZYK, « Statut et fonction de la théorie dans la science du droit », *Arch. phil. droit* 1997, p. 203 s.

que celles qui entourent la théorie et la philosophie du droit. Alors pourtant que, entre la théorie du droit et la science du droit positif, le fossé est moins profond et les intrications sont plus nombreuses qu'entre la théorie du droit et la philosophie du droit, il est remarquable que la distinction de ces dernières pose davantage de difficultés que la distinction de la théorie du droit et de la science du droit positif ; tandis qu'il n'existe que des liens excessivement rares entre la philosophie du droit, foncièrement abstraite, et la science du droit positif, foncièrement concrète.

Orientations et illustrations bibliographiques

AHRENS H., *Cours de droit naturel ou de philosophie du droit*, Brockaus (Leipzig), 1875

AMSELEK P., *Cheminements philosophiques – Dans le monde du droit et des règles en général*, Armand Colin, coll. Le temps des idées, 2012

AMSELEK P., « Philosophie du droit et théorie des actes de langage », in AMSELEK P., dir., *Théorie des actes de langage, éthique et droit*, Puf, 1986, p. 113 s.

AMSELEK P., « Le droit dans les esprits », in AMSELEK P., dir., *Controverses autour de l'ontologie juridique*, Puf, 1989, p. 27 s.

AMSELEK P., GREGORCZYK Ch., *Controverses autour de l'ontologie du droit*, Puf, coll. Questions, 2000

Arch. phil. droit 1961, « La réforme des études du droit – Le droit naturel »

Arch. phil. droit 1962, « Qu'est-ce que la philosophie du droit ? »

Arch. phil. droit 1965, « Philosophes d'aujourd'hui en présence du droit »

Arch. phil. droit 1984, « Dialogue, dialectique en philosophie et en droit »

Arch. phil. droit 1988, « La philosophie du droit aujourd'hui »

ARNAUD A.-J., *Entre modernité et mondialisation – Cinq leçons d'histoire de la philosophie du droit et de l'État*, LGDJ, 1998

ARNAUD A.-J., « Autour d'un dialogue imaginaire entre Michel Villey et Friedrich Hayek », *Dr. et société* 2009, p. 9 s.

ATIAS Ch., *Philosophie du droit*, 3e éd., Puf, coll. Thémis droit, 2012

ATIAS Ch., « Fonder le droit ? », in *Mélanges Paul Amselek*, Bruylant (Bruxelles), 2005, p. 25 s.

ATIAS Ch., « Une crise de légitimité seconde », *Droits* 1986, n° 4, p. 21 s.

AUROUX S., dir., *Les notions philosophiques, dictionnaire*, Puf, 1990

AUROUX S., WEIL Y., *Dictionnaire des auteurs et des thèmes de la philosophie*, Hachette, 1991

AUSTIN J., *La philosophie du droit positif*, Rousseau, 1894

BARTHOLY M.-C., *Philosophie, épistémologie – Précis de vocabulaire*, Magnard, 1975

BASTIT M., « Occam, Opera philosophica et theologica », in CAYLA O., HALPÉRIN J.-L., dir., *Dictionnaire des grandes œuvres juridiques*, Dalloz, 2008, p. 435 s.

BASTIT M., « Thomas d'Aquin, Somme théologique », in CAYLA O., HALPÉRIN J.-L., dir., *Dictionnaire des grandes œuvres juridiques*, Dalloz, 2008, p. 571 s.

BATIFFOL H., *La Philosophie du droit*, Puf, 1966

BATIFFOL H., *Problèmes de base de philosophie du droit*, LGDJ, 1979

BATIFFOL H., *Aspects philosophiques de droit international privé* (1956), Dalloz, coll. Bibliothèque Dalloz, 2002

BATIFFOL H., « Sur la positivité du droit », in *Mélanges Jean Dabin*, Sirey, 1963, p. 3 s.

BATIFFOL H., « Questions de l'interprétation juridique », *Arch. phil. droit* 1972, p. 2 s.

BENOIST J., « Aristote, Éthique à Nicomaque », in CAYLA O., HALPÉRIN J.-L., dir., *Dictionnaire des grandes œuvres juridiques*, Dalloz, 2008, p. 1 s.

BENOIST J., « Hume, Traité de la nature humaine », in CAYLA O., HALPÉRIN J.-L., dir., *Dictionnaire des grandes œuvres juridiques*, Dalloz, 2008, p. 282 s.

BENOIST J., « Marx, Contribution à la critique de la philosophie du droit de Hegel », in CAYLA O., HALPÉRIN J.-L., dir., *Dictionnaire des grandes œuvres juridiques*, Dalloz, 2008, p. 391 s.

BENOIST J., « Platon, Les lois », in CAYLA O., HALPÉRIN J.-L., dir., *Dictionnaire des grandes œuvres juridiques*, Dalloz, 2008, p. 445 s.
BENTHAM J., *An Introduction to the Principles of Morals and Legislation*, 1790
BERGSON H., *L'intuition philosophique*, Puf, coll. Quadrige grands textes, 2011
BLOCH E., *Droit naturel et dignité humaine*, 1961
BOBBIO N., « Sur le principe de légitimité », *Droits* 2000, n° 32, p. 147 s.
BOUDON R., *L'idéologie*, Point, coll. Sociologie, 1992
BOUDON R., *Le sens des valeurs*, Puf, 1999
BOUINEAU J., « Du Verbe de Dieu à la langue des hommes », *Droits* 1989, n° 10, p. 15 s.
BOURETZ P., dir., *La force du droit*, Esprit-Le Seuil, 1991
BRÉHIER E., JERPHAGON L., SCHUHL P.-M., *Histoire de la philosophie*, 5e éd., Puf, 1968
BUREAU D., DRUMMOND F., FENOUILLET D., dir., *Droit et morale*, Dalloz, coll. Thèmes et commentaires, 2011
BURLE E., *Essai historique sur le développement de la notion de droit naturel dans l'Antiquité grecque* (1923), Nabu Press, 2010
CASTBERG, *La philosophie du droit*, Pedone, 1970
CAYLA O., « La qualification ou la vérité du droit », *Droits* 1993, n° 18, p. 3 s.
CHAMBOST A.-S., DOCKÈS-LALLEMENT N., *Proudhon et la norme – Pensée juridique d'un anarchiste*, Presses universitaires de Rennes, 2004
CHAZAL J.-P., « Philosophie du droit et théorie du droit, ou l'illusion scientifique », *Arch. phil. droit* 2001, p. 303 s.
CHENOT B., « L'Existentialisme et le Droit », *RF sc. pol.* 1953, p. 66 s.
COMTE A., *Cours de philosophie positive*, 1830
CONGAR R. P. Y., « Jus divinum », *Revue de droit canonique* 1978
CORNU G., « Le visible et l'invisible », *Droits* 1989, n° 10, p. 27 s.
COURNOT A.-A., *Essai sur les fondements de nos connaissances et sur les caractères de la critique philosophique*, Paris, 1851
DABIN J., *La philosophie de l'ordre juridique positif*, Sirey, 1929
DABIN J., *Leçons d'histoire de la philosophie du droit*, Dalloz, 1957
DABIN J., *Le droit subjectif*, Dalloz, 2007
DELIUS Ch. et *alii*, *Histoire de la philosophie de l'Antiquité à nos jours*, Könemann (Cologne), 2000
DESCARTES R., *Méditations métaphysiques*, 1647
DRAÏ R., « Freud, Totem et tabou », in CAYLA O., HALPÉRIN J.-L., dir., *Dictionnaire des grandes œuvres juridiques*, Dalloz, 2008, p. 195 s.
Droits 1989, « Définir le droit 1 », n° 10
Droits 1990, « Définir le droit 2 », n° 11
DUBOUCHET P., *Philosophie et doctrine du droit chez Kant, Fichte et Hegel*, L'Harmattan, 2005
DUBOUCHET P., *Pour une sémiotique du droit international : essai sur le fondement du droit*, L'Harmattan, 2007
DUCAT P., MONTENOT J., dir., *Philosophie – Le manuel*, Ellipses, 2004
DUFOUR-KOWALSKA G., « Philosophie du fondement et fondement du droit », *Arch. phil. droit* 1982, p. 202 s.
DUGUIT L., « Jean-Jacques Rousseau, Kant et Hegel », *RDP* 1918, p. 173 s.
DWORKIN R., *L'empire du droit*, Puf, 1994
DWORKIN R., *Prendre les droits au sérieux*, Puf, coll. Léviathan, 1995
EDELMAN B., « "Ma" définition du droit », *Droits* 1990, n° 11, p. 21 s.
EISENMANN Ch., « Deux théoriciens du droit : Duguit et Hauriou », *Revue philosophique* 1930, p. 231 s.
ELLUL J., « Le problème de l'émergence du droit », *Revue du centre d'études et de recherches institutionnelles et régional de Bordeaux* 1976, n° 1
EWALD F., *L'État providence et la philosophie du droit*, Grasset, 1986
FALCON Y TELLA F., « Valeurs, normes et faits dans le droit », *RIEJ* 2004, n° 53, p. 23 s.
FINNIS J., *Natural Law and Natural Rights*, Oxford University Press, 1980
FITZPATRICK P., *The Mythology of Modern Law*, Routledge (Londres), 1992
FITZPATRICK P., « Marxism and Legal Pluralism », *Australian Journal of Law and Society* 1983, n° 45

FOULQUIÉ P., *Dictionnaire de la langue philosophique*, 6e éd., Puf, 1992
FRANCOIS L., *Le problème de la définition du droit – Introduction à un cours d'évolution de la philosophie du droit à l'époque contemporaine*, Faculté de droit, d'économie et de sciences sociales de Liège, 1978
FREUND J., *L'Essence du politique*, Sirey, 1981
FRYDMAN B., HAARSCHER G., *Philosophie du droit*, Dalloz, 1998
FULLER L., *The Morality of Law*, Yale University Press (New Haven), 1964
GADAMER H. G., *Vérité et méthode – Les grandes lignes de l'herméneutique philosophique*, Le Seuil, 1976
GARDIES J.-L., *Essai sur les fondements a priori de la rationalité morale et juridique*, LGDJ, 1972
GÉRARD Ph., OST F., VAN DE KERCHOVE M., dir., *Images et usages de la nature en droit*, Publications des Facultés universitaires Saint-Louis (Bruxelles), 1993
GIDDENS A., *Les conséquences de la modernité*, L'Harmattan, 1994
GARAPON A., « Ricœur, Parcours de la reconnaissance », in CAYLA O., HALPÉRIN J.-L., dir., *Dictionnaire des grandes œuvres juridiques*, Dalloz, 2008, p. 476 s.
GAUTIER P.-Y., « L'art et le droit naturel », *Arch. phil. droit* 1995, p. 205 s.
GOYARD-FABRE S., *Pufendorf et le droit naturel*, Puf, 1994
GOYARD-FABRE S., *Les principes philosophiques du droit politique moderne*, Puf, 1997
GOYARD-FABRE S., *Les embarras philosophiques du droit naturel*, Vrin, 2002
GOYARD-FABRE S., *Philosophie critique et raison juridique*, Puf, 2004
GOYARD-FABRE S., *Re-penser la pensée du droit*, Vrin, 2007
GOYARD-FABRE S., SÈVE R., *Les grandes questions de la philosophie du droit*, 2e éd., Puf, 1993
GOYARD-FABRE S., « École du droit naturel moderne et rationalisme juridique moderne (XVIIe-XVIIIe) », in ALLAND D., RIALS S., dir., *Dictionnaire de la culture juridique*, Lamy-Puf, coll. Quadrige dicos poche, 2003
GOYARD-FABRE S., « L'inspiration kantienne de Hans Kelsen », *Revue de métaphysique et de morale*, 1978, p. 205 s.
GOYARD-FABRE S., « Les sources du droit et la révolution copernicienne : quelques réflexions sur Kant et Rousseau », *Arch. phil. droit* 1982, p. 247 s.
GOYARD-FABRE S., « Le droit est-il de ce monde ? », *Droits* 1986, n° 4, p. 51 s.
GOYARD-FABRE S., « Le droit, tâche infinie », *Droits* 1990, n° 11, p. 25 s.
GRZEGORCZYK Ch., *La théorie générale des valeurs et le droit*, LGDJ, 1982
GUASTINI R., « Dworkin, Prendre les droits au sérieux », in CAYLA O., HALPÉRIN J.-L., dir., *Dictionnaire des grandes œuvres juridiques*, Dalloz, 2008, p. 153 s.
GUASTINI R., « Théorie et ontologie du droit chez Dworkin », *Dr. et société* 1986, p. 17 s.
GURVITCH G., *Le temps présent et l'idée du droit social*, Vrin, 1932
GURVITCH G., *L'expérience juridique et la philosophie pluraliste du droit*, Pedone, 1935
GURVITCH G., *La déclaration des droits sociaux*, 2e éd., Vrin, 1946
GURVITCH G., « Droit naturel ou droit positif intuitif ? », *Arch. phil. droit* 1933, p. 55 s.
HAARSCHER G., *Philosophie des droits de l'homme*, Éditions de l'Université libre de Bruxelles, 1993
HABA E. P., « Logique et idéologie dans la théorie des sources », *Arch. phil. droit* 1982, p. 235 s.
HABERMAS J., *Morale et communication* (1986), Flammarion, coll. Champs, 1999
HÄGERSTRÖM A., *Inquiries into the Nature of Law and Morals*, Uppsala (Stockholm), 1953
HALPÉRIN J.-L., « Pufendorf, Le droit de la nature et des gens », in CAYLA O., HALPÉRIN J.-L., dir., *Dictionnaire des grandes œuvres juridiques*, Dalloz, 2008, p. 467 s.
HARCOURT B. E., « Beccaria, Traité des délits et des peines », in CAYLA O., HALPÉRIN J.-L., dir., *Dictionnaire des grandes œuvres juridiques*, Dalloz, 2008, p. 39 s.
HARCOURT B. E., « Derrida, Force de loi », in CAYLA O., HALPÉRIN J.-L., dir., *Dictionnaire des grandes œuvres juridiques*, Dalloz, 2008, p. 126 s.
HART H. L. A., *Essays in Jurisprudence and Philosophy*, Clarendon Press (Oxford), 1983
HAYEK F., *Droit, législation, liberté*, t. I, Puf, 1979
HEGEL G. W. F., *Principes de la philosophie du droit* (1821), Flammarion, 1999
HEIDEGGER M., *Introduction à la métaphysique* (1935), trad. G. Kahn, Gallimard, coll. Tel, 1980
HERVADA J., *Introduction critique au droit naturel*, Bière (Bordeaux), 1991

HÖFFE O., « La justice qui définit le droit », *Droits* 1989, n° 10, p. 35 s.
HOUPPE J.-P., « Le réalisme "judicialiste" d'Alvaro d'Ors », *RGD* 1992, p. 295 s.
HUBERT R., « Science du droit, sociologie juridique et philosophie du droit », *Arch. phil. droit* 1931, p. 55 s.
HUME D., *La morale – Traité de la nature humaine*, trad. P. Saltel, Flammarion, 1993
INGBER L., « Le pluralisme juridique dans l'œuvre des philosophes du droit », in GILISSEN J., dir., *Le pluralisme juridique*, Éditions de l'Université de Bruxelles, 1972, p. 83 s.
JESTAZ Ph., « L'avenir du droit naturel ou le droit de seconde nature », *RTD civ.* 1983, p. 233 s.
JESTAZ Ph., « Pouvoir juridique et pouvoir moral », *RTD civ.* 1990, p. 626 s.
KALINOWSKI G., *Le problème de la vérité en morale et en droit*, Vitte (Lyon), 1967
KANT E., *Premiers principes de la doctrine du droit*, 1796
KANT E., *Métaphysique des mœurs – 1ère partie : Doctrine du droit*, Vrin, 1993
KANT E., *Prolégomènes à toute métaphysique future qui pourra se présenter comme science*, Vrin, 1993
KAYSER P., « Essai de contribution au droit naturel à l'approche du IIIe millénaire », *RRJ* 1998, p. 387 s.
KELSEN H., *The communist Theory of Law*, Steven & Sons (Londres), 1955
KELSEN H., *Théorie générale du droit et de l'État – La doctrine du droit naturel et le positivisme juridique*, trad. B. Laroche, V. Faure, LGDJ-Bruylant (Paris-Bruxelles), coll. La pensée juridique, 1997
KELSEN H., « Positivisme juridique et doctrine du droit naturel », in *Mélanges Jean Dabin*, Sirey, 1963, p. 141 s.
KELSEN H., « Justice et droit naturel », *Annales de philosophie politique* 1959
KYMLICKA W., *Les théories de la justice – Une introduction*, La découverte, 1999
LABBÉE X., *Les critères de la norme juridique*, Presses universitaires de Lille, coll. Manuels, 1994
LABBÉE X., *Introduction générale au droit – Pour une approche éthique*, 5e éd., Presses universitaires du Septentrion, coll. Droit-manuels, 2011
LALANDE A., *Vocabulaire technique et critique de la philosophie*, Puf, coll. Quadrige dicos poche, 2010
LASCOUMES P., ZANDER H., *Marx : du "vol de bois" à la critique du droit*, Puf, 1984
LAUGIER S., « Vers une naturalisation des normes ? », in *Penser la norme – Approches juridiques et philosophiques*, Presses universitaires de Rennes, 1996
LEBEN Ch., « Droit : quelque-chose qui n'est pas étranger à la justice », *Droits* 1990, n° 11, p. 35 s.
LÉCRIVAIN A., *Hegel et l'éthicité*, Vrin, 2001
LEGEAIS R., PLANTY-BONJOUR G., dir., *L'évolution de la philosophie du droit en Allemagne et en France depuis la fin de la Seconde Guerre mondiale*, Puf, 1991
MHAMDI M., « De la bioéthique à la "bionorme" : réflexions sur la force normative du discours bioéthique », in THIBIERGE C., dir., *La force normative – Naissance d'un concept*, LGDJ-Bruylant (Paris-Bruxelles), 2009, p. 623 s.
MARMASSE G., *Force et fragilité des normes – Les Principes de la philosophie du droit de Hegel*, Puf, coll. Série philosophie, 2011
MARX K., *Contribution à la critique de la philosophie du droit de Hegel*, Éditions Allia, 1998
MASTOR W., « Les rapports entre le droit et la morale dans l'œuvre de Ronald Dworkin – La force d'Hercule et le talon d'Achille », *Arch. phil. droit* 2010, p. 442 s.
MELKEVIK B., *Tolérance et modernité juridique*, Les Presses de l'Université Laval (Québec), 2006
MICHAUT F., « Le positivisme comme idéologie », in GRZEGORCZYK Ch., MICHAUT F., TROPER M., *Le positivisme juridique*, LGDJ, coll. La pensée juridique, 1993, p. 401 s.
MICHAUT F., « Vers une conception postmoderne du droit – La notion de droit chez Ronald Dworkin », *Droits* 1990, n° 11, p. 107 s.
MICHEL J., *Marx et la société juridique*, Publisud, 1983
NAPOLI P., « Foucault, Surveiller et punir », in CAYLA O., HALPÉRIN J.-L., dir., *Dictionnaire des grandes œuvres juridiques*, Dalloz, 2008, p. 186 s.
NEMO Ph., *La société de droit selon F. A. Hayek*, Puf, 1988

NICOLAS É., SINTEZ C., « Par-delà le concept de force dans la philosophie de Jacques Derrida », in THIBIERGE C., dir., *La force normative – Naissance d'un concept*, LGDJ-Bruylant (Paris-Bruxelles), 2009, p. 99 s.
NIETZSCHE F., *Par-delà bien et mal*, 1886
OLSEN F. E., *Feminist Legal Theory*, Dartmouth, 1995
OPPETIT B., *Droit et modernité*, Puf, coll. Doctrine juridique, 1998
OPPETIT B., *Philosophie du droit*, Dalloz, coll. Précis, 2006
OPPETIT B., « Le droit hors de la loi », *Droits* 1989, n° 10, p. 47 s.
PERELMAN Ch., *Droit, morale et philosophie*, LGDJ, 1968
PERELMAN Ch., *Justice et raison*, Éditions de l'Université de Bruxelles, 1972
PERELMAN Ch., *Éthique et droit*, Éditions de l'Université de Bruxelles, 1990
PERENIC A., « Concilier les dimensions essentielle et existentielle du droit », *Droits* 1989, n° 10, p. 59 s.
PETERS A., « Humanity as the A and Ω of Sovereignty », *EJIL* 2009, p. 513 s.
PETEV V., « Une conception socio-axiologique du droit », *Droits* 1989, n° 10, p. 69 s.
PFERSMANN O., « Morale et droit », in ALLAND D., RIALS S., dir., *Dictionnaire de la culture juridique*, Lamy-Puf, coll. Quadrige dicos poche, 2003
PICARD E., *Le droit pur* (1908), Kessinger Publishing (Whitefish), 2010
PONCELA P., « Introduction à une approche philosophique de la sanction », *Archives de politique criminelle* 1984, n° 7, p. 54 s.
PONTON L., « La définition du droit naturel d'Ulpien : sa reprise par Thomas d'Aquin et son actualisation comme critique des droits de l'homme – À propos d'un livre récent », *Laval théologique et philosophique* 1996, p. 845 s.
POPPER K., *À la recherche d'un monde meilleur*, Éditions du rocher, coll. Anatolia, 2000
PORRET M., dir., *Beccaria et la culture juridique des Lumières*, Droz (Genève), coll. Travaux d'histoire éthico-politique, 1997
PORTALIS J.-É.-M., *De l'usage et de l'abus de l'esprit philosophique durant le XVIIIe siècle* (1820), Dalloz, coll. Bibliothèque Dalloz, 2006
POSTEMA G., « On the Moral Presence of our Past », *Revue de droit de McGill* 1991, p. 1153 s.
POSTEMA G., « Implicit Law », *Law and Philosophy* 1994, p. 361 s.
PROUDHON P. J., *Qu'est-ce que la propriété*, 1840
PROUDHON P. J., *Du principe fédératif*, 1863
PUFENDORF S., *Le droit de la Nature et des Gens*, 1672
PUNZI A., « Pour une philosophie réaliste du droit – Villey et les équivoques sur le droit naturel », *Dr. et société* 2009, p. 69 s.
PUTMAN E., « Kant et la théorie du contrat », *RRJ* 1996, p. 685 s.
RAWLS J., *Théorie de la justice* (1971), trad. C. Audard, Le Seuil, 1987
RAWLS J., *Libéralisme politique*, Puf, 1995
RAYNAUD Ph., *Max Weber et les dilemmes de la raison moderne*, Puf, coll. Recherches politiques, 1987
RAYNAUD Ph., RIALS S., dir., *Dictionnaire de la philosophie politique*, Puf, 1996
RENAULT E., « Marxistes (doctrines du droit) », in ALLAND D., RIALS S., dir., *Dictionnaire de la culture juridique*, Lamy-Puf, coll. Quadrige dicos poche, 2003
RENAUT A., *Philosophie du droit*, Puf, 1991
RENAUT A., *Qu'est-ce que le droit ? Aristote, Wolff et Fichte*, Vrin, coll. Pré-textes, 1992
RENOUX-ZAGAMÉ M.-F., « Droit divin », in ALLAND D., RIALS S., dir., *Dictionnaire de la culture juridique*, Lamy-Puf, coll. Quadrige dicos poche, 2003
RENOUX-ZAGAMÉ M.-F., « Domat, Les lois civiles dans leur ordre naturel », in CAYLA O., HALPÉRIN J.-L., dir., *Dictionnaire des grandes œuvres juridiques*, Dalloz, 2008, p. 134 s.
RICŒUR P., *Le juste*, Esprit, coll. Philosophie, 2001
ROUBIER P., *Théorie générale du droit – Histoire des doctrines juridiques et philosophiques des valeurs sociales*, Sirey, 1951
RUSS J., *Les méthodes en philosophie*, Armand Colin, coll. Synthèse, 2008
SCHAUB J.-F., « Suarez, Des lois », in CAYLA O., HALPÉRIN J.-L., dir., *Dictionnaire des grandes œuvres juridiques*, Dalloz, 2008, p. 565 s.
SCHMITT C., *Théologie politique*, Gallimard, 1988

SCHWARZ-LIEBERMANN VON WAHLENDORF H. A., « Quelques réflexions sur la nature du droit », *Droits* 1989, n° 10, p. 81 s.
SÉRIAUX A., *Le droit naturel*, 2e éd., Puf, coll. Que sais-je ?, 1999
SÉRIAUX A., « Droit naturel », in ALLAND D., RIALS S., dir., *Dictionnaire de la culture juridique*, Lamy-Puf, coll. Quadrige dicos poche, 2003
SÉRIAUX A., « Jalons pour la récupération d'une conception métaphysique du droit », *Droits* 1989, n° 10, p. 85 s.
SÉRIAUX A., « Pluralisme juridique et droit naturel », *RRJ* 1993, p. 585 s.
SÈVE R., *Leibniz et l'école moderne du droit naturel*, Puf, 1989
SÈVE R., *Philosophie et théorie du droit*, Dalloz, coll. Cours, 2007
SÈVE R., « Hegel, Principes de la philosophie du droit », in CAYLA O., HALPÉRIN J.-L., dir., *Dictionnaire des grandes œuvres juridiques*, Dalloz, 2008, p. 254 s.
SÈVE R., « Kant, Doctrine du droit », in CAYLA O., HALPÉRIN J.-L., dir., *Dictionnaire des grandes œuvres juridiques*, Dalloz, 2008, p. 303 s.
SÈVE R., « Leibniz, Opera omnia », in CAYLA O., HALPÉRIN J.-L., dir., *Dictionnaire des grandes œuvres juridiques*, Dalloz, 2008, p. 353 s.
SÈVE R., « La juste diversité des définitions du droit », *Droits* 1989, n° 10, p. 89 s.
SFEZ L., « Utopie et idéologie », in ALLAND D., RIALS S., dir., *Dictionnaire de la culture juridique*, Lamy-Puf, coll. Quadrige dicos poche, 2003
SIMON P., *Le droit naturel – Ses amis, ses ennemis*, François-Xavier de Guibert, 2006
SPINOZA B., *Traité Théologico-Politique* (1670), trad. Ch. Appuhn, Flammarion, 1965
SPITZ J.-F., « Justice (doctrines) », in ALLAND D., RIALS S., dir., *Dictionnaire de la culture juridique*, Lamy-Puf, coll. Quadrige dicos poche, 2003
STEPHEN L., *The Science of Ethics*, Londres, 1982
STOLLEIS M., « Wolff, Principes du droit de la nature et des gens », in CAYLA O., HALPÉRIN J.-L., dir., *Dictionnaire des grandes œuvres juridiques*, Dalloz, 2008, p. 604 s.
STOYANOVITCH K., *Le domaine du droit*, LGDJ, 1967
STRAUSS L., *Droit naturel et Histoire* (1952), Flammarion, 1986
STRÖMHOLM S., VOGEL H.-H., *Le « réalisme scandinave » dans la philosophie du droit*, LGDJ, 1975
SUAREZ F., *De legibus*, 1612
TERRÉ D., *Les questions morales du droit*, coll. Éthique et philosophie morale, Puf, 2007
TOURET D., *Introduction à la sociologie et à la philosophie du droit : la bio-logique du droit*, Litec, 1995
TRIGEAUD J.-M., « Le cercle sans origine ou l'éternel anti-humanisme du "droit abstrait" », *Arch. phil. droit* 1988, p. 207 s.
TRIGEAUD J.-M., « L'indivisibilité du droit et de la personne », *Droits* 1989, n° 10, p. 97 s.
TROPER M., *Philosophie du droit*, Puf, coll. Que sais-je ?, 2003
TRUFFIER J.-P., « Critique de la légitimité axiologique », in ROUSSEAU D., dir., *Le droit dérobé*, Montchrestien, coll. Grands colloques, 2007, p. 169 s.
TRUYOL Y SERRA A., *Doctrines sur le fondement du droit des gens*, Pedone, 2007
VALENSIN A., *Traité de droit naturel*, Spes, 1921
VALENTIN V., *Les conceptions néolibérales du droit*, Economica, 2002
VAN DE KERCHOVE M., « Le problème des fondements éthiques de la norme juridique et la crise du principe de légalité », in *La loi dans l'éthique chrétienne*, Publications des Facultés universitaires Saint-Louis (Bruxelles), 1981, p. 39 s.
VILLEY M., *Seize essais de philosophie du droit*, Dalloz, 1969
VILLEY M., *Réflexions sur la philosophie du droit*, Puf, coll. Les carnets, 1995
VILLEY M., *Philosophie du droit*, Dalloz, 2001
VILLEY M., « De l'indicatif dans le droit », *Arch. phil. droit* 1974, p. 33 s.
WEIL E., *Philosophie politique*, Vrin, coll. Problèmes et controverses, 1984
WITTGENSTEIN L., *Tractatus logico-philosophicus*, trad. P. Klossowski, Gallimard, coll. Tel, 2001
WITTGENSTEIN L., *Recherches philosophiques* (1953), Gallimard, coll. NRF - Bibliothèque de philosophie, 2005
WRÓBLEWSKI J., « L'interprétation en droit : théorie et idéologie », *Arch. phil. droit* 1972, p. 51 s.

XIFARAS M., « La Veritas Iuris selon Raymond Saleilles – Remarques sur un projet de restauration du juridisme », *Droits* 2008, n° 47, p. 77 s.
ZAGREBELSKY G., *Le droit en douceur*, trad. M. Leroy, Economica, 2000

Chapitre 3

La science du droit positif

Science du droit, sciences du droit et science du droit positif

Jean Carbonnier notait que, « si tout ensemble de connaissances raisonnées et coordonnées mérite le nom de science […], il est bien certain qu'il existe une science du droit »[1]. Sans aucun doute, « la part de la science dans les activités des juristes »[2] est conséquente. Seulement, la théorie du droit précédemment envisagée est déjà un tel « ensemble de connaissances raisonnées et coordonnées » ; or ne doit pas être considéré qu'elle serait équivalente à ou même partie de la science du droit, en tout cas comprise dans son sens le plus courant, c'est-à-dire comprise comme science du droit positif. Et l'histoire du droit, la sociologie du droit, la linguistique juridique, etc., sont d'autres sciences du droit. On va même jusqu'à envisager une « véritable science du droit » qui serait une méta-discipline englobant de la philosophie du droit à la sociologie du droit[3] — la scientificité des travaux *jus*-philosophiques est pourtant fort douteuse —. Il y a donc des sciences du droit, au nombre desquelles figure la science du droit positif, qui constituent la science du droit, méta-discipline.

Les branches de la science du droit sont toutes des branches de la recherche juridique ; mais la recherche juridique est plus vaste que la science juridique car elle comprend, outre les sciences du droit, la philosophie du droit, la légistique, la politique juridique, ainsi que la théorie du droit — qui, construisant plus que constatant ce qui devient le socle de ses connaissances, paraît, en dernier lieu, devoir s'analyser telle une non-science plus que telle une science[4] —. L'ambiguïté de la notion de « science du droit » étant patente[5], il faut essayer de la clarifier plus avant, en insistant sur la

[1] J. CARBONNIER, *Droit civil – Introduction*, 27e éd., Puf, coll. Thémis droit privé, 2002, p. 53.
[2] Réf. à P. AMSELEK, « La part de la science dans les activités des juristes », *D.* 1997, p. 337 s.
[3] J. CHEVALLIER, « Doctrine juridique et science juridique », *Dr. et société* 2002, p. 112.
[4] Il est permis de trancher en jugeant que la théorie du droit peut être scientifique mais que, le plus souvent, elle ne l'est pas (*cf.* B. BARRAUD, « L'échelle de juridicité : un outil pour mesurer le droit et fonder une théorie syncrétique (première partie : présentation) », *Arch. phil. droit* 2013, p. 365 s. ; B. BARRAUD, *Théories du droit et pluralisme juridique – t. II : La théorie syncrétique du droit et la possibilité du pluralisme juridique*, PUAM (Aix-en-Provence), coll. Inter-normes, 2017).
[5] J. CHEVALLIER, « Doctrine juridique et science juridique », *Dr. et société* 2002, p. 104.

différence essentielle qui existe entre science du droit et science du droit positif[1].

La branche principale de la recherche juridique

Quand la théorie du droit décrit le droit, définit ses critères caractéristiques, la science du droit positif décrit le droit positif, décrit le droit appliqué ou applicable au moyen d'énoncés du type « selon la règle de droit positif *x*, il est interdit de faire *y* », cela à l'échelle d'une branche du droit donnée, d'un régime juridique donné ou d'un problème de droit donné. La théorie juridique, en sa partie explicative — qui n'est pas la plus importante —, s'intéresse aussi aux normes ; seulement, elle les aborde en tant qu'ensembles et non en tant qu'unités positives ; et elle se consacre uniquement à leur forme, aux systèmes qu'elles constituent, quand la science du droit positif se penche sur leur contenu et leur portée. La théorie du droit est la théorie de l'objet-droit générique et abstrait ; la science du droit positif est la science des droits spécifiques et concrets.

Dès lors, la théorie du droit attire plus que la science du droit positif car les travaux inscrits dans cette dernière sont excessivement relatifs et contingents : ils perdent toute pertinence sitôt que les règles de droit sur lesquelles ils portent disparaissent ou sont modifiées ; tandis qu'il importe peu aux yeux de la théorie du droit que quelques normes entrent en vigueur ou perdent vigueur. Mais la science du droit positif l'emporte en définitive sur la théorie du droit en raison de sa vocation pratique et des débouchés professionnels qu'elle autorise, tant dans le secteur privé que dans le secteur public, à ceux qui empruntent cette voie.

Plus encore, elle l'emporte sur toutes les autres branches de la recherche juridique ; et elle l'emporte ainsi outrageusement. Parmi ces branches, elle est sans conteste la plus importante, à tous les points de vue, tant quantitatifs que qualitatifs. La majorité des publications juridiques, monographies et articles de revues, relèvent de la science du droit positif et la majorité des chercheurs en droit sont des scientifiques du droit positif. Et les étudiants des facultés de droit sont formés et s'entraînent essentiellement à devenir des scientifiques du droit positif, à travers les enseignements qu'ils reçoivent, visant avant tout à connaître l'état actuel du droit, et à travers les exercices qu'ils effectuent, consistant généralement à rechercher et à comprendre le droit positif. Parmi ces exercices, est en premier lieu concerné celui du commentaire d'arrêt.

[1] *Cf.*, par exemple, V. VILLA, *La science du droit*, trad. O. Nerhot, P. Nerhot, LGDJ, 1991 ; F. RIGAUX, *Introduction à la science du droit*, Vie ouvrière (Bruxelles), 1974.

Une science consistant à décrire et à expliquer le droit positif

Il faut rappeler qu'une théorie du droit « prescri[t] ce que doit être la science du droit, [...] constitu[e] la science du droit »[1], est avant toute autre chose une conception de la science du droit[2]. La théorie, au sens strict, définit le droit et institue chacune des sciences du droit. Notamment, elle fait de la science du droit positif une science dont l'objet est de rechercher, décrire et expliquer le droit positif existant et le droit positif à venir — soit le droit qui sera hypothétiquement appliqué par le juge, non le droit qui sera hypothétiquement créé par le législateur —. Ainsi comprise, l'explication des formes et des mouvements du droit positif en recourant à l'abstraction, en forgeant des concepts, en établissant des classifications ou encore en imaginant des métaphores faisant sens appartient à l'office du scientifique du droit positif et non à celui du théoricien du droit, ce dernier se bornant à assigner un objet d'étude et à prescrire une méthode d'étude à une science. La théorie du droit définit le droit entendu en tant que concept de droit, mais ce n'est pas à elle qu'il revient d'expliquer le droit entendu en tant que droit positif, en tant que droit pratiqué et concret.

La science du droit positif désigne alors la pratique des juristes qui « interprèt[ent] et systématis[ent] les normes juridiques valides »[3] — ou « valables » au sens de Gurvitch[4] —, qui se cantonnent, suivant la description de Marcel Waline, à « un rôle d'interprète et d'exégète des normes positives »[5]. Selon Kelsen, il revient à ces juristes d'émettre des « propositions de droit », c'est-à-dire des « jugements hypothétiques qui énoncent qu'au regard d'un certain ordre juridique [...] donné à la connaissance, si certaines conditions définies par cet ordre sont réalisées, certaines conséquences qu'il détermine doivent avoir lieu »[6]. Ces « propositions de droit » ne sont pas autre chose que l'identification des règles de droit, des prescriptions et autres habilitations qu'elles sont et des effets qu'elles entraînent.

Par suite, le commentaire critique des normes positives — à distinguer du commentaire purement explicatif — n'est pas une activité proprement

[1] É. MILLARD, « Point de vue interne et science du droit : un point de vue empiriste », *RIEJ* 2007, n° 59, p. 61.

[2] M. TROPER, *Pour une théorie juridique de l'État*, Puf, coll. Léviathan, 1994, p. 18.

[3] M. TROPER, « Entre science et dogmatique, la voie étroite de la neutralité », in P. AMSELEK, dir., *Théorie du droit et science*, Puf, coll. Léviathan, 1994, p. 315 ; également, R. SÈVE, *Philosophie et théorie du droit*, Dalloz, coll. Cours, 2007, p. 128.

[4] G. GURVITCH, *L'expérience juridique et la philosophie pluraliste du droit*, Pedone, 1935, p. 83.

[5] M. WALINE, *Traité de droit administratif*, Sirey, 1951 (cité par J. CHEVALLIER, « Doctrine juridique et science juridique », *Dr. et société* 2002, p. 115) ; également, É. MILLARD, « Point de vue interne et science du droit : un point de vue empiriste », *RIEJ* 2007, n° 59, p. 60.

[6] H. KELSEN, *Théorie pure du droit*, 2e éd., trad. Ch. Eisenmann, Dalloz, 1962, p. 79.

scientifique puisqu'il s'agit d'évaluer leur bienfondé ou leur légitimité à l'aune de considérations plus ou moins politiques, philosophiques ou autrement subjectives. Ce commentaire critique, même s'il est la suite logique de la recherche, de la description et de l'explication des normes en cause, se rattache à la doctrine juridique et à la politique juridique, non à la science du droit positif, activité à finalité uniquement descriptive et explicative.

Le scientifique du droit positif est, *de facto*, assez aisément reconnaissable : il est celui qui a pour but d'améliorer la connaissance du droit positif et qui, pour cela, étudie avec une rigueur scientifique, appliquant les méthodes du raisonnement juridique, le contenu des actes juridiques — des lois aux conventions collectives de travail — afin de pouvoir en dégager la ou les signification(s) ; celui qui publie des notes ou des commentaires de textes à portée normative et spécialement d'arrêts à portée jurisprudentielle. Il est aussi celui qui rédige — et rerédige afin de les tenir à jour — des manuels ou des guides à l'attention des étudiants et des praticiens désireux de connaître l'état actuel du droit positif au niveau d'une branche du droit, d'un régime juridique ou d'un problème de droit.

Science des normes appliquées et science des normes applicables

Le professeur Michel Troper enseigne qu'il faut distinguer les énoncés sur les normes déjà appliquées et les énoncés sur les normes applicables mais jamais encore appliquées. Les premières sont celles dont la portée a été précisée antérieurement par une autorité habilitée à établir des « interprétations authentiques » ; les secondes, à l'inverse, sont celles qui n'ont guère été l'objet de pareilles « interprétations authentiques » et qui, donc, ne peuvent être décrites loin de toute forme de spéculation[1]. Or la science du droit positif n'aurait à connaître que des normes appliquées, la question des normes applicables étant à résoudre par la « dogmatique juridique », qui exercerait alors une activité normative et non descriptive[2].

Nul doute qu'il faut suivre Alf Ross lorsqu'il expliquait que tout propos de la science du droit ne peut qu'être un propos exprimant ce qui est à travers des assertions et non ce qui doit être à travers des directives[3]. Néanmoins, est, en ces lignes, considéré que tant les normes applicables que les normes appliquées forment l'objet d'étude des scientifiques du droit

[1] M. TROPER, « Entre science et dogmatique, la voie étroite de la neutralité », in P. AMSELEK, dir., *Théorie du droit et science*, Puf, coll. Léviathan, 1994, p. 314 ; *cf.*, également, R. GUASTINI, « Interprétation et description des normes », in P. AMSELEK, dir., *Interprétation et droit*, Bruylant (Bruxelles), 1995, p. 94.

[2] M. TROPER, « Entre science et dogmatique, la voie étroite de la neutralité », in P. AMSELEK, dir., *Théorie du droit et science*, Puf, coll. Léviathan, 1994, p. 314.

[3] A. ROSS, *On Law and Justice*, Stevens (Londres), 1958, p. 11.

positif, que tant les unes que les autres peuvent être décrites au terme d'une démarche objective et empirique, en des termes à visée non politique et non prescriptive. L'étude des règles de droit applicables mais jamais encore appliquées relève de la science du droit positif et non de la politique juridique dès lors que ces règles applicables apparaissent données et non construites et que l'observateur doit les rechercher au moyen d'un raisonnement objectif, au moyen de déductions logiques, en s'interdisant d'effectuer quelques propositions d'ordre personnel et subjectif. Autrement dit, le juge retiendra la solution que le professeur de droit avait envisagée parce que le veut la logique juridique, parce que le veut le cadre juridique dans lequel s'insère la difficulté en cause, et non parce que ce serait ce professeur qui aurait, par son commentaire préalable, créé indirectement le droit. Et, si le juge en venait à ne pas retenir la solution déduite par le professeur, il faudrait simplement comprendre que ce dernier se serait trompé.

La science du droit positif implique que les chercheurs émettent des assertions susceptibles d'être vraies ou fausses, vérifiées ou contredites, par opposition à tout ce qui appartient au monde des opinions. Le professeur Michel Troper définit la science du droit comme une discipline « qui ne comporte pas de normes, pas de prescriptions, pas de jugements de valeur, mais des propositions qui décrivent des normes et qui, par conséquent, sont susceptibles d'être vraies ou fausses et […] vérifiables empiriquement »[1], éventuellement *a posteriori*. Cela vaut y compris à l'égard des travaux portant sur le droit appliqué puisque l'affirmation selon laquelle « est en vigueur la norme *x*, prévoyant qu'il est interdit de *y* » peut être vraie ou fausse selon que cette norme existe réellement dans l'ordre juridique ou non.

Le droit applicable est autant que le droit appliqué du droit positif, du droit en vigueur. Il n'est pas éventuel ou conditionnel ; il n'a simplement jamais trouvé l'occasion de s'exprimer. La science du droit positif comprend ainsi une part de science du droit prétendument positif, cela notamment car la frontière entre droit positif appliqué et droit positif non encore appliqué est assez floue : une norme appliquée est aussi une norme applicable ; et elle n'en demeure pas moins toujours susceptible d'interprétation — la description est inévitablement le fruit d'une interprétation et le scientifique du droit positif, à l'identique du magistrat, ne fait qu'interpréter et réinterpréter des normes, qu'elles soient appliquées ou seulement applicables —. En définitive, y compris le droit appliqué est du droit prétendument positif et il faudrait en venir à considérer que la science du

[1] M. Troper, *Pour une théorie juridique de l'État*, Puf, coll. Léviathan, 1994, p. 18-19. *Cf.*, également, M. Troper, « Contribution à une critique de la conception kelsénienne de la science du droit », in *Mélanges Charles Chaumont*, Pedone, 1984, p. 530 ; D. de Béchillon, *Qu'est-ce qu'une règle de droit ?*, Odile Jacob, 1997, p. 229.

droit positif se résumerait entièrement à une science du droit prétendument positif.

Est en cause une activité scientifique également parce que l'identification des règles de droit positives est une tâche délicate et complexe que seuls des spécialistes très au fait, en particulier, de la méthodologie juridique peuvent réaliser ; ce qui n'interdit pas qu'ils puissent se tromper, tant en matière de droit appliqué qu'en matière de droit applicable.

L'étrange qualification de « dogmatique juridique »

Par ailleurs, « science du droit [positif] » serait synonyme ou très proche de « doctrine juridique »[1], de « positivisme techniciste »[2], d' « exégèse »[3], de « linguistique appliquée »[4] et de « dogmatique juridique »[5]. Cette dernière expression est aujourd'hui la plus régulièrement usitée et un auteur observe qu'elle serait conforme au sens originel du terme « dogmatique » qui aurait été utilisé pour la première fois par Jhering afin de désigner l'étude objective des règles de droit, suivant le modèle de la dogmatique théologique qui décrit les dogmes religieux[6]. Et Gurvitch d'avancer sans ambages qu' « on appelle cette science le Dogme du droit »[7].

[1] S. CINAMONTI, « Doctrine », in A.-J. ARNAUD, dir., *Dictionnaire encyclopédique de théorie et de sociologie du droit*, 2e éd., LGDJ, 1993, p. 186 (qui définit la doctrine en tant qu' « ensemble des productions dues à la science juridique » ; la doctrine serait donc le produit de l'activité des scientifiques du droit). *Cf.*, néanmoins, J. CHEVALLIER, « Doctrine juridique et science juridique », *Dr. et société* 2002, p. 104 (pour qui science du droit et doctrine juridique recouvrent deux réalités très différentes).

[2] M. WALINE, *Traité de droit administratif*, Sirey, 1951 (cité par J. CHEVALLIER, « Doctrine juridique et science juridique », *Dr. et société* 2002, p. 115).

[3] G. GURVITCH, *L'expérience juridique et la philosophie pluraliste du droit*, Pedone, 1935, p. 16.

[4] É. MILLARD, « Le droit… à l'envers », conférence à l'Agora des savoirs, Centre Rabelais de Montpellier, 8 févr. 2012.

[5] F. HAMON, M. TROPER, *Droit constitutionnel*, 35e éd., LGDJ, coll. Manuel, 2014, p. 25, 32 et 39 ; M. TROPER, « Science du droit », in D. ALLAND, S. RIALS, dir., *Dictionnaire de la culture juridique*, Lamy-Puf, coll. Quadrige-dicos poche, 2003, p. 1391 ; M. TROPER, « Une définition stipulative », *Droits* 1989, n° 10, p. 103 ; X. MAGNON, *Théorie(s) du droit*, Ellipses, coll. Universités-Droit, 2008, p. 6. *Cf.*, cependant, M. TROPER, « Entre science et dogmatique, la voie étroite de la neutralité », in P. AMSELEK, dir., *Théorie du droit et science*, Puf, coll. Léviathan, 1994, p. 314 ; A. AARNIO, « Dogmatique juridique », in A.-J. ARNAUD, dir., *Dictionnaire encyclopédique de théorie et de sociologie du droit*, 2e éd., LGDJ, 1993 (pour qui la dogmatique juridique se définit comme « le *domaine de la science du droit* consacré à l'interprétation et à la systématisation des normes juridiques » (non souligné dans le texte original)).

[6] G. KALINOWSKI, « Une théorie de la dogmatique juridique », *Arch. phil. droit* 1970, p. 408.

[7] G. GURVITCH, *L'expérience juridique et la philosophie pluraliste du droit*, Pedone, 1935, p. 84.

Même si la science peut consister, en soi, en une idéologie[1], « dogmatique » apparaît très impropre pour exprimer ou renforcer l'idée de science et il est préférable de plaider en faveur de son non-usage. Une « science dogmatique » est une contradiction dans les termes.

En effet, les dictionnaires de la langue française définissent l'adjectif dogmatique de la façon suivante : « fait de croire à des dogmes ; disposition d'esprit d'une personne à affirmer de façon péremptoire ou à admettre comme vraies certaines idées sans discussion »[2]. Et les dictionnaires de la langue philosophique de renchérir : « tournure d'esprit qui consiste à affirmer ses doctrines avec autorité, sans admettre qu'elles puissent avoir quelque chose d'imparfait ou d'erroné », selon André Lalande[3] ; ou encore « attitude de celui qui affirme avec intransigeance et souvent avec une autorité qu'il n'a pas »[4]. Ces définitions sont loin d'être applicables au bon scientifique du droit ; ce dernier se caractérise par le recours à des méthodes et à un propos objectifs, loin de tout dogmatisme. Le dogmatisme est un anti-scientifisme ; et l'usage du terme « dogmatique » pour désigner la science juridique est définitivement surprenant.

Le mot « juristique », plus évocateur et conforme étymologiquement et sémantiquement, pourrait être employé à la place de ou alternativement à « science du droit » ; mais il ne l'est que très rarement, malgré cette pertinence linguistique et malgré le fait qu'il soit plus logique que les scientifiques du droit s'adonnent à la juristique qu'à la dogmatique[5].

De la science du droit naturel à la science du droit positif

La science du droit positif se caractérise, comme toute science, par l'usage et la maîtrise d'un langage technique spécifique. Ce dernier semble exister depuis la Rome antique. La science du droit d'alors, appelée *iurisprudentia*, consistait, selon les *Regulae* d'Ulpien, en « la connaissance des choses divines et humaines, la science du juste et de l'injuste »[6]. Certainement s'agissait-il plus d'art et de philosophie que de science.

[1] *Cf.* J. HABERMAS, *La technique et la science comme idéologie*, Gallimard, coll. Les essais, 1973.
[2] V° « Dogmatique », in *Trésor de la langue française*.
[3] V° « Dogmatique », in A. LALANDE, *Vocabulaire technique et critique de la philosophie*, Puf, coll. Quadrige-dicos poche, 2010.
[4] V° « Dogmatique », in P. FOULQUIÉ, *Dictionnaire de la langue philosophique*, 6e éd., Puf, coll. Grands dictionnaires, 1992.
[5] Le sociologue Henri Lévy-Bruhl désignait par « juristique » la « science du droit » (H. LÉVY-BRUHL, *Sociologie du droit*, 6e éd., Puf, coll. Que sais-je ?, 1981, p. 86), mais il n'a guère été suivi dans cet usage (toutefois, M. ALLIOT, « Anthoropologie et juristique – Sur les conditions de l'élaboration d'une science du droit », *Bulletin de liaison du LAJP* 1983, n° 6, p. 83 s.).
[6] Cité par J. GAUDEMET, *Les naissances du droit – Le temps, le pouvoir et la science au service du droit*, 3e éd., Montchrestien, coll. Domat droit public, 2001, p. 268.

Cicéron aurait d'ailleurs écrit que le « jurisprudent » serait celui qui « transform[e] le droit en art »[1] ; et Paul d'ajouter qu'il serait celui qui sait « déduire la règle du droit tel qu'il est »[2], c'est-à-dire du droit envisagé en tant que droit naturel transcendantal. La situation était peu ou prou identique au Moyen-Âge, lorsque la science du droit se résumait à la théologie, les théologiens imposant par leur science des choses divines les principes devant fonder les normes[3]. La science du droit a ainsi précédé de beaucoup la science du droit positif et, plus largement, les sciences positives du droit.

Partant, la science du droit a clairement, depuis ses origines, évolué et sans doute cette évolution s'est-elle faite dans le sens d'un progrès vers plus de scientificité. Car le « droit tel qu'il est » désigné par Paul était en réalité un droit tel qu'il devrait être aux yeux du « jurisprudent ». La science du droit n'avait alors de scientifique que le nom. Les intentions, les méthodes et les conclusions n'étaient, elles, guère scientifiques. Aujourd'hui, la science du droit positif a atteint la forme de maturité permettant la « distinction claire entre le moment d'autorité et le moment de réflexion dans l'expérience juridique » que revendiquait Bobbio[4]. Elle n'a plus grand-chose en commun avec la jurisprudence des premiers temps[5] ni avec la jurisprudence anglo-saxonne qui, assimilée à une « science du droit », consiste à rechercher le « bon droit », le « juste droit »[6].

Or les progrès de la science du droit positif sont dus à la théorie du droit plus qu'à cette science elle-même. Aujourd'hui toujours, ladite science interroge en bien des points. Et ces questions, elle les pose principalement à la théorie du droit dès lors qu'il ne peut y avoir de science du droit qu'à travers une « charpente théorique »[7] qui lui fournit un objet, des objectifs, des méthodes ou encore des concepts. La science du droit positif n'est pas cloisonnée mais intimement dépendante de la théorie du droit. Il existe d'importants mouvements allant de la théorie du droit vers la science du droit positif — et vers toutes les sciences du droit —[8]. Le droit étant un objet complexe, incertain et instable dont la saisissabilité empirique interroge — là

[1] Cité par F. GARNIER, « Notes pour une possible histoire de la construction de la norme », in M. BEHAR-TOUCHAIS, N. MARTIAL-BRAZ, J.-F. RIFFARD, dir., *Les mutations de la norme*, Economica, coll. Études juridiques, 2011, p. 32.

[2] Cité par J.-M. CARBASSE, *Manuel d'introduction historique au droit*, 4e éd., Puf, coll. Droit fondamental, 2011, p. 63.

[3] *Cf.* E. MARMURSZTEJN, *L'autorité des maîtres – Scolastique, normes et société au XIIIe siècle*, Les Belles lettres, coll. Histoire, 2007.

[4] N. BOBBIO, *Essais de théorie du droit*, trad. M. Guéret, Ch. Agostini, LGDJ-Bruylant (Paris-Bruxelles), coll. La pensée juridique, 1998, p. 200.

[5] J. CHEVALLIER, « Doctrine juridique et science juridique », *Dr. et société* 2002, p. 104.

[6] M. DEGUERGUE, « Jurisprudence », in D. ALLAND, S. RIALS, dir., *Dictionnaire de la culture juridique*, Lamy-Puf, coll. Quadrige-dicos poche, 2003, p. 883.

[7] L. M. FRIEDMAN, « La sociologie du droit est-elle vraiment une science ? », *Dr. et société* 1986, p. 115.

[8] G. G. GRANGER, « À quoi sert l'épistémologie ? », *Dr. et société* 1992, p. 36.

où les sciences de la nature travaillent sur des objets parfaitement saisissables, parfois physiquement —, une construction théorique est indispensable à la praticabilité de la science du droit positif qui, sans cela, ne saurait pas où ni comment chercher ce droit positif qui constitue son objet. Or, à l'heure actuelle, le soubassement théorique indispensable à la science du droit positif est quasi-systématiquement ignoré ou dénigré par les chercheurs en droit. Mais cela pose plus de problèmes en théorie qu'en pratique.

Science du droit positif, politique juridique et doctrine

Par ailleurs, se pose la question de la distinction entre la science du droit positif et la doctrine juridique. Lorsqu'un professeur est chargé par le jurislateur de penser un projet de droit, il quitte le cadre de la science juridique pour s'insérer dans celui de la politique juridique, même s'il ne devient pas pour autant jurislateur lui-même. Mais ne passe-t-il pas, en même temps, de la science à la doctrine, si bien que la doctrine juridique irait de pair avec la politique juridique ? Peut-être la doctrine se caractérise-t-elle par la critique, la proposition et l'expression d'opinions quand la science est objective et à visée simplement descriptive et explicative. Il s'agirait donc de deux approches du droit positif aux finalités bien différentes et il importerait de ne surtout pas confondre ni même rapprocher la science du droit positif et la doctrine juridique. La doctrine serait située dans le droit et serait « intéressée et normative », tandis que le scientifique adopte un point de vue extérieur au droit et « désintéressé »[1]. Il paraît judicieux d'ainsi opposer science juridique et doctrine juridique.

Mais on retient aussi, dans un sens plus large, que la doctrine serait toute la production littéraire, critique et scientifique issue de l'activité cognitive des juristes[2]. Et John Austin d'opposer la science du droit, qui s'intéresse au droit tel qu'il est, et la « science de la législation », qui recherche le droit qui doit être[3]. S'il est difficile de comprendre l'utilisation du nom « science » dans un tel sens, cela témoigne des incertitudes qui entourent la place de la science en droit et par rapport au droit. En ces lignes, est en tout cas proposé de rattacher la doctrine juridique à la politique juridique, activité consistant à apposer un regard critique et prescriptif sur l'état du droit positif, et de détacher cette doctrine de la science du droit positif et, plus encore, de toutes les sciences du droit. Il ne serait ainsi pas

[1] É. PICARD, « Science du droit ou doctrine juridique », in *Mélanges Roland Drago*, Economica, 1996, p. 119 (cité par J. CHEVALLIER, « Doctrine juridique et science juridique », *Dr. et société* 2002, p. 105-106).

[2] S. CINAMONTI, « Doctrine », in A.-J. ARNAUD, dir., *Dictionnaire encyclopédique de théorie et de sociologie du droit*, 2e éd., LGDJ, 1993, p. 186.

[3] D. BARANGER, « Utilitarisme (utilitarisme classique et droit) », in D. ALLAND, S. RIALS, dir., *Dictionnaire de la culture juridique*, Lamy-Puf, coll. Quadrige-dicos poche, 2003, p. 1500.

possible de faire tout à la fois œuvre doctrinale et œuvre scientifique. Mais un professeur de droit ou tout autre chercheur s'intéressant au droit peut passer de l'espace scientifique à l'espace doctrinal ou de l'espace doctrinal à l'espace scientifique autant de fois qu'il le désire et y compris au sein d'un même ouvrage. L'important est de préciser au lecteur quel point de vue est adopté, quelle intention est poursuivie, et de le prévenir dès lors qu'il en est changé.

Par suite, intervient la problématique de la qualité de source du droit de la doctrine. On souligne que les commentateurs du droit sont depuis longtemps des « créateurs de droit »[1] ; on parle de « science productive »[2] ; on positionne la doctrine aux côtés de la loi, de la jurisprudence et de la coutume[3]. Pourtant, il est peu vraisemblable que la doctrine, même si elle s'adonne à la politique juridique, crée du droit[4], peu vraisemblable que des normes jaillissent de la doctrine. Tout au plus, cette dernière peut être une source matérielle, donc informelle et indirecte, de droit, soit une source incomparable à la loi, à la jurisprudence ou à la coutume.

Quant à la question de la qualité de source du droit des scientifiques du droit positif, elle ne se pose guère. Dans le cadre de la science du droit positif, les auteurs reformulent constamment les règles juridiques, pour les comprendre et les expliquer ; mais ils ne les formulent jamais. Son statut assigne à la science du droit positif comme seule fonction de créer le savoir relatif au droit positif. Par conséquent, « de même que la physique décrit la matière et ne la produit pas, la science du droit ne produit pas le droit mais le décrit »[5]. Aujourd'hui, la connaissance du droit positif est précisément distinguée de sa création et de son application, ainsi que de sa critique et de sa proposition qui sont l'affaire de la doctrine ; et toutes les sciences du droit ne jouent de rôle que sous l'angle de la connaissance du droit.

Une autre de ces sciences du droit, qui compte au nombre des plus développées, à tel point qu'une section *ad hoc* du Conseil National des Universités lui est réservée (section 03), est l'histoire du droit.

[1] J. GAUDEMET, *Les naissances du droit – Le temps, le pouvoir et la science au service du droit*, 3e éd., Montchrestien, coll. Domat droit public, 2001, p. 280.

[2] F. GARNIER, « Notes pour une possible histoire de la construction de la norme », in M. BEHAR-TOUCHAIS, N. MARTIAL-BRAZ, J.-F. RIFFARD, dir., *Les mutations de la norme*, Economica, coll. Études juridiques, 2011, p. 33.

[3] Par exemple, Ph. JESTAZ, *Les sources du droit*, Dalloz, coll. Connaissance du droit, 2005.

[4] *Cf.* Ch. JAMIN, Ph. JESTAZ, *La doctrine*, Dalloz, coll. Méthodes du droit, 2004.

[5] M. TROPER, « Normativisme », in D. ALLAND, S. RIALS, dir., *Dictionnaire de la culture juridique*, Lamy-Puf, coll. Quadrige-dicos poche, 2003, p. 1075.

Orientations et illustrations bibliographiques

ARDISSON D., « Observations sur la recherche, l'enseignement et les pratiques du droit », *Dr. et Société* 1993, p. 143 s.
ATIAS Ch., « Réflexion sur les méthodes de la science du droit », *D.* 1983, p. 145 s.
AUBERT J.-L., SAVAUX E., *Introduction au droit et thèmes fondamentaux du droit civil*, 12e éd., Sirey, coll. Université, 2008
AUBY J.-B., AUBY J.-M., JEAN-PIERRE D., TAILLEFAIT A., *Droit de la fonction publique*, 7e éd., Dalloz, coll. Précis, 2012
AUZERO G., DOCKÈS E., *Droit du travail*, 30e éd., Dalloz, coll. Précis, 2015
AVRIL P., GICQUEL J., *Droit parlementaire*, 3e éd., Montchrestien, coll. Précis Domat, 2004
AYNÈS L., CROCQ P., *Droit des sûretés*, 9e éd., LGDJ, coll. Droit civil, 2015
AYNÈS L., MALAURIE Ph., *Droit des obligations*, 7e éd., LGDJ, coll. Droit civil, 2015
BÉAL E., LICOINE HUCLIEZ N., MESTRE MAHLER M., *Droit de l'immobilier 2015/2016*, Dunod, coll. Techniques tertiaires, 2015
BEAUD O., « Doctrine », in ALLAND D., RIALS S., dir., *Dictionnaire de la culture juridique*, Lamy-Puf, coll. Quadrige dicos poche, 2003
BEAUD O., « L'œuvre de Gaston Jèze signifie-t-elle un repli de la doctrine publiciste française sur la technique juridique ? », *Jus Politicum* 2013, n° 11
BÉCANE J.-C., COUDERC M., HÉRIN J.-L., *La loi*, 2e éd., Dalloz, coll. Connaissance du droit, 1994
BEIGNIER B., BLERY C., *Manuel d'introduction au Droit*, Puf, coll. Manuels droit fondamental, 2004
BERGEL J.-L., *Théorie générale du droit*, Dalloz, coll. Méthodes du droit, 5e éd., 2012
BERNARD A., POIRMEUR Y., dir., *La doctrine juridique*, Puf, 1993
BETTATI M., *Droit humanitaire*, Dalloz, coll. Précis, 2012
BLANQUET M., ISAAC G., *Droit général de l'Union européenne*, 9e éd., Dalloz, coll. Sirey université, 2005
BLARY-CLÉMENT E., DEKEUWER-DÉFOSSEZ F., *Droit commercial – Activités commerciales, commerçants, fonds de commerce, concurrence, consommation*, 11e éd., LGDJ, coll. Domat droit privé, 2015
BONFILS Ph., GOUTTENOIRE A., *Droit des mineurs*, 2e éd., Dalloz, coll. Précis, 2014
BONNECASE J., *L'École de l'Exégèse en droit civil*, 2e éd., De Boccard, 1924
BONNECASE J., *Introduction à l'étude du droit*, Sirey, 1939
BORGETTO M., DUPEYROUX J.-J., LAFORE R., *Droit de la sécurité sociale*, 18e éd., Dalloz, coll. Précis, 2015
BOURCIER D., « À propos des fondements épistémologiques d'une science du droit », in AGUILA Y. et *alii*, *Quelles perspectives pour la recherche juridique ?*, Puf, coll. Droit et justice, 2007, p. 69 s.
BOUREL P., LOUSSOUARN Y., DE VAREILLES-SOMMIÈRES P., *Droit international privé*, Dalloz, coll. Précis, 2013
BOYER L., ROLAND H., *Introduction au droit*, 6e éd., Litec, 2003
BRAIBANT G., DELVOLVÉ P. et *alii*, *Les grands arrêts de la jurisprudence administrative*, 16e éd., Dalloz, coll. Grands arrêts, 2007
BRAIBANT G., STIRN B., *Le droit administratif français*, 6e éd., Presses de Sciences Po-Dalloz, coll. Amphi, 2002
BREDIN J.-D., « Remarques sur la doctrine », in *Mélanges Pierre Hébraud*, Dalloz, 1981, p. 111 s.
BRETHE DE LA GRESSAYE J., LABORDE-LACOSTE M., *Introduction générale à l'étude du droit*, Sirey, 1947
BRUNET P., CHAMPEIL-DESPLATS V., HENNETTE-VAUCHEZ S., MILLARD É., « Mariage pour tous : les juristes peuvent-ils parler "au nom du droit" ? », *D.* 2013, p. 784 s.
CABRILLAC M., CABRILLAC S., MOULY Ch., PÉTEL Ph., *Droit des sûretés*, 10e éd., LexisNexis, coll. Manuel, 2015
CABRILLAC R., *Introduction générale au droit*, 8e éd., Dalloz, coll. Cours, 2009
CABRILLAC R., FRISON-ROCHE M.-A., REVET Th., dir., *Libertés et droits fondamentaux*, 14e éd., Dalloz, 2008

CALAIS-AULOY J., TEMPLE H., *Droit de la consommation*, 9e éd., Dalloz, coll. Précis, 2015
CAPITANT R., *Introduction à l'étude de l'illicite – t. I : L'impératif juridique*, Dalloz, 1928
CARBONNIER J., *Droit civil – Introduction*, 27e éd., Puf, coll. Thémis droit privé, 2002
CARREAU D., *Droit international*, 10e éd., Pedone, 2010
CHAMBOST A.-S., dir., *Histoire des manuels de droit*, LGDJ, 2014
CHAPUS R., *Droit administratif général*, 14e éd., Montchrestien, 2000
CHARVIN R., SUEUR J.-J., *Droits de l'homme et libertés de la personne*, 5e éd., Litec, 2007
CHAZAL J.-P., « Léon Duguit et François Gény, controverse sur la rénovation de la science juridique », *RIEJ* 2010, n° 65, p. 85 s.
CHÉROT J.-Y., *Droit public économique*, Economica, 2e éd., 2007
CHEVALLIER J., *Sciences administratives*, 4e éd., Puf, coll. Thémis, 2007
CHEVALLIER J., « Doctrine juridique et science juridique », *Dr. et société* 2002, p. 103 s.
COLIN F., *Droit public*, Gualino, coll. Fonction publique concours, 2009
COLLART DUTILLEUL F., DELEBECQUE PH., *Contrats civils et commerciaux*, 10e éd., Dalloz, coll. Précis, 2015
COMBACAU J., SUR S., *Droit international public*, 10e éd., Montchrestien, coll. Domat droit public, 2012
CORNU G., *Droit civil – 1. Introduction au droit*, 2e éd., Montchrestien, 2007
COURBE P., *Introduction générale au droit*, 11e éd., Dalloz, coll. Mémentos, 2009
COZIAN M., DEBOISSY F., VIANDIER A., *Droit des sociétés*, 28e éd., LexisNexis, coll. Manuel, 2015
DE BERANGER Th., DE VILLIERS M., dir., *Droit public général*, 5e éd., LexisNexis, coll. Manuel, 2011
DECAUX E., *Droit international public*, 7e éd., Dalloz, 2010
DEGUERGUE M., « Jurisprudence », in ALLAND D., RIALS S., dir., *Dictionnaire de la culture juridique*, Lamy-Puf, coll. Quadrige dicos poche, 2003
DELEBECQUE Ph., *Droit maritime*, Dalloz, coll. Précis, 2014
DELEBECQUE Ph., SIMLER Ph., *Droit civil – Les sûretés, la publicité foncière*, 6e éd., Dalloz, coll. Précis, 2012
DELNOY P., *Éléments de méthodologie juridique – Méthodologie de l'interprétation juridique, méthodologie de l'application du droit*, 3e éd., Larcier (Bruxelles), 2008
DELVOLVÉ P., VEDEL G., *Droit administratif*, Hachette, 1989
DEUMIER P., *Introduction générale au droit*, 2e éd., LGDJ, coll. Manuel, 2013
DEUMIER P., « Les autorités des doctrines », in FOYER J., LEBRETON G., PUIGELIER C., dir., *L'autorité*, Puf, coll. Cahiers des sciences morales et politiques, 2008, p. 291 s.
Droit et société 2010/2, « Sciences sociales, droit et science du droit : le regard des juristes »
DROBENKO B., *Droit de l'urbanisme*, 10e éd., Gualino, coll. Mémentos LMD, 2015
DRUFFIN-BRICCA S., HENRY L.-C., *Introduction générale au droit*, Gualino, coll. Manuels, 2007
DU MARAIS B., *Droit public de la régulation économique*, Presse de Sciences Po-Dalloz, 2004
DUPIN J., *Manuel des étudiants en droit et des jeunes avocats*, Joubert, 1835
DUPUIS G., GUEDON M.-J., CHRETIEN P., *Droit administratif*, 12e éd., Dalloz, 2011
DUPUY P.-M., KERBRAT Y., *Droit international public*, Dalloz, coll. Précis, 2012
ENCINAS DE MUNAGORI R., *Introduction générale au droit*, Flammarion, 2006
ESMEIN A., « La jurisprudence et la doctrine », *RTD civ.* 1902, p. 5 s.
FABRE-MAGNAN M., *Introduction générale au droit*, Puf, coll. Licence, 2009
FAGES B., *Droit des obligations*, 5e éd., LGDJ, coll. Manuel, 2015
FAUCHON A., MERLE Ph., *Droit commercial – Sociétés commerciales*, 19e éd., Dalloz, coll. Précis, 2016
FAVOREU L. et *alii*, *Droit des libertés fondamentales*, 2e éd., Dalloz, 2002
FAVOREU L. et *alii*, *Droit constitutionnel*, 12e éd., Dalloz, coll. Précis, 2009
FORNACCIARI M., « Techniques du droit et droit des techniques », in FORNACCIARI M. et *alii*, *Droit et informatique – L'hermine et la puce*, Masson, 1992, p. 123 s.
FOULQUIER N., *Droit administratif des biens*, 3e éd., LexisNexis, coll. Manuel, 2015
FRYDMAN B., « Le projet scientifique de François Gény », in JESTAZ Ph., THOMASSET C., VANDERLINDEN J., dir., *François Gény, mythes et réalités – 1899-1999 : centenaire de*

Méthode d'interprétation et sources en droit positif – Essai critique, Dalloz-Bruylant-Yvon Blais (Paris-Bruxelles-Montréal), 2000, p. 213 s.

FRYDMAN B., « Philologie et exégèse : un cas d'herméneutique comparée », *RIEJ* 1994, n° 33, p. 59 s.

FRYDMAN B., RORIVE I., *Introduction au droit et à la méthodologie juridique*, Faculté de droit de l'Université libre de Bruxelles, 2008

GAUTIER P.-Y., « Les articles fondateurs (réflexions sur la doctrine) », in *Mélanges Pierre Catala*, Litec, p. 255 s.

GAUTRON J.-C., *Droit européen*, 7e éd., Dalloz, coll. Mémento, 1995

GÉNIAUT B., « La force normative des standards juridiques – Éléments pour une approche pragmatique », in THIBIERGE C., dir., *La force normative – Naissance d'un concept*, LGDJ-Bruylant (Paris-Bruxelles), 2009, p. 183 s.

GÉNY F., *Méthode d'interprétation et sources en droit privé positif*, t. I et II, LGDJ, 1954

GÉNY F., *Science et technique en droit privé positif – Nouvelle contribution à la critique de la méthode juridique*, Sirey, t. I, II, III et IV, 1914-1924

GÉNY F., « Les bases fondamentales du droit civil en face des théories de Léon Duguit », *RTD civ.* 1922, p. 779 s.

GHESTIN J., GOUBEAUX G., *Introduction générale*, 4e éd., LGDJ, 1994

GODFRIN P., *Droit administratif des biens*, 9e éd., Sirey, 2009

GONOD P., MELLERAY F., YOLKA P., dir, *Traité de droit administratif*, vol. 1, Dalloz, 2011

GRIDEL J.-P., *Notions fondamentales de droit et de droit français – Introduction, méthodologie, synthèses*, Dalloz, 1992

GRIDEL J.-P., *Introduction au droit et au droit français*, Dalloz, 1994

GRYNBAUM L., LE GOFFIC C., MORLET-HAÏDARA L., *Droit des activités numériques*, Dalloz, coll. Précis, 2014

GUASTINI R., « Interprétation et description des normes », in AMSELEK P., dir., *Interprétation et droit*, Bruylant-PUAM (Bruxelles-Aix-en-Provence), 1995, p. 93 s.

GUENZOUI Y., « Un conflit de doctrines – Doctrine universitaire *versus* Doctrine de la Cour de cassation », *RTD civ.* 2014, p. 275 s.

GUGLIEMI G. J., KOUBI G., *Droit du service public*, 3e éd., Montchrestien, 2011

GUILHAUDIS J.-F., *Relations internationales contemporaines*, 3e éd., Litec, coll. Manuel, 2010

HALPÉRIN J.-L., « Aubry et Rau, Cours de droit civil français », in CAYLA O., HALPÉRIN J.-L., dir., *Dictionnaire des grandes œuvres juridiques*, Dalloz, 2008, p. 9 s.

HALPÉRIN J.-L., « Blackstone, Commentaires sur les lois anglaises », in CAYLA O., HALPÉRIN J.-L., dir., *Dictionnaire des grandes œuvres juridiques*, Dalloz, 2008, p. 55 s.

HALPÉRIN J.-L., « Gény, Méthode d'interprétation », in CAYLA O., HALPÉRIN J.-L., dir., *Dictionnaire des grandes œuvres juridiques*, Dalloz, 2008, p. 201 s.

HAMON F., TROPER M., *Droit constitutionnel*, 35e éd., LGDJ, coll. Manuel, 2014

HAURIOU M., *Principes de droit public à l'usage des étudiants en licence et en doctorat ès sciences politiques*, 2e éd., Sirey, 1916

HAURIOU M., *Précis élémentaire de droit constitutionnel*, 2e éd., Sirey, 1930

HAURIOU M., *Précis de droit administratif et de droit public général à l'usage des étudiants en licence et en doctorat ès sciences politiques*, 12e éd., Sirey, 1933

JACQUOT H., PRIET F., *Droit de l'urbanisme*, 7e éd., Dalloz, coll. Précis, 2015

JAMIN Ch., JESTAZ Ph., *La doctrine*, Dalloz, 2004

JAMIN Ch., JESTAZ Ph., « Doctrine et jurisprudence : cent ans après », *RTD civ.* 2002, p. 1 s.

JANICOT L., VERPEAUX M., *Droit des collectivités territoriales*, 3e éd., Puf, coll. Major, 2015

JESTAZ Ph., « Déclin de la doctrine ? », *Droits* 1994, n° 20, p. 93 s.

JESTAZ Ph., « François Gény : une image française de la loi et du juge », in JESTAZ Ph., THOMASSET C., VANDERLINDEN J., dir., *François Gény, mythes et réalités – 1899-1999 : centenaire de* Méthode d'interprétation et sources en droit positif – *Essai critique*, Dalloz-Bruylant-Yvon Blais (Paris-Bruxelles-Montréal), 2000, p. 37 s.

JESTAZ Ph., THOMASSET C., VANDERLINDEN J., dir., *François Gény, mythe et réalités : 1899-1999 centenaire de méthode d'interprétation et sources en droit positif – Essai critique*, Dalloz-Bruylant (Paris-Bruxelles), 2000

JÈZE G., *Les grands principes du droit administratif*, 3e éd., Griard, 1930

KENFACK H., PÉDAMON M., *Droit commercial*, 4e éd., Dalloz, coll. Précis, 2015

KOLB P., LETURMY L., *Droit pénal général – Les grands principes, l'infraction, l'auteur, les peines*, 10e éd., Gualino, coll. Mémentos LMD, 2015
LACHAUME J.-F., PAULIAT H., *Droit administratif – Les grandes décisions de la jurisprudence*, 14e éd., Puf, 2007
LARROUMET C., *Introduction à l'étude du droit privé*, 5e éd., Economica, 2006
LEBORGNE A., *Droit de l'exécution*, 2e éd., Dalloz, coll. Précis, 2014
LEGEAIS D., *Droit des sûretés et garanties du crédit*, 10e éd., LGDJ, coll. Manuel, 2015
LOISELLE M., « L'analyse du discours de la doctrine juridique : l'articulation des perspectives interne et externe », in CURAPP, *Les méthodes au concret – Démarches, formes de l'expérience et terrains d'investigation en science politique*, Puf, 2000, p. 187 s.
MAINGUY D., *Introduction générale au droit*, 5e éd., Litec, coll. Objectif droit, 2010
MALAURIE Ph., *Introduction à l'étude du droit*, Cujas, 1991
MALAURIE Ph., MORVAN P., *Introduction générale*, 4e éd., Defrénois, coll. Droit civil, 2012
MALINVAUD P., *Introduction à l'étude du droit*, 12e éd., Litec, 2008
MASCLET J.-C., PETIT F., *Introduction générale au droit*, 2e éd., Foucher, coll. LMD parcours juridiques, 2010
MATHIEU B., *La loi*, 2e éd., Dalloz, 2004
MAYER P., HEUZÉ V., *Droit international privé*, 10e éd., Montchrestien, 2010
MEKKI M., « Nullité et validité en droit des contrats : un exemple de pensée par les contraires », *RDC* 2006, p. 679 s.
MOLFESSIS N., « Les prédictions doctrinales », in *Mélanges François Terré*, Dalloz-Puf-Jurisclasseur, 1999, p. 141 s.
MOLFESSIS N., « La hiérarchie des normes ressuscitée par le Conseil d'État », *RTD civ.* 1999, p. 232 s.
MORAND-DEVILLER J., *Droit administratif*, 13e éd., LGDJ, coll. Cours, 2013
MORAND-DEVILLER J., *Droit administratif des biens*, 8e éd., LGDJ, coll. Cours, 2014
OST F., VAN DE KERCHOVE M., « De la scène au balcon – D'où vient la science du droit ? », in CHAZEL F., COMMAILLE J., dir., *Normes juridiques et régulation sociale*, LGDJ, coll. Droit et société, 1991, p. 67 s.
PENNEAU A., *Règles de l'art et normes techniques*, LGDJ, coll. Bibliothèque de droit privé, 1989
PETIT B., *Introduction générale au droit*, 7e éd., Presses universitaires de Grenoble, 2008
PICARD É., « Science du droit ou doctrine juridique », in *Mélanges Rolland Drago*, Economica, 1996, p. 119 s.
PLANIOL M., *Traité élémentaire de droit civil conforme au programme officiel des facultés de droit*, 2e éd., Pichon, 1903
RIGAUX F., *Introduction à la science du droit*, Vie ouvrière (Bruxelles), 1974
RIVERO J., *Droit administratif*, 14e éd., Dalloz, coll. Précis, 1990
ROGUIN E., *La science juridique pure*, F. Rouge (Lausanne), 1923
ROLLAND L., *Précis de droit administratif*, 10e éd., Dalloz, 1951
ROUBIER P., *Droits subjectifs et situations juridiques* (1963), Dalloz, 2005
ROUSSEAU D., VIALA A., *Droit constitutionnel*, Montchrestien, 2004
SAVATIER R., « Observation sur les modes contemporains de formation du droit positif », in *Mélanges Jean Dabin*, Sirey, 1963, p. 293 s.
SCELLE G., *Précis de droit des gens*, Sirey, 1932
SÉRIAUX A., « La notion de doctrine juridique », *Droits* 1994, n° 20, p. 65 s.
SERLOOTEN P., *Droit fiscal des affaires*, 14e éd., Dalloz, coll. Précis, 2015
SIMLER Ph., TERRÉ F., *Droit civil – Les régimes matrimoniaux*, 7e éd., Dalloz, coll. Précis, 2015
SOURIOUX J.-L., *Introduction au droit*, 2e éd., Puf, coll. Droit fondamental, 1989
SUDRE F., *Droit européen et international des droits de l'homme*, 11e éd., Puf, coll. Droit fondamental, 2012
SUPIOT A., « Ontologie et déontologie de la doctrine », *D.* 2013, p. 1421 s.
TAORMINA G., *Introduction à l'étude du droit*, PUAM (Aix-en-Provence), 2005
THIREAU J.-L., « Droit français », in ALLAND D., RIALS S., dir., *Dictionnaire de la culture juridique*, Lamy-Puf, coll. Quadrige dicos poche, 2003
TIMSIT G., « La science juridique, science du texte », in BOURCIER D., MACKAY P., dir., *Lire le droit – Langue, texte, cognition*, LGDJ, coll. Droit et société, 1992, p. 463 s.

TIMSIT G., « Raisonnement juridique », in ALLAND D., RIALS S., dir., *Dictionnaire de la culture juridique*, Lamy-Puf, coll. Quadrige dicos poche, 2003
TERRÉ F., *Introduction générale au droit*, 8e éd., Dalloz, coll. Précis, 2008
TERRÉ F., WEIL A., *Droit civil – Introduction générale*, 4e éd., Dalloz, coll. Précis, 1979
THIREAU J.-L., « Le jurisconsulte », *Droits* 1994, n° 20, p. 24 s.
TROPER M., « Science du droit », in ALLAND D., RIALS S., dir., *Dictionnaire de la culture juridique*, Lamy-Puf, coll. Quadrige dicos poche, 2003
TRUCHET D., *Droit administratif*, Puf, coll. Thémis, 4e éd., 2011
VILLA M., *La science du droit*, trad. O. Nerhot, P. Nerhot, LGDJ, 1991
VIRALLY M., « Le juriste et la science du droit », *RDP* 1964, p. 609 s.
VOGEL L., *Droit européen des affaires*, Dalloz, coll. Précis, 2012
WACHSMANN P., « Eisenmann, Cours de droit administratif », in CAYLA O., HALPÉRIN J.-L., dir., *Dictionnaire des grandes œuvres juridiques*, Dalloz, 2008, p. 164 s.
WALINE M., *Droit administratif*, 7e éd., Sirey, 1957

Chapitre 4

L'histoire du droit

Une science historique du droit historique

L'historicité de beaucoup de normes et institutions juridiques apparaît évidente. Parmi les quatorze branches constitutives de la recherche juridique ici identifiées, l'histoire du droit fait partie des mieux connues, spécialement dans le milieu universitaire où la troisième section du Conseil National des Universités lui est entièrement consacrée (section « histoire du droit et des institutions »). L'histoire du droit, en tant que discipline académique, est relativement ancienne comparativement aux autres sciences du droit ; elle s'est développée à partir de la Renaissance, notamment avec Jacques Cujas et Étienne Pasquier, et s'est institutionnalisée au cours des années 1880 et 1890 — l'agrégation d'histoire du droit a été créée en 1896 —[1]. Et l'histoire du droit, en tant qu'objet d'étude, est peut-être aussi ancienne que le droit. Ainsi Aristote, dans la *Politique* et dans la *Constitution d'Athènes*, s'est-il intéressé à l'histoire des institutions politiques, tandis que Pomponius, un juriste romain du IIe s., a entendu présenter l'histoire des différentes magistratures de la République romaine[2]. Plus tard, au Moyen Âge, l'appel à la loi salique pour justifier les principes de dévolution de la couronne en France ou le recours au précédent en matière judiciaire en Angleterre ont contribué à introduire l'histoire dans les discours juridiques. On souligne toutefois qu'un obstacle important a longtemps freiné l'émancipation de l'histoire du droit : le fait que le droit romain soit devenu à la fois un droit historique et un droit positif suite à la découverte des compilations de Justinien[3].

Il n'est pas lieu de détailler plus avant l'histoire de l'histoire du droit. Beaucoup de manuels d'histoire du droit ont été publiés[4] et il convient de

[1] J.-L. HALPÉRIN, « Histoire du droit », in D. ALLAND, S. RIALS, dir., *Dictionnaire de la culture juridique*, Lamy-Puf, coll. Quadrige-dicos poche, 2003, p. 785.
[2] *Ibid.*, p. 783.
[3] *Ibid.*
[4] Notamment, J. HILAIRE, *Histoire du droit*, 13e éd., Dalloz, coll. Les mémentos, 2013 ; J. BART, *Histoire du droit*, 2e éd., Dalloz, coll. Connaissance du droit, 2002 ; J.-M. CARBASSE, *Manuel d'introduction historique au droit*, 6e éd., Puf, coll. Droit fondamental, 2015 ; J.-M. CARBASSE, *Histoire du droit*, 2e éd., Puf, coll. Que sais-je ?, 2008 ; F. OLIVIER-MARTIN, *Histoire du droit français des origines à la Révolution*, CNRS éditions, 2005.

n'en fournir, en ces pages, qu'une brève présentation. Il faut toutefois rappeler que les branches du droit positif doivent être précisément séparées des branches de la recherche juridique, lesquelles sont particularisées à l'aune des intentions épistémologiques spécifiques auxquelles elles s'attachent, si bien que l'histoire du droit peut être l'une de ces branches quand le droit public et le droit privé — auxquels se rapportent les deux premières sections du Conseil National des Universités — sont des branches, ou méta-branches, du droit positif. L'un et l'autre sont susceptibles d'être étudiés au départ des mêmes ambitions et à l'aide des mêmes moyens, l'un et l'autre désignent des objets juridiques et uniquement des objets juridiques, non des disciplines spécialisées étudiant ces objets. Aussi l'histoire du droit s'oppose-t-elle en premier lieu à la science du droit positif et non au droit public et au droit privé. D'ailleurs, il existe une histoire du droit public[1] et une histoire du droit privé[2], mais aussi une histoire du droit administratif[3], une histoire du droit des affaires[4], etc.

Une branche de la recherche juridique très scientifique

L'histoire est la connaissance et la compréhension du passé, ce qui la distingue de l'étude de l'actualité et de la prédiction du futur. Partant, l'histoire du droit est la connaissance et la compréhension du passé du droit, ce qui la distingue de l'étude de l'actualité du droit et de la prédiction du futur du droit. L'histoire du droit s'intéresse aux normes et institutions qui ne sont plus positives, plus en vigueur, parfois depuis longtemps. Cette connaissance du passé du droit s'obtient au terme de travaux parfaitement objectifs et empiriques et donne lieu à des publications fortement descriptives et explicatives, de telle sorte que l'histoire du droit est l'une des branches de la recherche juridique les plus scientifiques.

On estime que l'histoire, en « crise »[5], souffrirait du fait que les historiens auraient trop tendance à privilégier les valeurs par rapport aux faits, auraient trop tendance à chercher dans le passé non des explications mais des justifications[6]. Un auteur spécialiste des sciences sociales va même

[1] Par exemple, H. Legohérel, *Histoire du droit public français*, Puf, coll. Que sais-je ?, 1994.

[2] Par exemple, J. Imbert, *Histoire du droit privé*, 8e éd., Puf, coll. Que sais-je ?, 1996 ; J.-L. Halpérin, *Histoire du droit privé français depuis 1804*, Puf, coll. Quadrige Manuels, 2012 ; J. Bart, *Histoire du droit privé de la chute de l'Empire romain au XIXe siècle*, 2e éd., Montchrestien, coll. Domat droit privé, 2012.

[3] Par exemple, F. Burdeau, *Histoire du droit administratif*, Puf, coll. Thémis droit public, 1995 ; M.-H. Renaut, *Histoire du droit administratif*, Ellipses, coll. Mise au point, 2007 ; K. Weidenfeld, *Histoire du droit administratif – Du XVIe siècle à nos jours*, Economica, coll. Corpus histoire du droit, 2012.

[4] Par exemple, O. Descamps, R. Szramkiewicz, *Histoire du droit des affaires*, 2e éd., LGDJ, coll. Domat droit privé, 2013.

[5] G. Mallaurie, « La crise de l'histoire », *Esprit* 1981, p. 48 s.

[6] P. Ricœur, *Histoire et vérité*, Le Seuil, 1955.

jusqu'à affirmer que « l'histoire rêve d'être une science mais relève de la philosophie »[1]. Et, au début du XXe s., un historien comptant pourtant au nombre des plus scientistes confiait : « Il n'y a pas de science qui soit dans des conditions aussi défectueuses que l'histoire. Jamais d'observation directe, toujours des faits disparus, et même jamais des faits complets, toujours des fragments dispersés, conservés au hasard, des détritus du passé ; l'historien fait un métier de chiffonnier. [...] L'histoire est au plus bas degré de l'échelle des sciences, elle est la forme la plus imparfaite de la connaissance »[2]. Tout cela paraît contestable et il faut croire que la plupart des historiens en général et des historiens du droit en particulier s'adonnent à des activités très scientifiques, étant entendu que l'étude des valeurs, comme celle des devoir-être, peut-être rigoureusement objective et empirique.

Ainsi faut-il suivre qui écrit que « plusieurs pensent qu'il est utile et bon pour l'historien d'avoir des préférences, des "idées maîtresses", des conceptions supérieures. Penser de la sorte, c'est se tromper beaucoup sur la nature de l'histoire. Elle n'est pas un art, elle est une science pure, elle consiste comme toute science à constater des faits, à les analyser, à les rapprocher, à en marquer le lien »[3]. Partant, l'histoire s'oppose à la littérature, mais aussi à la philosophie. Elle s'appuie uniquement sur la documentation et sur l'enquête et semble être, en définitive, au moins aussi technique et rigoureuse que la science du droit positif, tant l'exactitude doit être son leitmotiv. Il paraît, dès lors, bel et bien justifié de parler de « science historique du droit »[4].

Le mot « histoire » dérive du grec « *istoria* » signifiant « recherche »[5]. Le travail en histoire du droit est un travail de recherche par excellence, devant s'éloigner radicalement de la spéculation et même de la réflexion personnelle pour se borner à reconstituer les faits passés, les laisser « parler » et les expliquer aussi objectivement que possible — cela bien que, en matière d'enseignement de l'histoire du droit, l'enjeu soit d'inculquer aux étudiants une capacité à penser le droit et non une capacité à pratiquer le droit[6] —. On peut, en histoire du droit, émettre des hypothèses ; la fonction de l'historien du droit est d'entreprendre des recherches au terme desquelles il pourra confirmer ou infirmer ces hypothèses. Il n'est pas nécessairement

[1] M. GRAWITZ, *Méthodes des sciences sociales*, 11e éd., Dalloz, coll. Précis, 2001, p. 237.

[2] G. GUSDORF, « Histoire et sciences sociales », *Rev. int. sc. soc.* 1960, p. 421 (cité par M. GRAWITZ, *Méthodes des sciences sociales*, 11e éd., Dalloz, coll. Précis, 2001, p. 238).

[3] N. D. FUSTEL DE COULANGES, *Histoire des institutions politiques de l'ancienne France*, 1888, p. 32-33 (cité par M. GRAWITZ, *Méthodes des sciences sociales*, 11e éd., Dalloz, coll. Précis, 2001, p. 238).

[4] J.-L. HALPÉRIN, « Histoire du droit », in D. ALLAND, S. RIALS, dir., *Dictionnaire de la culture juridique*, Lamy-Puf, coll. Quadrige-dicos poche, 2003, p. 787.

[5] J.-M. CARBASSE, *Histoire du droit*, 2e éd., Puf, coll. Que sais-je ?, 2008, p. 2.

[6] É. GASPARINI, É. GOJOSSO, *Introduction historique au droit et histoire des institutions*, 6e éd., Gualino, coll. Master, 2015, p. 18.

regrettable de constater que « l'histoire n'est plus qu'une méthode »[1]. Et ce qui motive le chercheur est qu'il est possible de faire des découvertes dans le domaine *jus*-historique comme dans le domaine historique en général.

Étudier le droit d'hier pour comprendre le droit d'aujourd'hui

Par suite, l'histoire du droit doit permettre d'éclairer l'actualité, si bien qu'elle n'est pas enfermée dans un passé qui serait strictement séparé du présent mais s'attache à un passé intimement lié au présent[2]. Montesquieu n'a-t-il pas écrit qu' « il faut éclairer les lois par l'histoire »[3] ? Et Savigny n'a-t-il pas uni, au XIXe s., la science du droit positif et l'histoire du droit, en fondant l'École historique du droit[4] ? Les concepts, les règles et les mécanismes actuels du droit ne sauraient s'expliquer uniquement par la volonté arbitraire des jurislateurs. Ils trouvent toujours leurs origines, au moins en partie, dans un passé qu'ils cherchent à prolonger ou par rapport auquel ils cherchent à opérer une rupture. Et la recherche historique part généralement d'une problématique définie dans le présent et déterminée par lui[5].

L'héritage et la tradition sont des données cardinales en droit, que celui-ci soit compris comme droit positif, comme notion de droit ou comme discipline académique — l'histoire des facultés de droit n'est pas la moins intéressante de toutes[6] —. C'est pourquoi les historiens du droit, convaincus que « l'histoire n'est pas une nostalgie mais un tremplin vers l'avenir »[7], aspirent à décrire les phénomènes juridiques du passé, mais aussi à en dégager la nature et les principes des institutions et des phénomènes juridiques contemporains[8]. Cela est d'autant plus important que l'histoire du droit peut apparaître inutile ou anecdotique aux yeux de beaucoup de juristes-scientifiques du droit positif et de juristes-praticiens — c'est-à-dire

[1] M. GRAWITZ, *Méthodes des sciences sociales*, 11e éd., Dalloz, coll. Précis, 2001, p. 239. Sur ce point, *cf.* G. THUILLIER, J. TULARD, *La méthode en histoire*, Puf, coll. Que sais-je ?, 1986.
[2] J.-C. FARCY, « L'apport de la recherche historique – Sources, expériences et méthode », in Y. AGUILA et *alii*, *Quelles perspectives pour la recherche juridique ?*, Puf, coll. Droit et justice, 2007, p. 126 s. (qui évoque les « leçons de l'histoire » (p. 127)).
[3] MONTESQUIEU, *De l'esprit des lois*, 1748, L. XXXI, chap. 2.
[4] Notamment, F. C. VON SAVIGNY, *Traité de droit romain*, 1860 ; F. C. VON SAVIGNY, « La théorie des sources du droit dans l'école historique » (1814), *Arch. phil. droit* 1982.
[5] J.-L. HALPÉRIN, « Histoire du droit », in D. ALLAND, S. RIALS, dir., *Dictionnaire de la culture juridique*, Lamy-Puf, coll. Quadrige-dicos poche, 2003, p. 787.
[6] *Cf.* Ch. CHÊNE, « Enseignement du droit », in D. ALLAND, S. RIALS, dir., *Dictionnaire de la culture juridique*, Lamy-Puf, coll. Quadrige-Dicos poche, 2003, p. 624 s.
[7] E. LE ROY LADURIE, archive sonore entendue dans La marche de l'histoire, France inter, 23 oct. 2015.
[8] J.-L. HALPÉRIN, « Histoire du droit », in D. ALLAND, S. RIALS, dir., *Dictionnaire de la culture juridique*, Lamy-Puf, coll. Quadrige-dicos poche, 2003, p. 786.

la plupart des juristes — n'ayant d'égards que pour le droit tel qu'il est au moment où ils doivent l'étudier ou le mettre en œuvre.

La vastitude horizontale et verticale du champ de l'histoire du droit

La majorité des branches de la recherche juridique connaissent des champs très étendus horizontalement, en ce qu'elles peuvent aborder tout élément juridique ou presque. La spécificité de l'histoire du droit est que, par définition, son champ est potentiellement gigantesque horizontalement mais aussi verticalement, un même problème de droit pouvant donner beaucoup de travail à l'historien s'il a reçu de nombreuses réponses différentes dans le temps, si les données qui le constituent ont souvent et substantiellement changé.

L'histoire du droit a pour habitude de ne pas aborder l'histoire de la notion de droit et de se concentrer sur celle « des formes concrètes qu'il a prises au cours du temps et des vicissitudes de sa formulation »[1]. Il n'en demeure pas moins que le domaine de l'histoire du droit est aussi vaste que celui du droit positif puisque la plupart des régimes juridiques et des institutions ont leurs histoires. À condition d'accepter que le phénomène juridique soit aussi ancien que le phénomène socio-politique[2], l'histoire du droit est aussi ancienne que l'histoire des sociétés politiques et invite à interroger du « droit dicté par les dieux »[3] au droit romain, des coutumes moyenâgeuses aux codifications napoléoniennes. Les historiens du droit étudient en particulier la question de l'évolution des sources du droit[4], mais pratiquement toutes les problématiques relevant du droit peuvent être approchées sous un angle historique. À l'heure actuelle, se développent notamment les travaux portant sur l'histoire des modes de règlement des conflits, sur l'histoire des concepts juridiques, sur l'histoire du milieu des juristes et de ses luttes internes et externes ou encore sur l'histoire de la rhétorique et de l'argumentation juridiques[5].

Après l'histoire du droit, il faut logiquement aborder le droit comparé. Celui-ci est à l'horizontalité du droit ce que l'histoire du droit est à la verticalité du droit.

[1] J.-M. CARBASSE, *Histoire du droit*, 2e éd., Puf, coll. Que sais-je ?, 2008, p. 1.
[2] On peut considérer que l'histoire du droit débute avec la Grèce et la Rome antiques (*ibid.*, p. 2).
[3] *Ibid.*, p. 3.
[4] P. ALLORANT, Ph. TANCHOUX, *Introduction historique au droit*, 4e éd., Gualino, coll. Mémentos LMD, 2015, p. 5.
[5] J.-L. HALPÉRIN, « Histoire du droit », in D. ALLAND, S. RIALS, dir., *Dictionnaire de la culture juridique*, Lamy-Puf, coll. Quadrige-dicos poche, 2003, p. 787.

Orientations et illustrations bibliographiques

ALLORANT P., TANCHOUX Ph., *Introduction historique au droit*, 4e éd., Gualino, coll. Mémentos LMD, 2015
ARABEYRE P., HALPERIN J.-L., KRYNEN J., dir., *Dictionnaire historique des juristes français (XIIe-XXe siècle)*, Puf, 2008
Arch. phil. droit 1959, « Droit et histoire »
ARNAUD A.-J., *Les juristes face à la société – Du XIXe siècle à nos jours*, Puf, coll. Sup, 1975
ARNAUD A.-J., *Entre modernité et mondialisation – Cinq leçons d'histoire de la philosophie du droit et de l'État*, LGDJ, 1998
AUDREN F., « L'histoire à contre-courant – Discipline et indiscipline dans la section d'histoire du droit », in DUPRÉ DE BOULOIS X., KALUSZYNSKI M., dir., *Le droit en révolution(s) – Regards sur la critique du droit des années 1970 à nos jours*, LGDJ, coll. Droit et société, 2011
AUDREN F., KARSENTI B., « Emmanuel Lévy (1871-1944) : juriste, socialiste et sociologue », *Dr. et société* 2004, p. 75 s.
BART J., *Histoire du droit*, 2e éd., Dalloz, coll. Connaissance du droit, 2002
BART J., *Histoire du droit privé de la chute de l'Empire romain au XIXe siècle*, 2e éd., Montchrestien, coll. Domat droit privé, 2012
BEAUD O., WACHSMANN P., dir., *La science juridique française et la science juridique allemande de 1870 à 1918*, Presses universitaires de Strasbourg, 1997
BEAULANDE-BARRAUD V., CLAUSTRE J., MARMURSZTEJN E., *La fabrique de la norme – Lieux et modes de production des normes au moyen-âge et à l'époque moderne*, Presses universitaires de Rennes, 2012
BENYEKHLEF K., *Une possible histoire de la norme – Les normativités émergentes de la mondialisation*, Thémis (Montréal), 2008
BERTHIAU D., *Histoire du droit et des institutions*, 2e éd., Hachette, coll. Les fondamentaux, 2011
BURDEAU F., *Histoire de l'administration française – Du 18e au 20e siècle*, 2e éd., Montchrestien, coll. Domat droit public, 1994
BURDEAU F., *Histoire du droit administratif*, Puf, coll. Thémis droit public, 1995
BURLE E., *Essai historique sur le développement de la notion de droit naturel dans l'Antiquité grecque* (1923), Nabu Press, 2010
CARBASSE J.-M., *Histoire du droit*, 2e éd., Puf, coll. Que sais-je ?, 2008
CARBASSE J.-M., *Manuel d'introduction historique au droit*, 6e éd., Puf, coll. Droit fondamental, 2015
CARBASSE J.-M., « Coutume, temps, interprétation », *Droits* 2000, n° 30, p. 15 s.
CARBASSE J.-M., « Le roi législateur : théorie et pratique », *Droits* 2003, n° 38, p. 3 s.
CARBONNIER J., « Légiférer avec l'histoire ? », *Dr. et société* 1990, p. 9 s.
CASTIGLIONI M.-P., « Du chaos au cosmos : le passage du désordre à l'ordre en Grèce ancienne à travers les mythes des héros civilisateurs », in VERNAY A., HUG C., *Ordre et désordre – Imbrication et complémentarité des notions d'ordre et de désordre*, L'Harmattan, 2009, p. 97 s.
CHAMBOST A.-S., dir., *Histoire des manuels de droit – Une histoire de la littérature juridique comme forme du discours universitaire*, LGDJ, coll. Contextes, 2014
CHAZAL J.-P., « Léon Duguit et François Gény, controverse sur la rénovation de la science juridique », *RIEJ* 2010, n° 65, p. 85 s.
CHEVRIER G., « Remarques sur l'introduction et les vicissitudes de la distinction du *jus privatum* et du *jus publicum* dans les œuvres des anciens juristes français », *Arch. phil. droit* 1952, p. 1 s.
COLSON R., *La fonction de juger – Étude historique et positive*, LGDJ, 2006
CORIAT J.-P., « Ulpien, Libri ad Edictum », in CAYLA O., HALPÉRIN J.-L., dir., *Dictionnaire des grandes œuvres juridiques*, Dalloz, 2008, p. 585 s.
DABIN J., *Leçons d'histoire de la philosophie du droit*, Dalloz, 1957
DARATHÉ R., *Jean-Jacques Rousseau et la science politique de son temps*, Vrin, 1988
DEROUSSIN D., *Histoire du droit privé (XVIe-XXIe siècle)*, Ellipses, 2010
DESCAMPS O., SZRAMKIEWICZ R., *Histoire du droit des affaires*, 2e éd., LGDJ, coll. Domat droit privé, 2013
DUFOUR A. et *alii*, *Droits de l'homme, droit naturel et histoire*, Puf, 1991

DUFOUR A., « La théorie des sources du droit et l'École du droit historique », *Arch. phil. droit* 1982, p. 85 s.
ELLUL J., *Histoire des institutions, de l'époque franque à la révolution*, Puf, 1962
FARCY J.-C., « L'apport de la recherche historique – Sources, expériences et méthode », in AGUILA Y. et *alii*, *Quelles perspectives pour la recherche juridique ?*, Puf, coll. Droit et justice, 2007, p. 126 s.
FEREY S., *Une histoire de l'analyse économique du droit – Calcul rationnel et interprétation du droit*, Bruylant (Bruxelles), coll. Droit et économie, 2008
FORCADET P.-A., « Évolution de la force normative des actes des rois de France au Moyen Âge : la question des juifs du royaume », in THIBIERGE C., dir., *La force normative – Naissance d'un concept*, LGDJ-Bruylant (Paris-Bruxelles), 2009, p. 281 s.
FRYDMAN B., *Le sens des lois – Histoire de l'interprétation et de la raison juridique*, Bruylant-LGDJ (Bruxelles-Paris), 2005
FUSTEL DE COULANGES N. D., *Histoire des institutions politiques de l'ancienne France*, 1888
GARNIER F., « Notes pour une possible histoire de la construction de la norme », in BEHAR-TOUCHAIS M., MARTIAL-BRAZ N., RIFFARD J.-F., dir., *Les mutations de la norme*, Economica, coll. Études juridiques, 2011, p. 21 s.
GASPARINI É., GOJOSSO É., *Introduction historique au droit et histoire des institutions*, 6e éd., Gualino, coll. Master, 2015
GAUDEMET J., *Les naissances du droit – Le temps, le pouvoir et la science au service du droit*, 4e éd., Montchrestien, coll. Domat droit public, 2006
GAUDEMET J., *Sociologie historique du droit*, Puf, coll. Doctrine juridique, 2000
GAUDEMET J., « Pouvoir d'ordre et pouvoir de juridiction – Quelques repères historiques », *L'Année canonique* 1985, p. 83 s.
GILISSEN J., *Introduction historique au droit – Esquisse d'une histoire universelle du droit – Les sources du droit depuis le XIIIe siècle – Éléments d'histoire du droit privé*, Bruylant (Bruxelles), 1979
GILMORE G., *The Ages of American Law*, Yale University Press, 1974
GODECHOT J., *Les Constitutions de la France depuis 1789*, Garnier-Flammarion, 1979
GOYARD-FABRE S., dir., *L'État moderne : 1715-1848*, Vrin, 2000
GOYARD-FABRE S., « École du droit naturel moderne et rationalisme juridique moderne (XVIIe-XVIIIe) », in ALLAND D., RIALS S., dir., *Dictionnaire de la culture juridique*, Lamy-Puf, coll. Quadrige dicos poche, 2003
GRAFTON A., *Les origines tragiques de l'érudition – Une histoire de la note en bas de page*, trad. P.-A. Fabre, Le Seuil, coll. La librairie du XXe siècle, 1998
GUÉNÉE B., « État et nation au Moyen Âge », *Revue historique* 1967, n° 481, p. 29 s.
HAGGENMACHER P., « L'État souverain comme sujet du droit international, de Vitoria à Vattel », *Droits* 1993, n° 16, p. 11 s.
HAKIM N., MELLERAY F., dir., *Le renouveau de la doctrine française – Les grands auteurs de la pensée juridique au tournant du XXe siècle*, Dalloz, coll. Méthodes du droit, 2009
HAKIM N., MELLERAY F., « La belle époque de la pensée juridique française », in HAKIM N., MELLERAY F., dir., *Le renouveau de la doctrine française – Les grands auteurs de la pensée juridique au tournant du XXe siècle*, Dalloz, coll. Méthodes du droit, 2009, p. 1 s.
HALPÉRIN J.-L., *Histoire du droit privé français depuis 1804*, Puf, coll. Quadrige Manuels, 2012
HALPÉRIN J.-L., « Histoire du droit », in ALLAND D., RIALS S., dir., *Dictionnaire de la culture juridique*, Lamy-Puf, coll. Quadrige dicos poche, 2003
HALPÉRIN J.-L., « Savigny, Traité de droit romain », in CAYLA O., HALPÉRIN J.-L., dir., *Dictionnaire des grandes œuvres juridiques*, Dalloz, 2008, p. 510 s.
HALPÉRIN J.-L., « L'apparition et la portée de la notion d'ordre juridique dans la doctrine internationaliste du XIXe siècle », *Droits* 2001, n° 34
HALPÉRIN J.-L., « Le droit et ses histoires », *Dr. et société* 2010, p. 295 s.
HAROUEL J.-L., « Administration (grands traits de l'histoire) », in ALLAND D., RIALS S., dir., *Dictionnaire de la culture juridique*, Lamy-Puf, coll. Quadrige dicos poche, 2003
HILAIRE J., *Histoire du droit*, 13e éd., Dalloz, coll. Les mémentos, 2013
HOGUE A. R., *Origins of the Common Law*, Liberty Fund (Indianapolis), 1986
IMBERT J., *Histoire du droit privé*, 8e éd., Puf, coll. Que sais-je ?, 1996

JAMIN Ch., « Dix-neuf cents (crise et renouveau dans la culture juridique) », in ALLAND D., RIALS S., dir., *Dictionnaire de la culture juridique*, Lamy-Puf, coll. Quadrige dicos poche, 2003

JAMIN Ch., « L'oubli et la science – Regard partiel sur l'évolution de la doctrine privatiste à la charnière des XIXe et XXe siècles », *RTD civ.* 1994, p. 815 s.

JAUME L., TROPER M., dir., *1789 et l'invention de la Constitution*, Bruylant-LGDJ (Bruxelles-Paris), 1994

JOURNÈS C., « Une histoire de droit », *Droits* 1989, n° 10, p. 39 s.

KENNEDY D., « Three Globalizations of Law and Legal Thought: 1850-2000 », in TRUBEK D., SANTOS A., dir., *The New Law and Economic Development – A Critical Appraisal*, Cambridge University Press, 2006, p. 19 s.

KRYNEN J., RIGAUDIÈRE A., dir., *Droits savants et pratiques françaises du pouvoir (XIe-XVe siècles)*, Presses universitaires de Bordeaux, 1992

LAGHMANI S., *Histoire du droit des gens, du jus gentium impérial au jus publicum europaeum*, Pedone, 2003

LAVIALLE Ch., « De la fonction du territoire et de la domanialité dans la genèse de l'État en France sous l'Ancien Régime », *Droits* 1992, n° 15, p. 19 s.

LECA A., *Les métamorphoses du droit français – Histoire d'un système juridique des origines au XXIe siècle*, LexisNexis, 2011

LEGENDRE P., *Histoire de l'administration de 1750 à nos jours*, Puf, coll. Thémis, 1968

LEGOHÉREL H., *Histoire du droit public français*, Puf, coll. Que sais-je ?, 1994

MAGDELAIN A., *La loi à Rome – Histoire d'un concept*, Les Belles Lettres, 1978

MALLAURIE G., « La crise de l'histoire », *Esprit* 1981, p. 48 s.

MARMURSZTEJN E., *L'autorité des maîtres – Scolastique, normes et société au XIIIe siècle*, Les Belles lettres, coll. Histoire, 2007

MESTRE J.-L., *Introduction historique au droit administratif français*, Puf, coll. Droit fondamental, 1985

MEYER M., *Questionnement et historicité*, Puf, 2000

OAKLEY F., « Théories médiévales de la Loi naturelle – Guillaume d'Occam et le sens de la tradition volontariste », *Droits* 1990, n° 11, p. 131 s.

OLIVIER-MARTIN F., *Histoire du droit français des origines à la Révolution*, CNRS éditions, 2005

PICQ J., *Histoire et droit des États – La souveraineté dans le temps et l'espace européen*, Presses de Sciences Po, 2005

PICQ J., *Une histoire de l'État en Europe – Pouvoir, justice et droit*, Presses de Sciences Po, 2009

POUMAREDE J., « Approche historique du droit des minorités et des peuples autochtones », in ROULAND N., dir., *Droit des minorités et des peuples autochtones*, Puf, 1996, p. 35 s.

PRÉVOST X., *Jacques Cujas (1522-1590) – Le droit à l'épreuve de l'humanisme*, th., Université Paris I - Panthéon-Sorbonne, 2012

PUCHTA G., « La théorie des sources du droit dans l'École historique », *Arch. phil. droit* 1982, p. 85 s.

RAYNAUD Ph., « Anciens et modernes », in ALLAND D., RIALS S., dir., *Dictionnaire de la culture juridique*, Lamy-Puf, coll. Quadrige dicos poche, 2003

REDOR M. J., *De l'État légal à l'État de droit – L'évolution des conceptions de la doctrine publiciste française (1879-1914)*, Economica, 1992

REDOR M.-J., « L'État dans la doctrine publiciste française du début du siècle », *Droits* 1992, n° 15, p. 91 s.

RENAUT M.-H., *Histoire du droit administratif*, Ellipses, coll. Mise au point, 2007

RIALS S., dir., *Le droit des modernes (XIVe-XVIIIe siècles)*, LGDJ, 1994

RICŒUR P., *Histoire et vérité*, Le Seuil, 1955

ROSANVALLON P., *L'État en France, de 1789 à nos jours*, Le Seuil, 1990

ROSANVALLON P., *Le modèle politique français – La société civile contre le jacobinisme de 1789 à nos jours*, Le Seuil, 2004

ROUBIER P., *Théorie générale du droit – Histoire des doctrines juridiques et philosophiques des valeurs sociales*, Sirey, 1951

ROULAND N., *L'État français et le pluralisme – Histoire politique des institutions publiques de 476 à 1792*, Odile Jacob, 1995

ROULAND N., *Introduction historique au droit*, Puf, coll. Droit fondamental, 1998
ROYER J.-P., *Histoire de la justice en France*, 4e éd., Puf, coll. Droit fondamental, 2010
SACCO R., *Anthropologie juridique – Apport à une macro-histoire du droit*, Dalloz, coll. L'esprit du droit, 2008
SCHULZE H., *État et Nation dans l'Histoire de l'Europe*, Le Seuil, 1996
STRAUSS L., *Droit naturel et Histoire* (1952), Flammarion, 1986
STRAYER J., *Les origines médiévales de l'État moderne*, Payot (Lausanne), 1979
THOLOZAN O., « L'excellence de la loi dans la pensée juridique et politique française depuis le XVIIIe siècle », in FATIN-ROUGE STÉFANINI M., GAY L., PINI J., dir., *Autour de la qualité des normes*, Bruylant (Bruxelles), coll. À la croisée des droits, 2010, p. 57 s.
THOMAS Y., *Histoire de l'administration*, coll. Repères, La découverte, 1995
THUILLIER G., TULARD J., *La méthode en histoire*, Puf, coll. Que sais-je ?, 1986
TRUYOL Y SERRA A., *Histoire du droit international public*, Economica, 1995
VON JHERING R., *L'esprit du droit romain*, t. III, 3e éd., 1888
VON JHERING R., *L'évolution du droit*, 3e éd., trad. O. de Meulenaere, Chevalier-Maresq, 1901
WEIDENFELD K., *Histoire du droit administratif – Du XVIe siècle à nos jours*, Economica, coll. Corpus histoire du droit, 2012

Chapitre 5

Le droit comparé

Une branche classique de la recherche juridique

Tout d'abord, doit être souligné que, si l'expression « comparatisme juridique » paraît désigner plus logiquement que l'expression « droit comparé » la branche de la recherche juridique ici en cause, personne ne l'emploie et il est préférable de se conformer à l'usage consistant à parler de « droit comparé ». Il n'est de toute manière guère possible d'envisager que ce droit comparé pourrait être une branche du droit positif, car il est difficile d'imaginer quel pourrait être son objet et quels pourraient être ses destinataires.

L'exercice de la comparaison se retrouve dans la plupart des sciences humaines et sociales[1]. Le doit comparé ou comparatisme juridique est la science de la comparaison des droits et, plus largement, la science étudiant les droits étrangers. Si différentes branches du droit interne pourraient être comparées (par exemple, droit des contrats privés et droit des contrats publics), le droit comparé consiste traditionnellement à comparer des droits issus de différentes cultures juridiques ou, du moins, de différents États.

Le droit comparé, à l'instar de l'histoire du droit, compte au nombre des branches les plus classiques de la recherche juridique. Depuis Montesquieu, dont *L'Esprit des lois*, étude des droits étrangers en vue de la recherche du meilleur système de gouvernement, est souvent présenté comme l'ouvrage fondateur du comparatisme en droit et en science politique[2], beaucoup d'auteurs et beaucoup de publications ont, en tout ou en partie, contribué à la réflexion *jus*-comparatiste[3]. On fait remonter à la

[1] Concernant les sciences « dures », la comparaison est impossible puisque celles-ci portent sur des phénomènes universels.

[2] Néanmoins, Platon comparait déjà les lois des cités grecques dans *Les Lois* et Aristote analysait les constitutions de 158 cités grecques et barbares avant de rédiger la Constitution des Athéniens.

[3] Par exemple, É. LAMBERT, *Études de droit commun législatif ou de droit civil comparé*, Paris, 1903 ; É. LAMBERT et *alii*, *Introduction à l'étude du droit comparé – Recueil d'études en l'honneur d'Édouard Lambert*, Sirey, 1938 ; A. ESMEIN, *Éléments de droit constitutionnel français et comparé* (1909), Éditions Panthéon-Assas, 2001 ; M. ARMINJON, B. NOLDE, P. WOLFF, *Traité de droit comparé*, Paris, 1950 ; E. RABEL, *The Conflict of Laws – A Comparative Study*, 1945.

seconde moitié du XIXe s. la consécration du droit comparé en tant que véritable branche de la recherche juridique, lorsqu'a été créée, au Collège de France, la première chaire de législation comparée, en 1831, et qu'a été instituée, sous l'impulsion d'Édouard de Laboulaye, la Société de législation comparée, en 1869 — qui édite aujourd'hui toujours des travaux collectifs visant à mettre en perspective les régimes juridiques de différents pays applicables à un objet donné —[1]. Et le premier Congrès international de droit comparé, organisé par Édouard Lambert et Raymond Saleilles et tenu à Paris en 1900, a affirmé la légitimité universitaire du droit comparé.

Beaucoup de manuels de droit comparé ont été publiés[2], notamment par René David[3], il existe une importante *Revue internationale de droit comparé* — ainsi que plusieurs revues de langue anglaise spécifiquement consacrées à cette discipline — et certains professeurs enseignent que tout travail de recherche en droit devrait comporter, dans son introduction, des éléments de droit comparé. En outre, les doctorants en droit qui réalisent des thèses dans le cadre de facultés étrangères ou en cotutelle s'attachent souvent à des sujets de droit comparé, mettant en perspective les droits de leurs pays d'origine et de leurs pays d'accueil[4]. Mais si le droit comparé est source de nombreux travaux, il est aussi très discuté[5], non sous l'angle de son intérêt potentiel, qui est indubitable, mais sous l'angle de son intérêt actuel, qui

[1] On observe que « c'est au cours du XIXe s., en Europe, par réaction au repli nationaliste qui accompagnait les grandes codifications, que furent posés les premiers jalons d'une véritable science de la comparaison des droits. Avant ce mouvement de codification inauguré par la France révolutionnaire, une discipline comme le droit comparé n'était tout simplement pas pensable du fait de l'intérêt académique exclusif porté par l'Université depuis sa naissance, d'abord au droit romain, ensuite au droit naturel. Dans les deux cas, la recherche d'un ordre idéal rendait indifférente la teneur réelle des solutions positives, tandis que leur vocation universelle tendait pareillement à réduire la pertinence de toute démarche qui se serait attachée à faire ressortir la diversité des ordres juridiques » (H. MUIR WATT, « Droit comparé », [en ligne] <universalis.fr>).

[2] Par exemple, P. LEGRAND, *Le droit comparé*, 5e éd., Puf, coll. Que sais-je ?, 2015 ; G. CUNIBERTI, *Grands systèmes de droit contemporains – Introduction au droit comparé*, 3e éd., LGDJ, coll. Manuel, 2015 ; Th. RAMBAUD, *Introduction au droit comparé – Les grandes traditions juridiques dans le monde*, Puf, coll. Quadrige manuels, 2014 ; M. FROMONT, *Grands systèmes de droit étrangers*, 7e éd., Dalloz, coll. Les mémentos, 2013 ; R. LEGEAIS, *Grands systèmes de droit contemporains – Approche comparative*, 2e éd., LexisNexis, coll. Manuel, 2008 ; R. SÉROUSSI, *Introduction au droit comparé*, 3e éd., Dunod, 2008 ; A. GAMBARO, R. SACCO, L. VOGEL, *Traité de droit comparé – Le droit de l'occident et d'ailleurs*, LGDJ, 2011.

[3] R. DAVID, *Traité élémentaire de droit civil comparé*, LGDJ, 1950 ; R. DAVID, *Le droit comparé*, Economica, 1982 ; R. DAVID, C. JAUFFRET-SPINOSI, *Les grands systèmes de droit contemporains*, 11e éd., Dalloz, coll. Précis, 2002.

[4] Parmi une foultitude d'exemples, P. PERRAKI, *La protection de la vie personnelle du salarié en droit comparé européen*, L'Harmattan, coll. Logiques juridiques, 2015.

[5] *Cf.* B. MARKESINIS, *Juges et universitaires face au droit comparé – Histoire des trente-cinq dernières années*, Dalloz, coll. Méthodes du droit, 2006. Également, S. STRÖMHOLM, *Comparative Legal Science – Risks and Possibilities*, Turku Law Scholl, 1994.

subirait les conséquences des orientations malheureuses qui lui seraient données[1].

Le droit comparé comme science des systèmes juridiques ou des familles de droit

Ce que le *jus*-comparatiste compare, ce sont les droits issus de différentes cultures[2]. Ces droits peuvent déjà être compris comme des régimes, des institutions, des principes ou des questions de droit particuliers et, par exemple, on peut tirer des enseignements importants de l'étude des cadres juridiques applicables aux créations intellectuelles en France, aux États-Unis et au Japon. On fait de la méthode qui consiste à partir des situations juridiques la meilleure des méthodes du comparatiste : ces situations, similaires, existent partout et à toutes les époques ; il s'agit alors d'observer et de comparer les différentes solutions que les différents droits retiennent face à ces cas semblables[3].

Toutefois, l'angle micro-juridique n'est pas l'angle privilégié du comparatiste qui préfère souvent envisager le droit d'un point de vue macro-juridique[4]. Surtout lorsqu'il s'agit d'écrire un ouvrage entièrement consacré au droit comparé, ce sont des systèmes juridiques qui sont étudiés. Le droit comparé consiste alors à découvrir et à classer — à établir une taxinomie en quelque sorte[5] — les systèmes et sous-systèmes juridiques qui recouvrent la société mondiale, en fonction de leurs caractéristiques fondamentales[6]. Pour cela, il convient de recourir à un ou plusieurs critères (René David, par exemple, distinguait cinq systèmes juridiques à l'aune de deux critères : un critère idéologique et un critère technique[7]). On en vient à définir des

[1] R. DRAGO, « Droit comparé », in D. ALLAND, S. RIALS, dir., *Dictionnaire de la culture juridique*, Lamy-Puf, coll. Quadrige-dicos poche, 2003, p. 453.
[2] Par exemple, P. LEGRAND, « Sur l'analyse différentielle des juriscultures », *RID comp.* 1999.
[3] R. DRAGO, « Droit comparé », in D. ALLAND, S. RIALS, dir., *Dictionnaire de la culture juridique*, Lamy-Puf, coll. Quadrige-dicos poche, 2003, p. 455.
[4] G. CUNIBERTI, *Grands systèmes de droit contemporains – Introduction au droit comparé*, 3e éd., LGDJ, coll. Manuel, 2015, p. 21.
[5] Réf. à G. CUNIBERTI, « La classification des systèmes juridiques – Taxinomie, enseignement et avancée de la connaissance », *Annuario di diritto comparato et di studi legislativi* 2013, p. 71 s. ; U. MATTEI, « Three Patterns of Law: Taxonomy and Change in the World Legal Systems », *American Journal of Comparative Law* 1997, n° 45, p. 10 s.
[6] B. ANCEL, « Familles de droits (classification) », in D. ALLAND, S. RIALS, dir., *Dictionnaire de la culture juridique*, Lamy-Puf, coll. Quadrige-dicos poche, 2003, p. 701.
[7] R. DAVID, *Traité élémentaire de droit civil comparé*, LGDJ, 1950. Ces cinq systèmes juridiques sont le système occidental, le système soviétique, le système islamique, le système hindou et le système chinois. Quant aux critères, René David expliquait que la différenciation des systèmes « s'opère à un double point de vue. Point de vue idéologique : les droits s'opposent les uns aux autres parce qu'ils traduisent des conceptions différentes de la justice, lesquelles sont en rapport naturellement avec tous les facteurs d'organisation de la société envisagée ; les droits diffèrent parce que les communautés auxquelles ils s'appliquent

familles de droit plus ou moins originales et un auteur peut distinguer les familles de droit professionnel, les familles de droit traditionnel et les familles de droit politique[1], tandis qu'un autre sépare les familles « à longue tradition juridique » et les familles « sans tradition juridique »[2]. Plus ordinairement, on s'accorde sur l'existence de quatre familles principales de systèmes juridiques à travers le monde : la famille des droits romano-germaniques, la famille du *common law*, la famille des droits coutumiers et la famille des droits religieux.

L'enjeu est de mettre en parallèle des traditions juridiques différentes afin d'observer leurs divergences et convergences. Par exemple, des systèmes juridiques peuvent ignorer certaines sources du droit habituelles chez d'autres ou consacrer un équilibre contraire entre de mêmes sources. De telles différences concrètes emportent des conséquences importantes et, notamment, influent sur les conceptions du droit propres à chaque ordre juridique concerné[3]. Et les dissemblances peuvent être plus marquantes encore si elles se rapportent aux fondements mêmes des systèmes juridiques : un droit d'essence démocratique peut difficilement ressembler à un droit d'essence théocratique.

entretiennent des croyances religieuses ou philosophiques différentes ou parce qu'elles ont des structures politiques, économiques ou sociales différentes. Point de vue technique : les droits s'opposent les uns aux autres, même lorsqu'ils reflètent une même conception de ce qui est juste, par la technique qui a été développée par leurs juristes et qu'ils utilisent pour faire triompher cette conception ». La classification et les critères de René David sont généralement opposés à ceux retenus par Konrad Zweigert et Hein Kötz, deux juristes allemands ayant écrit durant la seconde moitié du XXe s. (G. CUNIBERTI, *Grands systèmes de droit contemporains – Introduction au droit comparé*, 3e éd., LGDJ, coll. Manuel, 2015, p. 23). Selon eux, il serait davantage pertinent de recourir à cinq critères : le développement historique des droits, le mode de pensée juridique, les institutions particulières les plus remarquables, les sources du droit et l'idéologie fondant le système juridique (H. KÖTZ, K. ZWEIGERT, *An Introduction to Comparative Law*, 3e éd., Oxford University Press, 1998, spéc. p. 67). Il existerait alors sept familles de droit : les familles romaniste, germanique, nordique, de *common law*, socialiste, extrême orientale, islamique et hindoue. En réalité, leurs réflexions, comme celles de René David, étaient essentiellement tournées en direction des droits occidentaux et délaissaient l'étude des droits orientaux. Ce n'est que depuis une époque récente qu'on s'intéresse avec plus de précision à ces derniers. Ainsi un auteur souligne-t-il le développement des travaux portant, notamment, sur le droit japonais et sur le droit chinois et écrit-il que « le temps du droit comparé euro-centrique est révolu » (G. CUNIBERTI, *Grands systèmes de droit contemporains – Introduction au droit comparé*, 3e éd., LGDJ, coll. Manuel, 2015, p. 24).

[1] U. MATTEI, « Three Patterns of Law: Taxonomy and Change in the World Legal Systems », *American Journal of Comparative Law* 1997, n° 45, p. 10 s.

[2] R. LEGEAIS, *Grands systèmes de droit contemporains – Approche comparative*, 2e éd., LexisNexis, coll. Manuel, 2008.

[3] G. CUNIBERTI, *Grands systèmes de droit contemporains – Introduction au droit comparé*, 3e éd., LGDJ, coll. Manuel, 2015, p. 21.

Vers un comparatisme des droits étatiques et nationaux

Les systèmes juridiques qu'étudie le comparatiste débordent le plus souvent les frontières des États. Mais, dans le même temps, beaucoup d'États mettent en œuvre des systèmes juridiques mixtes ou, à l'inverse, des systèmes juridiques *ad hoc* et, de plus en plus, on préfère étudier le droit anglais[1], le droit américain[2], le droit allemand[3], le droit chinois[4], le droit japonais[5], le droit musulman[6] ou le droit indien[7]. Pourraient être ajoutés à la liste le droit russe[8], le droit scandinave[9], le droit suisse[10], le droit d'Afrique du Sud[11], le droit égyptien[1], le droit saoudien[2] ou encore le droit pakistanais[3].

pakistanais[3].

[1] X. Blanc-Jouvan, *Le droit anglais*, 7e éd., Puf, coll. Que sais-je ?, 2008 ; P. Kinder-Gest, *Les institutions britanniques*, Puf, coll. Que sais-je ?, 1999 ; J. A. Jolowicz, *Droit anglais*, Dalloz, 1992 ; A. Bullier, *Le Common law*, 3e éd., Dalloz, coll. Connaissance du droit, 2012.

[2] A. Levasseur, *Le droit américain*, Dalloz, coll. Connaissance du droit, 2004 ; E. Zoller, *Le droit des États-Unis*, Puf, coll. Que sais-je ?, 2001.

[3] C. Witz, *Le droit allemand*, 2e éd., Dalloz, coll. Connaissance du droit, 2013 ; F. Ferrand, *Droit privé allemand*, Dalloz, 1997 ; V. Lasserre-Kiesow, *La technique législative – Étude sur les codes civils français et allemand*, LGDJ, 2002 ; M. Pédamon, *Le droit allemand*, Puf, coll. Que sais-je ?, 1985.

[4] J. Tao, *Le droit chinois contemporain*, Puf, coll. Que sais-je ?, 1991 ; F. Constant, Ch. Lopez, *Le droit chinois*, Dalloz, coll. Connaissance du droit, 2013 ; H. Piquet, *La Chine au carrefour des traditions juridiques*, Bruylant (Bruxelles), 2005 ; X. Y. Li-Kotovtchikhine, dir., *Les sources du droit et la réforme juridique en Chine*, Litec, 2004 ; J. Shi, *La codification du droit civil chinois au regard de l'expérience française*, LGDJ, 2006.

[5] Y. Noda, *Introduction au droit japonais*, Dalloz, 1966 ; E. Seizelet, *Justice et magistrature au Japon*, Puf, 2002 ; J.-L. Halpérin, N. Kanayama, *Droit japonais et français au miroir de la modernité*, Dalloz, 2007 ; T. Matsukawa, *La famille et le droit au Japon*, Economica, 1991.

[6] L. Milliot, F.-P. Blanc, *Introduction au droit musulman*, 2e éd., Dalloz, 2001 ; J. Schacht, *Introduction au droit musulman*, Maisonneuve, 1993 ; F.-P. Blanc, *Le droit musulman*, Dalloz, coll. Connaissance du droit, 1995 ; N. J. Coulson, *Histoire du droit islamique*, Puf, 1995 ; X. Linant de Bellefonds, *Traité de droit musulman comparé*, 3 vol., Mouton, 1965-1973 ; H. Bleuchot, *Droit musulman – t. I : Histoire*, PUAM (Aix-en-Provence), 2000 ; H. Bleuchot, *Droit musulman – t. II : Fondements, cultes, droit public et mixte*, PUAM (Aix-en-Provence), 2002 ; B. Botiveau, *Loi islamique et droit dans les pays arabes*, PUAM (Aix-en-Provence), 1993.

[7] W. Menski, *Hindu Law: Beyond Tradition and Modernity*, Oxford University Press, 2003 ; M. Galanter, *Law and Society in Modern India*, Oxford University Press, 1989 ; J. D. M. Derrett, *Religion, Law and the State in India*, Oxford University Press, 1999 ; R. Lingat, *Les sources du droit dans le système traditionnel de l'Inde*, Paris, 1967.

[8] B. Dutoit, *Le droit russe*, Dalloz, coll. Connaissance du droit, 2008.

[9] R. Séroussi, *Introduction au droit comparé*, 3e éd., Dunod, 2008, p. 2-3.

[10] M. Fromont, *Grands systèmes de droit étrangers*, 7e éd., Dalloz, coll. Les mémentos, 2013.

[11] I. Schapera, *A Handbook of Tswana Law and Custom*, James Currey (Martlesham), 1938; I. Schapera, *Tribal Innovators – Tswana Chiefs and Social Change – 1775-1940*, Humanities Press (New York), 1970 ; T. W. Bennett, *Customary Law in South Africa*, Juta (Cape Town), 2004 ; G. Cuniberti, *Grands systèmes de droit contemporains – Introduction au droit comparé*, 3e éd., LGDJ, coll. Manuel, 2015, p. 377 s. ; R. Sacco, *Le droit africain – Anthropologie et droit positif*, Dalloz, 2009.

Par suite, peuvent être plus spécifiquement comparés les sources du droit positif, les organisations judiciaires, les organisations administratives, les constitutions, les régimes de responsabilité, les modes de raisonnement juridique, les croyances et idéologies sous-jacentes, etc. Et les comparatistes sont dans bien des cas non des comparatistes du droit mais des comparatistes de branches du droit particulières, telles que le droit constitutionnel[4], le droit pénal[5] ou le droit des contrats[6], ou des comparatistes de certains aspects du droit.

La neutralité et l'objectivité du jus-comparatiste

En tant que scientifique, le comparatiste n'a pas à porter de jugements de valeur sur les ordonnancements juridiques qu'il étudie, n'a pas à les ranger les uns par rapport aux autres en fonction de leurs mérites et périls respectifs[7]. Le comparatisme juridique est fondamentalement égalitaire. Était initialement assigné au droit comparé l'objectif d'unir les divers ordres juridiques[8] — le Congrès de 1900 précité visait en particulier à poser la question des moyens de parvenir à un droit uniforme — ; aujourd'hui, on admet que le droit comparé doit rester neutre par rapport à cet objectif[9]. La démarche comparatiste tend autant à éclairer les différences entre les systèmes qu'à en révéler les convergences ; elle n'a aucun parti pris en faveur du rapprochement des droits, même si les origines de la science comparative sont marquées du désir de découvrir un fonds « législatif » commun entre les peuples et s'inscrivent, comme les premières doctrines du droit international, dans une perspective universaliste.

1 C. B. Lombardi, *State Law as Islamic Law in Modern Egypt*, Brill (Leyde), 2006.
2 F. Vogel, *Islamic Law and Legal System – Studies of Saudi Arabia*, Brill (Leyde), 2000.
3 M. Lau, *The Role of Islam in the Legal System of Pakistan*, Martinus Nijhoff (Leyde), 2005.
4 Par exemple, A. Esmein, *Éléments de droit constitutionnel français et comparé* (1909), Éditions Panthéon-Assas, 2001 ; M.-C. Ponthoreau, *Droits constitutionnels comparés*, Economica, coll. Corpus droit public, 2010 ; S. Pierré-Caps, *Droits constitutionnels étrangers*, Puf, coll. Quadrige manuels, 2015.
5 Par exemple, J. Pradel, *Droit pénal comparé*, 3e éd., Dalloz, coll. Précis, 2008 ; *Revue de science criminelle et de droit pénal comparé*.
6 Par exemple, R. Cabrillac, *Droit européen comparé des contrats*, LGDJ, coll. Systèmes droit, 2012 ; R. Noguellou, U. Stelkens, dir., *Droit comparé des contrats publics*, Bruylant (Bruxelles), coll. Droit administratif, 2010.
7 *Contra*, H. Muir-Watt, « La fonction subversive du droit comparé », *RID comp.* 2000.
8 Par exemple, L. Vogel, *Unifier le droit : le rêve impossible ?*, Éditions Panthéon-Assas, coll. Droit global, 2001.
9 H. Muir Watt, « Droit comparé », [en ligne] <universalis.fr>.

La possibilité d'un droit comparé à finalité pratique ou politique

Par ailleurs, le droit comparé peut avoir une vocation pratique au-delà de sa vocation scientifique[1], spécialement en droit international privé, et servir le juriste d'entreprise multinationale, l'avocat ou le magistrat. En matière de commerce international, les conseils en *forum shopping*, qui consiste à choisir librement de se placer dans le cadre juridique le plus favorable au développement de ses activités et de ses profits, recourent abondamment au droit comparé. Celui-ci peut aussi inspirer des réformes aux pouvoirs publics, notamment en matière de légistique. La création, en 1987, des cours administratives d'appel a par exemple été encouragée par les enseignements tirés de l'étude du droit allemand[2]. Quant aux mécanismes du « parlementarisme rationalisé » mis en place par la Constitution du 4 octobre 1958, ils ont été en partie influencés par le regard porté sur les institutions britanniques.

L'analyse des droits étrangers peut permettre, par contraste, de mieux comprendre son droit national, de découvrir ses originalités ainsi que ses lacunes. C'est une tâche traditionnelle du droit comparé que de contribuer à l'amélioration du droit national par l'importation de modèles inspirés des droits étrangers. Ainsi fait-on du contrôle de constitutionnalité des lois par une cour *ad hoc* une « mode » lancée par Hans Kelsen et répandue à travers le monde, à partir de 1945, par les comparatistes[3]. Et les études comparatives, également omniprésentes dans les travaux de la Cour européenne des droits de l'homme — « paradis du droit comparé »[4] —, permettent à la Cour internationale de justice de dégager les « principes généraux communs aux nations civilisées ».

Les objets qui intéressent le droit comparé « pratique » sont aussi vastes que le droit. Tout dans le droit, du processus législatif au régime juridique des baux commerciaux en passant par la fiscalité, peut être approché sous l'angle comparatiste. Et la plupart des ministères, notamment celui de la justice, disposent de services de législation étrangère.

Il faut donc distinguer le droit comparé à visée scientifique et le droit comparé à visée politique. Or, normalement, dans le cadre de la recherche juridique, dans le cadre universitaire, le droit comparé ne devrait être qu'une activité scientifique. Mais le droit comparé est bel et bien avant tout un

[1] R. DRAGO, « Droit comparé », in D. ALLAND, S. RIALS, dir., *Dictionnaire de la culture juridique*, Lamy-Puf, coll. Quadrige-dicos poche, 2003, p. 454.
[2] *Ibid.*, p. 456.
[3] S. PIERRÉ-CAPS, *Droits constitutionnels étrangers*, Puf, coll. Quadrige manuels, 2015 ; M.-C. PONTHOREAU, *Droits constitutionnels comparés*, Economica, coll. Corpus droit public, 2010.
[4] R. DRAGO, « Droit comparé », in D. ALLAND, S. RIALS, dir., *Dictionnaire de la culture juridique*, Lamy-Puf, coll. Quadrige-dicos poche, 2003, p. 454.

exercice universitaire ayant pour finalité de faire progresser les connaissances juridiques et, plus encore, d'élargir la culture juridique. Cela n'est d'ailleurs pas incompatible avec le volet pratique du comparatisme juridique puisque la science comparative consiste aussi à étudier les influences des droits les uns sur les autres, les phénomènes de mimétisme et d'incorporation ou de réception par l'intermédiaire de la doctrine, des juges ou des législateurs.

Enfin, le droit comparé est, parmi les différentes branches de la recherche juridique, peut-être celle qui est le plus souvent associée à d'autres, bien qu'elle réponde assurément à des intentions et à des méthodes propres. Ainsi n'est-il pas rare de voir un historien du droit, un sociologue du droit, un anthropologue du droit[1] ou un économiste du droit[2] faire œuvre comparative afin d'enrichir ses travaux. En effet, les variations géographiques du phénomène juridique dépendent pour beaucoup de déterminismes sociaux, culturels et historiques. Le « pur » droit comparé semble ainsi moins opportun que le droit comparé ouvert aux autres sciences sociales ou, du moins, aux autres sciences juridiques.

L'avenir du droit comparé en question

Reste que, compris comme exercice avant tout académique, le comparatisme juridique est de plus en plus dénoncé en ce qu'il ne revêtirait aucune vertu pédagogique, en ce qu'il ne ferait qu'accumuler de manière stérile des informations éparses et non systématisées, de valeur tout au plus anecdotique pour les diverses branches du droit positif qu'elles peuvent concerner[3]. Lorsqu'il consiste à identifier les grandes familles de droit, il amène ses spécialistes à se demander si cette tâche ne serait pas en définitive vaine, parce que la définition des critères est toujours abstraite et arbitraire, toujours discutable et donc imparfaite, et parce que beaucoup d'ordres juridiques empruntent leurs caractéristiques non à une mais à plusieurs familles de droit[4]. Il semble que le comparatisme juridique oblige à opérer des simplifications qui, au mieux, le rendent inutile et, au pire, le rendent

[1] Par exemple, É. LE ROY, *Les africains et l'institution de la justice*, Dalloz, 2004 ; R. SACCO, *Le droit africain – Anthropologie et droit positif*, Dalloz, 2009 ; J. VANDERLINDEN, « À propos des familles de droit en droit civil comparé », in *Mélanges René Dekkers*, Bruylant (Bruxelles), 1982, p. 359 s.

[2] Par exemple, U. MATTEI, *Comparative Law and Economics*, The University of Michigan Press (Ann Arbor), 1997.

[3] H. MUIR WATT, « Droit comparé », [en ligne] <universalis.fr>. L'auteur explique que « c'est la pratique même de la comparaison qui contribue parfois à ternir l'image de cette discipline, se confondant trop souvent avec la simple juxtaposition d'études ponctuelles consacrées à tel ou tel système, voire à telle ou telle règle étrangère, et négligeant les exigences d'ordre épistémologique qui confèrent à cette matière toute sa légitimité scientifique ».

[4] G. CUNIBERTI, *Grands systèmes de droit contemporains – Introduction au droit comparé*, 3e éd., LGDJ, coll. Manuel, 2015, p. 26.

dangereux. Le système juridique américain n'est-il pas très différent du système juridique anglais, si bien que l'un et l'autre devraient toujours être étudiés séparément ? Se pose alors la question de savoir s'il ne faudrait pas, sous l'angle du droit comparé, se borner à mettre en parallèle quelques droits étatiques sans jamais chercher à associer certains d'entre eux afin de composer des familles inéluctablement artificielles.

Et une interrogation revient avec de plus en plus d'insistance : à l'heure du droit global, du droit mondial, du droit international, le droit comparé n'est-il pas voué à petit à petit péricliter[1] ? Pour l'heure, en tout cas, il devrait surtout être utile afin d'uniformiser le droit au niveau régional et au niveau international en permettant d'identifier les règles primaires et secondaires, matérielles et formelles les plus légitimes et acceptables[2]. Mais le droit comparé, trop abstrait, trop divisé et trop dilué, paraît remplir difficilement cette mission[3].

Après la science du droit positif, l'histoire du droit et le droit comparé, une autre science du droit, qui est une branche de plus en plus cardinale au sein de la recherche juridique, réside en la sociologie du droit. Si le droit comparé, l'histoire du droit et la science du droit positif comptent parmi les branches de la recherche juridique les plus scientifiques, la sociologie du droit en est une autre. Et, si l'étendue du champ de la science du droit positif, du champ de l'histoire du droit et du champ du droit comparé dépend très directement de la définition du droit que retient la théorie du droit, il en va à l'identique de l'étendue du champ de la sociologie du droit. La théorie du droit est définitivement le premier des niveaux de la recherche juridique, tant qualitativement que temporellement, en ce qu'elle délimite le périmètre du continent juridique à l'intérieur du monde social et, de la sorte, précise aux scientifiques du droit quelles sont les dimensions et les limites de leur objet d'étude.

En revanche, la sociologie du droit se distingue sur un point important de la science du droit positif, de l'histoire du droit et du droit comparé : les scientifiques du droit positif, les historiens du droit et les *jus*-comparatistes sont pratiquement tous des juristes de formation quand les sociologues du droit sont pour beaucoup des sociologues de formation et sont tous au moins des sociologues par destination. Autrement dit, les uns font du droit spécialisé quand les autres font de la sociologie spécialisée dans ce pan spécifique de l'organisation sociale qu'est le droit.

[1] *Cf.*, notamment, *Arch. phil. droit* 2000, « L'américanisation du droit ».
[2] J.-L. HALPÉRIN, *Profils des mondialisations du droit*, Dalloz, coll. Méthodes du droit, 2009 ; J. -B. AUBY, *La globalisation, le droit et l'État*, 2e éd., LGDJ, coll. Systèmes, 2010.
[3] *Cf.* B. MARKESINIS, *Juges et universitaires face au droit comparé – Histoire des trente-cinq dernières années*, Dalloz, coll. Méthodes du droit, 2006. L'auteur critique en particulier « l'attitude de la France, pays trop obsédé par lui-même, son passé et son présent, et qui peine à s'adapter à un monde en mutation ».

Orientations et illustrations bibliographiques

ANCEL B., « Familles de droits (classification) », in ALLAND D., RIALS S., dir., *Dictionnaire de la culture juridique*, Lamy-Puf, coll. Quadrige-dicos poche, 2003, p. 701 s.

Arch. phil. droit 1986, « Le système juridique »

Arch. phil. droit 2001, « L'américanisation du droit »

ARMINJON M., NOLDE B., WOLFF P., *Traité de droit comparé*, Paris, 1950

Association Henri Capitant, *Les droits de tradition civiliste en question – À propos des rapports Doing Business de la Banque Mondiale*, Société de législation comparée, 2006

BARANGER D., « Angleterre (culture juridique) », in ALLAND D., RIALS S., dir., *Dictionnaire de la culture juridique*, Lamy-Puf, coll. Quadrige dicos poche, 2003

BEAUTÉ J., « La théorie anglaise de la Couronne », *Droits* 1992, n° 15, p. 113 s.

BELL J., « Que représente la souveraineté pour un britannique ? », *Pouvoirs* 1993, n° 67, p. 107 s.

BENNETT T. W., *Customary Law in South Africa*, Juta (Cape Town), 2004

BLANC F.-P., *Le droit musulman*, Dalloz, coll. Connaissance du droit, 1995

BLANC F.-P., MILLIOT L., *Introduction à l'étude du droit musulman*, Dalloz, 2001

BLANC-JOUVAN X., *Le droit anglais*, 7e éd., Puf, coll. Que sais-je ?, 2008

BLEUCHOT H., *Droit musulman – t. I : Histoire*, PUAM (Aix-en-Provence), 2000

BLEUCHOT H., *Droit musulman – t. II : Fondements, cultes, droit public et mixte*, PUAM (Aix-en-Provence), 2002

BOËTSCH G., FERRIÉ J.-N., dir., *Droit et société dans le monde arabe – Perspectives socio-anthropologiques*, PUAM (Aix-en-Provence), 1997

BONNAN J.-C., « Inde (culture juridique) », in ALLAND D., RIALS S., dir., *Dictionnaire de la culture juridique*, Lamy-Puf, coll. Quadrige dicos poche, 2003

BOTIVEAU B., *Loi islamique et droit dans les pays arabes*, PUAM (Aix-en-Provence), 1993

BOURGON J., « Chine (culture juridique) », in ALLAND D., RIALS S., dir., *Dictionnaire de la culture juridique*, Lamy-Puf, coll. Quadrige dicos poche, 2003

BOUTMY E., *Études de droit constitutionnel : France, Angleterre, États-Unis*, 3e éd., Plon, 1885

BREEN E., « Quelques perspectives de recherches comparatives sur la justice », in AGUILA Y. et *alii*, *Quelles perspectives pour la recherche juridique ?*, Puf, coll. Droit et justice, 2007, p. 312 s.

BULLIER A., *Le Common law*, 3e éd., Dalloz, coll. Connaissance du droit, 2012

CABRILLAC R., *Droit européen comparé des contrats*, LGDJ, coll. Systèmes droit, 2012

CAPELLER W., « Présentation – Globalisation des échanges et espaces juridiques », *Dr. et société* 1997, p. 9 s.

CAPELLER W., KITAMURA T., *Une introduction aux cultures juridiques non occidentales : autour de Masaji Chiba*, Bruylant (Bruxelles), 1998

CARBONNIER J., « L'apport du droit comparé à la sociologie juridique », in *Le livre du Centenaire de la Société de Législation comparée*, t. I, LGDJ, 1969, p. 75 s.

CHIBA M., *Legal Pluralism: Toward a General Theory through Japanese Legal Culture*, Tokai University Press (Tokyo), 1989

COHEN-TANUGI L., *Le droit sans l'État*, 2e éd., Puf, coll. Quadrige - Essais débats, 2007

COHEN-TANUGI L., « L'américanisation du droit français », *Arch. phil. droit* 2001

CONSTANT F., LOPEZ Ch., *Le droit chinois*, Dalloz, coll. Connaissance du droit, 2013

COULSON N. J., *Histoire du droit islamique*, Puf, 1995

CUNIBERTI G., *Grands systèmes de droit contemporains – Introduction au droit comparé*, 3e éd., LGDJ, coll. Manuel, 2015

CUNIBERTI G., « La classification des systèmes juridiques – Taxinomie, enseignement et avancée de la connaissance », *Annuario di diritto comparato et di studi legislativi* 2013, p. 71 s.

DAVID R., *Traité élémentaire de droit civil comparé*, LGDJ, 1950

DAVID R., *Le droit comparé*, Economica, 1982

DAVID R., « Le dépassement du droit et les systèmes juridiques contemporains », *Arch. phil. droit* 1963, p. 19 s.

DAVID R., JAUFFRET-SPINOSI C., *Les grands systèmes de droit contemporains*, 11e éd., Dalloz, coll. Précis, 2002

DELMAS-MARTY M., « Le pluralisme ordonné et les interactions entre ensembles juridiques », *D.* 2006, p. 951 s.

DELMAS-MARTY M., « Réflexions sur le rôle du droit comparé dans le contexte de l'internationalisation pénale », in AGUILA Y. et *alii*, *Quelles perspectives pour la recherche juridique ?*, Puf, coll. Droit et justice, 2007, p. 205 s.

DONNET-KAMEL D., « Les expériences étrangères d'évaluation participative, des démarches imaginatives », in VALLEMONT S., dir., *Débat public : une réforme dans l'État*, LGDJ, coll. Systèmes droit, 2001, p. 119 s.

Droit et société 1997/35, « Globalisation des échanges et espaces juridiques »

EISENMANN Ch., *La justice constitutionnelle et la Haute Cour constitutionnelle d'Autriche*, LGDJ, 1928

ESMEIN A., *Éléments de droit constitutionnel français et comparé* (1909), Éditions Panthéon-Assas, 2001

DERRETT J. D. M., *Religion, Law and the State in India*, Oxford University Press, 1999

DRAGO R., « Droit comparé », in ALLAND D., RIALS S., dir., *Dictionnaire de la culture juridique*, Lamy-Puf, coll. Quadrige-dicos poche, 2003, p. 453 s.

DUGUIT L., « La doctrine allemande de l'auto-limitation de l'État », *RDP* 1919, p. 161 s.

DUTOIT B., *Le droit russe*, Dalloz, coll. Connaissance du droit, 2008

FERRAND F., *Droit privé allemand*, Dalloz, 1997

FROMONT M., *Grands systèmes de droit étrangers*, 7e éd., Dalloz, coll. Les mémentos, 2013

FROMONT M., « La Cour constitutionnelle fédérale et le droit », *Droits* 1990, n° 11, p. 119 s.

GALANTER M., *Law and Society in Modern India*, Oxford University Press, 1989

GAMBARO A., SACCO R., VOGEL L., *Traité de droit comparé – Le droit de l'occident et d'ailleurs*, LGDJ, 2011

GAY (L.), « L'exigence d'efficacité de la norme, facteur d'un nouvel âge d'or du comparatisme dans la production juridique », in FATIN-ROUGE STÉFANINI (M.), GAY (L.) et al. (Dir.), L'efficacité de la norme juridique : nouveau vecteur de légitimité ?, Bruxelles, Bruylant, 2012, pp. 107

GLENN P., *Legal Traditions of the World*, 2e éd., Oxford University Press, 2010

HALPÉRIN J.-L., *Profils des mondialisations du droit*, Dalloz, coll. Méthodes du droit, 2009

HALPÉRIN J.-L., KANAYAMA N., *Droit japonais et français au miroir de la modernité*, Dalloz, 2007

HEUSCHLING L., *État de droit, Rechtsstaat, Rule of Law*, Dalloz, 2002

HUMMEL J., « Allemagne (doctrines allemandes de l'État et du droit de Hegel et Jellinek) », in ALLAND D., RIALS S., dir., *Dictionnaire de la culture juridique*, Lamy-Puf, coll. Quadrige dicos poche, 2003

JOLOWICZ J. A., *Droit anglais*, Dalloz, 1992

KALUZYNSKI M., « Globalisation des échanges et espaces juridiques », *Dr. et Société* 1997

KELSEN H., « Le contrôle de constitutionnalité des lois – Une étude comparative des constitutions autrichienne et américaine », *RFD const.* 1990, p. 17 s.

KINDER-GEST P., *Les institutions britanniques*, Puf, coll. Que sais-je ?, 1999

KIRAT T., « Les théories de la jurisprudence de François Gény et Édouard Lambert et la *Common Law* : remarques sur la position de la *case law method* par rapport à l'œuvre des deux juristes français », in JESTAZ Ph., THOMASSET C., VANDERLINDEN J., dir., *François Gény, mythes et réalités – 1899-1999 : centenaire de Méthode d'interprétation et sources en droit positif – Essai critique*, Dalloz-Bruylant-Yvon Blais (Paris-Bruxelles-Montréal), 2000, p. 321 s.

KÖTZ H., ZWEIGERT K., *An Introduction to Comparative Law*, 3e éd., Oxford University Press, 1998

LAMBERT É., *Études de droit commun législatif ou de droit civil comparé*, Paris, 1903

LAMBERT É. et *alii*, *Introduction à l'étude du droit comparé – Recueil d'études en l'honneur d'Édouard Lambert*, Sirey, 1938

LASSERRE-KIESOW V., *La technique législative – Étude sur les codes civils français et allemand*, LGDJ, 2002

LAU M., *The Role of Islam in the Legal System of Pakistan*, Martinus Nijhoff (Leyde), 2005

LEGEAIS R., *Grands systèmes de droit contemporains – Approche comparative*, 2e éd., LexisNexis, coll. Manuel, 2008

LEGRAND P., *Le droit comparé*, 5e éd., Puf, coll. Que sais-je ?, 2015

LEGRAND P., « Sur l'analyse différentielle des jurisultures », *RID comp.* 1999
LE ROY É., *Les africains et l'institution de la justice*, Dalloz, 2004
LEVASSEUR A., *Le droit américain*, Dalloz, coll. Connaissance du droit, 2004
LI-KOTOVTCHIKHINE X. Y., dir., *Les sources du droit et la réforme juridique en Chine*, Litec, 2004
LINANT DE BELLEFONDS X., *Traité de droit musulman comparé*, 3 vol., Mouton, 1965-1973
LINGAT R., *Les sources du droit dans le système traditionnel de l'Inde*, Paris, 1967
LOMBARDI C. B., *State Law as Islamic Law in Modern Egypt*, Brill (Leyde), 2006
MACLOUF P., « Crise de la Common Law », *Arch. phil. droit* 2000, p. 333 s.
MARCOU G., « Régulation et service public : les enseignements du droit comparé », in MARCOU G., MODERNE F., dir., *Droit de la régulation, service public et intégration régionale – t. I : Comparaisons et commentaires*, L'Harmattan, coll. Logiques juridiques, 2005
MARKESINIS B., *Juges et universitaires face au droit comparé – Histoire des trente-cinq dernières années*, Dalloz, coll. Méthodes du droit, 2006
MATSUKAWA T., *La famille et le droit au Japon*, Economica, 1991
MATTEI U., *Comparative Law and Economics*, The University of Michigan Press (Ann Arbor), 1997
MATTEI U., « Three Patterns of Law: Taxonomy and Change in the World Legal Systems », *American Journal of Comparative Law* 1997, n° 45, p. 10 s.
MAUS D., « Pour le droit comparé », in AGUILA Y. et *alii*, *Quelles perspectives pour la recherche juridique ?*, Puf, coll. Droit et justice, 2007, p. 286 s.
MAYER O., *Droit administratif allemand*, Giard et Brière, 1903
MELLERAY F., dir., *L'argument de droit comparé en droit administratif français*, Bruylant (Bruxelles), 2007
MENSKI W., *Hindu Law: Beyond Tradition and Modernity*, Oxford University Press, 2003
MICHAUT F., « États-Unis (grands courants de la pensée juridique américaine contemporaine) », in ALLAND D., RIALS S., dir., *Dictionnaire de la culture juridique*, Lamy-Puf, coll. Quadrige dicos poche, 2003
MITCHEL DE S.-O., « La MacDonald-isation du discours judiciaire français », *Arch. phil. droit* 2001, p. 137 s.
MOITRY J.-H., « Japon (culture juridique) », in ALLAND D., RIALS S., dir., *Dictionnaire de la culture juridique*, Lamy-Puf, coll. Quadrige dicos poche, 2003
MONTESQUIEU Ch.-L., *De l'esprit des lois* (1748), Flammarion, 1995
MUIR-WATT H., « La fonction subversive du droit comparé », *RID comp.* 2000
MUIR WATT H., « Droit comparé », [en ligne] <universalis.fr>
NODA Y., *Introduction au droit japonais*, Dalloz, 1966
NOGUELLOU R., STELKENS U., dir., *Droit comparé des contrats publics*, Bruylant (Bruxelles), coll. Droit administratif, 2010
PÉDAMON M., *Le droit allemand*, Puf, coll. Que sais-je ?, 1985
PERRAKI P., *La protection de la vie personnelle du salarié en droit comparé européen*, L'Harmattan, coll. Logiques juridiques, 2015
PFERSMANN O., « Le droit comparé comme interprétation et comme théorie du droit », *RID comp.* 2001, p. 275 s.
PICARD É., « *Common law* », in ALLAND D., RIALS S., dir., *Dictionnaire de la culture juridique*, Lamy-Puf, coll. Quadrige dicos poche, 2003
PIERRÉ-CAPS S., *Droits constitutionnels étrangers*, Puf, coll. Quadrige manuels, 2015
PIQUET H., *La Chine au carrefour des traditions juridiques*, Bruylant (Bruxelles), 2005
PONTHOREAU M.-C., *Droits constitutionnels comparés*, Economica, coll. Corpus droit public, 2010
PRADEL J., *Droit pénal comparé*, 3e éd., Dalloz, coll. Précis, 2008
QUARITSCH H., « La situation actuelle de la théorie générale de l'État en Allemagne », *Droits* 1992, n° 15, p. 65 s.
RABEL E., *The Conflict of Laws – A Comparative Study*, 1945
RAMBAUD Th., *Introduction au droit comparé – Les grandes traditions juridiques dans le monde*, Puf, coll. Quadrige manuels, 2014
RICCI R., « L'ordonnancement d'un système juridique par la recherche de la cohérence : l'apport des études comparatives de jurisprudence », in DOAT M., LE GOFF J., PÉDROT P., dir., *Droit*

et complexité – Pour une nouvelle intelligence du droit vivant, Presses universitaires de Rennes, 2007, p. 195 s.
SACCO R., *Le droit africain – Anthropologie et droit positif*, Dalloz, 2009
SAVIGNY C. F. von, *System des heutigen ràmischen Rechts*, 1848
SCHACHT J., *Introduction au droit musulman*, Maisonneuve, 1993
SCHAPERA I., *A Handbook of Tswana Law and Custom*, James Currey (Martlesham), 1938
SCHAPERA I., *Tribal Innovators – Tswana Chiefs and Social Change – 1775-1940*, Humanities Press (New York), 1970
SEIZELET E., *Justice et magistrature au Japon*, Puf, 2002
SÉROUSSI R., *Introduction au droit comparé*, 3e éd., Dunod, 2008
SHI J., *La codification du droit civil chinois au regard de l'expérience française*, LGDJ, 2006
STERN N., « La mondialisation du droit », *Projet* 2000, n° 262
STRÖMHOLM S., *Comparative Legal Science – Risks and Possibilities*, Turku Law Scholl, 1994
TAO J., *Le droit chinois contemporain*, Puf, coll. Que sais-je ?, 1991
THIREAU J.-L., « Droit français », in ALLAND D., RIALS S., dir., *Dictionnaire de la culture juridique*, Lamy-Puf, coll. Quadrige dicos poche, 2003
TIMSIT G., « Système juridique », in ALLAND D., RIALS S., dir., *Dictionnaire de la culture juridique*, Lamy-Puf, coll. Quadrige dicos poche, 2003
USUNIER L., « Le rapport *Doing Business* 2012, la concurrence des systèmes juridiques et l'attractivité du droit français des contrats », *RDC* 2012, p. 575 s.
VAN DE KERCHOVE M., « Les rapports entre systèmes juridiques : entre clôture et ouverture », in BERGEL J.-L., dir., *Le plurijuridisme*, PUAM (Aix-en-Provence), 2005, p. 37 s.
VANDERLINDEN J., « À propos des familles de droit en droit civil comparé », in *Mélanges René Dekkers*, Bruylant (Bruxelles), 1982, p. 359 s.
VIANDIER A., *Recherche légistique comparée*, Spinger-Verlag (Berlin), 1988
VOGEL F., *Islamic Law and Legal System – Studies of Saudi Arabia*, Brill (Leyde), 2000
WITZ C., *Le droit allemand*, 2e éd., Dalloz, coll. Connaissance du droit, 2013
ZOLLER E., *Le droit des États-Unis*, Puf, coll. Que sais-je ?, 2001
ZOLLER É., « États-Unis (culture juridique) », in ALLAND D., RIALS S., dir., *Dictionnaire de la culture juridique*, Lamy-Puf, coll. Quadrige dicos poche, 2003
ZOLLER É., « *Rule of law* », in ALLAND D., RIALS S., dir., *Dictionnaire de la culture juridique*, Lamy-Puf, coll. Quadrige dicos poche, 2003
ZOLLER É., « Américanisation », in CADIET L., dir., *Dictionnaire de la justice*, Puf, 2004

Chapitre 6

La sociologie du droit

La sociologie, science des faits sociaux

Selon Alfred Espinas, qui a écrit, au dire d'Émile Durkheim, le « premier chapitre de la sociologie », les sociétés humaines doivent se comprendre comme des organismes vivants, comme des réalités collectives complexes et non comme de simples juxtapositions d'individus[1]. Plus tard, Max Weber a défini la sociologie en tant que « science qui se propose de comprendre par interprétation l'activité sociale, et par là d'expliquer causalement son déroulement et ses effets »[2]. Et Durkheim de préciser le domaine de la sociologie : « Le fait social [qui] se reconnaît au pouvoir de coercition externe qu'il exerce ou est susceptible d'exercer sur les individus ; et la présence de ce pouvoir se reconnaît à son tour soit à l'existence de quelque sanction déterminée, soit à la résistance que le fait oppose à toute entreprise individuelle qui tend à lui faire violence »[3].

La sociologie est donc, pour reprendre Auguste Comte qui avait annoncé sa naissance dans la 47e leçon de son *Cours de philosophie positive*, une « science positive des faits sociaux »[4], parmi lesquels se trouvent des institutions — *i.e.* des « croyances et modes de conduite institués par la collectivité »[5], des représentations et des comportements humains —, si bien que la sociologie est encore la « science des institutions, de leur genèse et de leur fonctionnement »[6].

[1] A. ESPINAS, *Des sociétés animales*, 2e éd., Germer Baillère, 1878 (cité par P. ROSANVALLON, « La démocratie : esquisse d'une théorie générale – Cours au Collège de France (3/10) », L'Éloge du savoir, France culture, 11 avr. 2013).

[2] M. WEBER, *Économie et société*, t. I (1922), Plon, 1971, p. 23.

[3] É. DURKHEIM, *Les règles de la méthode sociologique*, 2e éd. (1937), Puf, coll. Bibliothèque de philosophie contemporaine, 1973, p. 11. Durkheim ajoutait qu' « est fait social toute manière de faire ou de penser, fixée ou non, susceptible d'exercer sur l'individu une contrainte extérieure ; ou bien encore qui est générale dans l'étendue d'une société donnée tout en ayant une existence propre, indépendante de ses manifestations individuelles » (*ibid.*, p. 14).

[4] A. COMTE, *Cours de philosophie positive*, t. I, Bachelier, 1830 (cité par G. GURVITCH, *Éléments de sociologie juridique*, Aubier, 1940, p. 10).

[5] É. DURKHEIM, *Les règles de la méthode sociologique*, 2e éd. (1937), Puf, coll. Bibliothèque de philosophie contemporaine, 1973, p. XXII.

[6] *Ibid.*

Des relations étroites entre sociologie et droit

Sociologie et juriologie (science du droit), toutes deux branches des sciences humaines et sociales[1], entretiennent nécessairement certaines affinités[2] dès lors que l'objet d'étude de l'un est une partie de celui de l'autre[3] et que certains auteurs — on cite, par exemple, Emmanuel Lévy[4] — paraissent ne pas appartenir ou avoir appartenu à une discipline plus qu'à l'autre. Notamment, toutes deux entendent être « objective[s], spécifique[s], méthodique[s] »[5], indépendantes de toute métaphysique et de toute politique[6], afin de ne pas se voir traitées comme des « branche[s] de la philosophie générale »[7] — ce qui n'interdit pas que, peut-être, l'une y parvienne mieux que l'autre[8] —. De plus, à en croire Durkheim, la sociologie se concentre sur le problème de la contrainte sociale, alors que la contrainte juridique, qui est une forme particulière de contrainte sociale, se présente tel un élément décisif pour le phénomène juridique que Kelsen

[1] L. M. FRIEDMAN, « La sociologie du droit est-elle vraiment une science ? », *Dr. et société* 1986, p. 114. Il n'est donc pas possible de retenir que, « avant 1940, on ne peut discerner chez les spécialistes des sciences sociales un intérêt scientifique pour l'étude du droit » (J.-G. BELLEY, « L'État et la régulation juridique des sociétés globales – Pour une problématique du pluralisme juridique », *Sociologie et sociétés* 1986, n° 18, p. 22) puisqu'il existait depuis longtemps des juristes intéressés par le droit. De même, il n'est pas possible d'opposer « les juristes, d'une part, et les spécialistes des sciences sociales, d'autre part » (*ibid.*, p. 18). *Cf.*, également, É. SERVERIN, *Sociologie du droit*, La découverte, coll. Repères, 2000.

[2] *Cf.* Th. RAISER, « Les relations entre la sociologie du droit et les sciences juridiques », *Dr. et société* 1989, p. 121 s.

[3] Le droit est une partie des phénomènes sociaux, de telle sorte que les juristes ont pour objet d'étude une partie de celui des sociologues. Raymond Saleilles retenait que le droit et l'histoire seraient les deux branches de la sociologie (R. SALEILLES, *De la personnalité juridique – Histoire et théories* (1910), La mémoire du droit, 2003 (cité par J.-L. HALPÉRIN, « Saleilles Raymond », in O. CAYLA, J.-L. HALPÉRIN, dir., *Dictionnaire des grandes œuvres juridiques*, Dalloz, 2008, p. 509)). Peut-être la liste est-elle très incomplète, mais il est vrai que la sociologie est plus grande que la science juridique qui, si elle n'est pas une sous-discipline au sein de la sociologie, étudie un objet qui fait partie de celui étudié par les sociologues. Dans le même sens, Gény faisait de la science juridique une « branche de la sociologie appliquée » (F. GÉNY, *Méthode d'interprétation et sources en droit privé positif*, t. II, LGDJ, 1919, p. 221). Par suite, il est erroné d'opposer « sphère juridique et sphère sociale » (P. LASCOUMES, É. SERVERIN, « Théories et pratiques de l'effectivité du droit », *Dr. et société* 1986, p. 128), la sphère juridique étant une partie de la sphère sociale.

[4] F. AUDREN, B. KARSENTI, « Emmanuel Lévy (1871-1944) : juriste, socialiste et sociologue », *Dr. et société* 2004, p. 75 s.

[5] É. DURKHEIM, *Les règles de la méthode sociologique*, 2e éd. (1937), Puf, coll. Bibliothèque de philosophie contemporaine, 1973, p. XII. *Cf.*, également, *Dr. et société* 2008, n° 69-70, « Quelles méthodes pour la sociologie du droit et de la justice ? ».

[6] *Ibid.*, p. 141.

[7] *Ibid.*, p. XII (« la sociologie n'est pas condamnée à rester une branche de la philosophie générale »).

[8] *Cf.* R. HUBERT, « Science du droit, sociologie juridique et philosophie du droit », *Arch. phil. droit* 1931, p. 55 s. ; D. TOURET, *Introduction à la sociologie et à la philosophie du droit : la bio-logique du droit*, Litec, 1995.

rattachait très directement à l'idée de « contrainte sociale organisée »[1]. Cependant, il semble fort qu'il y ait autant d'éléments qui opposent sociologie et juriologie que d'éléments qui les rapprochent ; et l'idée d'une « sociologie du droit » ou « sociologie juridique » ne peut — ou, du moins, n'a pu — qu'interroger.

La situation précaire de la sociologie du droit parmi les disciplines académiques

La sociologie n'a été réellement institutionnalisée, en France, que tardivement, si bien que, dans les années 1960, les universités ne délivraient encore qu'un certificat apparenté à la licence de philosophie et il n'existait nul cursus propre[2] ; cela même si la discipline existait depuis le début du siècle et si Durkheim et d'autres avaient depuis longtemps affirmé que « la sociologie n'est l'annexe d'aucune autre science ; elle est elle-même une science distincte et autonome »[3], le sociologue bordelais ayant fondé *L'Année sociologique* en 1896.

La situation de la sociologie du droit n'a pu qu'être encore plus précaire et, aujourd'hui toujours, elle ne paraît pas véritablement institutionnalisée[4], de telle sorte que sa place dans le champ des savoirs ne manque pas de poser question et qu'il semble excessif de parler, à son égard, de « succès »[5]. Par exemple, on fait parfois de la théorie réaliste de l'interprétation le fondement de toute sociologie du droit[6], alors que, si les réalistes américains recourent abondamment à des considérations

[1] H. KELSEN, *Théorie pure du droit*, 2e éd., trad. Ch. Eisenmann, Dalloz, 1962, p. 73.

[2] D. TOURET, *Introduction à la sociologie et à la philosophie du droit : la bio-logique du droit*, Litec, 1995.

[3] É. DURKHEIM, *Les règles de la méthode sociologique*, 2e éd. (1937), Puf, coll. Bibliothèque de philosophie contemporaine, 1973, p. 143.

[4] *Cf.*, bien que ces études soient maintenant datées, A.-J. ARNAUD, « Une enquête sur l'état actuel de la sociologie juridique », *RTD civ.* 1976, p. 492 s. ; F. TERRÉ, « Un bilan de la sociologie juridique », *JCP* 1966, I, n° 2015. Bien évidemment, cela se discute et on peut soutenir que la sociologie juridique se serait vue institutionnalisée « durant la période 1940-1980 » (J.-G. BELLEY, « L'État et la régulation juridique des sociétés globales – Pour une problématique du pluralisme juridique », *Sociologie et sociétés* 1986, n° 18, p. 18). Tout dépend des critères de l'institutionnalisation retenus. Par rapport à la science juridique, à la sociologie et à beaucoup de matières désormais parfaitement installées dans le paysage disciplinaire français, il semble que la sociologie du droit, pour l'heure, ne soit guère institutionnalisée. Peut-être est-elle « semi-institutionnalisée » ou « en voie d'institutionnalisation ». Le même auteur qui évoque l'institutionnalisation aboutie de la sociologie du droit ajoute d'ailleurs que celle-ci reste marquée par des « problèmes d'identité » (*ibid.*). Un autre qualifie la sociologie du droit de « jeune branche des sciences sociales » (Th. RAISER, « Les relations entre la sociologie du droit et les sciences juridiques », *Dr. et société* 1989, p. 131).

[5] J.-C. MARCEL, « Georges Gurvitch : les raisons d'un succès », *Cahiers internationaux de sociologie* 2001, n° 110, p. 97 s.

[6] M. TROPER, *Pour une théorie juridique de l'État*, Puf, coll. Léviathan, 1994, p. 99.

sociologiques lorsqu'il s'agit de comprendre les choix des juges[1], théorie réaliste du droit et sociologie du droit n'ont ni la même ambition ni les mêmes outils ; et un sociologue comme Gurvitch était sans doute plus proche du jusnaturalisme que du réalisme[2]. En 1940, ce dernier regrettait que la sociologie du droit « ne possède pas encore de cadres nettement fixés »[3] ; la conjoncture actuelle ne paraît guère différente[4], malgré les efforts entrepris en son temps par cet auteur.

Il faut néanmoins réserver un sort particulier au CNRS (Centre national de la recherche scientifique), dont la devise est significativement « dépasser les frontières », puisque la sociologie du droit y est autrement acceptée et développée que parmi les facultés de droit. Ainsi sa section 36 est-elle intitulée « sociologie et sciences du droit ». Les intrications entre sociologie et juriologie connaissent de ce fait une consécration institutionnelle. Reste que, globalement, la situation est bien celle d'une précarité universitaire de la sociologie du droit.

L'ancienneté de la sociologie du droit

Cette précarité ne s'explique pas par un éventuel caractère récent de la discipline puisque les premiers sociologues du droit étaient quasiment contemporains des premiers sociologues — les uns se confondant d'ailleurs avec les autres — et puisque l'emploi de l'expression « sociologie du droit » est attesté dès 1892[5]. Certes, le positivisme d'inspiration comtienne s'est peu

[1] Par exemple, R. B. M. Cotterrell, *The Sociology of Law – An Introduction*, 2e éd., Butterworths (Londres), 1992 ; R. Tomasic, *The Sociology of Law*, Sage Publications (Londres), 1985.

[2] Par exemple, le sociologue soutenait qu'un fait peut être « normatif » à condition d'être « pénétré de valeurs juridiques et morales » (G. Gurvitch, *Le temps présent et l'idée du droit social*, Vrin, 1932, p. 129). Mais Carbonnier, à la vue des écrits de Gurvitch, de commenter : « La sociologie juridique était mise en péril de philosophie du droit. [...] Le fait est que, s'il fallait une sociologie du droit qui fût une vraie science, elle aurait bien dû se montrer plus matérialiste, plus résolument agnostique en faits d'essences » (J. Carbonnier, *Sociologie juridique*, Puf, coll. Quadrige, 1994). *Cf.*, également, D. Touret, *Introduction à la sociologie et à la philosophie du droit : la bio-logique du droit*, Litec, 1995.

[3] G. Gurvitch, *Éléments de sociologie juridique*, Aubier, 1940, p. 1. L'auteur soulignait que les différents représentants de cette discipline naissante « ne sont pas d'accord sur son objet même, ni sur les problèmes qu'il s'agit de résoudre, ni sur ses rapports avec les autres disciplines étudiant le droit » (*ibid.*).

[4] Par exemple, É. Millard, *Théorie générale du droit*, Dalloz, coll. Connaissance du droit, 2006, p. 54.

[5] Le juriste italien Dionisio Anzilotti aurait été le premier, en 1892, à utiliser ladite expression (A.-J. Arnaud, *Critique de la raison juridique – 1. Où va la sociologie du droit ?*, LGDJ, 1981). On fait également d'Eugen Ehrlich l'auteur de la première formulation explicite de la « sociologie juridique », en 1913 (E. Ehrlich, *Grundlegung der Soziologie der Rechts* [Principes fondamentaux de la sociologie du droit], 1913 (cité par J. Commaille, « Sociologie juridique », in D. Alland, S. Rials, dir., *Dictionnaire de la culture juridique*, Lamy-Puf, coll. Quadrige-dicos poche, 2003, p. 1423)).

intéressé au droit, privilégiant l'étude des liens sociaux effectifs et voyant dans les juristes des « conservateurs à la pensée rigide »[1] ; « tout se pass[ait] alors comme si le droit était au fait social ce que la métaphysique est au positivisme »[2] et Auguste Comte, faisant du droit un « vestige métaphysique, absurde autant qu'immoral », proposait de « faire disparaître irrévocablement l'idée de droit »[3]. De plus, Comte s'opposait à toute division de la sociologie en sous-branches distinctes[4].

Il n'en demeure pas moins que, historiquement, Durkheim réservait une place importante au droit public[5] et que les premiers sociologues du droit[6] — au nombre desquels figuraient certainement l'universitaire bordelais[7], qui voyait dans le droit le « document le plus précieux »[1], Karl

[1] J.-G. BELLEY, « L'État et la régulation juridique des sociétés globales – Pour une problématique du pluralisme juridique », *Sociologie et sociétés* 1986, n° 18, p. 22.

[2] É. MAULIN, « Positivisme », in D. ALLAND, S. RIALS, dir., *Dictionnaire de la culture juridique*, Lamy-Puf, coll. Quadrige-dicos poche, 2003, p. 1173.

[3] Cité par G. GURVITCH, *Éléments de sociologie juridique*, Aubier, 1940, p. 11. Auguste Comte imaginait que la société serait fondée sur une harmonie préalable excluant toute antinomie, tout conflit, qui exigeraient pour être tranchés des garanties formelles caractéristiques de la règlementation juridique (*ibid.*).

[4] J. CARBONNIER, *Théorie sociologique des sources du droit*, Association corporative des étudiants en droit de l'Université Panthéon-Sorbonne, 1961, p. 20.

[5] Le sociologue bordelais expliquait ainsi : « Quand on veut connaître la façon dont une société est divisée politiquement, dont ces divisions sont composées, la fusion plus ou moins complète qui existe entre elles, ce n'est pas à l'aide d'une inspection matérielle et par des observations géographiques qu'on peut y parvenir ; car ces divisions sont morales alors même qu'elles ont quelque base dans la nature physique. C'est seulement à travers le droit public qu'il est possible d'étudier cette organisation, car c'est ce droit qui la détermine, tout comme il détermine nos relations domestiques et civiles » (É. DURKHEIM, *Les règles de la méthode sociologique*, 2e éd. (1937), Puf, coll. Bibliothèque de philosophie contemporaine, 1973, p. 13). Concernant le droit privé, *cf.* J. CARBONNIER, « Droit privé et sociologie », in Centre international de synthèse, *Le droit, les sciences humaines et la philosophie*, Vrin, 1973, p. 35 s. En outre, Durkheim observait que, alors que dans beaucoup de phénomènes sociaux la psychologie joue un grand rôle, le phénomène juridique est plus objectif parce qu'il se matérialise dans des écrits qui peuvent être étudiés comme des choses. Et, parmi tous les phénomènes sociaux, le juridique est celui qui accuse avec le plus de relief l'idée de contrainte sociale.

[6] Il ne paraît pas pertinent de reprendre l'affirmation de Carbonnier selon laquelle *L'Esprit des lois* de Montesquieu aurait été le premier ouvrage de sociologie juridique en ce que le philosophe s'y adonnait à une « typologie des gouvernements à des fins comparatives » et recherchait les causes déterminantes de l'apparition, du développement et de la disparition des lois et règles de droit (J. CARBONNIER, *Théorie sociologique des sources du droit*, Association corporative des étudiants en droit de l'Université Panthéon-Sorbonne, 1961, p. 12).

[7] É. DURKHEIM, *De la division du travail social* (1893), Puf, coll. Quadrige, 1998 ; S. LUKES, A. SCULL, *Durkheim and the Law*, Blackwell (Oxford), 1983; F. CHAZEL, « Émile Durkheim et l'élaboration d'un "programme de recherche" en sociologie du droit », in F. CHAZEL, J. COMMAILLE, dir., *Normes juridiques et régulation sociale*, LGDJ, coll. Droit et société, 1991. Dans *De la division du travail social*, le sociologue distinguait « solidarité mécanique » et « solidarité organique » et insistait sur le lien de chacune avec des types de droit : le droit répressif pour la solidarité mécanique et le droit « coopératif » ou « restitutif », reposant sur le

Marx[2] ou encore Max Weber[3] (qui avaient reçu une formation juridique) — écrivaient au début du XXe s.[4]. Néanmoins, il est vrai que les recherches en sociologie du droit se sont surtout développées après la Seconde Guerre mondiale, en particulier sous l'égide de Georges Gurvitch, qui s'est lancé dans une véritable théorisation de la discipline[5], et d'Henri Lévy-Bruhl[6].

contrat, pour la solidarité organique. Par ailleurs, selon Gurvitch, Durkheim a favorisé le développement de la sociologie du droit en distinguant trois sous matières dans la sociologie générique : « La morphologie sociale (étude de la surface matérielle de la société, chiffrable et mesurable), la phisiologie sociale (étude des institutions, symboles, valeurs, idées collectives… dont fait partie la sociologie juridique) et la sociologie générale » (G. GURVITCH, *Éléments de sociologie juridique*, Aubier, 1940, p. 14-15).

1 Cité par M. GRAWITZ, *Méthodes des sciences sociales*, 11e éd., Dalloz, coll. Précis, 2001, p. 155.

2 Marx peut sans doute être envisagé en tant que sociologue du droit dès lors qu'il recherchait de quelle manière « le droit est l'expression exclusive de la domination d'une classe — classe capitaliste ou classe ouvrière, selon les époques de l'histoire — » (J. CARBONNIER, *Sociologie juridique*, Puf, coll. Quadrige, 1994, p. 125). *Cf.*, également, J. MICHEL, *Marx et la société juridique*, Publisud, 1983.

3 M. WEBER, *Sociologie du droit* (1922), trad. J. Grosclaude, Puf, coll. Recherche politique, 1986 ; J.-P. HEURTIN, N. MOLFESSIS, dir., *La sociologie du droit de Max Weber*, Dalloz, coll. L'esprit du droit, 2006 ; P. LASCOUMES, dir., *Actualités de Max Weber pour la sociologie du droit*, LGDJ, 1995 ; *Dr. et société* 1988, n° 9, « Max Weber » ; M. COUTU, *Max Weber et les rationalités du droit*, LGDJ-Presses de l'Université Laval (Paris-Québec), 1995 ; J. FREUND, *Sociologie de Max Weber*, Puf, coll. Sup-Le sociologue, 1966 ; Ph. RAYNAUD, *Max Weber et les dilemmes de la raison moderne*, Puf, coll. Recherches politiques, 1987 ; Th. RAISER, « Les relations entre la sociologie du droit et les sciences juridiques », *Dr. et société* 1989, p. 126-128.

4 Par exemple, R. SALEILLES, « Rapports de la sociologie avec le droit », *Revue internationale de sociologie* 1904, p. 229 s.

5 Gurvitch entendait, non pas poursuivre l'œuvre entamée par Durkheim, par les juristes-sociologues de Bordeaux ou de Toulouse et par les tenants de la *Sociological Jurisprudence* américaine, mais poser de nouvelles bases pour la sociologie du droit (*cf.* G. GURVITCH, « Problèmes de sociologie du droit », in *Traité de sociologie*, t. II, Puf, 1968, p. 173 s.). Il proposait ainsi de distinguer différentes sous-disciplines tout à fait originales : « sociologie juridique systématique ou microphysique », « sociologie juridique typologique ou différentielle » et « sociologie juridique génétique » (G. GURVITCH, *Éléments de sociologie juridique*, Aubier, 1940, p. 24 s.). Partant, il pouvait affirmer, par exemple, que son champ d'étude correspond aux « problèmes de sociologie juridique génétique, analysés par la macrosociologie dynamique du droit, étudiant les régularités tendancielles, les facteurs de transformations, de développement et de décadence du droit à l'intérieur d'un type particulier de la société » (*ibid.*, p. 26). Carbonnier pouvait sans doute dire à juste titre que la doctrine de Gurvitch « reposait sur une vision trop partielle et un peu imaginative de son objet » (J. CARBONNIER, « Gurvitch et les juristes », *Dr. et société* 1986, p. 429). *Cf.*, également, G. BALANDIER, *Gurvitch*, Puf, 1972 ; R. TOULEMONT, *Sociologie et pluralisme dialectique – Introduction à l'œuvre de Georges Gurvitch*, Nauwelaerts (Louvain), 1955 ; *Dr. et société* 1986, n° 4, « Georges Gurvitch –Sociologies empiriques du droit ».

6 H. LÉVY-BRUHL, *Aspects sociologiques du droit*, Marcel Rivière, 1955 ; H. LÉVY-BRUHL, *Sociologie du droit*, 6e éd., Puf, coll. Que sais-je ?, 1981.

L'approche a priori *négative de la sociologie du droit par les sociologues et par les juristes*

Le « retard »[1] de la sociologie du droit s'explique surtout par le peu d'attrait manifesté à son égard par les sociologues et, plus encore, par les juristes, qui, aujourd'hui autant qu'hier, « s'unis[sent] pour nier son opportunité »[2]. Certainement les sociologues comme les sociologues du droit ignorent-ils la dimension normative du droit, les relations juridiques n'étant comprises qu'en tant qu'expression institutionnelle des relations effectives entre les individus ou entre les groupes[3], mais c'est là la logique immanente à toute approche sociologique des phénomènes juridiques[4]. Aussi n'est-il guère étonnant que, ainsi que le relevait Gurvitch lui-même, « la sociologie et le droit ne paraissent pas pouvoir faire bon ménage, les juristes se bornant à la question de *quid juris* et les sociologues interprétant le *quid facti* »[5].

Outre la « querelle des frontières » entre sociologie et juriologie[6], Ehrlich, par exemple, disait des juristes que, souvent, ils s'adonnent à de « ridicules enfantillages avec leurs concepts et constructions abstraites »[7]. Du point de vue des sociologues, la sociologie serait une véritable science et la « science » juridique ne pourrait pas prétendre à ce statut[8]. Et on écrit que la sociologie du droit est l' « authentique science juridique »[9], ce que nombre de juristes ne peuvent que contester radicalement, faisant de ladite sociologie, au mieux, une science annexe ou accessoire pour le droit.

La sociologie du droit, étude du droit comme ensemble de faits sociaux

La définition de la sociologie du droit est difficile d'accès pour un juriste, ce qui témoigne de sa complète appartenance à la sociologie. Il s'agit, selon son principal architecte, de « l'étude de la plénitude de la réalité sociale du droit, qui met les genres, les ordonnancements et les systèmes de droit, ainsi que ses formes de constatation et d'expression, en corrélations

[1] G. GURVITCH, *Éléments de sociologie juridique*, Aubier, 1940, p. 1.

[2] *Ibid.*

[3] É. MAULIN, « Positivisme », in D. ALLAND, S. RIALS, dir., *Dictionnaire de la culture juridique*, Lamy-Puf, coll. Quadrige-dicos poche, 2003, p. 1173.

[4] *Cf.* R. TREVES, dir., *La Sociologia del diritto*, Edizioni di Comunità (Milan), coll. Diritto et cultura moderna, 1966.

[5] G. GURVITCH, « Éléments de sociologie juridique (extraits) » (1940), *Dr. et société* 1986, p. 423.

[6] M. GRAWITZ, *Méthodes des sciences sociales*, 11e éd., Dalloz, coll. Précis, 2001, p. 157.

[7] E. EHRLICH, *Grundlegung der Soziologie der Rechts*, 1913 (cité par Th. RAISER, « Les relations entre la sociologie du droit et les sciences juridiques », *Dr. et société* 1989, p. 125).

[8] Th. RAISER, « Les relations entre la sociologie du droit et les sciences juridiques », *Dr. et société* 1989, p. 125.

[9] A. JEAMMAUD, É. SERVERIN, « Évaluer le droit », *D.* 1992, p. 263.

fonctionnelles avec les types de cadres sociaux appropriés ; elle recherche en même temps les variations de l'importance du droit, les fluctuations de ses techniques et doctrines, le rôle diversifié des groupes de juristes, enfin les régularités tendancielles de la genèse du droit et des facteurs de celle-ci à l'intérieur des structures sociales globales et partielles »[1].

Sans doute est-il suffisant, en ces lignes, de retenir que la sociologie du droit est une sous-discipline à l'intérieur de la sociologie qui se propose de « décrire les fonctions sociales du droit, les causes de sa genèse et de ses transformations [...] et les différentes manifestations de la vie du droit »[2] ; ou « la partie de la sociologie [...] qui étudie la réalité sociale pleine du droit, en partant de ses expressions sensibles et extérieurement observables, dans des conduites collectives effectives »[3] ; ou, plus simplement encore, la sous-discipline qui étudie les influences et les rapports entre les données sociales non juridiques et les données sociales juridiques — ce qui implique qu'elle doit être en mesure, en théorie, de distinguer le social juridique et le social non juridique —[4]. Par suite, elle se distingue de la science du droit positif en ce qu'elle se demande, ainsi que l'expliquait justement Max Weber, « ce qu'il advient en fait du droit dans la communauté », tandis que les juristes se demandent « quelle est la signification, autrement dit le sens normatif, qu'il faut attribuer logiquement à une certaine construction de langage donnée comme norme de droit »[5]. La science du droit positif étudie le droit compris comme droit ; la sociologie du droit étudie le droit compris

[1] G. GURVITCH, « Problèmes de sociologie du droit », in *Traité de sociologie*, t. II, Puf, 1968, p. 191.

[2] G. GURVITCH, *L'expérience juridique et la philosophie pluraliste du droit*, Pedone, 1935, p. 16.

[3] G. GURVITCH, « Éléments de sociologie juridique (extraits) » (1940), *Dr. et société* 1986, p. 427 ; également, L. M. FRIEDMAN, « La sociologie du droit est-elle vraiment une science ? », *Dr. et société* 1986, p. 121. Carbonnier, pour sa part, proposait la définition suivante de la sociologie du droit : « Discipline qui recherche les causes sociales qui ont déterminé l'apparition des règles, qui recherche leur degré d'application effective et leurs incidences sociales. Son but premier est de connaître et d'expliquer les phénomènes juridiques, de les coordonner en lois scientifiques. [...] Elle étudie les phénomènes juridiques primaires : la règle de droit et le jugement ; et les phénomènes juridiques secondaires : diverses institutions concrètes du droit positif, contrat et responsabilité par exemple » (J. CARBONNIER, *Théorie sociologique des sources du droit*, Association corporative des étudiants en droit de l'Université Panthéon-Sorbonne, 1961, p. 5-8).

[4] On propose, en ce sens, que la sociologie juridique est « l'étude des interrelations entre droit et société, ce qui implique à la fois l'étude des manifestations du juridique et de ses influences sur la société et celle des activités se développant au sein de la société et de leurs influences sur le juridique » (J. COMMAILLE, « Sociologie juridique », in D. ALLAND, S. RIALS, dir., *Dictionnaire de la culture juridique*, Lamy-Puf, coll. Quadrige-dicos poche, 2003, p. 1423). *Cf.*, également, É. SERVERIN, *Sociologie du droit*, La découverte, coll. Repères, 2000.

[5] M. WEBER, *Économie et société*, t. I (1922), Plon, 1965, p. 321 (cité par Ph. RAYNAUD, « Weber Max », in O. CAYLA, J.-L. HALPÉRIN, dir., *Dictionnaire des grandes œuvres juridiques*, Dalloz, 2008, p. 596).

comme fait. Où se voit confirmé le caractère sociologique et non juridique de la sociologie du droit.

Si la sociologie est la « science positive des faits sociaux »[1], la sociologie du droit devrait être une science positive des faits juridiques, les faits juridiques étant une partie des faits sociaux. La réalité sociale doit être distinguée de la réalité juridique, ce qui n'empêche pas d'étudier la réalité sociale de la réalité juridique ou, plus exactement, la réalité sociale induite par ou induisant la réalité juridique. La différence est palpable par rapport à la science du droit positif, notamment en ce que la sociologie du droit s'intéresse, sous un angle explicatif, à des faits et à des relations de causalité[2], tandis que la science du droit positif porte sur des normes et, dans son pan kelsénien en tout cas, sur des relations d'imputation.

Suivant les thèses classiques du positivisme juridique — qu'il ne semble pas possible de contredire sur ce point, à moins de fragiliser grandement les facultés de droit —, l'étude sociologique du droit ne peut prétendre au statut de « science juridique », c'est-à-dire de discipline consistant à étudier le droit en droit et par le droit, les caractères de cette science étant désormais précisément identifiés — notamment, elle ne s'attache qu'à l'aspect formel du droit et jamais, ou seulement en second et dernier lieu, aux comportements sociaux et aux modifications de l'organisation et des équilibres sociaux qu'il engendre —. Si cette conception de la science juridique peut être jugée restrictive ou excessivement « pure », tendant à « enfermer le droit dans une sphère idéelle, sans connexion avec la réalité »[3], en tout cas ladite science peut-elle potentiellement cohabiter avec quelque sociologie du droit ; d'autant plus que la vocation du droit, de tout temps, est d'agir sur des comportements humains, de moduler des structures sociales, ce que Kelsen lui-même ne manquait pas de souligner[4]. Mais cette cohabitation ne saurait se produire à l'intérieur du droit.

La sociologie du droit, branche de la sociologie

La sociologie du droit fait partie des sciences du droit puisqu'il s'agit d'une approche scientifique des normes et des institutions juridiques, mais elle est extérieure au droit compris comme science juridique du droit. Elle

[1] A. COMTE, *Cours de philosophie positive*, t. I, Bachelier, 1830 (cité par G. GURVITCH, *Éléments de sociologie juridique*, Aubier, 1940, p. 10).
[2] G. GURVITCH, *Éléments de sociologie juridique*, Aubier, 1940, p. 2.
[3] R. RICCI, « Le statut épistémologique des théories juridiques : essai de définition d'une pratique scientifique juridique », *Dr. et société* 2002, p. 161. L'auteur souligne que, ainsi conçue, il s'agit d'une « science des normes » plus que d'une « science du droit » (*ibid.*, p. 162).
[4] H. KELSEN, *Théorie générale des normes*, trad. O. Beaud, Puf, coll. Léviathan, 1996, p. 2.

est nécessairement une branche de la sociologie, à l'instar de la sociologie du travail, de la sociologie des médias ou de la sociologie de la famille. Gurvitch — qualifié de « pape de la sociologie française du XXe s. »[1] — la plaçait au carrefour de la sociologie et de la juriologie, à mi-distance de l'une et de l'autre[2]. Pourtant, il parlait bien de « sociologie du droit » et non de « sociologie-juriologie » ou de « jurissociologie »[3] et apposait un regard sociologique sur le droit sans jamais apposer un regard juridique sur la société. Et Gurvitch de regretter que « l'impossibilité de la sociologie juridique n'était que le résultat de l'étroitesse et de l'aberration dans la conception de l'objet et de la méthode de ces deux sciences : sociologie et droit »[4]. Cette assertion paraît inexacte car il n'appartient qu'à la sociologie de décider de la pertinence et des moyens d'une sociologie du droit, la juriologie étant parfaitement extérieure à ces problématiques. En revanche, le sociologue affirmait à raison que « la sociologie juridique est une branche essentielle de la sociologie »[5], le droit étant un élément essentiel de la société.

Par suite, si « seule une culture spécialement sociologique peut préparer à l'intelligence des faits sociaux »[6], est à parier que « seule une culture spécialement juridique peut préparer à l'intelligence des faits juridiques ». Or les sociologues du droit, bien qu'un certain nombre d'entre eux possèdent une formation juridique, semblent pécher souvent par une certaine méconnaissance de leur objet d'étude et, en particulier, de l'autonomie ontologique du droit. D'aucuns séparent d'ailleurs la « sociologie du droit des sociologues » et la « sociologie du droit des juristes »[7] et soulignent qu'entre les uns et les autres se trouve une « césure majeure »[8]. En ce sens, on refuse, non sans suivre une certaine logique, le

[1] J. LE GOFF, « La pensée de Georges Gurvitch », Le bien commun, France culture, 26 avr. 2012. Néanmoins, Gurvitch demeure peu connu des juristes, si bien qu'on a pu le qualifier de philosophe et non de sociologue (O. BEAUD, *La puissance de l'État*, Puf, coll. Léviathan, 1994, p. 50).

[2] G. GURVITCH, « Éléments de sociologie juridique (extraits) » (1940), *Dr. et société* 1986, p. 424.

[3] A. JEAMMAUD, É. SERVERIN, « Évaluer le droit », *D.* 1992, p. 263.

[4] G. GURVITCH, « Éléments de sociologie juridique (extraits) » (1940), *Dr. et société* 1986, p. 424.

[5] G. GURVITCH, *Éléments de sociologie juridique*, Aubier, 1940, p. 1.

[6] É. DURKHEIM, *Les règles de la méthode sociologique*, 2e éd. (1937), Puf, coll. Bibliothèque de philosophie contemporaine, 1973, p. 143.

[7] J.-G. BELLEY, « Les sociologues, les juristes et la sociologie du droit », *Recherches sociographiques* 1983, p. 263 s. ; J. CARBONNIER, « Gurvitch et les juristes », *Dr. et société* 1986, p. 432.

[8] M. GRAWITZ, *Méthodes des sciences sociales*, 11e éd., Dalloz, coll. Précis, 2001, p. 153. L'auteur observe que, aujourd'hui encore, les manuels de sociologie générale ignorent les noms et travaux des juristes sociologues du droit et que cette situation est le produit d'une histoire marquée par la défiance réciproque entre les deux groupes professionnels. Et de préciser, en outre, que Duguit, en 1889, déplorait que le cours de sociologie de

titre de « sociologues du droit » aux juristes et on invite à les désigner préférablement par « juristes-sociologues »[1] ou « jurissociologues »[2]. Mais un juriste-sociologue, par définition, s'adonne au droit en même temps qu'à la sociologie, c'est-à-dire qu'il adopte une posture pluridisciplinaire, tandis qu'un sociologue du droit ne fait toujours, là aussi par définition, que de la sociologie appliquée au droit.

Il n'est pas lieu, en ces lignes, d'opérer ces distinctions puisque les propositions des juristes-sociologues du droit et des sociologues-sociologues du droit se rejoignent généralement et, lorsqu'elles varient, cela ne s'explique pas par l'appartenance des auteurs au domaine des juristes ou au domaine des sociologues. Il faut considérer que les sociologues du droit, quand bien même ils auraient été formés au sein des facultés de droit, sont, lorsqu'ils font de la sociologie du droit, des sociologues et non des juristes — comme tout sociologue des médias est nécessairement un sociologue et non un journaliste ou un directeur de rédaction —. En ce sens, on observe qu'il y a différents exemples de juristes de formation s'étant convertis à la sociologie mais nul exemple de sociologue de formation devenu juriste[3] ; de sorte que le sociologue-sociologue du droit demeure un sociologue quand le juriste-sociologue du droit devient sociologue.

Pour les mêmes raisons, il ne semble pas utile de retenir la distinction entre « sociologie dans le droit » et « sociologie sur le droit »[4]. « Sociologie dans le droit » est une *contradictio in adjecto* puisque le sociologue du droit adopte par définition un point de vue externe sur son objet d'étude.

En revanche, il faudrait interroger la limite entre sociologie générale et sociologie du droit, par exemple afin de savoir si Pierre Bourdieu, qui faisait du droit, à la suite de Max Weber, un élément privilégié dans sa construction d'une théorie générale de la société[5], était un sociologue du

Durkheim n'était pas rattaché à la faculté de droit et que beaucoup d'autres juristes de droit public — Hauriou en premier lieu — se montraient sensibles aux objectifs et aux méthodes de la sociologie. Mais il n'en allait pas de même pour les juristes de droit privé, attachés à comprendre les rapports droit/société à travers l'étude du droit seul, et plus précisément à travers l'étude de la jurisprudence (*ibid.*).

[1] J. COMMAILLE, « Esquisse d'une analyse des rapports entre droit et sociologie – Les sociologies juridiques », *RIEJ* 1982, n° 8, p. 9 ; A.-J. ARNAUD, *Critique de la raison juridique – 2. Gouvernants sans frontières – Entre mondialisation et post-mondialisation*, LGDJ, coll. Droit et société, 2003, p. 86.

[2] A. JEAMMAUD, É. SERVERIN, « Évaluer le droit », *D.* 1992, p. 263.

[3] M. GRAWITZ, *Méthodes des sciences sociales*, 11e éd., Dalloz, coll. Précis, 2001, p. 152.

[4] J. COMMAILLE, « Sociologie juridique », in D. ALLAND, S. RIALS, dir., *Dictionnaire de la culture juridique*, Lamy-Puf, coll. Quadrige-dicos poche, 2003, p. 1424-1425. En substance, l'auteur explique que la « sociologie dans le droit » cherche à comprendre la société à travers le droit quand la « sociologie sur le droit » cherche à comprendre le droit à travers la société.

[5] P. BOURDIEU, « La force du droit – Éléments pour une sociologie du champ juridique », *Actes de la recherche en sciences sociales* 1986, n° 64, p. 5 s. ; également, J. COMMAILLE, « Hommage à Pierre Bourdieu », *Dr. et société* 2002, p. 8 ; *Dr. et société* 2004, n°56-57, « La

droit ou non. Sans doute l'était-il et convient-il de considérer que tout sociologue, dès lors qu'il étudie, d'une manière ou d'une autre, les phénomènes juridiques, devient, à cet instant, sociologue du droit.

À l'inverse, il n'est pas lieu de développer ici la caractérisation des sous-sous-matières que peuvent être la sociologie législative, la sociologie judiciaire, la sociologie des avocats[1], la sociologie historique du droit[2] ou la sociologie politique du droit[3].

Enfin, il faut préférer l'expression « sociologie du droit » à l'expression « sociologie juridique » puisque la sociologie peut prendre le droit comme objet d'étude mais elle ne peut pas être en soi juridique[4]. Néanmoins, d'aucuns voient en « sociologie du droit » et « sociologie juridique » deux expressions synonymes désignant la sociologie du droit. Cela ne pose guère de difficulté. En revanche, il importe de strictement placer la sociologie du droit à part de la « théorie sociologique du droit », à laquelle se rattachaient, notamment, Léon Duguit, Georges Scelle, Rudolf von Jhering et Roscoe Pound et qui entend rechercher le fondement social de la règle de droit[5]. Partant, mieux vaut évoquer, si besoin, la « théorie du droit des sociologues », afin de souligner qu'elle est le fait de sociologues et non de juristes.

Les apports de la sociologie du droit à la connaissance du droit

Nombre d'enseignants-chercheurs des facultés de droit regardent avec un certain dédain, ou du moins avec beaucoup de distance, la sociologie du droit et les sociologues du droit, jugeant, comme Gény, que le juriste devrait s'écarter de la sociologie en raison de « l'état d'indétermination, et presque

place du droit dans l'œuvre de Pierre Bourdieu » ; *Dr. et société* 1996, n° 32, « Norme, règle, habitus et droit chez Bourdieu ».

[1] J. CARBONNIER, *Sociologie juridique*, Puf, coll. Quadrige manuels, 2004.

[2] J. GAUDEMET, *Sociologie historique du droit*, Puf, coll. Doctrine juridique, 2000.

[3] J. COMMAILLE, *L'esprit sociologique des lois – Essai de sociologie politique du droit*, Puf, 1994.

[4] Sur ce point, on a pu proposer que la sociologie du droit serait différente de la sociologie juridique parce que son objet d'étude serait beaucoup plus restreint (J. COMMAILLE, « La sociologie et les sens du droit », *Droits* 1989, n° 10, p. 23 ; A.-J. ARNAUD, *Critique de la raison juridique – 1. Où va la sociologie du droit ?*, LGDJ, 1981, p. 20).

[5] Ces auteurs souhaitaient, à travers une théorie sociologique du droit, proposer une définition du droit reposant sur la déduction, à partir des faits, de valeurs et de normes. Par exemple, Duguit écrivait que « la règle juridique repose sur le fondement de la structure sociale, la nécessité de maintenir cohérents entre eux les différents éléments sociaux par l'accomplissement de la fonction sociale qui incombe à chaque individu, à chaque groupe » (L. DUGUIT, *Traité de droit constitutionnel – Tome premier : La règle de droit, le problème de l'État*, 3e éd., De Boccard, 1927, p. 18). À ce sujet, Gurvitch notait : « La théorie sociologique du droit ne peut que compromettre le travail de la sociologie juridique scientifique et doit être éliminée au même titre que la philosophie du droit dogmatico-rationaliste » (G. GURVITCH, *Éléments de sociologie juridique*, Aubier, 1940, p. 31-32).

d'amorphisme, auquel la condamnent [...] la complexité confuse de son objet et de sa méthode »[1]. Rien ne peut interdire à la sociologie de s'intéresser au droit ; mais tout semble interdire aux juristes de s'intéresser à la sociologie du droit.

En réalité, pourtant, celle-ci peut certainement être très utile, si ce n'est indispensable, aux praticiens du droit et, plus encore, aux jurislateurs[2] ; même si Kelsen et Weber s'accordaient sur la stricte distinction du point de vue sociologique, qui observe l'être, et du point de vue juridique, qui observe le devoir-être[3]. Le juriste, surtout s'il est normativiste, n'explique le droit que par le droit, tandis que le sociologue s'attache à l'expliquer par l'histoire, l'économie, les idées politiques, les luttes sociales et les valeurs portées par les forces sociales[4] — autant de facteurs sociaux qui conditionnent l'édiction et l'acceptation des règles —, ce qui, assurément, est d'un autre poids que la seule question de la validité, du point de vue des fins du droit, lesquelles sont éminemment sociales. Que les juristes ignorent les causes et les conséquences sociales du droit est évidemment, à première vue, pour le moins étrange ; d'ailleurs, ils les ignorent beaucoup plus en théorie qu'en pratique. De même, le juriste tend à n'observer que les seules sources formelles et apparences formelles du droit quand le sociologue se concentre tout autant sur ses sources matérielles et sur son contenu substantiel.

Si la sociologie du droit est une « science empirique » et la science juridique une « science dogmatique »[5], peut-être l'intérêt de la première est-il, concernant le droit appliqué tout du moins, supérieur à celui de la seconde. Nul doute que la science juridique gagnerait à davantage regarder le « droit en activité »[6], soit la pratique, l'effectivité[1] et l'efficacité des règles

[1] F. GÉNY, *Méthode d'interprétation et sources en droit privé positif*, 2e éd., LGDJ, 1919 (cité par M. GRAWITZ, *Méthodes des sciences sociales*, 11e éd., Dalloz, coll. Précis, 2001, p. 153). *Cf.*, également, *Dr. et société* 2008, n° 69-70, « Quelles méthodes pour la sociologie du droit et de la justice ? ».

[2] *Cf.* J. CARBONNIER, *Sociologie juridique*, Puf, coll. Quadrige manuels, 2004.

[3] N. BOBBIO, *Essais de théorie du droit*, trad. Ch. Agostini, M. Guéret, LGDJ-Bruylant (Paris-Bruxelles), coll. La pensée juridique, 1998, p. 263.

[4] Les analyses les plus audacieuses vont même jusqu'à considérer que l'acte de création du droit ne connaîtrait nul libre arbitre et qu'il serait possible d'identifier les règles de droit en étudiant les rapports entre les hommes en société (P. AMSELEK, *Méthode phénoménologique et théorie du droit*, LGDJ, 1964, p. 150).

[5] Ph. RAYNAUD, « Weber Max », in O. CAYLA, J.-L. HALPÉRIN, dir., *Dictionnaire des grandes œuvres juridiques*, Dalloz, 2008, p. 596.

[6] P. LASCOUMES, É. SERVERIN, « Le droit comme activité sociale : pour une approche webérienne des activités juridiques », in P. LASCOUMES, dir., *Actualités de Max Weber pour la sociologie du droit*, LGDJ, 1995, p. 165. Les auteurs empruntent à Max Weber l'image d'une partie de cartes : « Si l'observateur est juriste, il s'intéressera aux règles du jeu abstraites, aux parties telles qu'elles devraient se dérouler. Par contre, si l'observateur est sociologue, il s'intéressera [...] au jeu *hic et nunc*, aux parties telles qu'elles s'accomplissent. [...] L'accent est ainsi mis sur les conduites en situation » (*ibid.*).

de droit[2], à approcher le droit aussi comme un « fait dynamique » soumis à la pression des circonstances et des « forces sociales vives »[3], à délaisser de temps à autre la « validité idéale » au profit de la « validité empirique »[4]. Pourraient ainsi, plus justement et promptement, être mises en exergue les mutations plus ou moins profondes du phénomène juridique[5].

Tout cela justifie incontestablement une sociologie du droit[6]. Il n'est pas vain de rappeler que « le droit ne domine pas la société, il l'exprime »[7], ou que « le centre de gravité du droit ne se situe pas dans la législation ou dans la jurisprudence, mais dans la société elle-même »[8]. La sociologie du droit, plus « progressiste » que la science « pure » du droit[9], doit donc être, dans une version instrumentale et technicienne[10], non une forme de connaissance sur le droit mais une forme de connaissance du social au

[1] Parmi les différents faits sur lesquels se concentrent la sociologie du droit, ceux qui permettent de se prononcer quant à l'effectivité des règles sont sans doute les plus importants. L'effectivité peut se comprendre comme le « principe de réalisation sociale du droit » (P. LASCOUMES, É. SERVERIN, « Théories et pratiques de l'effectivité du droit », *Dr. et Société* 1986, p. 139). Elle « suggère la comparaison entre un modèle normatif de comportement et les conduites réelles de ses destinataires, c'est-à-dire l'étude de la correspondance entre les règles de droit et les comportements » (J. COMMAILLE, « Effectivité », in D. ALLAND, S. RIALS, dir., *Dictionnaire de la culture juridique*, Lamy-Puf, coll. Quadrige-dicos poche, 2003, p. 583). En outre, « poser la question de l'effectivité, c'est se préoccuper de son adéquation avec les comportements sociaux et des écarts éventuels (ineffectivité) entre les normes juridiques et la réalité sociale qu'elles sont censées régir, entre le droit et l'expérience » (*ibid.*).

[2] P. CORNIOU, *Introduction générale au droit*, 9e éd., Dalloz, coll. Mémentos, 2005, p. 8 ; J.-F. PERRIN, « Définir le droit… selon une pluralité de perspectives », *Droits* 1989, n° 10, p. 65 ; É. MILLARD, *Théorie générale du droit*, Dalloz, coll. Connaissance du droit, 2006, p. 54. Ce dernier auteur invite à davantage prendre en compte dans l'étude du droit « les savoirs pouvant éclairer la dimension socio-psychologique de la réception des normes ou des textes » (*ibid.*).

[3] A.-J. ARNAUD, *Critique de la raison juridique – 1. Où va la sociologie du droit ?*, LGDJ, 1981.

[4] M. WEBER, *Wirtschaft und Gesellschaft*, 1922, p. 181 (cité par N. BOBBIO, *Essais de théorie du droit*, trad. Ch. Agostini, M. Guéret, LGDJ-Bruylant (Paris-Bruxelles), coll. La pensée juridique, 1998, p. 261) ; également, W. SCHLUCHTER, « La sociologie du droit comme théorie de la validité », in J.-P. HEURTIN, N. MOLFESSIS, dir., *La sociologie du droit de Max Weber*, Dalloz, coll. L'esprit du droit, 2006, p. 3 s.

[5] Par exemple, F. CHAZEL, J. COMMAILLE, dir., *Normes juridiques et régulation sociale*, LGDJ, 1991.

[6] N. LUHMANN, « La restitution du douzième chameau : du sens d'une analyse sociologique du droit », *Dr. et société* 2001, p. 15.

[7] J. CRUET, *La vie du droit et l'impuissance des lois*, Flammarion, 1914.

[8] E. EHRLICH, *Grundlegung der Soziologie der Rechts*, 1913 (cité par J. COMMAILLE, « Sociologie juridique », in D. ALLAND, S. RIALS, dir., *Dictionnaire de la culture juridique*, Lamy-Puf, coll. Quadrige-dicos poche, 2003, p. 1423).

[9] Th. RAISER, « Les relations entre la sociologie du droit et les sciences juridiques », *Dr. et société* 1989, p. 126.

[10] F. OST, M. VAN DE KERCHOVE, *De la pyramide au réseau ? – Pour une théorie dialectique du droit*, Publications des Facultés universitaires Saint-Louis (Bruxelles), 2002, p. 472.

service du droit, très utile dans le cadre d'une « libre recherche scientifique »[1] ou dans le cadre de la légistique. Mais, dès lors, mérite-t-elle encore de s'appeler « sociologie du droit », si elle ne participe pas de la compréhension du droit en tant que tel, si elle n'étudie pas de devoir-être ? Elle semble, en tout cas, au moins autant légitime dans ce rôle-là que dans celui de discipline cherchant à comprendre la société à travers le droit, ce qui est pourtant la conception généralement retenue[2].

La sociologie du droit est formidablement pertinente et utile lorsqu'elle permet de souligner combien le respect de la norme juridique est davantage le fait de croyances et d'une pression sociale que le fait d'une validité théorique[3] ou lorsqu'elle oppose au « droit des livres » des juristes dogmatiques le « droit de la pratique »[4]. On en fait même une solution première face à la « crise du droit, des institutions et de la justice »[5]. Peut-être tout jurislateur devrait-il être au moins autant sociologue du droit, attaché aux « usages sociaux du droit »[6], que juriste et plus sociologue du droit que « politicien »[7].

Les faiblesses théoriques des conceptions du droit des sociologues du droit

En revanche, du point de vue de la théorie du droit, il semble que les approches de ce qu'est l'être juridique propres aux sociologues du droit soient par trop marquées par l'inconséquence et, plus précisément, par la méconnaissance de l'autonomie du droit au sein du social, ce qui apparaît terrible aux yeux de juristes qui ont œuvré à spécifier précisément celle-ci, spécialement en recourant au critère de l'étaticité. En témoigne la démarche de Durkheim qui l'amenait à traiter le droit comme un pur reflet de l'organisation sociale, sans autonomie ni rupture avec la vie sociale aucune,

[1] F. GÉNY, *Méthode d'interprétation et sources en droit privé positif*, LGDJ, 1919.

[2] R. TREVES, « Two Sociologies of Law », *European Yearbook in Law and Sociology* 1977 (cité par J. COMMAILLE, « Sociologie juridique », in D. ALLAND, S. RIALS, dir., *Dictionnaire de la culture juridique*, Lamy-Puf, coll. Quadrige-dicos poche, 2003, p. 1424).

[3] Par exemple, V. DEMERS, *Le contrôle des fumeurs – Une étude d'effectivité du droit*, Thémis (Montréal), 1996 ; Ch. KOURILSKY-AUGEVEN, *Socialisation juridique et conscience du droit – Attitudes individuelles, modèles culturels et changement social*, LGDJ, 1997. *Cf.*, toutefois, W. SCHLUCHTER, « La sociologie du droit comme théorie de la validité », in J.-P. HEURTIN, N. MOLFESSIS, dir., *La sociologie du droit de Max Weber*, Dalloz, coll. L'esprit du droit, 2006, p. 3 s.

[4] A.-J. ARNAUD, *Critique de la raison juridique – 2. Gouvernants sans frontières – Entre mondialisation et post-mondialisation*, LGDJ, coll. Droit et société, 2003, p. 86.

[5] A.-J. ARNAUD, *Les juristes face à la société du XIXe siècle à nos jours*, Puf, coll. Sup, 1975.

[6] CURAPP, *Les usages sociaux du droit*, Puf, 1989.

[7] Par exemple, L. MADER, *L'évaluation législative – Pour une étude empirique des effets de la législation*, Payot (Lausanne), 1985.

et à ne laisser nulle place pour une distinction du droit et de la société[1]. Si le juriste apprécie le droit de l'intérieur et le sociologue de l'extérieur[2], il devrait être tout aussi judicieux et porteur de le définir d'un point de vue que de l'autre. Néanmoins, la sociologie du droit elle-même concède ses « hésitations » dès lors qu'il s'agit de définir le droit[3].

Seule la connaissance du droit par le juriste apparaît « authentique » et Kelsen déniait aux sociologues, qui voient dans le phénomène juridique un ensemble de faits sociaux comme les autres, le droit de définir le droit parce qu'ils « ne disposent pas des instruments de travail nécessaires »[4]. Sans doute le théoricien viennois visait-il juste et, si, comme les jusnaturalistes, les sociologues du droit ont consacré, plus ou moins explicitement et plus ou moins volontairement, une forme de pluralisme juridique, comme les jusnaturalistes, le XXe s. et la modernité de la pensée juridique ne leur ont pas permis de trouver quelque espace autre que marginal au sein de la psyché juridique collective[5]. Weber distinguait le « droit des juristes » et le « droit des non-juristes », dont les sociologues[6] — comme il distinguait « approche dogmatique » et « approche sociologique » des règles, cette dernière consistant à observer le sens attaché aux règles par les individus qui en sont les destinataires[7] —. Il est difficile d'imaginer que le droit des non-juristes pourrait, du point de vue d'une définition juste et pertinente du droit, présenter un intérêt équivalent à celui imprégnant le droit des juristes.

Le droit, sans aucun doute, est intimement lié à la société ; plus encore, les phénomènes juridiques forment une partie des phénomènes sociaux, si bien que construire une science juridique parfaitement autonome par rapport à la sociologie n'est peut-être pas la manière la plus pertinente d'aborder cet objet d'étude qui est avant tout une pratique, des

[1] M. GRAWITZ, *Méthodes des sciences sociales*, 11e éd., Dalloz, coll. Précis, 2001, p. 155.

[2] Carbonnier notait que « la fonction scientifique de la sociologie juridique est déjà de décrire du dehors le phénomène juridique » (J. CARBONNIER, *Théorie sociologique des sources du droit*, Association corporative des étudiants en droit de l'Université Panthéon-Sorbonne, 1961, p. 34).

[3] J. COMMAILLE, « La sociologie et les sens du droit », *Droits* 1989, n° 10, p. 23.

[4] H. KELSEN, « Qu'est-ce que la théorie pure du droit ? » (1953), *Dr. et société* 1992, p. 555.

[5] *Cf.* B. BARRAUD, *Théories du droit et pluralisme juridique – t. I : Les théories dogmatiques du droit et la fragilité du pluralisme juridique*, PUAM (Aix-en-Provence), coll. Inter-normes, 2016.

[6] M. WEBER, *Sociologie du droit* (1922), Puf, 1986.

[7] M. WEBER, *Essais sur la théorie de la science*, trad. J. Freund, Plon, 1965, p. 318-319 (cité par É. SERVERIN, « Agir selon des règles dans la sociologie de Max Weber », in A. BERTHOUD, É. SERVERIN, dir., *La production des normes entre État et société civile – Les figures de l'institution et de la norme entre État et sociétés civiles*, L'Harmattan, 2000, p. 216). Carbonnier retenait une même approche, disant que ce ne sont pas là « deux sciences distinctes, mais plutôt deux manières de voir les mêmes choses, deux angles de vision, deux projecteurs de couleurs différentes que l'on peut braquer sur une même réalité du droit » (J. CARBONNIER, *Théorie sociologique des sources du droit*, Association corporative des étudiants en droit de l'Université Panthéon-Sorbonne, 1961, p. 12).

représentations et des comportements. Sur ce point, il n'est pas possible de s'opposer à Max Weber[1]. Mais tout ce qui est social n'est pas juridique, ou alors la science juridique autant que la sociologie du droit devraient disparaître et laisser place à la simple sociologie générale.

La plupart des théoriciens du droit critiquent donc l'approche de la notion de droit des sociologues pour des raisons épistémologiques[2] — même si, évidemment, toutes les sociologies du droit ne présentent pas les mêmes manques et défauts de ce point de vue[3] —. Outre la confusion de l'être et du devoir-être[4], les sociologues du droit succombent, plus ou moins volontairement, à la tentation du panjuridisme ; et il ne suffit pas de dire qu'ils étudient le « droit au sens large »[5] pour résoudre la difficulté. Ils en viennent ainsi à tenir des positions telles que : « Le droit étatique n'est qu'un îlot dans un vaste océan d'ordres de droit de différents genres »[6] ; ou : « La source des sources de la validité, c'est-à-dire de la positivité de tout droit, [réside dans] les "faits normatifs" spontanés [engendrés par] des croyances et intellections collectives »[7] ; ou encore : « Toute forme de sociabilité active qui réalise une valeur positive est productrice de droit, est "fait normatif", [et] la microsociologie juridique doit distinguer autant d'espèces de droit que de formes de cette sociabilité »[8]. D'autres propositions sont même proches d'être incompréhensibles, par exemple lorsqu'est soutenu, contre toute logique sémantique, que « le droit est un système juridique parmi beaucoup d'autres »[9] ; or toute donnée juridique ne peut qu'être de droit.

[1] P. LASCOUMES, É. SERVERIN, « Le droit comme activité sociale : pour une approche webérienne des activités juridiques », *Dr. et société* 1988, p. 171 s.

[2] Une telle critique se retrouve, par exemple, dans l'un des premiers écrits de Duguit (L. DUGUIT, « Le droit constitutionnel et la sociologie », *Revue internationale de l'enseignement* 1889, p. 484 s.). *Cf.*, également, J. VAN HOUTTE, « La sociologie du droit ou les limites d'une science », *Dr. et société* 1986, p. 217 s.

[3] Nul doute que la sociologie du droit de Jean Carbonnier figure en bonne place parmi celles qui sont peu critiquables sous l'angle de la théorie du droit (J. COMMAILLE, « La construction d'une sociologie juridique spécialisée – Le savoir sociologique et la sociologie juridique de Jean Carbonnier », *L'Année sociologique* 2007, p. 275 s.).

[4] La sociologie du « droit », comme toute sociologie, étudie des faits, si bien qu'une sociologie du droit serait impossible (J.-F. PERRIN, « Définir le droit… selon une pluralité de perspectives », *Droits* 1989, n° 10, p. 66). En tout cas les sociologues du droit peuvent-ils avancer, par exemple, que « les faits révèlent le pluralisme » (A.-J. ARNAUD, *Critique de la raison juridique – 2. Gouvernants sans frontières – Entre mondialisation et post-mondialisation*, LGDJ, coll. Droit et société, 2003, p. 50).

[5] J.-L. BERGEL, *Théorie générale du droit*, 5e éd., Dalloz, coll. Méthodes du droit, 2012, p. 194.

[6] G. GURVITCH, *Éléments de sociologie juridique*, Aubier, 1940, p. 161.

[7] G. GURVITCH, « Éléments de sociologie juridique (extraits) » (1940), *Dr. et société* 1986, p. 424.

[8] G. GURVITCH, *Éléments de sociologie juridique*, Aubier, 1940, p. 156.

[9] A.-J. ARNAUD, *Critique de la raison juridique – 1. Où va la sociologie du droit ?*, LGDJ, 1981, p. 435.

Quant à Ehrlich, il faisait du droit étatique un « droit secondaire » par rapport au « droit de la société »[1]. Aussi la sociologie du droit est-elle très intimement liée au pluralisme juridique ; et vice-versa. Si, en manque d'institutionnalisation et de leader charismatique, elle se conjugue au pluriel[2], reste que la plupart des sociologues du droit ont en commun la conviction — certes plus ou moins profonde et consciente — que le droit se caractériserait par un « pluralisme fondamental »[3]. Durant le XXe s., elle a été le principal promoteur du pluralisme juridique, plus encore sans doute que les théories juridiques du pluralisme juridique l'ont été. Mais, clairement, le domaine de prédilection de la sociologie du droit est la pratique juridique[4]. En matière théorique, elle participe, certes, très activement de la lutte du pluralisme juridique contre le monisme juridique, contre l'étatisme juridique, mais cette contribution est maladroite.

Pour les sociologues du droit, l'être juridique n'est pas un « objet d'étude » mais un « champ d'étude »[5]. Pareille variation lexicale traduit parfaitement combien c'est à une approche large et inclusive, dans une certaine mesure évasive et floue, loin de toute rigueur *jus*-théorique, qu'ils s'adonnent. Cela conduit à confirmer que la sociologie du droit est de la sociologie plus que du droit ; elle connaît la société mieux que le droit.

Peu ou prou un même constat peut être dressé à l'endroit de l'anthropologie du droit, autre science du droit qui partage beaucoup de points communs avec la sociologie du droit.

Orientations et illustrations bibliographiques

ANDRINI S., ARNAUD A.-J., *Jean Carbonnier, Renato Treeves et la sociologie du droit – Archéologie d'une discipline*, LGDJ, coll. Droit et société, 1995

ARNAUD A.-J., *Le droit trahi par la sociologie – Une leçon de l'histoire*, LGDJ, 1998

ARNAUD A.-J., dir., *Dictionnaire encyclopédique de théorie et de sociologie du droit*, 2e éd., LGDJ, 1993

ARNAUD A.-J., « Droit et société : du constat à la construction d'un champ commun », *Dr. et société* 1992, p. 17 s.

ARNAUD A.-J., FARINAS DULCE M. J., *Introduction à l'analyse sociologique des systèmes juridiques*, Bruylant (Bruxelles), 1998

ARON R., *La Sociologie allemande contemporaine*, Puf, coll. Quadrige, 1981

[1] E. EHRLICH, *Grundlegung der Soziologie der Rechts*, 1913 (cité par Th. RAISER, « Les relations entre la sociologie du droit et les sciences juridiques », *Dr. et société* 1989, p. 125). Mais nul doute que le droit étatique est le premier, si ce n'est le seul, des droits de la société.

[2] J. COMMAILLE, « Esquisse d'une analyse des rapports entre droit et sociologie – Les sociologies juridiques », *RIEJ* 1982, n° 8, p. 9 s.

[3] F. AUDREN, « Gurvitch Georges », in O. CAYLA, J.-L. HALPÉRIN, dir., *Dictionnaire des grandes œuvres juridiques*, Dalloz, 2008, p. 226.

[4] *Dr. et société* 1992, n° 20-21, « Une science sociale pour la pratique juridique ? ».

[5] A.-J. ARNAUD, *Critique de la raison juridique – 2. Gouvernants sans frontières – Entre mondialisation et post-mondialisation*, LGDJ, coll. Droit et société, 2003, p. 87.

AUDREN F., « Gurvitch, Éléments de sociologie juridique », in CAYLA O., HALPÉRIN J.-L., dir., *Dictionnaire des grandes œuvres juridiques*, Dalloz, 2008, p. 224 s.
AUDREN F., KARSENTI B., « Emmanuel Lévy (1871-1944) : juriste, socialiste et sociologue », *Dr. et société* 2004, p. 75 s.
BALANDIER G., *Gurvitch*, Puf, 1972
BARRAUD B., *Théories du droit et pluralisme juridique – t. I : Les théories dogmatiques du droit et la fragilité du pluralisme juridique*, PUAM (Aix-en-Provence), coll. Inter-normes, 2016
BELLEY J.-G., *Conflit social et pluralisme juridique en sociologie du droit*, th., Université Paris II - Panthéon-Assas, 1977
BELLEY J.-G., dir., *Le droit soluble : contributions québécoises à l'étude de l'internormativité*, LGDJ, 1996
BELLEY J.-G., « Une métaphore chimique pour le droit », in BELLEY J.-G., dir., *Le droit soluble – Contributions québécoises à l'étude de l'internormativité*, LGDJ, 1993, p. 7 s.
BELLEY J.-G., « Le pluralisme juridique de Roderick Mac Donald : une analyse séquentielle », in LAJOIE A., MACDONALD R. A., JANDA R., ROCHER G., dir., *Théories et émergence du droit : pluralisme, surdétermination et effectivité*, Bruylant-Thémis (Bruxelles-Montréal), 1998, p. 57 s.
BELLEY J.-G., « Le pluralisme juridique comme doctrine de la science du droit », in KELLERHALS J., MANAI D., ROTH R., dir., *Pour un droit pluriel – Études offertes au Professeur Jean-François Perrin*, Helbing-Lichtenhahn (Bâle-Munich), 2002, p. 163 s.
BELLEY J.-G., « Les sociologues, les juristes et la sociologie du droit », *Recherches sociographiques* 1983, p. 263 s.
BELLEY J.-G., ISSALYS P., dir., *Aux frontières du juridique – Études interdisciplinaires sur les transformations du droit*, Faculté de droit de l'Université Laval (Montréal), 1993
BERGER P. L., LUCKMAN T., *The Social Construction of Reality*, Anchor Books (Garden City), 1967
BESSIN M., « La temporalité de la pratique judiciaire : un point de vue sociologique », *Dr. et Société* 1998, p. 331 s.
BEYLEVELD D., BRONSWORD R., « Les implications de la théorie du droit naturel en sociologie du droit », *Dr. et société* 1989, p. 387 s.
BLACK D., *Sociological Jurisprudence*, Oxford University Press, 1990
BLOESS J.-F, ETIENNE J., NORECK J.-P, ROUX J.-P., *Dictionnaire de la sociologie*, Hatier, 2004
BOËTSCH G., FERRIÉ J.-N., dir., *Droit et société dans le monde arabe – Perspectives socio-anthropologiques*, PUAM (Aix-en-Provence), 1997
BOURDIEU P., « La force du droit – Éléments pour une sociologie du champ juridique », *Actes de la recherche en sciences sociales* 1986, n° 64, p. 3 s.
BOURDIEU P., « Habitus, code et codification », *Actes de la recherche en sciences sociales* 1986, n° 64, p. 40 s.
BRAUD Ph., *Sociologie politique*, 7e éd., LGDJ, coll. Manuels, 2004
CABRILLAC R., « La réception de la loi : consentement ou adhésion ? », in CHASSAGNARD-PINET S., HIEZ D., dir., La contractualisation de la production normative, Dalloz, coll. Thèmes et commentaires, 2008, p. 127 s.
CAILLOSSE J., « Bourdieu, Le sens pratique », in CAYLA O., HALPÉRIN J.-L., dir., *Dictionnaire des grandes œuvres juridiques*, Dalloz, 2008, p. 70 s.
CARBONNIER J., *Théorie sociologique des sources du droit*, Association corporative des étudiants en droit de l'Université Panthéon-Sorbonne, 1960-1961
CARBONNIER J., *Flexible droit – Pour une sociologie du droit sans rigueur*, 8e éd., LGDJ, 1995
CARBONNIER J., *Sociologie juridique*, Puf, coll. Quadrige manuels, 2004
CARBONNIER J., « L'apport du droit comparé à la sociologie juridique », in *Le livre du Centenaire de la Société de Législation comparée*, t. I, LGDJ, 1969, p. 75 s.
CARBONNIER J., « Effectivité et ineffectivité de la règle de droit », *L'Année sociologique* 1958, p. 3 s.
CARBONNIER J., « Gurvitch et les juristes », *Dr. et société* 1986, p. 429 s.
CARTY A., « Du postmodernisme en théorie et en sociologie du droit, ou Rousseau et Durkheim lus par Baudrillard », *Dr. et société* 1989, p. 371 s.

CHAZEL F., « Émile Durkheim et l'élaboration d'un "programme de recherche" en sociologie du droit », in CHAZEL F., COMMAILLE J., dir., *Normes juridiques et régulation sociale*, LGDJ, coll. Droit et société, 1991

CHOURAQUI A., « Quelques difficultés actuelles d'articulation du juridique et du social », in CHAZEL F., COMMAILLE J., dir., *Normes juridiques et régulation sociale*, LGDJ, coll. Droit et société, 1991, p. 285 s.

CHOURAQUI A., « Normes sociales et règles juridiques : quelques observations sur des régulations désarticulées », *Dr. et société* 1989, p. 415 s.

COMMAILLE J., *L'esprit sociologique des lois – Essai de sociologie politique du droit*, Puf, coll. Droit, éthique, société, 1994

COMMAILLE J., « Sociologie juridique », in ALLAND D., RIALS S., dir., *Dictionnaire de la culture juridique*, Lamy-Puf, coll. Quadrige dicos poche, 2003

COMMAILLE J., « Code civil et nouveaux codes sociaux », in COMMAILLE J. et *alii*, *Le Code civil 1804-2004 – Livre du bicentenaire*, Dalloz-Litec, 2004, p. 71

COMMAILLE J., « Esquisse d'une analyse des rapports entre droit et sociologie – Les sociologies juridiques », *RIEJ* 1982, n° 8, p. 9 s.

COMMAILLE J., « La sociologie et les sens du droit », *Droits* 1989, n° 10, p. 23 s.

COMMAILLE J., « La construction d'une sociologie juridique spécialisée – Le savoir sociologique et la sociologie juridique de Jean Carbonnier », *L'Année sociologique* 2007, p. 275 s.

COTTERRELL R. B. M., *The Sociology of Law – An Introduction*, 2e éd., Butterworths, 1992

COUTU M., *Max Weber et les rationalités du droit*, LGDJ-Presses de l'Université Laval (Paris-Québec), 1995

DEMERS V., *Le contrôle des fumeurs – Une étude d'effectivité du droit*, Thémis (Montréal), 1996

DEVIN G., *Sociologie des relations internationales*, La découverte, 2002

DRAÏ L., HIEZ D., « La réception du droit : le droit des sujets », *RRJ* 2007, p. 141 s.

Droit et société 2008/2-3, « Quelles méthodes pour la sociologie du droit et de la justice »

Droit et société 2004/1-2, « La place du droit dans l'œuvre de Pierre Bourdieu »

Droit et société 2001/1, « Aux racines sociales du droit : variations autour de quelques thèmes luhmanniens »

Droit et société 1992/20-21, « Une science sociale pour la pratique juridique ? »

Droit et société 1989/11-12, « Niklas Luhmann : autorégulation et sociologie du droit »

Droit et société 1988/9, « Max Weber »

Droit et société 1986/4, « Georges Gurvitch/Sociologies empiriques du droit »

DUGUIT L., *Le droit social, le droit individuel et la transformation de l'État*, Alcan, 1908

DUGUIT L., « Le droit constitutionnel et la sociologie », *Revue internationale de l'enseignement* 1889, p. 484 s.

DURKHEIM É., *Les règles de la méthode sociologique*, 2e éd. (1937), Puf, coll. Bibliothèque de philosophie contemporaine, 1973

DURKHEIM É, *De la division du travail social* (1893), Puf, coll. Quadrige, 1998

DUVILLIER T., « Crise de société et crise du droit, des mutations sociétales au développement de l'espace public », in CIEDEL, *Le droit autrement : nouvelles pratiques juridiques et pistes pour adapter le droit aux réalités locales contemporaines*, Éditions Charles Léopold Mayer, 2001, p. 91 s.

EHRLICH E., *Contribution à la théorie des sources du droit*, 1902

EHRLICH E, *Fundamental Principles of the Sociology of Law*, Harvard University Press, 1936

EHRLICH E., « Le droit ne se réduit pas au droit étatique », in Ch. GRZEGORCZYK, F. MICHAUT, M. TROPER, *Le positivisme juridique*, LGDJ-Story Scientia (Paris-Bruxelles), coll. La pensée juridique, 1993, p. 373 s.

EVANS W. M., « Public and Private Legal Systems », in EVANS W. M., dir., *Law and Sociology – Exploratory Essays*, The Free Press of Glencoe, 1962, p. 165 s.

FATIN-ROUGE STÉFANINI M., GAY L., VIDAL-NAQUET A., dir., *L'efficacité de la norme juridique – Nouveau vecteur de légitimité ?*, Bruylant (Bruxelles), coll. À la croisée des droits, 2012

FREUND J., *Sociologie de Max Weber*, Puf, coll. Sup-Le sociologue, 1966

FRIEDMAN L. M., « La sociologie du droit est-elle vraiment une science ? », *Dr. et société* 1986, p. 113 s.

GARAPON A., « L'idée de droit social : Georges Gurvitch », in BOURETZ P., dir., *La force du droit – Panorama des débats contemporains*, Esprit, 1991, p. 215 s.
GURVITCH G., *Le temps présent et l'idée du droit social*, Vrin, 1932
GURVITCH G., *L'expérience juridique et la philosophie pluraliste du droit*, Pedone, 1935
GURVITCH G., *Éléments de sociologie juridique*, Aubier, 1940
GURVITCH G., *La déclaration des droits sociaux*, 2e éd., Vrin, 1946
GURVITCH G., *Traité de sociologie*, Puf, 1968
GURVITCH G., « Éléments de sociologie juridique (extraits) », *Dr. et société* 1986, p. 423 s.
HALPÉRIN J.-L., « Ehrlich, Grundlegung der Soziologie des Rechts », in CAYLA O., HALPÉRIN J.-L., dir., *Dictionnaire des grandes œuvres juridiques*, Dalloz, 2008, p. 159 s.
HAURIOU M., « L'institution et le droit statutaire », *Recueil de législation de Toulouse* 1906, p. 134 s.
HAURIOU M., « La théorie de l'institution et de la fondation – Essai de vitalisme social », *Cahiers de la nouvelle journée* 1933, p. 91 s.
HENRY S., *Private Justice – Toward Integrated Theorising in the Sociology of Law*, Routledge and Kegan (Londres), 1983
HEURTIN J.-P., MOLFESSIS N., dir., *La sociologie du droit de Max Weber*, Dalloz, coll. L'esprit du droit, 2006
HUBERT R., « Science du droit, sociologie juridique et philosophie du droit », *Arch. phil. droit* 1931, p. 55 s.
ISRAËL I., « Question(s) de méthodes – Se saisir du droit en sociologue », *Dr. et société* 2008, p. 381 s.
KELSEN H., *Soziologische und der Juristische Staatsbegriff*, 2e éd., Scientia Verlag (Amsterdam), 1928
KENNEDY D., « Form and Substance in Private Law Adjudication », *Harvard Law Review* 1976, n° 89
KOURILSKY-AUGEVEN Ch., « Socialisation juridique », in ALLAND D., RIALS S., dir., *Dictionnaire de la culture juridique*, Lamy-Puf, coll. Quadrige dicos poche, 2003
LASCOUMES P., dir., *Actualité de Max Weber pour la sociologie du droit*, LGDJ, coll. Droit et Société, 1995
LASCOUMES P., « L'analyse sociologique des effets de la norme juridique : de la contrainte à l'interaction », in LAJOIE A., MACDONALD R. A., JANDA R., ROCHER G., dir., *Théories et émergence du droit : pluralisme, surdétermination et effectivité*, Bruylant-Thémis (Bruxelles-Montréal), 1998
LASCOUMES P., SERVERIN É., « Théorie et pratiques de l'effectivité du droit », *Dr. et société* 1986, p. 127 s.
LASCOUMES P., SERVERIN É., « Le droit comme activité sociale : pour une approche webérienne des activités juridiques », *Dr. et société* 1988, p. 165 s.
LEBEL-GRENIER S., *Pour un pluralisme juridique radical*, th., Université McGill de Montréal, 2002
LE GOFF J., *Georges Gurvitch – Le pluralisme créateur*, Michalon, coll. Le bien commun, 2012
LEROY Y., « La notion d'effectivité du droit », *Dr. et société* 2011, p. 715 s.
LÉVY-BRUHL H., *Sociologie du droit*, 6e éd., Puf, coll. Que sais-je ?, 1981
LUHMANN N., « Le droit comme système social », *Dr. et Société* 1994, p. 53 s.
LUHMANN N., « La restitution du douzième chameau : du sens d'une analyse sociologique du droit », *Dr. et société* 2001, p. 15 s.
LUKES S., SCULL A., *Durkheim and the Law*, Martin Robertson, 1983
MACAULAY S., « Images of Law in Everiday Life: the Lessons of School, Entertainment and Spectator Sports », *Law and Society Review* 1987, p. 185 s.
MADER L., *L'évaluation législative – Pour une analyse empirique des effets de la législation*, Payot (Lausanne), coll. Juridique romande, 1985
MAHÉ A., « Durkheim, De la division du travail social », in CAYLA O., HALPÉRIN J.-L., dir., *Dictionnaire des grandes œuvres juridiques*, Dalloz, 2008, p. 147 s.
MASPÉTIOL R., *La société politique et le droit*, Montchrestien, 1957
MAUNIER R., dir., *Études de sociologie et d'ethnologie juridiques*, Paris, 1931
MAUSS M., *Sociologie et anthropologie*, Puf, 1973

MELOT R., PÉLISSE J., « Prendre la mesure du droit : enjeux de l'observation statistique pour la sociologie juridique », *Dr. et société* 2008

MEMMI D., « Demande de droit ou vide juridique – Les juristes aux prises avec la construction de leur propre légitimité », in CURAPP, *Les usages sociaux du droit*, PUF, 1989, p. 13 s.

MILLARD É., « Hauriou et la théorie de l'institution », *Dr. et société* 1995, p. 390 s.

MINCKE Ch., « Effets, effectivité, efficience et efficacité du droit : le pôle réaliste de la validité », *RIEJ* 1998, n° 40

MORET-BAILLY J., « La théorie pluraliste de Romano à l'épreuve des déontologies », *Droits* 2000, n° 32, p. 171 s.

NADER L., *Law in Culture and Society*, University of Califomia Press (Berkeley), 1997

NADER L., « The Recurring Dialectic Between Legality and its Alternatives », *University of Pensylvania Law Review* 1984, p. 621 s.

NIORT J.-F., « Carbonnier, Flexible droit », in CAYLA O., HALPÉRIN J.-L., dir., *Dictionnaire des grandes œuvres juridiques*, Dalloz, 2008, p. 77 s.

NOREAU P., « L'innovation sociale et le droit – Est-ce bien compatible ? », in Association franco-canadienne pour l'avancement des sciences, dir., *Le développement social au rythme de l'innovation*, Presses de l'Université du Québec, 2004, p. 73 s.

OLIVECRONA K., *Law as Fact*, 2e éd., Stevens & Sons (Londres), 1971

OTIS Gh., dir., *Méthodologie du pluralisme juridique*, Karthala, 2012

PARETO V., *Traité de sociologie générale*, Droz (Genève), 1917

PARSONS T., *Essays in Sociological Theory Pure and Applied*, Free Press, 1957

PASSERON J.-C., *Le raisonnement sociologique – L'espace non poppérien du raisonnement naturel*, Nathan, 1991

PERROUTY P.-A., *Obéir et désobéir : le citoyen face à la loi*, Éditions de l'Université de Bruxelles, coll. Philosophie politique et juridique, 2000

PIGNARRE G., « L'effet pervers des lois », *RRJ* 1994, p. 1108 s.

PODGERFCKI A., *Law and Society*, Routledge and Kegan (Londres), 1974

POSNER E., *Law and Social Norms*, Cambridge University Press, 2000

POSNER E., *The Perils of Global Legalism*, University of Chicago Press, 2009

RAISER Th., « La relation entre la sociologie du droit et les sciences juridiques », *Dr. et société* 1989, p. 121 s.

RANGEON F., « Réflexions sur l'effectivité du droit », in CURAPP, *Les usages sociaux du droit*, Puf, 1989, p. 125 s.

RAYNAUD Ph., « Weber, Économie et société », in CAYLA O., HALPÉRIN J.-L., dir., *Dictionnaire des grandes œuvres juridiques*, Dalloz, 2008, p. 595 s.

ROCHER G., *Études de la sociologie du droit et de l'éthique*, Thémis (Montréal), 1996

ROCHER G., « Pour une sociologie des ordres juridiques », *Les Cahiers du droit* 1998, n° 29, p. 91 s.

ROTTLEUTHNER H., « Le concept sociologique de droit », *RIEJ* 1992, n° 29, p. 67 s.

ROUVIER C., *Sociologie politique*, 4e éd., Litec, coll. Objectif droit, 2006

SALEILLES R., « Rapports de la sociologie avec le droit », *Revue internationale de sociologie* 1904, p. 229 s.

SALUDEN M., « La jurisprudence, phénomène sociologique », *Arch. phil. droit* 1985, p. 191 s.

SAVATIER R., « Les creux du droit positif au rythme des métamorphoses d'une civilisation », in PERELMAN Ch., dir., *Le problème des lacunes en droit*, Bruylant (Bruxelles), 1968, p. 533 s.

SAVERIO NISIO F., *Jean Carbonnier – Regards sur le droit et le non-droit*, Dalloz, coll. L'esprit du droit, 2005

SCHLUCHTER W., « La sociologie du droit comme théorie de la validité », in HEURTIN J.-P., MOLFESSIS N., dir., *La sociologie du droit de Max Weber*, Dalloz, coll. L'esprit du droit, 2006, p. 3 s.

SCHMITZ J., *La théorie de l'institution du doyen Maurice Hauriou*, L'Harmattan, coll. Logiques juridiques, 2013

SERVERIN É., *Sociologie du droit*, La découverte, coll. Repères, 2000

SERVERIN É., « Agir selon des règles dans la sociologie de Max Weber », in BERTHOUD A., SERVERIN É., *La production des normes entre État et société civile – Les figures de l'institution et de la norme entre État et sociétés civiles*, L'Harmattan, 2000, p. 209 s.

SERVERIN É., « Quels faits sociaux pour une science empirique du droit ? », *Dr. et société* 2002, p. 59 s.
SINTOMER Y., « Habermas et la sociologie du droit », in HEURTIN J.-P., MOLFESSIS N., dir., *La sociologie du droit de Max Weber*, Dalloz, coll. L'esprit du droit, 2006, p. 61 s.
SMITH A., *Le gouvernement de l'Union européenne : une sociologie politique*, 2e éd., LGDJ, 2010
TAMANAHA B. Z., *Realistic Socio-Legal Theory: Pragmatism and a Social Theory of Law*, Clarendon Press (Oxford), 1997
TAMANAHA B. Z., « The Folly of the "Social Scientific" Concept of Legal Pluralism », *Journal of Law and Society* 1993, p. 191 s.
TAMANAHA B. Z., « An Analytical Map of Social Scientific Approaches to the Concept of Law », *Oxford Journal of Legal Studies* 1995, p. 501 s.
TAMANAHA B. Z., « A Non-Essentialist Version of Legal Pluralism », *Journal of Law and Society* 2000, p. 295 s.
TERRÉ F., « La sociologia giuridica in Francia », in TREVES R., dir., *La Sociologia del diritto*, Edizioni di Comunità (Milan), coll. Diritto et cultura moderna, 1966, p. 305 s.
TERRÉ F., « Sociologie du droit et sociologie de l'art », *Arch. phil. droit* 1996, p. 241 s.
TEUBNER G., « Les multiples aliénations du droit : sur la plus-value sociale du douzième chameau », *Dr. et société* 2001, p. 75 s.
TOMASIC R., *The Sociology of Law*, Sage publications (Londres), 1985
TOURET D., *Introduction à la sociologie et à la philosophie du droit : la bio-logique du droit*, Litec, 1995
TREVES R., dir., *La Sociologia del diritto*, Edizioni di Comunità, Diritto et cultura moderna (Milan), 1966
TREVES R., « Hans Kelsen et la sociologie du droit », *Dr. et société* 1985, p. 15 s.
TWINNING W., *Karl Llewellyn and the Realist Movement*, Weidenfeld and Nicolson (Londres), 1973
TYLER T., *Why People Obey the Law*, Yale University Press (New Haven), 1990
UNGER R. M., *Law in Modern Society*, The Free Press (New York), 1976
VACHON R., « L'étude du pluralisme juridique – Une approche diatopique et dialogale », *Journal of Legal Pluralism and Unofficial Law* 1990, p. 163 s.
VAN HOUTTE J., « La sociologie du droit ou les limites d'une science », *Dr. et société* 1986, p. 217 s.
VON JHERING R., *La lutte pour le droit* (1872), trad. O. de Meulenaere, Dalloz, 2006
WEBER M., *Économie et société*, trad. J. Freund, Plon, 1971
WEBER M., *L'éthique protestante et l'esprit du capitalisme*, Pocket, coll. Agora, 1994
WEBER M., *Le savant et le politique*, 10/18, coll. Bibliothèques, 2002
WEBER M., *Sociologie du droit*, trad. J. Grosclaude, Puf, coll. Quadrige grands textes, 2007

Chapitre 7

L'anthropologie du droit

La proximité entre l'anthropologie du droit et la sociologie du droit

Le caractère autrement confidentiel de l'anthropologie du droit par rapport à la sociologie du droit justifie de l'envisager au travers de développements plus succincts. On note que « l'anthropologie juridique prend place peu à peu dans le paysage universitaire »[1], et des publications récentes tendent à confirmer cela[2] ; mais elle demeure encore loin d'être aussi connue (et reconnue) que la sociologie du droit et d'être dotée de moyens équivalents à ceux qui sont alloués à cette dernière.

Le terme « anthropologie », au premier abord, peut se comprendre comme désignant « un discours sur l'homme conçu dans sa plus grande généralité »[3], le préfixe « anthropo- » permettant de signaler ce qui se rapporte à l' « être humain ». La sociologie serait donc l'étude de la société et l'anthropologie celle de l'homme. Mais, en réalité, les anthropologues — du moins lorsqu'ils se font anthropologues du droit — étudient plus des hommes formant groupe, *i.e.* des sociétés, que des hommes individualisés[4]. Ils soulignent, en exergue de leurs ouvrages, que « malheur à l'homme seul »[5]. Partant, anthropologie du droit et sociologie du droit ne peuvent que se rejoindre en de nombreux points et présenter diverses caractéristiques communes.

On définit l'anthropologie comme la « science de l'interconnaissance », c'est-à-dire « des rapports entre gens qui se connaissent par la famille ou par le voisinage »[6], et on précise que, parmi les

[1] R. JACOB, « Symbolique du droit et de la justice », in D. ALLAND, S. RIALS, dir., *Dictionnaire de la culture juridique*, Lamy-Puf, coll. Quadrige-dicos poche, 2003, p. 1459.

[2] Notamment, E. RUDE-ANTOINE, G. CHRÉTIEN-VERNICOS, dir., *Anthropologies et droits – État des savoirs et orientations contemporaines*, Dalloz, 2009 ; N. ROULAND, *L'anthropologie juridique*, Puf, coll. Que sais-je ?, 1995 ; J. VANDERLINDEN, *Anthropologie juridique*, Dalloz, 1996 ; R. SACCO, *Anthropologie juridique – Apport à une macro-histoire du droit*, Dalloz, coll. L'esprit du droit, 2008.

[3] N. ROULAND, « Anthropologie juridique », in D. ALLAND, S. RIALS, dir., *Dictionnaire de la culture juridique*, Lamy-Puf, coll. Quadrige-dicos poche, 2003, p. 65.

[4] Par exemple, L. ASSIER-ANDRIEU, *Le droit dans les sociétés humaines*, Nathan, 1996.

[5] N. ROULAND, *L'anthropologie juridique*, Puf, coll. Que sais-je ?, 1995, p. 3.

[6] H. LE BRAS, E. TODD, *L'invention de la France – Atlas anthropologique et politique*, Gallimard, coll. Nrf essais, 2012.

sciences humaines, elle est celle qui « reste au plus proche de la vie réelle »[1]. L'anthropologue « étudie les relations sociales dans un milieu donné et essaye de situer cette observation dans son contexte »[2]. La différence entre sociologie et anthropologie est donc fine — plus fine que ne le laisse entendre l'étymologie — mais néanmoins réelle.

Et il conviendrait d'également séparer l'anthropologie et l'ethnologie, cette dernière étant l' « étude de l'homme dans une région, une ethnie ou un groupe social », visant « la description des institutions d'une ethnie »[3], alors que l'anthropologie serait l' « étude de l'homme à l'échelle de l'espèce humaine »[4]. Cependant, cette distinction entre ethno- et anthropologie ne se retrouve pas chez les scientifiques anglo-saxons[5], tandis que, en France, on utilise souvent les deux termes alternativement et sans distinction. Dans tous les cas, l'ethnologie juridique n'existant que de manière extrêmement confidentielle[6], il ne sera ici question que de l'anthropologie juridique, celle-ci n'étant pas conçue comme étude de l'homme en tant qu'homme mais comme étude de l'homme en tant que membre d'un groupe social.

Par ailleurs, il faut préciser dès à présent que, comme la sociologie du droit peut être appelée « sociologie du droit » plus légitimement que « sociologie juridique », l'anthropologie du droit devrait être appelée « anthropologie du droit » bien plutôt que « anthropologie juridique », car son objet est le droit mais elle n'est pas en soi juridique, pas en soi du droit. Elle est une science du droit mais pas une science juridique. Toutefois, la dénomination « anthropologie juridique » est d'usage très courant quand la dénomination « anthropologie du droit » est rarement usitée. Il n'est évidemment pas lieu de considérer que l'anthropologie juridique serait différente de l'anthropologie du droit. Il s'agit d'une seule et même discipline qui s'inscrit parmi les branches de la recherche juridique.

[1] *Ibid.*

[2] M. AUGÉ, *L'anthropologue et le monde global*, Armand Colin, 2013.

[3] M. ALLIOT, « Propos introductifs », *Cahiers d'anthropologie du droit* 2006, n° HS « Juridicités », p. 21.

[4] J. CLÉMENT, S. HOUDART, « L'ethnologie va vous surprendre », La tête au carré, France inter, 26 juin 2013.

[5] Par exemple, L. J. POSPISIL, *Anthropology of Law*, 2e éd., Human Relations Area Files Press (New Haven), 1974 ; L. J. POSPISIL, *The Ethnology of Law*, Human Relations Area Files Press (New Haven), 1985.

[6] R. LAFARGUE, G. NICOLAU, G. PIGNARRE, *Ethnologie juridique – Autour de trois exercices*, Dalloz, coll. Méthodes du droit, 2007 ; R. MAUNIER, dir., *Études de sociologie et d'ethnologie juridiques*, Domat-Montchrestien, 1931.

Les cultures juridiques marginales et archaïques, objet premier de l'anthropologie du droit

L'ambition de Claude Lévi-Strauss était de « faire avancer la connaissance de l'homme dans sa totalité à travers la multitude de ses manifestations »[1]. Nul doute que le droit est l'une desdites manifestations et que l'anthropologie du droit, par conséquent, possède *a priori* toute sa place au sein du champ des connaissances relatives aux phénomènes juridiques. Si l'anthropologie est « la recherche des lois universelles de fonctionnement des sociétés humaines »[2], le recours à la régulation juridique peut être l'une d'entre elles. Plus simplement, dès lors que l'anthropologie s'intéresse à la culture et que celle-ci est « ce tout complexe qui comprend la connaissance, la croyance, l'art, la morale, le droit, la coutume et toutes les autres facultés et habitudes acquises par l'homme en tant que membre de la société »[3], il paraît indubitable qu'une branche de l'anthropologie soit l'anthropologie du droit. Étudiant les cultures juridiques, l'anthropologie juridique se rapproche du comparatisme juridique. Néanmoins, l'une et l'autre disciplines n'envisagent pas les mêmes cultures juridiques : la première s'intéresse aux cultures marginales et archaïques ; la seconde s'intéresse aux cultures dominantes et modernes — qui peut-être seules sont véritablement juridiques du point de vue d'un théoricien du droit rigoureux —.

L'anthropologie du droit est une branche de l'anthropologie générale[4] — comme un hypothétique « droit de l'anthropologie » serait une branche du droit et non une branche de l'anthropologie —. Cette discipline a pour objet « la connaissance de la juridicité, de la pensée et de l'activité juridique dans les diverses formes de civilisations et de traditions culturelles »[5]. Elle est ainsi la discipline qui étudie les droits des sociétés qui n'ont pas un système juridique semblable à celui que connaissent, à l'ère moderne, les sociétés occidentales[6]. Elle cherche à décrire la structure et les spécificités de ces systèmes, non d'un point de vue strictement juridique, mais d'un point de vue social, culturel et symbolique. Ce n'est que le droit en ce qu'il est

[1] C. LÉVI-STRAUSS, *Anthropologie structurale* (1958), Plon, 1995, p. 413 (cité par Ch. EBERHARD, « Penser le pluralisme juridique de manière pluraliste – Défi pour une théorie interculturelle du droit », *Cahiers d'anthropologie du droit* 2003, n° 2, p. 6).

[2] N. ROULAND, « Anthropologie juridique », in D. ALLAND, S. RIALS, dir., *Dictionnaire de la culture juridique*, Lamy-Puf, coll. Quadrige-dicos poche, 2003, p. 65.

[3] E. B. TYLOR, *Primitive Culture*, 1871 (cité par L. ASSIER-ANDRIEU, « Coutumes et usages », in D. ALLAND, S. RIALS, dir., *Dictionnaire de la culture juridique*, Lamy-Puf, coll. Quadrige-dicos poche, 2003, p. 321).

[4] En ce sens, M. ALLIOT, « Propos introductifs », *Cahiers d'anthropologie du droit* 2006, n° HS « Juridicités », p. 21.

[5] J.-L. BERGEL, *Théorie générale du droit*, 5e éd., Dalloz, coll. Méthodes du droit, 2012, p. 4 ; également, P. BONTE, M. IZARD, « Juridique (anthropologie) », in *Dictionnaire de l'ethnologie et de l'anthropologie*, Puf, coll. Quadrige, 1991.

[6] É. MILLARD, *Théorie générale du droit*, Dalloz, coll. Connaissance du droit, 2006, p. 54.

« noué à l'histoire des sociétés, à leurs caractères distinctifs et à la vie concrète de leurs membres »[1] qui lui importe. Contrairement à ce que font les juristes, il s'agit ici de « penser le droit à partir de la société, et non pas le droit à partir du droit, voire la société à partir du droit »[2].

Le souci des anthropologues du droit est de « comprendre et de décrire les sociétés humaines de la planète et d'en définir la part juridique »[3]. Ils voient donc dans le droit une dimension explicative de l'ensemble des phénomènes sociaux et culturels. Aussi ne définissent-ils pas *a priori*, théoriquement et abstraitement, de grands principes immuables et uniformes sur lesquels reposerait le droit ; ils procèdent, par une démarche empirique, à la constatation des « amplitudes différentes du droit dans la vie sociale suivant les temps et les lieux »[4].

Évidemment, il est indispensable, pour qu'une anthropologie du droit puisse exister, de s'accorder au préalable sur le fait que tout système normatif ou institutionnel serait un système juridique et sur le fait que les systèmes normatifs ou institutionnels occidentaux, reposant sur l'État, ne mériteraient pas seuls le nom de « droit ». Partant, l'anthropologie juridique constitue nécessairement un objet-droit très différent de l'objet-droit défini par la plupart des juristes, qui amène à interroger la loi du Parlement et la jurisprudence des tribunaux.

Les origines lointaines mais le développement récent de l'anthropologie du droit

Savigny, au début du XIXe s., défendait la vision d'un droit qui serait fondé sur l'histoire particulière de chaque peuple[5] ; son « École historique du droit », plaçant la coutume au centre de ses préoccupations, est certainement une première trace d'anthropologie juridique, quoique cette appellation ne soit jamais employée dans les écrits de l'époque. Le professeur Norbert Rouland — qui est peut-être l'auteur ayant le plus contribué au développement de l'anthropologie du droit en France, ce qui n'empêche pas le succès de cette dernière de demeurer très inférieur à celui de la sociologie

[1] L. Assier-Andrieu, « Coutumes et usages », in D. Alland, S. Rials, dir., *Dictionnaire de la culture juridique*, Lamy-Puf, coll. Quadrige-dicos poche, 2003, p. 317.
[2] É. Le Roy, *Le jeu des lois – Une anthropologie dynamique du Droit*, LGDJ, coll. Droit et société, 1999, p. 177.
[3] L. Assier-Andrieu, « Coutumes et usages », in D. Alland, S. Rials, dir., *Dictionnaire de la culture juridique*, Lamy-Puf, coll. Quadrige-dicos poche, 2003, p. 317.
[4] N. Rouland, « Anthropologie juridique », in D. Alland, S. Rials, dir., *Dictionnaire de la culture juridique*, Lamy-Puf, coll. Quadrige-dicos poche, 2003, p. 65.
[5] F. C. von Savigny, *Traité de la possession*, 1803 ; F. C. von Savigny, *Du droit de succession*, 1822.

du droit — enseigne que cette discipline est apparue dans les années 1860[1], spécialement en raison de la publication d'*Ancient Law*, ouvrage du juriste-anthropologue britannique Henry Summer-Maine[2]. Ce dernier comparait l'histoire du droit indien à celle des droits européens et en tirait des leçons d'ordre général quant à l'évolution du phénomène juridique. Par la suite, à l'instar de la sociologie du droit, la matière a été dominée par les auteurs allemands, tandis que, en France, elle est demeurée pour ainsi dire inconnue. Nulle référence à quelque anthropologie juridique ne se retrouve, par exemple, dans les œuvres de Duguit et Hauriou, pourtant proches sur nombre d'aspects de la sociologie du droit.

Après la Première Guerre mondiale, ce sont les auteurs anglo-saxons qui ont entendu faire prospérer l'anthropologie du droit et, notamment, Malinowski, Bohannan et Pospisil sont souvent cités parmi les principaux contributeurs à l'affirmation de cette discipline nouvelle. Le professeur Norbert Rouland observe que « le développement de l'anthropologie juridique dans un pays donné suppose deux conditions : l'existence d'un terrain permettant des investigations (en général fourni par la colonisation [...]) ; l'existence d'une École de juristes intéressés par ces problèmes »[3]. À l'évidence, cette seconde condition n'a longtemps pas été satisfaite en France ; et peut-être ne l'est-elle pas encore aujourd'hui tant il se trouve peu d'anthropologues du droit, spécialement en comparaison du nombre de sociologues du droit. Toutefois — et logiquement —, l'anthropologie du droit nécessite avant tout que des anthropologues, plutôt que des juristes, se penchent sur la question du droit. Mais, que ce soit sous l'impulsion des juristes ou sous l'impulsion des anthropologues, l'anthropologie juridique n'a longtemps pas trouvé droit de cité au sein du champ français des savoirs relatifs au droit. Alors qu'elle possède, dans certains pays, un passé relativement ancien, et bien que le Laboratoire d'anthropologie juridique de Paris a été fondé par Michel Alliot en 1963, il semble qu'elle n'existe réellement en France que depuis les années 1980-1990[4], spécialement grâce à l'impulsion donnée par le professeur Norbert Rouland qui a, durant cette

[1] N. ROULAND, « Anthropologie juridique », in D. ALLAND, S. RIALS, dir., *Dictionnaire de la culture juridique*, Lamy-Puf, coll. Quadrige-dicos poche, 2003, p. 64.

[2] H. SUMMER-MAINE, *Ancient Law – Its Connection with the Early History of Society, and Its Relation to Modern Ideas*, John Murray (Londres), 1861.

[3] N. ROULAND, « Anthropologie juridique », in D. ALLAND, S. RIALS, dir., *Dictionnaire de la culture juridique*, Lamy-Puf, coll. Quadrige-dicos poche, 2003, p. 64.

[4] Par exemple, N. ROULAND, *Anthropologie juridique*, Puf, coll. Droit fondamental, 1988 ; *Dr. et société* 1987, n° 5, « Questions d'anthropologie » ; N. ROULAND, « Anthropologie juridique : l'aube des synthèses », *Droits* 1993, n° 16, p. 141 s. Il est néanmoins possible de relever quelques tentatives antérieures d'érection d'une anthropologie juridique : par exemple, R. MAUNIER, dir., *Études de sociologie et d'ethnologie juridiques*, Domat-Montchrestien, 1931.

période, publié biannuellement une « chronique d'anthropologie juridique » au sein de la revue *Droits*.

La multiplicité des phénomènes juridiques étudiés par les anthropologues du droit

Les anthropologues du droit jettent leur dévolu sur les sociétés « traditionnelles », « archaïques », « exotiques » ou, du moins, non occidentales[1], parmi lesquelles ce qu'ils appellent « droit », loin des règles et institutions contraignantes d'un État, se conçoit comme une sorte de paix, de concorde ou d'équilibre à gagner par la conciliation et la réconciliation[2]. Là où les juristes s'attachent à leur propre droit, qui est généralement un droit d'essence étatique, les anthropologues s'enquièrent des « droits des minorités et des peuples autochtones »[3]. Ils se penchent également sur les droits produits, au sein des États occidentaux, par certaines communautés ou minorités particulières[4].

En outre, ils cherchent à observer et analyser les phénomènes dits d' « acculturation juridique ». Celle-ci, qui peut être volontaire ou subie, notamment en période de colonisation, se traduit par la soumission de certains individus, concomitamment, à plusieurs ordres juridiques et, plus profondément, à plusieurs cultures juridiques[5]. Où se confirme combien, si la sociologie du droit est de la sociologie et non du droit, l'anthropologie du droit est de l'anthropologie et non du droit ; car, en l'occurrence, il s'agit surtout de se concentrer sur les processus par lesquels des ensembles de normes tendent à modifier les comportements et représentations d'un groupe humain en favorisant les contacts et interpénétrations entre cultures et entre sociétés. Le droit — à considérer qu'il s'agisse bien de droit et non d'autres données socio-culturelles ou socio-politiques — est appréhendé comme un moyen et non comme la fin des études en cause.

[1] Par exemple, W. CAPELLER, T. KITAMURA., *Une introduction aux cultures juridiques non-occidentales – Autour de Masaji Chiba*, Bruylant (Bruxelles), 1998.

[2] Par exemple, parmi de nombreux autres, R. LAFARGUE, *La coutume face à son destin – Réflexions sur la coutume judiciaire en Nouvelle-Calédonie et la résilience des ordres juridiques infra-étatiques*, LGDJ, coll. Droit et société, 2010.

[3] S. PIERRÉ-CAPS, J. POUMARÈDE, N. ROULAND, *Droit des minorités et droit des peuples autochtones*, Puf, coll. Droit fondamental, 1996.

[4] Par exemple, D. ENGEL, C. GREENHOUSE, B. YNGVESSON, *Law and Community in Three American Towns*, Comell University Press (Ithaca), 1994.

[5] *Cf.* N. ROULAND, « Acculturation juridique », in D. ALLAND, S. RIALS, dir., *Dictionnaire de la culture juridique*, Lamy-Puf, coll. Quadrige-dicos poche, 2003, p. 4 s. ; M. ALLIOT, « Acculturation juridique », in J. POIRIER, dir., *Ethnologie générale*, Gallimard, 1968, p. 1180 s. ; J. GAUDEMET, « Les transferts de droit », *L'Année sociologique* 1976, n° 27, p. 29 s. ; N. ROULAND, « Les colonisations juridiques de l'Arctique à l'Afrique noire », *Journal of Legal Pluralism* 1990, n° 29, 1990, p. 39 s.

Par ailleurs, initialement cantonnée à l'étude des sociétés traditionnelles, en tant qu'« archéologie culturelle et sociale »[1], l'anthropologie juridique a étendu au cours des derniers temps son champ en direction des sociétés modernes[2]. Le professeur Norbert Rouland peut ainsi noter que « l'anthropologie juridique inclut dans ses objets d'étude les droits des pays occidentaux »[3]. Des anthropologues, à l'image de Bruno Latour, se focalisent sur le droit contemporain occidental, ce qui peut donner lieu à des travaux intéressants à propos du droit, qui permettent de le comprendre et de l'expliquer[4], mais qui ne sont pas des travaux proprement juridiques[5].

Le concept de droit malmené par les anthropologues du droit

Reste que les anthropologues du droit sont peut-être les « champions » du pluralisme juridique[6] et que les phénomènes d'acculturation juridique sont particulièrement dignes d'intérêt pour qui recherche le pluralisme juridique (ou le pluralisme dit « juridique ») puisque, par définition, ils impliquent la coexistence de sources multiples et même antagonistes de « droit ». Le passage d'un système juridique à un autre ne peut faire l'économie d'un temps de pluralisme juridique au cours duquel tous deux coexistent[7]. Mais que les anthropologues du droit présupposent que ces systèmes soient nécessairement juridiques est problématique — quoiqu'en théorie plus qu'en pratique —[8].

Pour les anthropologues du droit, la sphère juridique est dynamique et non statique[9] ; elle doit « admett[re] son caractère culturel, c'est-à-dire relatif et comparable à d'autres dimensions de la culture humaine », et

[1] S. LEBEL-GRENIER, *Pour un pluralisme juridique radical*, th., Université McGill de Montréal, 2002, p. 38.

[2] Par exemple, M. ALLIOT, *Le droit et le service public au miroir de l'anthropologie*, Karthala, 2003 ; Ch. EBERHARD, *Le Droit au miroir des cultures – Pour une autre mondialisation*, LGDJ, coll. Droit et société, 2006 ; N. ROULAND, *Aux confins du droit – Anthropologie juridique de la modernité*, Odile Jacob, 1991.

[3] N. ROULAND, « Anthropologie juridique », in D. ALLAND, S. RIALS, dir., *Dictionnaire de la culture juridique*, Lamy-Puf, coll. Quadrige-dicos poche, 2003, p. 65.

[4] L. DE SUTTER, S. GUTWIRTH, « Droit et cosmopolitique – Notes sur la contribution de Bruno Latour à la pensée du droit », *Dr. et société* 2004, p. 259 s.

[5] Par exemple, B. LATOUR, *La fabrique du droit – Une ethnographie du Conseil d'État*, La découverte, 2002.

[6] Par exemple, parmi beaucoup d'autres, L. CHASSOT, *Essai sur le pluralisme juridique – L'exemple du Vanuatu*, PUAM (Aix-en-Provence), coll. Inter-normes, 2014.

[7] M. B. HOOKER, *Legal Pluralism – An Introduction to Colonial and Neo-Colonial Laws*, Clarendon Press (Oxford), 1975.

[8] *Cf.* B. BARRAUD, *Théories du droit et pluralisme juridique – t. I : Les théories dogmatiques du droit et la fragilité du pluralisme juridique*, PUAM (Aix-en-Provence), coll. Inter-normes, 2016.

[9] É. LE ROY, *Le jeu des lois – Une anthropologie dynamique du Droit*, LGDJ, coll. Droit et société, 1999.

« s'affranch[ir] de son carcan positiviste »[1]. Lesdits anthropologues considèrent que « la juridicité de la condition humaine est aussi universelle que la condition humaine elle-même »[2]. Partant, si dès qu'il y a de l'homme il y a du droit, ce dernier doit-être aussi divers et varié que l'est l'espèce humaine. L'objet étudié par l'anthropologie juridique, ainsi que ses présupposés les plus fondamentaux et sa méthode, la conduisent à consacrer un parfait pluralisme « juridique ».

À l'instar de la sociologie du droit, l'anthropologie juridique interroge le « droit vivant »[3], le droit « tel qu'il émane des rapports concrets entre les hommes, de leurs usages, par-delà les solennités institutionnelles, les prétoires et les volumes reliés où s'expriment le plus visiblement la loi et la jurisprudence »[4]. Et elle critique les penseurs du droit selon lesquels, à côté du droit, il se trouverait du « non-droit », du « sous-droit » ou du « droit officieux » opposé au « droit officiel » ; pour elle, tout est « Droit »[5]. Les théoriciens du droit attachés à son autonomie ontologique s'élèveront à n'en pas douter contre l'emploi de pareille majuscule de la part des anthropologues du droit. L'un de ces derniers explique qu'il préfère utiliser le terme « juristique » en lieu et place de « droit » car ce dernier serait « devenu ambigu »[6] ; mais il est très incertain que « juristique » soit moins abscons que « droit », tandis qu'il est contestable que les deux termes puissent désigner strictement le même objet.

La tendance au panjuridisme et à l'extrajuridisme des anthropologues du droit n'a sans doute d'égale que celle des sociologues du droit. À tout le moins est-il possible d'écrire que, « comme pour la sociologie du droit, le fait que l'anthropologie juridique traite scientifiquement du droit se discute »[7]. La question de la définition du droit et de l'autonomie du droit au sein du social qui en résulte pose à l'évidence problème sous l'angle de la pertinence juridique *stricto sensu* de l'anthropologie et de la sociologie du droit.

Une autre branche de la recherche juridique, cette fois très différente de toutes les branches jusqu'à présent envisagées, consiste en l'analyse économique du droit.

[1] L. ASSIER-ANDRIEU, « Coutumes et usages », in D. ALLAND, S. RIALS, dir., *Dictionnaire de la culture juridique*, Lamy-Puf, coll. Quadrige-dicos poche, 2003, p. 317.
[2] *Ibid.*, p. 321.
[3] L. NADER, *The Life of the Law – Anthropological Projects*, University of California Press (Oakland), 2002.
[4] L. ASSIER-ANDRIEU, « Coutumes et usages », in D. ALLAND, S. RIALS, dir., *Dictionnaire de la culture juridique*, Lamy-Puf, coll. Quadrige-dicos poche, 2003, p. 317.
[5] J. VANDERLINDEN, « Vers une nouvelle conception du pluralisme juridique », *RRJ* 1993, p. 574.
[6] M. ALLIOT, « Anthropologie et juristique – Sur les conditions de l'élaboration d'une science du droit », *Bulletin de liaison du LAJP* 1983, n° 6, p. 83 s.
[7] É. MILLARD, *Théorie générale du droit*, Dalloz, coll. Connaissance du droit, 2006, p. 54.

Orientations et illustrations bibliographiques

ABÉLÈS M., *Anthropologie de l'État*, Armand Colin, 1990

ALLIOT M., *Le droit et le service public au miroir de l'anthropologie*, Karthala, 2003

ALLIOT M., « Acculturation juridique », in POIRIER J., dir., *Ethnologie générale*, Gallimard, 1968, p. 1180 s.

ALLIOT M., « Les transferts de droit ou la double illusion », *Bulletin de liaison du LAJP* 1983, n° 5, p. 125 s.

ALLIOT M., « Anthropologie et juristique – Sur les conditions de l'élaboration d'une science du droit », *Bulletin de liaison du LAJP* 1983, n° 6, p. 83 s.

ALLIOT M., « La coutume dans les droits originellement africains », *Bulletin de liaison du LAJP* 1985, n° 7-8, p. 79 s.

ALLIOT M., « Propos introductifs », *Cahiers d'anthropologie du droit* 2006, n° HS « Juridicités », p. 15 s.

ARNAUD A.-J., « Du lien tribal dans le village planétaire », in *La quête anthropologique du droit – Autour de la démarche d'Etienne Le Roy*, Karthala, 2006, p. 27 s.

ASSIER-ANDRIEU L., *Le droit dans les sociétés humaines*, Nathan, 1996

ASSIER-ANDRIEU L., « Réflexions sur le droit du "social" », *Cités* 2000

ASSIER-ANDRIEU L., « Coutumes et usages », in ALLAND D., RIALS S., dir., *Dictionnaire de la culture juridique*, Lamy-Puf, coll. Quadrige-dicos poche, 2003, p. 317 s.

AUGÉ M., *L'anthropologue et le monde global*, Armand Colin, 2013

BALANDIER G., *Anthropologie politique*, 4e éd., Puf, 1984

BELLIER I., « Point de vue anthropologique », in AGUILA Y. et *alii*, *Quelles perspectives pour la recherche juridique ?*, Puf, coll. Droit et justice, 2007, p. 121 s.

BOËTSCH G., FERRIÉ J.-N., dir., *Droit et société dans le monde arabe – Perspectives socio-anthropologiques*, PUAM (Aix-en-Provence), 1997

BOHANNAN P., *Justice and Judgment among the Tiv*, Oxford University Press, 1957

BONTE P., IZARD M., *Dictionnaire de l'ethnologie et de l'anthropologie*, Puf, coll. Quadrige, 2010

BONTE P., IZARD M., « Juridique (anthropologie) », in BONTE P., IZARD M., dir., *Dictionnaire de l'ethnologie et de l'anthropologie*, Puf, coll. Quaridge, 2010

BURMAN S., SCHÄRF W., « Creating People's Justice: Street Committees and People's Courts in a South African City », *Law and Society Review* 1990, p. 693 s.

CAPELLER W., KITAMURA T., *Une introduction aux cultures juridiques non occidentales : autour de Masaji Chiba*, Bruylant (Bruxelles), 1998

CHASSOT L., *Essai sur le pluralisme juridique – L'exemple du Vanuatu*, PUAM (Aix-en-Provence), coll. Inter-normes, 2014

CHRÉTIEN-VERNICOS G., RUDE-ANTOINE E., dir., *Anthropologies et droits, état des savoirs et orientations contemporaines*, Dalloz, 2009

CLASTRES P., *La société contre l'État* (1974), Minuit, coll. Reprise, 2011

COMMAILLE J., « Nouvelles économies de la légalité, nouvelles formes de justice, nouveau régime de connaissance – L'anthropologie du droit avait-elle raison ? », in *La quête anthropologique du droit – Autour de la démarche d'Étienne Le Roy*, Karthala, 2006, p. 351 s.

CORIAT J.-P., « Tropiques juridiques », in ALLAND D., RIALS S., dir., *Dictionnaire de la culture juridique*, Lamy-Puf, coll. Quadrige dicos poche, 2003

DE SOUSA SANTOS B., « The Law of the Oppressed: the Construction and Reproduction of Legality in Pasargada », *Law and Society Review* 1977, n° 12

DE SUTTER L., GUTWIRTH S., « Droit et cosmopolitique – Notes sur la contribution de Bruno Latour à la pensée du droit », *Dr. et société* 2004, p. 259 s.

Droit et société 1987/5, « Questions d'anthropologie »

EBERHARD Ch., « L'impact méthodologique de l'analyse plurale dans l'étude anthropologique des cultures juridiques », in *Méthodologie du pluralisme juridique*, Karthala, 2012, p. 53 s.

EBERHARD Ch., « Prérequis épistémologiques pour une approche interculturelle du Droit – Le défi de l'altérité », *Droit et cultures* 2002, n° 46, p. 9 s.

EBERHARD Ch., « Penser le pluralisme juridique de manière pluraliste – Défi pour une théorie interculturelle du droit », *Cahiers d'anthropologie du droit* 2003, n° 2

EBERHARD Ch., NDONGO A. S., « Relire Amadou Hampâté Bâ pour une approche africaine du Droit – Images réfléchies de la "pyramide" et du "réseau" », *RIEJ* 2001, n° 47, p. 1 s.
EBERHARD Ch., VERNICOS G., dir., *La quête anthropologique du droit : autour de la démarche d'Étienne Le Roy*, Karthala, 2006
ENGEL D., GREENHOUSE C., YNGVESSON B., *Law and Community in Three American Towns*, Comell University Press, 1994
ESPINAS A., *Des sociétés animales*, 2e éd., Germer Baillère, 1878
EWICK P., SILBEY S. S., *The Common Place of Law: Stories from Everyday Life*, University of Chicago Press, 1998
GALANTER M., « Justice in Many Rooms: Courts, Private Ordering, and Indigenous Law », *Journal of Legal Pluralism* 1981, n° 19, p. 1 s.
GLUCKMAN M., *The Judicial Process among the Barotse of Northern Rhodesia*, Manchester University Press, 1955
GLUCKMAN M., *Custom and Conflict in Africa*, The Free Press (New York), 1955
GRAMMOND S., « La réception des systèmes juridiques autochtones du Canada », in BRETON A., DES ORMEAUX A., PISTOR K., SALMON P., dir., *Le multijuridisme – Manifestations, causes et conséquences*, Eska, 2010, p. 55 s.
GREENHOUSE C., « Nature is to Culture as Praying is to Suing: Legal Pluralism in an American Suburb », *Journal of Legal Pluralism* 1982, n° 20, p. 17 s.
GRIFFITHS J., « Four Laws of Interaction in Circumstances of Legal Pluralism: First Steps Toward an Explanatory Theory », ALLOTT A., WOODMAN G. R., dir., *People's Law and State Law*, The Belagio Papers (Dordrecht), 1985, p. 217 s.
HOEBEL E. A., LLEWELLYN K. N., *La voie cheyenne – Conflit et jurisprudence dans la science primitive du droit*, (1941), trad. L. Assier-Andrieu, Bruylant-LGDJ (Bruxelles-Paris), 1999
HOGBIN H. I., dir., *Law and Order in Polynesia – A Study of Primitive Legal Institutions*, Londres, 1934
HOOKER M. B., *Legal Pluralism – An Introduction to Colonial and Neo-Colonial Laws*, Clarendon Press (Oxford), 1975
KAHN P. W., *The Cultural Study of Law: Reconstructing Legal Scholarship*, University of Chicago Press, 1999
KOURILSKY-AUGEVEN Ch., dir., *Socialisation juridique et conscience du droit*, LGDJ, 1997
KOURILSKY-AUGEVEN Ch., « Socialisation juridique », in ALLAND D., RIALS S., dir., *Dictionnaire de la culture juridique*, Lamy-Puf, coll. Quadrige dicos poche, 2003
LAFARGUE R., NICOLAU G., PIGNARRE G., *Ethnologie juridique autour de trois exercices*, Dalloz, coll. Méthodes du droit, 2007
LATOUR B., *Nous n'avons jamais été modernes – Essai d'anthropologie symétrique*, La découverte, 1997
LATOUR B., *La fabrique du droit – Une ethnographie du Conseil d'État*, La découverte, 2002
LEBEL-GRENIER S., *Pour un pluralisme juridique radical*, th., Université McGill de Montréal, 2002
LE ROY É., *La domestication, du Léviathan ou l'envers du droit – Trente ans de pratiques juridiques à l'ombre de l'État en Afrique francophone*, Laboratoire d'Anthropologie Juridique de Paris, 1988
LE ROY É., *Le jeu des lois – Une anthropologie "dynamique" du droit*, LGDJ, coll. Droit et Société, 1999
LE ROY E., *Les africains et l'institution de la justice*, Dalloz, 2004
LE ROY E., « L'hypothèse du multijuridisme dans un contexte de sortie de modernité », in LAJOIE A., MACDONALD R. A., JANDA R., ROCHER G., dir., *Théories et émergence du droit : pluralisme, surdétermination et effectivité*, Bruylant-Thémis (Bruxelles-Montréal), 1998, p. 29 s.
LÉVI-STRAUSS C., *La pensée sauvage*, Plon, 1962
LÉVI-STRAUSS C., *Tristes tropiques*, Plon, 1976
LÉVI-STRAUSS C., *La fonction symbolique : essais d'anthropologie*, Gallimard, 1979
LEVRAT N., dir., *Minorités et organisation de l'État*, Bruylant (Bruxelles),1998
LLEWELLYN K. N., *The Bramble Busch*, OUP USA (New York), 2008
LLEWELLYN K. N., *La voie cheyenne – Conflit et jurisprudence dans la science primitive du droit* (1941), trad. L. Assier-Andrieu, Bruylant-LGDJ (Bruxelles-Paris), 1999

MAHÉ A., « Clastres, La société contre l'État », in CAYLA O., HALPÉRIN J.-L., dir., *Dictionnaire des grandes œuvres juridiques*, Dalloz, 2008, p. 97 s.
MAINE H. S., *Ancient Law*, 1861
MAUNIER R., dir., *Études de sociologie et d'ethnologie juridiques*, Paris, 1931
MAUSS M., *Sociologie et anthropologie*, Puf, 1973
MERRY S. E., *Colonizing Hawai'i, the Cultural Power of Law*, Princeton University Press, 2000
MERRY S. E., « Everyday Understandings of the Law in Working-class America », *American Ethnologist* 1986, p. 253 s.
MERRY S. E., « Legal Pluralism », *Law and Society Review* 1988, p. 869 s.
NADER L., *The Life of the Law – Anthropological Projects*, University of California Press (Berkeley), 2002
NADER L., *Law in Culture and Society*, University of Califomia Press (Berkeley), 1997
POSPISIL L. J., *Anthropology of Law*, 2e éd., Human Relations Area Files (New Haven), 1974
POSPISIL L. J., *The Ethnology of Law*, Human Relations Area Files (New Haven), 1985
POSPISIL L. J., « The Structure of Society and its Multiple Legal Systems », in *Mélanges Max Gluckman*, E. J. Brill (Lieden), 1978, p. 95 s.
POSPISIL L. J., « Le droit comme concept opérationnel fondé empiriquement », *Droit et cultures* 1987, n° 13, p. 5 s.
POUMAREDE J., « Approche historique du droit des minorités et des peuples autochtones », in ROULAND N., dir., *Droit des minorités et des peuples autochtones*, Puf, 1996, p. 35 s.
RANGER T., « The Invention of Tradition in Colonial Africa », in RANGER T., dir., *The Invention of Tradition*, Cambridge University Press, 1983
ROULAND N., *Anthropologie juridique*, Puf, coll. Droit fondamental, 1988
ROULAND N., *Aux confins du droit, anthropologie juridique de la modernité*, Odile Jacob, 1991
ROULAND N., *L'anthropologie juridique*, Puf, coll. Que sais-je ?, 1995
ROULAND N., *Du droit aux passions*, PUAM (Aix-en-Provence), 2005
ROULAND N. et *alii*, *Droit des minorités et droit des peuples autochtones*, Puf, 1996
ROULAND N., « Pluralisme juridique en anthropologie du droit », in ARNAUD A.-J., dir., *Dictionnaire encyclopédique de théorie et de sociologie du droit*, 2e éd., LGDJ, 1993, p. 449 s.
ROULAND N., « Acculturation juridique », in ALLAND D., RIALS S., dir., *Dictionnaire de la culture juridique*, Lamy-Puf, coll. Quadrige dicos poche, 2003
ROULAND N., « Anthropologie juridique », in ALLAND D., RIALS S., dir., *Dictionnaire de la culture juridique*, Lamy-Puf, coll. Quadrige dicos poche, 2003
ROULAND N., « Sociétés traditionnelles », in ALLAND D., RIALS S., dir., *Dictionnaire de la culture juridique*, Lamy-Puf, coll. Quadrige dicos poche, 2003
ROULAND N., « Penser le droit », *Droits* 1989, n° 10, p. 77 s.
ROULAND N., « Les colonisations juridiques », *Journal of Legal Pluralism* 1990, p. 39 s.
ROULAND N., « Anthropologie juridique : l'aube des synthèses », *Droits* 1993, n° 16, p. 141 s.
ROULAND N., « Le pluralisme juridique en anthropologie », *RRJ* 1993, p. 567 s.
ROULAND N., « La tradition juridique française et la diversité culturelle », *Dr. et Société* 1994, p. 380 s.
ROULAND N., « Le droit français devient-il multiculturel ? », *Dr. et société* 2000
SACCO R., *Anthropologie juridique – Apport à une macro-histoire du droit*, Dalloz, coll. L'esprit du droit, 2008
SACCO R., *Le droit africain – Anthropologie et droit positif*, Dalloz, 2009
SARAT A., « Studying American Legal Culture: An Assessment of Survey Evidence », *Law and Society Review* 1977, p. 427 s.
SARAT A., « The "New Formalism" in Disputing and Dispute Processing », *Law and Society Review* 1988, p. 695 s.
SHERWIN R. K., *When Law Goes Pop: The Vanishing Line between Law and Popular Culture*, University of Chicago Press, 2000
SLATTERY B., « Rights, Communities and Tradition », *University of Toronto Law Journal* 1991, p. 447 s.
SNYDER F. G., « Colonialism and Legal Form: The Creation of "Customary Law" in Senegal », *Journal of Legal Pluralism* 1981, n° 19, p. 49 s.
SUMNER-MAINE H., *On Early Law and Custom*, Murray (Londres), 1883

SUMNER-MAINE H., *Ancient Law: Its Connection with the Early History of Society and its Relation to Modern Ideas* (1871), Beacon Press (Boston), 1963

SUMNER-MAINE H., *Popular Government* (1885), Liberty Classics (Indianapolis), 1976

SUPIOT A., *Homo Juridicus – Essai sur la fonction anthropologique du droit*, Le Seuil, coll. La couleur des idées, 2005

VANDERLINDEN J., *Anthropologie Juridique*, Dalloz, 1996

VANDERLINDEN J., *Les pluralismes juridiques*, Bruylant (Bruxelles), 2013

VANDERLINDEN J., « À propos des familles de droit en droit civil comparé », in *Mélanges René Dekkers*, Bruylant (Bruxelles), 1982, p. 359 s.

VANDERLINDEN J., « L'utopie pluraliste – Solution de demain au problème de certaines minorités ? », in LEVRAT N., dir., *Minorités et organisation de l'État*, Bruylant (Bruxelles),1998, p. 665 s.

VERDIER R., « Le droit au singulier et au pluriel : juridicité et cultures juridiques », *Droits* 1990, n° 11, p. 73 s.

WIEACKER F., « Grundlagen der Rechtskultur », in JÖRGENSEN R. et *alii.*, *Tradition and Progress in Modern Legal Cultures*, 1985, p. 176 s.

Chapitre 8

L'analyse économique du droit

Une science du droit jeune et mal établie

L'analyse économique du droit, plus rarement appelée « économie du droit »[1], est peut-être la dernière apparue des quatorze branches de la recherche juridique. Sa place parmi elles n'en est pas moins devenue incontestable[2] et, si le nombre de chercheurs concernés demeure relativement marginal, il l'est chaque jour un peu moins tant de plus en plus de travaux innovants, notamment des thèses de doctorat[3], s'inscrivent dans le cadre particulier de l'analyse économique du droit. On va même jusqu'à considérer qu'il sera bientôt impossible, parmi les facultés de droit, d'échapper à l'analyse économique du droit[4], ce qui est loin d'être certain tant celle-ci demeure, pour l'heure, une « science approximative »[5], tant du point de vue des ses fins que du point de vue de ses moyens. En effet, l'analyse économique du droit tend à se rapprocher de la politique juridique et, s'il est permis de parler de science du droit à son égard, ce n'est qu'avec des réserves et en n'ignorant pas qu'elle peut prendre un tour très politique et très peu scientifique.

L'analyse économique du droit est née aux États-Unis derrière le nom « *Law and Economics* », au cours des années 1960, sous l'impulsion de chercheurs de l'université de Chicago — on parle d'École de Chicago — et,

[1] Par exemple, G. ROYER, *L'efficience en droit pénal économique – Étude de droit positif à la lumière de l'analyse économique du droit*, LGDJ, coll. Droit et économie, 2009 ; G. MAITRE, *La responsabilité civile à l'épreuve de l'analyse économique du droit*, LGDJ, coll. Droit et économie, 2005 ; Th. KIRAT, *Économie du droit*, La découverte, coll. Repères, 2012 ; M. FAURE, A. OGUS, *Économie du droit : le cas français*, Éditions Panthéon-Assas, 2002.

[2] M.-A. FRISON-ROCHE, « La recherche juridique en matière économique », in Y. AGUILA et *alii*, *Quelles perspectives pour la recherche juridique ?*, Puf, coll. Droit et justice, 2007, p. 93 s. ; B. DEFFAINS, « L'économie comme instrument de la recherche juridique », in Y. AGUILA et *alii*, *Quelles perspectives pour la recherche juridique ?*, Puf, coll. Droit et justice, 2007, p. 85 s.

[3] Par exemple, V. VALENTIN, *Les conceptions néolibérales du droit*, Economica, 2002 ; T. SACHS, *La raison économique en droit du travail – Contribution à l'étude des rapports entre le droit et l'économie*, LGDJ, coll. Bibliothèque de droit social, 2013.

[4] H. MUIR WATT, « Les forces de résistance à l'analyse économique du droit dans le droit civil », in B. DEFFAINS, dir., *L'analyse économique du droit dans les pays de droit civil*, Cujas, 2002, p. 37.

[5] A. BERNARD, « Law and Economics : une science idiote ? », *D.* 2008, p. 2806.

plus particulièrement, du juriste Richard Posner[1] et des économistes Ronald Coase[2], George Stigler[3] et Friedrich Hayek[4]. Ces derniers ont souhaité appliquer les instruments usuels de l'analyse économique à des domaines jusqu'alors inexplorés par les économistes tels que les choix constitutionnels, les droits de propriété, les accidents ou les activités illicites[5]. Puis, l'analyse économique du droit a petit à petit été découverte en Europe occidentale, à la fin du XXe s.

Dès le XVIIIe s., des courants de pensée avaient plaidé non pour une compréhension du droit à travers l'économie mais pour une compréhension de l'économie à travers le droit[6]. En témoignent certains travaux d'Adam Smith ou Karl Marx à propos des conséquences économiques des lois[7]. Et, au XIXe s., les facultés de droit ont accueilli des enseignements d'économie politique[8] et Georges Ripert a pu étudier les « aspects juridiques du capitalisme »[9]. Aux États-Unis, à partir des années 1920, l'École du *Legal Realism* (« réalisme juridique ») a pu souligner le besoin que les juristes comprennent le fonctionnement des marchés et de la sphère économique dans son ensemble afin d'opérer, dans le cadre de leurs activités, des choix plus rationnels. Il faut croire, cependant, que cela devrait concerner le personnel politique et les magistrats, chargés d'élaborer le droit, davantage que les juristes, chargés d'appliquer et/ou d'expliquer le droit. Quant au mouvement des *Critical Legal Studies* (« École critique du droit »), successeur du *Legal Realism*, il peut être analysé en tant précurseur de l'analyse économique du droit en ce qu'il considère que l'économie serait la

[1] Notamment, R. A. POSNER, *Economic Analysis of Law*, 5e éd., Aspen Law & Business, 1998. *Cf.* S. HARNAY, A. MARCIANO, *Posner – L'analyse économique du droit*, Michalon, coll. Le bien commun, 2003 ; A. STROWEL, « Utilitarisme et approche économique dans la théorie du droit – Autour de Bentham et de Posner », *Arch. phil. droit* 1992, p. 143 s.

[2] Notamment, R. COASE, « The Problem of Social Cost », *Journal of Law and Economics* 1960, p. 1 s. (cet article est souvent considéré comme l'élément fondateur du mouvement *Law and Economics*) ; R. COASE, *Le coût du droit*, trad. Y.-M. Morissette, Puf, 2000.

[3] Notamment, G. STIGLER, « The Theory of Economic Regulation », *Bell Journal of Economics and Management Science* 1971, n° 2, p. 3 s.

[4] Notamment, F. VON HAYEK, *Droit, législation et liberté* (1973), Puf, 1995. *Cf.* D. DANET, « Le droit économique doit-il être hayékien ? », *RIDE* 1995, p. 407 s.

[5] *Cf.* S. FEREY, *Une histoire de l'analyse économique du droit – Calcul rationnel et interprétation du droit*, Bruylant (Bruxelles), coll. Droit et économie, 2009.

[6] *Cf.* P. VER LOREN VAN THEMAAT, « L'économie à travers le prisme du juriste », *RIDE* 1989, p. 133 s.

[7] *Cf.*, notamment, J.-J. SUEUR, « La "main invisible" ou le droit économique – Retour sur Adam Smith et certaines de ses institutions », *RIDE* 2013, p. 491 s. ; F. ZENATI, « Le droit et l'économie au-delà de Marx », *Arch. phil. droit* 1992, p. 121 s.

[8] L. LE VAN LEMESLE, « La promotion de l'économie politique en France au XIXe s. jusqu'à son introduction dans les facultés (1815-1881) », *Revue d'histoire moderne et contemporaine* 1980, p. 270 s.

[9] G. RIPERT, *Aspects juridiques du capitalisme moderne*, 2e éd., LGDJ, 1951.

seule science valable, si ce n'est la seule science possible[1] ; mais, volontiers anarchiste et contestataire, il s'éloigne assez radicalement de l'analyse économique du droit telle qu'elle est aujourd'hui le plus souvent envisagée.

L'explication du droit par l'économie ou la proposition du droit à l'aune de l'économie

L'analyse économique du droit est une discipline qui se propose d'expliquer la réalité du droit non par le droit lui-même ou par quelques phénomènes sociaux ou politiques mais grâce aux techniques et aux concepts de la science économique[2]. En cela, elle est avant tout une méthode[3]. Il s'agit d'analyser à l'aide des outils de la microéconomie traditionnelle la création et les conditions d'efficacité des règles de droit[4]. Les économistes du droit peuvent, d'une part, observer et expliquer le processus de « production » des règles de droit, ce qui est une attitude scientifique, et, d'autre part, proposer l'édiction de règles de droit qu'ils jugent optimales en termes de résultats économiques, ce qui cette fois n'est pas une démarche scientifique mais une démarche à visée normative[5]. Les rapports annuels « *Doing Business* » sont symptomatiques de cette approche prescriptive, quoiqu'ils n'émanent pas du milieu universitaire[6].

[1] Ch. JAMIN, « Économie et droit », in D. ALLAND, S. RIALS, dir., *Dictionnaire de la culture juridique*, Lamy-Puf, coll. Quadrige-dicos poche, 2003, p. 580.

[2] *Cf.*, notamment, E. MACKAAY, « La règle juridique observée par le prisme de l'économiste – Une histoire stylisée du mouvement de l'analyse économique du droit », *RIDE* 1986, p. 43 s. ; M.-A. FRISON-ROCHE, « Le modèle du marché », *Arch. phil. droit* 1995, p. 285 s.

[3] E. MACKAAY, S. ROUSSEAU, *Analyse économique du droit*, Dalloz, coll. Méthodes du droit, 2008.

[4] Y. GABUTHY, « Analyse économique du droit : présentation générale », *Économie et prévision* 2013, p. 202.

[5] En effet, d'aucuns économistes du droit peuvent considérer que « l'économie du droit semble à même de renforcer le pouvoir explicatif et prédictif des modèles économiques et, ainsi, de permettre aux économistes de participer aux réflexions normatives visant à élaborer des règles juridiques adaptées aux réalités économiques et sociales (en matière de politique de la concurrence, de résolution des litiges, de lutte contre la délinquance économique et financière, etc.). Les analyses développées sont susceptibles d'enrichir l'élaboration des politiques publiques » (Y. GABUTHY, « Analyse économique du droit : présentation générale », *Économie et prévision* 2013, p. 202).

[6] Depuis 2004, la Banque mondiale a pris l'initiative de publier un rapport annuel, « *Doing Business* », à l'occasion duquel elle prétend évaluer les différents systèmes juridiques existant dans le monde à partir d'une description sommaire de l' « environnement juridique » dans lequel les entreprises exercent leurs activités, en fonction de leur aptitude à faciliter la création et le développement d'entreprises. Ces rapports reposent donc sur un étalonnage concernant les diverses réglementations économiques et les procédures et formalités qui encadrent la vie des entreprises. Dans ces classements, destinés à orienter l'action des pouvoirs publics et des investisseurs, les droits de tradition civiliste, le droit français en tête, se trouvent très gravement mis en accusation et fort mal classés. Le droit français était situé au 79e rang par le premier rapport, en 2004. Il est aujourd'hui 34e. *Cf.* B. DU MARAIS, dir., *Des indicateurs pour*

Si elle se veut scientifique, l'analyse économique du droit présente souvent un visage prédictif, subjectif, prescriptif et polémique[1]. Elle peut être rapprochée de la philosophie du droit[2] et les juristes, en France tout du moins, se montrent depuis toujours méfiants devant les méthodes et les savoirs des économistes[3], parlant de « performances scientifiques médiocres, voire inexistantes, du *Law and Economics* »[4]. Et il est entendu que les critiques adressées à la science économique en général visent indirectement mais entièrement l'analyse économique du droit[5]. Cette dernière n'en revêt pas moins une dimension positive lorsqu'elle étudie la manière dont les comportements individuels et collectifs réagissent aux incitations véhiculées par les règles de droit ou lorsqu'elle utilise la théorie économique comme instrument analytique permettant d'expliquer l'émergence de ces règles[6]. Dans tous les cas, le droit devient, aux yeux de l'économiste, un système d'allocation de ressources et de fixation des prix dont il importe de saisir le fonctionnement afin de déterminer les conditions permettant d'atteindre l'efficience globale du système.

mesurer le droit ? Les limites méthodologiques des rapports Doing Business, La documentation française, coll. Perspectives sur la justice, 2006 ; Association Henri Capitant, *Les droits de tradition civiliste en question – À propos des rapports Doing Business de la Banque Mondiale*, Société de législation comparée, 2006 ; J.-F. GAUDREAULT-DESBIENS, « La critique économiste de la tradition romano-germanique », *RTD civ.* 2010, p. 683 s. ; L. USUNIER, « Le rapport *Doing Business* 2012, la concurrence des systèmes juridiques et l'attractivité du droit français des contrats », *RDC* 2012, p. 575 s.

[1] *Cf.* A. BERNARD, « Law and Economics : une science idiote ? », *D.* 2008, p. 2806 s.; J.-F. CALMETTE, « Réflexions sur la valeur de l'analyse économique du droit : le cas du droit public », *RRJ* 2004, p. 905 s.

[2] B. DEFFAINS, S. FEREY, « Théorie du droit et analyse économique », *Droits* 2007, n° 45, p. 228.

[3] P. DEUMIER, *Introduction générale au droit*, 2e éd., LGDJ, coll. Manuel, 2013, p. 45 ; Ch. JAMIN, « Économie et droit », in D. ALLAND, S. RIALS, dir., *Dictionnaire de la culture juridique*, Lamy-Puf, coll. Quadrige-dicos poche, 2003, p. 578.

[4] A. BERNARD, « Law and Economics : une science idiote ? », *D.* 2008, p. 2806.

[5] Par exemple, E. MALINVAUD, « Pourquoi les économistes ne font pas de découvertes ? », *Revue d'économie politique* 1996, n° 106. L'article dresse un bilan sans complaisance de l'état épistémologique de l'économie et remet en question, notamment, les excès de la mathématisation qui dissimulerait la minceur des énoncés économiques sous-jacents et la fragilité de leur pertinence. L'auteur écrit en conclusion : « Les changements dans les préférences de la profession entre paradigmes tiennent souvent plus au déplacement des modes dans la communauté académique qu'à des preuves établissant l'adéquation aux phénomènes économiques réels et aux problèmes économiques réels. Si vous êtes d'accord avec moi sur cette dernière déclaration, alors nous n'avons pas à être fiers en tant que savants » (cité par A. BERNARD, « Law and Economics : une science idiote ? », *D.* 2008, p. 2806).

[6] Y. GABUTHY, « Analyse économique du droit : présentation générale », *Économie et prévision* 2013, p. 202.

Les instruments de l'analyse économique du droit

Les outils propres à la science économique et qui peuvent servir l'analyse du droit sont, notamment, la théorie des jeux, l'économétrie, la statistique, l'analyse coût-avantage, les concepts de coûts moyens et marginaux ou encore différents théorèmes[1]. Il y a également les calculs d'efficience, l'efficience étant l'une des notions-cadres de l'analyse économique du droit. Elle se définit à travers le critère de la « pareto-optimalité »[2] : une règle juridique est dite « pareto-optimale » lorsqu'elle ne peut pas être changée sans mettre ne serait-ce qu'un individu dans une position moins profitable par rapport à celle antérieure au changement.

Avec ces instruments d'analyse économique, il s'agit, d'un point de vue épistémologique, d'économie plus que de droit, comme la sociologie du droit et l'anthropologie du droit sont de la sociologie et de l'anthropologie plus que du droit. Les (rares) ouvrages publiés dans ce domaine par des chercheurs français sont bien le fait d'économistes et non de juristes[3], ce qui ne saurait surprendre tant porter un regard d'économiste sur quelque objet que ce soit implique de maîtriser les méthodes fort savantes et complexes de l'économie.

Mais l'économie et le droit peuvent aussi s'envisager à travers l'étude des rapports entre sphère juridique et sphère économique, des jeux d'influence et d'interdépendance se nouant entre elles[4]. Le savoir qui s'en dégage est alors bidisciplinaire. Ce n'est toutefois pas là la conception dominante de l'analyse économique du droit qui, ainsi que son nom l'indique, consiste normalement en une étude de l'objet juridique avec les moyens de la science économique.

Analyse économique du droit et droit économique

Par ailleurs, il importe de distinguer l'analyse économique du droit et le droit économique, lequel est avant tout du droit, c'est-à-dire un ensemble de normes, un ensemble de régimes juridiques[5]. On écrit que « le droit

[1] On cite souvent le « théorème de Coase » selon lequel, « en l'absence de coûts de transaction, les droits tels qu'ils sont initialement attribués par le droit ne peuvent faire obstacle à une répartition efficiente des ressources entre acteurs négociant librement sur le marché » (cité par J.-L. BERGEL, *Théorie générale du droit*, 5e éd., Dalloz, coll. Méthodes du droit, 2012, p. 188).

[2] Ce nom fait référence à l'économiste italien Vilfredo Pareto.

[3] Par exemple, B. DEFFAINS, É. LANGLAIS, dir., *Analyse économique du droit – Principes, méthodes, résultats*, De Boeck (Bruxelles), coll. Ouvertures économiques, 2009.

[4] Par exemple, B. OPPETIT, « Économie et droit », *Arch. phil. droit* 1992, p. 17 s.

[5] *Contra*, J.-J. SUEUR, « L'évolution récente du droit économique français, le côté du droit public », *RIDE* 1996, p.207 s. ; J.-J. SUEUR, « La “main invisible” ou le droit économique – Retour sur Adam Smith et certaines de ses institutions », *RIDE* 2013, p. 491 s.

économique constitue une appropriation de l'économie par le juriste »[1], quand l'analyse économique du droit est davantage une appropriation du droit par l'économiste. Néanmoins, le droit économique, plus qu'une branche de la recherche juridique, semble être une branche du droit : celle comprenant l'ensemble des règles de droit encadrant les relations économiques[2]. Le droit économique est, en d'autres termes, le droit commercial ; et il peut être rapproché du « droit de la régulation »[3]. Il ne paraît donc pas opportun de séparer, dans le cadre de la recherche juridique, l'analyse économique du droit et le droit économique. L'analyse économique du droit peut très bien voir dans le droit économique l'un de ses objets d'étude préférentiels. Et, le plus souvent, c'est ce qu'elle fait puisque les institutions juridiques qui l'intéressent au premier chef sont la propriété et les droits réels, la propriété intellectuelle, le contrat ou encore la société commerciale[4].

Le caractère confidentiel, en France, de l'analyse économique du droit

Tout élément d'ordre juridique ou presque peut potentiellement être envisagé sous l'angle économique, du droit civil au droit pénal en passant par le droit constitutionnel[5]. Mais il n'est pas lieu d'entrer davantage dans le détail tant, pour l'heure, l'analyse économique du droit continue de ne concerner qu'une toute petite minorité de l'ensemble des scientifiques du droit. Si quelques-uns en viennent à dénoncer l'« impérialisme économique », soit la tendance des économistes à appliquer à des domaines étrangers à la sphère économique la méthode de l'économie néoclassique, le droit n'est touché que très ponctuellement par pareil phénomène, bien qu'il le soit de plus en plus. En tout cas cela est-il vrai en France puisque, aux États-Unis, il existe un *Journal of Law and Economics* (« Revue d'analyse économique du droit ») et la majorité des universités proposent des cours d'analyse économique du droit, voire des programmes doctoraux spécialisés. En Amérique du Nord, le courant *Law and Economics* est très influent et il n'est pas rare que des décisions de justice se réfèrent à des concepts empruntés à la science économique ou citent des articles des membres de ce mouvement.

[1] Ch. JAMIN, « Économie et droit », in D. ALLAND, S. RIALS, dir., *Dictionnaire de la culture juridique*, Lamy-Puf, coll. Quadrige-dicos poche, 2003, p. 579.

[2] *Cf.* G. FARJAT, « La notion de droit économique », *Arch. phil. droit* 1992, p. 27 s. ; C. CHAMPAUD, « Contribution à la définition du droit économique », *D.* 1967, p. 215 s.

[3] M.-A. FRISON-ROCHE, « Le droit de la régulation », *D.* 2001, p. 610 s.

[4] E. MACKAAY, S. ROUSSEAU, *Analyse économique du droit*, Dalloz, coll. Méthodes du droit, 2008.

[5] *Cf.*, notamment, M. FATIN-ROUGE STÉFANINI, L. GAY, A. VIDAL-NAQUET, dir., *L'efficacité de la norme juridique – Nouveau vecteur de légitimité ?*, Bruylant (Bruxelles), coll. À la croisée des droits, 2012.

La France, y compris en comparaison de la situation dans les pays européens anglophones, germanophones et néerlandophones, demeure en retrait, comptant très peu de spécialistes de ces questions, à tel point que les principaux ouvrages d'analyse économique du droit écrits en langue française sont le fait de chercheurs québécois[1]. Et les économistes français adeptes de l'analyse économique du droit publient des études portant sur des situations juridiques propres aux États-Unis, cela dans des revues anglo-saxonnes[2]. Dès lors, le professeur Christophe Jamin peut juger que « c'est l'ignorance mutuelle qui rend le plus exactement compte des rapports qu'entretiennent les juristes et les économistes français »[3]. Il faut dire, d'une part, que l'interdisciplinarité est autrement acceptée et pratiquée aux États-Unis qu'en France et, d'autre part, que les étudiants étatsuniens sont beaucoup mieux que les étudiants français capables de comprendre et de mettre en œuvre la logique juridique et la logique économique, très mathématique. Et de conclure : « Les juristes français n'ont au fond jamais vraiment rompu avec leurs prédécesseurs qui voyaient dans l'étude des textes l'essence même de l'art juridique et dans l'économie politique le cheval de Troie d'un libéralisme toujours suspect dans notre pays. [...] Ce qui empêche l'analyse économique du droit de s'imposer, c'est donc une très ancienne tradition dogmatique qui privilégie l'étude des textes, mais aussi un vieux fonds moraliste qui n'a jamais été favorable à l'économie »[4].

La France connaît ainsi un grand succès de l'histoire du droit, un succès modéré de la sociologie et de l'anthropologie du droit et un insuccès de l'économie du droit. Cette situation est le résultat de facteurs institutionnels et, ailleurs, elle peut être très différente, tandis que le monde universitaire est beaucoup plus concerné par les résistances à l'analyse économique du droit — qui seraient justifiées par le fait que cette discipline serait un vecteur de l'impérialisme culturel américain[5], un vecteur de l'américanisation du droit[6] — que le monde des praticiens[1]. En effet, dans ce

[1] En premier lieu, E. MACKAAY, S. ROUSSEAU, *Analyse économique du droit*, Dalloz, coll. Méthodes du droit, 2008. Il est remarquable que la plupart des suggestions de lecture contenues dans l'ouvrage renvoient à des écrits en langue anglaise. Également, E. MACKAAY, A. PARENT, *Précis d'analyse économique du droit*, La grande école de la francophonie (Québec), 2015.

[2] *Cf.* R. JANDA, « État des réflexions sur l'analyse économique du droit, à travers deux ouvrages américains », *Arch. phil. droit* 1992, p. 173 s.

[3] Ch. JAMIN, « Économie et droit », in D. ALLAND, S. RIALS, dir., *Dictionnaire de la culture juridique*, Lamy-Puf, coll. Quadrige-dicos poche, 2003, p. 578.

[4] *Ibid.*, p. 580.

[5] A. BERNARD, « Law and Economics : une science idiote ? », *D.* 2008, p. 2806. Selon l'auteur, l'analyse économique du droit est « une science encore balbutiante mais une idéologie triomphante » (*ibid.*).

[6] *Cf. Arch. phil. droit* 2001, « L'américanisation du droit » ; É. ZOLLER, « États-Unis (culture juridique) », in D. ALLAND, S. RIALS, dir., *Dictionnaire de la culture juridique*, Lamy-Puf, coll. Quadrige-dicos poche, 2003, p. 653 (qui observe l' « influence de la culture juridique

dernier d'aucuns considèrent que « les agents réagissent à l'environnement juridique et l'étude de ces comportements est nécessaire à la compréhension des implications économiques de cet environnement. L'examen des normes juridiques par le prisme de l'analyse économique est ainsi une source d'informations pour le législateur et le juge, ce qui devrait leur permettre d'améliorer la qualité du droit »[2].

Alors que, en raison de la globalisation du droit ou, du moins, des activités que le droit est censé régir[3], les systèmes juridiques et, plus finement, les droits nationaux entrent en concurrence sur le grand « marché du droit »[4], où se déploient les phénomènes de « *forum shopping* », il faut gager que les facultés de droit françaises ne pourront guère demeurer longtemps hostiles à l'analyse économique du droit tant celle-ci est appelée à jouer, en pratique, un rôle croissant ; ou alors elles se couperont un peu plus de cette pratique. Les rapports « *Doing Business* » de la Banque mondiale peuvent être critiqués ; ils ne sauraient être ignorés. Dans les faits, les raisonnements conséquentialistes, notamment de la part des juges, sont peut-être aussi importants que les raisonnements « purement » juridiques[5].

américaine sur la plupart des systèmes juridiques contemporains ») ; É. ZOLLER, « Américanisation », in L. CADIET, dir., *Dictionnaire de la justice*, Puf, 2004.

[1] *Cf.* G. CANIVET, « La pertinence de l'analyse économique du droit : le point de vue du juge », *LPA* 2005, n° 99, p. 23 s. Guy Canivet, Premier président de la Cour de cassation de 1999 à 2007, souligne que, dans son activité jurisprudentielle, « le juge de cassation complète la loi en dépassant les intérêts individuels des parties au litige afin de poser une règle interprétative visant à la satisfaction de l'intérêt général, ce qui s'apparente à la recherche de la solution collectivement optimale ». Également, R. ENCINAS DE MUNAGORRI, « L'analyse économique est-elle une source du droit ? Propos sur la doctrine du premier président de la Cour de cassation », *RTD civ.* 2006, p. 505 s.

[2] Y. GABUTHY, « Analyse économique du droit : présentation générale », *Économie et prévision* 2013, p. 202.

[3] Par exemple, J.-Y. CHÉROT, B. FRYDMAN, dir., *La science du droit dans la globalisation*, Bruylant (Bruxelles), coll. Penser le droit, 2012 ; J. -B. AUBY, *La globalisation, le droit et l'État*, 2e éd., LGDJ, coll. Systèmes, 2010 ; J.-L. HALPÉRIN, *profils des mondialisations du droit*, Dalloz, coll. Méthodes du droit, 2009 ; J. CHEVALLIER, *L'État post-moderne*, 3e éd., LGDJ, coll. Droit et société, 2008 ; É. LOQUIN, C. KESSEDJIAN, dir., *La mondialisation du droit*, Litec, coll. Travaux du Centre de recherche sur le droit des marchés et des investissements internationaux, 2000 ; M. DELMAS-MARTY, « La mondialisation du droit », in J. BAECHLER, R. KAMRANE, dir., *Aspects de la mondialisation politique*, Puf, 2003, p. 71 s. ; M. DELMAS-MARTY, « Les processus de mondialisation du droit », in Ch.-A MORAND, dir., *Le droit saisi par la mondialisation*, Bruylant (Bruxelles), 2001, p. 77 s.

[4] P. DEUMIER, *Introduction générale au droit*, 2e éd., LGDJ, coll. Manuel, 2013, p. 131. L'auteur souligne qu' « il existe de plus en plus de situations privées qui concernent plusieurs ordres juridiques étatiques à la fois. Il est aujourd'hui très facile pour une entreprise ou une personne de se placer sous l'empire de l'ordre étatique de son choix, parfois même sans avoir besoin de se déplacer. Par exemple, les parties à un contrat franco-américain peuvent prévoir que leur contrat sera régi par la loi suisse » (*ibid.*).

[5] Par exemple, F. OST, *Dire le droit, faire justice*, Bruylant (Bruxelles), coll. Penser le droit, 2007, p. 117 ; D. SALAS, « La part politique de l'acte de juger », *Les cahiers de la justice* 2011, n° 2, p. 113.

Une autre branche de la recherche juridique qui s'avère aujourd'hui fort en retrait — et cela partout dans le monde cette fois — est la linguistique juridique.

Orientations et illustrations bibliographiques

ARNAUD A.-J., « Autour d'un dialogue imaginaire entre Michel Villey et Friedrich Hayek », *Dr. et société* 2009, p. 9 s.

BERGEL J.-L., dir., *L'analyse économique du droit : autour d'Ejan Mackaay*, PUAM (Aix en Provence), coll. Revue de la recherche juridique droit prospectif-Cahiers de méthodologie juridique, 2009

BERNARD A., « Law and Economics : une science idiote ? », *D.* 2008, p. 2806 s.

BOY L., « Réflexions sur le "droit de la régulation" », *D.* 2001, p. 3031 s.

BRETON A., TREBILCOCK E., dir, *Le bijuralisme – Une approche économique*, Eska, 2007

CALMETTE J.-F., « Réflexions sur la valeur de l'analyse économique du droit : le cas du droit public », *RRJ* 2004, p. 905 s.

CANIVET G., « La pertinence de l'analyse économique du droit : le point de vue du juge », *LPA* 2005, n° 99, p. 23 s.

CHAMPAUD C., « Contribution à la définition du droit économique », *D.* 1967, p. 215 s.

CHARLOTTON C., « La force d'attraction économique du droit », in THIBIERGE C., dir., *La force normative – Naissance d'un concept*, LGDJ-Bruylant (Paris-Bruxelles), 2009, p. 635 s.

CHÉROT J.-Y., *Droit public économique*, Economica, 2e éd., 2007

COASE R., *Le coût du droit*, trad. Y.-M. Morissette, Puf, 2000

COASE R., « The Problem of Social Cost », *Journal of Law and Economics* 1959, n° 3, p. 1 s.

COHEN E., « De la règlementation à la régulation : histoire d'un concept », *Problèmes économiques* 2000, n° 2680, p. 1 s.

CORTEN O., « La persistance de l'argument légaliste : éléments pour une typologie contemporaine des registres de légitimité dans une société libérale », *Dr. et société* 2002, p. 185 s.

DANET D., « Le droit économique doit-il être hayékien ? », *RIDE* 1995, p. 407 s.

DANIEL J.-M., *La politique économique*, 2e éd., Puf, coll. Que sais-je ?, 2010

DEFFAINS B., dir., *L'analyse économique du droit dans les pays de droit civil*, Cujas, 2002

DEFFAINS B., « L'économie comme instrument de la recherche juridique », in AGUILA Y. et *alii*, *Quelles perspectives pour la recherche juridique ?*, Puf, coll. Droit et justice, 2007, p. 85 s.

DEFFAINS B., FEREY S., « Théorie du droit et analyse économique », *Droits* 2007, n° 45, p. 227 s.

DEFFAINS B., LANGLAIS É., dir., *Analyse économique du droit – Principes, méthodes, résultats*, De Boeck (Bruxelles), coll. Ouvertures économiques, 2009

Droit et société 1987/6, « Normes, déréglementation, économie »

DU MARAIS B., *Droit public de la régulation économique*, Presse de Sciences Po-Dalloz, 2004

DU MARAIS B., *Des indicateurs pour mesurer le droit*, La documentation française, coll. Perspectives sur la justice, 2006

EBERHARD Ch., *Le droit au miroir des cultures – Pour une autre mondialisation*, LGDJ, coll. Droit et Société, 2006

ECHAUDEMAISON C.-D., dir., *Dictionnaire d'économie et de sciences sociales*, Nathan, 1998

ENCINAS DE MUNAGORRI R., « L'analyse économique est-elle une source du droit ? Propos sur la doctrine du premier président de la Cour de cassation », *RTD civ.* 2006, p. 505 s.

FARJAT G., « La notion de droit économique », *Arch. phil. droit* 1992, p. 27 s.

FAURE M., OGUS A., *Économie du droit : le cas français*, Éditions Panthéon-Assas, 2002

FEREY S., *Une histoire de l'analyse économique du droit – Calcul rationnel et interprétation du droit*, Bruylant (Bruxelles), coll. Droit et économie, 2008

FREEDMAN D., « L'américanisation du droit français par la vie économique », *Arch. phil. droit* 2001, p. 207 s.

FRISON-ROCHE M.-A., *Les 100 mots de la régulation*, Puf, coll. Que sais-je ?, 2011

FRISON-ROCHE M.-A., dir., *Les régulations économiques – Légitimité et efficacité*, Presses de Science-Po, coll. Droit et économie de la régulation, 2004

FRISON-ROCHE M.-A., « Définition du droit de la régulation économique », in FRISON-ROCHE M.-A., dir., *Les régulations économiques – Légitimité et efficacité*, coll. Droit et économie de la régulation, Presses de Sciences-Po-Dalloz, 2004
FRISON-ROCHE M.-A., « La recherche juridique en matière économique », in AGUILA Y. et *alii*, *Quelles perspectives pour la recherche juridique ?*, Puf, coll. Droit et justice, 2007, p. 93 s.
FRISON-ROCHE M.-A., « Le modèle du marché », *Arch. phil. droit* 1995, p. 285 s.
FRISON-ROCHE M.-A., « Le droit de la régulation », *D.* 2001, p. 610 s.
FRISON-ROCHE M.-A., « Le droit des deux mondialisations », *Arch. phil. droit* 2003, p. 20 s.
FRYDMAN, B., « Le calcul rationnel des droits sur le marché de la justice : l'école de l'analyse économique du droit » in *Structure, système, champ et théories du sujet*, L'harmattan, 1997, p. 127 s.
GABUTHY Y., « Analyse économique du droit : présentation générale », *Économie et prévision* 2013, p. 201 s.
GAUDREAULT-DESBIENS J.-F., « La critique économiste de la tradition romano-germanique », *RTD civ.* 2010, p. 683 s.
GERMAIN M., « Pluralisme et droit économique », *Arch. phil. droit* 2005, p. 235 s.
GREENHALGH Ch., ROGERS M., *Innovation, Intellectual Property and Economic Growth*, Princeton University Press, 2010
HARNAY S., MARCIANO A., *Posner – L'analyse économique du droit*, Michalon, coll. Le bien commun, 2003
JAMIN Ch., « Économie et droit », in ALLAND D., RIALS S., dir., *Dictionnaire de la culture juridique*, Lamy-Puf, coll. Quadrige dicos poche, 2003
JANDA R., « État des réflexions sur l'analyse économique du droit, à travers deux ouvrages américains », *Arch. phil. droit* 1992, p. 173 s.
KANDIL F., « Normes, règles et actions en économie : quels enjeux pour l'approche conventionnaliste ? », in BERTHOUD A., SERVERIN É., *La production des normes entre État et société civile – Les figures de l'institution et de la norme entre État et sociétés civiles*, L'Harmattan, 2000, p. 153 s.
KIRAT Th., *Économie du droit*, La découverte, coll. Repères, 2012
KIRAT Th., « Le pragmatisme de Richard Posner : un regard critique – Texte de la communication à la journée d'étude "Les philosophes pragmatistes et les économistes : quelles proximités ?" – IDHE-ENS de Cachan, 11 avril 2005 », [en ligne] <basepub.dauphine.fr>, 2006
LEROUX V., « Les fondements économiques de la monopolisation du réseau téléphonique en 1889 », in BERTHO-LAVENIR C., dir., *L'État et les télécommunications en France et à l'étranger – 1837-1987*, Droz (Genève), coll. Hautes études médiévales et modernes, 1991, p. 21 s.
LE VAN LEMESLE L., « La promotion de l'économie politique en France au XIXe s. jusqu'à son introduction dans les facultés (1815-1881) », *Revue d'histoire moderne et contemporaine* 1980, p. 270 s.
MACKAAY E., *L'analyse économique du droit – I. Fondements*, Thémis-Bruylant (Montréal-Bruxelles), 2000
MACKAAY E., « La règle juridique observée par le prisme de l'économiste – Une histoire stylisée du mouvement de l'analyse économique du droit », *RIDE* 1986, p. 43 s.
MACKAAY E., « Le droit saisi par le jeu », *Dr. et société* 1991, p. 65 s.
MACKAAY E., « Quelques réflexions sur les normes privées », *RRJ* 2011, p. 2203 s.
MACKAAY E., PARENT A., *Précis d'analyse économique du droit*, La grande école de la francophonie (Québec), 2015
MACKAAY E., ROUSSEAU S., *Analyse économique du droit*, 2e éd., Dalloz, coll. Méthodes du droit, 2008
MAITRE G., *La responsabilité civile à l'épreuve de l'analyse économique du droit*, LGDJ, coll. Droit et économie, 2005
MALINVAUD E., « Pourquoi les économistes ne font pas de découvertes ? », *Revue d'économie politique* 1996, n° 106
MATTEI U., *Comparative Law and Economics*, The University of Michigan Press (Ann Arbor), 1997
MICHAUT F., *La recherche d'un nouveau paradigme de la décision judiciaire à travers un siècle de doctrine américaine*, L'Harmattan, 2000

MILLARD É., « L'analyse économique du droit : un regard empiriste critique », *RRJ* 2008, p. 2523 s.
MOINE-DUPUIS I., « Commerce juridique », in ALLAND D., RIALS S., dir., *Dictionnaire de la culture juridique*, Lamy-Puf, coll. Quadrige dicos poche, 2003
MUIR WATT H., « Les forces de résistance à l'analyse économique du droit dans le droit civil », in DEFFAINS B., dir., *L'analyse économique du droit dans les pays de droit civil*, Cujas, 2002, p. 37 s.
NAUDET J.-Y., *Économie politique*, 3e éd., Librairie de l'Université-PUAM (Aix-en-Provence), 1996
NEMO Ph., *La société de droit selon F. A. Hayek*, Puf, 1988
NIORT J.-F., « Droit, économie et libéralisme dans l'esprit du Code Napoléon », *Arch. phil. droit* 1992, p. 101 s.
NOAM E., « Spectrum Auctions: Yesterday's Heresy, Today's Orthodoxy, Tomorrow's Anachronism – Taking the Next Step to Open Spectrum Access », *Journal of Law & Economics* 1998, p. 765 s.
OGUS A. I., « Law and Spontaneous Order: Hayek's Contribution to Legal Theory », *Journal of Law and Society* 1989, p. 393 s.
OPPETIT B., « Droit et économie », *Arch. phil. droit* 1992, p. 17 s.
OTTONELLO P. P., « Droit politique et économie dans la philosophie de Sciacca », *Arch. phil. droit* 1992, p. 131 s.
PHARO P., « Le droit ordinaire comme morale ou commerce civil », in CHAZEL F., COMMAILLE J., dir., *Normes juridiques et régulation sociale*, LGDJ, coll. Droit et société, 1991, p. 243 s.
POSNER R. A., *Economic Analysis of Law*, 4e éd., Little Brown (Boston), 1992
RIPERT G., *Aspects juridiques du capitalisme moderne*, 2e éd., LGDJ, 1951
RIPERT G., « L'ordre économique et la liberté contractuelle », in *Mélanges François Gény*, t. II, Sirey, 1934, p. 347 s.
ROYER G., *L'efficience en droit pénal économique – Étude de droit positif à la lumière de l'analyse économique du droit*, LGDJ, coll. Droit et économie, 2009
SACHS T., *La raison économique en droit du travail – Contribution à l'étude des rapports entre le droit et l'économie*, LGDJ, coll. Bibliothèque de droit social, 2013
SALMON P., « Accumulation et destruction de la confiance : un schéma d'inspiration poppérienne », in AUBERT F., SYLVESTRE J.-P., dir., *Confiance et rationalité*, INRA éditions, 2001, p. 31 s.
SANTOS A., TRUBEK D., dir., *The New Law and Economic Development – A Critical Appraisal*, Cambridge University Press, 2006
SAVATIER R., *Les métamorphoses économiques et sociales du droit civil d'aujourd'hui*, 3e éd., Dalloz, 1964
SÈVE R., « Droit et économie : quatre paradigmes », *Arch. phil. droit* 1992, p. 63 s.
SIMONNOT Ph., *L'invention de l'État – Économie du droit*, Les Belles Lettres, 2003
SNYDER F., « Gouverner la mondialisation économique : pluralisme juridique mondial et droit européen », *Dr. et société* 2003, p. 435 s.
STIGLER G., « The Theory of Economic Regulation », *Bell Journal of Economics and Management Science* 1971, n° 2, p. 3 s.
STROWEL A., « Utilitarisme et approche économique dans la théorie du droit – Autour de Bentham et de Posner », *Arch. phil. droit* 1992, p. 143 s.
SUEUR J.-J., « L'évolution récente du droit économique français, le côté du droit public », *RIDE* 1996, p.207 s.
SUEUR J.-J., « La "main invisible" ou le droit économique – Retour sur Adam Smith et certaines de ses institutions », *RIDE* 2013, p. 491 s.
SUMMERS R., *Instrumentalism and American Legal Theory*, Cornell University Press (Ithaca), 1982
THOMSON A., « Taking the Right Seriously: The Case of F. A. Hayek », in FITZPATRICK P., dir., *Dangerous Supplements – Resistance and Renewal in Jurisprudence*, Pluto Press (Londres), 1991, p. 67 s.
USUNIER L., « Le rapport *Doing Business* 2012, la concurrence des systèmes juridiques et l'attractivité du droit français des contrats », *RDC* 2012, p. 575 s.

VALENTIN V., *Les conceptions néolibérales du droit*, Economica, 2002

VER LOREN VAN THEMAAT P., « L'économie à travers le prisme du juriste », *RIDE* 1989, p. 133 s.

VON HAYEK F., *Droit, législation et liberté, une nouvelle formulation des principes libéraux de justice et d'économie politique – t. I : Règles et ordre*, trad. R. Audouin, Puf, 1980

VON HAYEK F., *Droit, législation et liberté, une nouvelle formulation des principes libéraux de justice et d'économie politique – t. III : L'ordre politique d'un peuple libre*, trad. R. Audouin, Puf, 1983

WEBER M., *Économie et société*, trad. J. Freund, Plon, 1971

ZENATI F., « Le droit et l'économie au-delà de Marx », *Arch. phil. droit* 1992, p. 121 s.

Chapitre 9

La linguistique juridique

La relation intime entre le droit et le langage

« Quand dire, c'est faire » ; quand être, c'est devoir-être. La linguistique a déjà pu se rapprocher du droit au milieu du XXe s., lorsque le philosophe anglais John Austin exposa sa théorie des énoncés performatifs : des énoncés qui présentent la singularité d'accomplir ce qu'ils disent du seul fait qu'ils sont dits[1]. Lorsqu'un maire déclare deux individus unis par les liens du mariage, son acte est à la fois un acte juridique et un acte performatif. D'ailleurs, beaucoup d'énoncés performatifs sont en même temps des actes juridiques, c'est-à-dire des énoncés emportant, du seul fait qu'ils existent, des conséquences dans le monde du droit.

Ce dernier est avant tout un langage ; peut-être même n'est-il que cela, si le droit se réduit aux règles de droit et si une règle de droit est un signifié porté par un signifiant et ayant valeur de devoir-être dans l'esprit des interlocuteurs. En tout cas, le droit, dès lors qu'il se manifeste, le fait grâce aux mots et grâce au verbe. Une norme est essentiellement un message, avec ses émetteurs et ses destinataires qui doivent lui accorder un sens identique. Le droit est une activité de communication ; la plupart du temps, les juristes, du professeur au magistrat, disent le droit, d'une façon ou d'une autre.

La marginalité paradoxale de la linguistique juridique

Pourtant, la linguistique juridique (ou « jurilinguistique »[2]) est sans doute, après l'analyse économique du droit, la plus confidentielle des quatorze branches de la recherche juridique en ces pages identifiées. Elle s'est développée tout d'abord au Québec[3]. En France, elle a été essentiellement approfondie et promue par un professeur : Gérard Cornu[4]

[1] J. L. AUSTIN, *Quand dire c'est faire* (1962), Le Seuil, 1970.
[2] P. LERAT, J.-L. SOURIOUX, « Linguistique juridique », *RIDC* 1991, p. 257 ; G. CORNU, « Linguistique juridique », in D. ALLAND, S. RIALS, dir., *Dictionnaire de la culture juridique*, Lamy-Puf, coll. Quadrige-dicos poche, 2003, p. 953.
[3] Notamment, E. DIDIER, *Langues et langages du droit*, Wilson et Lafleur (Montréal), 1990 ; E. GROFFIER, D. REED, *La lexicographie juridique*, Yvon Blais (Québec), 1990.
[4] G. CORNU, *Linguistique juridique*, Montchrestien, coll. Domat, 1990. Également, P. AMSELEK, dir., *Théorie des actes de langage, éthique et droit*, Puf, 1986 ; J.-P. GRIDEL, *Le signe et le droit – Les bornes, les uniformes, la signalisation routière et autres*, LGDJ, 1979.

(par ailleurs à l'origine d'un célèbre dictionnaire de la langue juridique qui lui a donné toute la matière nécessaire à ses investigations linguistiques[1]). Quelques publications récentes tendent à la mettre en avant parmi les facultés de droit[2], mais ces travaux demeurent excessivement rares.

Si la linguistique juridique est une discipline jeune, incomplète et à faible notoriété, cela en raison du manque de jurilinguistes, la linguistique générale, en revanche, est ancienne et largement aboutie. Elle est née avec la grammaire de la Grèce antique puis s'est fortement développée avec la grammaire comparée du XIXe s. et, surtout, avec la linguistique structurale du XXe s.[3]. Aujourd'hui, la linguistique doit être précisément séparée de la grammaire en ce que la première est descriptive, donc scientifique, quand la seconde est prescriptive. La linguistique est une véritable science sociale, aux côtés de la sociologie ou de l'histoire, qui trouve dans le *Cours de linguistique générale* de Ferdinand de Saussure, publié en 1916, sa formulation la plus achevée[4]. Cependant, la linguistique possède une situation singulière parmi ces sciences sociales. En effet, elle apparaît à la fois comme la plus sociale et comme la moins sociale d'entre elles : très sociale, elle l'est en ce que sujet social et sujet linguistique sont rigoureusement coextensifs, parce que la langue constitue à la fois une institution exemplaire et la condition de toute institution ; peu sociale, elle l'est en ce que, à bien des points de vue, sa démarche se rapproche de celle des sciences de la nature[5].

En tout cas, il s'agit d'une science véritable, reposant avant tout sur des recherches objectives et empiriques ; et ces recherches sont souvent de nature sociologique ou historique. Dès lors, la linguistique juridique pourrait constituer l'une des branches les plus scientifiques de la recherche juridique.

[1] G. CORNU et *alii.*, *Vocabulaire juridique*, 10e éd., Puf, coll. Quadrige, 2014.

[2] Notamment, E. DAMETTE, F. DARGIROLLE, *Méthode de français juridique*, Dalloz, coll. Méthodes du droit, 2012 ; M. SOIGNET, *Le français juridique*, Hachette, coll. Le français professionnel, 2003 ; S. BISSARDON, *Guide du langage juridique – Vocabulaire, pièges et difficultés*, 4e éd., LexisNexis, coll. Objectif droit dictionnaire, 2013 ; E. DAMETTE, *Didactique du français juridique – Français langue étrangère à visée professionnelle*, L'Harmattan, 2007.

[3] *Cf.* G. MOUNIN, *Histoire de la linguistique des origines au XXe siècle*, Puf, 1970.

[4] F. DE SAUSSURE, *Cours de linguistique générale* (1916), Payot (Lausanne), 1973.

[5] M. GRAWITZ, *Méthodes des sciences sociales*, 11e éd., Dalloz, coll. Précis, 2001, p. 315. L'auteur explique notamment que « le chercheur en sciences sociales baigne constamment dans le langage mais, quand il tourne son regard vers celui-ci, les relations formelles qu'il dégage sont bien difficiles à interpréter en termes de fonctionnement social. Cette combinaison paradoxale rend profondément problématique la relation entre langage et société, linguistique et sciences sociales, mais elle est sans nul doute la condition même de leur union : c'est parce que d'une certaine manière le langage se retire dans son abstraction qu'il peut être le milieu fluent dans lequel est pris l'ensemble de la vie sociale » (*ibid.*).

La linguistique juridique, étude du langage du droit

La linguistique juridique est l'étude du langage du droit, de « tous les moyens linguistiques qu'utilise le droit »[1], des termes et des énoncés qui font le droit ou, du moins, qui servent le droit[2]. L'objet d'étude du jurilinguiste est ainsi le vocabulaire et les discours des juristes, étant entendu que le langage juridique est un langage spécialisé, un langage technique[3] et que, par conséquent, la linguistique juridique est une branche de la linguistique générale. Toutefois, les jurilinguistes, s'ils sont excessivement rares, sont des juristes de formation et non des linguistes de formation[4], ce qui est une barrière au développement de la linguistique juridique. Ensuite, celle-ci se penche sur les particularités terminologiques, sémantiques, expressives et phraséologiques de la langue juridique. Le droit donne aux mots du langage courant des sens qui lui sont propres ou en forge de nouveaux, inconnus hors du domaine juridique ; et, lorsqu'il ne recourt qu'à des termes issus du langage courant, il les agence souvent de manière originale, ce qui donne lieu à des formulations difficilement saisissables pour les non juristes, quel que soit le principe selon lequel « nul n'est censé ignorer la loi »[5]. Que le droit soit accessible matériellement est une chose ; qu'il soit accessible intellectuellement en est une autre. Reste qu'il présente suffisamment de spécificités langagières pour justifier une linguistique juridique[6] et qu'un professeur peut illustrer cela en ces termes : « Exposez, devant des personnes non averties, que la grosse est une expédition particulière de la minute, et l'auditoire se demandera quel est l'établissement psychiatrique le plus adapté à votre cas »[7].

La linguistique s'intéresse déjà à la langue, comprise comme système de signes[8]. Pour le jurilinguiste, la langue juridique, comme toute langue, ne se réduit pas à un simple matériau phonétique. Elle constitue un véritable ensemble institutionnel que partage la communauté des juristes afin de pouvoir communiquer et se comprendre. Eu égard à l'importance, en droit, de l'argumentation et de la rhétorique, la linguistique juridique pourrait connaître davantage de succès et il est permis de s'étonner devant la rareté

[1] G. CORNU, *Linguistique juridique*, Montchrestien, coll. Domat droit privé, 1990, p. 13.
[2] Par exemple, *Arch. phil. droit* 1974, « Le langage du droit » ; P. LERAT, J.-L. SOURIOUX, *Le français juridique comme langue spécialisée*, Bruylant (Bruxelles), 1995.
[3] G. CORNU, *Linguistique juridique*, Montchrestien, coll. Domat droit privé, 1990, p. 24.
[4] Par exemple, S. MONJEAN-DECAUDIN, *La traduction du droit dans la procédure judiciaire – Contribution à l'étude de la linguistique juridique*, Dalloz, coll. Bibliothèque de la justice, 2012.
[5] *Cf.* S. BALLIAN, *La définition dans la loi – Essai de linguistique juridique*, La maison du dictionnaire, 2014.
[6] *Cf.* P. LERAT, J.-L. SOURIOUX, *Le langage du droit*, Sirey, 1974 ; J.-L. SOURIOUX, « Pour l'apprentissage du langage du droit », *RTD civ.* 1999, p. 343 s.
[7] J.-P. GRIDEL, *Introduction au droit et au droit français*, Dalloz, 1994.
[8] M. GRAWITZ, *Méthodes des sciences sociales*, 11e éd., Dalloz, coll. Précis, 2001, p. 318.

des travaux s'y rapportant. De plus, si la linguistique peut être diachronique, peut étudier l'histoire de la langue et les changements structurels qu'elle a connus à travers le temps, la linguistique juridique, jusqu'à présent, n'a toujours été que synchronique : elle porte sur l'état contemporain de la langue juridique.

La lexicographie juridique et les autres aspects de la linguistique juridique

La linguistique est une activité langagière qui prend pour objet d'autres activités langagières. Son but ultime est de parvenir à construire une théorie du langage à partir de l'observation des multiples langues naturelles existantes. L'ambition est, à partir de l'étude des divers idiomes, de définir les propriétés de toute langue humaine possible[1]. L'objectif de la linguistique juridique est évidemment plus modeste ; il ne s'agit notamment pas de chercher à construire une théorie de la langue juridique. Cet objectif est davantage d'étudier, pour ensuite la comprendre et l'expliquer, la grammaire juridique, une grammaire étant le « modèle de fonctionnement d'une langue »[2]. Surtout, il s'agit de recenser et retranscrire le vocabulaire juridique, ensemble des mots propres à la langue des juristes ou qui possèdent au moins un sens juridique[3].

Cette tâche paraît indispensable dès lors que « la polysémie est une marque essentielle du vocabulaire juridique. [...] En droit aussi, le nombre des signifiés est infiniment plus élevé que celui des signifiants, les notions juridiques beaucoup plus nombreuses que les mots pour les nommer »[4]. Or « la pluralité des sens est potentielle (*in intellectu*). *In actu*, dans un texte, la vocation du polysème est de revêtir un seul de ses sens et de s'actualiser, en contexte, dans un sens pertinent. L'ambiguïté ne surgit que si, dans un texte, un mot peut être pris en plusieurs sens ou revêt, en contexte, un sens non pertinent. L'ambiguïté n'est pas de l'essence de la polysémie, elle en est, pragmatiquement, l'accident »[5].

[1] Par exemple, N. CHOMSKY, *Réflexions sur le langage* (1975), Maspéro, 1977 ; N. CHOMSKY, *Règles et représentations* (1980), Flammarion, 1985 ; R. JAKOBSON, *Essais de linguistique générale* (1949), Minuit, 1963 ; L. HJEMSLEV, *Prolégomènes à une théorie du langage* (1943), Minuit, 1968 ; J. LYONS, *Linguistique générale* (1968), Larousse, 1970 ; G. GUILLAUME, *Principes de linguistique théorique*, Klincksiek, 1973.

[2] M. GRAWITZ, *Méthodes des sciences sociales*, 11e éd., Dalloz, coll. Précis, 2001, p. 319.

[3] Le *Vocabulaire juridique* en recense plus de 10 000 (G. CORNU et *alii.*, *Vocabulaire juridique*, 10e éd., Puf, coll. Quadrige, 2014), ce qui est beaucoup pour une langue spécialisée et technique (les dictionnaires de la langue française, dans leurs parties relatives aux noms communs, comportent généralement près de 120 000 entrées).

[4] G. CORNU, « Linguistique juridique », in D. ALLAND, S. RIALS, dir., *Dictionnaire de la culture juridique*, Lamy-Puf, coll. Quadrige-dicos poche, 2003, p. 954.

[5] *Ibid.*

La linguistique juridique étudie les signes linguistiques de la langue juridique, un signe linguistique étant un signifiant (un segment de matière phonique) associé à un signifié (un sens)[1]. Le jurilinguiste doit donc être un lexicographe : il recense et définit les termes du vocabulaire juridique afin de constituer un dictionnaire ou un lexique[2], étant considéré que même les définitions légales doivent être interprétées et sont, *in fine*, des définitions doctrinales[3]. Et les usages faits des mots par ceux qui les utilisent changent dans le temps, si bien que le travail du lexicographe est tel un tonneau des Danaïdes, toujours à recommencer[4]. L'étymologie des mots n'en est pas moins importante aux yeux du jurilinguiste qui peut rechercher les étymons (termes originels) des mots juridiques actuels et comparer leurs sens respectifs. L'étymologie fait notamment apparaître que la grande majorité du vocabulaire juridique dérive du latin et du grec[5].

Également, le jurilinguiste peut se concentrer sur les relations entre les termes juridiques : synonymie, antonymie, racines identiques, rapprochements sémantiques, divergences sémantiques, préfixes ou suffixes communs, complémentarité de notions, etc. Ainsi la linguistique juridique conduit-elle à opérer de nombreuses classifications, au départ de multiples critères, et à constituer des « familles opérationnelles »[6]. Gérard Cornu soulignait « l'intérêt de traiter les termes de droit non pas isolément mais en relation. Saisissant les rapports de sens, les ensembles lexicaux font voir le vocabulaire juridique, reflet de la structure du droit, non comme un inventaire mais comme un réseau »[7].

Enfin, la signification des nombreux brocards, maximes et adages qui constellent le droit et dont certains se laissent difficilement saisir peut également intéresser le jurilinguiste[8]. On considère, en effet, que ceux-ci constituent « la part supérieure de la littérarité dans le droit »[9], que « l'adage est par excellence un droit mental. Le secret de sa tradition orale est que

[1] *Cf.* J.-L. Sourioux, « Pour l'apprentissage du langage du droit », *RTD civ.* 1999, p. 343 s.

[2] *Cf.* E. Groffier, D. Reed, *La lexicographie juridique*, Yvon Blais (Québec), 1990.

[3] *Cf.* G. Cornu, « Les définitions dans la loi », in *Mélanges Jean Vincent*, Dalloz, 1981, p. 77 s.

[4] *Cf.* G. Cornu, « La lettre du code à l'épreuve du temps », in *Mélanges René Savatier*, Dalloz, 1965, p. 157 s.

[5] *Cf.* G. Cornu, « Hortus deliciarum : au jardin des lettres latines du langage du droit », in *Mélanges Jean Foyer*, Puf, 1997, p. 53 s.

[6] G. Cornu, « Linguistique juridique », in D. Alland, S. Rials, dir., *Dictionnaire de la culture juridique*, Lamy-Puf, coll. Quadrige-dicos poche, 2003, p. 956.

[7] *Ibid.*

[8] *Cf.* L. Boyer, H. Roland, *Adages du droit français*, 4e éd., Litec, 1999 ; G. Cornu, *Linguistique juridique*, 3e éd., Montchrestien, coll. Domat droit privé, 2005 ; G. Cornu, « Adages et brocards », in D. Alland, S. Rials, dir., *Dictionnaire de la culture juridique*, Lamy-Puf, coll. Quadrige-dicos poche, 2003, p. 21 s.

[9] P. Lerat, J.-L. Sourioux, « Linguistique juridique », *RIDC* 1991, p. 259.

l'adage est, par vocation, une gravure cérébrale. Le lieu de l'adage, c'est le cœur »[1].

La linguistique juridique possiblement au service du droit et au service de « droit »

La linguistique juridique ne saurait être isolée au sein de la recherche juridique, comme peut l'être, en particulier, la philosophie du droit. Elle se doit d'être au service des autres branches de la recherche juridique, de la science du droit positif à l'épistémologie juridique. Lorsqu'elle devient lexicologie, elle peut aller jusqu'à être utile à la théorie du droit, en l'aidant à identifier le(s) signifié(s) associé(s) aux signifiants « droit » et « juridique »[2].

Les mots « droit » et « juridique » étant des outils de langage, des instruments orthographiques et verbaux appuyés sur des représentations intellectuelles, ils désignent ce que ceux qui les emploient désignent à travers eux lorsqu'ils les emploient. Partant, la réponse à la question de la spécificité du droit parmi l'ensemble des créations sociales — celle-là même qui pose problème à la sociologie et à l'anthropologie du droit —, pour être pertinente et convaincante, ne saurait être recherchée au moyen de définitions stipulatives (*i.e.* nouvelles et personnelles). Procéder ainsi reviendrait à ajouter de la confusion à la confusion. Le nombre des définitions de « droit » est actuellement si élevé — si bien qu'il s'agit d'un terme atteint de polysémite, « maladie du sens » touchant de plus en plus de concepts juridiques[3] — qu'il ne fait aucun doute que la (les) signification(s) de ce mot ne se situe(nt) pas ailleurs que parmi elles. La fonction du lexicographe est de rechercher et de retranscrire les sens des mots en usage dans une population ou une région linguistique. Celui qui s'intéresse au terme « droit » a vocation à exprimer uniquement mais entièrement les signifiés que retiennent majoritairement ceux qui emploient ce nom ou son adjectif « juridique ».

En tant que linguiste, le lexicographe est un scientifique : un scientifique des mots et de leurs significations qui doit laisser s'effacer tous les traits de sa personnalité et toutes ses sensations personnelles. Le droit n'est pas autre chose ou davantage que ce que ceux qui utilisent le terme « droit » disent qu'il est ; par suite, si différents sens sont affectés à ce mot alors polysémique, il faut comprendre qu'il ne saurait se réduire à l'un d'entre eux et qu'il les désigne tous à la fois, peu important que certains

[1] G. Cornu, *Linguistique juridique*, Montchrestien, coll. Domat droit privé, 1990, p. 401.

[2] *Cf.* B. Barraud, *Théories du droit et pluralisme juridique – t. II : La théorie syncrétique du droit et la possibilité du pluralisme juridique*, PUAM (Aix-en-Provence), coll. Inter-normes, 2017.

[3] *Cf.* B. Barraud, « La science et la doctrine juridiques à l'épreuve de la polysémie des concepts », *RIEJ* 2016, n° 76.

soient incompatibles et contradictoires. Telle est la logique de la « théorie syncrétique du droit »[1]. La définition du lexicographe et du sémanticien sera toujours plus juste et conséquente que la définition du philosophe, laquelle sera peut-être, en revanche, toujours plus profonde et apte à faire penser.

Freud notait que « le mot, en tant que point nodal de représentations nombreuses, est en quelque sorte prédestiné aux sens multiples »[2] ; et Lacan de compléter : « Le mot n'est pas signe de signification mais nœud de significations »[3]. Il relèverait donc de la nature même des termes d'être plurivoques. Dans ce cas, il existe sans doute des degrés de plurivocité ; et « droit » se positionne tout en haut de l'échelle du flou sémantique. Si « droit » est aujourd'hui plus que jamais ambigu, c'est, d'une part, parce que les critères caractéristiques utilisés pour le définir n'établissent guère de consensus autour de leur nombre et de leurs identités et, d'autre part, parce que ces critères caractéristiques se révèlent en eux-mêmes incertains car reposant sur des critères caractéristiques de second degré qui varient et qui s'appuient sur des critères caractéristiques de troisième degré mal fixés, etc. Ainsi, si le droit se rattache, par exemple, à la validité ou à la justice, les sens de « validité » et de « justice » sont discutés et controversés.

Par ailleurs, la complexité se voit amplifiée par le fait qu'il arrive régulièrement que, alors que deux locuteurs envisagent une seule et unique chose, ils n'utilisent pas le même signifiant pour désigner ce signifié commun : l'un utilise « norme juridique » et l'autre « règle juridique », l'un emploie « système juridique » et l'autre « ordre juridique ». En résultent des incompréhensions fort regrettables puisque provoquées uniquement par des difficultés d'ordre formel. Mais ces lignes ne sont pas le lieu où davantage développer pareilles réflexions.

Synthèse sur la linguistique juridique par Gérard Cornu

Gérard Cornu, père de la linguistique juridique en France, synthétisait son approche de cette discipline en ces termes :

[1] *Cf.* B. Barraud, « L'échelle de juridicité : un outil pour mesurer le droit et fonder une théorie syncrétique (première partie : présentation) », *Arch. phil. droit* 2013, p. 365 s. ; B. Barraud, *Théories du droit et pluralisme juridique – t. II : La théorie syncrétique du droit et la possibilité du pluralisme juridique*, PUAM (Aix-en-Provence), coll. Inter-normes, 2017.

[2] S. Freud, *L'Interprétation des rêves* (1900), Puf, 1967, p. 293 (cité par S. Cacioppo, R. Camps, « Neutralité(s) et communications électroniques – Approche sémantique », in *Neutralité(s) et communications électroniques – Table-ronde de l'IREDIC 2013*, Les publications du LID2MS, coll. Les tables-rondes, 2013, p. 11).

[3] J. Lacan, « Propos sur la causalité psychique », in H. Ey et *alii*, *Le problème de la psychogénèse des névroses et des psychoses*, Desclée de Brouwer, 1950 (cité par S. Cacioppo, R. Camps, « Neutralité(s) et communications électroniques – Approche sémantique », in *Neutralité(s) et communications électroniques – Table-ronde de l'IREDIC 2013*, Les publications du LID2MS, coll. Les tables-rondes, 2013, p. 11).

> *Relativement à la linguistique générale, la linguistique juridique est triplement décalée. Dans l'ensemble des faits de langage, elle n'embrasse qu'un champ spécial et concret. L'étude qu'elle en fait n'est pas fondamentale mais appliquée. Dans son application même, elle ne retient que certains des aspects de l'analyse linguistique. Sans doute fait-elle sienne l'analyse saussurienne classique et qui, dans le signe linguistique, unité significative indivisible, distingue les deux faces, la forme phonique (le signifiant) et l'image mentale (le signifié) qui s'associent, s'articulent et s'actualisent ensemble par la parole. Mais elle est étrangère à deux des « parties formelles » de l'analyse linguistique : la phonologie qui étudie les unités phoniques de la langue (les phonèmes), la juridicité du langage n'ayant aucune pertinence sous le rapport des sons ; la syntaxe et plus généralement l'ensemble des règles qui gouvernent l'emploi de la langue (il n'y a pas de grammaire juridique). En revanche, la linguistique juridique saisit divers aspects de la morphologie, l'étude des unités signifiantes indivisibles de la langue (les morphèmes). Elle cultive l'étymologie des termes juridiques [...]. Cependant, le sens des mots est l'objet privilégié de son étude. Tenant à la « partie substantielle » de la langue, c'est le signifié, contenu intellectuel du signe linguistique, qui importe surtout.* La sémantique juridique est le noyau de la linguistique juridique.[1]

Les frontières de la linguistique juridique en question

La linguistique juridique peut aussi analyser les signes linguistiques qui ne sont pas des mots. Par exemple, les couleurs verte et rouge revêtent, en droit, des significations bien précises (la permission et l'interdiction). Des formes géométriques, des figures ou bien des attitudes corporelles peuvent aussi servir à communiquer le droit : le rond est prohibitif quand l'hexagone est impératif, le carré indicatif et le triangle préventif[2].

Par ailleurs, il existe un droit du langage ou droit linguistique[3] qui exerce une plus ou moins grande emprise sur la langue ordinaire en fonction

[1] G. CORNU, « Linguistique juridique », in D. ALLAND, S. RIALS, dir., *Dictionnaire de la culture juridique*, Lamy-Puf, coll. Quadrige-dicos poche, 2003, p. 953 (souligné dans le texte original).

[2] *Cf.* J.-P. GRIDEL, *Le signe et le droit – Les bornes, les uniformes, la signalisation routière et autres*, LGDJ, 1979 ; G. CORNU, « L'expression corporelle dans le langage du droit », in *Mélanges Denis Tallon*, Société de législation comparée, 1999, p. 45 s.

[3] J.-G. TURI, « Le droit linguistique et les droits linguistiques », *Les cahiers de droit* 1991, p. 641 s. Selon l'auteur, « le droit linguistique, entendu objectivement, est un ensemble de normes juridiques ayant pour objet le statut et l'utilisation d'une ou de plusieurs langues, nommées et innommées, dans un contexte politique donné. Il s'agit d'un droit métajuridique en ce que la langue, qui est le principal outil du droit, devient en l'occurrence à la fois le sujet et l'objet du droit » (*ibid.*, p. 641).

des temps et des lieux[1]. Ce droit du langage, branche du droit, ensemble de normes juridiques, ne doit pas être confondu avec la linguistique juridique, branche de la recherche juridique. Il est difficile de comprendre comment la linguistique juridique pourrait concerner à la fois « l'étude linguistique du langage du droit et l'étude du droit du langage »[2]. La linguistique juridique est bien l'étude linguistique du langage du droit et elle seule. Elle est l'œuvre d'un linguiste, au moins par destination, et non l'œuvre d'un juriste.

Enfin, un pan important de la linguistique juridique telle que la concevait Gérard Cornu se rapporte aux discours du droit et, plus particulièrement, aux modes d'expression du législateur et des juges, c'est-à-dire aux habitudes et contraintes de rédaction des textes de loi et des décisions de justice. Cela n'est pas anodin tant « il peut y avoir discours juridique sans vocabulaire juridique »[3]. Or il semble que cette partie de la linguistique juridique, d'une part, ne soit pas de la linguistique au sens le plus strict et, d'autre part, corresponde à une portion importante de la méthodologie juridique. Cette dernière se définit, en un mot, comme l'étude des savoir-faire des juristes[4]. Le particularisme du discours législatif ou du discours juridictionnel réside dans les marques formelles et logiques utilisées, dans la phraséologie, la stylistique et la structure de ces discours, autant de savoir-faire. Si, ordinairement, le linguiste peut s'intéresser à ceux-ci et peut ranger les types de discours en fonction de leurs agents, de leurs objets ou de leurs modes d'expression, il faut considérer qu'il en va différemment en matière juridique où qui entend procéder à leur examen s'adonne à une activité méthodologique plus que linguistique.

Dès lors qu'est décidé de voir dans la méthodologie juridique une branche de la recherche juridique à part entière, et dès lors que les discours juridiques, au-delà des savoir-faire de ceux qui les produisent, ne présentent guère de spécificités syntaxiques et grammaticales, il semble permis d'éliminer l'analyse de ces discours de l'objet d'étude du jurilinguiste et de la rattacher à celui de la méthodologie juridique. Celle-ci, non dénuée, donc, de tout rapport avec la linguistique juridique mais étant sensiblement moins confidentielle qu'elle, est la dixième des quatorze branches de la recherche juridique identifiées en ces pages.

Orientations et illustrations bibliographiques

ALEXY R. A., *Theory of Legal Argumentation*, Clarendon Press (Oxford), 1989
AMSELEK P., dir., *Théorie des actes de langage, éthique et droit*, Puf, 1986

[1] *Cf.* G. CORNU, *Linguistique juridique*, 3e éd., Montchrestien, coll. Domat droit privé, 2005.
[2] G. CORNU, *Linguistique juridique*, Montchrestien, coll. Domat droit privé, 1990, p. 17.
[3] *Ibid.*, p. 213.
[4] J.-L. BERGEL, « Méthodologie juridique », in D. ALLAND, S. RIALS, dir., *Dictionnaire de la culture juridique*, Lamy-Puf, coll. Quadrige-dicos poche, 2003, p. 1021.

AMSELEK P., « Philosophie du droit et théorie des actes de langage », in AMSELEK P., dir., *Théorie des actes de langage, éthique et droit*, Puf, 1986, p. 113 s.
AMSELEK P., « Les fonctions normatives ou catégories modales », in *Mélanges Michel Troper*, Economica, 2006, p. 51 s.
Arch. phil. droit 1974, « Le langage du droit »
Arch. phil. droit 1990, « Vocabulaire fondamental du droit »
AUSTIN J. L., *Quand dire c'est faire* (1962), Le Seuil, 1970
AUTIN J.-L., RIBOT C. et *alii*, *Environnements – Les mots du droit et les incertitudes de la modernité – Mélanges en l'honneur du professeur Jean-Philippe Colson*, Presses universitaires de Grenoble, 2004
BALLIAN S., *La définition dans la loi – Essai de linguistique juridique*, La maison du dictionnaire, 2014
BARON C., « La gouvernance : débats autour d'un concept polysémique », *Dr. et société* 2003, p. 329 s.
BARRAUD B., « La science et la doctrine juridiques à l'épreuve de la polysémie des concepts », *RIEJ* 2016, n° 76
BASDEVANT J., dir., *Dictionnaire de la terminologie du droit international*, Sirey, 1960
BAUMGARTNER E., MÉNARD P., *Dictionnaire étymologique et historique de la langue française*, Le livre de poche-Librairie générale française, 1996
BECQUART J., *Les mots à sens multiples en droit civil français – Contribution au perfectionnement du vocabulaire juridique*, Puf, 1928
BÉNICHOT J.-C., MORAND-DEVILLER J., dir., *Mondialisation et globalisation des concepts juridiques – L'exemple du droit de l'environnement*, IRJS éditions, coll. Bibliothèque de l'Institut de recherche juridique de la Sorbonne, 2010
BERGEL J.-L., « Le processus des concepts émergeants », in LE DOLLEY E., dir., *Les concepts émergeants en droit des affaires*, LGDJ-Lextenso, 2010, p. 439 s.
BERTEN A., LENOBLE J., *Dire la norme – Droit, politique et énonciation*, Story-Scientia-LGDJ (Bruxelles-Paris), 1990
BISSARDON S., *Guide du langage juridique – Vocabulaire, pièges et difficultés*, 4e éd., LexisNexis, coll. Objectif droit dictionnaire, 2013
BOCQUET C., *La traduction juridique – Fondement et méthode*, De Boeck, coll. Traducto, 2008
BOYER L., ROLAND H., *Adages du droit français*, 4e éd., Litec, 1999
BRANCOURT J.-P., « Des "estats" à l'État : évolution d'un mot », *Arch. phil. droit* 1976, p. 39 s.
BRÉAL M., *Essai de sémantique : science des significations*, Hachette, 1897
BROOKS P., GEWIRTZ P., *Law's Stories – Narrative and Rhetoric in Law*, Yale University Press (New Haven), 1996
BURDEAU G., « Études sur l'évolution de la notion de loi en droit français », *Arch. phil. droit* 1939, p. 7 s.
CABRILLAC R., dir., *Dictionnaire du vocabulaire juridique*, 3e éd., Litec, 2008
CADIET L., dir., *Dictionnaire de la justice*, Puf, 2004
CAYLA O., « Austin, Quand dire c'est faire », in CAYLA O., HALPÉRIN J.-L., dir., *Dictionnaire des grandes œuvres juridiques*, Dalloz, 2008, p. 14 s.
CHEMILLIER-GENDREAU M., « Origine et rôle de la fiction en droit international public », *Arch. phil. droit* 1987, p. 153 s.
CHOMSKY N., *Réflexions sur le langage* (1975), Maspéro, 1977
CHOMSKY N., *Règles et représentations* (1980), Flammarion, 1985
COHEN E., « De la règlementation à la régulation : histoire d'un concept », *Problèmes économiques* 2000, n° 2680, p. 1 s.
CORNU G., *Linguistique juridique*, Montchrestien, coll. Domat, 1990
CORNU G. et *alii*, *Vocabulaire juridique*, 8e éd., Puf, coll. Quadrige, 2007
CORNU G., « La lettre du code à l'épreuve du temps », in *Mélanges René Savatier*, Dalloz, 1965, p. 157 s.
CORNU G., « Hortus deliciarum : au jardin des lettres latines du langage du droit », in *Mélanges Jean Foyer*, Puf, 1997, p. 53 s.
CORNU G., « L'expression corporelle dans le langage du droit », in *Mélanges Denis Tallon*, Société de législation comparée, 1999, p. 45 s.

CORNU G., « Adages et brocards », in ALLAND D., RIALS S., dir., *Dictionnaire de la culture juridique*, Lamy-Puf, coll. Quadrige dicos poche, 2003
CORNU G., « Linguistique juridique », in ALLAND D., RIALS S., dir., *Dictionnaire de la culture juridique*, Lamy-Puf, coll. Quadrige dicos poche, 2003
COTÉ P.-A., *Interprétation des lois*, Yvon Blais (Montréal), 1990
COURTES J., GREIMAS A. J., *Dictionnaire raisonné de la théorie du langage*, Hachette, 1979
DAMETTE E., *Didactique du français juridique – Français langue étrangère à visée professionnelle*, L'Harmattan, 2007
DAMETTE E., DARGIROLLE F., *Méthode de français juridique*, Dalloz, coll. Méthodes du droit, 2012
DARMESTETER A., *La vie des mots étudiés dans leurs significations*, 5e éd., Delagrave, 1895
DELHOSTE M.-F., « Le langage scientifique dans la norme juridique », *RRJ* 2002, p. 53 s.
DE SAUSSURE F., *Cours de linguistique générale* (1916), Payot (Genève), 1973
DE VILLIERS M., *Dictionnaire du droit constitutionnel*, 4e éd., Armand Colin, 2003
DIDIER E., *Langues et langages du droit*, Wilson et Lafleur (Montréal), 1990
DOUZINAS C., NEAD L., dir., *Law and the Image: The Authority of Art and the Aesthetics of Law*, University of Chicago Press, 1999
DROSS W., « L'identité des concepts juridiques : quelles distinctions entre concept, notion, catégorie, qualification, principe ? », *RRJ-Cahiers de méthodologie juridique* 2012, n° 26
DUBOUCHET P., *La sémiotique juridique – Introduction à une science du droit*, Puf, coll. Les voies du droit, 1990
DUBOUCHET P., *Pour une sémiotique du droit international : essai sur le fondement du droit*, L'Harmattan, 2007
EDELMAN M., *The Symbolic Uses of Politics*, University of Illinois Press, 1957
FORTIER V., « La fonction normative des notions floues », *RRJ* 1991, p. 755 s.
FOUCAULT M, *Les mots et les choses : une archéologie des sciences humaines*, Gallimard, 1966
FRISON-ROCHE M.-A., *Les 100 mots de la régulation*, Puf, coll. Que sais-je ?, 2011
GÉNIAUT B., « La force normative des standards juridiques – Éléments pour une approche pragmatique », in THIBIERGE C., dir., *La force normative – Naissance d'un concept*, LGDJ-Bruylant (Paris-Bruxelles), 2009, p. 183 s.
GHILS P., « Le concept et les notions de société civile », *Transnational Association* 1995, n° 3, p. 136 s.
GONDOUIN G., INSERGUET-BRISSET V., VAN LANG A., *Dictionnaire de droit administratif*, 5e éd., Sirey, 2008
GRIDEL J.-P., *Le signe et le droit – Les bornes, les uniformes, la signalisation routière et autres*, LGDJ, 1979
GRIDEL J.-P., *Notions fondamentales de droit et de droit français – Introduction, méthodologie, synthèses*, Dalloz, 1992
GROFFIER E., REED D., *La lexicographie juridique*, Yvon Blais (Québec), 1990
GRZEGORCZYK Ch., « Le concept de bien juridique : l'impossible définition ? », *Arch. phil. droit* 1979, p. 259 s.
GUILLAUME G., *Principes de linguistique théorique*, Klincksiek, 1973
GUILLIEN R., VINCENT J., dir., *Lexique des termes juridiques*, 16e éd., Dalloz, 2007
HABERMAS J., *Théorie de l'agir communicationnel, t. I : Rationalité de l'agir et rationalisation de la société*, Fayard, 1987
HABERMAS J., *Morale et communication* (1986), Flammarion, coll. Champs, 1999
HENNETTE-VAUCHEZ S., « Analyser le discours doctrinal : Comment dire qu'un texte prescrit ? », in DOAT M., LE GOFF J., PÉDROT P., dir., *Droit et complexité – Pour une nouvelle intelligence du droit vivant*, Presses universitaires de Rennes, 2007, p. 239 s.
HÉRITIER F., *Le goût des mots*, Odile Jacob, 2013
HJEMSLEV L., *Prolégomènes à une théorie du langage* (1943), Minuit, 1968
JACOB R., « Symbolique du droit et de la justice », in ALLAND D., RIALS S., dir., *Dictionnaire de la culture juridique*, Lamy-Puf, coll. Quadrige dicos poche, 2003
JAKOBSON R., *Essais de linguistique générale* (1949), Minuit, 1963
JEAMMAUD A., « Introduction à la sémantique de la régulation juridique – Des concepts en jeu », in CLAM J., MARTIN G., dir., *Les transformations de la régulation juridique*, LGDJ, coll. Droit et société, 1998, p. 47 s.

JEAMMAUD A., « De la polysémie du terme "principe" dans les langages du droit et des juristes », in CAUDAL S., dir., *Les principes en droit*, Economica, 2008, p. 49 s.
JEAMMAUD A., « La règle de droit comme modèle », *D.* 1990, p. 199 s.
KAZANCIGIL A., « La gouvernance : itinéraires d'un concept », in *Mélanges Hermet*, Karthala, 2002, p. 121 s.
LAKOFF G., JOHNSON M., *Metaphors we Live by*, University of Chicago Press, 1980
LE DOLLEY E., dir., *Les concepts émergeants en droit des affaires*, LGDJ-Lextenso, 2010
LENOBLE J., *Droit et communication*, Éditions du Cerf, 1994
LENOBLE J., BERTEN A., *Dire la norme – Droit, politique et énonciation*, LGDJ-Bruylant (Paris-Bruxelles), coll. La pensée juridique, 1998
LERAT P., SOURIOUX J.-L., *Le langage du droit*, Puf, 1975
LERAT P., SOURIOUX J.-L., *Le français juridique comme langue spécialisée*, Bruylant (Bruxelles), 1995
LERAT P., SOURIOUX J.-L., « Linguistique juridique », *RIDC* 1991, p. 257 s.
LIVET P., « Argumentation et rhétorique juridique », in ALLAND D., RIALS S., dir., *Dictionnaire de la culture juridique*, Lamy-Puf, coll. Quadrige dicos poche, 2003
LOSCHAK D., « La société civile : du concept au gadget », in CURAPP, *La société civile*, Puf, 1986, p. 43 s.
LYONS J., *Linguistique générale* (1968), Larousse, 1970
MAHIEU C., VOLTER K., « Utilisation du concept de "gouvernance" : Quelle(s) justification(s) ? », in DEMUIJNCK G., VERCAUTEREN P., dir, *L'État face à la globalisation économique – Quelles formes de gouvernance ?*, Sandre, 2009, p. 155 s.
MONJEAN-DECAUDIN S., *La traduction du droit dans la procédure judiciaire – Contribution à l'étude de la linguistique juridique*, Dalloz, coll. Bibliothèque de la justice, 2012
MOUNIN G., *Histoire de la linguistique des origines au XXe siècle*, Puf, 1970
MOUNIN G., « La linguistique comme science auxiliaire dans les disciplines juridiques », *Arch. phil. droit* 1974, p. 8 s.
NICOLAS É., « Répétabilité et répétition des énoncés normatifs : la force intercitationnelle dans le langage juridique comme force normative », in THIBIERGE C., dir., *La force normative – Naissance d'un concept*, LGDJ-Bruylant (Paris-Bruxelles), 2009, p. 69 s.
NOREAU P., « De la force symbolique du droit », in THIBIERGE C., dir., *La force normative – Naissance d'un concept*, LGDJ-Bruylant (Paris-Bruxelles), 2009, p. 137 s.
OLBRECHTS-TYTECA L., PERELMAN Ch., *La nouvelle rhétorique*, Puf, 1958
OLBRECHTS-TYTECA L., PERELMAN Ch., *Traité de l'argumentation*, 6e éd., Éditions de l'Université de Bruxelles, coll. UB lire fondamentaux, 2008
OST F., « La légitimité dans le discours juridique : cohérence, performance, consensus ou dissensus ? », *Archiv für Rechts und Sozialphilosophie* 1985, p. 191 s.
OST F., VAN DE KERCHOVE M., « Le "jeu" de l'interprétation en droit – Contribution à l'étude de la clôture du langage juridique », *Arch. phil. droit* 1982, p. 396 s.
PARAIN-VIAL J., « Notes sur l'épistémologie des concepts juridiques », *Arch. phil. droit* 1959, p. 131 s.
PARRET H., « Au-delà de la rhétorique du juridique : justifier par l'éthique, légitimer par l'esthétique », *Dr. et société* 1988, p. 77 s.
PERELMAN Ch., « L'usage et l'abus des notions confuses », in *Le raisonnable et le déraisonnable en droit – Au-delà du positivisme juridique*, LGDJ, coll. Bibliothèque de philosophie du droit, 1984, p. 163 s.
PERELMAN Ch., VANDER ELST R., dir., *Les notions à contenu variable en droit*, Bruylant (Bruxelles), coll. Travaux du Centre national de recherches de logique, 1984
PFERSMANN O., « Antinomies », in ALLAND D., RIALS S., dir., *Dictionnaire de la culture juridique*, Lamy-Puf, coll. Quadrige dicos poche, 2003
PUIGELIER C., « Mots à sens multiples et règle de droit », *Arch. phil. droit* 2004, p. 381 s.
RANGEON F., « Société civile – Histoire d'un mot », in CURAPP, *La société civile*, Puf, 1986, p. 9 s.
REY A., dir., *Dictionnaire historique de la langue française*, Le Robert, 2006
RIALS S., « Les standards, notions critiques du droit », in PERELMAN Ch., VANDER ELST R., dir., *Les notions à contenu variable en droit*, Bruylant (Bruxelles), coll. Travaux du Centre national de recherches de logique, 1984, p. 39 s.

ROSEMBERG M., *Les mots sont des fenêtres ou bien ce sont des murs – Introduction à la communication non violente*, trad. A. Cessotti, C. Secretan, La découverte, 2005

ROSENZWEIG M. R., « Études sur l'association des mots », *L'année psychologique* 1957, p. 23 s.

ROUQUETTE R., *Dictionnaire du droit administratif*, Le Moniteur, 2002

SALAS D., *Les 100 mots de la justice*, Puf, coll. Que sais-je ?, 2011

SALMON J., dir., *Dictionnaire de droit international privé*, Bruylant (Bruxelles), coll. Universités francophones, 2001

SALMON J., « Les notions à contenu variable en droit international public », in PERELMAN Ch., VANDER ELST R., dir., *Les notions à contenu variable en droit*, Bruylant (Bruxelles), 1984, p. 251 s.

SOIGNET M., *Le français juridique*, Hachette, coll. Le français professionnel, 2003

SOURIOUX J.-L., « Pour l'apprentissage du langage du droit », *RTD civ.* 1999, p. 343 s.

TARSKI A., *Logique, sémantique, métamathématique – 1923-1944*, t. II, Armand Colin, 1974

TEUBNER G., « Juridification – Concepts, Aspects, Limits, Solutions », in TEUBNER G., dir., *Juridification of Social Spheres – A Comparative Analysis in the Areas of Labor, Corporate, Anti-Trust and Social Welfare Law*, Walter de Gruyter (Berlin-New York), 1987, p. 3 s.

TIMSIT G., « Les métaphores dans le discours juridique », *Revue européenne des sciences sociales* 2009, n° 117

TURI J.-G., « Le droit linguistique et les droits linguistiques », *Les cahiers de droit* 1991, p. 641 s.

TUSSEAU G., « Métathéorie de la notion de principe dans la théorie du droit contemporaine – Sur quelques écoles de définition des principes », in CAUDAL S., dir., *Les principes en droit*, Economica, 2008, p. 79 s.

TUSSEAU G., « Un chaos conceptuel qui fait sens : la rhétorique du constitutionnalisme global », in CHÉROT J.-Y., FRYDMAN B., dir., *La science du droit dans la globalisation*, Bruylant (Bruxelles), coll. Penser le droit, 2012, p. 182 s.

VILLEY M., « De l'indicatif dans le droit », *Arch. phil. droit* 1974, p. 33 s.

VON GLASERFELD E., *The construction of Knowledge – Contribution to conceptual semantics*, Intersystems Publications (Londres), 1988

VYGOTSLI L., *Pensée et langage*, trad. F. Sève, Messidor, 1985

WRÓBLEWSKI J., « Les langages juridiques : une typologie », *Dr. et Société* 1988, p. 15 s.

Chapitre 10

La méthodologie juridique

Méthode et méthodologie

Le droit est animé par des méthodes spécifiques qui le particularisent au sein de l'ensemble des activités sociales. Cela justifie l'existence d'une méthodologie juridique, science dont l'objet est d'étudier ces méthodes originales.

La méthodologie ne doit pas être confondue avec la méthode et les dictionnaires de la langue française définissent cette première en tant qu' « étude systématique, par observation de la pratique, des principes qui la fondent et des méthodes utilisées »[1], tandis qu'ils voient dans la méthode un « ensemble ordonné de principes, de règles, d'étapes, qui constitue un moyen pour parvenir à un résultat »[2], ou encore un « ensemble de règles qui permettent l'apprentissage d'une technique, d'une science »[3]. La méthodologie est littéralement la « science de la méthode » ou le « discours sur la méthode », le grec ancien « *logos* » signifiant « discours ». Comme la sociologie n'est pas la société mais le discours sur la société, la science de la société, la méthodologie n'est pas la méthode mais le discours sur la méthode, la science de la méthode.

Le développement relatif de la méthodologie juridique

En France, la méthodologie juridique a, jusqu'à présent, été principalement abordée, de façon *ad hoc*, dans le cadre du laboratoire de théorie du droit de la faculté de droit d'Aix-en-Provence, où un atelier de méthodologie juridique a été fondé en 1986[4]. Son directeur, le professeur Jean-Yves Chérot, est également l'actuel président de l'Association internationale de méthodologie juridique, tandis que le professeur Jean-Louis Bergel, ancien président de cette association, a publié, en 2001, un ouvrage

[1] V° « Méthodologie », in *Le petit Larousse illustré 2011*, Larousse, 2010.
[2] V° « Méthode », in *Le petit Larousse illustré 2011*, Larousse, 2010.
[3] *Ibid.* Et une méthode est aussi un « ouvrage qui les contient, les applique » (*ibid.*).
[4] *Cf.* J.-L. BERGEL, « Un "atelier de méthodologie juridique" : pourquoi ? », *RRJ* 1986, n° 4, p. 11 s.

décisif pour le déploiement de la matière[1] et que ces professeurs, avec d'autres, éditent annuellement des *Cahiers de méthodologie juridique*, numéros spéciaux de la *Revue de la recherche juridique* des Presses universitaires d'Aix-Marseille[2]. Au-delà de ce cercle restreint d'initiés, la méthodologie juridique reste, pour l'heure, plutôt méconnue. Il est remarquable que nombre d'auteurs font de la méthodologie juridique, étant donnés les objets qu'ils étudient, sans le savoir. Et il n'est pas rare qu'on confonde méthode et méthodologie, méthode et science de la méthode, et qu'on intitule des ouvrages qui sont en réalité des méthodes du droit « méthodologie juridique »[3].

Si la méthodologie juridique a connu de grands précurseurs tels que Ihering ou Portalis, elle n'a été approfondie par des professeurs tels que François Gény ou René Demogue qu'indirectement et partiellement. Des pans importants de la méthodologie juridique, comme l'interprétation des règles par les organes chargés de les appliquer, ont certainement été largement étudiés, mais d'autres sont longtemps restés ignorés. Il importe néanmoins de faire de la méthodologie juridique une branche à part entière de la recherche juridique, spécialement dès lors qu'elle s'attache à un objet d'étude précisément identifié : les savoir-faire des juristes. Et doit être souligné que, en Belgique, les étudiants des facultés de droit se voient désormais proposer, aux côtés des cours d'introduction au droit, des enseignements explicitement intitulés « cours de méthodologie juridique ». Des manuels de méthodologie juridique accompagnent ces enseignements[4]. Cela témoigne du développement, bien que relatif, de cette discipline

[1] J.-L. BERGEL, *Méthodologie juridique*, Puf, coll. Thémis droit privé, 2001. Néanmoins, *cf.* déjà H. MOTULSKI, *Principes d'une réalisation méthodique du droit privé*, Dalloz, 1991 ; X. DIJON, *Méthodologie juridique – L'application de la norme*, Story-Scientia (Bruxelles), coll. À la rencontre du droit, 1990 ; P.-A. COTÉ, *Interprétation des lois*, Yvon Blais (Montréal), 1990 ; F. OST, M. VAN DE KERCHOVE, *Entre la lettre et l'esprit – Les directives d'interprétation en droit*, Bruylant (Bruxelles), 1989 ; M.-L. MATHIEU-IZORCHE, *Le raisonnement juridique*, Puf, coll. Thémis droit privé, 2001 ; F. MÜLLER, *Discours de la méthode juridique*, trad. O. Jouanjan, Puf, coll. Léviathan, 1996.

[2] Les premiers numéros de ces Cahiers de méthodologie juridique ont porté sur « Les définitions dans la loi et les textes règlementaires », « Les standards dans les divers systèmes juridiques », « Les formulations d'objectifs dans les textes législatifs » ou encore « Les modes de réalisation du droit ».

[3] Par exemple, R. ROMI, *Méthodologie de la recherche en droit*, 2e éd., Litec, coll. Objectif droit, 2011 ; D. BONNET, *L'essentiel de la méthodologie juridique – Dissertation, fiche de jurisprudence, commentaire d'arrêt, commentaire d'article, cas pratique*, Ellipses, coll. Méthodologie et exercices juridiques, 2012 ; G. MARAIN, *Méthodologie et aspects formels de la recherche – Petit manuel à l'usage des juristes*, L'Harmattan, 2015 ; É. GEERKENS, C. NISSEN, A.-L. SIBONY, A. ZIANS, *Méthodologie juridique – Méthodologie de la recherche documentaire juridique*, 5e éd., Larcier (Bruxelles), 2014.

[4] Par exemple, P. DELNOY, *Éléments de méthodologie juridique – Méthodologie de l'interprétation juridique, méthodologie de l'application du droit*, 3e éd., Larcier (Bruxelles), 2008.

particulière. Il faut se réjouir de pareille « découverte » de la méthodologie juridique tant, ainsi que l'écrivait déjà François Gény, « toute élaboration juridique est dominée par des opérations intellectuelles et par une méthode »[1].

La science des méthodes des juristes

La méthodologie juridique part du constat selon lequel la connaissance du droit ne se réduit pas à la connaissance des textes de loi et des jurisprudences et suppose la maîtrise de méthodes et techniques spécifiques, impliquant des logiques, des raisonnements, des instruments, des classifications, des qualifications ou encore des modes d'expression adéquats[2]. La méthodologie juridique a pour objet d'étudier ces moyens qu'utilisent les juristes afin de faire vivre concrètement et quotidiennement le droit. Elle est donc « la science des méthodes du droit »[3] ou « l'étude des savoir-faire des juristes »[4] ; et elle n'est possible qu'à la condition que le droit ne soit pas irrationnel ni improvisé, ce qu'il n'est pas[5].

En outre, la méthodologie juridique est purement formelle et n'a aucun égard pour le fond du droit. Sa fonction est d'observer et d'expliquer la « mécanique du droit », quels que soient les résultats que celle-ci produit. Ce qui importe d'un point de vue méthodologique n'est pas le contenu de la norme mais les modes d'édiction, d'application et de sanction de la norme.

Le professeur Jean-Louis Bergel fait remarquer que « jamais plus qu'à cette époque de surrèglementation complexe, éphémère et souvent contradictoire, de bouleversements techniques et sociaux et d'interpénétration d'ordres juridiques divers, internes et internationaux, la connaissance et l'application des méthodes du droit ne semblent s'être à ce point imposées. Elles sont indispensables à la détermination et à l'expression des règles de droit par le législateur, à leur interprétation, à la solution des litiges, à l'argumentation des parties au procès, à la négociation et à l'établissement des contrats par les praticiens »[6]. Cela implique que jamais autant qu'aujourd'hui la méthodologie juridique n'aurait été digne d'intérêt. De plus en plus, s'impose l'étude des procédés « en vigueur » dans le droit, des démarches intellectuelles des juristes et des moyens techniques auxquels ils recourent.

[1] F. GÉNY, *Science et technique en droit privé positif*, Librairie du Recueil Sirey, 1913 (cité par J.-L. BERGEL, « Méthodologie juridique », in D. ALLAND, S. RIALS, dir., *Dictionnaire de la culture juridique*, Lamy-Puf, coll. Quadrige-dicos poche, 2003, p. 1021).
[2] J.-L. BERGEL, *Méthodologie juridique*, Puf, coll. Thémis droit privé, 2001.
[3] J.-L. BERGEL, « Méthodologie juridique », in D. ALLAND, S. RIALS, dir., *Dictionnaire de la culture juridique*, Lamy-Puf, coll. Quadrige-dicos poche, 2003, p. 1021.
[4] *Ibid.*
[5] *Ibid.*, p. 1022.
[6] *Ibid.*, p. 1021.

La méthodologie juridique se consacre aussi bien aux méthodes mises en œuvre dans les assemblées qu'à celles propres aux juridictions et qu'à celles propres aux administrations[1]. Ce qui l'intéresse tout particulièrement, ce sont les moyens utiles à la classification et à la qualification juridiques des faits, au raisonnement juridique, à la coordination des règles juridiques, ainsi qu'à leur interprétation[2]. De façon générale, elle se consacre à tout ce qui est utile à la solution des problèmes juridiques. Ne la concernent pas les problèmes et les solutions mais les moyens d'identifier les problèmes et les moyens de trouver les solutions. Entre matière et manière, elle opte pour la manière, étant entendu que la matière n'est souvent que la conséquence directe de la manière. Entre politique et technique, elle n'a d'égards que pour la technique. Son champ d'investigation n'en est pas moins fort large, comprenant tous les modes de formation, d'application et de sanction du droit. Un exemple parmi une foultitude est le recours aux fictions en droit. Celui-ci constitue un objet d'étude particulièrement opportun pour la méthodologie juridique.

Les actes du législateur et du juge, objet d'étude privilégié de la méthodologie juridique

La méthodologie juridique s'intéresse notamment aux habitudes et aux règles phraséologiques et stylistiques qui gouvernent la confection des discours juridiques, spécialement ceux du législateur et ceux du juge[3]. L'un comme l'autre, pour pouvoir rédiger un texte de loi ou une décision de justice, doivent maîtriser ces règles. La loi, texte à portée normative, doit ainsi comporter dans sa structure les marques linguistiques en rapport avec la fonction législative, lesquelles peuvent être comprises comme des marques de souveraineté[4]. Ensuite, et par exemple, celui qui élabore la loi doit savoir que, par convention coutumière de langage, l'indicatif prend dans la loi la valeur de l'impératif. Le discours législatif est nécessairement ordonné et il appartient à la méthodologie juridique d'observer et d'expliquer cet ordonnancement textuel (division de la loi en articles, titres, chapitres, alinéas, etc.). La manière qu'a le législateur, émetteur des messages normatifs situé au-dessus et loin de leurs destinataires qui sont souvent l'ensemble des citoyens — parmi lesquels une grande proportion de profanes —, de s'exprimer distinctement, lapidairement, de la manière la

[1] Par exemple, B. LATOUR, *La fabrique du droit – Une ethnographie du Conseil d'État*, La découverte, 2002.

[2] P. DELNOY, *Éléments de méthodologie juridique – Méthodologie de l'interprétation juridique, méthodologie de l'application du droit*, 3e éd., Larcier (Bruxelles), 2008 ; J.-L. BERGEL, *Méthodologie juridique*, Puf, coll. Thémis droit privé, 2001.

[3] Par exemple, M. LENOBLE-PINSON, *Dire et écrire le droit en français correct – Au plaisir des gens de robe*, Larcier (Bruxelles), 2015.

[4] A. VIANDIER, « Observations sur le style de la loi », *RRJ* 1987, p. 847 s.

plus châtiée qu'il soit possible en fonction de l'objet des devoir-être, n'est pas le moindre des savoir-faire. L'objectif principal, si ce n'est le devoir impérieux, de l'auteur d'une loi est de progresser au moyen de propositions brèves et concises, de la manière la plus simple, la plus claire et la plus logique. En somme, la loi doit « disposer ». Cette véritable discipline rédactionnelle — qui confine à l'art[1] — constitue un objet d'étude privilégié de la méthodologie juridique.

Il en va identiquement de la décision de justice, laquelle doit porter dans sa structure les marques linguistiques de la fonction juridictionnelle, c'est-à-dire de la fonction d'application de règles à portée générale à des cas concrets, ce qui renvoie en premier lieu au célèbre syllogisme, à l'exposé des « motifs » suivi invariablement du « dispositif » (*i.e.* la décision du juge)[2]. La composition du jugement est strictement codifiée et les magistrats doivent se conformer à ce « code ». En somme, là où la loi « dispose », la décision de justice « motive ». Et elle « raisonne », « démontre », « justifie »[3]. De plus, un jugement, sous peine de nullité, doit irrépressiblement comprendre diverses marques formelles attestant de la régularité de la procédure et des compétences en cause. Or il n'est pas rare que la méthode d'élaboration des décisions de justice ne soit pas respectée et qu'en conséquence celles-ci se voient annulées pour « vice de forme », ce qui peut parfois engendrer des conséquences dramatiques.

En outre, la méthodologie juridique peut analyser le style du discours législatif ou du discours juridictionnel, c'est-à-dire le choix des mots et de leur agencement[4]. Comme certains courants littéraires obéissent à des règles stylistiques bien définies, la rédaction d'une loi ou d'un jugement obéit à de telles règles. Il existe réellement un « style législatif »[5] et un « style judiciaire »[6]. Mais il existe aussi un « style administratif » — à distinguer du célèbre « style Conseil d'État » —, un « style contractuel »[7] ou encore un « style notarial »[8]. Et il convient de ne pas oublier les discours des avocats et autres conseils, qui présentent des caractéristiques bien affirmées en termes de rhétorique juridique — quand la loi et le jugement s'appuient davantage sur l'argumentation juridique —[9], ainsi qu'en termes d'art oratoire. Ces

[1] G. CORNU, « L'art d'écrire la loi », *Pouvoirs* 2003, n° 107, p. 5 s.
[2] *Cf.*, par exemple, E. DAMETTE, F. DARGIROLLE, *Méthode de français juridique*, Dalloz, coll. Méthodes du droit, 2012.
[3] *Cf.* P. DEUMIER, dir., *Le raisonnement juridique – Recherche sur les travaux préparatoires des arrêts*, Dalloz, coll. Méthodes du droit, 2013.
[4] *Cf.* G. CORNU, *Linguistique juridique*, 3e éd., Montchrestien, coll. Domat droit privé, 2005.
[5] *Cf.* G. CORNU, « Le style des lois », in *Mélanges Jean Foyer*, Economica, 2007.
[6] *Cf.* F.-M. SCHROEDER, *Le nouveau style judiciaire*, Dalloz, 1978.
[7] B. FAGES, « L'art et la manière de rédiger le contrat », *Dr. et patrimoine* 1999, n° 72, p. 82 s.
[8] *Cf.* G. CORNU, *Linguistique juridique*, 3e éd., Montchrestien, coll. Domat droit privé, 2005.
[9] *Cf.* P. LIVET, « Argumentation et rhétorique juridiques », in D. ALLAND, S. RIALS, dir., *Dictionnaire de la culture juridique*, Lamy-Puf, coll. Quadrige-dicos poche, 2003, p. 84 s. ;

différents types de discours sont autant de savoir-faire sur lesquels la méthodologie juridique peut se pencher. Elle côtoie alors intimement la linguistique juridique qui, au sens de Gérard Cornu, devrait également observer, comprendre et expliquer les discours du droit[1].

La scientificité de la méthodologie juridique

Il importe de souligner le caractère scientifique de la méthodologie juridique, qui a vocation à étudier objectivement et empiriquement les méthodes des juristes. On a pu inscrire dans la méthodologie juridique des travaux d'ordre prescriptif, entendant affirmer ce que devraient être les méthodes des juristes[2]. Il faut gager qu'il ne s'agit pas là de méthodologie juridique mais plutôt d'une forme spéciale de politique juridique. La méthodologie juridique compte au nombre des sciences du droit. Elle n'a pas à rechercher comment les méthodes des juristes devraient évoluer ; il lui appartient seulement de rechercher et d'analyser ce que sont les méthodes des juristes. Cela constitue une différence importante avec la légistique ; la méthodologie juridique peut étudier la légistique, mais elle ne peut pas faire de légistique.

La méthodologie juridique doit encore être précisément séparée de la science du droit positif puisque son intention n'est pas de résoudre diverses difficultés spécifiques et ponctuelles, en descendant dans le détail des multiples matières juridiques spécialisées, mais plutôt, en tant que science des méthodes, de distinguer, au terme d'observations rigoureuses, les principes gouvernant l'élaboration, l'application et la sanction du droit. À partir de l'analyse de ces règles fondamentales, elle peut tenter d'expliquer comment le système juridique fonctionne. Elle s'approche alors de la théorie du droit. Mais, si le professeur Jean-Louis Bergel estime que la méthodologie juridique serait une branche de la théorie générale du droit[3], elle semble présenter suffisamment de traits caractéristiques pour pouvoir constituer une branche de la recherche juridique à part entière, d'autant plus qu'elle est avant tout une science, avant tout une discipline consistant à étudier le droit tel qu'il existe et tel qu'il fonctionne concrètement.

Ch. PERELMAN, *Logique juridique – Nouvelle rhétorique*, Dalloz, 1979 ; B. FRYDMAN et *alii*, *Arts et techniques de la plaidoirie d'aujourd'hui*, Berger-Levrault, 1995 ; N. MACCORMICK, *Raisonnement juridique et théorie du droit* (1978), trad. J. Gagey, Puf, coll. Les voies du droit, 1996.

[1] G. CORNU, « Linguistique juridique », in D. ALLAND, S. RIALS, dir., *Dictionnaire de la culture juridique*, Lamy-Puf, coll. Quadrige-dicos poche, 2003, p. 956.

[2] En particulier, M. CUMYN, M. SAMSON, « La méthodologie juridique en quête d'identité », *RIEJ* 2013, n° 71, p. 1 s.

[3] J.-L. BERGEL, « Méthodologie juridique », in D. ALLAND, S. RIALS, dir., *Dictionnaire de la culture juridique*, Lamy-Puf, coll. Quadrige-dicos poche, 2003, p. 1022.

Et le professeur Jean-Louis Bergel d'assigner à la méthodologie juridique la mission d'identifier les modèles, les techniques et les instruments universels du droit, se retrouvant « chez tous les juristes de toutes les époques et de tous les horizons »[1]. Il n'est pas assuré que de tels modèles, techniques et instruments existent, si ce n'est de manière très abstraite, et peut-être la méthodologie juridique doit-elle se montrer davantage pragmatique et se focaliser sur ce qui existe à l'échelle d'un système ou d'un ordre juridique. Le professeur sépare la « méthodologie juridique fondamentale » et la « méthodologie juridique appliquée »[2]. Il faut croire que la méthodologie juridique ne peut guère consister pertinemment qu'en une méthodologie juridique appliquée, non en quelques spéculations relativement aux caractères intemporel et planétaire de certaines méthodes des juristes.

Méthodologie juridique et épistémologie juridique

Enfin, si la méthodologie juridique se rapproche en partie de la linguistique juridique, ainsi qu'expliqué au sein du chapitre précédent, elle est également intime de l'épistémologie juridique qui, si elle veut comprendre comment se forment les connaissances des juristes, interroge nécessairement leurs savoir-faire. Néanmoins, la méthodologie juridique ne saurait être réduite au rang de sous-branche de l'épistémologie juridique. La méthodologie juridique, comme l'épistémologie juridique, s'attache aux formes qu'emprunte la connaissance en droit, mais l'épistémologie se distingue de la méthodologie par le fait que cette dernière porte sur le droit technique et pratique, sur les activités des avocats, juges, juristes d'entreprise et autres parlementaires, quand l'épistémologie juridique interroge la connaissance du droit comprise comme connaissance académique du droit, comme connaissance des professeurs et autres chercheurs en droit, et autres membres de la « doctrine juridique ».

Ainsi, s'ajoutent aux discours de ceux qui font, appliquent et sanctionnent le droit, précédemment évoqués, les discours de ceux qui enseignent, de ceux qui apprennent — les étudiants en licence de droit comme les doctorants en droit mettent ou, du moins, doivent mettre en œuvre un savoir-faire[3] — et de ceux qui commentent et étudient le droit.

[1] *Ibid.*, p. 1024. Le professeur évoque « la constance des méthodes du droit, des notions fondamentales, des procédés techniques, des instruments juridiques, des modes de raisonnement, au-delà de la contingence et de l'hétérogénéité apparente des divers ordres juridiques » (*ibid.*, p. 1022). Il parle également de « solutions permanentes à des problèmes fondamentaux tels que celui des méthodes d'interprétation du droit » (*ibid.*).

[2] *Ibid.*, p. 1024.

[3] *Cf.*, par exemple, N. CAYROL, F. GRUA, *Méthode des études de droit – Conseils pour le cas pratique, le commentaire, la dissertation et la note de synthèse*, 3e éd., Dalloz, coll. Méthodes du droit, 2014. La quatrième de couverture de l'ouvrage précise : « La différence entre un bon

Eux-aussi dépendent de diverses normes formelles et/ou logiques qu'il importe de connaître et de ne pas méconnaître. Au premier rang de celles-ci figure l'usage du plan en deux parties et quatre sous-parties[1]. Ces normes intègrent l'objet d'étude de l'épistémologie juridique et non celui de la méthodologie juridique.

Si l'épistémologie juridique consiste en un examen des activités des juristes-chercheurs par des juristes-chercheurs, la méthodologie juridique consiste en un examen des activités des juristes-praticiens par des juristes-chercheurs. Lorsque le professeur Jean-Louis Bergel définit la méthodologie juridique comme la « science des méthodes du droit »[2], la proximité paraît effectivement grande avec l'épistémologie ; seulement ajoute-t-il que la méthodologie étudie le « savoir-faire des juristes »[3], tandis que l'épistémologie se concentre, pour sa part, sur le savoir-penser ou le savoir-savoir des juristes. Ces deux disciplines portent donc sur des réalités différentes. Dans les deux cas, ce sont des méthodes servant des savoirs qui sont étudiées, mais ces méthodes visent, pour l'une, la psyché juridique et, pour l'autre, la pratique juridique. La méthodologie juridique envisage les méthodes des acteurs du droit ; l'épistémologie juridique envisage les méthodes des observateurs du droit. À l'inverse de l'épistémologie juridique, la méthodologie juridique se rapproche de la phénoménologie juridique en ce qu'elle se rapporte en premier lieu aux « choses mêmes », à la réalité primaire du droit qui est celle de sa pratique et de sa technique et non celle de sa pensée et de sa philosophie.

En somme, la séparation de l'épistémologie et de la méthodologie coïncide avec celle de la science et de la technique que, pour ce qui est du droit, François Gény a étudiée et théorisée[4]. Et l'épistémologie a une vocation critique quand la méthodologie a une vocation scientifique, si bien que, au-delà des objets, ce sont aussi les intentions qui divergent. Toutefois, cette distinction est loin d'être clairement établie et le professeur Jean-Louis Bergel retient « les universitaires » parmi « les juristes dont la méthodologie

et un mauvais étudiant n'est pas qu'une question de travail. Le bon étudiant domine sa pensée et ses connaissances par la rigueur et la logique, le mauvais accumule mots, phrases et paragraphes en se laissant guider par la fantaisie et l'approximation. Le premier intérêt de la méthodologie est donc d'aider l'étudiant à devenir meilleur. Un ouvrage sur la méthode en droit peut prendre deux orientations : celle du fond ou celle de la forme. La première réfléchit sur ce qu'est le droit pour en déduire comment en faire. La seconde s'attache au discours. Puisque faire du droit c'est toujours discourir, selon quelle logique convient-il d'organiser son propos ? ».

[1] *Cf.* B. BARRAUD, « L'usage du plan en deux parties dans les facultés de droit françaises », *RTD civ.* 2015, p. 807 s.

[2] J.-L. BERGEL, *Théorie générale du droit*, 5e éd., Dalloz, coll. Méthodes du droit, 2012, p. 7.

[3] *Ibid.*

[4] F. GÉNY, *Science et technique en droit privé positif*, Librairie du Recueil Sirey, 1913.

juridique étudie les savoir-faire »[1] ; il considère que cette discipline se rattacherait à la fois à la technique et à la science du droit[2]. Et un ouvrage récemment publié, qui contribue aussi bien à l'épistémologie juridique qu'à la méthodologie juridique, s'intitule « méthodologies du droit et des sciences du droit »[3].

Quelle que soit sa délicate différenciation par rapport à la méthodologie juridique, il convient de réserver un sort particulier à l'épistémologie juridique puisque le présent ouvrage s'inscrit certainement dans son cadre : étudier la recherche juridique, ses branches, ses moyens, ses fins et ses enjeux contemporains, c'est effectuer un travail d'épistémologue du droit.

Orientations et illustrations bibliographiques

ALEXY R. A., *Theory of Legal Argumentation*, Clarendon Press (Oxford), 1989

AMSELEK P., dir., *Interprétation et droit*, Bruylant-PUAM (Bruxelles-Aix-en-Provence), 1995

AMSELEK P., « L'interprétation dans la *Théorie pure du droit* de Hans Kelsen », in *Mélanges Pierre-André Côté*, Yvon Blais (Cowansville), 2011

AMSELEK P., « L'évolution générale de la technique juridique dans les sociétés occidentales », *RDP* 1982, p. 275 s.

AMSELEK P., « Le rôle de la pratique dans la formation du droit : aperçus à propos de l'exemple du droit public français », *RDP* 1983, p. 1471 s.

ANCEL P., « Contractualisation et théorie générale du contrat : quelques remarques méthodologiques », in CHASSAGNARD-PINET S., HIEZ D., dir., *Approche renouvelée de la contractualisation*, PUAM (Aix-en-Provence), 2007, p. 15 s.

Arch. phil. droit 1972, « L'interprétation dans le droit »

ATIAS Ch., *Devenir juriste – Le sens du droit*, 2e éd., LexisNexis, coll. Carré droit, 2014

AVRIL P., « La jurisprudence institutionnelle du Conseil constitutionnel est-elle créatrice de droit ? », *Arch. phil. droit* 2007, p. 33 s.

BEAULANDE-BARRAUD V., CLAUSTRE J., MARMURSZTEJN E., *La fabrique de la norme – Lieux et modes de production des normes au moyen-âge et à l'époque moderne*, Presses universitaires de Rennes, 2012

BEIGNIER B., « Les arrêts de règlement », *Droits* 1989, n° 9, p. 45 s.

BERGEL J.-L., *Méthodologie juridique*, Puf, coll. Thémis droit privé, 2001

BERGEL J.-L., *Théorie générale du droit*, Dalloz, coll. Méthodes du droit, 5e éd., 2012

BERGEL J.-L., « Méthodologie juridique », in ALLAND D., RIALS S., dir., *Dictionnaire de la culture juridique*, Lamy-Puf, coll. Quadrige dicos poche, 2003

BERGEL J.-L., « Esquisse de méthodologie législative comparée », in FATIN-ROUGE STEFANINI M., dir., *Autour de la qualité des normes*, Bruylant (Bruxelles), 2010, p. 145 s.

[1] J.-L. BERGEL, « Méthodologie juridique », in D. ALLAND, S. RIALS, dir., *Dictionnaire de la culture juridique*, Lamy-Puf, coll. Quadrige-dicos poche, 2003, p. 1021. Mais le professeur écrit aussi que « la méthodologie juridique ne peut qu'être en prise sur la réalité et la pratique » (*ibid.*). Également, J.-L. BERGEL, « Essai de définition de la recherche juridique », in A. FLÜCKIGER, Th. TANQUEREL, dir., *L'évaluation de la recherche en droit – Enjeux et méthodes*, Bruylant (Bruxelles), coll. Penser le droit, 2015, p. 165 s. ; J.-L. BERGEL, « Esquisse d'une approche méthodologique de la recherche juridique », *RRJ* 1996, p. 1075 s.

[2] *Cf.* J.-L. BERGEL, « Esquisse d'une approche méthodologique de la recherche juridique », *RRJ* 1996, n° 4.

[3] V. CHAMPEIL-DESPLATS, *Méthodologies du droit et des sciences du droit*, Dalloz, coll. Connaissance du droit, 2014.

BERGEL J.-L., « Essai de définition de la recherche juridique », in FLÜCKIGER A., TANQUEREL Th., dir., *L'évaluation de la recherche en droit – Enjeux et méthodes*, Bruylant (Bruxelles), coll. Penser le droit, 2015, p. 165 s.

BERGEL J.-L., « Un "atelier de méthodologie juridique" : pourquoi ? », *RRJ* 1986, n° 4, p. 11 s.

BERGEL J.-L., « Esquisse d'une approche méthodologique de la recherche juridique », *RRJ* 1996, p. 1075 s.

BERGEL J.-L., « Globalisation du droit et professions juridiques », *RRJ* 2010, p. 2161 s.

BESSIN M., « La temporalité de la pratique judiciaire : un point de vue sociologique », *Dr. et Société* 1998, p. 331 s.

BLANKENBURG E., « La recherche de l'efficacité de la loi – Réflexions sur l'étude de la mise en œuvre (le concept d'"*implementation*") », *Dr. et société* 1986, p. 59 s.

BOLZE A., « Le délibéré ou les mystères de la fabrication du droit », *Gaz. Pal.* 16 févr. 2003, p. 4 s.

BONAFÉ-SCHMITT J.-P., « Pour une approche socio-juridique de la production des normes dans les relations de travail », *Dr. et société* 1994, p. 337 s.

BONNET D., *L'essentiel de la méthodologie juridique*, Ellipses, coll. Méthodologie et exercices juridiques, 2012

BORN A. W., GOLDSCHMIDT L. B., « La création légale de systèmes autopoïétiques », *Dr. et Société* 1997

BOURCIER D., THOMASSET C., dir., *L'écriture du droit... face aux technologies de l'information*, Diderot, 1996

CAFFAGGI F., « Le rôle des acteurs privés dans les processus de régulation : participation, autorégulation et régulation privée », *RF adm. publ.* 2004, n° 109, p. 23 s.

CAILLOSSE J., « L'adoption de la loi : négociation et délibération », in CHASSAGNARD-PINET S., HIEZ D., dir., La contractualisation de la production normative, Dalloz, coll. Thèmes et commentaires, 2008, p. 133 s.

CANIVET G., « Les influences croisées entre juridictions nationales et internationales – Éloge de la bénévolence des juges », *Rev. sc. crim.* 2005, p. 799 s.

CHAMPEIL-DESPLATS V., *Méthodologies du droit et des sciences du droit*, Dalloz, coll. Connaissance du droit, 2014

CHARTIER J.-L. A., *Portalis, père du Code civil*, Fayard, coll. Biographie historique, 2004

CHÉROT J.-Y., « Droit de la globalisation, globalisation du droit et professions juridiques », *RRJ* 2010, p. 2279 s.

CHEVALLIER J., « Les interprètes du droit », in AMSELEK P., dir., *Interprétation et droit*, Bruylant-PUAM (Bruxelles-Aix-en-Provence), 1995, p. 117 s.

COMBEAU J., « Réflexions sur les fonctions juridiques de l'interprétation administrative », *RFDA* 2004, p. 1069 s.

COPPENS P., LENOBLE J., dir., *Démocratie et procéduralisation du droit*, Bruylant (Bruxelles), 2000

CORNU G., « La lettre du code à l'épreuve du temps », in *Mélanges René Savatier*, Dalloz, 1965, p. 157 s.

CORNU G., « Les définitions dans la loi », in *Mélanges Jean Vincent*, Dalloz, 1981, p. 77 s.

CORNU G., « Le style des lois », in *Mélanges Jean Foyer*, Economica, 2007

COTÉ P.-A., *Interprétation des lois*, Yvon Blais (Montréal), 1990

CUMYN M., SAMSON M., « La méthodologie juridique en quête d'identité », *RIEJ* 2013, n° 71, p. 1 s.

DASTOLI V., « L'Europe : entre démocratie virtuelle et citoyenneté participative : l'expérience du Forum permanent de la société civile », in BOUAL J.-C., dir., *Vers une société civile européenne ?*, Éditions de l'aube, 1999, p. 145 s.

DELNOY P., *Éléments de méthodologie juridique – Méthodologie de l'interprétation juridique, méthodologie de l'application du droit*, 3e éd., Larcier (Bruxelles), 2008

DEGUERGUE M., « Jurisprudence », in ALLAND D., RIALS S., dir., *Dictionnaire de la culture juridique*, Lamy-Puf, coll. Quadrige dicos poche, 2003

DELHOSTE M.-F., « Le langage scientifique dans la norme juridique », *RRJ* 2002, p. 53 s.

DEPREZ J., « Pratique juridique et pratique sociale dans la genèse et le fonctionnement de la norme juridique », *RRJ* 1997, p. 799 s.

DEUMIER P., dir., *Le raisonnement juridique – Recherche sur les travaux préparatoires des arrêts*, Dalloz, coll. Méthodes du droit, 2013

DEUMIER P., « Les raisonnements des juges judiciaire et administratif : éléments de comparaison », in BONNET B., DEUMIER P., dir., *La summa divisio droit privé-droit public présente-t-elle encore un intérêt aujourd'hui ?*, Dalloz, coll. Thèmes et commentaires, 2010, p. 199 s.

DEUMIER P., « Pouvoir créateur du juge et rédaction des décisions de justice », *Arch. phil. droit* 2007, p. 49 s.

DEUMIER P., « L'utilisation par la pratique des codifications d'origine doctrinale », *D.* 2008, p. 494 s.

DIJON X., *Méthodologie juridique – L'application de la norme*, Story-Scientia (Bruxelles), coll. À la rencontre du droit, 1990

Droit et Société 2015, n° 91, « Les styles judiciaire – Une analyse comparée »

DWORKIN R., « La chaîne du droit », *Dr. et société* 1985, p. 61 s.

EBERHARD Ch., « L'impact méthodologique de l'analyse plurale dans l'étude anthropologique des cultures juridiques », in *Méthodologie du pluralisme juridique*, Karthala, 2012, p. 53 s.

EISENMANN Ch., « Quelques problèmes de méthodologie des définitions et des classifications en science juridique », *Arch. phil. droit* 1966, p. 25 s.

FAGES B., « L'art et la manière de rédiger le contrat », *Dr. et patrimoine* 1999, n° 72, p. 82 s.

FORNACCIARI M., « Techniques du droit et droit des techniques », in FORNACCIARI M. et *alii*, *Droit et informatique – L'hermine et la puce*, Masson, 1992, p. 123 s.

FRYDMAN B. et *alii*, *Arts et techniques de la plaidoirie d'aujourd'hui*, Berger-Levrault, 1995

FRYDMAN B., RORIVE I., *Introduction au droit et à la méthodologie juridique*, Faculté de droit de l'Université libre de Bruxelles, 2008

GARAPON A., « Comment penser l'acte de juger après le positivisme ? », *Droit et cultures* 1993, n° 26, p. 143 s.

GAUDEMET Y., « Méthodes du juge », in ALLAND D., RIALS S., dir., *Dictionnaire de la culture juridique*, Lamy-Puf, coll. Quadrige dicos poche, 2003

GEERKENS É., NISSEN C., SIBONY A.-L., ZIANS A., *Méthodologie juridique – Méthodologie de la recherche documentaire juridique*, 5e éd., Larcier (Bruxelles), 2014

GÉNY F., *Méthode d'interprétation et sources en droit privé positif*, t. I et II, LGDJ, 1954

GÉNY F., *Science et technique en droit privé positif – Nouvelle contribution à la critique de la méthode juridique*, Sirey, t. I, II, III et IV, 1914-1924

GOODRICH P., *Reading the Law, a Critical Introduction to Legal Method*, 2e éd., Sweet and Maxwell, 1984

GRIDEL J.-P., *Notions fondamentales de droit et de droit français – Introduction, méthodologie, synthèses*, Dalloz, 1992

GUASTINI R., « Interprétation et description des normes », in AMSELEK P., dir., *Interprétation et droit*, Bruylant-PUAM (Bruxelles-Aix-en-Provence), 1995, p. 93 s.

HALPÉRIN J.-L., « Gény, Méthode d'interprétation », in CAYLA O., HALPÉRIN J.-L., dir., *Dictionnaire des grandes œuvres juridiques*, Dalloz, 2008, p. 201 s.

HILAIRE J., « Jugement et jurisprudence », *Arch. phil. droit* 1995, p. 181 s.

HOEKEMA A. J., « La production des normes juridiques par les administrations », *Dr. et Société* 1994, p. 303 s.

JACOB R., dir., *Le juge et le jugement dans les traditions juridiques européennes*, LGDJ, coll. Droit et société, 1996

JELLINEK G., *L'élément juridique dans la science de l'État et la méthode juridique*, trad. G. Fardis, Ch. Bourgoing-Dumonteil, Fontemoing, 1903

JESTAZ Ph., THOMASSET C., VANDERLINDEN J., dir., *François Gény, mythe et réalités : 1899-1999 centenaire de méthode d'interprétation et sources en droit positif – Essai critique*, Dalloz-Bruylant (Paris-Bruxelles), 2000

KALINOWSKI G., « L'interprétation du droit : ses règles juridiques et logiques », *Arch. phil. droit* 1985, p. 191 s.

KOUBI G., « La création du droit – Image et imaginaire », in BOURCIER D., MACKAY P., dir., *Lire le droit – Langue, texte, cognition*, LGDJ, coll. Droit et société, 1992, p. 85 s.

LARENZ K., *Methodenlehre der Rechtswissenschaft*, Berlin, 1969

LASCOUMES P., SERVERIN É., « Le droit comme activité sociale : pour une approche webérienne des activités juridiques », *Dr. et société* 1988, p. 165 s.
LASSERRE-KIESOW V., *La technique législative – Étude sur les codes civils français et allemand*, LGDJ, 2002
LATOUR B., *La fabrique du droit – Une ethnographie du Conseil d'État*, La découverte, 2002
LENOBLE J., « La théorie de la cohérence narrative du droit », *Arch. phil. droit* 1988, p. 124 s.
LENOBLE J., BERTEN A., *Dire la norme – Droit, politique et énonciation*, LGDJ-Bruylant (Paris-Bruxelles), coll. La pensée juridique, 1998
LENOBLE-PINSON M., *Dire et écrire le droit en français correct – Au plaisir des gens de robe*, Larcier (Bruxelles), 2015
LINDON R., *Le style et l'éloquence judiciaires*, Albin Michel, 1968
LINOTTE D., « Déclin du pouvoir jurisprudentiel et ascension du pouvoir juridictionnel en droit administratif », *AJDA* 1980, p. 632 s.
MARAIN G., *Méthodologie et aspects formels de la recherche – Petit manuel à l'usage des juristes*, L'Harmattan, 2015
MARTINEAU F., « Critères et standards rhétoriques de la bonne décision de justice », in Commission européenne pour l'efficacité de la justice, *La qualité des décisions de justice*, Éditions du Conseil de l'Europe (Strasbourg), 2008, p. 97 s.
MEHDI R., « L'élaboration des normes communautaires et l'exigence de qualité », in FATIN-ROUGE STÉFANINI M., GAY L., PINI J., dir., *Autour de la qualité des normes*, Bruylant (Bruxelles), coll. À la croisée des droits, 2010, p. 177 s.
MELKEVIC B., « Le modèle communicationnel en science juridique : Habermas et le droit », *Les Cahiers du Droit* 1990, n° 31
MICHAUT F., *La recherche d'un nouveau paradigme de la décision judiciaire à travers un siècle de doctrine américaine*, L'Harmattan, 2000
MICHAUT F., « Le rôle créateur du juge selon l'École de la Sociological Jurisprudence et le mouvement réaliste américain – Le juge et la règle de droit », *RID comp.* 1987, p. 343 s.
MIMIN P., *Le style des jugements*, Librairie technique, 1978
MORAND Ch.-A., « La contractualisation corporatiste de la formation et de la mise en œuvre du Droit », in MORAND Ch.-A., dir., *L'État propulsif*, Publisud, 1991
MOTULSKI H., *Principes d'une réalisation méthodique du droit privé*, Dalloz, 1991
MÜLLER F., *Discours de la méthode juridique*, trad. O. Jouanjan, Puf, coll. Léviathan, 1996
OST F., *Dire le droit, faire justice*, Bruylant (Bruxelles), coll. Penser le droit, 2007
OST F., VAN DE KERCHOVE M., *Entre la lettre et l'esprit : les directives d'interprétation en droit*, Bruylant (Bruxelles), 1989
OTIS Gh., dir., *Méthodologie du pluralisme juridique*, Karthala, 2012
PERELMAN Ch., « L'interprétation juridique », *Arch. phil. droit* 1972, p. 29 s.
PERELMAN Ch., TERRÉ F. et *alii*, *Le problème des lacunes en droit*, Bruxelles, 1968
PERELMAN Ch., VANDER ELST R., dir., *Les notions à contenu variable en droit*, Bruylant (Bruxelles), coll. Travaux du Centre national de recherches de logique, 1984
PRAKEN H., SARTROR G., *Logical Models of Legal Argumentation*, Klüwer (Dordrecht), 1997
RENARD C., *Sources du droit et méthodologie juridique*, Presses universitaires de Liège, 1969
RIVERO J., « Le juge administratif français, un juge qui gouverne ? », *D.* 1951, p. 21 s.
RIVERO J., « Le Conseil d'État, cour régulatrice », *D.* 1954, p. 28 s.
RONDEAU-RIVIER M.-C., « L'alibi du vide juridique », *Économie et Humanisme* 1991, n° 318, p. 22 s.
ROUHETTE G., « La définition du contrat et la méthode juridique française », *Droits* 1990, n° 12, p. 59 s.
ROUSSEAU Ch. et *alii*, *La technique et les principes du droit public – Études en l'honneur de Georges Scelle*, LGDJ, 1950
SALAS D., « La part politique de l'acte de juger », *Les cahiers de la justice* 2011, n° 2, p. 113 s.
SALUDEN M., « La jurisprudence, phénomène sociologique », *Arch. phil. droit* 1985, p. 191 s.
SAVATIER R., « Observation sur les modes contemporains de formation du droit positif », in *Mélanges Jean Dabin*, Sirey, 1963, p. 293 s.
SCHROEDER F.-M., *Le nouveau style judiciaire*, Dalloz, 1978

SEILER D.-L., « Les parlements entre "gouvernement" et "concordance" », in COSTA O., KERROUCHE E., MAGNETTE P., dir., *Vers un renouveau du parlementarisme en Europe ?*, Éditions de l'Université de Bruxelles, 2004, p. 57 s.
SERVERIN É., « Juridiction et jurisprudence : deux aspects des activités de justice », *Dr. et société* 1993, p. 339 s.
SINTEZ C., « À l'origine de la sanction, la norme ou son interprétation ? Une question théorique féconde pour la pratique », *Arch. phil. droit* 2011, p. 389 s.
TERRÉ F., « Les lacunes du droit », in PERELMAN Ch., dir., *Le problème des lacunes en droit*, Bruylant (Bruxelles), 1968, p. 143 s.
TERRÉ F., « Un juge créateur de droit ? Non merci ! », *Arch. phil. droit* 2007, p. 305 s.
THOMAS Y., *Les opérations du droit*, Le Seuil-Gallimard, coll. Hautes Études, 2010
THUILLIER G., « Probabilisme et art de juger », in ALLAND D., RIALS S., dir., *Dictionnaire de la culture juridique*, Lamy-Puf, coll. Quadrige dicos poche, 2003
TIMSIT G., « Raisonnement juridique », in ALLAND D., RIALS S., dir., *Dictionnaire de la culture juridique*, Lamy-Puf, coll. Quadrige dicos poche, 2003
TRUCHET D., « Les définitions législatives », in DRAGO R., dir., *La confection de la loi*, Puf, 2005, p. 193 s.
TRUDEL P., « L'influence d'internet sur la production du droit », in CHATILLON G., dir., *Le droit international de l'internet*, Bruylant (Bruxelles), 2002, p. 89 s.
VAN COMPERNOLLE J., « Vers une nouvelle définition de la fonction de juger : du syllogisme à la pondération des intérêts », in *Mélanges François Rigaux*, Bruylant (Bruxelles), 1993, p. 495 s.
VAN DE KERCHOVE M., dir., *Interprétation et droit*, Publications des Facultés universitaires Saint-Louis (Bruxelles), 1978
VAN DE KERCHOVE M., « Jurisprudence et rationalité juridique », *Arch. phil. droit* 1985, p. 220 s.
VANDERLINDEN J., « Le juriste et la coutume : un couple impossible ? ou à propos de la méthode d'interprétation et sources, contrepoint au départ d'une image française de la loi et du juge », in JESTAZ Ph., THOMASSET C., VANDERLINDEN J., dir., *François Gény, mythe et réalités – 1899-1999 – Centenaire de* Méthode d'interprétation et sources en droit positif – *Essai critique*, Dalloz-Bruylant-Yvon Blais (Paris-Bruxelles-Montréal), 2000, p. 55 s.
VANDERLINDEN J., « À propos des catégories du droit », *Revue de la Common Law en français* 1999, p. 301 s.
VIANDIER A., « Observations sur le style de la loi », *RRJ* 1987, p. 847 s.
VIVIEN D., « Essai sur l'art de juger », *Rev. adm.* 1999, p. 463 s.
WALINE M., « Le pouvoir normatif de la jurisprudence », in *Mélanges Georges Scelle*, t. II, LGDJ, 1950, p. 613 s.
WOEHRLING J.-M., « L'évolution du rôle du droit dans l'action administrative », *RF adm. publ.* 1983, p. 146

Chapitre 11

L'épistémologie juridique

Les incertitudes entourant la possibilité d'une épistémologie juridique

Si l'épistémologie n'est une discipline particulière que depuis peu de temps, les préoccupations qui sont les siennes étaient déjà très présentes autrefois chez certains philosophes[1]. L'utilisation du terme « épistémologie » n'est pas attestée avant le début du XXe s.[2] et, aujourd'hui, son sens est sujet à controverse[3]. La matière est de plus en plus dépourvue d'unité à mesure que de nouveaux essais sont proposés autour d'objets, d'objectifs et de méthodes variables[4] et à mesure que des approches fort amphigouriques sont esquissées, loin de tout essai de clarification[5]. Il y aurait quasiment autant d'épistémologies que d'épistémologues. Or les incertitudes qui entourent l'épistémologie générale touchent inévitablement l'épistémologie juridique.

L'épistémologie est apparue et s'est développée avec les sciences « dures » et certains auteurs jugent qu'il ne pourrait y avoir d'épistémologie que dans le cadre de la philosophie des sciences modernes de la nature (physique, chimie, biologie, etc.)[6], ce qui interdirait la possibilité de toute épistémologie juridique[7]. Il est remarquable que le *Dictionnaire de la culture juridique*[8] — ouvrage proche d'être exhaustif — semble confirmer cela dès

[1] *Cf.* Ch. ATIAS, *Épistémologie juridique*, Dalloz, coll. Précis, 2002, p. 1.
[2] S. AUROUX, Y. WEIL, *Dictionnaire des auteurs et des thèmes de la philosophie*, Hachette, 1991, p. 121.
[3] H. BARREAU, *L'épistémologie*, Puf, coll. Que sais-je ?, 2013, p. 3.
[4] Ch. ATIAS, *Épistémologie juridique*, Dalloz, coll. Précis, 2002, p. 14.
[5] Ainsi, par exemple, on conçoit que l'épistémologie serait « la discipline qui a pour but de mettre en lumière la signification de l'œuvre scientifique, c'est-à-dire d'expliciter des relations non immédiatement apparentes entre concepts, de discerner le rapport des connaissances parcellaires à des *totalités* potentielles, peut-être même seulement virtuelles et irréalisables en fait, mais qui fournissent un moteur et donnent sens à la connaissance scientifique » (G. G. GRANGER, « À quoi sert l'épistémologie ? », *Dr. et société* 1992, p. 36 (souligné dans le texte original)).
[6] Par exemple, R. NADEAU, *Vocabulaire technique et analytique de l'épistémologie*, Puf, coll. Premier cycle, 1999.
[7] *Cf.* Ch. ATIAS, *Épistémologie juridique*, Dalloz, coll. Précis, 2002, p. 1.
[8] D. ALLAND, S. RIALS, dir., *Dictionnaire de la culture juridique*, Lamy-Puf, coll. Quadrige-dicos poche, 2003.

lors qu'il ne comporte guère d'entrée « épistémologie juridique »[1], tandis que les plus éminents professeurs peuvent se montrer réservés à l'égard de la pertinence d'une telle épistémologie en droit[2]. Cette dernière dépendrait de l'existence d'une véritable science du droit. Aussi conviendrait-il en premier lieu de savoir ce qu'est une science, si tout ensemble ordonné de connaissances est scientifique ou si des critères plus précis de la scientificité doivent être retenus. La plupart des juristes n'hésitent en tout cas pas à parler de « science juridique ».

En ces lignes, est soutenu qu'il existe des sciences du droit, qu'une épistémologie juridique est possible et, plus encore, qu'une épistémologie juridique est légitime et nécessaire. Il se trouve, en réalité, peu d'arguments susceptibles de sérieusement empêcher l'érection d'une épistémologie des sciences humaines et sociales — donc d'une épistémologie juridique — ; et d'aucuns l'ont depuis longtemps consacrée[3].

L'épistémologie entre science et philosophie des sciences et de la connaissance

Selon les dictionnaires de la langue française, l'épistémologie est la « discipline qui prend la connaissance scientifique comme objet »[4], la « partie de la philosophie qui a pour objet l'étude critique des postulats, conclusions et méthodes d'une science particulière »[5]. Que l'épistémologie appartienne ainsi à la philosophie interroge, même si les auteurs les plus importants dans son développement (Kuhn[6], Popper[7] ou Bachelard[8]) étaient tous des philosophes des sciences et même si on considère que l'objet de l' « épistémologie générale » serait d' « interroge[r] la signification du concept de science »[9], de telle sorte que cette « épistémologie générale » et la philosophie des sciences tendraient à se confondre.

[1] En revanche, J.-F. PERRIN, « Épistémologie juridique », in A.-J. ARNAUD, dir., *Dictionnaire encyclopédique de théorie et de sociologie du droit*, 2e éd., LGDJ, 1993, p. 141 s.

[2] Par exemple, F. TERRÉ, *Introduction générale au droit*, 9e éd., Dalloz, coll. Précis, 2012, n° 386.

[3] Par exemple, J. PIAGET, *Épistémologie des sciences de l'homme*, Gallimard, 1972.

[4] V° « Épistémologie », in *Le petit Larousse illustré 2011*, Larousse, 2010.

[5] V° « Épistémologie », in *Trésor de la langue française*.

[6] Par exemple, Th. KUHN, *La structure des révolutions scientifiques* (1962), Flammarion, coll. Champs, 1983.

[7] Par exemple, K. POPPER, *La logique de la découverte scientifique* (1959), Payot (Lausanne), 1973.

[8] Par exemple, G. BACHELARD, *Le nouvel esprit scientifique* (1934), Puf, 1971.

[9] L. SOLER, *Introduction à l'épistémologie*, Ellipses, 2009, p. 16. L'auteur oppose l' « épistémologie générale » et les « épistémologies régionales », rattachées à certaines sciences particulières.

Étymologiquement, « épistémologie » signifie « discours sur la connaissance »[1], « discours sur la science ». Par suite, le suffixe « -logie » est généralement utilisé afin de désigner des disciplines scientifiques, si bien que l'épistémologie serait la « science de la connaissance » ou même la « science de la science ». On sépare l'épistémologie et la philosophie des sciences en faisant de cette première « l'étude critique axée sur la validité des sciences, considérées comme des réalités que l'on observe, décrit, analyse »[2], ou bien encore « l'étude critique des principes, des hypothèses et des résultats des diverses sciences, destinée à déterminer leur origine logique, leur valeur et leur portée »[3]. Seulement le point de vue critique n'est-il pas celui du philosophe plus que celui du scientifique ? Ainsi fait-on de l'épistémologie « un discours réflexif et critique [...], deux attributs caractéristiques de la philosophie »[4]. Peut-être l'épistémologie emprunte-t-elle à la fois à la philosophie et à la science. Si elle amène à apposer un regard tantôt objectif et tantôt critique sur la connaissance, en fonction des motivations de l'observateur, alors elle consiste moitié en une science des sciences et moitié en une philosophie des sciences.

En définitive, *l'épistémologie se définit par son objet très particulier bien plus que par ses intentions et ses méthodes* qui, elles, sont variables et dépendent de chaque épistémologue. Il ne s'agirait « ni [de] science positive de la science ni [de] médecine de la science »[5] ; mais cette discipline semble pouvoir être tout à la fois ou alternativement une science positive de la science et une médecine de la science. L'épistémologie est un « discours sur la connaissance scientifique » — par opposition à la « connaissance commune » —[6] ; et ce discours peut présenter un caractère scientifique, donc objectif, et/ou un caractère philosophique et critique. Elle est une « connaissance de la connaissance »[7], des « connaissances valables »[8] et des « systèmes de connaissances »[9] qui peut emprunter différentes voies, ni nécessairement scientifiques, ni nécessairement philosophiques. En résumé, l'épistémologue procède à des *études critiques*, l'étude tendant à être scientifique quand la critique tend à être philosophique.

[1] On définit l'« épistémé » comme une « époque déterminée du savoir » (H. BARREAU, *L'épistémologie*, Puf, coll. Que sais-je ?, 2013, p. 4).

[2] M. GRAWITZ, *Méthodes des sciences sociales*, 11e éd., Dalloz, coll. Précis, 2001, p. 8.

[3] V° « Épistémologie », in A. LALANDE, *Vocabulaire technique et critique de la philosophie*, Puf, coll. Quadrige dicos poche, 2010.

[4] L. SOLER, *Introduction à l'épistémologie*, Ellipses, 2009, p. 3.

[5] G. G. GRANGER, « À quoi sert l'épistémologie ? », *Dr. et société* 1992, p. 36.

[6] H. BARREAU, *L'épistémologie*, Puf, coll. Que sais-je ?, 2013, p. 7.

[7] Réf. à É. MORIN, *La méthode – III : Connaissance de la connaissance*, Le Seuil, 1992.

[8] J. PIAGET (cité par J.-L. LE MOIGNE, *Les épistémologies constructivistes*, 3e éd., Puf, coll. Que sais-je ?, 2007, p. 5).

[9] Réf. à J.-L. ERMINE, *Les systèmes de connaissances*, Hermès, 1996.

Quant à la connaissance, elle peut être conçue comme « un processus itératif entre le réel et sa représentation, [...] le mouvement par lequel on utilise des “outils idéels” (théoriques, conceptuels, scientifiques) pour lire, interpréter, analyser une réalité »[1]. Et c'est parce que toute connaissance est relative, parce que l'empirisme descriptif pur est impossible, que l'épistémologie existe et est digne d'intérêt. Ainsi, lorsque Bachelard réfléchissait à la notion d'obstacle épistémologique, il pouvait constater que « la pensée empirique est claire après coup, quand l'appareil des raisons a été mis au point. Rien ne va de soi. Rien n'est donné. Tout est construit »[2]. À travers ces mots, la raison d'être de l'épistémologie, en tout champ de connaissances, se trouve admirablement justifiée. Puisqu'aucun fait n'est accessible sans construction de l'esprit, cette discipline trouve un terrain d'exercice au sein duquel s'épanouir pleinement. Et elle se concentre tout spécialement sur les normes méthodiques qui conduisent aux connaissances, tandis que le contenu substantiel de ces connaissances lui est indifférent.

L'épistémologie juridique : étude critique des modes de connaissance du droit

L'épistémologie est donc l'étude critique des connaissances scientifiques produites par une communauté de savants. Il faut entendre « connaissances scientifiques » comme signifiant « connaissances spécialisées », comme signifiant « connaissances produites par les spécialistes d'une matière relativement à cette matière ». Il n'est donc pas lieu de discuter la scientificité des connaissances produites par les chercheurs en droit ou sur le droit ; pour qu'une épistémologie juridique soit possible, il suffit de constater qu'il existe un savoir juridique, qu'il existe des chercheurs, des centres de recherche, des revues, des ouvrages et des manifestations spécialisés dans le domaine du droit[3]. Néanmoins, si telle n'est pas la conception ici retenue, beaucoup considèrent que l'épistémologie juridique supposerait d'avoir fondé une science prenant pour objet d'étude des régularités factuelles et présentant un caractère empirique ou expérimental.

De plus, les connaissances scientifiques s'opposent aux connaissances à visée pratique qui, elles, intéressent la méthodologie juridique présentée au sein du précédent chapitre. En 1913, François Gény avait proposé, dans son célèbre *Science et technique en droit privé positif*, un « essai d'épistémologie juridique » ; mais celui-ci correspondait davantage à la définition de la

[1] M. BEAUD, *L'art de la thèse*, 5e éd., La découverte, coll. Grands repères, 2006, p. 70.
[2] G. BACHELARD, *La formation de l'esprit scientifique – Contribution à une psychanalyse de la connaissance objective*, Vrin, 1938, p. 13 (cité par Ch. ATIAS, *Science des légistes, savoir des juristes*, 3e éd., PUAM (Aix-en-Provence), 1993, p. 23).
[3] Ch. ATIAS, *Épistémologie juridique*, Dalloz, coll. Précis, 2002, p. 20.

méthodologie juridique qu'à la définition de l'épistémologie juridique puisqu'il s'agissait, pour l'illustre professeur, de réfléchir au « rôle des éléments intellectuels en toute élaboration de droit positif »[1]. Reste que ce chapitre, très original en son temps et établissant la célèbre distinction du « donné » et du « construit », est, à la connaissance de l'auteur de ces lignes, longtemps demeuré le seul exemple de tentative de réflexion « épistémologique » en droit[2].

La réalité de l'existence d'un corpus de connaissances *jus*-scientifiques étant avérée, la crainte que l'idée d'épistémologie juridique soit inconséquente semble pouvoir être écartée, d'autant plus qu'il existe aussi des connaissances *jus*-scientifiques au sens strict, c'est-à-dire des connaissances juridiques issues de travaux purement objectifs et empiriques. Les connaissances en droit et sur le droit sont susceptibles d'être l'objet d'analyses et de réflexions épistémologiques ; elles peuvent être soumises à une étude critique des prémisses, des principes, des hypothèses et des résultats qui les constituent. Et cela est d'autant plus indubitable que « les juristes ont la conviction de travailler sur des connaissances établies »[3] et « empruntent des formes logiques, des modes d'inférence, des concepts fondamentaux et des théories à diverses sciences »[4].

Christian Atias, qui fut le principal promoteur de l'épistémologie juridique en France, expliquait que l'approche épistémologique serait inopportune uniquement dans l'hypothèse où, « entre le droit et les définitions, les descriptions, les commentaires, les analyses et les synthèses qui lui sont consacrés, nulle différence, nulle séparation n'est concevable »[5]. Seulement est-il douteux que pareille situation puisse exister. Le droit positif, sommairement résumé, correspond à la loi et à la jurisprudence ; les commentaires de la loi et de la jurisprudence ne s'y réduisent jamais ; ils sont une autre dimension du monde juridique qui peut toujours être étudiée en soi ou en rapport avec le droit positif. L'épistémologie est notamment l'étude critique des relations entre l'une et l'autre dimension, entre concret et abstrait, entre positif et spéculatif, entre les faits et les modes de connaissance des faits.

[1] F. GÉNY, « Du rôle des éléments intellectuels en toute élaboration de droit positif (essai d'épistémologie juridique) », in *Science et technique en droit privé positif*, Librairie du Recueil Sirey, 1913, p. 101 s.

[2] Il se trouve néanmoins, dans la livraison de 1959 des *Archives de philosophie du droit*, deux textes qui, sans réfléchir à une véritable épistémologie juridique, touchent à l'épistémologie et au droit : J. PARAIN-VIAL, « Notes sur l'épistémologie des concepts juridiques », *Arch. phil. droit* 1959, p. 131 s. ; K. STOIANOVITCH, « Y a-t-il une science du droit ? Contribution à l'épistémologie générale », *Arch. phil. droit* 1959, p. 67 s.

[3] Ch. ATIAS, *Épistémologie juridique*, Dalloz, coll. Précis, 2002, p. 22.

[4] *Ibid.*

[5] *Ibid.*, p. 8.

À titre de synthèse, peut être retenu que l'épistémologie juridique n'est ni une science « pure » du droit, ni une philosophie du droit, ni une théorie du droit, ni une politique juridique ; elle est une branche à part entière de la recherche juridique ; et cette branche compte au nombre des plus particulières. Son autonomie lui est conférée davantage par son objet spécifique que par ses intentions et ses méthodes, lesquelles manquent de lignes directrices claires et peuvent être à teneur scientifique comme à teneur critique. L'épistémologie juridique est l'étude critique des connaissances des spécialistes du droit, du philosophe du droit au sociologue du droit en passant par le scientifique du droit positif. Son objet d'étude réside dans le savoir juridique, dont elle observe la formation et le développement et dont elle souligne les égarements[1]. Elle « tente d'en élucider la nature et d'en comprendre la dynamique »[2]. Surtout, en tant qu' « étude critique des modes de connaissance du droit »[3], elle se désintéresse du contenu de ce savoir car ce sont ses origines, ses méthodes, ses modes d'inférence, ses logiques et ses conséquences qui la préoccupent. L'épistémologie juridique étudie donc de manière critique, non directement les connaissances juridiques, mais les moyens des connaissances juridiques, les méthodes et les démarches qui permettent — ou qui ne permettent pas — de les acquérir.

Partant, l'épistémologue du droit étudie et critique les normes méthodiques, les principes, les postulats, les concepts, les classifications, les expériences, l'expérience[4] ou encore les théories qui font le droit compris comme discipline académique. Ces éléments orientent le regard de l'observateur du droit et tendent à fixer l'image qu'il en retient ; c'est à cet aspect normatif des travaux juridiques, qui fait que le juriste voit ce qu'il voit et, par conséquent, que le droit est ce qu'il est et que la pensée juridique est ce qu'elle est, que s'attache l'épistémologie juridique.

La regrettable discrétion de l'épistémologie juridique parmi les facultés de droit

Il y a peu, Christian Atias interrogeait encore la possibilité qu'une épistémologie juridique existe — même si le professeur répondait évidemment par l'affirmative —. Sans doute n'est-ce qu'à la fin du XXe s. que, en France, l'épistémologie juridique a été réellement interrogée et développée, quoique de manière incomplète et non indépendamment mais en

[1] Ch. ATIAS, *Science des légistes, savoir des juristes*, 3e éd., PUAM (Aix-en-Provence), 1993, p. 33.

[2] R. NADEAU, *Vocabulaire technique et analytique de l'épistémologie*, Puf, coll. Premier cycle, 1999, p. XI (cité par Ch. ATIAS, *Épistémologie juridique*, Dalloz, coll. Précis, 2002, p. 2).

[3] J.-L. BERGEL, *Théorie générale du droit*, 5e éd., Dalloz, coll. Méthodes du droit, 2012, p. 5.

[4] La redondance est volontaire : il s'agit de séparer les expériences pratiquées en faits afin d'en tirer des conclusions de l'expérience acquise au fur et à mesure de la fréquentation d'un champ scientifique.

relation étroite avec la théorie du droit[1]. Elle demeure aujourd'hui ignorée des programmes des facultés de droit et peu ancrée dans les habitudes des enseignants-chercheurs en droit qui, pour la plupart, conçoivent mal ou ne conçoivent pas ce en quoi consiste l'épistémologie de leur droit. C'est pourquoi il paraît utile, peut-être même indispensable, de chercher à fonder, à expliquer et à justifier plus avant l'épistémologie juridique. Si elle s'avère souvent inconsciente, elle est en réalité omniprésente et sous-jacente en toute réflexion sur le droit.

Il semble difficile de retenir que « l'épistémologie ne sert à rien, si l'on prend le mot "servir" en un sens strictement pragmatique : l'épistémologie n'a pas d'effets directs sur l'avancement des sciences [...]. Elle a un intérêt qui est uniquement de nature philosophique »[2]. Tout au contraire, sa vocation, dès lors qu'elle revêt des atours critiques, est d'orienter le scientifique et le penseur du droit dans la bonne direction, soit dans la direction du progrès, et de les avertir lorsqu'ils s'égarent. Une théorie du droit comme un commentaire d'arrêt présentera une plus ou moins grande pertinence en fonction des options méthodiques retenues. L'épistémologie ne se contente pas d'observer de loin la science et la connaissance ; elle exerce sur elles une influence qui est décisive. Ainsi un savoir régulièrement dénoncé comme arbitraire ou par trop métaphysique par les épistémologues sera-t-il tenté d'évoluer vers davantage de positivité.

Lorsqu'on étudie ou pense le droit, s'inscrire pour une part dans le cadre de l'épistémologie juridique semble être plus qu'une possibilité ; c'est une nécessité et, en définitive, que cela soit conscient et volontaire ou inconscient et involontaire, quelque-chose d'inévitable. « Un savoir juridique, enseignait Christian Atias, qui se priverait d'une étude critique de ses origines [et] d'une entente du passé dont il est issu ne serait assurément plus digne de se présenter ni comme savoir ni comme juridique »[3]. Et le professeur d'ajouter ailleurs que « c'est la définition même du droit que

[1] P. AMSELEK, *Perspectives critiques d'une réflexion épistémologique sur la théorie du Droit – Essai de phénoménologie juridique*, th., Université Paris II - Panthéon-Assas, 1962 ; J.-F. PERRIN, *Pour une théorie de la connaissance juridique*, Droz (Genève), 1979 ; P. AMSELEK, « Éléments d'une définition de la recherche juridique », *Arch. phil. droit* 1979, p. 297 s. ; J. LENOBLE, F. OST, *Droit, mythe et raison – Essai sur la dérive mythologique de la rationalité juridique*, Publications des Facultés universitaires Saint-Louis (Bruxelles), 1980 ; Ch. ATIAS, *Épistémologie juridique*, Puf, coll. Droit fondamental - Droit politique et théorique, 1985 ; F. OST, M. VAN DE KERCHOVE, *Jalons pour une théorie critique du droit*, Publications des Facultés universitaires Saint-Louis, 1987 ; J. LENOBLE, « Réflexions épistémologiques sur les théories contemporaines de la validité des normes juridiques », in G. HAARSCHER, F. RIGAUX, P. VASSART, dir., *Droit et pouvoir – I : La validité*, Story-Scientia (Bruxelles), 1987, p. 347 s. ; Ph. JESTAZ, « Une question d'épistémologie (à propos de l'affaire Perruche) », *RTD civ.* 2001, p. 547 s.

[2] G. G. GRANGER, « À quoi sert l'épistémologie ? », *Dr. et société* 1992, p. 36.

[3] Ch. ATIAS, *Épistémologie juridique*, Dalloz, coll. Précis, 2002, p. 30.

l'épistémologie juridique met en cause »[1]. Ces propos emportent une conviction : toute théorie du droit ne peut se passer de l'épistémologie et, plus encore, toute branche de la recherche juridique ne peut se passer de l'épistémologie. L'épistémologie juridique paraît être une méta-branche de la recherche juridique, ce que tend à confirmer le présent ouvrage dès lors qu'il s'inscrit dans le cadre de cette épistémologie et qu'il vise notamment à décrire et à interroger les diverses branches de la recherche juridique.

Les méthodes de la thèse de doctorat soulignent qu'il est indispensable à tout jeune chercheur de « toujours se demander "qu'est-ce que le travail de connaissance ?" »[2] ; elles conviennent que « ce qui est attendu d'une thèse, comme de toute recherche, c'est un progrès dans la connaissance »[3]. Toute thèse de doctorat repose sur une démarche épistémologique, même si celle-ci n'est pas toujours avouée ni même ressentie. Et il faut gager qu'il en va ainsi de tout travail de recherche. Pour faire avancer la connaissance, il est indispensable de s'être au préalable posé la question « comment peut-on le mieux faire avancer la connaissance ? ».

Considérer sérieusement les données, les intentions et les réflexions épistémologiques apparaît d'autant plus crucial que l'heure serait aux « révolutions scientifiques » dépeintes par Thomas Kuhn. On observe que « tout un mode de connaissance du monde, de rationalité et de logique s'effondre sous nos yeux : celui qui reposait sur une épistémologie de type positiviste »[4]. Plus que jamais, penser la connaissance et connaître la pensée serait décisif, très au-delà du cercle restreint des connaissances et pensées juridiques. Pour ce qui est du droit, celui-ci est certes peut-être un art au moins autant qu'une science et il n'est pas certain qu'un art repose sur des connaissances[5] ; il faut néanmoins croire que l'épistémologie est, insidieusement mais sûrement, au centre du jeu du droit.

Par exemple, c'est elle qui est en cause lorsqu'un manuel de droit des obligations relève la « tendance des juristes à exposer les règles de droit comme on présenterait les mathématiques, [qui] est intéressante lorsqu'il s'agit de présenter, voire de mémoriser des solutions juridiques positives mais ne permet pas de les comprendre »[6]. C'est également elle qu'il faut mobiliser au moment de réfléchir à la légitimité des habitudes, parmi les

[1] Ch. ATIAS, *Science des légistes, savoir des juristes*, 3e éd., PUAM (Aix-en-Provence), 1993, p. 10.
[2] M. BEAUD, *L'art de la thèse*, 5e éd., La découverte, coll. Grands repères, 2006, p. 69.
[3] *Ibid.*, p. 71.
[4] A.-J. ARNAUD, *Critique de la raison juridique – 2. Gouvernants sans frontières – Entre mondialisation et post-mondialisation*, LGDJ, coll. Droit et société, 2003, p. 43.
[5] Réf. à R.-P. DROIT, *L'art est-il une connaissance ?*, Le Monde éditions, 1993.
[6] A. SÉRIAUX, *Droit des obligations*, Puf, 1992, p. 14.

facultés de droit, consistant à n'user que de plans binaires[1], à répartir strictement les recherches et les enseignements entre droit privé et droit public[2], à recourir à des concepts polysémiques[3], à refuser toute ouverture à l'interdisciplinarité[4], etc.

Les scientifiques du droit sont parfois critiqués pour leurs tendances à se laisser gagner par les idéologies et à œuvrer à tâtons, en étant dépourvus de méthodes précisément arrêtées[5]. En conséquence, des enseignements épistémologiques nouveaux et nombreux seraient fort profitables à la recherche juridique et il faut espérer que son cadre institutionnel saura évoluer afin de favoriser l'épanouissement de l'épistémologie juridique. Aujourd'hui, le conservatisme qui empreint les facultés de droit est la principale barrière freinant le développement de cette discipline. Le retrait de cette barrière permettrait aux changements paradigmatiques et aux « révolutions scientifiques » d'être à la fois espérés et possibles. Le savoir juridique en sortirait ô combien grandi. Mais ces pages ne sont pas le lieu où plaider plus longuement pour l'acceptation, l'encadrement et l'encouragement « officiels » de cette branche de la recherche juridique très à part qu'est l'épistémologie juridique.

Il convient désormais de s'intéresser aux trois branches de la recherche juridique qui se rapprochent de la sphère politique, soit parce qu'elles portent sur des activités politiques (science politique), soit parce qu'elles consistent en des activités politiques (légistique et politique juridique).

Orientations et illustrations bibliographiques

AMSELEK P., *Perspectives critiques d'une réflexion épistémologique sur la théorie du Droit (Méthode phénoménologique et théorie du Droit)*, LGDJ, 1964

AMSELEK P., dir., *Théorie du droit et science*, Puf, coll. Léviathan, 1994

AMSELEK P., dir., *Interprétation et droit*, Bruylant-PUAM (Bruxelles-Aix-en-Provence), 1995

AMSELEK P., « La part de la science dans les activités des juristes », *D.* 1997, p. 337 s.

ANDLER D., FAGOT-LARGEAULT A., SAINT-SERNIN B., *Philosophie des sciences*, Gallimard, coll. Folio essais, 2002

ARNAUD A.-J., « À propos d'un manuel d'épistémologie juridique – Un épistémologue au-dessus de tout soupçon », *Droits* 1985, n° 1, p. 145 s.

[1] *Cf.* B. BARRAUD, « L'usage du plan en deux parties dans les facultés de droit françaises », *RTD civ.* 2015, p. 807 s.

[2] *Cf.* B. BARRAUD, « Droit public-droit privé : de la *summa divisio* à la *ratio divisio* ? », *RRJ* 2014, p. 1101 s.

[3] *Cf.* B. BARRAUD, « La science et la doctrine juridiques à l'épreuve de la polysémie des concepts », *RIEJ* 2016, n° 76.

[4] *Cf.* B. BARRAUD, « La science du droit parmi les sciences sociales : la tradition de l'autonomie et la tentation de l'ouverture », *RRJ* 2015, p. 27 s.

[5] F. ROUVIÈRE, « La vulnérabilité de la science du droit : histoire d'une science sans méthode », in F. ROUVIÈRE, dir., *Le droit à l'épreuve de la vulnérabilité*, Bruylant (Bruxelles), 2011, p. 537 s.

ARNAUD A.-J., « La valeur heuristique de la distinction interne/externe comme grande dichotomie pour la connaissance du droit : éléments d'une démystification », *Dr. et société* 1986, p. 139 s.
ARNAUD A.-J., « Le droit comme produit », *Dr. et société* 1994, p. 293 s.
ARNAUD A.-J., « De la vanité d'un projet épistémologique dans les sciences juridiques », in ATIAS Ch., LEMOIGNE J.-L., dir., *Présence de Gaston Bachelard – Épistémologie pour une anthropologie complète*, Librairie de l'Université d'Aix-en-Provence, coll. Cheminements interdisciplinaires, 1988
ATIAS Ch., *Épistémologie juridique*, Puf, coll. Droit fondamental – Droit politique et théorique, 1985
ATIAS Ch., *Théorie contre l'arbitraire : éléments pour une théorie des théories juridiques*, Puf, 1987
ATIAS Ch., *Science des légistes, savoir des juristes*, 2e éd., PUAM (Aix en Provence), 1991
ATIAS Ch., *Épistémologie du droit*, Puf, coll. Que sais-je ?, 1994
ATIAS Ch., *Épistémologie juridique*, Dalloz, coll. Précis, 2002
ATIAS Ch., « Réflexion sur les méthodes de la science du droit », *D.* 1983, p. 145 s.
ATIAS Ch., « Des réponses sans questions : 1804-1899-1999 (quantitatif et qualificatif dans le savoir juridique) », *D.* 1998, p. 406 s.
ATIAS Ch., « L'introuvable question de droit », *RTD civ.* 2010, p. 243 s.
BACHELARD G., *La formation de l'esprit scientifique – Contribution à une psychanalyse de la connaissance objective*, Vrin, 1938
BACHELARD G., *La philosophie du non* (1940), Puf, coll. Quadrige grands textes, 2005
BACHELARD G., *Épistémologie*, 8e éd., Puf, coll. Grands textes, 2010
BACHELARD G., *Le nouvel esprit scientifique* (1934), Puf, coll. Quadrige, 2013
BACHTA A., *L'épistémologie scientifique des lumières*, L'Harmattan, coll. Épistémologie et philosophie des sciences, 2003
BARBEROUSSE A., KISTLER M., LUDWIG P., *La philosophie des sciences au XXe siècle*, Flammarion, coll. Champs essais, 2011
BARBEROUSSE A., BONNAY D., COZIC M., dir., *Précis de philosophie des sciences*, Vuibert, coll. Philosophie des sciences, 2011
BARRAUD B., « Droit public-droit privé : de la *summa divisio* à la *ratio divisio* ? », *RRJ* 2014, p. 1101 s.
BARRAUD B., « La science du droit parmi les sciences sociales : la tradition de l'autonomie et la tentation de l'ouverture », *RRJ* 2015, p. 27 s.
BARRAUD B., « L'usage du plan en deux parties dans les facultés de droit françaises », *RTD civ.* 2015, p. 807 s.
BARRAUD B., « La science et la doctrine juridiques à l'épreuve de la polysémie des concepts », *RIEJ* 2016, n° 76
BARREAU H., *L'épistémologie*, Puf, coll. Que sais-je ?, 2013
BARTHOLY M.-C., *Philosophie, épistémologie – Précis de vocabulaire*, Magnard, 1975
BEAUD O., « Carré de Malberg, juriste alsacien – La biographie comme élément d'explication d'une doctrine constitutionnelle », in BEAUD O., WACHSMANN P., dir., *Science juridique française et science juridique allemande de 1870 à 1918*, Presses universitaires de Strasbourg, coll. Annales de la faculté de droit de Strasbourg, n° 1, 1997, p. 219 s.
BERGEL J.-L., dir., *La méthodologie de l'étude des sources du droit*, PUAM (Aix en Provence), 2001
BERGSON H., *Essai sur les données immédiates de la conscience*, 10e éd., Puf, coll. Quadrige, 2013
BERTHELOT J.-M., dir., *Épistémologie des sciences sociales*, Puf, coll. Quadrige manuels, 2012
BESNIER J.-M., *Les théories de la connaissance*, Puf, coll. Que sais-je ?, 2011
BONFILS Ph., « L'outil statistique et son utilisation dans les sciences juridiques », *RRJ* 1996, p. 1129 s.
BOURCIER D., VAN ANDEL P., *De la sérendipité dans la technique, la science et le droit*, Hermann, 2013
BOURDIEU P., *Science de la science et réflexivité*, Raisons d'agir, coll. Cours et travaux, 2001
BRAUNSTEIN J.-F. et *alii*, *L'histoire des sciences – Méthodes, styles et controverses*, Vrin, coll. Textes clés de l'histoire des sciences, 2008

BRENNER A. et *alii*, *Les textes fondateurs de l'épistémologie française – Duhem, Poincaré, Brunschvicg et autres philosophes*, Hermann, coll. Philosophie, 2015
CAILLÉ A., DUFOIX S., dir., *Le tournant global des sciences sociales*, La découverte, 2013
CHALMERS A. F., *Qu'est-ce que la science ?*, Le livre de poche, coll. Biblio essais, 1990
CHAMPEIL-DESPLATS V., *Méthodologies du droit et des sciences du droit*, Dalloz, coll. Connaissance du droit, 2014
CHARLE Ch., *La République des universitaires (1870-1940)*, Le Seuil, 1994
CHEVALLIER J., « Doctrine juridique et science juridique », *Dr. et société* 2002, p. 103 s.
COLONNA D'ISTRIA F., « Le concept de concept juridique », *RRJ-Cahiers de méthodologie juridique* 2012, n° 26
COMTE A., *Cours de philosophie positive*, 1830
COMTE A., *Discours sur l'esprit positif*, Carillan-Goeury et Vr. Dalmon, 1844
COURNOT A.-A., *Essai sur les fondements de nos connaissances et sur les caractères de la critique philosophique*, Paris, 1851
DELEUZE G., GUATTARI F., *Mille plateaux – Capitalisme et schizophrénie*, Minuit, coll. Critique, 1980
DENIAU G., *Qu'est-ce que comprendre ?*, Vrin, coll. Chemins philosophiques, 2008
DESCARTES R., *Le discours de la méthode – Pour bien conduire sa raison, et chercher la vérité dans les sciences*, 1637
DESMET H., POURTOIS J.-P., *Épistémologie et instrumentation en sciences humaines*, 3e éd., Mardaga, coll. Psy, 2007
DEWEY J., *La quête de certitude – Une étude de la relation entre connaissance et action*, trad. P. Savidan, Gallimard, coll. Bibliothèque de philosophie, 2014
DEWEY P., « Logical Method and the Law », *Cornell Law Quarterly* 1925, n° 10, p. 17 s.
DORE I. I., « L'influence française sur la nouvelle épistémologie juridique postmoderne aux États-Unis », *Arch. phil. droit* 2005, p. 368 s.
DROIT R.-P., *L'art est-il une connaissance ?*, Le Monde éditions, 1993
Droit et société 1988/10, « Pratiques de recherche, questions théoriques et problèmes épistémologiques sur le droit et la société »
DUPRET B., « Droit et sciences sociales – Pour une respécification praxéologique », *Dr. et société* 2010, p. 315 s.
DUPUY J.-P., *Introduction aux sciences sociales - Logique des phénomènes collectifs*, Ellipses, 1992
DURKHEIM É., *Les règles de la méthode sociologique*, 2e éd. (1937), Puf, coll. Bibliothèque de philosophie contemporaine, 1973
EBERHARD Ch., « Prérequis épistémologiques pour une approche interculturelle du Droit – Le défi de l'altérité », *Droit et cultures* 2002, n° 46, p. 9 s.
EDELMAN B., « Le droit, les "vraies" sciences et les "fausses" sciences », *Arch. phil. droit* 1991, p. 55 s.
EISENMANN Ch., « Quelques problèmes de méthodologie des définitions et des classifications en science juridique », *Arch. phil. droit* 1966, p. 25 s.
ENGEL P. et *alii*, *Philosophie de la connaissance – Croyance, connaissance, justification*, Vrin, coll. Textes clés de philosophie de la connaissance, 2005
ERMINE J.-L., *Les systèmes de connaissances*, Hermès, 1996
ESMEIN A., « La jurisprudence et la doctrine », *RTD civ.* 1902
FAROUKI N., SERRES M., dir., *Le Trésor – Dictionnaire des Sciences*, Flammarion, 1997
FEYERABEND P., *Contre la méthode, esquisse d'une théorie anarchiste de la connaissance*, trad. B. Jurdant, A. Schlumberger, Le Seuil, 1979
FONTAINE L., *Qu'est-ce qu'un « grand » juriste ? Essai sur les juristes et la pensée juridique moderne*, Lextenso éditions, coll. Forum, 2012
FOUCAULT M, *Les mots et les choses : une archéologie des sciences humaines*, Gallimard, 1966
FOUCAULT M., *L'archéologie du savoir*, Gallimard, 1969
FOUCAULT M., *Histoire de la sexualité, vol. 1 : La volonté de savoir*, Gallimard, 1976
FRÈRE B., JACQUEMAIN M., *Épistémologie de la sociologie – Paradigmes pour le XXIe siècle*, De Boeck (Bruxelles), coll. Ouvertures sociologiques, 2008
FRIEDMAN L. M., « La sociologie du droit est-elle vraiment une science ? », *Dr. et société* 1986, p. 113 s.

GADAMER H. G., *Vérité et méthode – Les grandes lignes de l'herméneutique philosophique*, Le Seuil, 1976
GAILLARD-SEBILEAU É., « La force normative du paradigme juridique », in THIBIERGE C., dir., *La force normative – Naissance d'un concept*, LGDJ-Bruylant (Paris-Bruxelles), 2009, p. 171 s.
GEERTZ C., *Savoir local, savoir global – Les lieux du savoir*, 2e éd., Puf, 1999
GÉNY F., *Méthode d'interprétation et sources en droit privé positif*, t. I et II, LGDJ, 1954
GÉNY F., *Science et technique en droit privé positif – Nouvelle contribution à la critique de la méthode juridique*, Sirey, t. I, II, III et IV, 1914-1924
GINGRAS Y., *Sociologie des sciences*, Puf, coll. Que sais-je ?, 2013
GINGRAS Y., *Controverses – Accords et désaccords en sciences humaines et sociales*, CNRS éditions, coll. Culture et société, 2014
GOODRICH P., *Reading the Law, a Critical Introduction to Legal Method*, 2e éd., Sweet and Maxwell, 1984
GOYARD-FABRE S., *Essai de critique phénoménologique du droit*, LGDJ, 1972
GOYARD-FABRE S., *Re-penser la pensée du droit*, Vrin, 2007
GRAFTON A., *Les origines tragiques de l'érudition – Une histoire de la note en bas de page*, trad. P.-A. Fabre, Le Seuil, coll. La librairie du XXe siècle, 1998
GRANGER G. G., « À quoi sert l'épistémologie ? », *Dr. et société* 1992, n° 20, p. 35 s.
GRANGE J., *Auguste Comte, la politique et la science*, Odile Jacob, 2000
GRAWITZ M., *Méthodes des sciences sociales*, 11e éd., Dalloz, coll. Précis, 2000
GRZEGORCZIK Ch., MICHAUT F., TROPER M., *Le positivisme juridique*, LGDJ-Story Scientia (Paris-Bruxelles), coll. La pensée juridique, 1993
GUASTINI R., « Alf Ross : une théorie du droit et de la science juridique », in AMSELEK P., dir., *Théorie du droit et science*, Puf, coll. Léviathan, 1994, p. 249 s.
GUIBENTIF P., « Reconnaissance et complexité sociale – Deux approches de la réalité juridique », *Dr. et société* 2011, p. 293 s.
GUIGUE A., « Autour des méthodes positivistes », *RRJ* 2006, p. 1175 s.
GUSDORF G., « Histoire et sciences sociales », *Rev. int. sc. soc.* 1960, p. 421 s.
HABERMAS J., *La technique et la science comme idéologie*, Gallimard, coll. Les essais, 1973
HABIB L., « L'impur objet de la science du droit », *Droits* 1990, n° 11, p. 93 s.
HAURIOU M., *La science sociale traditionnelle*, Larose-Librairie de la société du recueil général des lois et des arrêts, 1896
HEIDEGGER M., *Qu'appelle-t-on penser ?* (1951), Puf, 1959
HEMPEL C., *Éléments d'épistémologie*, Armand Colin, coll. Synthèse, 1993
HUSSON L., *Nouvelles études sur la pensée juridique*, Dalloz, 1974
ISRAËL I., « Question(s) de méthodes – Se saisir du droit en sociologue », *Dr. et société* 2008, p. 381 s.
JACOB P., dir., *De Vienne à Cambridge – L'héritage du positivisme logique de 1950 à nos jours*, Gallimard, coll. Tel, 1996
JAMIN Ch., *La cuisine du droit*, Lextenso, 2012
JAMIN Ch., JESTAZ Ph., *La doctrine*, Dalloz, 2004
JARROSSON B., *Invitation à la philosophie des sciences*, Le Seuil, coll. Points sciences, 1992
JESTAZ Ph., « Une question d'épistémologie (à propos de l'affaire Perruche) », *RTD civ.* 2001, p. 547 s.
KAHN P. W., *The Cultural Study of Law: Reconstructing Legal Scholarship*, University of Chicago Press, 1999
KALINOWSKI G., *Introduction à la logique juridique*, LGDJ, 1965
KALINOWSKI J., *Querelle de la science normative – Une contribution à la théorie de la science*, LGDJ, 1969
KELSEN H., *Théorie pure du droit*, 2e éd., trad. Ch. Eisenmann, Dalloz, 1962
KELSEN H., « Qu'est-ce que la théorie pure du droit ? », *Dr. et société* 1992, p. 551 s.
KOYRÉ A., *Études d'histoire de la pensée scientifique*, Gallimard, coll. Tel, 1985
LAPIERRE J.-W., *L'analyse de Système – L'application aux sciences sociales*, Syros-Alternatives, 1992
LATOUR B., *La science en action – Introduction à la sociologie des sciences*, La découverte, coll. Poche, 2005

LATOUR B., *Petites leçons de sociologie des sciences*, La découverte, coll. Poche, 2006
LAUGIER S. et *alii*, *Philosophie des sciences – t. I : Expériences, théories et méthodes*, Vrin, coll. Textes clés de philosophie des sciences, 2004
LAUGIER S. et *alii*, *Philosophie des sciences – t. II : Naturalismes et réalismes*, Vrin, coll. Textes clés de philosophie des sciences, 2004
LECOURT D., *L'épistémologie historique de Gaston Bachelard*, Vrin, coll. Bibliothèque d'histoire de la philosophie, 2001
LECOURT D., *La philosophie des sciences*, Puf, coll. Que sais-je ?, 2010
LECOURT D., dir., *Dictionnaire d'histoire et philosophie des sciences*, 4e éd., Puf, coll. Quadrige dicos poche, 2006
LE MOIGNE J.-L., *Systémique et épistémologie*, Puf, 1977
LE MOIGNE J.-L., *La théorie du système général – Théorie de la modélisation*, 2e éd., Puf, coll. Systèmes-décisions, 1984
LE MOIGNE J.-L., *La modélisation des systèmes complexes*, Dunod, 1990
LE MOIGNE J.-L., *La théorie du système général*, 4e éd., Puf, 1994
LE MOIGNE J.-L., *Le constructivisme*, t. I, ESF, 1994
LE MOIGNE J.-L., *Le constructivisme*, t. II, ESF, 1995
LE MOIGNE J.-L., *Les épistémologies constructivistes*, 3e éd., Puf, coll. Que sais-je ?, 2007
LE MOIGNE J.-L., *Le constructivisme – t. III : Modéliser pour comprendre*, L'Harmattan, 2003
LE MOIGNE J.-L., *Le constructivisme – t. II : Épistémologie de l'interdisciplinarité*, L'Harmattan, 2003
LE MOIGNE J.-L., MORIN E., *L'intelligence de la complexité*, L'Harmattan, 1999
LENOBLE J., « Réflexions épistémologiques sur les théories contemporaines de la validité des normes juridiques », in HAARSCHER G., RIGAUX F., VASSART P., dir., *Droit et pouvoir – t. I : La validité*, Story-Scientia (Bruxelles), 1987, p. 347 s.
LERBET G., *Approche systémique et production de savoir*, L'Harmattan, 1993
LEVINSON S., MAILLOUX S., *Interpreting Law and Literature*, Evanston, 1988
LÉVY E., « Notes sur le droit considéré comme science », *Questions pratiques de législation ouvrière et d'économie sociale* 1910, p. 299 s.
LEVY-BRUHL H., « Les sources, les méthodes, les instruments de travail », in DE LA MORANDIERE J., dir., *Introduction à l'étude du droit*, t. I, Rousseau et Cie, 1951
LÉVY-LEBLOND J.-M., *Le grand écart – La science entre technique et culture*, Manucius, coll. Modélisations des imaginaires, 2013
LIBCHABER R., *L'ordre juridique et le discours du droit – Essai sur les limites de la connaissance du droit*, LGDJ, 2013
LOCKE J., *Essai philosophique concernant l'entendement humain*, 3e éd., Pierre Mortier (Amsterdam), 1735
LORENZ K., *L'envers du miroir : Une histoire naturelle de la connaissance*, Flammarion, 1975
LUKES S., SCULL A., *Durkheim and the Law*, Martin Robertson, 1983
MACCORMICK N., *Raisonnement juridique et théorie du droit* (1978), trad. J. Gagey, Puf, coll. Les voies du droit, 1996
MALINVAUD E., « Pourquoi les économistes ne font pas de découvertes ? », *Revue d'économie politique* 1996, n° 106
MATHIEU-IZORCHE M.-L., *Le raisonnement juridique*, Puf, coll. Thémis droit privé, 2001
MELKEVIC B., « Le modèle communicationnel en science juridique : Habermas et le droit », *Les Cahiers du Droit* 1990, n° 31
MERLEAU-PONTY M., *Les aventures de la dialectique*, Gallimard, 1955
MERLEAU-PONTY M., *Le visible et l'invisible*, Gallimard, 1964
MERLEAU-PONTY M., *Sens et non-sens* (1948), Gallimard, coll. NRF - Bibliothèque de philosophie, 1996
MEYER M., *Découverte et justification en science – Kantisme, néo-positivisme et problématologie*, Klincksieck, 1979
MINEUR D., *Carré de Malberg, le positivisme impossible*, Michalon, coll. Le bien commun, 2010
MIQUEL P.-A., *Épistémologie des sciences humaines*, Nathan, 2015
MORIN E., *Introduction à la pensée complexe*, ESF, coll. Communication et complexité, 1990
MORIN E., *Science avec conscience*, Le seuil, coll. Point, 1990
MORIN E., *La méthode – T. III : La connaissance de la connaissance*, Le seuil, 1992

MORVAN P., « Principes », in ALLAND D., RIALS S., dir., *Dictionnaire de la culture juridique*, Lamy-Puf, coll. Quadrige dicos poche, 2003
MOTTE O., « Quelques réflexions d'ordre épistémologique à propos de récentes publications », *Dr. et société* 1996, p. 210 s.
MOULY Ch., « À propos d'un manuel d'épistémologie juridique – Une saine vision du droit », *Droits* 1985, n° 1, p. 149 s.
MÜGÜR-SCHÄCHTER M., « Les leçons de la mécanique quantique – Vers une épistémologie formelle », *Le Débat* 1997, n° 93
MÜLLER F., *Discours de la méthode juridique*, trad. O. Jouanjan, Puf, coll. Léviathan, 1996
NADEAU R., *Vocabulaire technique et analytique de l'épistémologie*, Puf, coll. Premier cycle, 1999
NGUIMBI M., *Penser l'épistémologie de Karl Popper*, L'Harmattan, coll. Ouverture philosophique, 2012
NIORT J.-F., « Formes et limites du positivisme juridique », *RRJ* 1993, p. 157 s.
NOUVEL P., *Philosophie des sciences*, Puf, coll. Licence philo, 2011
OST F., VAN DE KERCHOVE M., « De la "bipolarité des erreurs" ou de quelques paradigmes de la science du droit », *Arch. phil. droit* 1988, p. 199 s.
PARAIN-VIAL J., « Notes sur l'épistémologie des concepts juridiques », *Arch. phil. droit* 1959, p. 131 s.
PASSERON J.-C., *Le raisonnement sociologique – L'espace non poppérien du raisonnement naturel*, Nathan, 1991
PERELMAN Ch., *Logique juridique – Nouvelle rhétorique*, Dalloz, 1979
PERRIN J.-F., *Pour une théorie de la connaissance juridique*, Droz (Genève), 1979
PERRIN J.-F., « Épistémologie juridique », in ARNAUD A.-J., dir., *Dictionnaire encyclopédique de théorie et de sociologie du droit*, 2e éd., LGDJ, 1993, p. 141 s.
PESTRE D., *Introduction aux* Science Studies, La découverte, coll. Repères, 2006
PIAGET J., *Introduction à l'épistémologie génétique*, Puf, 1950
PIAGET J., *Épistémologie des sciences de l'homme*, Gallimard, 1972
PIAGET J., *Logique et connaissance scientifique*, 2e éd., Gallimard, coll. Encyclopédie de la Pléiade, 1986
PIMONT S., « Peut-on réduire le droit en théories générales ? », *RTD civ.* 2009
PITRAT J., *Méta-connaissance*, Puf, 1990
PITRAT J., *De la machine à l'intelligence*, Hermès (Paris), 1995
POPPER K., *La logique de la découverte scientifique*, trad. N. Thyssen-Rutten, P. Devaux, Payot (Lausanne), 1973
POPPER K., *Conjectures et réfutations – La croissance du savoir scientifique*, trad. M.-I. Launay, M.-B. Launay, Payot (Lausanne), 1985
POPPER K., *Le réalisme et la science*, trad. A. Boyer, D. Andler, Hermann, 1990
POPPER K., *La théorie quantique et le schisme en physique – Post-scriptum à la* Logique de la découverte scientifique, trad. E. Malolo Dissakè, Hermann, 1996
POPPER K., *La connaissance objective*, Flammarion, coll. Champs, 1999
PRAKEN H., SARTROR G., *Logical Models of Legal Argumentation*, Klüwer (Dordrecht), 1997
RHEINBERGER H.-J., *Introduction à la philosophie des sciences*, La découverte, coll. Repères sociologie, 2014
RICCI R., « Le statut épistémologique des théories juridique : essai de définition d'une pratique scientifique juridique », *Dr. et société* 2002, p. 151 s.
ROUVIÈRE F., « Les règles de la méthode sociologique d'Émile Durkheim : des leçons méthodologiques pour la recherche juridique », *Jurisprudence revue critique* 2011, p. 325 s.
RUSS J., *Les méthodes en philosophie*, Armand Colin, coll. Synthèse, 2008
SCHAFFER S., *La fabrique des sciences modernes*, Le Seuil, coll. Science ouverte, 2014
SERVAIS O., *L'épistémologie pratique de Pierre Bourdieu*, L'Harmattan, coll. Logiques sociales, 2012
SERVERIN É., « Points de vue sur le droit et processus de production des connaissances », *RIEJ* 2007, n° 59, p. 73 s.
SÈVE R., « L'épistémologie contractualiste de Karl Popper », in AMSELEK P., dir., *Théorie du droit et science*, Puf, 1994, p. 59 s.
SIMONDON G., *Du mode d'existence des objets techniques*, Aubier-Montaigne, 1969

SOLER L., *Introduction à l'épistémologie*, Ellipses, 2009
STENGERS I., *L'invention des sciences modernes*, Flammarion, coll. Champs sciences, 2013
STOIANOVITCH K., « Y a-t-il une science du droit ? Contribution à l'épistémologie générale », *Arch. phil. droit* 1959, p. 67 s.
TANCELIN M., « Épistémologie juridique », *Les cahiers de droit* 1986, n° 27
TEUBNER G., « Pour une épistémologie constructiviste du droit », *Annales Économies Sociétés Civilisations* 1992, n° 6
VAN HOUTTE J., « La sociologie du droit ou les limites d'une science », *Dr. et société* 1986, p. 217 s.
VIENNOT L., dir., *Didactique, épistémologie et histoire des sciences*, Puf, coll. Science, histoire et société, 2008
WAGNER P., *Les philosophes et la science*, Folio, coll. Essais, 2002
WALINE M., « Positivisme philosophique, juridique et sociologique », in *Mélanges Raymond Carré de Malberg*, Sirey, 1933, p. 519 s.
WALINE M., « Empirisme et conceptualisme dans la méthode juridique – Faut-il tuer les catégories juridiques ? », in *Mélanges Jean Dabin*, t. I, Sirey, 1963, p. 363 s.
WEBER M., *Essais sur la théorie de la science*, trad. J. Freund, Plon, 1965
WEINBERGER O., « Droit et connaissance du droit au regard du positivisme juridique institutionnaliste », *Droits* 1989, n° 10, p. 109 s.
WINTGENS L., *Droit, principes et théories – Pour un positivisme critique*, Bruylant (Bruxelles), 2000
WRÓBLEWSKI J., « Problèmes méthodologiques pour définir le droit », *Droits* 1989, n° 10, p. 117 s.

Chapitre 12

La science politique

Science politique lato sensu *et science politique* stricto sensu

Largement comprise, la science politique (ou politologie) est très ancienne. On considère que les grecs anciens en sont les créateurs, avec notamment *La République* de Platon et *La Politique* d'Aristote. Cette discipline a également connu un certain développement dans la Rome antique, spécialement grâce à *De la République* de Cicéron. En revanche, durant le Moyen Âge, la science politique a cédé la place à la théologie, jusqu'à ce que le florentin Nicolas Machiavel et le poitevin Jean Bodin restaurent ce champ de recherche avec *Le Prince* et les *Six livres de la République*, publiés durant le XVIe s.

Néanmoins, avant le XXe s., la « science politique » a toujours consisté en une pensée politique, en une pensée des idées et de l'organisation politiques, davantage qu'en une science véritable, c'est-à-dire davantage qu'en un ensemble de travaux objectifs et empiriques à vocation descriptive et explicative. Et il n'est pas certain que, actuellement, l'appellation « science politique » ne soit pas encore usurpée dans bien des cas. Ainsi Maurice Duverger pouvait-il juger que les œuvres les plus marquantes de la science politique sont toutes le fait de « penseurs » et consistent principalement « à exprimer les résultats d'une méditation intérieure, nourrie par la lecture, les souvenirs personnels et l'introspection »[1]. Parler de « philosophie politique » ou de « pensée politique » serait, dès lors, autrement justifié que de parler de « science politique ». Pourtant, une science politique non littéraire mais véritablement scientifique est bel et bien possible. Celle-ci, science politique au sens strict, science politique moderne, serait née aux États-Unis au cours du XIXe s., tandis que, en France, elle serait apparue avec le *Tableau politique de la France de l'Ouest*, ouvrage d'André Siegfried publié en 1913.

Les rapports intimes entre la science politique et les sciences du droit

Dans l'État platonicien, les rois doivent être des rois-philosophes. Il est remarquable que la célèbre allégorie de la caverne se situe dans un livre

[1] Cité par « Science politique », [en ligne] <larousse.fr>.

consacré à l'organisation de la Cité et à l'excellence de l'État[1]. Le philosophe, mieux que tout autre, pourrait être le politique qui sait gouverner, grâce à ses détours métaphysiques, selon les normes du bien et du juste. Il existerait donc un lien étroit entre philosophie et politique, quoique les sophistes et les démocrates qui vécurent en même temps que Platon niaient qu'il soit besoin d'une telle compétence philosophique pour pouvoir gérer les affaires de l'État[2]. Certainement les premiers politologues, d'Aristote à Tocqueville en passant par Rousseau et Montesquieu, étaient-ils des philosophes intéressés par l'analyse des régimes politiques de leurs cités. Pour autant, si une compétence est nécessaire à l'exercice du pouvoir, car il s'agit d'une autre forme de légitimité parallèle à la légitimité démocratique, cette compétence ne relève qu'à la marge de la sphère philosophique. Aujourd'hui, c'est davantage aux côtés du droit qu'aux côtés de la philosophie que la science politique avance, à tel point qu'il faut gager que, si la science politique n'est pas strictement une science du droit, la recherche en science politique peut-être rattachée à la recherche juridique, comme les facultés de science politique sont rattachées aux facultés de droit.

Le droit étant l'instrument du politique, il lui appartient *de facto*. Toutefois, le monde juridique se distingue du monde politique du point de vue académique. Si de nombreuses universités comportent une composante dénommée « faculté de droit et de science politique », cela signifie à la fois que le droit est différent de la science politique et que le droit est intimement lié à la science politique. À présent, la tendance dominante consiste à reconnaître une certaine « division du travail » dans laquelle « le droit se spécialise dans l' "idéalisme des normes" et la science politique se réduit à une sociologie dominée par le "matérialisme des forces" qui a trouvé son expression la plus parfaite dans l'œuvre de Bourdieu »[3]. En d'autres termes, la science du droit positif s'intéresse aux devoir-être contenus dans les textes normatifs quand la science politique s'intéresse aux faits ; la science du droit positif observe ce que sont les institutions quand la science politique observe ce qu'elles font.

Mais, longtemps, les deux matières sont demeurées parfaitement confondues dans leurs pans scientifiques — il ne se trouvait qu'une « agrégation de droit public et de science politique » — autant que dans leurs pans pratiques, notamment car, à l'inverse des États-Unis par exemple, avant le XXe s., le droit était la science sociale par excellence, la seule réellement développée. Ainsi de grands maîtres comme Adhémar Esmein présentaient-ils la science politique telle une dépendance ou annexe du droit constitutionnel, servant simplement à lui donner un certain agrément

[1] PLATON, *La République* (vers 380 av. J.-C.), trad. G. Leroux, Flammarion, coll. GF, 2002, L. VII.
[2] P. KAHN, *L'État*, Quintette, coll. Philosopher, 1989, p. 28.
[3] Ph. RAYNAUD, « Le droit et la science politique », *Jus Politicum* 2009, n° 2, p. 5.

pratique[1]. Si, en 1872, Émile Boutmy avait fondé une École libre des sciences politiques (l'ancêtre des instituts d'études politiques), on enseigne que ce n'est qu'après la Seconde Guerre mondiale que la science politique a gagné en autonomie, étant reconnue institutionnellement, et que le monde des professeurs de droit public a sensiblement évolué[2]. L'École nationale d'administration a été créée et les instituts d'études politiques ont, en conséquence, largement gagné en importance. Surtout, a été instituée, en 1971, une agrégation de science politique indépendante de l'agrégation de droit public[3]. Depuis lors, la légitimité, le particularisme et la stabilité de la discipline ont été sans cesse réaffirmés.

Par ailleurs, on souligne que, si la science politique a été, parmi les différentes sciences sociales, la première à retenir l'attention puisque Platon déjà s'intéressait au fonctionnement de la *polis*, elle a toutefois été « la dernière à se séparer de la morale et de la philosophie pour former une science autonome »[4] et que « la responsabilité de ce retard doit être attribuée à ses parents abusifs et par trop possessifs : le droit, la philosophie et l'histoire »[5]. Il faut redire combien les travaux associés à la science politique, aujourd'hui encore, se présentent souvent telles des réflexions personnelles et rarement telles des études réellement objectives et empiriques recourant, par exemple, à des outils statistiques. Et de dénoncer le fait que la science politique, trop souvent limitée à l'enseignement de l'histoire des idées politiques, se priverait du rôle constructif qui devrait être le sien[6].

La science politique comme sociologie du droit constitutionnel

S'il fallait définir la politique, la proposition d'Aristote, dans *Éthique à Nicomaque*, pourrait être retenue : elle est l'art de l'architectonique, de l'organisation des activités de la Cité[7]. Pour ainsi organiser les activités de la Cité, « diriger la vie sociale vers le bien commun »[8], la politique, qui est l'office des politiciens, recourt aux lois, aux règles et institutions juridiques, ainsi qu'aux juristes. C'est pourquoi a pu être affirmée la dimension

[1] *Ibid.*, p. 3-4.
[2] *Ibid.*, p. 3.
[3] *Cf.* M. MILET, « L'autonomisation d'une discipline – La création de l'agrégation de science politique en 1971 », *Revue d'histoire des sciences humaines* 2001, n° 4, p. 95 s.
[4] M. GRAWITZ, *Méthodes des sciences sociales*, 11e éd., Dalloz, coll. Précis, 2001, p. 286.
[5] *Ibid.*
[6] *Ibid.*
[7] ARISTOTE, *Éthique à Nicomaque* (vers 340 av. J.-C.), Vrin, coll. Textes philosophiques, 1994.
[8] J. HERVADA, « Le droit dans le réalisme juridique classique », *Droits* 1989, n° 10, p. 32.

proprement politique du droit par rapport aux autres modes de régulation et de contrôle social[1].

Concernant la science politique, qui a connu des acceptions très variées au cours de son histoire[2], il serait possible de retenir qu'elle serait la science pratique de la création et de l'utilisation du droit ; elle serait alors synonyme de « science de la légistique ». Mais la science politique se rapproche surtout de la science du droit positif en ce que l'une et l'autre sont explicitement appelées « science ». Partant, la difficulté, notamment parce qu'il s'agit d'une donnée récente et en partie artificielle, réside principalement dans la séparation des constitutionnalistes et des politistes. Ainsi remarque-t-on que les limites entre science du droit constitutionnel et science politique sont mal fixées. Par exemple, on ne saurait pas à laquelle de ces matières se rattachent l'étude de l'application des lois ou l'étude des partis politiques[3].

Peut-être la science politique peut-elle se définir comme une sociologie du droit constitutionnel, si ce n'est comme une sociologie du droit public, bien que le professeur Jacques Commaille distingue la science politique de la « sociologie politique du droit »[4]. On la considère ainsi telle une discipline « complémentaire du droit constitutionnel »[5], tandis qu'on a pu estimer que « science politique » et « sociologie politique » seraient synonymes[6]. En tout cas la science politique entretient-elle des rapports aussi étroits avec la sociologie qu'avec le droit[7]. On la situe, en effet, « à l'intersection entre le savoir des juristes publicistes et les analyses sociologiques liées au développement de la démocratie »[8]. Confirme cette acception la définition de la science politique en tant que matière qui « s'intéresse au fonctionnement effectif des institutions plus qu'à leur structure théorique, à l'usage qui est fait du pouvoir plus qu'aux formes juridiques qui le déterminent ou aux problèmes philosophiques qu'il pose »[9]. Et on ajoute que « la science politique est l'étude de la façon dont les hommes conçoivent et utilisent les institutions qui régissent leur vie en

[1] L. POSPISIL, *Anthropology of Law*, HRAF Press (New Haven), 1974, p. 39 (cité par J.-G. BELLEY, « L'État et la régulation juridique des sociétés globales – Pour une problématique du pluralisme juridique », *Sociologie et sociétés* 1986, vol. 18, p. 24).

[2] *Cf.* P. FAVRE, « La constitution d'une science politique, le déplacement de ses objets et "l'irruption de l'histoire réelle" », *RFSP* 1983.

[3] J. HERVADA, « Le droit dans le réalisme juridique classique », *Droits* 1989, n° 10, p. 32.

[4] J. COMMAILLE, *L'esprit sociologique des lois – Essai de sociologie politique du droit*, Puf, 1994.

[5] M. GRAWITZ, *Méthodes des sciences sociales*, 11e éd., Dalloz, coll. Précis, 2001, p. 286.

[6] *Ibid.*, p. 291.

[7] Par exemple, Ph. BRAUD, *Sociologie politique*, 7e éd., LGDJ, coll. Manuels, 2004.

[8] Ph. RAYNAUD, « Le droit et la science politique », *Jus Politicum* 2009, n° 2, p. 2.

[9] M. GRAWITZ, *Méthodes des sciences sociales*, 11e éd., Dalloz, coll. Précis, 2001, p. 291.

commun, des idées et de la volonté qui les animent afin d'assurer la régulation sociale »[1].

Les professeurs François Hamon et Michel Troper enseignent que le droit constitutionnel et la science politique ont été perçus tantôt comme une seule et même science et tantôt comme deux disciplines opposées ou complémentaires[2]. Ils expliquent que, jusqu'au début du XXe s., droit constitutionnel et science politique ne formaient qu'une seule et unique discipline ; par la suite, on a compris que le fonctionnement réel du pouvoir politique ne peut s'entendre comme le résultat d'une simple application de règles de droit et qu'il y a des situations de plus en plus nombreuses dans lesquelles celui que le droit désigne comme le principal détenteur du pouvoir ne l'exerce dans les faits qu'incomplètement et imparfaitement. Il faut alors chercher à décrire la répartition réelle du pouvoir plutôt que la répartition juridique du pouvoir[3]. Ainsi la formation d'une discipline sociologique à part du droit constitutionnel proprement juridique a-t-elle été légitimée, son objet d'étude résidant en des phénomènes sociaux, en des rapports de forces et des relations sociales. Les faits ne suivent pas nécessairement le droit et il faut, semble-t-il, deux disciplines spécifiques pour que l'une s'occupe des faits quand l'autre s'occupe du droit.

Il est néanmoins souvent très porteur de présenter les faits politiques avec le droit politique ou le droit politique avec les faits politiques. C'est notamment cela qui justifie l'inclusion de la science politique au sein du présent ouvrage relatif à la recherche juridique. Le droit constitutionnel peut difficilement ne pas s'ouvrir à la science politique et ne pas se confondre, en partie, avec elle.

La distinction de la science politique et du droit constitutionnel a entraîné en France, après la Seconde Guerre mondiale, une rivalité et un déclin de la science du droit constitutionnel, qui est apparue inapte à expliquer la réalité, cantonnée qu'elle était dans ses tâches traditionnelles : décrire les normes en vigueur et les éclairer à l'aide des grandes doctrines. Or la description des règles constitutionnelles était une tâche déjà largement accomplie qui n'apportait plus grand-chose de neuf, tandis que les grandes doctrines avaient été établies par les juristes des générations précédentes, Carré de Malberg, Duguit, Hauriou et Esmein en premier lieu[4]. C'est alors qu'on a admis que, puisque la science du droit constitutionnel ne permettait pas de connaître le fonctionnement de la vie politique, il fallait compléter l'exposé des normes politiques par la description des faits politiques. Aussi les programmes des études de droit ont-ils été modifiés afin de faire figurer

[1] *Ibid.*
[2] F. Hamon, M. Troper, *Droit constitutionnel*, 35e éd., LGDJ, coll. Manuel, 2014, p. 37.
[3] *Ibid.*
[4] *Ibid.*, p. 38.

dans les titres des cours, à côté de l'expression « droit constitutionnel », l'expression « science politique ». Reste que les ouvrages de droit constitutionnel publiés après la Seconde Guerre mondiale ont été pour la plupart des ouvrages pédagogiques sans portée doctrinale et que les plus brillants juristes de droit public se sont dirigés généralement soit vers la science politique, soit vers le droit administratif[1].

Aujourd'hui, le droit constitutionnel a largement retrouvé ses titres de noblesse au sein de la science du droit positif. Cela s'explique par la capacité qu'ont eue certains auteurs à savoir remonter aux principes et aux systèmes et à ne pas demeurer incessamment parmi le magma des règles positives. Également, cela s'explique par le développement exponentiel de la justice constitutionnelle au cours des dernières années — produisant des jurisprudences d'une grande portée et d'une grande complexité —, par les profondes évolutions qu'a connues le fond du droit constitutionnel et par l'inclusion des droits et libertés fondamentaux dans cette matière, autant de problématiques nouvelles à comprendre, à décrire et à expliquer pour des spécialistes du droit constitutionnel de plus en plus nombreux et de plus en plus coupés des politistes. Cependant, en bien des points, les objets et, dans une moindre mesure, les méthodes des constitutionnalistes et des politistes continuent à se rejoindre. En outre, on note un intérêt croissant de la science politique pour la science du droit constitutionnel et pour les juristes qui en sont les spécialistes, ceux-ci apparaissant tels de nouveaux acteurs du jeu politique[2].

La science politique : de la science et non de la politique

Pour Carré de Malberg, la science politique correspondrait à la « question des attributions ou tâches de l'État »[3]. Il s'agirait, dans ce cadre, de déterminer comment l'État « assur[e] la sécurité de la nation […] ; fai[t] régner l'ordre et le droit dans les relations des individus […] ; rempli[t] une mission de culture en vertu de laquelle il lui appartient de travailler […] au développement de la prospérité morale et matérielle de la nation »[4]. Ensuite, Carré de Malberg prenait soin de souligner que, « sur le terrain juridique, le seul point à observer est que, en raison de son pouvoir de domination, l'État est maître de se déterminer lui-même et d'élargir à son gré le cercle de sa compétence »[5]. Où il apparaît que la matière juridique serait plus digne d'une approche scientifique que la matière politique ; et la « science »

[1] *Ibid.*
[2] Y. POIRMEUR, D. ROSENBERG, « La doctrine constitutionnelle et le constitutionnalisme français », in CURAPP, *Les usages sociaux du droit*, Puf, 1989, p. 209 s.
[3] R. CARRÉ DE MALBERG, *Contribution à la théorie générale de l'État spécialement d'après les données fournies par le droit constitutionnel français*, t. I, Sirey, 1920, p. 262.
[4] *Ibid.*, p. 260.
[5] *Ibid.*, p. 262.

politique porterait une visée prescriptive, spécialement en imposant à l'État ses attributions et ses fonctions. Cependant, depuis que le professeur strasbourgeois a écrit ces phrases, la science politique a sensiblement évolué et sans doute a-t-elle gagné en scientificité, étant aujourd'hui plus science que politique — car l'expression « science politique » peut être *a priori* considérée comme une *contradictio in adjecto* —.

Désormais, cette discipline correspond avant tout, en théorie du moins, à l'étude objective et empirique des processus, institutions et rapports politiques, des rapports de pouvoir entre individus et entre groupes d'individus, cela dans le cadre de l'État. Par exemple, le politologue peut recourir aux sondages d'opinion, lesquels permettent de savoir à quelles catégories sociales appartiennent les électeurs d'un parti, quels sont leurs âges, leurs sexes, etc., ou qui permettent de comprendre comment s'opèrent les transferts de voix d'un parti à un autre lors des deux tours d'une élection ou lors de scrutins successifs. En tant que chercheur s'adonnant à une activité scientifique, le politologue met également en œuvre des méthodes et des techniques d'ordre mathématique, d'ordre comparatif ou d'ordre historique. Plus simplement, son principal outil de travail est l'observation — une observation complexe qui est affaire de spécialiste — et il faut définitivement rapprocher la science politique de la sociologie.

La science politique est encore, selon le politologue américain William Robson, la « science du pouvoir », c'est-à-dire « la science de la nature, des fondements, de l'exercice, des objectifs et des effets du pouvoir dans la société »[1]. Plus largement, elle est l'étude scientifique de l'État (dans ses multiples dimensions), du pouvoir politique et de la contrainte légitime, l'étude scientifique des idées politiques, des institutions politiques et de la vie politique[2]. Mais ceux-ci s'expriment essentiellement par le droit, ce qui conduit le politiste à consacrer une bonne part de son temps à l'étude du droit. Il est évident que droit et politique se complètent et même se recouvrent en partie, spécialement en ce qui concerne le constitutionnalisme et la réflexion autour de l'État[3]. La séparation est d'ordre intellectuel et académique plus que d'ordre social et institutionnel. En d'autres termes, un juriste « réaliste », qui aborde les règles et les institutions en tant que faits, qui appose sur elles un regard pragmatique, peut parfaitement réaliser une étude de science politique. Si la politique aborde le droit tel qu'il doit être, la science juridique comme la science politique l'envisagent tel qu'il est. En définitive, ce n'est pas entre le droit et la politique que la frontière est floue — et Goethe pouvait, un jour, écrire que « là où commence le pays des

[1] Cité par « Science politique », [en ligne] <larousse.fr>.

[2] Notamment, R. ARON, « La théorie politique », *RFSP* 1961, p. 265 s. ; G. BURDEAU, *Traité de science politique*, LGDJ, 1962 ; Ph. BRAUD, *La science politique*, Puf, coll. Que sais-je ?, 1990.

[3] Par exemple, R. LENOIR, J. LESOURNE, dir., *Où va l'État ?*, Le Monde éditions, 1993.

juristes s'arrête la politique »[1] — ; c'est la limite entre science juridique et science politique qui interroge.

En revanche, il ne se trouve, entre la théorie du droit et la science politique, que des liens indirects et il paraît impossible de les confondre, bien que certaines théories soient dénoncées en ce qu'elles seraient des théories politiques[2] et nonobstant les œuvres de certains auteurs explicitement intitulées « théorie politique du droit »[3] ou « théorie de droit politique »[4]. Plus périlleuse est la question de savoir si la théorie de l'État doit être rattachée au droit ou à la science politique. L'auteur de ces lignes a pu soutenir qu'il appartiendrait à la théorie du droit, donc au droit et aux juristes, de théoriser l'État, celui-ci étant une réalité juridique au moins autant qu'une réalité factuelle[5] ; mais l'opinion la plus communément partagée consiste à lier la théorie de l'État à la science politique[6].

Les deux dernières branches de la recherche juridique, incomparables à la science politique tant leurs fins et leurs moyens sont différents, sont la légistique et la politique juridique. Ces deux disciplines ne sont pas des sciences ; leur vocation est politique, prescriptive. Sera tout d'abord présentée et interrogée la légistique.

Orientations et illustrations bibliographiques

Arch. phil. droit 1971, « Le droit investi par la politique »
ARDANT P., MATHIEU B., *Institutions politiques et droit constitutionnel*, 20e éd., LGDJ, 2008
ARTUR M., « Séparation des pouvoirs et séparation des fonctions », *RDP* 1903, p. 237 s.
BACOT G., *Carré de malberg et l'origine de la distinction entre souveraineté du peuple et souveraineté nationale*, Éditions du CNRS, 1985
BADIE B., *La fin des territoires*, Fayard, 1995
BADIE B., *Un monde sans souveraineté – Les États entre ruse et responsabilité*, Fayard, coll. L'espace du politique, 1999
BADIE B., *La diplomatie des droits de l'homme : entre éthique et volonté de puissance*, Fayard, 2002

[1] Cité par A. LECA, *La genèse du droit – Essai d'introduction historique au droit*, 3e éd., Librairie de l'Université d'Aix-en-Provence (Aix-en-Provence), 2002, p. 16.

[2] Par exemple, les théories réalistes, notamment la théorie réaliste de l'interprétation du professeur Michel Troper, seraient des théories politiques dès lors qu'elles visent à justifier le pouvoir créateur des juges (X. MAGNON, *Théorie(s) du droit*, Ellipses, coll. Universités-Droit, 2008, p. 149 ; *cf.*, également, É. MILLARD, « Quelques remarques sur la signification politique de la théorie réaliste de l'interprétation », in *Mélanges Michel Troper*, Economica, 2006, p. 725 s.).

[3] P. MOOR, *Pour une théorie micropolitique du droit*, Puf, coll. Les voies du droit, 2005.

[4] M. DE LA BIGNE DE VILLENEUVE, *Traité général de l'État – Essai d'une théorie réaliste de droit politique*, Sirey, 1929.

[5] B. BARRAUD, *L'État – Entre fait et droit*, L'Harmattan, coll. Logiques juridiques, 2015. Également, par exemple, F. HAMON, M. TROPER, *Droit constitutionnel*, 35e éd., LGDJ, coll. Manuel, 2014, p. 43 s.

[6] Par exemple, Ph. BRAUD, *Sociologie politique*, 7e éd., LGDJ, coll. Manuels, 2004.

BADIE B., *L'impuissance de la puissance – Essai sur les nouvelles relations internationales*, Fayard, 2004
BADIE B., BIRNBAUM P., *Sociologie de l'État*, Grasset, 1979
BADIE B., BIRNBAUM P., BRAUD P., HERMET G., *Dictionnaire de la science politique et des institutions politiques*, Armand Colin, coll. Cursus, 1994
BAGUENARD J., *L'État – Une aventure incertaine*, Ellipses, coll. Mise au point, 1998
BALANDIER G., *Anthropologie politique*, 4e éd., Puf, 1984
BARRAUD B., *L'État – Entre fait et droit*, L'Harmattan, coll. Logiques juridiques, 2015
BARRON A., « Discours juridique et colonisation du moi dans l'État moderne », *Dr. et société* 1989, p. 357 s.
BASTIT M., *Naissance de la loi moderne*, Puf, coll. Léviathan, 1989
BEAUD O., *La puissance de l'État*, Puf, 1994
BEAUD O., *Théorie de la fédération*, 2e éd., Puf, 2009
BEAUD O., « La souveraineté de l'État, le pouvoir constituant et le Traité de Maastricht », *RFDA* 1993, p. 1045 s.
BEAUD O., « La souveraineté dans la *Contribution à la théorie générale de l'État* de Carré de Malberg », *RDP* 1994, p. 1251 s.
BEAUD O., « Fédéralisme et souveraineté – Notes pour une théorie constitutionnelle de la Fédération », *RDP* 1998, p. 3 s.
BEAUD O., « La multiplication des pouvoirs », *Pouvoirs* 2012, n° 143, p. 47 s.
BEHRENDT Ch., BOUHON F., *Introduction à la théorie générale de l'État – Manuel*, 2e éd., Larcier (Bruxelles), coll. Faculté de droit de l'Université de Liège, 2011
BEHRENDT Ch., BOUHON F., *Introduction à la théorie générale de l'État – Recueil de textes*, Larcier (Bruxelles), coll. Faculté de droit de l'Université de Liège, 2009
BERGERON G., *Petit traité de l'État*, Puf, 1990
BERTHOUD A., SERVERIN É., dir., *La production des normes entre État et société civile – Les figures de l'institution et de la norme entre État et sociétés civiles*, L'Harmattan, 2000
BIOY X., dir., *L'identité du droit public*, Presses de l'Université Toulouse I Capitole-LGDJ (Toulouse-Paris), 2011
BIRNBAUM P., *La logique de l'État*, Fayard, 1981
BOBBIO N., *L'État et la démocratie internationale*, Éditions Complexe, 2001
BÖCKENFÖRDE E.-W., *Le droit, l'État et la constitution démocratique*, Bruylant-LGDJ (Paris-Bruxelles), 2000
BODIN J., *Les six livres de la République*, 1576
BONNARD R., « Notions générales sur les attributions et les fonctions de l'État et sur les services publics », *RDP* 1925, p. 5 s.
BORILLO D., dir., *Science et démocratie*, Presses universitaires de Strasbourg, coll. Les publications de la maison des sciences de l'homme de Strasbourg, 1993
BOULAD-AYOUD J., MELKEVIK B., ROBERT P., dir., *L'amour des lois – La crise de la loi moderne dans les sociétés démocratiques*, Presses de l'Université Laval-L'Harmattan (Montréal-Paris), 1996
BOURDIEU P., *Sur l'État – Cours au Collège de France (1989-1992)*, Le Seuil, 2012
BOURDIL P.-Y., *Qui est l'État ?*, Ellipses, 1996
BRAUD Ph., *Penser l'État*, 2e éd., Le Seuil, coll. Points, 2004
BRAUD Ph., *Sociologie politique*, 7e éd., LGDJ, coll. Manuels, 2004
BRUGUIÈRE A., REVEL J., dir., *Histoire de France – L'État et les pouvoirs*, Le Seuil, 1989
BRUNEL P., *L'État et le souverain*, Puf, 1978
BRUNET P., *Vouloir pour la nation – Le concept de représentation dans la théorie de l'État*, Publications de l'Université de Rouen-LGDJ-Bruylant (Rouen-Paris-Bruxelles), coll. La pensée juridique, 2004
BUHLER P., *La puissance au XXIème siècle – Les nouvelles définitions du monde*, CNRS Éditions, 2011
BURDEAU G., *Traité de science politique*, 3e éd., LGDJ, 1983
BURDEAU G., *L'État* (1970), Le Seuil, coll. Points, 2009
BURDEAU G., « Une survivance : la notion de Constitution », in *Mélanges Achille Mestre*, t. I, Sirey, 1956, p. 53 s.
BURGI N., dir., *Fractures de l'État-nation*, Kimé, 1994

CAILLOSSE J., « Droit et politique : vieilles lunes, nouveaux champs », *Dr. et société* 1994, p. 127 s.
CAMBY J.-P., SERVENT P., *Le travail parlementaire sous la Cinquième République*, 4e éd., Montchrestien, coll. Clefs politique, 2004
CARBONNIER J., *Essais sur les lois*, Répertoire du Notariat Defrénois, 1979
CARBONNIER J., *Droit et passion du droit sous la Ve République*, Flammarion, coll. Champs essais, 1996
CARBONNIER J., « L'État dans une vision civiliste », *Droits* 1992, n° 15, p. 33 s.
CARRÉ DE MALBERG R., *Contribution à la théorie générale de l'État spécialement d'après les données fournies par le Droit constitutionnel français*, t. I, Librairie du Recueil Sirey, 1920
CARRÉ DE MALBERG R., *La loi, expression de la volonté générale*, Librairie du Recueil Sirey, 1932
CARRÉ DE MALBERG R., « Considérations théoriques sur la question de la combinaison du référendum avec le parlementarisme », *RDP* 1931
CARTUYVELS Y., OST F., *Crise du lien social et crise du temps juridique – Le droit est-il encore en mesure d'instituer la société ?*, Fondation Roi Baudoin (Bruxelles), coll. Citoyen, droit et société, 1998
CASSESE A., « Y a-t-il un conflit insurmontable entre souveraineté des États et justice pénale internationale ? », in CASSESE A., DELMAS-MARTY M., dir., *Crimes internationaux et juridictions internationales*, Puf, 2002 p. 13 s.
CAYLA O., « Habermas, Droit et démocratie », in CAYLA O., HALPÉRIN J.-L., dir., *Dictionnaire des grandes œuvres juridiques*, Dalloz, 2008, p. 229 s.
CHARBONNEAU B., *L'État*, Economica, 1991
CHARPENTIER J., « Le phénomène étatique à travers les grandes mutations politiques contemporaines », in SFDI, *L'État souverain à l'aube du 21e siècle*, Pedone, 1994, p. 11 s.
CHAUMONT Ch., « Recherches du contenu irréductible du concept de souveraineté internationale de l'État », in *Mélanges Jean Basdevant*, Pedone, 1960, p. 114 s.
CHEVALLIER J., « L'État-Nation », *RDP* 1980, p. 1271 s.
CHEVALLIER J., « L'État de droit », *RDP* 1988, p. 313 s.
CHEVALLIER J., « Du principe de séparation au principe de dualité », *RFDA* 1990, p. 712 s.
CHEVALLIER J., « L'État régulateur », *RF adm. publ.* 2004
CHEVALLIER J., KOUBI G., MERCUZOT B. et *alii*, *Le Préambule de la Constitution de 1946 – Antinomies juridiques et contradictions politiques*, Puf, 1996
COHEN J. L., ARATO A., *Civil Society and Political Theory*, MIT Press, 1992
COHENDET M.-A., « Une crise de la représentation politique ? », *Cités* 2004, n° 18, p. 41 s.
COHEN-TANUGI L., *Le droit sans l'État*, 2e éd., Puf, coll. Quadrige - Essais débats, 2007
COLAS D., *Dictionnaire de la pensée politique*, Larousse, 1997
COLLIOT-THÉLÈNE C., « État et société civile », in RAYNAUD Ph., RIALS S., dir., *Dictionnaire de philosophie politique*, Puf, coll. Quadrige, 1996, p. 225 s.
COLLIOT-THÉLÈNE C., « Les masques de la souveraineté », *Jus Politicum* 2012, n° 8
COMBACAU J., « Pas une puissance, une liberté : la souveraineté internationale de l'État », *Pouvoirs* 1993, n° 67, p. 47 s.
COMBOTHECRA X. S., *La conception juridique de l'État*, Librairie de la société du recueil général des lois et des arrêts, 1899
COMMAILLE J., *L'esprit sociologique des lois – Essai de sociologie politique du droit*, Puf, coll. Droit, éthique, société, 1994
COMMAILLE J., « Droit et politique », in ALLAND D., RIALS S., dir., *Dictionnaire de la culture juridique*, Lamy-Puf, coll. Quadrige dicos poche, 2003
COMMAILLE J., JOBERT B., dir., *Les métamorphoses de la régulation politique*, LGDJ, 1998
CONAN M., THOMAS-TUAL B., dir., *Les transformations du droit public*, La Mémoire du droit, 2010
CORIAT J.-P., « Cicéron, De re publica », in CAYLA O., HALPÉRIN J.-L., dir., *Dictionnaire des grandes œuvres juridiques*, Dalloz, 2008, p. 91 s.
CRUET J., *La vie du droit et l'impuissance des lois*, Flammarion, 1908
CUBERTAFOND B., « Souveraineté en crise ? », *RDP* 1989, p. 1273 s.
CURAPP, *Droit et politique*, Puf, 1993

CURAPP, *Les méthodes au concret – Démarches, formes de l'expérience et terrains d'investigation en science politique*, Puf, 2000
DARATHÉ R., *Jean-Jacques Rousseau et la science politique de son temps*, Vrin, 1988
DAVID M., *La souveraineté du peuple*, Puf, 1996
DE BECHILLON D., *Hiérarchie des normes et hiérarchie des fonctions normatives de l'État*, Economica, 1996
DELBEZ L., « Du territoire dans ses rapports avec l'État », *RGDI publ.* 1932
DE LA BIGNE DE VILLENEUVE M., *Traité général de l'État – Essai d'une théorie réaliste de droit politique*, Librairie du Recueil Sirey, 1929
DEMUIJNCK G., VERCAUTEREN P., dir, *L'État face à la globalisation économique – Quelles formes de gouvernance ?*, Sandre, 2009
DENOIX DE SAINT MARC R., *L'État*, 2e éd., Puf, coll. Que sais-je ?, 2012
DÉRATHÉ R., *Rousseau et la science politique de son temps*, Vrin, 1995
DE SOUSA SANTOS B., *Vers un nouveau sens commun juridique – Droit, science et politique dans la transition paradigmatique*, trad. N. Gonzales Lajoie, LGDJ, 2004
DE SOUSA SANTOS B., « The Post-Modern Transition: Law and Politics », in SARAT A., KEARNS T. R., dir., The Fate of Law, University of Michigan Press (Ann Arbor), 1991
DE TOCQUEVILLE A., *De la démocratie en Amérique* (1835), Flammarion, 2010
DOUGLAS M., *Comment pensent les institutions*, La découverte, 1999
Droits 1992, « L'État 1 », n° 15
Droits 1992, « L'État 2 », n° 16
DUGUIT L., *L'État, le droit objectif et la loi positive*, Fontemoing, 1901
DUGUIT L., *Le droit social, le droit individuel et la transformation de l'État*, Alcan, 1908
DUGUIT, *Les transformations du droit public*, Armand Colin, 1913
DUGUIT L., *Traité de droit constitutionnel – Tome premier : la règle de droit, le problème de l'État*, 3e éd., De Boccard, 1927
DUGUIT L., *Traité de droit constitutionnel – Tome deuxième : la théorie générale de l'État – Première partie : éléments, fonctions et organes de l'État*, 3e éd., De Boccard, 1928
DUMONT H., « La notion juridique de souveraineté aujourd'hui : de l'absolu au relatif », in BEHRENDT Ch., BOUHON F., *Introduction à la théorie générale de l'État – Recueil de textes*, Larcier (Bruxelles), coll. Faculté de droit de l'Université de Liège, 2009, p. 452 s.
DUPEYROUX H., « Sur la généralité de la loi », in *Mélanges Raymond Carré de Malberg*, Sirey 1933, p. 135 s.
DUPUY R.-J., « L'organisation internationale et l'expression de la volonté générale », *RGDI publ.* 1957, p. 527 s.
DUPUY R.-J., « Les espaces hors souveraineté », *Pouvoirs* 1993, n° 67, p. 99 s.
EDELMAN M., *The Symbolic Uses of Politics*, University of Illinois Press, 1957
EISENMANN Ch., *La justice constitutionnelle et la Haute Cour constitutionnelle d'Autriche*, LGDJ, 1928
ESPOSITO F., LEVRAT N., dir., *Europe : de l'intégration à la fédération*, Bruylant (Bruxelles), 2010
EWALD F., *L'État providence et la philosophie du droit*, Grasset, 1986
FAVRE P., « La constitution d'une science politique, le déplacement de ses objets et "l'irruption de l'histoire réelle" », *RFSP* 1983
FLEINER-GERSTER Th., *Théorie générale de l'État*, Puf, 1986
FONTAINE Ph., *L'État*, Ellipses, 2010
FOUCAULT M., *Naissance de la biopolitique – Cours au Collège de France (1978-1979)*, Gallimard-Le Seuil, coll. Hautes études, 2004
FOUCHER M., *L'obsession des frontières*, Perrin, 2007
FOUGEYROLLAS P., *La Nation*, Fayard, 1987
FREUND J., *L'Essence du politique*, Sirey, 1981
GAUCHET M., *La Révolution des pouvoirs – La souveraineté, le peuple et la représentation*, Gallimard, 1995
GENET J.-P., *L'État moderne – Genèse (bilans et perspectives)*, Éditions du CNRS, 1990
GIRAUD É., « Le rejet de l'idée de souveraineté, l'aspect juridique et l'aspect politique de la question », in *Mélanges Georges Scelle*, LGDJ, 1950, p. 253 s.

GOBIN C., RIHOUX B., dir., *La démocratie dans tous ses états – Systèmes politiques entre crise et renouveau*, Bruylant (Bruxelles), 2000

GOUNELLE M., *Introduction au droit public – Institutions, fondements, sources*, 2e éd., Montchrestien, coll. Domat droit public, 1989

GOYARD-FABRE S., *Jean Bodin et le droit de la République*, Puf, coll. Léviathan, 1987

GOYARD-FABRE S., *Les principes philosophiques du droit politique moderne*, Puf, 1997

GOYARD-FABRE S., *Qu'est-ce que la démocratie ?*, Armand Colin, 1998

GOYARD-FABRE S., *L'État, figure moderne de la politique*, Armand Colin, coll. Cursus philosophie, 1999

GOYARD-FABRE S., dir., *L'État au XXe siècle : regards sur la pensée juridique et politique du monde occidental*, Vrin, 2004

GOYARD-FABRE S., « Légitimité », in ALLAND D., RIALS S., dir., *Dictionnaire de la culture juridique*, Lamy-Puf, coll. Quadrige dicos poche, 2003

GOYARD-FABRE S., « l'État du droit selon Hans Kelsen », in GOYARD-FABRE S., dir., *L'État au XXe siècle : regards sur la pensée juridique et politique du monde occidental*, Vrin, 2004, p. 55 s.

GRANGE J., *Auguste Comte, la politique et la science*, Odile Jacob, 2000

GUIOMAR J.-Y., *L'idéologie nationale – Nation, représentation politique et territorialité*, Bécherel-Les Perséïdes, 2009

HAARSCHER G., « Droit, pouvoir, légitimations et temporalité », in HAARSCHER G., RIGAUX F., VASSART P., dir., *Droit et pouvoir – t. I : La validité*, Story-Scientia (Bruxelles), 1987, p. 81 s.

HABERMAS J., *Droit et démocratie – Entre faits et normes*, Gallimard, 1997

HABERMAS J., *Après l'État-nation, une nouvelle constellation politique*, Fayard, 2000

HAGGENMACHER P., « Grotius, Le droit de la guerre et de la paix », in CAYLA O., HALPÉRIN J.-L., dir., *Dictionnaire des grandes œuvres juridiques*, Dalloz, 2008, p. 217 s.

HALBECQ J., *L'État, son autorité, son pouvoir*, LGDJ, 1965

HALPÉRIN J.-L., « Gierke, Les théories politiques au moyen-âge », in CAYLA O., HALPÉRIN J.-L., dir., *Dictionnaire des grandes œuvres juridiques*, Dalloz, 2008, p. 208 s.

HALPÉRIN J.-L., « Jellinek, L'État moderne et son droit », in CAYLA O., HALPÉRIN J.-L., dir., *Dictionnaire des grandes œuvres juridiques*, Dalloz, 2008, p. 293 s.

HAMON F., TROPER M., *Droit constitutionnel*, 35e éd., LGDJ, coll. Manuel, 2014

HAQUET A., « La (re)définition du principe de souveraineté », *Pouvoirs* 2000, n° 94, p. 141 s.

HAURIOU M., *Principes de droit public à l'usage des étudiants en licence et en doctorat ès sciences politiques*, 2e éd., Sirey, 1916

HAURIOU M., *Précis de droit administratif et de droit public général à l'usage des étudiants en licence et en doctorat ès sciences politiques*, 12e éd., Sirey, 1933

HECQUARD-THÉRON M., « La notion d'État en droit communautaire », *RTDE* 1990, p. 693 s.

HEIDEGGER M., *Écrits politiques*, Gallimard, coll. Nrf, 1966

HERRERA C.-M., *Théorie juridique et politique chez Hans Kelsen*, Kimé, 1997

HOBBES Th., *Léviathan ou traité de la matière, de la forme et du pouvoir ecclésiastique et civil* (1651), trad. Ph. Folliot, Gallimard, coll. Folio, 2000

HOBBES Th., « Des droits des souverains d'institution », in BEHRENDT Ch., BOUHON F., *Introduction à la théorie générale de l'État – Recueil de textes*, Larcier (Bruxelles), coll. Faculté de droit de l'Université de Liège, 2009, p. 70 s.

HOBBES Th., « Des ministres publics de la puissance souveraine », in BEHRENDT Ch., BOUHON F., *Introduction à la théorie générale de l'État – Recueil de textes*, Larcier (Bruxelles), coll. Faculté de droit de l'Université de Liège, 2009, p. 121 s.

HUME D., *Essais politiques*, 1741

HUME D., *Discours politiques*, 1754

HUMMEL J., « Allemagne (doctrines allemandes de l'État et du droit de Hegel et Jellinek) », in ALLAND D., RIALS S., dir., *Dictionnaire de la culture juridique*, Lamy-Puf, coll. Quadrige dicos poche, 2003

JELLINEK G., *L'élément juridique dans la science de l'État et la méthode juridique*, trad. G. Fardis, Ch. Bourgoing-Dumonteil, Fontemoing, 1903

JELLINEK G., *L'État moderne et son droit – Deuxième partie : Théorie juridique de l'État*, trad. G. Fardis, Éditions Panthéon-Assas, coll. Les introuvables, 2005

JIANG J., *Théorie du droit public*, L'Harmattan, coll. Logiques juridiques, 2010
JOUANJAN O., dir., *Figures de l'État de droit*, Presses universitaires de Strasbourg, 2001
JOUANJAN O., MAULIN É., « La théorie de l'État entre passé et avenir », *Jus Politicum* 2012, n° 8
KELSEN H., *Théorie générale du droit et de l'État – La doctrine du droit naturel et le positivisme juridique*, trad. B. Laroche, V. Faure, LGDJ-Bruylant (Paris-Bruxelles), coll. La pensée juridique, 1997
KELSEN H., « Aperçu d'une théorie générale de l'État », *RDP* 1926, p. 561 s.
KELSEN H., « La garantie juridictionnelle de la Constitution », *RDP* 1928, p. 197 s.
KELSEN H., « La naissance de l'État et la formation de sa nationalité », *RDI* 1929, p. 613 s.
KELSEN H., « Théorie générale du droit international public – Problèmes choisis », *RCADI* 1932, n° 42, p. 117 s.
KERVÉGAN J.-F., « Hegel, l'État, le droit », *Droits* 1993, n° 16, p. 21 s.
KIRSCH Ph., « La Cour Pénale Internationale face à la souveraineté des États », in CASSESE S., DELMAS-MARTY M., dir., *Crimes internationaux et juridictions internationales*, Puf, 2002, p. 31 s.
KRYNEN J., RIGAUDIÈRE A., dir., *Droits savants et pratiques françaises du pouvoir (XIe-XVe siècles)*, Presses universitaires de Bordeaux, 1992
LAHMER M., « Séparation et balance des pouvoirs », in ALLAND D., RIALS S., dir., *Dictionnaire de la culture juridique*, Lamy-Puf, coll. Quadrige dicos poche, 2003
LAPIERRE J.-W., *Le Pouvoir politique*, Puf, 1959
LAPIERRE J.-W., *Vivre sans État ? Essais sur le pouvoir politique et l'innovation sociale*, Le Seuil, 1977
LAUVAUX Ph., « Régimes (classification) », in ALLAND D., RIALS S., dir., *Dictionnaire de la culture juridique*, Lamy-Puf, coll. Quadrige dicos poche, 2003
LAUVAUX Ph., PIMENTEL C., « Fonctions juridiques de l'État », in ALLAND D., RIALS S., dir., *Dictionnaire de la culture juridique*, Lamy-Puf, coll. Quadrige dicos poche, 2003
LAVROFF D.-G., *Les grandes étapes de la pensée politique*, Dalloz, 1993
LECA J., « La gouvernance de la France sous la cinquième république », in *Mélanges Jean-Louis Quermonne*, Presses de Sciences Po, 1996
LECA J., « La démocratie à l'épreuve des pluralismes », *RF sc. pol.* 1996, n° 46
LE COUSTUMER J.-Ch., « Troper, Pour une théorie juridique de l'État », in CAYLA O., HALPÉRIN J.-L., dir., *Dictionnaire des grandes œuvres juridiques*, Dalloz, 2008, p. 579 s.
LEFEBVRE M., *Le jeu du droit et de la puissance : précis de relations internationales*, Puf, 2000
LE FUR L., *État fédéral et confédération d'États*, Marchal et Billard, 1896
LE FUR L., « La souveraineté et le droit », *RDP* 1908, p. 411 s.
LENOIR R., LESOURNE J., dir., *Où va l'État ?*, Le Monde Éditions, 1993
LEROYER S., *L'apport du Conseil d'État au droit constitutionnel de la Ve République – Essai sur une théorie de l'État*, Dalloz, coll. Nouvelle bibliothèque de thèses, 2011
LOCKE J., *Second traité du gouvernement civil*, 1690
LUKIC R., *Théorie du droit et de l'État*, trad. M. Gjidara, Dalloz, 1974
MACAULAY S., « Private Government », in LIPSON L., WHEELER S., dir., *Law and the Social Sciences*, Russell Sage Foundation (New York), 1986, p. 445 s.
MACHIAVEL N., *Discours sur la première décade de Tite-Live*, 1531
MACHIAVEL N., *Le Prince*, 1532
MAGNETTE P., « L'Union européenne : un régime semi-parlementaire », in DELWIT P., DE WAELE J.-M., MAGNETTE P., dir., *À quoi sert le Parlement européen ?*, Éditions Complexe, 1999, p. 25 s.
MAIRET G., *Le principe de souveraineté – Histoire et fondements du pouvoir moderne*, Gallimard, 1997
MALAURIE Ph., « L'effet pervers des lois », in *Mélanges Gérard Cornu*, Puf, 1994, p. 309 s.
MARINESE V., *L'idéal législatif du Conseil constitutionnel – Étude sur les qualités de la loi*, th., Université Paris X, 2007
MASPÉTIOL R., *La société politique et le droit*, Montchrestien, 1957
MAULIN É., *La théorie de l'État de Carré de Malberg*, Puf, coll. Léviathan, 2003
MAULIN É., « Carré de Malberg, Contribution à la théorie générale de l'État », in CAYLA O., HALPÉRIN J.-L., dir., *Dictionnaire des grandes œuvres juridiques*, Dalloz, 2008, p. 82 s.

MAULIN É., « Hauriou, Précis de droit constitutionnel », in CAYLA O., HALPÉRIN J.-L., dir., *Dictionnaire des grandes œuvres juridiques*, Dalloz, 2008, p. 246 s.
MÉNY Y., dir., *Les politiques du mimétisme institutionnel – La greffe et le rejet*, L'Harmattan, 1993
MIAILLE M., dir., *La régulation, entre droit et politique*, L'Harmattan, 1995
MICHOUD L., *La théorie de la personnalité morale et son application au droit français*, 3e éd., LGDJ, 1932
MILET M., « L'autonomisation d'une discipline – La création de l'agrégation de science politique en 1971 », *Revue d'histoire des sciences humaines* 2001, n° 4, p. 95 s.
MINEUR D., « De la souveraineté nationale à la volonté générale – L'évolution de Carré de Malberg, du projet positiviste au parti-pris démocratique », *Jus Politicum* 2012, n° 8
MOKLE D., « Crise et transformation du modèle légicentrique », in BOULAD-AYOUD J., MELKEVIK B., ROBERT P., dir., *L'amour des lois – La crise de la loi moderne dans les sociétés démocratiques*, Presses de l'Université Laval-L'Harmattan (Québec-Paris), 1996, p. 17 s.
MONTESQUIEU Ch.-L., *De l'esprit des lois* (1748), Flammarion, 1995
MOOR P., *Pour une théorie micropolitique du droit*, Puf, coll. Les voies du droit, 2005
MOUTON J.-D., « L'État selon le droit international : diversité et unité », in SFDI, *L'État souverain à l'aube du XXIe siècle*, Pedone, 1994, p. 79 s.
NYE J., *The Future of Power*, Public Affairs, 2011
OLIVECRONA K., *De la loi et de l'État – Une contribution de l'école scandinave à la théorie réaliste du droit*, trad. P. Jonason, Dalloz, coll. Rivages du droit, 2010
OST F., « La désobéissance civile : jalons pour un débat », in PERROUTY P.-A., dir., *Obéir et désobéir : le citoyen face à la loi*, Éditions de l'Université de Bruxelles, coll. Philosophie politique et juridique, 2000, p. 15 s.
PARENT Ch., *Le concept d'État fédéral multinational*, Pieter Lang (Bruxelles), 2011
PASQUIER R., *Le pouvoir régional – Mobilisations, décentralisation et gouvernance en France*, Presses de Sciences Po, 2012
PAYE O., « Pour la gouvernance comme problématique générale de science politique », in DEMUIJNCK G., VERCAUTEREN P., dir, *L'État face à la globalisation économique – Quelles formes de gouvernance ?*, Sandre, 2009, p. 129 s.
PELLET A., « Lotus, que de sottises on profère en ton nom – Remarques sur le concept de souveraineté dans la jurisprudence de la Cour mondiale », in *Mélanges Jean-Pierre Puissochet*, Pedone, 2008, p. 215 s.
PESCATORE P., « La souveraineté dans une société d'inégaux, pouvoir suprême… coalisable, partageable, divisible, intégrable… responsable ? justiciable ? », in *Mélanges Jean-Pierre Puissochet*, Pedone, 2008, p. 231 s.
PIERRE-CAPS S., *La multination*, Odile Jacob, 1995
PIMENTEL C.-M., « Quelques remarques sur les origines intellectuelles du pluralisme politique », in FONTAINE L., dir., *Droit et pluralisme*, Nemesis-Bruylant (Bruxelles), coll. Droit et justice, 2007, p. 29 s.
PIMENTEL C.-M., « Reconnaissance et désaveu : contribution à une théorie du droit politique », *Jus Politicum* 2008, n° 1
PIRIS J.-C., « L'Union européenne : vers une nouvelle forme de fédéralisme ? », *RTDE* 2005, p. 243 s.
POIRAT F., « État », in ALLAND D., RIALS S., dir., *Dictionnaire de la culture juridique*, Lamy-Puf, coll. Quadrige dicos poche, 2003
POIRAT F., « Territoire », in ALLAND D., RIALS S., dir., *Dictionnaire de la culture juridique*, Lamy-Puf, coll. Quadrige dicos poche, 2003
POIRAT F., « La doctrine des "droits fondamentaux" de l'État », *Droits* 1993, n° 16, p. 83 s.
POLLMANN Ch., « La frontière : horizon indépassable de l'humanité ou pouvoir objectif », *RDP* 1999, p. 481 s.
Pouvoirs 1983, « La souveraineté », n° 67
Pouvoirs 2006, « La démocratie sous contrôle médiatique », n° 89
PUIGELIER C., dir., *La loi – Bilan et perspectives*, Economica, 2005
RAMOND Ch., « Spinoza, Traité politique », in CAYLA O., HALPÉRIN J.-L., dir., *Dictionnaire des grandes œuvres juridiques*, Dalloz, 2008, p. 558 s.

RAWLS J., *Libéralisme politique*, Puf, 1995
RAYNAUD Ph., « Le droit et la science politique », *Jus Politicum* 2009, n° 2
RAYNAUD Ph., RIALS S., dir., *Dictionnaire de la philosophie politique*, Puf, 1996
REDOR M.-J., *De l'État légal à l'État de droit – L'évolution des conceptions de la doctrine publiciste française (1879-1914)*, Economica, 1992
REDOR M.-J., « L'État dans la doctrine publiciste française du début du siècle », *Droits* 1992, n° 15, p. 91 s.
RENAN E., *Qu'est-ce qu'une nation ?* (1887), Mille et une nuits, 1997
REYNAUD J.-D., « Du contrat social à la négociation permanente », in MENDRAS H., dir., *La sagesse et le désordre*, Gallimard, coll. NRF, 1981
RIALS S., *Destin du fédéralisme*, LGDJ, 1986
RIGAUX M.-F., *La théorie des limites matérielles à l'exercice de la fonction constituante*, Larcier (Bruxelles), 1985
RIGAUX M.-F., « Introduction – Droit et pouvoir ou la quête de la validité », in HAARSCHER G., RIGAUX F., VASSART P., dir., *Droit et pouvoir – t. I : La validité*, Story-Scientia (Bruxelles), 1987, p. 3 s.
RIPERT G., *Le régime démocratique et le droit civil moderne*, LGDJ, 1936
RIPERT G., *Le déclin du droit – Études sur la législation contemporaine* (1949), LGDJ, 1998
ROBERT-WANG L., « Volonté générale », in ALLAND D., RIALS S., dir., *Dictionnaire de la culture juridique*, Lamy-Puf, coll. Quadrige dicos poche, 2003
ROLIN H., « De la volonté générale dans les organisations internationales », in *Mélanges Georges Scelle*, t. II, LGDJ, 1950, p. 553 s.
ROUBAN L., *L'État et la science – La politique publique de la science et de la technologie*, Éditions du CNRS, 1988
ROUBAN L., *La fin des technocrates ?*, Presses de Sciences Po, 1998
ROUSSEAU Ch., « L'indépendance de l'État dans l'ordre international – Cours de droit international public », *RCADI* 1948, p. 167 s.
ROUSSEAU J.-J., *Du contrat social*, 1762
ROUVIER C., *Sociologie politique*, 4e éd., Litec, coll. Objectif droit, 2006
SAURUGGER S., *Théories et concepts de l'intégration européenne*, Presses de Sciences Po, 2010
SAURUGGER S., « Théoriser l'État dans l'Union européenne ou la souveraineté au concret », *Jus Politicum* 2012, n° 8
SCANDAMIS N., *Le paradigme de la gouvernance européenne – Entre souveraineté et marché*, Bruylant (Bruxelles), 2009
SCHMITT C., *Théorie de la Constitution*, Puf, coll. Quadrige, 2013
SCHÜTZ A., « Saint Augustin, l'État et la "bande de brigands" », *Droits* 1993, n° 16, p. 71 s.
SIEGFRIED A., *Tableau politique de la France de l'Ouest*, 1913
SIMÉON J.-P., « La démocratie selon Rousseau », in J.-J. ROUSSEAU, *Du contrat social*, Le Seuil, coll. Points politique, 1977, p. 1 s.
SIMONNOT Ph., *L'invention de l'État – Économie du droit*, Les Belles Lettres, 2003
SMITH A., *Le gouvernement de l'Union européenne : une sociologie politique*, 2e éd., LGDJ, 2010
SMOUTS M.-C., « La coopération internationale : de la coexistence à la gouvernance mondiale », in SMOUTS M.-C., dir., *Les nouvelles relations internationales, pratiques et théories*, Dalloz, 1998, p. 149 s.
SPINOZA B., *Traité Théologico-Politique* (1670), trad. Ch. Appuhn, Flammarion, 1965
SUR S., « Sur quelques tribulations de l'État dans la société internationale », *RGDI publ.* 1993, p. 883 s.
TIMSIT G., *Théorie de l'administration*, Economica, 1986
TOUMANOV V., « État, fascisme et positivisme », in GRZEGORCZYK Ch., MICHAUT F., TROPER M., *Le positivisme juridique*, LGDJ, coll. La pensée juridique, 1993, p. 437 s.
TRAVERS E., « Volonté et puissance étatiques : Duguit critique de Rousseau, Kant et Hegel », *RRJ* 2004, p. 1711 s.
TROPER M., *Pour une théorie juridique de l'État*, Puf, coll. Léviathan, 1994
TROPER M., *La théorie du droit, le droit, l'État*, Puf, coll. Léviathan, 2001
TROPER M., « "La souveraineté nationale appartient au peuple" – L'article 3 de la Constitution de 1958 », in JAUME L., TROPER M., dir., *1789 et l'invention de la Constitution*, Bruylant-LGDJ (Bruxelles-Paris), 1994, p. 250 s.

TROPER M., « Le concept d'État de droit », *Droits* 1992, n° 15, p. 51 s.
TROPER M., « Sur la théorie juridique de l'État », *Le Débat* 1993, n° 74, p. 91 s.
TRUCHET D., *Le droit public*, Puf, coll. Que sais-je ?, 2e éd., 2010
TÜRK P., *Théorie générale du droit constitutionnel*, 2e éd., Gualino, coll. Mémentos LMD, 2009
VAHLAS A., « Souveraineté et droit de retrait au sein de l'Union européenne », *RDP* 2005, p. 1565 s.
VERHOEVEN J., *La reconnaissance internationale dans la pratique contemporaine*, Pedone, 1975
VIALA M., *La notion de République dans la jurisprudence du Conseil constitutionnel*, LGDJ, 2002
VILLEY-DESMESERETS E.-L., « La souveraineté nationale, son fondement, sa nature et ses limites », *RDP* 1904, p. 5 s.
VIRALLY M., « Une pierre d'angle qui résiste au temps : avatars et pérennité de l'idée de souveraineté » in BLACKHURST R., dir., *Les relations internationales dans un monde en mutation*, Sijthoff, 1977, p. 179 s.
VON HUMBOLDT W., *Essai sur les limites de l'action de l'État*, Germer Baillière, 1867
VUILLERME J.-P., *Le concept de système politique*, Puf, coll. Politique d'aujourd'hui, 1989
WEIDENFELD K., « Duguit, Traité de droit constitutionnel », in CAYLA O., HALPÉRIN J.-L., dir., *Dictionnaire des grandes œuvres juridiques*, Dalloz, 2008, p. 142 s.
WINTGENS L.-J., « La légisprudence – Étude pour une nouvelle théorie de la législation », *Arch. phil. droit* 2005, p. 251 s.

Chapitre 13

La légistique

Une branche de la recherche juridique à finalité politique

À en croire un aphorisme attribué au médecin et psychologue Gustave Le Bon, « on ne fait pas le droit ; il se fait »[1]. Et Léon Duguit pouvait écrire : « Que ce soit un empereur, un roi, un consul, un président de la république qui fasse une déclaration de volonté, ce n'est jamais qu'un homme et cette déclaration de volonté n'a pas en soi plus de force créatrice dans le domaine du droit que celle du dernier des sujets »[2]. Il est pourtant difficile, pour un scientifique du droit, de ne pas considérer que les règles de droit ne sont pas données mais construites, qu'elles sont le fruit du travail de certains individus dotés, au sein de l'organisation politique, de pouvoirs et de compétences leur permettant de créer le droit. Dès lors, la légistique est permise. Les « naissances du droit » reposeraient sur trois acteurs : « un pouvoir qui édicte, un peuple qui accepte, une science qui formule »[3]. Parmi ces trois acteurs, la légistique intéresse la « science qui formule » — mais encore faut-il poser la question de savoir s'il est pertinent de parler en l'occurrence de « science » —. « Si je pouvais, expliquait Montesquieu, faire en sorte que ceux qui commandent augmentassent leurs connaissances sur ce qu'ils doivent prescrire, et que ceux qui obéissent trouvassent un nouveau plaisir à obéir, je me croirais le plus heureux des mortels »[4]. C'est cette intention qui anime la légistique. Son ambition est de participer du « progrès juridique »[5].

Avec la politique juridique qui sera envisagée au sein du prochain chapitre, la légistique est l'une des deux branches de la recherche juridique à vocation politique plus que scientifique ou critique, l'une des deux branches de la recherche juridique qui témoignent, au-delà des relations intimes entre

[1] Cité par A. SÉRIAUX, *Le Droit – Une introduction*, Ellipses, 1997, p. 87.

[2] L. DUGUIT, *Traité de droit constitutionnel – Tome premier : La règle de droit, le problème de l'État*, 3e éd., De Boccard, 1927, p. 673.

[3] J. GAUDEMET, *Les naissances du droit – Le temps, le pouvoir et la science au service du droit*, 3e éd., Montchrestien, coll. Domat, 2001, p. 373.

[4] MONTESQUIEU, *De l'esprit des lois*, 1748 (cité par Ch. BEHRENDT, F. BOUHON, *Introduction à la théorie générale de l'État – Recueil de textes*, Larcier (Bruxelles), coll. Faculté de droit de l'Université de Liège, 2009, p. 126).

[5] J. CRUET, *La vie du droit et l'impuissance des lois*, Flammarion, 1914, p. 333.

politique et droit, de la présence de la politique en droit, que celui-ci soit entendu en tant que droit positif ou en tant que champ de recherche[1]. Néanmoins, de ces deux branches, elle est peut-être celle dont le caractère politique est le moins affirmé et on a pu souligner la « juridicisation de la légistique », celle-ci s'incarnant avant tout dans des normes positives — et souvent des normes positives haut placées dans la hiérarchie des normes —[2].

Duguit notait aussi que « la puissance publique sera d'autant mieux obéie qu'elle sera plus volontairement acceptée par les gouvernés. C'est la mission de l'art politique de trouver les procédés de gouvernement les plus propres à faire accepter volontairement par les sujets les commandements de l'autorité publique »[3]. La légistique correspond à cet « art politique » qu'évoquait l'illustre professeur bordelais[4]. Comme le disait Guy Braibant, la légistique est moins une science qu'un art[5]. Et des auteurs de voir dans la légistique une discipline relevant à moitié de l'art et à moitié de la science[6] ; si tel était le cas, sa situation épistémologique serait fort précaire et il faut gager que la légistique est politique, ce qui veut dire plus artistique que scientifique, l'idée d'art renvoyant ici à celle de savoir-faire et donc à celle de technique. Pour autant, l'objectif de la légistique est bien d' « aboutir à des lois quasi-scientifiques »[7]. Mais elle n'est pas en soi scientifique ; ce sont les moyens qu'elle propose qui peuvent l'être[8].

[1] *Cf. Arch. phil. droit* 1971, « Le droit investi par la politique ».

[2] P. De Montalivet, « La juridicisation de la légistique – A propos de l'objectif de valeur constitutionnelle d'accessibilité et d'intelligibilité de la loi », *Cahiers des sciences morales et politiques* 2005, n° 23, p. 99 s. Par exemple, Cons. const., déc. 16 déc. 1999, n° 99-421, *Loi habilitant le Gouvernement à procéder à l'adoption de la partie législative de certains codes par ordonnance* (objectif d'intelligibilité et d'accessibilité du droit) ; Cons. const., déc. 14 janv. 1999, n° 98-407, *Loi relative au mode d'élection des conseillers régionaux et des conseillers à l'Assemblée de Corse* (principe de clarté du droit). *Cf.*, également, L. Milano, « Contrôle de constitutionnalité et qualité de la loi », *RDP* 2006, p. 637 s.

[3] L. Duguit, *Traité de droit constitutionnel – Tome deuxième : La théorie générale de l'État – Première partie : Éléments, fonctions et organes de l'État*, 3e éd., De Boccard, 1928, p. 48.

[4] Et Duguit d'ajouter : « Le tout de l'art politique est d'adapter les formes et les procédés du gouvernement aux croyances religieuses et morales, aux besoins économiques du pays et de faire en sorte que les sujets soient profondément convaincus que les gouvernants gouvernent dans l'intérêt de tous et non pas dans leur intérêt personnel » (*ibid.*).

[5] Cité par J.-P. Duprat, « Genèse et développement de la légistique », in R. Drago, dir., *La confection de la loi*, Puf, coll. Cahiers des sciences morales et politiques, 2005, p. 11. Également, D. Rémy, *Légistique – L'art de faire les lois*, Romillat, 1994.

[6] C. Zolinski, « Questions de légistique soulevées par la construction de la norme à l'aune du renouvellement des sources de droit », in M. Behar-Touchais, N. Martial-Braz, J.-F. Riffard, dir., *Les mutations de la norme*, Economica, coll. Études juridiques, 2011, p. 52.

[7] J.-C. Bécane, M. Couderc, J.-L. Hérin, *La loi*, 2e éd., Dalloz, coll. Méthodes du droit, 2010, p. 174.

[8] *Cf.*, en particulier, J.-F. Perrin, « Possibilités et limites d'une "science de la législation" », in P. Amselek, dir., *La science de la législation*, Puf, 1988, p. 21 s.

La définition incommode de la légistique

Définir précisément la légistique, ce qui est indispensable pour qui considère qu'elle est une branche de la recherche juridique à part entière, n'est pas chose aisée. Elle se distingue difficilement des notions voisines de science de la législation, de technique législative, d'art législatif, de méthodologie législative[1] ou encore de « légisprudence »[2]. Quand ces expressions ne sont pas considérées comme synonymes, leurs définitions varient en fonction des auteurs, parfois radicalement. L'incertitude sémantique qui entoure la notion de légistique est telle qu'il ne paraît que possible de faire largement œuvre stipulative au moment de la caractériser.

La légistique connaît un sens étroit et un sens large. Au sens étroit, elle désigne « l'étude des modes de rédaction et de formulation des lois »[3]. C'est là le sens que retiennent différents professeurs[4]. Au sens large, qui correspond à la branche de la recherche juridique définie en ce chapitre, la légistique est l'analyse et la réflexion relatives aux modes de création et d'application du droit. Elle est alors triplement plus large : en ce qu'elle ne se borne pas à l'étude mais amène à faire aussi œuvre propositionnelle, œuvre prescriptive, œuvre prospective ; en ce qu'elle inclut dans son objet non seulement la rédaction des textes mais aussi tous les autres éléments qui participent de la création du droit ; en ce qu'elle s'intéresse, au-delà de la création de la loi, à toute la création et à toute l'application du droit[5]. À l'aune de ce dernier point, peut-être faudrait-il préférablement parler de « juristique » plutôt que de « légistique » ; seulement ce premier terme est-il quasiment inconnu de la littérature juridique et, lorsqu'il a été employé, cela a été dans un tout autre sens[6]. Mieux vaut suivre l'usage que font du terme « légistique », notamment, le Conseil d'État et le Secrétariat général du Gouvernement qui, dans leur « guide de légistique », expliquent que cette dernière recouvre « l'ensemble des règles, principes et méthodes qui doivent

[1] K. GILBERT, « Une production du droit mieux raisonnée ? La diffusion de la légistique en droit français », *Le courrier juridique des finances et de l'industrie* juin 2008, p. 47.

[2] L.-J. WINTGENS, « La légisprudence – Étude pour une nouvelle théorie de la législation », *Arch. phil. droit* 2005, p. 251 s.

[3] A.-M. LEROYER, « Légistique », in D. ALLAND, S. RIALS, dir., *Dictionnaire de la culture juridique*, Lamy-Puf, coll. Quadrige-dicos poche, 2003, p. 922.

[4] Par exemple, J.-L. BERGEL, « Méthodologie juridique », in D. ALLAND, S. RIALS, dir., *Dictionnaire de la culture juridique*, Lamy-Puf, coll. Quadrige-dicos poche, 2003, p. 1024. Pour le professeur Jean-Louis Bergel, la légistique serait ainsi la partie de la « science de la législation » consacrée à la rédaction des lois.

[5] En ce sens, *Le courrier juridique des finances et de l'industrie* juin 2008, « La légistique ou l'art de rédiger le droit ».

[6] M. ALLIOT, « Anthropologie et juristique – Sur les conditions de l'élaboration d'une science du droit », *Bulletin de liaison du LAJP* 1983, n° 6, p. 83 s. L'auteur explique que, dans le vocabulaire d'Henri Lévy-Bruhl, la juristique est la « science des lois qui gouvernent les lois ».

être observés dans la préparation des textes normatifs : lois, ordonnances, décrets, arrêtés »[1]. La légistique déborde donc du cadre de la loi pour concerner tout le droit et, par exemple, un enjeu important qui la concerne réside dans l'amélioration de la qualité formelle des décisions de justice. D'aucuns débattent de l'art et de la manière de rédiger les jugements, du « style judiciaire »[2]. Et, en droit positif, diverses réformes ont été entreprises afin d'améliorer la relation entre juges et justiciables[3].

La légistique et la méthodologie juridique

Certains proposent des définitions de la légistique plus précises mais qui concordent avec l'acception large ici retenue : « [La légistique] tend à déterminer des règles de rédaction des textes qui favorisent leur interprétation, leur combinaison et leur codification ; elle cherche aussi à standardiser les formules pour faciliter l'informatisation ; elle se penche, enfin, sur les modalités d'application pour lever les incertitudes et sur l'ensemble de l'ordonnancement pour le rationaliser »[4]. Pareille conception est remarquable en ce qu'elle n'invite pas à observer les règles de rédaction des textes mais à les « déterminer », donc à les formuler, à les proposer aux pouvoirs publics, seuls capables de les faire ensuite entrer dans le corpus du droit positif de la création du droit — *i.e.* le droit constitutionnel —. C'est à raison qu'on fait de la légistique une discipline non scientifique mais normative[5]. C'est là la grande différence entre la méthodologie juridique et la légistique. La légistique consiste, aux différents niveaux de la vie du droit

[1] Conseil d'État, Secrétariat général du Gouvernement, « Guide pour l'élaboration des textes législatifs et règlementaires », 2e éd., [en ligne] <legifrance.fr>, 2007, p. 2.

[2] Par exemple, *Cahiers de méthodologie juridique* 2000, « La modélisation des actes de procédure et des décisions de justice » ; F.-M. SHROEDER, *Le nouveau style judiciaire*, Dalloz, 1978 ; P. MIMIN, *Le style des jugements*, Librairie technique, 1978 ; L. CADIET, « La qualité de la norme juridictionnelle », in M. FATIN-ROUGE STÉFANINI, L. GAY, J. PINI, dir., *Autour de la qualité des normes*, Bruylant (Bruxelles), coll. À la croisée des droits, 2010, p. 235 s. ; F. MARTINEAU, « Critères et standards rhétoriques de la bonne décision de justice », in Commission européenne pour l'efficacité de la justice, *La qualité des décisions de justice*, Éditions du Conseil de l'Europe (Strasbourg), 2008, p. 97 s.

[3] Notamment, une circulaire du 15 septembre 1977 relative au vocabulaire judiciaire a entendu éliminer les « locutions archaïques et surannées » et traduire en français les expressions latines ou étrangères en usage dans la langue du palais.

[4] C. WIENER, « Crise et science de la législation en France », in Z. BANKOWSKI et *alii*, *La science de la législation*, Puf, 1988, p. 87. La légistique appréhendée en tant que réflexion sur les modes de création du droit correspond donc à la définition qu'un auteur a pu en donner en 1983 : « Discipline qui étudie l'activité de production normative et qui définit les techniques adaptées à la gestion de cette production » (J.-M. WOEHRLING, « L'évolution du rôle du droit dans l'action administrative », *RF adm. publ.* 1983, p. 146 (cité par A.-M. LEROYER, « Légistique », in D. ALLAND, S. RIALS, dir., *Dictionnaire de la culture juridique*, Lamy-Puf, coll. Quadrige-dicos poche, 2003, p. 923)).

[5] Notamment, C. BERGEAL, *Savoir rédiger un texte normatif – Loi, décret, arrêté, circulaire*, 2e éd., Berger-Levrault, 1997.

positif, à proposer des méthodes censées permettre d'améliorer la qualité du droit, d'en accroître l'efficacité[1].

Parce que le droit se doit d'être rationnel, loin de toute improvisation, ceux qui l'élaborent doivent mettre en œuvre différentes techniques afin de confectionner le « meilleur droit » à différents points de vue : sécurité juridique, pertinence des normes retenues, possibilité d'évolutions futures, etc. Par suite, là où la méthodologie juridique étudie scientifiquement l'état actuel de ces techniques, la légistique réfléchit aux évolutions qu'elles devraient connaître afin de pouvoir élaborer de « meilleurs textes de droit ». Le légiste qui se consacre à la légistique, suivant la définition qu'en donne le professeur Jacques Chevallier, « cherche à déterminer les meilleures modalités d'élaboration, de rédaction, d'édiction et d'application des normes »[2]. Et le professeur d'ajouter : « La qualité du droit suppose l'amélioration de ses conditions de production. Cet objectif est au centre d'une nouvelle discipline : la "légistique", qui vise à étudier l'activité de production normative et à définir les techniques adaptées à la gestion de cette production »[3]. Dès lors, sont en causes davantage des réflexions personnelles que des observations objectives et empiriques, même s'il est évident que les premières, pour être pertinentes, ne peuvent se passer des dernières. Reste que la légistique correspond à ces propositions personnelles plus qu'à ces observations objectives et empiriques. Il n'est donc pas lieu de suivre le professeur Jean-Louis Bergel lorsqu'il retient que « la légistique est une grande partie de la méthodologie juridique »[4]. La méthodologie juridique et la légistique abordent de mêmes objets, mais avec des points de vue et au départ d'intentions parfaitement divergents. Encore une fois, la méthodologie juridique s'inscrit dans le domaine de la science quand la légistique s'inscrit dans le cadre de la politique.

Quand le Conseil d'État et le Secrétariat général du Gouvernement listent, parmi les questions qui intéressent la légistique, « les intitulés des textes, les plans, la syntaxe, le vocabulaire, les sigles et signes, mais aussi les diverses procédures à respecter »[5], ce sont autant d'objets qui intéressent

[1] On observe l' « essor de l'idéologie de l'efficacité » (J. COMMAILLE, « Code civil et nouveaux codes sociaux », in J. COMMAILLE et *alii*, *Le Code civil 1804-2004 – Livre du bicentenaire*, Dalloz-Litec, 2004, p. 71).

[2] J. CHEVALLIER, « L'évaluation législative : un enjeu politique », in J.-L. BERGEL, A. DELCAMP, A. DUPAS, dir., *Contrôle parlementaire et évaluation*, La documentation française, coll. Notes et études documentaires, 1995, p. 15.

[3] J. CHEVALLIER, *L'État post-moderne*, 3e éd., LGDJ, coll. Droit et société, 2008, p. 152.

[4] J.-L. BERGEL, « Méthodologie juridique », in D. ALLAND, S. RIALS, dir., *Dictionnaire de la culture juridique*, Lamy-Puf, coll. Quadrige-dicos poche, 2003, p. 1022. Également, J.-L. BERGEL, « Esquisse de méthodologie législative comparée », in M. FATIN-ROUGE STEFANINI, dir., *Autour de la qualité des normes*, Bruylant (Bruxelles), 2010, p. 145 s.

[5] Conseil d'État, Secrétariat général du Gouvernement, « Guide pour l'élaboration des textes législatifs et règlementaires », 2e éd., [en ligne] <legifrance.fr>, 2007.

identiquement la méthodologie juridique. La seule différence entre l'une et l'autre branches de la recherche juridique réside dans les ambitions qui portent chacune des deux approches. Ainsi, par exemple, les deux instances font œuvre prescriptive, loin de toute description de données objectives empiriquement recueillies, dès lors qu'elles enseignent que « la rédaction d'un projet de texte et du document qui l'accompagne (exposé des motifs ou rapport de présentation) *doit être* claire, sobre et grammaticalement correcte »[1] ; que, « pour que le texte soit clair, il *faut* écrire des phrases simples, en évitant tout particulièrement la multiplication de subordonnées et d'incidentes emboîtées, les doubles négations et les accumulations de substantifs. On évitera également le recours au "et/ou" »[2] ; qu' « il y a lieu d'éviter les expressions abstraites : plutôt que "assurer la réalisation", on écrira "réaliser" »[3] ; ou encore qu' « il convient de n'employer que des termes appartenant à la langue française. Le recours à tout terme étranger ou à toute expression étrangère est à prohiber dès lors qu'il existe une expression ou un terme équivalent dans la langue française. Il y a lieu également d'éviter les anglicismes, tel l'emploi du verbe "présumer" pour "supposer" »[4].

Légistique formelle et légistique matérielle

En outre, la légistique est purement formelle dans le sens où elle se désintéresse de la détermination du fond du droit pour se concentrer sur la recherche des modes de détermination du fond du droit les plus pertinents[5]. Partant, si elle relève de la politique plus que de la science, la légistique ignore toutefois les questions les plus politiques : celles afférentes aux orientations à donner aux régimes juridiques, au contenu substantiel du droit. Elle ne se préoccupe que des modalités techniques entourant la confection et l'application du droit. C'est cela qui différencie la légistique et la politique juridique puisque cette dernière invite, à l'inverse de la légistique, à effectuer des propositions relativement au contenu substantiel des devoir-être.

On retient néanmoins que la légistique se scinde en une partie formelle et une partie matérielle[6]. Carré de Malberg séparait la « force

[1] *Ibid.*, p. 151 (non souligné dans le texte orignal).
[2] *Ibid.* (non souligné dans le texte orignal).
[3] *Ibid.*
[4] *Ibid.*
[5] J.-L. BERGEL, *Méthodologie juridique*, Puf, coll. Thémis droit privé, 2001, p. 276 ; C. ZOLINSKI, « Questions de légistique soulevées par la construction de la norme à l'aune du renouvellement des sources de droit », in M. BEHAR-TOUCHAIS, N. MARTIAL-BRAZ, J.-F. RIFFARD, dir., *Les mutations de la norme*, Economica, coll. Études juridiques, 2011, p. 52.
[6] Notamment, Ch.-A. MORAND, « Éléments de légistique formelle et matérielle », in Ch.-A. MORAND, dir., *Légistique formelle et matérielle*, PUAM (Aix-en-Provence), 1999, p. 37 s.

formelle de la loi » et la « force matérielle de la loi »[1]. La légistique cherche à conforter l'une comme l'autre, mais seulement en quêtant les moyens pertinents à ces fins, non en investissant directement le domaine du fond du droit.

La « légistique formelle » (ou « nomographie »[2]) porte sur le système de communication, sur « les procédés de mise en forme des projets normatifs »[3] ou, dit autrement, sur le codage juridique de la volonté politique. On a pu la définir comme « la recherche de procédés, de règles et de formules destinés à une rédaction correcte et à une meilleure appréhension des textes normatifs, et s'efforçant de parvenir à cette fin par l'harmonie, la clarté et le rejet des différences non fondées »[4]. Elle cherche à fournir des principes permettant d'améliorer la compréhension et l'accessibilité des textes juridiques. L'accent est mis sur le perfectionnement du message normatif et des modalités de sa réception.

La « légistique matérielle » (ou « nomologie »[5]), de son côté, concerne le système d'action que représente la création du droit. Elle découpe le processus de formation et de mise en œuvre des textes juridiques en plusieurs étapes[6] et cherche à donner à chacune d'elles des conseils méthodiques pour améliorer l'efficacité ou efficience du droit. Mais elle n'entend en aucun instant dire au jurislateur ce que devrait être le droit ; même « matérielle », la légistique cherche seulement à dire au jurislateur comment devrait être établi le droit. Dit autrement, la légistique matérielle concerne la manière de rechercher la matière quand la légistique formelle se rapporte à la manière d'exprimer la matière.

En France, la légistique formelle paraît s'être autrement développée que la légistique matérielle[7], si bien que, aujourd'hui, il appartiendrait aux chercheurs de principalement songer à la légistique matérielle, donc aux procédés tels que, par exemple, celui des études d'impact ou celui des lois

[1] R. Carré de Malberg, *Contribution à la théorie générale de l'État spécialement d'après les données fournies par le droit constitutionnel français*, t. I, Librairie du Recueil Sirey, 1920, p. 281.

[2] G. Cornu, *Linguistique juridique*, 3e éd., Montchrestien, coll. Domat droit privé, 2005.

[3] Ch.-A. Morand, « Éléments de légistique formelle et matérielle », in Ch.-A. Morand, dir., *Légistique formelle et matérielle*, PUAM (Aix-en-Provence), 1999, p. 37.

[4] C. Lambotte, *Technique législative et codification*, Story Scientia (Bruxelles), 1988, p. 10 (cité par K. Gilbert, *La légistique au concret – Les processus de rationalisation de la loi*, th., Université Paris II - Panthéon-Sorbonne, 2007).

[5] G. Cornu, *Linguistique juridique*, 3e éd., Montchrestien, coll. Domat droit privé, 2005.

[6] Ces phases sont normalement les suivantes : 1. Définition du problème ; 2. Fixation des objectifs ; 3. Choix des instruments et des alternatives ; 4. Évaluation prospective ; 5. Adoption du texte à portée normative ; 6. Mise en œuvre ; 7. Évaluation rétrospective.

[7] K. Gilbert, *La légistique au concret – Les processus de rationalisation de la loi*, th., Université Paris II - Panthéon-Sorbonne, 2007 ; K. Gilbert, « Une production du droit mieux raisonnée ? La diffusion de la légistique en droit français », *Le courrier juridique des finances et de l'industrie* juin 2008, p. 47 s.

expérimentales et des « périodes d'essai législatives ». Reste que la légistique amène à aborder des problématiques multiples et diversifiées, allant de la question de la codification à celle de l'évaluation des effets du droit, de la question de la législation par références à celle des formulations d'objectifs, de la question des consultations préalables à celle des études d'impact, de la question du respect d'un principe de subsidiarité à celle, globale, des modes de gouvernance. C'est, notamment, le fameux problème de la « simplification du droit », régulièrement remis sur la table, qui est au cœur des préoccupations.

Les origines lointaines mais la popularité toujours faible de la légistique

La légistique est aussi ancienne que la politique et le droit. Des œuvres telles que la *Politique* d'Aristote, *Le Prince* de Machiavel ou *L'Esprit des lois* de Montesquieu comportaient déjà nombre de réflexions et de propositions d'ordre légistique[1]. On fait du *Traité de législation civile et pénale* de Jeremy Bentham, publié en 1820, le premier ouvrage *ad hoc* de légistique — quoiqu'il ne portait que sur la légistique formelle —[2]. Celle-ci s'est particulièrement développée en Suisse, dans les années 1970 et 1980, où des professeurs ont dispensé des cours de légistique et ont publié des ouvrages sur le sujet[3]. Il est remarquable que, selon ces enseignements, « la légistique est la science appliquée de la législation, qui cherche à déterminer les meilleures modalités d'élaboration, de rédaction, d'édition et d'application des normes »[4]. Au-delà de l'usage quelque peu maladroit de l'idée de science, il s'agit bien là de la légistique telle que comprise en ces lignes, *a fortiori* dès lors qu'est ajouté que « le terme "législation" désigne tout acte général et abstrait émanant des pouvoirs publics (parlement, gouvernement, administration) »[5].

On cite d'autres pays dans lesquels la légistique connaît davantage de succès qu'en France : Italie, Allemagne, Pays-Bas, Belgique, Canada et Grande-Bretagne — où la rédaction des lois est un métier spécifique, celui

[1] Par exemple, peut-être Montesquieu se plaçait-il déjà dans le cadre de la légistique lorsqu'il militait, de manière originale, pour la « candeur des lois » car, « faites pour punir la méchanceté des hommes, elles doivent avoir elles-mêmes la plus grande innocence » (MONTESQUIEU, *De l'esprit des lois*, 1748).

[2] A.-M. LEROYER, « Légistique », in D. ALLAND, S. RIALS, dir., *Dictionnaire de la culture juridique*, Lamy-Puf, coll. Quadrige-dicos poche, 2003, p. 924.

[3] Par exemple, I. MADER, *L'évaluation législative – Pour une analyse empirique de la législation*, Payot (Lausanne), 1985.

[4] [en ligne] <webdroit.unige.ch> (site web de l'Université de Genève).

[5] *Ibid.*

des *parliamentary draftsmen* —[1]. Et on remarque que les disparités sont grandes entre les pays, y compris entre les pays occidentaux, autant quant à la réalité de la légistique que quant au sort qui lui est réservé dans le milieu académique[2].

En France, la légistique n'a jamais été ignorée, mais elle n'a jamais non plus connu d'essor et, aujourd'hui toujours, les travaux en la matière se font rares[3]. Longtemps, après que Montaigne a affirmé que « les lois se maintiennent en crédit non parce qu'elles sont justes mais parce qu'elles sont lois »[4], les juristes français ont considéré soit que la législation était *a priori* rationnelle, soit que l'effort de rationalisation devait être laissé à la seule appréciation du législateur[5]. Cette façon d'envisager la matière continue d'empreindre dans une certaine mesure la psyché juridique collective française et un auteur pouvait récemment s'inquiéter du « risque de voir s'enfler un thème nouveau et jusqu'à présent discret, celui des interrogations sur la qualité de la loi »[6], avant de demander : « Mesure-t-on ce que cette seule question a d'iconoclaste ? La loi, produit de la souveraineté nationale, expression de la volonté générale, est nécessairement bonne du seul fait qu'elle est la loi »[7]. Il est ainsi difficile de trouver des articles et, plus encore, des ouvrages abordant exclusivement mais entièrement le sujet de la légistique[8]. Cela s'explique en premier lieu par des raisons institutionnelles, par la stricte séparation qui existe entre droit et politique dans l'univers académique. Or la légistique amène à toucher autant à la politique qu'au droit.

[1] A.-M. LEROYER, « Légistique », in D. ALLAND, S. RIALS, dir., *Dictionnaire de la culture juridique*, Lamy-Puf, coll. Quadrige-dicos poche, 2003, p. 923. *Cf.* V. LASSERRE-KIESOW, *La technique législative – Étude sur les codes civils français et allemand*, LGDJ, 2002.

[2] K. GILBERG, *La légistique au concret : les processus de rationalisation de la loi*, th., Université de Paris I - Panthéon-Assas, 2007.

[3] *Cf.* J.-P. DUPRAT, « Genèse et développement de la légistique », in R. DRAGO, dir., *La confection de la loi*, Puf, coll. Cahiers des sciences morales et politiques, 2005, p. 9 s.

[4] M. DE MONTAIGNE, *Les essais*, Abel Langelier, 1588.

[5] Aussi observe-t-on que « la loi est souvent parée de toutes les vertus, du fait de son écriture sous une forme officielle et publiée : elle est claire, fixe, accessible, connue de tous, rationalisée, délibérée, bref, elle incarne la raison faite droit » (P. DEUMIER, *Introduction générale au droit*, 2e éd., LGDJ, coll. Manuel, 2013, p. 54).

[6] G. HISPALIS, « Pourquoi tant de loi(s) ? », *Pouvoirs* 2005, n° 114, p. 115.

[7] *Ibid.*

[8] Par exemple, V. MARINESE, *L'idéal législatif du Conseil constitutionnel – Étude sur les qualités de la loi*, th., Université Paris X, 2007 ; A. VIANDIER, *Recherche légistique comparée*, Spinger-Verlag (Berlin), 1988 ; A. VIANDIER, « La crise de la technique législative », *Droits* 1986, n° 4, p. 75 s. ; J.-L. BERGEL, « Informatique et légistique », *D.* 1987, p. 171 s. ; J. CHEVALLIER, « Les lois expérimentales – Le cas français », in Ch.-A. MORAND, dir., *Évaluation législative et lois expérimentales*, PUAM (Aix-en-Provence), 1993 ; J.-P. JEAN, « L'élaboration du droit civil aujourd'hui », in J.-Y. COPPOLANI, F. BASTIEN-RABNER, dir., *Napoléon et le Code civil*, Éditions Alain Piazzola, 2009. Néanmoins, K. GILBERT, *La légistique au concret – Les processus de rationalisation de la loi*, th., Université Paris II - Panthéon-Sorbonne, 2007.

La légistique appelée à se développer, dans les universités et en dehors des universités

Enfin, par rapport aux autres branches de la recherche juridique, la légistique déborde allègrement le cadre de la recherche universitaire et nombreux sont les travaux dans ce domaine réalisés par ou pour les pouvoirs publics. Les études annuelles du Conseil d'État en témoignent[1]. Les textes abordant la légistique sont moins souvent des ouvrages doctrinaux que des circulaires et autres actes administratifs visant à préciser les modalités du choix du vocabulaire, de la longueur des phrases, de la ponctuation, de la structure des textes, etc.[2]. Et de plus en plus d'actes à portée normative relatifs à la légistique matérielle sont attendus. Partant, les meilleurs spécialistes de la légistique se trouvent peut-être non parmi les amphithéâtres mais parmi les assemblées[3].

Que ce soit dans l'espace universitaire ou dans l'espace politique, il faut gager que la légistique a vocation à se développer tant sont croissantes les critiques adressées à des textes juridiques mal faits, aussi bien sur le plan qualitatif que sur le plan quantitatif[4]. Les lois, en particulier, seraient désormais trop nombreuses et inintelligibles, de telle sorte qu'une distance dangereuse se creuserait entre elles et leurs destinataires[5]. « La loi, relève-t-

[1] Notamment, EDCE 1991, *La sécurité juridique* ; EDCE 2006, *Sécurité juridique et complexité du droit.*

[2] Par exemple, Circ. 26 août 2003, *Relative à la maîtrise de l'inflation normative et à l'amélioration de la qualité de la règlementation* ; Circ. 30 sept. 2003, *Relative à la qualité de la règlementation* ; Conseil d'État, Secrétariat général du Gouvernement, « Guide pour l'élaboration des textes législatifs et règlementaires », 2e éd., [en ligne] <legifrance.fr>, 2007 ; *Rapport du groupe de travail interministériel sur la qualité de la règlementation*, La documentation française, 2002 ; *Pour une meilleure qualité de la règlementation*, La documentation française, 2004. Il existe une mission « Qualité de la norme » au sein du « Service de la législation et de la qualité du droit » rattaché au Secrétariat général du Gouvernement. Néanmoins, *cf. Dr. et société* 1998, n° 40, « Produire la loi » ; *Dr. et société* 1994, n° 27, « Production de la norme juridique ».

[3] *Cf.*, notamment, *Le courrier juridique des finances et de l'industrie* juin 2008, « La légistique ou l'art de rédiger le droit » (où toutes les contributions sauf une sont le fait de praticiens, en particulier de conseillers d'État, et non d'universitaires). *Cf.*, également, J.-P. CAMBY, P. SERVENT, *Le travail parlementaire sous la Cinquième République*, 4e éd., Montchrestien, coll. Clefs politique, 2004.

[4] Ainsi un auteur peut-il observer combien les nouvelles formes d'intervention de l'État et la complexité des sociétés industrialisées modernes exigent des modalités d'intervention normative plus souples et sans doute plus complexes. « Il en résulte une sophistication croissante des techniques de rédaction normative, écrit-il. La loi peut inciter, offrir des alternatives, distinguer entre conformité et compatibilité, programmer, s'appuyer pour partie sur des dispositifs conventionnels » (C. BERGEAL, *Savoir rédiger un texte normatif – Loi, décret, arrêté, circulaire*, Berger-Levrault, 1997).

[5] F. OST, M. VAN DE KERCHOVE, *De la pyramide au réseau ? – Pour une théorie dialectique du droit*, Publications des Facultés universitaires Saint-Louis (Bruxelles), 2002, p. 431. Les auteurs soulignent que, en conséquence, « s'amorce progressivement, dans le raisonnement juridique, un affranchissement à l'égard des textes, corrélatif à la montée en puissance des

on, est de plus en plus insuffisante tant dans son contenu que dans son mode d'élaboration »[1]. Or « des lois mal conçues ou mal rédigées peuvent faire plus de mal que de bien. [...] La loi est capable du meilleur comme du pire »[2]. La « rationalisation de la production juridique » se présente comme l'un des enjeux les plus actuels[3], tandis que la qualité du droit apparaît comme une condition inhérente à la bonne application du droit et au respect des règles juridiques.

Bobbio enseignait qu'on peut « soit agir sur les comportements de façon à obtenir que les actions des individus correspondent le plus possible à ce que disent les règles ; ou bien agir sur les règles de façon à obtenir que ce que disent les règles corresponde le mieux possible à ce que font les individus »[4]. À l'ère de la mondialisation et de l'internet, il semble que ce soit à la seconde alternative de l'emporter, ce qui place les questions d'ordre légistique sur le devant de la scène. Faire le droit est définitivement une mission aussi complexe que décisive au sein du jeu social, *a fortiori* dès lors que, « de manière symétrique et inverse de l'historien chargé de reconstituer une réalité qui a cessé d'exister, le législateur est chargé, lui, de figurer dans la loi une réalité qui n'existe pas encore »[5].

Il n'est pas inutile de rappeler, avec Max Weber, que « la structure rationnelle du droit et de l'administration est sans aucun doute importante car le capitalisme d'entreprise rationnel nécessite la prévision calculée, non seulement en matière de techniques de production, mais aussi en matière de

juges » (*ibid.*). Déjà en 1949 Georges Ripert remarquait que « l'effectivité des lois est allée en déclinant à l'époque moderne car la surabondance des textes, l'inflation législative, a entraîné un moindre attachement et respect pour chaque loi. C'est un fait psychologique que l'attention faiblit lorsqu'elle porte sur un objet trop étendu » (G. RIPERT, *Le déclin du droit – Études sur la législation contemporaine* (1949), LGDJ, 1998). *Cf.*, également et par exemple, F. TERRÉ, « La "crise" de la loi », *Arch. phil. droit* 1980, p. 17 s. ; A. VIANDIER, « La crise de la technique législative », *Droits* 1986, n° 4, p. 75 s. ; P. MAZEAUD, « La loi ne doit pas être un rite incantatoire », *JCP A* 2005, p. 1035 s. ; P. MAZEAUD, « La qualité de la loi n'est plus ce qu'elle était », *Gaz. Pal.* 16 mars 2007.

[1] J.-C. BÉCANE, M. COUDERC, J.-L. HÉRIN, *La loi*, 2e éd., Dalloz, coll. Méthodes du droit, 2010, p. 54. Ces auteurs notent aussi que, « depuis 1880, la loi subit une dépréciation continue » (*ibid.*, p. 54).

[2] J.-L. BERGEL, *Théorie générale du droit*, 5e éd., Dalloz, coll. Méthodes du droit, 2012, p. 275. Et d'ajouter que « la loi est un instrument dangereux qu'il ne faut manier qu'avec prudence et circonspection » (*ibid.*).

[3] *Cf.* J. CHEVALLIER, « La rationalisation de la production juridique », in Ch.-A. MORAND, dir., *L'État propulsif – Contribution à l'étude des instruments d'action de l'État*, Publisud, 1991, p. 11 s. Le professeur Jacques Chevallier souligne en particulier qu' « à une légitimité fondée sur la régularité des procédures mises en œuvre, sur la conformité des conduites et des comportements, se substitue une légitimité fondée sur l'efficacité des actions entreprises, sur la capacité d'atteindre des objectifs préalablement fixés » (*ibid.*, p. 19).

[4] N. BOBBIO, *Essais de théorie du droit*, trad. Ch. Agostini, M. Guéret, LGDJ-Bruylant (Paris-Bruxelles), coll. La pensée juridique, 1998, p. 169.

[5] G. TIMSIT, « Raisonnement juridique », in D. ALLAND, S. RIALS, dir., *Dictionnaire de la culture juridique*, Lamy-Puf, coll. Quadrige-dicos poche, 2003, p. 1291.

droit »[1]. Pour Weber, « seul l'Occident a disposé pour son activité économique d'un système juridique et d'une administration atteignant un tel degré de perfection légale et formelle »[2]. L'objectif de la légistique est d'indiquer aux pouvoirs publics les moyens de faire en sorte qu'il continue d'en aller ainsi.

La quatorzième et dernière branche de la recherche juridique, la plus politique et la moins scientifique de toutes, est la politique juridique. Elle se différencie de la légistique en ce que, là où cette dernière consiste à prescrire aux jurislateurs les moyens adéquats afin de déterminer le contenu du droit le plus pertinent et de l'exprimer de la meilleure manière, elle conduit à prescrire aux jurislateurs les devoir-être ou les ensembles de devoir-être qui semblent être les plus opportuns, par exemple en plaidant pour ou contre la réforme de l'un ou l'autre régime juridique. Pour le dire autrement, si l'heure est au « gouvernement par les instruments »[3], la politique juridique invite à rechercher quels doivent être ces instruments de gouvernement quand la légistique invite à rechercher quels doivent être les dispositifs utiles afin d'identifier ces instruments de gouvernement.

Orientations et illustrations bibliographiques

AMSELEK P., dir., *La science de la législation*, Puf, 1988

AUBY J.-B., « Prescription juridique et production juridique », in CHAZEL F., COMMAILLE J., dir., *Normes juridiques et régulation sociale*, LGDJ, coll. Droit et société, 1991, p. 159 s.

ARNAUD A.-J., « Chercheurs et décideurs au coude à coude – Un modèle de gouvernance », in SOLINIS G., dir., *Construire des gouvernances : entre citoyens, décideurs et scientifiques*, Peter Lang, 2005, p. 165 s.

AUBY J.-B., « Prescription juridique et production juridique », *RDP* 1988, p. 673 s.

BANKOWSKI Z. et *alii*, *La science de la législation*, Puf, 1988

BARTHE Y., CALLON M., LASCOUMES P., *Agir dans un monde incertain – Essai sur la démocratie technique,* Le Seuil, 2001

BAUDU A., « L'évaluation parlementaire, problème ou solution ? », *Revue française de finances publiques* 2011, n° 113, p. 131 s.

BÉCANE J.-C., COUDERC M., HÉRIN J.-L., *La loi*, 2e éd., Dalloz, coll. Connaissance du droit, 1994

BERGEAL C., *Savoir rédiger un texte normatif – Loi, décret, arrêté, circulaire*, 2e éd., Berger-Levrault, 1997

BERGEL J.-L., « Esquisse de méthodologie législative comparée », in FATIN-ROUGE STEFANINI M., dir., *Autour de la qualité des normes*, Bruylant (Bruxelles), 2010, p. 145 s.

BERGEL J.-L., « Informatique et légistique », *D.* 1987, p. 171 s.

BERGEL J.-L., « Les formulations d'objectifs dans les textes législatifs – Essai de synthèse », *RRJ* 1989, p. 975 s.

BERGEL J.-L., DELCAMP A., DUPAS A., dir., *Contrôle parlementaire et évaluation*, La documentation française, coll. Notes et études documentaires, 1995

[1] M. WEBER, *L'Éthique protestante et l'esprit du capitalisme* (1920), Pocket, coll. Agora, 1967, p. 19.

[2] *Ibid.*

[3] P. LASCOUMES, P. LE GALÈS, « L'action publique saisie par ses instruments », in P. LASCOUMES, P. LE GALÈS, dir., *Gouverner par les instruments*, Presses de sciences po, 2004, p. 13.

BERTEN A., LENOBLE J., *Dire la norme – Droit, politique et énonciation*, Story-Scientia-LGDJ (Bruxelles-Paris), 1990
BERTHOU R., « La forumisation du droit : à propos des perspectives et enseignements d'une expérience originale de création du droit », *Dr. et société* 2005, p. 783 s.
BLANCHETTE J.-F., « Efficacité du droit et normes techniques », *Lettre recherche droit et justice* 2002, n° 14, p. 7 s.
BLANKENBURG E., « La recherche de l'efficacité de la loi – Réflexions sur l'étude de la mise en œuvre (le concept d'"*implementation*") », *Dr. et société* 1986, p. 59 s.
BOULAD-AYOUD J., MELKEVIK B., ROBERT P., dir., *L'amour des lois – La crise de la loi moderne dans les sociétés démocratiques*, Presses de l'Université Laval-L'Harmattan (Montréal-Paris), 1996
BOULAIRE J., « François Gény et le législateur », in HAKIM N., MELLERAY F., dir., *Le renouveau de la doctrine française – Les grands auteurs de la pensée juridique au tournant du XXe siècle*, Dalloz, coll. Méthodes du droit, 2009, p. 69 s.
BOURCIER D., THOMASSET C., dir., *L'écriture du droit... face aux technologies de l'information*, Diderot, 1996
BOURDIEU P., *Raisons pratiques sur la théorie de l'action*, Le Seuil, 1994
BOURDIEU P., « Décrire et prescrire, note sur les conditions de possibilités et les limites de l'efficacité politique », *Actes de la recherche en sciences sociales* 1981, n° 38, p. 69 s.
BOYER R., SAILLARD Y., dir., *Théorie de la régulation : l'état des savoirs*, La découverte, coll. Recherches, 2002
BROUARD-GALLET C., « Les mutations de la norme et le renouvellement des sources du droit : questions pratiques de légistique », in BEHAR-TOUCHAIS M., MARTIAL-BRAZ N., RIFFARD J.-F., dir., *Les mutations de la norme*, Economica, coll. Études juridiques, 2011, p. 65 s.
CAMBY J.-P., SERVENT P., *Le travail parlementaire sous la Cinquième République*, 4e éd., Montchrestien, coll. Clefs politique, 2004
CARBONNIER J., « Légiférer avec l'histoire ? », *Dr. et société* 1990, p. 9 s.
CARTUYVELS Y., OST F., *Crise du lien social et crise du temps juridique – Le droit est-il encore en mesure d'instituer la société ?*, Fondation Roi Baudoin (Bruxelles), coll. Citoyen, droit et société, 1998
Centre international d'études pour le développement local, *Le droit autrement : nouvelles pratiques juridiques et pistes pour adapter le droit aux réalités locales contemporaines*, Éditions Charles Léopold Mayer, 2001
CHARTIER J.-L. A., *Portalis, père du Code civil*, Fayard, coll. Biographie historique, 2004
CHEVALLIER J., « La rationalisation de la production juridique », in MORAND Ch.-A., dir., *L'État propulsif – Contribution à l'étude des instruments d'action de l'État*, Publisud, 1991, p. 11 s.
CHEVALLIER J., « Les lois expérimentales – Le cas français », in MORAND Ch.-A., dir., *Évaluation législative et lois expérimentales*, PUAM (Aix-en-Provence), 1993, p. 119 s.
CHEVALLIER J., « L'évaluation législative : un enjeu politique », in BERGEL J.-L., DELCAMP A., DUPAS A., dir., *Contrôle parlementaire et évaluation*, La documentation française, coll. Notes et études documentaires, 1995, p. 13 s.
CHEVALLIER J., « Démocratie délibérative : mythe et réalité », in *Mélanges Lucien Sfez*, Puf, 2006, p. 75 s.
CHEVALLIER J., « La gouvernance, un nouveau paradigme étatique », *RF adm. publ.* 2003, p. 203 s.
CORNU G., « L'art d'écrire la loi », *Pouvoirs* 2003, n° 107, p. 5 s.
CURAPP, *Les méthodes au concret – Démarches, formes de l'expérience et terrains d'investigation en science politique*, Puf, 2000
DE FONTBRESSIN P., « La participation idée gaullienne, avenir du droit », in *Mélanges André Decocq*, Litec, 2004, p. 233 s.
DEHOUSSE R., « La procéduralisation dans le droit européen – Propositions institutionnelles », in LEBESSIS N., PETERSON J., SCHUTTER O., dir., *La Gouvernance dans l'Union européenne*, Office des publications officielles des Communautés européennes (Bruxelles), 2001, p. 199 s.

DELHOSTE M.-F., « Démocratie participative : de l'échec de l'organisation étatique à l'avenir du projet citoyen », *RFDA* 2007, p. 1061 s.

DELLEY J.-D., « Penser la loi – Introduction à une démarche méthodique », in MORAND Ch.-A., dir., *Légistique formelle et matérielle*, PUAM (Aix-en-Provence), 1999, p. 81 s.

DELLEY J.-D., « L'évaluation législative au défi de l'objectivité », in *Mélanges Pierre Moor*, Stæmpfli (Berne), 2005

DE MONTALIVET P., « La juridicisation de la légistique – A propos de l'objectif de valeur constitutionnelle d'accessibilité et d'intelligibilité de la loi », *Cahiers des sciences morales et politiques* 2005, n° 23, p. 99 s.

DE SOUSA SANTOS B., *Vers un nouveau sens commun juridique – Droit, science et politique dans la transition paradigmatique*, trad. N. Gonzales Lajoie, LGDJ, 2004

DOMPNIER N., « Le renoncement à la légitimité démocratique au nom de la "qualité des normes" ? », in FATIN-ROUGE STÉFANINI M., GAY L., PINI J., dir., *Autour de la qualité des normes*, Bruylant (Bruxelles), coll. À la croisée des droits, 2010, p. 77 s.

DONNET-KAMEL D., « Les expériences étrangères d'évaluation participative, des démarches imaginatives », in VALLEMONT S., dir., *Débat public : une réforme dans l'État*, LGDJ, coll. Systèmes droit, 2001, p. 119 s.

DRAGO R., dir., *La confection de la loi*, Puf, coll. Cahiers des sciences morales et politiques, 2005

Droit et société 1998/40, « Produire la loi »

Droit et société 1994/27, « Production de la norme juridique »

DUPRAT J.-P., « Genèse et développement de la légistique », in DRAGO R., dir., *La confection de la loi*, Puf, coll. Cahiers des sciences morales et politiques, 2005, p. 9 s.

DUPRAT J.-P., « Urgence pour l'évaluation législative », *AJDA* 2002, p. 1093 s.

ETIEN R., *Initiation au droit public*, Ellipses, 1998

FATIN-ROUGE STÉFANINI M., GAY L., PINI J., dir., *Autour de la qualité des normes*, Bruylant (Bruxelles), coll. À la croisée des droits, 2010

FATIN-ROUGE STÉFANINI M., GAY L., VIDAL-NAQUET A., dir., *L'efficacité de la norme juridique – Nouveau vecteur de légitimité ?*, Bruylant (Bruxelles), coll. À la croisée des droits, 2012

FLÜCKIGER A., GOUY-ECABERT C., dir., *Guider les parlements et les gouvernements pour mieux légiférer*, Schulthess (Genève), 2008

FOUCAULT M., « Le libéralisme comme nouvel art de gouverner », in SENELLART M., dir., *Naissance de la biopolitique*, Gallimard-Le Seuil, coll. Hautes études, 2003

GAY (L.), « L'exigence d'efficacité de la norme, facteur d'un nouvel âge d'or du comparatisme dans la production juridique », in FATIN-ROUGE STÉFANINI (M.), GAY (L.) et al. (Dir.), L'efficacité de la norme juridique : nouveau vecteur de légitimité ?, Bruxelles, Bruylant, 2012, pp. 107

GÉRARD P., OST F., VAN DE KERCHOVE M., dir., *Droit négocié, droit imposé ?*, Publications des Facultés universitaires Saint-Louis (Bruxelles), 1996

GILBERT K., *La légistique au concret – Les processus de rationalisation de la loi*, th., Université Paris II - Panthéon-Sorbonne, 2007

GILBERT K., « Une production du droit mieux raisonnée ? La diffusion de la légistique en droit français », *Le courrier juridique des finances et de l'industrie* juin 2008, p. 47 s.

HALPÉRIN J.-L., « Portalis, Discours préliminaire de présentation du projet de Code civil », in CAYLA O., HALPÉRIN J.-L., dir., *Dictionnaire des grandes œuvres juridiques*, Dalloz, 2008, p. 454 s.

HERVOIS J., *La production de la norme juridique en matière scientifique et technologique*, th., Université de La Rochelle, 2011

HISPALIS G., « Pourquoi tant de loi(s) ? », *Pouvoirs* 2005, n° 114, p. 115 s.

JADOT B., OST F., dir., *Élaborer la loi aujourd'hui, mission impossible ?*, Publications des Facultés Universitaires Saint-Louis (Bruxelles), coll. Travaux et recherches, 1999

JEAMMAUD A., SERVERIN É., « Évaluer le droit », *D.* 1992, p. 263 s.

JEAN J.-P., « L'élaboration du droit civil aujourd'hui », in COPPOLANI J.-Y., BASTIEN-RABNER F., dir., *Napoléon et le Code civil*, Éditions Alain Piazzola, 2009

KAZANCIGIL A., « La gouvernance : itinéraires d'un concept », in *Mélanges Hermet*, Karthala, 2002, p. 121 s.

KOUBI G., « La création du droit – Image et imaginaire », in BOURCIER D., MACKAY P., dir., *Lire le droit – Langue, texte, cognition*, LGDJ, coll. Droit et société, 1992, p. 85 s.

LAMBOTTE C., *Technique législative et codification*, Story Scientia (Bruxelles), 1988

LASCOUMES P., « L'analyse sociologique des effets de la norme juridique : de la contrainte à l'interaction », in LAJOIE A., MACDONALD R. A., JANDA R., ROCHER G., dir., *Théories et émergence du droit : pluralisme, surdétermination et effectivité*, Bruylant-Thémis (Bruxelles-Montréal), 1998

LASCOUMES P., LE GALÈS P., « L'action publique saisie par ses instruments », in LASCOUMES P., LE GALÈS P., dir., *Gouverner par les instruments*, Presses de sciences po, 2004, p. 13 s.

LASSERRE-KIESOW V., *La technique législative – Étude sur les codes civils français et allemand*, LGDJ, 2002

LATOURNERIE D., « La qualité et la règle de droit », *Rev. adm.* 1981, p. 593 s.

LE BRIS S., LUTHER L., « De l'autorégulation à l'investiture étatique : éléments de réflexion pour une réforme », in FEUILLET-LE MINTIER B., dir., *De l'éthique au droit en passant par la régulation professionnelle*, Dalloz, 1999, p. 35 s.

LECA J., « Sur la gouvernance démocratique : entre théorie normative et méthodes de recherche empirique », in GOBIN C., RIHOUX B., dir., *La démocratie dans tous ses états – Systèmes politiques entre crise et renouveau*, Bruylant (Bruxelles), 2000, p. 17 s.

LENOBLE J., BERTEN A., *Dire la norme – Droit, politique et énonciation*, LGDJ-Bruylant (Paris-Bruxelles), coll. La pensée juridique, 1998

LEROYER A.-M., « Légistique », in ALLAND D., RIALS S., dir., *Dictionnaire de la culture juridique*, Lamy-Puf, coll. Quadrige dicos poche, 2003

LIVET P., « Temps de la loi, rythme des révisions et théorie des jeux », in GÉRARD P., OST F., VAN DE KERCHOVE M., *L'accélération du temps juridique*, Publications des Facultés universitaires Saint-Louis (Bruxelles), 2000, p. 93 s.

MADER L., *L'évaluation législative – Pour une analyse empirique des effets de la législation*, Payot (Lausanne), coll. Juridique romande, 1985

MADER L., « La législation, objet d'une science en devenir », in MADER L. et *alii*, *La science de la législation*, Puf, 1988, p. 13 s.

MAÏA J., « L' "efficacité du droit" et les nouvelles technologies », *Arch. phil. droit* 2011, p. 7 s.

MARINESE V., *L'idéal législatif du Conseil constitutionnel – Étude sur les qualités de la loi*, th., Université Paris X, 2007

MATHIEU B., *La loi*, 2e éd., Dalloz, 2004

MAZEAUD P., « La loi ne doit pas être un rite incantatoire », *JCP A* 2005, p. 1035 s.

MAZEAUD P., « La qualité de la loi n'est plus ce qu'elle était », *Gaz. Pal.* 16 mars 2007

MENDEL G., *Pourquoi la démocratie est en panne – Construire la démocratie participative*, La découverte, coll. Cahiers libres, 2003

MILANO L., « Contrôle de constitutionnalité et qualité de la loi », *RDP* 2006, p. 637 s.

MILLON-DELSOL M., *L'État subsidiaire – Ingérence et non-ingérence de l'État, le principe de subsidiarité dans l'histoire européenne*, Puf, coll. Léviathan, 1992

MORAND Ch.-A., dir., *L'État propulsif – Contribution à l'étude des instruments d'action de l'État*, Publisud, 1991

MORAND Ch.-A., dir., *Évaluation législative et lois expérimentales*, PUAM (Aix-en-Provence), 1993

MORAND Ch.-A., dir., *Légistique formelle et matérielle*, PUAM (Aix-en-Provence), 1999

MORAND Ch.-A., « La contractualisation corporatiste de la formation et de la mise en œuvre du Droit », in MORAND Ch.-A., dir., *L'État propulsif*, Publisud, 1991

MORAND Ch.-A., « L'obligation d'évaluer les effets des lois », in MORAND Ch.-A., dir., *Évaluation législative et lois expérimentales*, PUAM (Aix-en-Provence), 1993, p. 79 s.

MORAND Ch.-A., « Pesée d'intérêts et décisions complexes », in MORAND Ch.-A., dir., *La pesée globale des intérêts – Droit de l'environnement et de l'aménagement du territoire*, Helbing et Lichtenhahn (Bâle-Francfort-sur-le-Main), 1996, p. 41 s.

MORAND Ch.-A., « Formes et fonctions de l'évaluation législative », in JADOT B., OST F., dir., *Élaborer la loi aujourd'hui, mission impossible ?*, Publications des Facultés universitaires Saint-Louis (Bruxelles), coll. Travaux et recherches, 1999, p. 207 s.

MORAND Ch.-A., « Éléments de légistique formelle et matérielle », in MORAND Ch.-A., dir., *Légistique formelle et matérielle*, PUAM (Aix-en-Provence), 1999, p. 37 s.
OST F., *Dire le droit, faire justice*, Bruylant (Bruxelles), coll. Penser le droit, 2007
OST F., « Les lois conventionnellement formées tiennent lieu de conventions à ceux qui les ont faites », in GÉRARD P., OST F., VAN DE KERCHOVE M., dir., *Droit négocié, Droit imposé ?*, Publications des Facultés universitaires Saint-Louis (Bruxelles), 1996, p. 17 s.
OST F., « La régulation : des horloges et des nuages… », in JADOT B., OST F., dir., *Élaborer la loi aujourd'hui, mission impossible ?*, Publications des Facultés universitaires de Saint-Louis (Bruxelles), coll. Travaux et recherches, 1999, p. 11 s.
OST F., « L'accélération du temps juridique », in GÉRARD P., OST F., VAN DE KERCHOVE M., dir., *L'accélération du temps juridique*, Publication des Facultés universitaires Saint-Louis (Bruxelles), 2000, p. 7 s.
OST F., VAN DE KERCHOVE M., « Pluralisme temporel et changement », in *Mélanges François Rigaux*, Bruylant (Bruxelles), 1993, p. 387 s.
OST F., VAN DE KERCHOVE M., « De la pyramide au réseau ? Vers un nouveau mode de production du droit ? », *RIEJ* 2000, n° 44, p. 1 s.
PERRIN J.-F., « Possibilités et limites d'une "science de la législation" », in AMSELEK P., dir., *La science de la législation*, Puf, 1988, p. 21 s.
PETEV V., « Réflexion sur la postmodernité et les limites du législateur », in MORAND Ch.-A., dir., *Légistique formelle et matérielle*, PUAM (Aix-en-Provence), 1999, p. 299 s.
PETRUKHIN I. L., « La norme de droit optimale et son application efficace », in Association de sociologie franco-soviétique, *La création du droit – Aspects sociaux*, Éditions du CNRS, coll. Travaux de l'institut de recherches juridiques comparatives, 1981, p. 279 s.
PFISTER L., « La réforme et le droit », in ALLAND D., RIALS S., dir., *Dictionnaire de la culture juridique*, Lamy-Puf, coll. Quadrige dicos poche, 2003
PORTALIS J.-É.-M., *Discours préliminaire au 1er projet de Code civil* (1801), Confluences (Bordeaux), coll. Voix de la cité, 1998
QUINTANE G., « La procéduralisation du droit public, promesses ou menace ? », in PIGACHE C., dir., *Les évolutions du droit – Contractualisation et procéduralisation*, Publications de l'Université de Rouen, 2004, p. 167 s.
RÉMY D., *Légistique – L'art de faire les lois*, Romillat, 1994
RIPERT G., *Le déclin du droit – Études sur la législation contemporaine* (1949), LGDJ, 1998
ROBIN-OLIVIER S., « Consultations, négociations, accords… : recherche sur les voies de développement du droit dans l'Union européenne », in CHASSAGNARD-PINET S., HIEZ D., dir., *Approche renouvelée de la contractualisation*, PUAM (Aix-en-Provence), 2007, p. 63 s.
SAVATIER R., « Les creux du droit positif au rythme des métamorphoses d'une civilisation », in PERELMAN Ch., dir., *Le problème des lacunes en droit*, Bruylant (Bruxelles), 1968, p. 533 s.
SINTEZ C., « Les propositions sur le droit sont-elles du droit ? De la force normative du rapport Catala », in THIBIERGE C., dir., *La force normative – Naissance d'un concept*, LGDJ-Bruylant (Paris-Bruxelles), 2009, p. 243 s.
SFEZ L., « Prospective », in ALLAND D., RIALS S., dir., *Dictionnaire de la culture juridique*, Lamy-Puf, coll. Quadrige dicos poche, 2003
SOLINIS G., dir., *Construire des gouvernances : entre citoyens, décideurs et scientifiques*, Éditions PIE-Peter Lang, 2005
TERRÉ F., « La crise de la loi », *Arch. phil. droit* 1980, p. 17 s.
TROPER M., « Les contraintes juridiques dans la production des normes », in BERTHOUD A., SERVERIN É., *La production des normes entre État et société civile – Les figures de l'institution et de la norme entre État et sociétés civiles*, L'Harmattan, 2000, p. 27 s.
VALLEMONT S., dir., *Débat public : une réforme dans l'État*, LGDJ, coll. systèmes droit, 2001
VAN COMPERNOLLE J., « Vers une nouvelle définition de la fonction de juger : du syllogisme à la pondération des intérêts », in *Mélanges François Rigaux*, Bruylant (Bruxelles), 1993, p. 495 s.
VERCAUTEREN P., dir., *L'État en crise – Souveraineté et légitimité en question ?*, FIUC, 2000
VIANDIER A., *Recherche légistique comparée*, Spinger-Verlag (Berlin), 1988
VIANDIER A., « La crise de la technique législative », *Droits* 1986, n° 4, p. 75 s.

VINCENT P., « La remise en cause du rôle de l'État dans la production du droit », in CIEDEL, *Le droit autrement : nouvelles pratiques juridiques et pistes pour adapter le droit aux réalités locales contemporaines*, Éditions Charles Léopold Mayer, 2001, p. 51 s.

WIENER C., « Crise et science de la législation en France », in BANKOWSKI Z. et *alii*, *La science de la législation*, Puf, 1988, p. 87 s.

ZOLINSKI C., « Questions de légistique soulevées par la construction de la norme à l'aune du renouvellement des sources de droit », in BEHAR-TOUCHAIS M., MARTIAL-BRAZ N., RIFFARD J.-F., dir., *Les mutations de la norme*, Economica, coll. Études juridiques, 2011, p. 51 s.

Chapitre 14

La politique juridique

La politique juridique opposée à la science juridique

On avance parfois que la poésie serait née dans le droit et à cause du droit[1] ; et on a pu proposer de « remplacer les Écoles de Droit par des Écoles de Musique »[2]. Sans doute le droit est-il « un art, l'art de structurer la vie sociale, l'art d'assurer l'ordre et la paix, d'énoncer ce qui est à chacun, d'assurer l'équilibre social »[3]. Cependant, cela vaut quant au droit comme produit d'une action politique mais non quant au droit en tant que discipline académique. L'angle d'étude du droit le plus naturel pour un juriste des universités ne paraît pouvoir être que l'angle scientifique, soit l'angle objectif et empirique qui conduit à observer et à comprendre les normes et les institutions pour pouvoir ensuite les décrire et les expliquer. Il arrive qu'on considère que parler de « science du droit » serait un excès de langage et que, strictement, le droit serait dans toutes ses composantes et par nature l'objet d'un art et non d'une science[4]. Tout au contraire, il semble que les règles et les institutions juridiques puissent parfaitement être abordées de manière très scientifique et, plus encore, qu'il soit préférable qu'elles le soient.

« Le droit positif, notait Charles Eisenmann, apporte au juriste toute une série de règlementations, de systèmes d'organisation politique ou

[1] En effet, on a pu soutenir que la poésie aurait le droit pour origine : « On ne savait point encore écrire et on voulut que certaines lois en petit nombre, et fort essentielles à la société, fussent gravées dans la mémoire des hommes, et d'une manière uniforme et invariable : pour cela, on s'avisa de ne les exprimer que par des mots assujettis à de certains retours réglés, à de certains nombres de syllabes » (B. DE FONTENELLE, « Sur la poésie en général », in *Œuvres de Fontenelle*, Salmon-Peytieux, 1825, p. 13 (cité par A. LECA, *La lyre de Thémis ou la poésie du droit*, PUAM (Aix-en-Provence), 2011, p. 23)). La part de poésie du droit, « science littéraire », ne fait aucun doute : « Le droit dans son Olympe est nourri d'ambroisie / Il vit de fictions comme la poésie » (C. THURIET, *Proverbes judiciaires*, Lechevalier, s. d., p. 2 (cité par A. LECA, *La lyre de Thémis ou la poésie du droit*, PUAM (Aix-en-Provence), 2011, p. 19)).

[2] J. DE DIEU D'OLIVIER, *L'Esprit d'Orphée, ou des influences respectives de la musique, de la morale et de la législation*, Pougens, 1804, p. 60 (cité par A. LECA, *La lyre de Thémis ou la poésie du droit*, PUAM (Aix-en-Provence), 2011, p. 59).

[3] M. VILLEY, *Critique de la pensée juridique moderne*, Dalloz, 1976, p. 64.

[4] J.-P. CHAZAL, « Philosophie du droit et théorie du droit, ou l'illusion scientifique », *Arch. phil. droit* 2001, p. 326.

gouvernementale divers ; il les lui offre pour ainsi dire “en vrac”, tous ensemble comme à “l'état brut” : et c'est à lui juriste [...] qu'il appartient et incombe de mettre l'ordre intelligible, l'ordre de la connaissance dans cette masse de matériaux »[1]. Cette mission propre au *jus*-universitaire est une mission scientifique et elle doit être comprise de la sorte par lui. Néanmoins, il est aussi possible — et même pertinent tant une solution ne revêt pas, en soi, moins d'importance et de légitimité qu'une explication[2] — d'aborder le droit d'un point de vue plus politique, ce qui veut aussi dire d'un point de vue plus polémique, d'un point de vue plus subjectif et partial, conduisant à prendre parti et à avancer des propositions toujours contestables et non des descriptions par définition vraies. C'est alors la politique juridique et non plus la science juridique qui est en cause.

La politique juridique consiste à affirmer, subjectivement, ce que devraient être les normes constitutives du droit ou, du moins, constitutives d'un régime juridique donné. Par exemple, s'inscrivent dans le cadre de la politique juridique celui qui soutient que le taux d'un impôt x devrait être baissé pour une raison λ ou celui qui s'oppose, pour une autre raison λ, au vote d'une loi dont l'objet serait d'accorder un droit m à une catégorie de population n.

A été précédemment en ce livre, au sein du chapitre afférent à la science du droit positif, proposé de séparer cette science de la doctrine et de la dogmatique juridiques. Ces dernières paraissent se rapprocher davantage de la politique juridique. Le juriste-universitaire fait œuvre scientifique lorsqu'il se borne à recenser les normes et les diverses interprétations possibles des normes[3]. Il fait œuvre doctrinale ou dogmatique lorsqu'il propose — ou, selon le ton adopté, cherche à imposer — de nouvelles normes ou lorsqu'il propose, ou cherche à imposer, un choix entre les différentes interprétations possibles d'une norme.

L'exemple des discussions entre professeurs de droit à propos du projet de « loi ouvrant le mariage aux couples de personnes de même sexe »

On observe combien de plus en plus de chercheurs en droit tendent à « transgresser la frontière webérienne entre le savant et le politique »[4], à « céder à la tentation d'instrumentaliser le droit positif selon une inclination

[1] Ch. EISENMANN, « Quelques problèmes de méthodologie des définitions et des classifications en science juridique », *Arch. phil. droit* 1966, p. 25.

[2] F. OST, M. VAN DE KERCHOVE, *De la pyramide au réseau ? – Pour une théorie dialectique du droit*, Publications des Facultés universitaires Saint-Louis (Bruxelles), 2002, p. 480.

[3] H. KELSEN, *Théorie pure du droit*, 2e éd. (1962), trad. Ch. Eisenmann, LGDJ-Bruylant (Paris-Bruxelles), 1999, p. 335 s.

[4] A. VIALA, « Un PFRLR contre le mariage gay ? Quand la doctrine fait dire au juge le droit qu'elle veut qu'il dise », *RDLF* 2013, n° 4.

qui répond davantage à l'office de l'avocat qu'à celui de la science du droit »[1]. Plus gravement, quelques-uns tendraient à « prendre des libertés avec les données du droit positif, sous l'influence de [leurs] préférences éthico-politiques »[2]. Cela a pu se vérifier, par exemple, lorsque certains ont souhaité engager, en leur qualité de professeurs de droit, de spécialistes du droit, une « offensive doctrinale contre [ou pour] le projet de loi sur le mariage pour tous »[3].

Les débats, en 2012 et 2013, ayant entouré la future loi relative au mariage des couples de personnes de même sexe[4] ont en effet constitué un modèle du genre[5]. C'est ainsi que différents enseignants-chercheurs des facultés de droit (pas moins de 180 selon leur propre décompte) ont adressé une pétition aux sénateurs de la République afin de protester contre le projet de loi relatif au « mariage pour tous », afin de contrecarrer son adoption. Or ils n'agissaient de la sorte pas à titre personnel et privé mais bien en se fondant sur leurs titres et savoirs académiques. Et leur intention était plus précisément de « propager toute une série de jugements qui, à l'examen, [étaient] bien plus des jugements de valeur que des analyses juridiques. [...] En d'autres termes, bien qu'ils prétend[aient] parler au nom du droit, ces juristes exprim[aient] surtout leurs préférences personnelles »[6].

Divers professeurs de droit, dont certains très éminents[7], ont donc délaissé la casquette scientifique au profit de la casquette politique. Il s'en trouve même qui sont allés jusqu'à écrire en se camouflant derrière un pseudonyme[8]. Sous couvert d'arguments juridiques se réduisant le plus souvent à l'idée qu'un principe fondamental reconnu par les lois de la République rendait inconstitutionnelle la loi autorisant le mariage homosexuel[9], ces professeurs ont surtout voulu s'élever contre pareil texte au motif que ledit mariage entre personnes de même sexe serait « de nature à

[1] *Ibid.*

[2] J. ROUX, « Le "mariage pour tous" et la Constitution : La méthode et le fond (Réponse à Alexandre Viala) », *RDLF* 2013, n° 6.

[3] A. VIALA, « Un PFRLR contre le mariage gay ? Quand la doctrine fait dire au juge le droit qu'elle veut qu'il dise », *RDLF* 2013, n° 4.

[4] L. n° 2013-404, 17 mai 2013, *Ouvrant le mariage aux couples de personnes de même sexe*.

[5] *Cf.* R. GARRON, « Un exemple d'erreur de méthode : la loi sur le "mariage pour tous" », *RRJ* 2014, p. 1625 s.

[6] P. BRUNET, V. CHAMPEIL-DESPLATS, S. HENNETTE-VAUCHEZ, É. MILLARD, « Mariage pour tous : les juristes peuvent-ils parler "au nom du droit" ? », *D.* 2013, p. 784.

[7] Par exemple, Ph. MALAURIE, « Le mariage homosexuel et l'union civile », *JCP G* 2012, n° 1096 ; P. DELVOLVÉ, « Mariage : un homme, une femme », *Le Figaro* 8 nov. 2012.

[8] Lucie CANDIDE, « Le sexe, le mariage, la filiation et les principes supérieurs du droit français », *Gaz. Pal.* 4 oct. 2012, p. 7 s.

[9] Notamment, F.-X. BRÉCHOT, « La constitutionnalité du "mariage pour tous" en question », *JCP G* 2012, doctr. 1388 ; A.-M. LE POURHIET, « Un PFRLR contre le mariage gay ? Réponse à Alexandre Viala », *RDLF* 2013, n° 5 ; J. ROUX, « Le "mariage pour tous" et la Constitution : La méthode et le fond (Réponse à Alexandre Viala) », *RDLF* 2013, n° 6.

traumatiser l'intimité des structures personnelles et familiales de la population française »[1]. Ainsi en est-on venu à dissimuler l'intention *jus*-politique en avançant que l'on n'écrivait « ni en politique, ni en religieux, ni en sociologue, mais en juriste d'aujourd'hui »[2] ; ainsi a-t-on essayé de « techniciser les enjeux philosophiques pour mieux offrir à ses propres convictions éthiques le sceau de la vérité »[3]. Très critiques, loin de toute approche du problème en cause objective et à finalité descriptive et explicative, les auteurs en question ont dénoncé le fait que la nouvelle devise de la République serait « tout se vaut, rien ne vaut »[4], ont dénoncé « le positivisme "éclairé" qui prétend écrire dans le Code civil que deux hommes ou deux femmes peuvent se marier, ou dans le Code de l'urbanisme que la terre est plate, ou dans une directive communautaire que les vaches sont carnivores »[5].

Selon l'opinion éminemment politique, éminemment idéologique même, et fort peu scientifique de ces chercheurs en droit aspirant à justifier l'inconstitutionnalité d'une loi autorisant le mariage des couples homosexuels, « il est bien évident que la République n'a pas créé l'hétérosexualité du mariage qui est intemporelle et universelle ; elle se borne à la reconnaître »[6]. Cette hétérosexualité nécessaire du mariage serait « une norme anthropologique immémoriale et universelle, "la plus vieille coutume de l'humanité" selon la belle formule de Jean Carbonnier »[7]. L'argument du PFRLR précité était d'ailleurs proche d'être un argument de droit naturel[8] ; et d'aucuns pouvaient citer Portalis qui expliquait que « les rédacteurs du Code [civil] ont cherché dans les indications de la nature le plan du gouvernement de la famille »[9]. Mais, à l'aune de l'état du droit constitutionnel positif, cet argument du PFRLR ne convainquait guère[10].

[1] L. CANDIDE, « Le sexe, le mariage, la filiation et les principes supérieurs du droit français », *Gaz. Pal.* 4 oct. 2012, p. 7.
[2] *Ibid.*, p. 7.
[3] A. VIALA, « Un PFRLR contre le mariage gay ? Quand la doctrine fait dire au juge le droit qu'elle veut qu'il dise », *RDLF* 2013, n° 4.
[4] A.-M. LE POURHIET, « Un PFRLR contre le mariage gay ? Réponse à Alexandre Viala », *RDLF* 2013, n° 5.
[5] *Ibid.*
[6] *Ibid.*
[7] J. ROUX, « Le "mariage pour tous" et la Constitution : La méthode et le fond (Réponse à Alexandre Viala) », *RDLF* 2013, n° 6. Citation de J. CARBONNIER, *Droit civil – La famille*, 20e éd., Puf, coll. Thémis, 1999, p. 368.
[8] *Cf.* A. VIALA, « Un PFRLR contre le mariage gay ? Quand la doctrine fait dire au juge le droit qu'elle veut qu'il dise », *RDLF* 2013, n° 4.
[9] Cité par P.-A. FENET, *Recueil complet des travaux préparatoires du Code civil*, t. I, Videcoq, p. 486.
[10] En effet, mis de côté le cas particulier des principes mettant en cause la juridiction administrative, tous les PFRLR consacrés jusque-là ont permis la promotion de nouveaux droits et libertés : liberté d'association, droits de la défense, liberté de l'enseignement, indépendance des professeurs d'université, aménagement spécifique de la justice pénale pour

La posture consistant à chercher à faire passer pour des arguments rationnels d'experts ce qui ne sont que des arguments politiques, que l'expression d'opinions teintées d'idéologie, n'est pas sans évoquer les analyses de Pierre Bourdieu lorsque celui-ci dénonçait « le tour de passe-passe […] par lequel le juriste donne comme fondé *a priori* déductivement quelque chose qui est fondé *a posteriori* opportunément »[1]. Et d'autres professeurs d'observer que le discours de leurs collègues animés par l'intention de s'élever d'une façon ou d'une autre contre un projet de loi en profitant des tribunes auxquelles ils ont accès peut reposer « sur la conviction que le Code civil traduirait une réalité anthropologique, historique, voire biologique. Autrement dit, ce discours tend à naturaliser les règles, à assimiler *Sein* et *Sollen* »[2]. Et d'autres encore de profiter des mêmes tribunes pour s'élever très directement contre cette politique juridique aux allures de « croisade »[3], qui conduit à prendre des « libertés avec l'éthique du juriste universitaire »[4] :

> *Oui, le projet de loi implique un bouleversement profond du droit, du mariage et, surtout, de la parenté. C'est son objet même et il ne saurait dès lors être critiqué pour ce seul motif. Toute intervention législative en matière civile nous éloigne du code Napoléon, comme toute révision constitutionnelle déjoue les intentions de nos "pères fondateurs". Être professeur de droit n'autorise pas pour autant à "parler au nom du droit" et à s'opposer, par principe, aux bouleversements du droit positif, et moins encore [sic] aux évolutions du droit du mariage ou de la parenté. […] Sans même défendre le projet de loi que l'Assemblée nationale a voté — car, précisément, une telle défense ressort des convictions politiques et morales de chacun —, il convient donc de dénoncer la méthode fallacieuse utilisée par nos collègues qui consiste à se fonder sur leur qualité de "juristes" pour dire ce qui est bien et ce qu'il faut penser. […] Juristes, taisons-nous !*

les mineurs, etc. À l'inverse, l'affirmation du caractère hétérosexué du mariage s'inscrit plutôt dans le registre de l'interdiction voire, selon certains, de la discrimination (X. Dupré de Boulois, D. Roman, « Le mariage, Napoléon et la Constitution », *Le Figaro* 18 nov. 2012 ; D. Rousseau, « Le "mariage pour tous" relève bien de la compétence du législateur ordinaire », *Gaz. Pal.* 12 déc. 2012, p. 5 s. ; X. Dupré de Boulois, « Le mariage homosexuel, la Constitution et l'agrégée des facultés de droit », *RDLF* 2013, n° 23).

[1] P. Bourdieu, « Les juristes, gardiens de l'hypocrisie collective », in F. Chazel, J. Commaille, dir., *Normes juridiques et régulation sociale*, LGDJ, coll. Droit et Société, 1991, p. 95 (cité par X. Dupré de Boulois, « Le mariage homosexuel, la Constitution et l'agrégée des facultés de droit », *RDLF* 2013, n° 23).

[2] X. Dupré de Boulois, « Le mariage homosexuel, la Constitution et l'agrégée des facultés de droit », *RDLF* 2013, n° 23.

[3] A. Viala, « Un PFRLR contre le mariage gay ? Quand la doctrine fait dire au juge le droit qu'elle veut qu'il dise », *RDLF* 2013, n° 4.

[4] *Ibid.*

Laissons le législateur faire son travail et ne donnons pas à l'avenir la couleur de nos propres angoisses.[1]

Certains juristes-universitaires ont ainsi accepté de « se taire », d'autres non[2]. Reste qu'il faut constater l'existence de cette branche spéciale de la recherche juridique qu'est la politique juridique. Il ne s'agit pas, en ces lignes, de dénoncer l'existence de la politique juridique, qui serait contre-nature ou, pire, dangereuse[3], mais de constater l'existence de la politique juridique, de constater que nombre d'acteurs de la communauté *jus*-universitaire usent de leur savoir « non pas comme des savants mais comme

[1] P. BRUNET, V. CHAMPEIL-DESPLATS, S. HENNETTE-VAUCHEZ, É. MILLARD, « Mariage pour tous : les juristes peuvent-ils parler "au nom du droit" ? », *D.* 2013, p. 784 s. Les auteurs notent aussi que « tout un chacun peut le vérifier, aucun des arguments de nos "résistants" [...] n'est finalement juridique. Il s'agit au contraire d'affirmations morales qui essentialisent des catégories juridiques dans le but d'empêcher ou de faire apparaître comme impossibles les modifications du droit positif voulues par le législateur. On nous ressert, réchauffé, le plat des "catégories anthropologiques fondamentales", que l'on arrose d'une rhétorique pseudo-psychanalytique en vue de nous le rendre plus appétissant (l'enfant doit « se construire par référence à un père et une mère »). Mieux encore, on l'agrémente d'une dénonciation des méfaits de la logique libérale, qui n'est, comme par hasard, jamais aussi néfaste que lorsqu'elle touche les mœurs mais reste bien souvent la seule possible lorsqu'il s'agit de l'économie, du travail et de l'entreprise » (*ibid.*).

[2] B. DAUGERON, A.-M. LE POURHIET, J. ROUX, Ph. STOFFEL-MUNCK, « Mariage pour tous, silence pour quelques-uns », *D.* 2013, p. 933 s.

[3] On observe, notamment, que, « alors qu'il incombe à la science du droit de recenser les diverses interprétations possibles que le juge est susceptible de retenir de sa lecture des textes juridiques, voilà la doctrine qui opère un choix entre ces différentes options tout en prétendant qu'il sera celui qu'effectuera le juge. Dans le moment même où elle est réputée délivrer ce que Kelsen appelait une interprétation scientifique, c'est-à-dire un recensement descriptif des choix possibles du juge quant à la signification qu'il s'agira de prêter aux textes juridiques, elle pratique indûment l'office du juge en exprimant elle-même ce choix — ni vrai ni faux — qui n'est rendu public, pour user encore du vocabulaire kelsénien, qu'au stade de l'interprétation authentique au terme d'une décision de justice. Ce faisant, comme elle n'a que le statut de la science du droit et qu'elle est réputée ne délivrer qu'une interprétation scientifique, elle entretient dangereusement l'illusion qu'une seule interprétation possible est connaissable et s'impose au juge avec la force de l'évidence. En un mot, elle répand l'idée que, loin d'être un acte de volonté soustrait à toute rationalité scientifique, l'interprétation authentique du juge constitutionnel serait un acte de pure connaissance que la doctrine l'aiderait à accomplir. Un renversement contre nature s'opère alors entre les rôles respectifs de la doctrine et du juge : voilà maintenant que la première prescrit ce que le second est invité à découvrir. Voilà nos collègues, dénués de tout scrupule déontologique, prescrivant au Conseil constitutionnel ce qu'il doit hisser au rang constitutionnel en érigeant leur propre interprétation des lois républicaines en standard objectif de validité constitutionnelle. [...] La source objective de la constitutionnalisation résidant exclusivement dans la discrétionnaire intervention du Conseil constitutionnel, toute opinion doctrinale prédéterminant ce qui jaillira de cette source n'est rien d'autre qu'une proposition subjective de norme que nul ne peut, sauf à commettre le fameux sophisme jusnaturaliste, ériger en standard objectif de référence » (A. VIALA, « Un PFRLR contre le mariage gay ? Quand la doctrine fait dire au juge le droit qu'elle veut qu'il dise », *RDLF* 2013, n° 4).

des juges dont les décisions n'énoncent ni des vérités ni des mensonges mais des verdicts souverains »[1].

L'objet de la politique juridique : discuter, critiquer et proposer le droit positif

Les polémiques *jus*-universitaires ayant entouré la future loi ouvrant le mariage aux couples de personnes de même sexe est une illustration paroxystique, mais elle n'est qu'une illustration parmi d'autres. Pour ne prendre que quelques exemples supplémentaires, le projet REGINE (Recherche et études sur le genre et les inégalités dans les normes en Europe), se proposant d'« ancrer la théorie féministe du droit dans le paysage de la recherche juridique française et de montrer que les inégalités de genre ne se donnent pas seulement à voir dans le droit mais sont également produites par le droit »[2], relève certainement de la politique juridique plus que d'une science du droit. Cette politique juridique est également à l'œuvre quand un *jus*-universitaire cosigne, en tant que « professeur de droit », un article sur « les liens entre pouvoir et violences sexuelles » invitant la société à « rompre avec la tendance historique que nous avons de définir toutes les questions de sexe comme des questions privées » et à mettre ainsi un terme à l'indulgence dont jouissent les « hommes à femmes », avant de conclure que « les démocraties paritaires doivent se redéfinir sur ces bases »[3]. Est à l'identique en cause la politique juridique lorsqu'un autre *jus*-universitaire signe, en cette qualité, une « pétition contre l'intitulé du ministère de l'immigration et de l'identité nationale », dont les promoteurs « demandent solennellement au Président de la République de revenir à des choix plus conformes aux traditions démocratiques de la République française »[4].

Les chercheurs en droit adeptes de la politique juridique peuvent donc, à mille lieues des considérations objectives d'ordre technico-juridique, en venir à soulever « l'argument sémantique que lorsqu'un mot d'une langue a été conçu pour décrire un fait, il se pose une réelle question rationnelle et intellectuelle sur l'usage possible du même mot pour désigner soudain le fait contraire. On s'abstiendra d'invoquer ici l'objectif à valeur constitutionnelle d'intelligibilité de la loi, mais il n'en demeure pas moins que l'application du terme de "mariage" à deux hommes ou deux femmes soulève une sérieuse

[1] *Ibid.*
[2] [en ligne] <regine.u-paris10.fr>.
[3] *Libération* 18 mai 2011 (cité par B. DAUGERON, A.-M. LE POURHIET, J. ROUX, Ph. STOFFEL-MUNCK, « Mariage pour tous, silence pour quelques-uns », *D.* 2013, p. 933).
[4] *Libération* 22 juin 2007 (cité par B. DAUGERON, A.-M. LE POURHIET, J. ROUX, Ph. STOFFEL-MUNCK, « Mariage pour tous, silence pour quelques-uns », *D.* 2013, p. 933).

question de logique rationnelle et universelle »[1]. Et de commenter dans le même sens : « Si les députés démocrates-chrétiens qui ont déposé à l'assemblée constituante de 1946 leur amendement sur les PFRLR visant la protection de l'enseignement confessionnel se voyaient ainsi enrôlés au service de l'idéologie soixante-huitarde du "vivre sans contraintes et jouir sans entraves", ils se retourneraient assurément dans leurs tombes ! Il est d'ailleurs piquant que ceux qui défendent le mariage gay au nom de cette idéologie relativiste du "chacun ses valeurs" n'hésitent pas à prôner parallèlement l'enseignement d'une "morale républicaine" à l'école, laquelle comporte, entre autres, l'apprentissage forcé des "valeurs" gay et de l'idéologie du genre, tandis que le Code pénal s'enrichit chaque jour de nouvelles incriminations liberticides tendant à réprimer l'expression d'opinions contraires aux nouvelles valeurs "imposées" ».

Il est évidemment impossible de rattacher pareils propos à la science du droit positif ou à toute autre science du droit. Il faut distinguer le commentaire explicatif, du chercheur s'adonnant à une science du droit, et le commentaire critique, propre au chercheur s'adonnant à la politique juridique. Les sciences du droit ont pour objet de chercher, de décrire et d'expliquer le droit, tandis que la politique juridique consiste à discuter, à critiquer et à proposer le droit. Les premières visent à connaître le droit ; la seconde vise à influencer le droit, à influencer l'évolution des normes positives législatives ou jurisprudentielles. Les discours *jus*-scientifiques ne comportent que des assertions susceptibles d'être vraies ou fausses ; les discours *jus*-politiques sont faits d'opinions et de propositions plus ou moins teintées d'idéologie mais toujours subjectives et discutables.

Qualifier le droit positif de droit qui « mutile l'identité »[2], c'est l'aborder sous l'angle de la politique juridique ; constater que le droit positif autorise le mariage civil des couples de personnes de même sexe, sans autre forme de procès, peu important qu'on soit « pour ou contre » à titre personnel, c'est l'aborder sous l'angle de la science juridique.

Reste que la politique juridique est la branche de la recherche juridique à laquelle l'étiquette de « recherche juridique » s'applique le moins naturellement, car une « recherche à caractère politique » est proche de constituer une contradiction dans les termes.

[1] A.-M. Le Pourhiet, « Un PFRLR contre le mariage gay ? Réponse à Alexandre Viala », *RDLF* 2013, n° 5.

[2] B. Daugeron, A.-M. Le Pourhiet, J. Roux, Ph. Stoffel-Munck, « Mariage pour tous, silence pour quelques-uns », *D.* 2013, p. 933.

Politique juridique et droit politique

Avec les sciences du droit, il s'agit « uniquement et exclusivement de connaître son objet, c'est-à-dire d'établir ce qu'est le droit et comment il est »[1], étant accepté que le juriste a en charge de « connaître le droit pour ainsi dire du dehors et, sur la base de cette connaissance, de le décrire [et] de l'analyser »[2]. Mais il n'est pas inconséquent, bien que cette attitude soit moins naturelle parmi des facultés de droit qui sont entrées dans l'ère moderne en s'émancipant du monde politique[3], de chercher à « dire comment le droit devrait ou doit être ou être fait »[4]. À travers ses rapports annuels, le Conseil d'État se met « au service d'une réflexion sur la cohérence, la complétude, la pertinence et l'effectivité de notre ordonnancement juridique face aux mutations, toujours plus profondes, de nos modes de vie »[5]. C'est aussi ce que fait tout juriste dès lors qu'il décide de s'insérer dans un espace de politique juridique.

Par suite, il importe de séparer la politique juridique du droit politique, lequel est une branche du droit positif et peut parfaitement être étudié dans le cadre d'une science du droit. De plus en plus de professeurs comprennent le droit et invitent leurs étudiants à comprendre le droit en tant qu'expression et encadrement normatifs des activités politiques plus qu'en tant qu'ensemble d'instruments techniques dont la fin serait de permettre l'application des normes juridiques générales à des cas particuliers[6]. Tel était déjà le cas de Gaston Jèze au début du XXe s.[7]. Seulement cet objet qu'est le droit politique, droit applicable au pouvoir, à la prise de décision et au processus d'édiction du droit[8], n'a-t-il rien en commun avec le cadre épistémologique

[1] H. KELSEN, *Théorie pure du droit*, 2e éd., trad. Ch. Eisenmann, Dalloz, 1962, p. 9.
[2] *Ibid.*
[3] Ph. RAYNAUD, « Anciens et modernes », in D. ALLAND, S. RIALS, dir., *Dictionnaire de la culture juridique*, Lamy-Puf, coll. Quadrige-dicos poche, 2003, p. 47.
[4] H. KELSEN, *Théorie pure du droit*, 2e éd., trad. Ch. Eisenmann, Dalloz, 1962, p. 9.
[5] J.-M. SAUVÉ, « Avant-propos », in Conseil d'État, *Le numérique et les droits fondamentaux*, La documentation française, coll. Les rapports du Conseil d'État, 2014, p. 5.
[6] Ch. GUSY, « Considérations sur le "droit politique" », *Jus Politicum* 2008, n° 1, p. 9.
[7] G. JÈZE, *Principes généraux du droit administratif*, Berger-Levrault, 1904 (cité par O. BEAUD, « L'œuvre de Gaston Jèze signifie-t-elle un repli de la doctrine publiciste française sur la technique juridique ? », *Jus Politicum* 2013, n° 11, p. 26).
[8] Ch. GUSY, « Considérations sur le "droit politique" », *Jus Politicum* 2008, n° 1, p. 2-3. Sont proposées de multiples définitions du « droit politique ». Par exemple, un auteur retient que « le droit considéré dans la relation que les organes politiques entretiennent avec l'ensemble des sujets, telle pourrait être la définition d'un droit politique. [...] La reconnaissance et le désaveu sont les véritables objets du droit politique. [...] Si la reconnaissance collective est ce qui fait le droit, la norme, prise en elle-même, importera moins pour le droit politique que la façon dont elle est admise ou récusée, comprise, discutée, décrite par les organes politiques et les sujets de l'État. La règle, en un mot, importe moins que les termes de sa réception » (C.-M. PIMENTEL, « Reconnaissance et désaveu : contribution à une théorie du droit politique », *Jus Politicum* 2008, n° 1, p. 2-3 et 5-6). Le « droit politique » serait donc à rapprocher de la sociologie du droit et ne désignerait pas une branche du droit mais un mode d'étude du droit.

qu'est la politique juridique : le droit politique peut être abordé sous un angle *jus*-scientifique autant que sous un angle *jus*-politique, comme le droit constitutionnel peut être envisagé sous l'un et sous l'autre angle[1]. Rechercher objectivement et empiriquement quels choix politiques se cachent derrière les normes en vigueur est incomparable au fait de proposer de traduire de nouveaux choix politiques par de nouvelles normes positives. D'ailleurs, un défenseur de ce droit politique ne manque pas d'en faire une « entreprise de la science juridique cherchant à renouer avec la dimension politique qui lui est consubstantielle »[2].

L'intention d'aborder un objet juridique du point de vue de la politique juridique est donc sans rapport avec le droit politique. Elle est également sans rapport avec le droit constitutionnel[3], même si une part non négligeable des normes interrogées *jus*-politiquement appartient à cette branche du droit. En revanche, la distinction du « jurisconsulte » et du « légiste »[4], elle, semble bien correspondre à la séparation de la science et de la politique juridiques.

Selon un autre auteur, le « droit politique » s'attacherait aux « normes dont la validité ou l'application demeure politiquement contestée. [...] La problématique centrale du droit politique est celle de la légitimation » (Ch. GUSY, « Considérations sur le “droit politique” », *Jus Politicum* 2008, n° 1, p. 8 et 10). Et un troisième auteur de voir dans le « droit politique » une discipline cherchant à répondre aux questions « qu'est-ce que gouverner ? » et « comment gouverne-t-on ? » (A. LE DIVELLEC, « Jus Politicum : le droit ressaisi par la politique », [en ligne] <nonfiction.fr>, 2011).

[1] Le « droit politique » est proche du droit constitutionnel. On explique ainsi que « le premier domaine concevable du droit politique est le droit de l'organisation et de l'institutionnalisation des processus politiques. En relèvent les constitutions, mais aussi d'autres lois importantes qui précisent et concrétisent des données du politique » (Ch. GUSY, « Considérations sur le “droit politique” », *Jus Politicum* 2008, n° 1, p. 7). Et on précise que « ces sujets — que l'on appelle traditionnellement, en Allemagne, la constitution au sens matériel — touchent d'abord à l'État, dont l'action est dans une large mesure politique. Mais il importe d'ajouter immédiatement que, particulièrement dans les démocraties, le processus politique dépasse de beaucoup le secteur étatique et s'étend à des pans importants de la formation de l'opinion dans la société civile [...]. Le Politique n'est donc pas seulement l'étatique » (*ibid.*). Et reste ce constat : « Les critères du Politique sont vagues, si bien que les critères du droit politique le sont également » (*ibid.*, p. 9).

[2] A. LE DIVELLEC, « Jus Politicum : le droit ressaisi par la politique », [en ligne] <nonfiction.fr>, 2011.

[3] Par exemple, on note que « les rapports entre Internet et le droit constitutionnel ont été peu explorés » (P. TÜRK, « La souveraineté des États à l'épreuve d'internet », *RDP* 2013, p. 1489). Une thèse de doctorat a cependant été consacrée à cette thématique en 2008. Son auteur s'inscrit dans un cadre *jus*-politique lorsqu'il propose de faire des « droits du développement numérique » une « quatrième génération de droits constitutionnels » (M.-Ch. ROQUES-BONNET, *La Constitution et l'internet*, th., Université Toulouse I - Capitole, 2008).

[4] O. BEAUD, « L'œuvre de Gaston Jèze signifie-t-elle un repli de la doctrine publiciste française sur la technique juridique ? », *Jus Politicum* 2013, n° 11, p. 3.

Il paraît inévitable d'envisager la politique juridique en tant que quatorzième et dernière branche de la recherche juridique tant son particularisme est profond, tant elle ne partage que peu avec les autres branches. Simplement peut-elle être rapprochée de la légistique et de la philosophie du droit. Pour le dire en recourant à quelques analogies, la politique juridique est au micro-droit ce que la philosophie juridique est au macro-droit ; et elle est au fond du droit ce que la légistique est à la forme du droit.

Les quatorze branches constitutives de la recherche juridique désormais présentées, il convient de plaider pour un renforcement de la scientificité des travaux des chercheurs en droit. La science est sans aucun doute une condition *sine qua non* du progrès des connaissances juridiques.

Orientations et illustrations bibliographiques

ACCOLAS E., *Nécessité de refonte de l'ensemble de nos Codes et notamment le Code Napoléon, au point de vue de l'idée démocratique*, Librairie Centrale, 1866

ANCEL P., « Le *Dalloz*, source du droit », *RRJ* 2006, p. 453 s.

ATIAS Ch., « Debout les ouvriers du droit ! Autorité et poids de la doctrine », in *Mélanges Jean-Luc Aubert*, Dalloz, 2005, p. 361 s.

AUBERT J.-L., « Pour des rébellions constructives », *RTD civ.* 1992, p. 338 s.

AUDREN F., KARSENTI B., « Emmanuel Levy (1871-1944) : juriste, socialiste et sociologue », *Dr. et société* 2004, p. 75 s.

BEAUD O., « L'œuvre de Gaston Jèze signifie-t-elle un repli de la doctrine publiciste française sur la technique juridique ? », *Jus Politicum* 2013, n° 11

BÉNABENT A., « Doctrine ou Dallas ? », *D.* 2005, p. 852 s.

BERNAUDEAU V., « Les enseignants de la faculté libre de Droit d'Angers – Entre culture savante et engagement militant (fin XIXe-début XXe siècles) », *Mil neuf cent – Revue d'histoire intellectuelle* 2011, n° 29, p. 99 s.

BOULAIRE J., « François Gény et le législateur », in HAKIM N., MELLERAY F., dir., *Le renouveau de la doctrine française – Les grands auteurs de la pensée juridique au tournant du XXe siècle*, Dalloz, coll. Méthodes du droit, 2009, p. 69 s.

BOURDIEU P., « Les juristes, gardiens de l'hypocrisie collective », in CHAZEL F., COMMAILLE J., dir., *Normes juridiques et régulation sociale*, LGDJ, coll. Droit et Société, 1991, p. 95 s.

BRAIBANT G., « Pour une grande loi », *Pouvoirs* 1991, n° 56, p. 112 s.

BRÉCHOT F.-X., « La constitutionnalité du "mariage pour tous" en question », *JCP G* 2012, p. 1388 s.

BRUN Ph., « Sources sulfureuses : remarques cursives sur l'office de la doctrine », in *Mélanges Philippe Jestaz*, Dalloz, 2006, p. 73 s.

BRUNET P., CHAMPEIL-DESPLATS V., HENNETTE-VAUCHEZ S., MILLARD É., « Mariage pour tous : les juristes peuvent-ils parler "au nom du droit" ? », *D.* 2013, p. 784 s.

CANDIDE L., « Le sexe, le mariage, la filiation et les principes supérieurs du droit français », *Gaz. Pal.* 4 oct. 2012, p. 7 s.

CANIVET G., « La Cour de cassation et la doctrine – Effets d'optique », in *Mélanges Jean-Luc Aubert*, Dalloz, 2005, p. 373 s.

CHEVALLIER J., « Doctrine juridique et science juridique », *Dr. et société* 2002, p. 103 s.

CROZIER M., *État modeste, État moderne : stratégies pour un autre changement*, 3e éd., Fayard, 1997

DAUGERON B., LE POURHIET A.-M., ROUX J., STOFFEL-MUNCK Ph., « Mariage pour tous, silence pour quelques-uns », *D.* 2013, p. 933 s.

DE BÉCHILLON D., « Porter atteinte aux catégories anthropologiques fondamentales ? Réflexions à propos de la controverse Perruche, sur une figure contemporaine de la rhétorique universitaire », *RTD civ.* 2002, p. 47 s.
DECOCQ G., « Réflexions sur l'influence doctrinale », in *Mélanges Philippe Jestaz*, Dalloz, 2006, p. 111 s.
DELVOLVÉ P., « Mariage : un homme, une femme », *Le Figaro* 8 nov. 2012
DEUMIER P., « Autopsie d'une polémique : la QPC, la Cour de cassation et la doctrine », in *Mélanges Jean-Louis Bergel*, Bruylant (Bruxelles), 2013, p. 171 s.
DEUMIER P., « La doctrine collective législatrice : une nouvelle source du droit ? », *RTD civ.* 2006, p. 63 s.
DEUMIER P., « Les autorités des doctrines », in FOYER J., LEBRETON G., PUIGELIER C., dir., *L'autorité*, Puf, coll. Cahiers des sciences morales et politiques, 2008, p. 291 s.
DIENER P., « Pathologie juridique et doctrine universitaire en droit des affaires », *D.* 1997, p. 147 s.
Droit et société 2005/2, « Savoirs académiques, savoirs pour l'action ? »
DUPRÉ DE BOULOIS X., ROMAN D., « Le mariage, Napoléon et la Constitution », *Le Figaro* 18 nov. 2012
DUPRÉ DE BOULOIS X., « Le mariage homosexuel, la Constitution et l'agrégée des facultés de droit », *RDLF* 2013, n° 23
ENCINAS DE MUNAGORRI R., « L'analyse économique est-elle une source du droit ? Propos sur la doctrine du premier président de la Cour de cassation », *RTD civ.* 2006, p. 505 s.
ESMEIN A., « La jurisprudence et la doctrine », *RTD civ.* 1902, p. 5 s.
GARRON R., « Un exemple d'erreur de méthode : la loi sur le "mariage pour tous" », *RRJ* 2014, p. 1625 s.
GAUDREAULT-DESBIENS J.-F., « La critique économiste de la tradition romano-germanique », *RTD civ.* 2010, p. 683 s.
GAUTIER P.-Y., « L'influence de la doctrine sur la jurisprudence », *D.* 2003, p. 2839 s.
GRUMBACH T., « Doctrine et déontologie », *Dr. soc.* 1999, p. 323 s.
GUENZOUI Y., « Les querelles doctrinales », *RTD civ.* 2013, p. 47 s.
GUENZOUI Y., « Un conflit de doctrines – Doctrine universitaire *versus* Doctrine de la Cour de cassation », *RTD civ.* 2014, p. 275 s.
GUSY Ch., « Considérations sur le "droit politique" », *Jus Politicum* 2008, n° 1
GUTMANN D., « La fonction sociale de la doctrine », *RTD civ.* 2002, p. 455 s.
HAURIOU M., « Police juridique et fond du droit », *RTD civ.* 1926
HERRERA C. M., « Anti-formalisme et politique dans la doctrine juridique sous la IIIe République », *Mil neuf cent – Revue d'histoire intellectuelle* 2011, n° 29, p. 145 s.
JAMIN Ch., JESTAZ Ph., *La doctrine*, Dalloz, coll. Méthodes du droit, 2004
JAMIN Ch., JESTAZ Ph., « Doctrine et jurisprudence : cent ans après », *RTD civ.* 2002, p. 1 s.
JESTAZ Ph., « Déclin de la doctrine ? », *Droits* 1994, n° 20, p. 93 s.
JESTAZ Ph., « Une question d'épistémologie (à propos de l'affaire Perruche) », *RTD civ.* 2001, p. 547 s.
JÈZE G., « L'influence de Léon Duguit sur le droit administratif français », *Arch. phil. droit* 1932, p. 135 s.
LE POURHIET A.-M., « Un PFRLR contre le mariage gay ? Réponse à Alexandre Viala », *RDLF* 2013, n° 5
LIBCHABER R., « Retour sur la motivation des arrêts de la Cour de cassation, et le rôle de la doctrine », *RTD civ.* 2000, p. 679 s.
LIBCHABER R., « Une transformation des missions de la doctrine », *RTD civ.* 2002, p. 608 s.
LOCHAK D., « La doctrine sous Vichy ou les mésaventures du positivisme », in CURAPP, *Les usages sociaux du droit*, Puf, 1989, p. 253 s.
MAGNON X., « En quoi le positivisme — normativisme — est-il diabolique ? », *RTD civ.* 2009, p. 269 s.
MALAURIE Ph., « Le mariage homosexuel et l'union civile », *JCP G* 2012, n° 1096
MAZEAUD D., « La réforme du droit français des contrats : trois projets en concurrence », in *Mélanges Christian Larroumet*, Economica, 2010, p. 329 s.
MAZEAUD H., « Défense du droit privé », *D.* 1946, p. 17 s.

MOLFESSIS N., « Les prédictions doctrinales », in *Mélanges François Terré*, Dalloz-Puf-Jurisclasseur, 1999, p. 141 s.

MORIN G., « Le rôle de la doctrine dans l'élaboration du droit positif », *Arch. phil. droit* 1934, p. 63 s.

OST F., VAN DE KERCHOVE M., « De la scène au balcon – D'où vient la science du droit ? », in CHAZEL F., COMMAILLE J., dir., *Normes juridiques et régulation sociale*, LGDJ, coll. Droit et société, 1991, p. 67 s.

PIMENTEL C.-M., « Reconnaissance et désaveu : contribution à une théorie du droit politique », *Jus Politicum* 2008, n° 1

RIVERO J., « Jurisprudence et doctrine dans l'élaboration du droit administratif », in EDCE 1955, p. 27 s.

ROME F., « La doctrine aboie, la Cour de cassation passe… », *D.* 2011, p. 1273 s.

ROUSSEAU D., « Le "mariage pour tous" relève bien de la compétence du législateur ordinaire », *Gaz. Pal.* 12 déc. 2012, p. 5 s.

ROUX J., « Le "mariage pour tous" et la Constitution : La méthode et le fond (Réponse à Alexandre Viala) », *RDLF* 2013, n° 6

SUPIOT A., « Ontologie et déontologie de la doctrine », *D.* 2013, p. 1421 s.

THIREAU J.-L., « Le jurisconsulte », *Droits* 1994, n° 20, p. 24 s.

TRICOT D., « La Cour de cassation face à la doctrine : trois opinions », *Droits* 1994, n° 20, p. 116 s.

VIALA A., « Un PFRLR contre le mariage gay ? Quand la doctrine fait dire au juge le droit qu'elle veut qu'il dise », *RDLF* 2013, n° 4

ZENATI F., « L'évolution des sources du droit dans les pays de droit civil », *D.* 2002, p. 15 s.

Deuxième partie

Recherche juridique, recherche scientifique

(ou la formation des connaissances juridiques par l'étude du droit)

Au sein de la deuxième partie qui débute, l'objectif est d'identifier et d'expliquer les quelques principes méthodiques auxquels le chercheur étudiant le droit devrait se conformer afin de s'adonner à une activité aussi scientifique que possible. Par définition, les deux branches de la recherche juridique gouvernées par des intentions politiques et non scientifiques que sont la légistique et la politique juridique ne sont pas concernées par cette partie. Celle-ci intéresse principalement les scientifiques du droit positif, les historiens du droit, les *jus*-comparatistes, les sociologues du droit, les anthropologues du droit, les économistes du droit (mais avec quelques réserves tant leur discipline est à-moitié scientifique et à-moitié politique), les jurilinguistes, les méthodologistes du droit et les politologues.

Il faut gager que le théoricien du droit peut lui aussi s'inscrire dans un cadre scientifique s'il se propose non de stipuler une définition personnelle du droit mais d'observer la définition lexicale du droit[1]. La scientificité de la théorie juridique est néanmoins quelque-chose de très original et, le plus souvent, théoriser revient à penser librement et non à étudier scientifiquement. L'épistémologue du droit est également touché par le besoin de scientificité, mais tout en n'ignorant pas que l'épistémologie juridique incite au moins autant à adopter une approche critique qu'à adopter une approche scientifique.

Quant au philosophe du droit, il n'a pas de raisons de vouloir travailler scientifiquement puisque son intention exclusive n'est pas d'étudier le droit mais de penser le droit. En effet, cette deuxième partie ne se rapporte qu'à la

[1] *Cf.* B. BARRAUD, « L'échelle de juridicité : un outil pour mesurer le droit et fonder une théorie syncrétique (première partie : présentation) », *Arch. phil. droit* 2013, p. 365 s. ; B. BARRAUD, *Théories du droit et pluralisme juridique – t. II : La théorie syncrétique du droit et la possibilité du pluralisme juridique*, PUAM (Aix-en-Provence), coll. Inter-normes, 2017.

formation des connaissances juridiques par l'étude du droit, tandis que la troisième partie à venir sera consacrée à la formation des connaissances juridiques par la pensée du droit. Toutes les branches de la recherche juridique seront alors concernées. Mais seules certaines de ces branches sont des sciences du droit.

Il importe ainsi de distinguer ces deux exercices que sont l'étude du droit et la pensée du droit. Étudier consiste, « par un effort d'observation et de pénétration, [à] acquérir l'intelligence des êtres, des choses, des faits »[1]. Penser implique de « concevoir par l'esprit, par l'intelligence ; combiner, organiser des concepts, des idées, leur donner un sens ; exercer son sens critique, son jugement ; élaborer des systèmes intellectuels, des théories »[2]. Seule l'étude du droit peut être scientifique et seule l'étude du droit doit être scientifique.

Après avoir répondu positivement à la question de la possibilité d'une science du droit (*chapitre 1*) et après avoir souligné combien un ouvrage scientifique est nécessairement un ouvrage au sein duquel la méthode mise en œuvre est précisément présentée par le chercheur (*chapitre 2*), les principes de cette science seront expliqués et discutés. Ces principes correspondent, essentiellement, à l'objectivité (*chapitre 3*) et à l'empirisme (*chapitre 4*) des recherches, ce qui implique que le scientifique du droit doive décrire ce qu'est le droit — et non prescrire ce qu'il devrait être — (*chapitre 5*), adopter un point de vue externe (*chapitre 6*) et faire preuve de pragmatisme, loin de tout dogmatisme (*chapitre 7*).

[1] V° « Étudier », in *Trésor de la langue française*.
[2] V° « Penser », in *Trésor de la langue française*.

Chapitre 1

La possibilité d'une science du droit

L'incertaine scientificité du droit

Avant de chercher à savoir comment le droit peut être objet de science et science en tant que telle, il faut déjà chercher à savoir, plus généralement, si le droit est une matière qui peut être objet de science et science en tant que telle — à la fois comme activité cognitive et comme produit de cette activité —[1]. Nul doute qu'il serait préférable que le droit appartienne au monde scientifique plutôt qu'au monde ascientifique, spécialement dès lors qu'il apparaît que, parmi la population, 80 % des individus font confiance aux scientifiques, alors que moins de 50 % d'entre eux font confiance au personnel politique ou aux journalistes[2]. Bien sûr, a déjà été soulignée la différence irréductible qui sépare les sciences sociales des sciences de la nature ; mais il n'en serait pas moins préférable que le droit mérite le qualificatif de « science » plutôt que le contraire. Si le droit « aime » les sciences en ce qu'il n'est pas rare que les jurislateurs s'appuient sur des données scientifiques dans le but d'édicter les règles les plus efficaces[3], peut-il en constituer une en soi ?

Encore faut-il s'entendre sur ce qu'est une science et ne pas soutenir, à la suite de Michel Villey, que le droit mériterait bien le nom de « science » car il incomberait aux juristes d'identifier le bien et le juste dans la nature des choses[4]. Le droit ne peut être une science que parce que ses travaux s'appuieraient sur une méthode scientifique et, notamment, sur une méthode objective et empirique. La définition de la science comme « connaissance des choses divines »[5] ne paraît pas — ou plus — acceptable. Seulement, se pose la question de savoir si l'objet-droit, c'est-à-dire les normes et les

[1] Doit donc être écartée d'emblée l'affirmation selon laquelle « le droit est un phénomène et non une science » (S. LEBEL-GRENIER, *Pour un pluralisme juridique radical*, th., Université McGill de Montréal, 2002, p. 12). Il est commun de désigner par « droit » tant l'objet-droit que la discipline qui consiste à l'étudier.

[2] Y. GINGRAS, *Sociologie des sciences*, Puf, coll. Que sais-je ?, 2013.

[3] B. EDELMAN, « Le droit, les "vraies" sciences et les "fausses" sciences », *Arch. phil. droit* 1991, p. 55.

[4] Cité par M. TROPER, « Science du droit », in D. ALLAND, S. RIALS, dir., *Dictionnaire de la culture juridique*, Lamy-Puf, coll. Quadrige-dicos poche, 2003, p. 1392.

[5] ULPIEN, in *Digeste*, 529, I, 10 (cité par A. SÉRIAUX, *Le Droit – Une introduction*, Ellipses, 1997, p. 222).

institutions juridiques positives, est susceptible de se voir approché au moyen de pareille méthode scientifique. En tout cas n'est-ce pas le cas du droit naturel : les auteurs qui recherchent le droit naturel ne sauraient procéder scientifiquement. Si la science ne peut porter que sur des phénomènes sensibles et si se pose la question du niveau de sensibilité du droit positif, le droit naturel, pour sa part, est assurément par trop évanescent et subjectif. Exprimer des valeurs, ce n'est bien entendu pas exprimer des connaissances scientifiques. Le droit naturel et la philosophie du droit qui souvent l'accompagne doivent donc être *ab initio* écartés de l'empire d'une potentielle science du droit.

Le domaine juridique n'est pas composé que de discours prescriptifs et d'actes de volonté — lesquels sont ascientifiques — ; il est parfaitement possible, tout en demeurant juriste à cet instant, de dire d'un point de vue externe qu'un devoir-être est et donc de tenir un discours descriptif, objectif et empirique, sur l'objet-droit, même si celui-ci est essentiellement composé d'abstractions par définition non directement observables — elles n'en sont pas moins des réalités empiriquement saisissables —[1]. Il n'est donc pas acceptable de soutenir que le droit ne pourrait guère être l'objet d'une science car il est constitué de devoir-être là où toute science ne porte que sur des être ; une norme existe ou n'existe pas comme tout fait est ou n'est pas. Mais cela signifie aussi que le droit ne saurait être tout entier scientifique ; il se compose de parts de pouvoir et de parts de savoir. Parmi les juristes, certains se bornent à décrire l'objet-droit et d'autres le créent, le modifient et l'appliquent ; seuls les premiers peuvent mettre en œuvre une méthode scientifique.

La science du droit, une idée moderne

Néanmoins, on a longtemps opposé aux tenants d'une véritable science du droit que ce dernier pourrait davantage être l'objet d'un art. Un auteur enseigne que ce n'est que depuis la fin du XIXe s. que l'idée romaine selon laquelle le droit serait un art[2] a été détrônée par une conception nouvelle qui entend en faire une science[3] ; cela dans le cadre du mouvement de scientifisation des discours sur les phénomènes socio-culturels initié, en particulier, par Auguste Comte. Ainsi Jhering pouvait-il, en 1875, déplorer

[1] R. Ricci, « Le statut épistémologique des théories juridiques : essai de définition d'une pratique scientifique juridique », *Dr. et société* 2002, p. 155.

[2] C'est spécialement Cicéron qui a imposé l'idée d'un art du droit dans son livre intitulé « *De iure civili in artem redigendo* » (cité par A. Leca, *La lyre de Thémis ou la poésie du droit*, PUAM (Aix-en-Provence), 2011, p. 19). Et, selon la très célèbre formule attribuée à Ulpien, « le droit est l'art du juste et du bon » (Ulpien, in *Digeste*, 529, I, 10 (cité par A. Leca, *La lyre de Thémis ou la poésie du droit*, PUAM (Aix-en-Provence), 2011, p. 19)).

[3] A. Leca, *La genèse du droit – Essai d'introduction historique au droit*, 3e éd., Librairie de l'Université d'Aix-en-Provence, 2002, p. 11.

que « la science du droit tourne en mathématique »[1]. Certes, durant l'Antiquité romaine, les jurisconsultes se servaient déjà des connaissances scientifiques, voire mathématiques, alentour afin d'édicter un droit « juste et bon »[2] ; cela ne modifiait en rien le statut de l'art juridique et était majoritairement retenu, avec Sully Prudhomme, que « l'homme a d'abord gravé ses droits sous le laurier des arts »[3]. Claude de Ferrière, dans son *Dictionnaire de droit et de pratique* publié en 1717, définissait la « jurisprudence » comme la « science du droit » et entendait être « professeur de jurisprudence »[4], mais la domination des thèses jusnaturalistes s'accompagnait alors soit du rejet pur et simple de l'idée de science du droit, soit de l'évocation, comme chez de Ferrière, d'une « science du droit » ne répondant que très lointainement aux canons de la scientificité — à l'image également de Domat qui, dans son ouvrage *Les loix civiles dans leur ordre naturel*, évoquait la « science du droit naturel »[5], sans voir une quelconque logomachie dans cette expression —. On a donc très tôt parlé de « science du droit »[6], mais cette dénomination a été ensuite quasiment abandonnée, le droit souffrant du rationalisme et de la comparaison avec les sciences « dures » en développement.

Au XXe s., Kelsen a entendu « élever la science du droit [...], qui se perdait complètement dans le raisonnement de politique juridique, au niveau et rang d'une véritable science »[7] ; et la première édition de *Théorie pure du droit* de porter en guise de sous-titre « introduction à la science du droit ». De plus en plus d'auteurs, à l'image d'Emmanuel Lévy[8], ont entendu bannir la politique juridique de la pratique des juristes afin de scientificiser celle-

[1] R. VON JHERING, *La lutte pour le droit*, 1875 (cité par G. GURVITCH, *Éléments de sociologie juridique*, Aubier, 1940, p. 67).

[2] A. LECA, *La genèse du droit – Essai d'introduction historique au droit*, 3e éd., Librairie de l'Université d'Aix-en-Provence, 2002, p. 11 (qui cite l'exemple, en droit romain, de la planimétrie euclidienne dans la division des alluvions entre propriétaires voisins, laquelle suppose un calcul complexe car les terrains sont des surfaces incurvées).

[3] Cité par A. LECA, *La lyre de Thémis ou la poésie du droit*, PUAM (Aix-en-Provence), 2011, p. 33.

[4] V° « Droit », in C. DE FERRIÈRE, *Dictionnaire de droit et de pratique*, t. I, 1717 (cité par J.-P. CHAZAL, « Philosophie du droit et théorie du droit, ou l'illusion scientifique », *Arch. phil. droit* 2001, p. 307).

[5] J. DOMAT, *Les loix civiles dans leur ordre naturel, le droit public et le* legum delectus, 1689 (cité par J.-P. CHAZAL, « Philosophie du droit et théorie du droit, ou l'illusion scientifique », *Arch. phil. droit* 2001, p. 307).

[6] En effet, la célèbre formule attribuée à Ulpien, selon laquelle « le droit est l'art du juste et du bon », se voit également traduite, par certains auteurs — mais en l'accompagnant du texte original en latin — en ces termes : « Le droit est la science du juste et de l'injuste » (ULPIEN, in *Digeste*, 529, I, 10 (cité par A. SÉRIAUX, *Le Droit – Une introduction*, Ellipses, 1997, p. 222)).

[7] H. KELSEN, *Théorie pure du droit*, 2e éd., trad. Ch. Eisenmann, Dalloz, 1962, p. VII.

[8] E. LÉVY, « Notes sur le droit considéré comme science », *Questions pratiques de législation ouvrière et d'économie sociale* 1910, p. 299 s.

ci[1] ; tout en reconnaissant, avec Hauriou, que la science juridique ne saurait atteindre le niveau de perfectionnement et d'exactitude des sciences des phénomènes physiques et matériels[2]. Mais, surtout, on a reconnu que les objets physiques et matériels ne sont pas les seuls à être étudiables scientifiquement et que, notamment, des propositions linguistiques peuvent être objet de science.

De la rationalité, de la rigueur et de la factualité parmi les travaux juridiques

Kant notait que la différence entre l'art et la science est que « Homère est incapable d'expliquer comment il a écrit *L'Odyssée*, alors que Newton est capable d'expliquer comment il a découvert la loi de la gravité »[3]. À ce point de vue, le droit, globalement, répond sans nul doute mieux aux canons de la scientificité qu'à ceux de l'artisticité. En particulier, il est plus proche — quoiqu'il ne les atteigne pas — de la rationalité et de la rigueur scientifiques que de l'irrationalité et de la liberté artistiques ; cela même si Marcadé, au XIXe s., enseignait que le droit ne pourrait pas être une science car il n'a pas pour objet d'enseigner des vérités[4] — les juristes enseignent peut-être des vérités temporaires, contingentes et circonstanciées, il ne s'agit pas moins de vérités —.

En outre, si tout ensemble de connaissances raisonnées et coordonnées suivant des principes[5], si tout savoir rationnellement organisé mérite le nom de « science », il apparaît indiscutable qu'il existe une science du droit — ou, mieux, des sciences du droit —[6]. Et si la fonction première de la science est de « répondre au besoin de connaître et d'expliquer »[7], rien ne s'oppose à une science juridique ; tandis que, si une science est une connaissance approfondie d'une réalité factuelle, si une science repose sur

[1] Par exemple, F. RIGAUX, *Introduction à la science du droit*, Vie ouvrière (Bruxelles), 1974 ; B. FRYDMAN, « L'évolution des normes de scientificité en droit », in T. ANDREANI, H. DESBROUSSES, dir., *Objet des sciences sociales et normes de scientificité*, L'Harmattan, coll. Ouvertures philosophiques, 1998.

[2] M. HAURIOU, *Précis élémentaire de droit constitutionnel*, 2e éd., Librairie du Recueil Sirey, 1930, p. VI.

[3] Cité par R. ENTHOVEN, « L'éthique de Nietzsche (1) », Le gai savoir, France culture, 2 févr. 2014.

[4] V.-N. MARCADÉ, *Cours élémentaire de droit civil français*, t. I, 4e éd., 1850, n° 1 (cité par J.-P. CHAZAL, « Philosophie du droit et théorie du droit, ou l'illusion scientifique », *Arch. phil. droit* 2001, p. 310).

[5] V° « Science », in A. LALANDE, *Vocabulaire technique et critique de la philosophie*, Puf, coll. Quadrige-dicos poche, 2010.

[6] J. CARBONNIER, *Droit civil – Introduction*, 26e éd., Puf, 1999 ; *contra*, L. M. FRIEDMAN, « La sociologie du droit est-elle vraiment une science ? », *Dr. et société* 1986, p. 116.

[7] J. CARBONNIER, *Théorie sociologique des sources du droit*, Association corporative des étudiants en droit de l'Université Panthéon-Sorbonne, 1961, p. 34.

des faits, les devoir-être constitutifs de l'ensemble-droit peuvent certainement se voir analysés comme des être, comme des faits, car c'est un fait lorsqu'un devoir-être est.

Les limites de la conception scientifique de la recherche juridique

En revanche, si la science, chez Aristote (*Épistémè*), est la « connaissance des choses qui ne peuvent être autrement qu'elles ne sont, de ce qui existe nécessairement »[1], alors il devient plus douteux que le droit puisse être science et objet de science, celui-ci étant par nature relatif, contingent et changeant[2]. De même, la possibilité d'une science juridique est très incertaine dès lors que la science se spécifie par l'exactitude — ainsi que le notait Kelsen lui-même[3] —, car en droit, en raison de la malléabilité et de l'équivocité du langage, rien n'est certain et tout est, au mieux, probable ; ou dès lors qu'une science est « une activité spécifique productrice d'un savoir par construction de lois ou règles théoriques établissant un rapport entre l'apparition au monde d'un type de phénomènes et certains autres phénomènes occurrentiels et donnant ainsi la mesure de la possibilité de survenance de ce phénomène en fonction de ces occurrences »[4].

Il y a une différence fondamentale entre règle de droit et loi scientifique (ou « règle de fait »[5]) : l'effet ne suit pas inévitablement la cause dans le cas de cette première, ce qui pourrait interdire que le droit puisse être l'objet d'une science. La causalité scientifique implique que, « si A est, B *est* » ; tandis que l'imputation juridique implique que, « si A est, B *doit être* »[6]. Toutefois, sous l'angle scientifique, ce qui importe est la description de la prescription et non le respect, l'exécution ou la sanction de la prescription ; ce qui importe est que « si A est, B doit être » *est*. Sans doute importe-t-il de séparer les « normes recognitives », qui sont scientifiques (des « lois scientifiques ») parce qu'elles désignent des modèles de survenance des choses qui se réalisent effectivement et systématiquement, et les « normes directives », qui sont des modèles de comportement[7]. Toute la

[1] ARISTOTE, *Éthique à Nicomaque* (vers 340 av. J.-C.), Vrin, coll. Textes philosophiques, 1994 (cité par J.-P. CHAZAL, « Philosophie du droit et théorie du droit, ou l'illusion scientifique », *Arch. phil. droit* 2001, p. 325).

[2] Ainsi Aristote pouvait-il convenir que « le droit ne saurait être une science, parce que ce qui est de l'ordre de l'action est susceptible de changement » (ARISTOTE, *Éthique à Nicomaque* (vers 340 av. J.-C.), Vrin, coll. Textes philosophiques, 1994 (cité par A. SÉRIAUX, *Le Droit – Une introduction*, Ellipses, 1997, p. 220)).

[3] H. KELSEN, *Théorie pure du droit*, 2e éd., trad. Ch. Eisenmann, Dalloz, 1962, p. VII.

[4] P. AMSELEK, « La part de la science dans les activités des juristes », *D.* 1997, p. 337.

[5] H. KELSEN, *Théorie générale des normes*, trad. O. Beaud, Puf, coll. Léviathan, 1996, p. 11.

[6] H. KELSEN, *Théorie pure du droit*, 2e éd., trad. Ch. Eisenmann, Dalloz, 1962, p. 85.

[7] P. AMSELEK, « Norme et loi », *Arch. phil. droit* 1980, p. 96-97 (cité par L. CHARBONNEL, *La hiérarchie des normes conventionnelles : contribution à l'analyse normativiste du contrat*, th., Université d'Avignon et des Pays de Vaucluse, 2010, p. 35).

question est de savoir si ces dernières, qui assurément ne sont pas justiciables de la même science que les premières, peuvent néanmoins être étudiées scientifiquement ; si la proposition « selon l'article 1382 du Code civil, tout individu est obligé à réparer tout préjudice qu'il pourrait causer à autrui par ses agissements » se rapproche sur suffisamment de points pour l'autoriser à revêtir une qualité scientifique de l'énoncé « tout corps persévère dans l'état de repos ou de mouvement uniforme en ligne droite dans lequel il se trouve, à moins que quelque force n'agisse sur lui et ne le contraigne à changer d'état »[1]. Ce débat n'est pas un autre que celui de la définition de la science et il est souvent permis d'en sortir en retenant que le droit est une science, mais une science fort dissemblable des sciences de la nature, comme le sont l'ensemble des sciences humaines et sociales.

La science comprise comme méthode objective et empirique

En ces lignes, est considéré que ce qui caractérise la science n'est pas l'objet qui devrait être scientifique ou les résultats qui devraient consister en des connaissances scientifiques, mais la méthode permettant d'étudier l'objet et de produire les connaissances. Il y a science lorsqu'il y a méthode scientifique. Autrement dit, la science doit être définie formellement et, notamment, *est scientifique tout ce qui procède d'une démarche objective et empirique*. Ainsi le droit peut-il être une science dès l'instant où les juristes œuvrent au moyen d'une méthode scientifique et ne pas en être une dès lors qu'ils se départissent de la méthode scientifique[2]. C'est pourquoi, parmi les quatorze branches de la recherche juridique, certaines seulement sont des sciences du droit. Relève de la science toute la partie de l'activité des chercheurs en droit qui consiste à décrire, au départ d'une approche objective et empirique, ce qu'est le droit. On retient que le droit ne saurait être une science en raison de la diversité de ses méthodes[3] ; mieux vaudrait soutenir que seules les observations permises par la mise en application d'une méthode scientifique sont scientifiques. Ensuite, l'objet doit être susceptible d'une étude objective et empirique — tel est le cas en droit — et les connaissances doivent être objectives et empiriques — tel peut être le cas en droit —.

Le droit, pour une large part, ne peut pas être conçu comme une science et la juristique et la légistique sont l'art de faire le droit et de faire la loi[4]. La « science de la bonne législation, de la bonne décision et de la bonne

[1] I. NEWTON, *Philosophiae Naturalis Principia Mathematica*, Halley (Londres), 1687.
[2] E. P. HABA, « Science du droit : quelle "science" ? Le droit en tant que science : une question de méthodes », *Arch. phil. droit* 1991, p. 165 s.
[3] P. AMSELEK, « La part de la science dans les activités des juristes », *D.* 1997, p. 337.
[4] Henri Lévy-Bruhl désignait par « juristique » la « science du droit » (H. LÉVY-BRUHL, *Sociologie du droit*, 6e éd., Puf, coll. Que sais-je ?, 1981, p. 86), mais il a rarement été suivi dans cet usage sémantique (toutefois, M. ALLIOT, « Anthoropologie et juristique – Sur les

argumentation »[1] n'est certainement guère plus scientifique que la science du droit bon et juste. Ainsi François Gény pouvait-il observer que l'élaboration de la règle de droit implique deux actions : le choix d'une politique juridique et la mise en œuvre d'une technique juridique[2]. Nonobstant cette observation indiscutable, il demeure permis d'envisager une science du droit au sein du « droit des facultés ». La conception du droit est affaire de technique et de politique, mais la compréhension et l'explication du droit peuvent relever d'une science. En revanche, le commentaire du droit, affaire de la doctrine, semble devoir nécessairement donner une trop grande place à la subjectivité et à la personnalité de son auteur. Et il ne peut, *a priori*, qu'en aller à l'identique de la pensée du droit.

Dès lors qu'un propos scientifique doit être vérifiable, doit pouvoir être qualifié de « vrai » ou de « faux », il ne semble y avoir guère, dans toute l'activité des chercheurs en droit, que la description et l'explication du droit positif (y compris du point de vue sociologique, linguistique, méthodologique, comparatiste, etc.) qui soit scientifique. À partir de là, l' « hypertrophie de la fonction doctrinale au détriment d'une science juridique confinée dans un statut marginal » décrite par le professeur Jacques Chevallier[3] paraît inéluctable en même temps que tout à fait normale.

L'acceptation parfois difficile de l'existence de sciences du droit

Reste que, aujourd'hui encore, pendant que quelques-uns voient dans la science juridique la plus scientifique de toutes les sciences sociales[4], d'aucuns n'hésitent pas à envisager, avec une certaine part de vérité, que l'idée de « science juridique » serait fort contestable, que la nature du droit, essentiellement composé d'images et d'un imaginaire évanescents[5], ferrait qu'il ne serait pas susceptible de connaissance objective ou de progrès scientifique[6] et qu'il ne pourrait donner lieu qu'à un savoir-faire pratique[7]. Assez normalement, les sociologues et, plus encore, les anthropologues

conditions de l'élaboration d'une science du droit », *Bulletin de liaison du LAJP* 1983, n° 6, p. 83 s.).

[1] É. MILLARD, *Théorie générale du droit*, Dalloz, coll. Connaissance du droit, 2006, p. 9.

[2] F. GÉNY, *Science et technique en droit privé positif*, t. I, Librairie du Recueil Sirey, 1913.

[3] J. CHEVALLIER, « Doctrine juridique et science juridique », *Dr. et société* 2002, p. 113.

[4] Par exemple, H. P. GLENN, « Penser le plurijuridisme », in J.-L. BERGEL, dir., *Le plurijuridisme*, PUAM (Aix-en-Provence), 2005, p. 35.

[5] G. KOUBI, « La création du droit – Image et Imaginaire », in D. BOURCIER, P. MACKAY, dir., *Lire le droit – Langue, texte, cognition*, LGDJ, coll. Droit et société, 1992, p. 85 s..

[6] Ch. SCHAEGIS, *Progrès scientifique et responsabilité administrative*, CNRS Éditions, 1998 (cité par J. HERVOIS, *La production de la norme juridique en matière scientifique et technologique*, th., Université de La Rochelle, 2011, p. 277).

[7] Par exemple, E. P. HABA, « Science du droit : quelle “science” ? Le droit en tant que science : une question de méthodes », *Arch. phil. droit* 1991, p. 165 s. ; P. AMSELEK, « La part de la science dans les activités des juristes », *D.* 1997, p. 337 s.

opposent habituellement « leur » droit à la science[1] ; mais ce sont aussi des juristes qui refusent toute qualité scientifique à leurs travaux. Et ces juristes sont de plus en plus nombreux au fur et à mesure que les courants tels que le *legal realism*[2], les *critical legal studies*[3] ou le *law and literature*[4] — qui entendent réintroduire les valeurs économiques, politiques et culturelles de la société dans l'analyse, l'enseignement et la pratique du droit[5] — gagnent du terrain au sein de la psyché juridique collective ; si bien que la postmodernité de la pensée juridique correspondrait, entre autres, à une déscientifisation du droit. Plus généralement, on en vient à conclure que les sciences sociales modernes auraient toutes échoué dans leur entreprise scientifique, principalement en raison de leur incapacité à expliquer les comportements sociaux et humains par des règles générales semblables aux règles générales des sciences de la nature.

Au droit comme science on préfère alors la comparaison du droit comme technique[6], comme art[7] — comme poésie tout spécialement[8] — ou encore comme jeu[9]. En ce sens, le professeur Jean-Marie Carbasse n'hésite pas à faire des professeurs de droit les « défenseurs de la dimension proprement culturelle du droit », ajoutant, que, « à l'instar des jurisconsultes romains, c'est à eux qu'il revient de faire du droit un art »[10]. Souvent se retrouve la citation de Jean Giraudoux selon laquelle « le droit est la plus puissante des écoles de l'imagination ; jamais poète n'a interprété la nature aussi librement qu'un juriste la réalité »[11]. Logiquement, les adeptes du jusnaturalisme sont les premiers à considérer — et mieux vaut cela que d'y

[1] Par exemple, C. LÉVI-STRAUSS, *Tristes tropiques* (1955), Pocket, coll. Littérature, 2001.
[2] Notamment, O. W. HOLMES, *The Common Law*, Little Brown (Boston), 1963.
[3] Notamment, D. KENNEDY, « Form and Substance in Private Law Adjudication », *Harvard Law Review* 1976, n° 89.
[4] Par exemple, A. GARAPON, D. SALAS, *Le droit dans la littérature*, Michalon, coll. Le bien commun, 2008.
[5] L. COHEN-TANUGI, *Le droit sans l'État*, 2e éd., Puf, coll. Quadrige essais débats, 2007, p. 71.
[6] Spécialement, F. GÉNY, *Science et technique en droit privé positif*, Librairie du Recueil Sirey, 1913.
[7] Par exemple, Ph. JESTAZ, « Le beau droit », *Arch. phil. droit* 1995, p. 15 s.
[8] « Le droit dans son Olympe est nourri d'ambroisie / Il vit de fictions comme la poésie » (C. THURIET, *Proverbes judiciaires*, Lechevalier, s. d., p. 2 (cité par A. LECA, *La lyre de Thémis ou la poésie du droit*, PUAM (Aix-en-Provence), 2011, p. 19)). Également, A. LAINGUI, « La poésie dans le droit », *Arch. phil. droit* 1996, p. 134 s. ; J. CARBONNIER, *Flexible droit – Pour une sociologie du droit sans rigueur*, 8e éd., LGDJ, 1995, p. 5.
[9] Notamment, F. OST, « Entre ordre et désordre : le jeu du droit – Discussion du paradigme autopoïétique appliqué au droit », *Arch. phil. droit* 1986, p. 133 s. ; F. OST, M. VAN DE KERCHOVE, « Le jeu : un paradigme fécond pour la théorie du droit ? », *Dr. et société* 1991, p. 173 s. ; E. MACKAAY, « Le droit saisi par le jeu », *Dr. et société* 1991, p. 65 s. ; É. LE ROY, *Le jeu des lois – Une anthropologie dynamique du Droit*, LGDJ, coll. Droit et société, 1999.
[10] J.-M. CARBASSE, « Professeurs à la faculté de droit », in D. ALLAND, S. RIALS, dir., *Dictionnaire de la culture juridique*, Lamy-Puf, coll. Quadrige-dicos poche, 2003, p. 1242.
[11] J. GIRAUDOUX, *La guerre de Troie n'aura pas lieu*, 1935, acte II, scène 5.

voir une science — que « le droit est un art, l'art de structurer la vie sociale, l'art d'assurer l'ordre et la paix, d'énoncer ce qui est à chacun, d'assurer l'équilibre social »[1]. Et, selon Carbonnier, « le droit est plus de la littérature que de la science »[2].

Mais, si le droit est davantage de la non-science que de la science, cela implique qu'il est, quoique pour une part seulement, une science[3]. Certainement la position la plus réaliste consiste-t-elle à s'accorder avec les auteurs qui estiment que « l'activité du juriste ne peut être exclusivement ni même principalement scientifique »[4], que le droit est autant un art qu'une science[5], ce qui, assurément, n'interdit pas de chercher à renforcer ses aspects scientifiques et à diminuer ses aspects artistiques ; et cela même si un droit qui serait « purement » scientifique perdrait beaucoup de son aura et de son particularisme — nul doute qu'il est heureux que, « par sa forme, le cours magistral du professeur de droit tient de la prédication et du théâtre »[6] —. Dans tous les cas, le droit ne peut ontologiquement constituer ni une véritable science ni l'objet d'une véritable science[7] ; il demeurera toujours, quels que soient les efforts fournis dans le sens de la scientifisation, une « œuvre scientifique »[8].

Il résulte de tout cela qu'il ne saurait exister de science exacte du droit mais que des sciences spécifiques du droit sont possibles ; et que l'expression « science du droit » a logiquement été réservée, à la suite des développements de Kelsen[9], à l'activité des chercheurs qui se bornent à décrire objectivement et empiriquement le droit positif[10].

[1] M. VILLEY, *Critique de la pensée juridique moderne*, Dalloz, 1976, p. 64.

[2] J. CARBONNIER, « Gurvitch et les juristes », *Dr. et société* 1986, p. 433 ; J. CARBONNIER, *Flexible droit – Pour une sociologie du droit sans rigueur*, 8e éd., LGDJ, 1995, p. 5.

[3] En ce sens, P. AMSELEK, « La part de la science dans les activités des juristes », *D.* 1997, p. 337 s.

[4] Ch. ATIAS, *Épistémologie juridique*, Dalloz, coll. Précis, 2002, p. 19.

[5] Par exemple, G. RENARD, *Le droit, la logique et le bon sens – Conférences d'introduction philosophique à l'étude du droit*, Librairie du Recueil Sirey, 1925 ; Ch. CHÊNE, « Enseignement du droit », in D. ALLAND, S. RIALS, dir., *Dictionnaire de la culture juridique*, Lamy-Puf, coll. Quadrige-dicos poche, 2003, p. 617.

[6] J.-M. CARBASSE, « Professeurs à la faculté de droit », in D. ALLAND, S. RIALS, dir., *Dictionnaire de la culture juridique*, Lamy-Puf, coll. Quadrige-dicos poche, 2003, p. 1245.

[7] B. CARDOZO, *The Paradoxes of Legal Science*, Columbia University Press (New York), 1928.

[8] D. GUTMANN, « Temps », in D. ALLAND, S. RIALS, dir., *Dictionnaire de la culture juridique*, Lamy-Puf, coll. Quadrige-dicos poche, 2003, p. 1470.

[9] *Cf.* H. KELSEN, *Théorie pure du droit*, 2e éd., trad. Ch. Eisenmann, Dalloz, 1962, p. 110.

[10] En ce sens, Gurvitch définissait la science du droit en tant qu' « exposé systématique du droit valable dans un certain milieu social et à une certaine époque » (G. GURVITCH, *L'expérience juridique et la philosophie pluraliste du droit*, Pedone, 1935, p. 83). Également, M. TROPER, *Pour une théorie juridique de l'État*, Puf, coll. Léviathan, 1994, p. 191 ; É. MILLARD, « Point de vue interne et science du droit : un point de vue empiriste », *RIEJ* 2007, n° 59, p. 60.

Ensuite, si des sciences du droit sont possibles à condition d'adopter une démarche objective et empirique, à finalité uniquement descriptive et explicative, une prémisse indispensable à la scientificité des travaux consiste à rigoureusement présenter la méthode retenue, loin de toute improvisation méthodique et de tout chaos méthodique.

Chapitre 2

Des prémisses indispensables : le choix et l'exposé de la méthode

La méthode au cœur de la science

Il faut gager que des conclusions scientifiques sont souvent autrement pertinentes et légitimes que des conclusions personnelles, exprimant des opinions et des sentiments subjectifs. Or la scientificité desdites conclusions découle de l'encadrement des recherches par une méthode scientifique-positiviste qu'il importe d'expliquer avant de pouvoir, ensuite, l'appliquer, en espérant qu'elle permette, ainsi que Montaigne y invitait, de « parler avec méthode, compétence et sagesse »[1].

Il est nécessaire que la théorie du droit impose à la science du droit qu'elle chapeaute une méthode scientifique qui lui permettra de produire des connaissances scientifiques. Ces dernières ne sont qu'une conséquence quasi-mécanique et l'accent doit avant tout être mis sur la méthode et sur les compétences que requiert l'étude. Le savoir importe moins que le savoir-faire ; et « il faut se demander qui est mieux savant et non qui est plus savant »[2], car celui qui est « mieux savant » sera quasi-mécaniquement « plus savant ». En cela ne réside certainement pas le moindre des enjeux pour la recherche juridique puisqu'on souligne souvent que, y compris parmi les sciences sociales — notamment comparativement à la situation de la sociologie —, le droit souffre des incohérences et même des absences de ses méthodes[3].

Épistémologiquement, le problème des méthodes à adopter est évidemment central — d'autant plus en des temps où l'on cherche à provoquer un « tournant épistémologique dans l'étude du droit »[4] — ; mais c'est bien au-delà de la seule épistémologie que tout ne dépend que des méthodes, lesquelles préconditionnent, dans une certaine mesure au moins,

[1] M. DE MONTAIGNE, *Les essais*, Abel Langelier, 1588, L. III, chap. 8.
[2] *Ibid.*
[3] *Cf.*, notamment, F. ROUVIÈRE, « La vulnérabilité de la science du droit : histoire d'une science sans méthode », in F. ROUVIÈRE, dir., *Le droit à l'épreuve de la vulnérabilité*, Bruylant (Bruxelles), 2011, p. 537 s.
[4] M. XIFARAS, « Après les Théories Générales de l'État : le droit global ? », *Jus Politicum* 2012, n° 8, p. 18.

les connaissances obtenues relativement à l'objet d'étude[1]. En droit comme dans bien des disciplines, « connaître, c'est connaître des méthodes »[2]. Et l'importance conférée à la méthode est proportionnelle à la scientificité recherchée, ce qui tend bel-et-bien à la placer au cœur des enjeux propres à la recherche juridique ou, du moins, au cœur des enjeux propres à la recherche juridique scientifique. « La méthode, disait Martin Heidegger, n'est pas une pièce d'équipement de la science parmi d'autres, c'est sa teneur fondamentale »[3]. De la méthode choisie dépendent l'objet, l'objectif, le point de vue et les modalités d'investigation adoptés et, donc, le fait que ces objet, objectif, point de vue et modalités d'investigation soient scientifiques ou non.

La méthode, carte et boussole du scientifique

Thomas Kuhn caractérisait les sciences par leur matrice méthodique universelle capable d'unir la communauté scientifique[4]. Dans le même temps, on considère souvent qu'il serait suffisant, pour atteindre la qualité scientifique, de se présenter tel un « discours précis, rigoureux et cohérent »[5]. Procéder avec méthode est donc essentiel afin de produire un discours organisé et structuré ; et cela implique d'être transparent quant à la méthode choisie et utilisée. « Méthode » vient du terme grec « *methodos* » indiquant l'idée d'un chemin (« *odos* ») vers (« *meta* ») quelque-chose. Ainsi la méthode est-elle la boussole et la carte qui guident le chercheur et, sans elle, il serait perdu, condamné à errer à mille lieues de toute possibilité de connaissance et de certitude scientifiques[6]. Il importe, en tout travail envisagé comme scientifique, de suivre rigoureusement le chemin balisé par une méthode. Descartes l'a souligné : « Ce n'est pas assez d'avoir l'esprit bon, le principal est de l'appliquer bien »[7]. Et, plus explicitement, Durkheim de renchérir : « Les faits sont nécessairement, au moment où nous entreprenons d'en faire la science, des inconnus, des choses ignorées, car les

[1] J.-L. BERGEL, *Méthodologie juridique*, Puf, coll. Thémis droit privé, 2001, p. 17.

[2] É. MILLARD, « Rendre compte du droit dans un contexte de globalisation », in J.-Y. CHÉROT, B. FRYDMAN, dir., *La science du droit dans la globalisation*, Bruylant (Bruxelles), coll. Penser le droit, 2012, p. 61.

[3] M. HEIDEGER, *Qu'est-ce qu'une chose ?* (1962), trad. J. Rebou, J. Taminiaux, Gallimard, 1971, p. 112 (cité par Ch. ATIAS, *Épistémologie juridique*, Dalloz, coll. Précis, 2002, p. 30).

[4] Th. KUHN, *La structure des révolutions scientifiques* (1962), Flammarion, coll. Champs, 1983.

[5] U. SCARPELLI, *Qu'est-ce que le positivisme juridique ?*, trad. C. Clavreul, Bruylant-LGDJ (Bruxelles-Paris), coll. La pensée juridique, 1996, p. 29.

[6] V. VILLA, *La science du droit*, trad. O. et P. Nerhot, Story scientia-LGDJ (Bruxelles-Paris), coll. La pensée juridique moderne, 1991, p. 27.

[7] R. DESCARTES, *Discours de la méthode – Pour bien conduire sa raison, et chercher la vérité dans les sciences*, Leyde, 1637 (cité par H. GOUHIER, *La pensée métaphysique de Descartes*, 4e éd., Vrin, coll. Bibliothèque d'histoire de la philosophie, 2000, p. 80).

représentations qu'on a pu s'en faire au cours de la vie ayant été faites sans méthode, [elles] sont dénuées de valeur scientifique et doivent être tenues à l'écart »[1]. Tout n'est possible, en science, que sous le joug d'une méthode scientifique scrupuleusement mise en œuvre ; et cela vaut, paradoxalement, à plus forte raison dans le champ des sciences humaines et sociales qui, si nul effort méthodique n'était entrepris, pourraient demeurer indéfiniment loin de toute scientificité.

Bien sûr, les « méthodologies de la recherche en droit » ne manquent pas de préciser qu'une thèse en droit doit inéluctablement en passer par un moment de « clarification précise des options méthodologiques »[2]. Ensuite, la profondeur et la densité de cette clarification dépendent du sujet abordé et de l'intention épistémologique qui anime le chercheur. Mais plus elles seront substantielles, plus l'ouvrage se présentera sous un jour *a priori* scientifique. Selon l'option épistémologique retenue — par exemple selon qu'il s'agit d'opter pour une approche objective et empirique ou pour un « pluralisme méthodologique »[3] —, il est possible de ressortir de l'analyse de l'objet en cause aux côtés de conclusions diamétralement opposées, si ce n'est contradictoires[4]. En outre, si le professeur Olivier Beaud note que « toute méthode se justifie *a posteriori* »[5], en tout cas toute méthode se présente-t-elle *a priori*, avant de se voir appliquée, généralement au sein de l'introduction des travaux.

Enfin, nul doute que, en droit comme dans la plupart des disciplines du monde des savoirs, la « contre-méthode » menant à des « connaissances anarchiques »[6] ne saurait constituer une option envisageable.

Progrès méthodique, progrès scientifique

Au cours du premier quart du XXe s., Émile Durkheim pouvait constater que, « jusqu'à présent, les sociologues se sont peu préoccupés de caractériser et de définir la méthode qu'ils appliquent à l'étude des faits sociaux »[7]. Par la suite, et en particulier sous son impulsion, la scientificité

[1] É. DURKHEIM, *Les règles de la méthode sociologique*, 2e éd. (1937), Puf, coll. Bibliothèque de philosophie contemporaine, 1973, p. XIII.

[2] R. ROMI, *Méthodologie de la recherche en droit*, 2e éd., Litec, coll. Objectif droit, 2010, p. 29.

[3] F. OST, M. VAN DE KERCHOVE, *De la pyramide au réseau ? – Pour une théorie dialectique du droit*, Publications des Facultés universitaires Saint-Louis (Bruxelles), 2002, p. 316.

[4] *Cf.*, sur la grande variabilité des conclusions possibles selon les choix méthodologiques observés, L. ISRAËL, « Question(s) de méthode – Se saisir du droit en sociologue », *Dr. et société* 2008, p. 381 s.

[5] O. BEAUD, *La puissance de l'État*, Puf, coll. Léviathan, 1994, p. 14.

[6] P. FEYERABEND, *Contre la méthode – Esquisse d'une théorie anarchiste de la connaissance* (1975), trad. B. Jurdant, A. Schlumberger, Le Seuil, 1979.

[7] É. DURKHEIM, *Les règles de la méthode sociologique*, 2e éd. (1937), Puf, coll. Bibliothèque de philosophie contemporaine, 1973, p. 1.

des ouvrages sociologiques a sensiblement progressé, aboutissant à faire de la sociologie, aujourd'hui, peut-être la plus scientifique de toutes les sciences sociales — à tel point que Carbonnier mettait en garde contre le fait que « le péril en sociologie est de faire de la méthodologie et rien que de la méthodologie »[1] —. En tout cas est-elle bien devenue la « sociologie objective, spécifique et méthodique »[2] à laquelle le maître bordelais aspirait.

En matière juridique, on se soucie depuis longtemps en même temps que de plus en plus du besoin de méthode[3]. Le droit semble avoir connu les trois états historiques décrits par Auguste Comte et en être arrivé, depuis de nombreuses années, à l'âge du positivisme[4]. Les progrès de la scientificité ont été constants au cours du XXe s., par exemple grâce aux travaux de Charles Eisenmann[5], qui avait traduit la seconde édition de *Théorie pure du droit* de Kelsen, ou grâce à ceux de Christian Atias, principal promoteur de l'épistémologie juridique en France[6]. On en est venu à convenir assez largement que « rien n'empêche le juriste d'étudier les phénomènes juridiques suivant une méthode rigoureuse en considérant les normes comme des faits sociaux »[7]. Des auteurs vont jusqu'à considérer que, désormais, s'observerait une « soumission générale de la rationalité juridique à la rationalité scientifique »[8]. L'entrée du droit dans l'ère de la modernité a coïncidé avec l'entrée du droit dans l'ère de la science.

Méthode et théorie du droit : vers une théorie scientifique du droit ?

Ces préoccupations d'ordre méthodique, qui touchent l'ensemble des sciences du droit, n'ont jamais véritablement concerné, jusqu'à présent, la théorie du droit, peut-être parce qu'elle est le plus souvent perçue comme

[1] J. CARBONNIER, *Théorie sociologique des sources du droit*, Association corporative des étudiants en droit de l'Université Panthéon-Sorbonne, 1961, p. 28.
[2] É. DURKHEIM, *Les règles de la méthode sociologique*, 2e éd. (1937), Puf, coll. Bibliothèque de philosophie contemporaine, 1973, p. XII.
[3] Par exemple, F. MULLER, *Discours de la méthode juridique*, trad. O. Jouanjan, Puf, coll. Léviathan, 1996 ; L. LINDHAL, A. PECZENIK, B. VAN ROERMUND, dir., *Theory of Legal Science*, Dordrecht (Boston), 1983.
[4] G. RICHARD, « Le positivisme juridique et la loi des trois états », *Arch. phil. droit* 1931, p. 311 s.
[5] Notamment, Ch. EISENMANN, « Quelques problèmes de méthodologie des définitions et des classifications en science juridique », *Arch. phil. droit* 1966, p. 25 s.
[6] Notamment, Ch. ATIAS, « Réflexion sur les méthodes de la science du droit », *D.* 1983, p. 145 s. ; Ch. ATIAS, *Épistémologie juridique*, Puf, coll. Droit fondamental, 1985.
[7] H. Lévy-Bruhl, « Rapports du droit et de la sociologie », *Arch. phil. droit* 1937, p. 21 (cité par A.-J. ARNAUD, *Critique de la raison juridique – 1. Où va la sociologie du droit ?*, LGDJ, 1981).
[8] B. DE SOUSA SANTOS, *Vers un nouveau sens commun juridique – Droit, science et politique dans la transition paradigmatique* (1995), trad. N. Gonzales-Lajoie, LGDJ, 2004, p. 116.

plus proche de la philosophie que de la science du droit[1], alors pourtant que c'est elle qui identifie à la fois l'objet et les moyens de cette dernière. Il est vrai qu'il relève de la nature même de la théorie juridique de ne pas être scientifique, de ne pas suivre une méthode précise, en somme de prescrire librement, sans méthode, une méthode à la science du droit. Le théoricien est quelqu'un qui pense librement, au gré de ce que lui indiquent ses sensations — même si on a pu voir dans la scientificité la source de la liberté[2] —. Classiquement, c'est à la science du droit positif qu'il revient de suivre une méthode scientifique — celle que lui impose la théorie du droit — afin de décrire objectivement la réalité du contenu du droit positif et, ainsi, de produire des connaissances scientifiques sur celui-ci[3].

Face à ce constat, l'auteur de ces lignes a proposé de positionner la théorie du droit, en l'occurrence la théorie syncrétique du droit, sous la coupe d'une méta-théorie scientifique du droit[4]. Ainsi la théorie du droit devient-elle scientifique puisque cette méta-théorie lui prescrit d'observer positivement, objectivement et empiriquement, les théories du droit alentour afin d'en dégager la définition syncrétique du droit, loin de toute subjectivité. La théorie du droit prescrit toujours à la science du droit les « règles ou normes qui guident le savant lorsqu'il est engagé dans une recherche »[5] ; mais, désormais, il y a également la méta-théorie scientifique qui édicte les règles méthodiques que le chercheur positionné dans le cadre de la théorie du droit doit respecter rigoureusement afin d'aboutir à une « théorie scientifique du droit » — expression qui, il faut croire, n'est pas une *contradictio in adjecto* —.

Le professeur René Sève, parlant d' « élaboration d'un "droit de la science" », souligne que la croissance des connaissances scientifiques est tributaire du nombre et de la précision des conditions scientifiques qui encadrent les recherches[6]. Pareil propos, s'il est incompatible avec la philosophie du droit, avec la légistique et avec la politique juridique, doit concerner la théorie du droit ; étant rappelé que cela n'interdit nullement de préférer s'adonner à la formulation d'une théorie personnelle plutôt qu'à la

[1] Cela même si la philosophie connaît aussi quelques méthodes (J. RUSS, *Les méthodes en philosophie*, Armand Colin, coll. Cursus, 1998 ; H. G. GADAMER, *Vérité et méthode – Les grandes lignes de l'herméneutique philosophique*, Le Seuil, 1976).

[2] Ch. ATIAS, *Épistémologie juridique*, Dalloz, coll. Précis, 2002, p. 47.

[3] J. CHEVALLIER, « Doctrine juridique et science juridique », *Dr. et société* 2002, p. 110.

[4] *Cf.* B. BARRAUD, « L'échelle de juridicité : un outil pour mesurer le droit et fonder une théorie syncrétique (première partie : présentation) », *Arch. phil. droit* 2013, p. 365 s. ; B. BARRAUD, *Théories du droit et pluralisme juridique – t. II : La théorie syncrétique du droit et la possibilité du pluralisme juridique*, PUAM (Aix-en-Provence), coll. Inter-normes, 2017.

[5] K. POPPER, *La logique de la découverte scientifique* (1959), Payot (Lausanne), 1973, p. 47 (cité par R. SÈVE, « L'épistémologie contractualiste de Karl Popper », in P. AMSELEK, dir., *Théorie du droit et science*, Puf, coll. Léviathan, 1994, p. 59).

[6] R. SÈVE, « L'épistémologie contractualiste de Karl Popper », in P. AMSELEK, dir., *Théorie du droit et science*, Puf, coll. Léviathan, 1994, p. 59.

constatation de la théorie syncrétique du droit. D'ailleurs, il faut souligner, en passant, que ce sont les théories personnelles qui nourrissent la théorie syncrétique.

L'utilité du choix d'une méthode positiviste

Par suite, si les sciences du droit doivent par définition se conformer à une méthode scientifique précisément fixée, encore faut-il identifier le contenu de cette méthode. Le droit peut être abordé au travers de prismes multiples, de la méthode naturaliste-essentialiste à la « méthode pragmatique-compréhensive » à laquelle affirment recourir des auteurs[1]. Or, selon qu'ils seront observés au télescope ou au microscope, ce ne seront pas les mêmes objets qui seront perçus et analysés. Cependant, il ne semble pas permis d'hésiter : la méthode la plus scientifique, la plus positiviste, est celle qui repose sur ces deux principes essentiels que sont l'objectivité et l'empirisme.

Dès lors que le positivisme juridique se caractérise comme un courant de pensée juridique dont les propositions essentielles conduisent, d'une part, à définir le droit comme expression d'une volonté humaine et, d'autre part, ainsi assuré de la factualité du phénomène juridique, à le décrire selon une méthode proche de celle du positivisme classique[2], la positivité s'avère non seulement possible mais aussi nécessaire[3]. Être positiviste, c'est « repenser [son] objet d'étude pour le considérer comme un fait, extérieur à son examinateur qui tente de le décrire ou de l'expliquer, objectivement, à partir d'une observation. En ce sens, le positivisme est une doctrine de la connaissance qui postule qu'il est préférable de renoncer aux considérations spéculatives sur l'essence ou la finalité d'un objet, afin de le restituer dans sa factualité de donné d'une expérience »[4]. Partant, la scientificité ne peut se passer de la positivité. Peut-être même, en droit en tout cas, peut-on considérer que la positivité ne serait pas autre chose que la scientificité et qu' « étude positive » serait synonyme d' « étude scientifique ».

La méthode scientifique devrait même être plus positiviste que le normativisme, ce dernier, en raison de l'importance conférée à la séparation de l'être et du devoir-être, de la focalisation sur ce dernier au détriment de l'être et de la concentration sur les relations d'imputation plutôt que sur les

[1] D. DOGOT, A. VAN WAEYENBERGE, « L'Union européenne, laboratoire du droit global », in J.-Y. CHÉROT, B. FRYDMAN, dir., *La science du droit dans la globalisation*, Bruylant (Bruxelles), coll. Penser le droit, 2012, p. 254.

[2] É. MAULIN, « Positivisme », in D. ALLAND, S. RIALS, dir., *Dictionnaire de la culture juridique*, Lamy-Puf, coll. Quadrige-dicos poche, 2003, p. 1173.

[3] R. BOUDON, « Peut-on être positiviste aujourd'hui ? », in Ch-H. CUIN, dir., *Durkheim d'un siècle à l'autre*, Puf, 1998, p. 265 s.

[4] É. MAULIN, « Positivisme », in D. ALLAND, S. RIALS, dir., *Dictionnaire de la culture juridique*, Lamy-Puf, coll. Quadrige-dicos poche, 2003, p. 1171.

relations de causalité, ne pouvant être qu'imparfaitement positiviste — alors pourtant qu'on l'appelle couramment mais improprement « positivisme juridique » —. « Toute proposition, écrivait Auguste Comte, qui n'est pas réductible à la simple énonciation d'un fait particulier ou général ne saurait offrir aucun sens réel et intelligible »[1].

Certainement d'aucuns estiment-ils, à raison, que, à l'opposé de la perspective kelsénienne selon laquelle la « pureté » de la méthode devrait aboutir à « épurer » l'objet-droit, il faut partir de l'idée que l' « impureté » de l'objet-droit doit nécessairement remettre en question la « pureté » de la méthode. La conviction en ces lignes soutenues n'en est pas moins que, dans la plupart des branches de la recherche juridique, une étude sera d'autant plus pertinente et légitime qu'elle sera scientifique, qu'elle appliquera les principes les plus scientifiques, si ce n'est les plus scientifistes. Mais il n'est pas lieu de feindre d'ignorer que la plus haute scientificité que le droit autorise ne saurait être équivalente à celle que les sciences de la nature autorisent.

Un ouvrage collectif récemment publié et consacré à l'étude de la « force normative »[2] a été conçu sans explication préliminaire de la méthode à suivre afin de mesurer — ou, du moins, estimer — cette force normative ; en conséquence, les diverses contributions, alors qu'elles devaient porter sur un même objet, ne font que constituer un ensemble fort peu unitaire duquel il est délicat de tirer quelque définition de la « force normative », l'envergure de ses potentialités et les manières de la mettre à profit dans l'étude du droit. En tout ouvrage à vocation scientifique, il est indispensable de précisément détailler la méthode retenue, dans toutes ses dimensions — des principes généraux applicables en science juridique largement entendue à l'utilisation d'outils plus spécifiques —, cela afin d'assurer aux travaux les indispensables unité et cohérence qui font défaut à la « force normative »[3].

S'il est vrai que, en droit, « la "science pure" est encore un pari »[4], d'aucuns considéreront non sans raisons que vouloir faire « progresser la science » est à la fois immodeste, illusoire et utopique[5]. Pourtant, il faut se convaincre, avec Durkheim, qu' « il n'y a que des expériences méthodiques

[1] A. COMTE, *Cours de philosophie positive*, t. I, Bachelier, 1830 (cité par É. MAULIN, « Positivisme », in D. ALLAND, S. RIALS, dir., *Dictionnaire de la culture juridique*, Lamy-Puf, coll. Quadrige-dicos poche, 2003, p. 1171).

[2] C. THIBIERGE, dir., *La force normative – Naissance d'un concept*, LGDJ-Bruylant (Paris-Bruxelles), 2009.

[3] De l'expérience de la « force normative », il faut sans doute tirer l'enseignement suivant : il est excessivement périlleux de chercher à conceptualiser une notion nouvelle par le truchement d'un ouvrage collectif et mieux vaut que cela soit l'affaire d'un travail individuel.

[4] J. COMMAILLE, « Sociologie juridique », in D. ALLAND, S. RIALS, dir., *Dictionnaire de la culture juridique*, Lamy-Puf, coll. Quadrige-dicos poche, 2003, p. 1426.

[5] Par exemple, J.-P. CHAZAL, « Philosophie du droit et théorie du droit, ou l'illusion scientifique », *Arch. phil. droit* 2001, p. 303 s.

qui puissent arracher leurs secrets à des choses »[1] et que, en matière de recherche juridique, le progrès scientifique est à la fois possible et souhaitable. Mais encore faut-il se donner les moyens de ce progrès scientifique, ce qui veut dire suivre la méthode scientifique. En premier lieu, cette dernière impose au chercheur étudiant le droit de ne jamais déborder du cadre de l'objectivité.

[1] É. DURKHEIM, *Les règles de la méthode sociologique*, 2e éd. (1937), Puf, coll. Bibliothèque de philosophie contemporaine, 1973, p. 142.

Chapitre 3

Scientificité et caractère objectif de la recherche

L'objectivité, première condition de la scientificité des investigations et des conclusions

Le peintre Gustave Courbet soutenait avec force : « Il faudra que l'on dise de moi : "celui-là n'a jamais appartenu à aucune école, aucune église, aucune institution, aucune académie, aucun régime" »[1]. Par nature, le chercheur-scientifique du droit doit tenir pareil discours et ses recherches et conclusions doivent se caractériser par les plus profondes neutralité et impartialité. Ledit chercheur-scientifique doit être en mesure de « fêter et caresser la vérité en quelque main qu'elle se trouve »[2]. Aussi, fondamentalement, une recherche scientifique est-elle une recherche objective, une recherche indépendante de la personnalité et des opinions du chercheur.

Achille Mestre disait de la robe du professeur des facultés de droit qu'elle « est le vêtement décent entre tous, le vêtement rationnel du professeur ; elle témoigne d'une parenté intellectuelle entre ceux qui la portent ; elle est le signe sensible de l'esprit de corps »[3]. Ainsi la science du droit peut-elle se voir figurée telle une approche du droit sans la robe du droit, car il lui appartient de ne témoigner d'aucune parenté intellectuelle avec quiconque, de ne manifester nul esprit de corps. Seules la neutralité, l'impartialité et, donc, l'objectivité doivent dicter ses orientations et son cheminement intellectuels. Elle doit pouvoir affirmer : « Notre méthode est indépendante de toute philosophie »[4]. Parmi les divers systèmes de connaissances[5], seul celui de la connaissance objective est compatible avec l'intention scientifique ; car il n'est pas de science sans indépendance du

[1] G. COURBET, 3 juin 1870 (cité sur les murs du Musée Courbet, à Ornans (Doubs)).
[2] M. DE MONTAIGNE, *Les essais*, Abel Langelier, 1588, L. III, chap. 8.
[3] Cité par J.-M. CARBASSE, « Professeurs à la faculté de droit », in D. ALLAND, S. RIALS, dir., *Dictionnaire de la culture juridique*, Lamy-Puf, coll. Quadrige-dicos poche, 2003, p. 1245.
[4] É. DURKHEIM, *Les règles de la méthode sociologique*, 2e éd. (1937), Puf, coll. Bibliothèque de philosophie contemporaine, 1973, p. 139.
[5] J.-L. ERMINE, *Les systèmes de connaissances*, Hermès, 1996.

scientifique[1] et le niveau de scientificité est assez exactement proportionnel au niveau d'objectivité[2].

Il y a fort longtemps, Cicéron pouvait faire du droit une science dont l'objet était de rechercher le juste et l'équitable dans la nature des choses, données éminemment subjectives. Aujourd'hui, la scientificité ne saurait aller de pair avec la subjectivité. Le droit peut contenir une part de philosophie, mais pas la science du droit. « La science ne s'occupe que de la réalité », disait Kelsen[3] ; et la réalité, donnée ontologiquement objective, n'est accessible qu'objectivement. Chez Cicéron, la science désignait la sagesse ; à présent, elle concerne ce qui est structuré méthodiquement et, en premier lieu, ce qui découle d'une approche objective. Il convient, pour reprendre le vocabulaire poppérien, de se placer dans le cadre d'une « science sociale objectivement compréhensive », qui exclut par principe les déterminismes psychologiques pour ne se préoccuper que des « facteurs situationnels et réels »[4].

Bien entendu, promouvoir l'objectivité dans les travaux juridiques n'est guère novateur et Kelsen pouvait aspirer à donner à la science du droit la « même objectivité que celle des sciences de la nature »[5]. Ces pages ne sont néanmoins pas inutiles tant les recherches en droit sont, plus que dans les autres champs disciplinaires, souvent suspectées de subir une quelconque emprise axiologique, de ne pas rendre compte objectivement des objets étudiés[6].

Le regard objectif, un regard dénué de jugements de valeur et d'aprioris

L'objectivité se définit comme la « qualité de ce qui existe en soi, indépendamment du sujet pensant ; [la] qualité de ce qui donne une représentation fidèle de la chose observée »[7]. N'est donc pas objectif tout travail au sein duquel la personnalité de son auteur n'est pas effacée, dont le contenu est directement ou même indirectement dépendant des caractéristiques psychologiques de l'observateur, des valeurs et des intérêts

[1] É. Durkheim, *Les règles de la méthode sociologique*, 2e éd. (1937), Puf, coll. Bibliothèque de philosophie contemporaine, 1973, p. 139 ; M. Troper, « Entre science et dogmatique, la voie de la neutralité », in P. Amselek, dir., *Théorie du droit et science*, Puf, coll. Léviathan, 1994, p. 310.

[2] K. Popper, *La logique de la découverte scientifique* (1959), Payot (Lausanne), 1973, p. 41.

[3] H. Kelsen, *Théorie pure du droit*, 2e éd., trad. Ch. Eisenmann, Dalloz, 1962, p. 46.

[4] K. Popper, *À la recherche d'un monde meilleur*, Éditions du rocher, coll. Anatolia, 2000.

[5] H. Kelsen, *Théorie pure du droit*, 2e éd., trad. Ch. Eisenmann, Dalloz, 1962, p. 27.

[6] F. Rouvière, « La vulnérabilité de la science du droit : histoire d'une science sans méthode », in F. Rouvière, dir., *Le droit à l'épreuve de la vulnérabilité*, Bruylant (Bruxelles), 2011, p. 537.

[7] V° « Objectivité », in *Trésor de la langue française*.

personnels ou idéologiques par lui portés — expression d'une métaphysique ontologiquement ascientifique — et de ses analyses subjectives. Le chercheur scientifique, donc objectif, doit suivre la proposition de Max Weber sur la posture du savant : celui-ci peut se trouver dans un « rapport aux valeurs », mais son travail doit toujours se tenir à bonne distance des « jugements de valeur »[1]. Il importe de considérer, à l'instar du sociologue, « les faits sociaux comme des choses »[2], en conservant donc un regard distancié par rapport aux objets étudiés, en s'inscrivant dans un cadre de stricte neutralité axiologique.

Partant, le positivisme juridique « marche main dans la main avec le relativisme »[3]. Il revient au chercheur de se borner à décrire « ce qui arrive le plus souvent »[4] concernant l'élément de droit qu'il étudie ; étant entendu que l'objectivité et la neutralité sont des qualités du discours et non des qualités de l'objet à décrire[5], qu'un jugement de valeur est un fait justiciable d'une étude descriptive et objective, que le jugement de valeur n'est pas scientifique mais son étude, elle, l'est, et qu'il n'est donc pas vrai qu' « il n'y a pas de phénomènes moraux, seulement des interprétations morales des phénomènes »[6] ; observer que certains discours sont porteurs de valeurs, ce n'est pas porter soi-même ces valeurs. Les jugements de valeur constituent un objet réel — des « faits-valeurs »[7] — observable et susceptible de connaissance comme un autre. Il n'est donc pas permis de s'accorder avec qui estime que l'objectivité, en droit, serait inenvisageable puisque le droit serait une matière pleine de valeurs[8] ; si la consistance du droit est peut-être celle-là, il n'en demeure pas moins que les valeurs du droit peuvent être approchées extérieurement, objectivement et empiriquement.

[1] M. WEBBER, *Essais sur la théorie scientifique* (1917), Plon, 1965 (cité par N. DOMPNIER, « Le renoncement à la légitimité démocratique au nom de la qualité des normes ? », in M. FATIN-ROUGE STÉFANINI, L. GAY, J. PINI, dir., *Autour de la qualité des normes*, Bruylant (Bruxelles), coll. À la croisée des droits, 2010, p. 78).

[2] É. DURKHEIM, *Les règles de la méthode sociologique*, 2e éd. (1937), Puf, coll. Bibliothèque de philosophie contemporaine, 1973, p. 15.

[3] H. KELSEN, « Qu'est-ce que la théorie pure du droit ? » (1953), *Dr. et société* 1992, p. 561.

[4] N. BOBBIO, *Essais de théorie du droit*, trad. Ch. Agostini, M. Guéret, LGDJ-Bruylant (Paris-Bruxelles), coll. La pensée juridique, 1998, p. 36.

[5] En ce sens, Kelsen écrivait à juste titre que, « bien que la science du droit ait pour objet des normes juridiques, et par conséquent les valeurs juridiques fondées par elles, ses propositions sont cependant, de même que les lois naturelles de la science de la nature, une description de leur objet exempte de toute appréciation de valeur » (H. KELSEN, *Théorie pure du droit*, 2e éd., trad. Ch. Eisenmann, Dalloz, 1962, p. 88).

[6] F. NIETZSCHE, *Par-delà bien et mal* (1886), Folio, coll. Essais, 1987 (cité par R. HENTOVEN, « Par-delà bien et mal – Nietzsche », Le gai savoir, France culture, 20 janv. 2013).

[7] É. MAULIN, « Positivisme », in D. ALLAND, S. RIALS, dir., *Dictionnaire de la culture juridique*, Lamy-Puf, coll. Quadrige-dicos poche, 2003, p. 1172.

[8] W. SABETE, « La théorie du droit et le problème de la scientificité », *Arch. phil. droit* 1999, p. 303.

Bien sûr, les critiques du positivisme juridique ne manquent pas de regretter que celui-ci conduise à accueillir sous la bannière du droit, sans autre forme de procès, les règles produites dans le cadre de régimes dictatoriaux et despotiques autant que celles engendrées dans le cadre de régimes démocratiques[1]. La scientificité est à ce prix ; et cela évite de devoir répondre à la question de savoir ce qui est préférable entre un dictateur progressiste et un peuple ultra-conservateur. Et constater que le droit nazi était effectivement du droit ne revient en aucun instant à le légitimer, le problème de la légitimité du droit étant totalement extra-scientifique[2].

« Faire de la science sans penser »

Les deuxième et troisième parties de ce livre opposent l'étude et la pensée du droit, considérant que cette étude doit être scientifique tandis que cette pensée doit être critique. Or, radicalement entendue, l'objectivité invite, ainsi que le décrivait Martin Heidegger, à « faire de la science sans penser »[3]. Cette proposition est loin d'être aussi excessive que cela peut paraître de prime abord, déjà car l'objectivité est incompatible avec l'idéologie qui, étymologiquement, est un « discours sur des idées », donc des idées sur des idées. Toute pensée est nécessairement subjective ; on peut vouloir penser objectivement et tout mettre en œuvre afin d'y parvenir, la réalité de la psychologie est telle qu'une pensée objective ne peut qu'être une contradiction dans les termes.

L'objectivité radicale consiste à prendre acte des faits observés et à les retranscrire tels qu'ils sont sans jamais chercher à les comprendre et à les réexpliquer. L'objectivité semble, dès lors, exclure notamment tout recours à la logique, celle-ci étant, depuis Aristote, la science des structures générales qui s'interposent entre le sujet connaissant et l'objet à connaître[4]. Il n'y a objectivité qu'à condition que nul élément ne s'interpose entre le sujet connaissant et l'objet à connaître. Seulement, des travaux juridiques qui se passeraient absolument de logique et de pensée ne sont bien évidemment guère envisageables. Toute connaissance relative au droit présuppose une forme de jugement, une activité de l'intelligence. Il serait peu congruent de compter sur la possibilité d'une expérience spontanée et directe ; il ne peut s'agir, en droit, que d' « expériences réfléchies » impliquant quelque

[1] Par exemple, X. MAGNON, « En quoi le positivisme — normativisme — est-il diabolique ? », *RTD civ.* 2009, p. 269 s. ; M. VILLEY, *Philosophie du droit*, Dalloz, 2001, p. 137 (« livré au scientisme ambiant, [le juriste] entreprit de réduire le droit à l'état d'une science positive. [...] Le juriste est neutre ; peu lui importe que les textes visent la domination de la race germanique sur le monde, l'élimination des bourgeois, ou l'épanouissement des libertés »).
[2] D. DE BÉCHILLON, *Qu'est-ce qu'une règle de droit ?*, Odile Jacob, 1997, p. 258.
[3] M. HEIDEGGER, *Qu'appelle-t-on penser ?* (1951), trad. A. Becker, G. Granel, Puf, 1959.
[4] É. KLEIN, « Comment savons-nous ce que nous savons ? », conférence à l'Agora des savoirs, Centre Rabelais de Montpellier, 2 nov. 2011.

jugement[1]. L'objectivité est un moyen mais pas une fin ; et elle est un moyen nécessaire mais pas un moyen suffisant.

L'objectivité inéluctablement imparfaite de la recherche juridique

Bien entendu, comme la science juridique n'atteindra jamais le niveau de perfectionnement scientifique des sciences naturelles, l'objectivité de la recherche juridique n'atteindra jamais le degré d'aboutissement de celle de la recherche en sciences naturelles[2]. À l'identique de la scientificité, l'objectivité est un objectif dans la direction duquel il faut s'efforcer d'avancer tout en ne feignant pas d'ignorer que l'ontologie des objets juridiques interdit d'aspirer à une objectivité équivalente à celle qui peut empreindre l'étude d'objets donnés par la nature ou par l'univers. En droit plus qu'ailleurs, il est impossible que le « médiateur » entre le monde objectif à représenter et le monde tel qu'il est représenté s'efface totalement afin de permettre au second d'être le parfait reflet du premier[3]. Ainsi que le comprenait Gaston Bachelard, nulle science sociale ne saurait jamais surmonter tous les « obstacles épistémologiques à une connaissance objective »[4]. Quant à Durkheim, il observait que, « alors que nous nous croyons affranchis du sens commun, il nous impose ses jugements sans que nous y prenions garde »[5] ; tandis que Nietzsche notait que « la discipline de l'esprit scientifique commence par le refus de toute conviction [...] ; mais l'existence d'une conviction est déjà indispensable pour que cette discipline elle-même puisse commencer. [...] On voit par-là que la science elle-même repose sur une croyance ; il n'est pas de science sans postulat »[6]. Et le droit est sans aucun doute un domaine du savoir excessivement en proie à des obstacles épistémologies nombreux et puissants[7], notamment en raison de la

[1] G. GURVITCH, *L'expérience juridique et la philosophie pluraliste du droit*, Pedone, 1935, p. 19. Et le sociologue d'expliquer que « des philosophes tels que Poincaré, Bergson et Meyerson sont d'accord pour constater que l'expérience, dite scientifique, n'est qu'une construction de notre raison qui, dans un but précis de commodité, d'homogénéité statique, de pénétration dans un secteur limité du réel, d'affirmation de l' "identité", nous sépare, plus ou moins, de la réalité pleine et purement qualitative immédiatement vécue » (*ibid.*, p. 20).

[2] D. LOCHAK, « La neutralité de la dogmatique juridique : mythe ou réalité ? », in P. AMSELEK, dir., *Théorie du droit et science*, Puf, coll. Léviathan, 1994, p. 293.

[3] L. SFEZ, « Communication », in D. ALLAND, S. RIALS, dir., *Dictionnaire de la culture juridique*, Lamy-Puf, coll. Quadrige-dicos poche, 2003, p. 246.

[4] G. BACHELARD, *La formation de l'esprit scientifique – Contribution à une psychanalyse de la connaissance objective*, Vrin, 1938.

[5] É. DURKHEIM, *Les règles de la méthode sociologique*, 2e éd. (1937), Puf, coll. Bibliothèque de philosophie contemporaine, 1973, p. VII.

[6] F. NIETZSCHE, *Le gai savoir* (1882), trad. A. Vialatte, Gallimard, coll. Idées, 1950 (cité par L. CHARBONNEL, *La hiérarchie des normes conventionnelles : contribution à l'analyse normativiste du contrat*, th., Université de Montpellier I, 2010, p. 10).

[7] *Cf.*, notamment, D. DE BÉCHILLON, « La conception française de la hiérarchie des normes : anatomie d'une représentation », *RIEJ* 1994, n° 32, p. 85 s.

multivalence et de la malléabilité de la notion de « droit »[1]. D'ailleurs, Kelsen, tenant pourtant d'une théorie « pure », admettait incidemment le caractère militant de son entreprise en écrivant que « la Théorie pure s'oppose de la façon la plus nette aux théoriciens qui renient la philosophie transcendantale de Kant et le positivisme juridique »[2].

L'objectivité ici en cause doit donc se comprendre comme un objectif d'objectivité et non comme une objectivité parfaite et réelle. Il importe de vouloir diminuer aussi sensiblement que possible la part de l'influence de la subjectivité du chercheur, mais il serait utopique de vouloir supprimer toute influence de la subjectivité du chercheur. Il faut conserver incessamment à l'esprit que l'étude doit être la plus objective ; cependant, il serait très inconséquent d'affirmer que les travaux de la recherche *jus*-scientifique seraient aussi objectifs que des actes mathématiques. Ils contiennent inéluctablement l'un ou l'autre « "passager clandestin" subjectif »[3]. Les mots avec lesquels s'expriment les juristes sont, à l'inverse des chiffres, rarement neutres ; le choix des mots est déjà un choix subjectif et Gaston Bachelard pouvait écrire que « l'objet nous désigne autant que nous le désignons »[4]. D'aucuns jugeront que les études des scientifiques du droit sont très imparfaitement objectives ; sans doute n'auront-ils pas tort s'ils comparent cette objectivité à celle qui peut marquer d'autres champs de la connaissance humaine.

L'incompatibilité entre le discours objectif et le discours moral, politique ou philosophique

Pour espérer s'approcher au plus près de cet objectivité-objectif, il importe d'expurger de sa recherche tous les « intérêts subjectifs »[5], toutes les impressions premières et personnelles[6], tous les « éléments étrangers à la nature spécifique d'une science dont le seul but est de connaître le droit [ou

[1] S. GOYARD-FABRE, « Le droit, tâche infinie », *Droits* 1990, n° 11, p. 26.

[2] H. KELSEN, *Théorie pure du droit*, 1ère éd., trad. H. Thévenaz, La Baconnière (Neuchâtel), 1988, p. 70.

[3] Th. ALAM, « Le rôle de l'expertise scientifique sur les ESST dans le processus d'action publique », in L. DUMOULIN, S. LA BRANCHE, C. ROBERT, P. WARIN, dir., *Le recours aux experts – Raisons et usages politiques*, Presses universitaires de Grenoble, 2004, p. 86 (cité par J. HERVOIS, *La production de la norme juridique en matière scientifique et technologique*, th., Université de La Rochelle, 2011, p. 32).

[4] G. BACHELARD, *La psychanalyse du feu* (1949), Folio, coll. Essais, 1992 (cité par M. DELMAS-MARTY, « *Post-scriptum* sur les forces imaginantes du droit », in C. THIBIERGE, dir., *La force normative – Naissance d'un concept*, LGDJ-Bruylant (Paris-Bruxelles), 2009, p. 848).

[5] H. KELSEN, « Qu'est-ce que la théorie pure du droit ? » (1953), *Dr. et société* 1992, p. 562.

[6] É. DURKHEIM, *Les règles de la méthode sociologique*, 2e éd. (1937), Puf, coll. Bibliothèque de philosophie contemporaine, 1973, p. VII.

la notion de droit] »[1], toutes les « habitudes corporatives »[2], tous les « jugements médiats non scientifiques »[3], tous les « faux concepts qui entravent de l'intérieur l'acte de connaissance »[4], tous les « protocoles de pensée »[5], tous les paradigmes que tendent à exercer une « force normative »[6], tout ce qui appartient au « moralisme juridique »[7] et, plus généralement, toute intention critique, tout apriori et toute « manière de penser », quelle qu'elle soit[8]. Ainsi est-il possible d'accéder à l'objectivité, laquelle se comprend comme la « seule véritable intelligence des faits »[9].

Il est donc impossible de participer, dans le cadre d'une science du droit, à un débat moral, politique ou philosophique[10]. Seules la philosophie du droit et la politique juridique sont en droit de hiérarchiser les valeurs afin d'en faire prévaloir certaines[11]. Où apparaît que le jusnaturalisme, qui « remplit une fonction idéologico-politique et non pas scientifique »[12], appartient davantage à la philosophie qu'à la théorie du droit. Cette dernière, si elle peut dire ce que doit être la science du droit, ne peut pas dire ce que le droit doit être, à l'identique de la science du droit dont l'office se résume à la description du droit qui est, sans porter sur lui de jugement de valeur aucun. Les valeurs appartiennent à la sphère de l'irrationnel ; or la théorie du droit a à s'efforcer d'intégrer la sphère du rationnel, de ce qui ne découle que de

[1] H. KELSEN, *Théorie pure du droit*, 2e éd., trad. Ch. Eisenmann, Dalloz, 1962, p. 46.

[2] G. THUILLIER, « Penser par soi-même en droit », in D. ALLAND, S. RIALS, dir., *Dictionnaire de la culture juridique*, Lamy-Puf, coll. Quadrige-dicos poche, 2003, p. 1145.

[3] A. CARTY, « Du Postmodernisme en théorie et en sociologie du droit, ou Rousseau et Durkheim lus par Baudrillard », *Dr. et société* 1989, p. 377.

[4] D. LOCHAK, « La neutralité de la dogmatique juridique : mythe ou réalité ? », in P. AMSELEK, dir., *Théorie du droit et science*, Puf, coll. Léviathan, 1994, p. 293.

[5] J. FRANCK, *Courts on Trial – Myth and Reality in American Justice*, Princeton University Press, 1950 (cité par M. XIFARAS, « Après les Théories Générales de l'État : le droit global ? », *Jus Politicum* 2012, n° 8, p. 20).

[6] É. GAILLARD-SEBILEAU, « La force normative du paradigme juridique », in C. THIBIERGE, dir., *La force normative – Naissance d'un concept*, LGDJ-Bruylant (Paris-Bruxelles), 2009, p. 171 s.

[7] O. PFERSMANN, « Morale et droit », in D. ALLAND, S. RIALS, dir., *Dictionnaire de la culture juridique*, Lamy-Puf, coll. Quadrige-dicos poche, 2003, p. 1043.

[8] É. DURKHEIM, *Les règles de la méthode sociologique*, 2e éd. (1937), Puf, coll. Bibliothèque de philosophie contemporaine, 1973, p. VII.

[9] R. RÉMOND, *Histoire de France – Le XXe siècle*, Le livre de poche, coll. Références, 1993 (cité par J.-P. CORNIOU, *Le Web, 15 ans déjà... et après ?*, Dunod, 2009, p. 1).

[10] Par exemple, P. BRUNET, V. CHAMPEIL-DESPLATS, S. HENNETTE-VAUCHEZ, É. MILLARD, « Mariage pour tous : les juristes peuvent-ils parler "au nom du droit" ? », *D.* 2013, p. 784 s.

[11] Par exemple, J. RAWLS, *Théorie de la justice* (1971), trad. C. Audard, Le Seuil, 1987.

[12] H. KELSEN, « Qu'est-ce que la théorie pure du droit ? » (1953), *Dr. et société* 1992, p. 562. Kelsen écrivait que le jusnaturalisme « se préoccupe moins de connaître le droit valide que de le justifier, moins de l'expliquer que de le transfigurer et l'embellir, en faisant valoir que tel droit positif serait l'émanation harmonieuse d'un ordre naturel, divin ou raisonnable, c'est-à-dire absolument juste et équitable » (*ibid.*).

l'expérience, ce qui justifie d'abandonner les problématiques axiologiques à la philosophie du droit.

Pourtant, d'aucuns remarquent que la plupart des théories du droit, notamment dans le cadre postmoderne, se passent de toute objectivité pour s'attacher à des aprioris et à la recherche de justification de certains phénomènes et de certaines thèses. Ainsi note-t-on que rares sont les travaux sur la globalisation du droit à ne pas être porteurs d'idées préconçues et de positions de principe[1]. Il s'agit moins d'observer la réalité de la globalisation du droit que de combattre l'atteinte portée à l'étatisation juridique — on parle d'« altermondialistes du droit » qui prônent le repli sur l'État[2] — ou, au contraire, de soutenir les progrès dont celle-ci pourrait être la source — « progrès » subjectifs qui pour d'autres sont des régressions —. Mais, comme le note le professeur Jean-Marie Carbasse, citant différents exemples historiques (Georges Scelle en 1925 et Gaston Jèze en 1935 notamment), la chaire professorale ne doit pas être une tribune politique et, « lorsque la politique pénètre dans l'amphithéâtre, c'est toute une "affaire" »[3]. Au-delà du cours magistral, le discours *jus*-scientifique, par définition, ne peut pas être un discours politique ou philosophique[4].

L'objectivité comme scepticisme

En outre, l'objectivité invite à ne rien accepter comme acquis sans vérification empirique, à la suite de Descartes qui érigeait le scepticisme en principe et en venait même à douter de sa propre existence[5]. Il faut, avec l'auteur du *Discours de la méthode*, être capable de « [se] défaire de toutes les opinions […] reçues jusqu'alors » pour « commencer tout de nouveau dès les fondements » et, ainsi, pouvoir « établir quelque-chose de ferme et de constant dans les sciences »[6]. Il faut être disposé à se départir des certitudes,

[1] J. -B. AUBY, *La globalisation, le droit et l'État*, 2e éd., LGDJ, coll. Systèmes, 2010, p. 14. L'auteur souligne que « les effets que produit [la globalisation du droit] sont parfois positifs, parfois négatifs ; ils sont en tous les cas des faits qu'il faut étudier en tant que tels » (*ibid.*, p. 15).

[2] L. PECH, « Le droit à l'épreuve de la gouvernance », in R. CANET, J. DUCHASTEL, dir., *La régulation néolibérale – Crise ou ajustement ?*, Athéna éditions (Montréal), 2005.

[3] J.-M. CARBASSE, « Professeurs à la faculté de droit », in D. ALLAND, S. RIALS, dir., *Dictionnaire de la culture juridique*, Lamy-Puf, coll. Quadrige-dicos poche, 2003, p. 1245.

[4] P. BRUNET, V. CHAMPEIL-DESPLATS, S. HENNETTE-VAUCHEZ, É. MILLARD, « Mariage pour tous : les juristes peuvent-ils parler "au nom du droit" ? », *D.* 2013, p. 784.

[5] R. DESCARTES, *Méditations métaphysiques*, 1641.

[6] *Ibid.* (« cela fait déjà quelques temps que je me suis aperçu que dès mes premières années j'avais reçu quantité de fausses opinions pour véritables et que ce que j'ai depuis fondé sur des principes aussi mal assurés ne pouvait être que fort douteux et incertain, de façon qu'il me fallait entreprendre sérieusement, une fois en ma vie, de me défaire de toutes les opinions que j'avais reçues jusqu'alors en ma créance et commencer tout de nouveau dès les fondements si je voulais établir quelque-chose de ferme et de constant dans les sciences »).

des évidences et des idéologies, donc de la dogmatique, afin de ne toujours attacher d'importance qu'à ce qui existe véritablement. Le célèbre aphorisme attribué à Saint Thomas, selon lequel il n'est lieu de croire qu'en ce qui se donne à voir, doit alors trouver sa pleine expression.

Être objectif, c'est promouvoir une doctrine du vérificationnisme et ne toujours donner d'importance qu'aux faits — étant entendu que l'existence d'une opinion s'analyse très bien en tant que fait[1] et que Duguit pouvait soutenir à bon droit qu'une croyance est un « fait social »[2] —. Avec l'objectivité, il est permis de gagner son indépendance scientifique — sans laquelle toute science est impossible —, de s'émanciper des « rhétoriques de la modernité »[3], d'abandonner l'adage *magister dixit* (« le maître l'a dit ») — ce n'est pas parce que l'hypothèse de la « *Grundnorm* » est d'origine kelsénienne qu'elle se pare nécessairement de la plus magistrale des pertinences —, de s'éloigner de la « pensée unique » et du « prêt-à-penser » que d'aucuns critiquent très au-delà de la sphère juridique[4]. Il devient légitime et congruent d'emprunter à cette « intelligence sans attache » dans laquelle le philosophe Karl Mannheim voyait le modèle même du grand chercheur[5] ; de se risquer à « inquiéter les certitudes »[6] ; de « produire l'insécurité culturelle dont nous avons besoin pour comprendre le monde

[1] Il n'est donc pas permis, sur ce point, de s'accorder avec le professeur Michel Troper selon qui « une science peut décrire des faits mais pas des valeurs » (M. TROPER, « Science du droit », in D. ALLAND, S. RIALS, dir., *Dictionnaire de la culture juridique*, Lamy-Puf, coll. Quadrige-dicos poche, 2003, p. 1393). La réalité et le contenu des valeurs sont des faits qu'il est possible d'étudier comme tels. En revanche, il est certain qu' « aucune science ne peut indiquer qu'un résultat est juste ou désirable. La science permet de connaître les moyens et non les fins » (*ibid.*).

[2] L. DUGUIT, *Traité de droit constitutionnel – Tome premier : La règle de droit, le problème de l'État*, 3e éd., De Boccard, 1927, p. 653. Seulement, Duguit ajoutait que le travail des juristes ne serait pas d'observer objectivement ces faits mais plutôt de démontrer que les croyances en cause sont erronées (*ibid.*).

[3] Réf. à M. M. CARRILHO, *Rhétoriques de la Modernité*, Puf, 1992.

[4] *Cf.*, par exemple, C. HAGÈGE, *Contre la pensée unique*, Odile Jacob, 2012. Est ici donnée l'occasion de citer l'article de Guy Thuillier relatif au besoin de « Penser par soi-même en droit » : « Penser par soi-même est chose difficile, pénible : or trop souvent le juriste ne fait pas effort pour penser par lui-même, il se contente de "faire comme des autres", de mettre ses pas dans les pas d'autrui, il vit commodément *à louage*, il subit des influences, la pression du groupe — qu'il soit juge, administrateur ou professeur — est très forte, les *entraves* au jeu de la pensée sont nombreuses. La pensée est en quelque sorte liée, prévisible, asservie ("le maître l'a dit" est une formule dangereuse), l'esprit perd sa souplesse, sa flexibilité, on ne sait plus imaginer, inventer, créer. [...] Il faut savoir désapprendre, c'est-à-dire se décharger d'un excès de savoir, rompre avec les coutumes de pensée, les habitudes corporatives, tenter de refaire son esprit, se débarrasser des préjugés et conventions qui s'attachent indûment à l'officium » (G. THUILLIER, « Penser par soi-même en droit », in D. ALLAND, S. RIALS, dir., *Dictionnaire de la culture juridique*, Lamy-Puf, coll. Quadrige-dicos poche, 2003, p. 1145 (souligné dans le texte original)).

[5] Cité par J.-A. MAZÈRES, « Préface », in J. JIANG, *Théorie du droit public*, L'Harmattan, coll. Logiques juridiques, 2010, p. 8.

[6] A. CAILLÉ, S. DUFOIX, dir., *Le tournant global des sciences sociales*, La découverte, 2013.

actuel »[1]. Mais encore faut-il ne pas « confondre objectivité et autosuffisance »[2], ce que le recours à l'empirisme doit permettre.

Des oppositions à l'idée d'objectivité de la recherche juridique

Eu égard au besoin d'objectivité de la recherche *jus*-scientifique, il n'est que possible de s'opposer aux auteurs qui estiment que le savoir juridique ne serait pas compatible avec l'objectivité[3], que la recherche juridique serait avant tout marquée par des formes de précompréhension et d'intuition philosophiques des phénomènes juridiques[4], que parler de « neutralité scientifique » serait forcément une forme de mensonge[5], que l'objectivité cèderait toujours face aux « forces imaginantes »[6], que l'étude objective des normes en tant que faits empiriques serait possible en tant que science sociale mais non en tant que science juridique[7], que, en droit, toute objectivité serait « illusoire »[8] car il serait toujours nécessaire d'interpréter et de reconstruire intellectuellement donc partialement les données observées, celles-ci n'étant pas de purs faits[9], ou que le positivisme ne participerait que de l' « abrutissement » et de l' « anesthésie » des consciences[10]. En matière juridique, la connaissance immédiate serait utopique et il serait

[1] *Ibid.*

[2] A. SUPIOT, « État social et mondialisation : analyse juridique des solidarités », Leçon inaugurale au Collège de France, 29 nov. 2012.

[3] Ch. ATIAS, *Épistémologie juridique*, Dalloz, coll. Précis, 2002, p. 68. Le professeur retenait que « la règle de droit, son enseignement et le savoir abstrait sur le droit ignorent nécessairement l'objectivité » (*ibid.*, p. 69). Ailleurs, il expliquait que, « avant même que ne s'engage le commentaire, toute neutralité est exclue. L'objet ne s'offre pas à l'observation ou à la description » (*ibid.*, p. 175).

[4] H. Ph. VISSER'T HOOFT, « Pour une mise en valeur non positiviste de la positivité du droit », *Droits* 1989, n° 10, p. 105.

[5] M. VILLEY, *La formation de la pensée juridique moderne*, Puf, coll. Quadrige manuels, 2006 ; D. LOCHAK, « La neutralité de la dogmatique juridique : mythe ou réalité ? », in P. AMSELEK, dir., *Théorie du droit et science*, Puf, coll. Léviathan, 1994, p. 293.

[6] M. DELMAS-MARTY, *Les forces imaginantes du droit – t. I : Le relatif et l'universel*, Le Seuil, coll. La couleur des idées, 2004.

[7] R. GUASTINI, O. WEINBERGER, « Interprétation et description des normes », in P. AMSELEK, dir., *Interprétation et droit*, Bruylant-PUAM (Bruxelles-Aix-en-Provence), 1995, p. 95 ; M. TROPER, « Entre science et dogmatique, la voie de la neutralité », in P. AMSELEK, dir., *Théorie du droit et science*, Puf, coll. Léviathan, 1994, p. 314.

[8] R. RICCI, « Le statut épistémologique des théories juridiques : essai de définition d'une pratique scientifique juridique », *Dr. et société* 2002, p. 156.

[9] Ch. ATIAS, D. LINOTTE, « Le mythe de l'adaptation du droit au fait », *D.* 1977, p. 251 ; A. LECA, *La genèse du droit – Essai d'introduction historique au droit*, 3e éd., Librairie de l'Université d'Aix-en-Provence, 2002, p. 11 et 415.

[10] G. RADBRUCH, « L'abrutissement des consciences », in Ch. GRZEGORCZYK, F. MICHAUT, M. TROPER, *Le positivisme juridique*, LGDJ, coll. La pensée juridique, 1993, p. 505.

irrémédiablement nécessaire d'en passer par des médias cognitifs subjectifs interdisant toute objectivité[1]. Pareille prémisse ne saurait être acceptée.

Il faut également s'élever contre l'affirmation selon laquelle « l'éthique de neutralité scientifique est contraire au métier de juriste-publiciste qui est appelé — à un moment ou un autre, et qu'il le veuille ou non — à défendre une cause politico-juridique. En d'autres termes, la doctrine juridique est toujours — peu ou prou, consciemment ou inconsciemment — une doctrine militante »[2]. Tout au contraire, il faut croire qu'il existe de nombreux chercheurs en droit qui sont des scientifiques et qui s'adonnent à des activités objectives.

En ces lignes, est affirmé avec force qu'il est très utile, mais également qu'il est possible, d'atteindre, en droit, un niveau suffisant d'objectivité et, donc, de scientificité. Il n'est pas vrai que, inéluctablement, y compris dans les sciences dites « dures », l'affirmation de l'objectivité correspond à un « triomphe de la comédie » puisque « le sujet qui disparaît de son discours s'installe en fait à la Tour de Contrôle. En feignant de laisser place au soleil copernicien, il reconstitue un système de Ptolémée dont son esprit est le centre »[3]. Certains scientifiques, sans doute, cachent derrière l'étiquette « objectivité » des intentions qui sont tout autres et qui relèvent de l'idéologie et de la subjectivité ; mais il se trouve aussi des scientifiques qui entreprennent réellement des travaux objectifs et qui en tirent des conclusions dont l'objectivité est irréfutable. À l'objection selon laquelle toute investigation scientifique serait elle-même encadrée par des normes, il faut répondre que les normes épistémologiques ne sont pas comparables aux normes morales. Karl Popper soutenait qu'il est impossible de ne pas analyser un objet sans se placer d'un point de vue particulier[4] ; mais l'objectivité est en soi un point de vue particulier.

Les limites de l'objectivité de la recherche jus-scientifique

En revanche, il est sans doute indiscutable que « tout intellectuel [ou tout chercheur] a des intérêts idéologiques, à savoir l'ensemble de ses

[1] I. KANT, *Prolégomènes à toute métaphysique future qui pourra se présenter comme science*, Vrin, 1993, p. 69 (cité par R. RICCI, « Le statut épistémologique des théories juridiques : essai de définition d'une pratique scientifique juridique », *Dr. et société* 2002, p. 156).

[2] O. BEAUD, *La puissance de l'État*, Puf, coll. Léviathan, 1994, p. 22.

[3] É. MORIN, *La méthode – t. I : La nature de la nature*, Le Seuil, 1977, p. 24 (cité par B. FABRE, *La crise du droit d'auteur : une approche systémique*, th., Université d'Aix-Marseille, 2012, p. 50).

[4] K. POPPER, *Conjectures et réfutations – La croissance du savoir scientifique*, trad. M.-I. et M. B. de Launay, Payot (Lausanne), 1985, p. 79 (cité par R. RICCI, « Le statut épistémologique des théories juridiques : essai de définition d'une pratique scientifique juridique », *Dr. et société* 2002, p. 156).

œuvres, tout ce qu'il a écrit jusqu'à présent »[1]. Pour être objectif, il importe de tout mettre en œuvre afin de s'extirper des influences quelles qu'elles soient, y compris celles exercées par soi-même sur soi-même. Mais la tâche est délicate et, par exemple, il est difficile d'imaginer que l'échelle de juridicité pourrait être repensée par son auteur à nouveaux frais sans regard aucun pour sa première présentation passée[2]. Il faut insister sur le fait que l'objectivité ici en cause n'est pas une objectivité absolue mais un objectif d'objectivité.

De plus, il est sans doute vrai que l'objectivité et la neutralité sont déjà des formes d'idéologie, de morale ou, du moins, de conviction personnelle[3], que l'indépendance axiologique est une première forme de dépendance axiologique[4]. Parler de « morale scientifique » n'est pas commettre une *contradictio in adjecto*. Mais cela ne doit pas amener jusqu'à affirmer qu' « il n'existe nulle part de lieu non idéologique appelé science »[5].

Et il y a assurément une part de vérité dans l'affirmation selon laquelle l'inscription dans un cadre *a maxima* objectif tendrait à « rend[re] insensible aux questions les plus vives de la discipline [juridique] »[6]. Que soit ici à nouveau exprimé combien il ne s'agit pas, à travers la science du droit, de chercher à ignorer ou même à combattre les autres modes d'approche et d'analyse du droit et à nier leurs pertinences et leurs potentialités respectives. D'ailleurs, l'auteur de ces lignes n'a pas manqué de publier des écrits ne partageant que peu avec le principe d'objectivité et avec l'intention épistémologique présentement soutenus[7]. Il va de soi que le droit pose d'innombrables questions auxquelles il est indispensable de répondre subjectivement, à l'aune de valeurs et d'une conscience personnelles.

Pour ne prendre qu'un exemple sous les feux des projecteurs de l'actualité au moment où ces lignes étaient rédigées, la question « faut-il légaliser le mariage des couples de personnes de même sexe ? », si elle n'intéresse pas les sciences du droit, n'est cependant pas extérieure au droit dans son ensemble et la philosophie du droit comme la politique juridique

[1] J.-P. SARTRE, *Situations X*, Gallimard, 1976.

[2] B. BARRAUD, « L'échelle de juridicité : un outil pour mesurer le droit et fonder une théorie syncrétique (première partie : présentation) », *Arch. phil. droit* 2013, p. 365 s.

[3] F. MICHAUT, « Le positivisme comme idéologie », in Ch. GRZEGORCZYK, F. MICHAUT, M. TROPER, *Le positivisme juridique*, LGDJ, coll. La pensée juridique, 1993, p. 401 s.

[4] Ch. LEBEN, « Droit : quelque-chose qui n'est pas étranger à la justice », *Droits* 1990, n° 11, p. 35.

[5] P. RICŒUR, *Du texte à l'action – Essais d'herméneutique*, t. II, Le Seuil, 1986, p. 314 (cité par L. PONTON, La définition du droit naturel d'Ulpien : sa reprise par Thomas d'Aquin et son actualisation comme critique des droits de l'homme », *Laval théologique et philosophique* 1996, p. 852).

[6] O. BEAUD, *La puissance de l'État*, Puf, coll. Léviathan, 1994, p. 376.

[7] Par exemple, B. BARRAUD, *L'État – Entre fait et droit*, L'Harmattan, coll. Logiques juridiques, 2015.

peuvent légitimement chercher à y répondre[1]. Et Hauriou pouvait, mais à condition d'enlever à cet instant ses casquettes de théoricien et de scientifique du droit positif, plaider en faveur de la non-attribution du statut de service public au théâtre et en faveur de l'encouragement de la production et de la vente de tabac par l'État, cela à l'aune de considérations subjectives, axiologiques et politiques, loin de tout raisonnement scientifico-juridique[2]. « Il est tout à fait possible, sans se contredire, écrivait Alf Ross, de nier l'objectivité des valeurs et de la morale et d'être, en même temps, un honnête homme et un compagnon de lutte fiable contre le règne de la terreur, de la corruption et de l'inhumanité »[3].

Il faut donc suivre qui invite les chercheurs en droit à mêler, au cours de leurs travaux, observations objectives et propositions personnelles, notamment d'ordre éthique, mais à condition de toujours préciser très explicitement quelle est l'intention épistémologique qui marque l'écrit en cause[4]. Un même auteur peut parfaitement se situer « sur la scène et au balcon »[5], mais à condition de l'être alternativement et non simultanément et à condition que cela résulte d'une démarche tout à fait transparente[6].

[1] *Contra*, P. BRUNET, V. CHAMPEIL-DESPLATS, S. HENNETTE-VAUCHEZ, É. MILLARD, « Mariage pour tous : les juristes peuvent-ils parler "au nom du droit" ? », *D.* 2013, p. 784 s.

[2] Dans une note sous l'arrêt *Astruc et Société du Théâtre des Champs-Élysées* (CE, 7 avr. 1916), Hauriou estimait sans ambages que le théâtre présentait l'inconvénient « d'exalter l'imagination, d'habituer les esprits à une vie factice et fictive, au grand détriment de la vie sérieuse, et d'exciter les passions de l'amour, lesquelles sont aussi dangereuses que celles du jeu et de l'intempérance ». En conséquence, il lui refusait la qualité de service public. En revanche, l'État, en organisant le monopole des tabacs « qui lui rapporte de gros revenus », encourageait « une distraction ou un amusement. [...] L'usage du tabac, bien que représentant certains inconvénients, n'est pas très dangereux pour la santé publique et surtout il n'a pas d'influence sur la moralité » (cité par J. MORAND-DEVILLER, *Droit administratif*, 13e éd., LGDJ, coll. Cours, 2013, p. 461). Le tabac avait été érigé en monopole d'État en 1810.

[3] A. ROSS, « Validity and the Conflict between Legal Positivism and Natural Law », in Ch. GRZEGORCZYK, F. MICHAUT, M. TROPER, *Le positivisme juridique*, LGDJ, coll. La pensée juridique, 1993, p. 442.

[4] F. S. COHEN, « Transcendental Nonsense and the Functional Approach », *Columbia Law Review* 1935, p. 129 (cité par X. MAGNON, *Théorie(s) du droit*, Ellipses, coll. Universités-droit, 2008, p. 134).

[5] Réf. à F. OST, M. VAN DE KERCHOVE, « De la scène au balcon – D'où vient la science du droit ? », in F. CHAZEL, J. COMMAILLE, dir., *Normes juridiques et régulation sociale*, LGDJ, coll. Droit et société, 1992, p. 67 s.

[6] Notamment, N. BOBBIO, *Essais de théorie du droit*, trad. Ch. Agostini, M. Guéret, LGDJ-Bruylant (Paris-Bruxelles), coll. La pensée juridique, 1998, p. 36. Bobbio expliquait : « Sur le plan de l'idéologie, où aucune tergiversation n'est possible, je suis jusnaturaliste. Sur le plan de la méthode, je suis positiviste avec autant de conviction. Enfin, sur le plan de la théorie du droit, je ne suis ni l'un ni l'autre » (*ibid.*, p. 53). Et le juriste italien de noter encore, très pertinemment, que, « comme modes différents d'approche de l'expérience juridique (le mode de prise de position et celui de prise de connaissance), jusnaturalisme et positivisme sont parfaitement compatibles sur deux plans différents : d'un côté, celui de l'appréciation du caractère juste des lois en vue de leur réforme, et de l'autre, celui de l'interprétation des lois en vue de leur meilleure systématisation théorique — et donc en vue de leur meilleure

Naturellement, pour ne pas se laisser influencer par ses propres préférences éthico-politiques, le scientifique du droit doit renoncer à la prétention de proposer des modèles et des solutions pour l'action. La tâche de la science est de connaître et de décrire son objet, pas de le prescrire ni de le justifier ou juger. Hors du cadre scientifique, en revanche, rien n'interdit de chercher à imposer certaines normes ou certains principes, comme le concepteur de la théorie syncrétique du droit est libre de, par ailleurs, proposer une théorie personnelle du droit. Réduire le droit à un modèle purement scientifique indifférent aux valeurs politiques, morales et sociales serait sans aucun doute aussi dévastateur que de se contenter, à l'instar d'un Dworkin[1], de jugements de valeur sans autres formes d'explication[2]. Mais, surtout, il est décisif de ne pas mélanger les genres et de ne pas tenir un propos à-demi scientifique et à-demi subjectif. Il est parfaitement possible d'admettre, d'une part, dans une optique *jus*-scientifique, qu'une norme nazie est une norme juridique car elle répond aux critères de la juridicité et d'estimer, d'autre part, à des fins *jus*-morales ou *jus*-philosophiques, que cette norme nazie est regrettable ou détestable.

Le juriste positiviste possède de toute évidence une position personnelle sur ce que doit être la finalité du droit et sur les valeurs qui devraient imprégner la substance du droit positif. Il n'est donc pas fondé de dire que le positivisme « rend aveugle »[3]. Simplement, conscient de la relativité de son point de vue, ledit positiviste n'a pas l'intention, à l'inverse du juriste jusnaturaliste ou du juriste « politicien », d'ériger ce qui n'est qu'une opinion personnelle en système général et universel. Aussi préfère-t-il, dans son cadre professionnel tout du moins, faire primer l'objectivité sur les sensations individuelles et contingentes.

La reconnaissance du besoin d'objectivité de la recherche jus-*scientifique*

La section droit public du Conseil National des Universités écrit, dans son rapport annuel, qu'« un véritable travail scientifique suppose la nécessité de distinguer les jugements de fait des jugements de valeur et

application pratique —. Dans ce cas, l'opposition entre les défenseurs de l'un et de l'autre parti est parfaitement stérile » (*ibid.*, p. 51).

[1] *Cf.* R. GUASTINI, « Dworkin Ronald – Taking Rights Seriously », in O. CAYLA, J.-L. HALPÉRIN, dir., *Dictionnaire des grandes œuvres juridiques*, Dalloz, 2008, p. 157 (qui observe que Dworkin, qui rejetait toute distinction du droit et de la morale, refusait par principe toute approche scientifique, c'est-à-dire objective, du droit).

[2] J.-L. BERGEL, *Théorie générale du droit*, 5e éd., Dalloz, coll. Méthodes du droit, 2012, p. 3.

[3] G. TIMSIT, *Thèmes et systèmes de droit*, Puf, coll. Les voies du droit, 1986, p. 139 (cité par P. DEUMIER, *Introduction générale au droit*, 2e éd., LGDJ, coll. Manuel, 2013, p. 40) ; G. RADBRUCH, « L'abrutissement des consciences », in Ch. GRZEGORCZYK, F. MICHAUT, M. TROPER, *Le positivisme juridique*, LGDJ, coll. La pensée juridique, 1993, p. 505.

implique donc un effort constant en vue de l'examen le plus objectif possible des textes, des institutions, du droit positif et des analyses doctrinales »[1]. Cela conforte l'opportunité de l'objectivité et, plus largement, de la scientificité de la recherche juridique. Dans le même sens, Maurice Hauriou remarquait que la première édition de ses *Principes de droit public* avait été « accueillie avec faveur par le public parce que les matériaux étaient choisis et étudiés dans un esprit vraiment positif et avec une méthode d'observation véritablement objective »[2]. Qu'il soit permis de croire qu'il peut en aller de même de tout ouvrage *jus*-scientifique et qu'une doctrine construite à base d'objectivité est plus légitime épistémiquement et épistémologiquement qu'une doctrine explicable par la biographie de son auteur[3]. Comme le disait Kelsen, « le scientifique ne doit être identifiable avec aucune valeur »[4]. Et que soit rappelé, aux côtés du professeur Alain Supiot, combien, « pour la doctrine juridique comme pour la recherche scientifique dans son ensemble, l'indépendance que le Conseil constitutionnel reconnaît aux professeurs d'université n'est pas seulement une liberté ; elle est aussi un devoir »[5].

Kant souhaitait « limiter le savoir pour garder une place à la croyance »[6]. *In fine*, les branches scientifiques de la recherche juridique ont pour ambition, tout au contraire du philosophe de Königsberg, de démultiplier le savoir pour expulser autant que possible la croyance des études du droit. Il faut gager, avec un auteur qui, constatant le retrait progressif des dieux et des religions, note que « nous sommes en panne de

[1] Section 02 (droit public) du Conseil National des Universités, « Rapport d'activité 2012 ».

[2] M. HAURIOU, *Principes de droit public à l'usage des étudiants en licence et en doctorat ès sciences politiques*, 2e éd., Librairie du Recueil Sirey, 1916, p. VI.

[3] Réf. à O. BEAUD, « Carré de Malberg, juriste alsacien – La biographie comme élément d'explication d'une doctrine constitutionnelle », *Annales de la faculté de droit de Strasbourg* 1997, n° 1, p. 219 s. ; O. BEAUD, « Carl Schmitt, un juriste nazi ou un juriste qui fut nazi – Tentative d'examen critique », *Droits* 2004, n° 40, p. 207 s.

[4] H. KELSEN, *Théorie pure du droit*, 2e éd., trad. Ch. Eisenmann, Dalloz, 1962, p. 92.

[5] A. SUPIOT, « Ontologie et déontologie de la doctrine », *D.* 2013, p. 1421. Le Conseil constitutionnel a affirmé que « la garantie de l'indépendance [des professeurs des universités] résulte [...] d'un principe fondamental reconnu par les lois de la République, et notamment par les dispositions relatives à la réglementation des incompatibilités entre le mandat parlementaire et les fonctions publiques » (Cons. const., déc. 20 janv. 1984, n° 83-165 DC, *Loi relative à l'enseignement supérieur*). L'article LO 142 du Code électoral, ici en cause, prévoit que « l'exercice des fonctions publiques non électives est incompatible avec le mandat de député. Sont exceptés des dispositions du présent article [...] les professeurs qui, à la date de leur élection, étaient titulaires de chaires données sur présentation des corps où la vacance s'est produite ou chargés de directions de recherches »). En outre, sur ce point, le professeur Olivier Beaud souligne que la doctrine universitaire se doit d'être indépendante des puissances économiques et qu'un danger important qui la guette actuellement est que, en étant à la fois professeurs et avocats, ses membres perdent leur autonomie et que cette situation aboutisse à un « asservissement de la doctrine » (O. BEAUD, « Doctrine », in D. ALLAND, S. RIALS, dir., *Dictionnaire de la culture juridique*, Lamy-Puf, coll. Quadrige-dicos poche, 2003, p. 387).

[6] I. KANT, *Critique de la raison pure*, Hartknoch (Riga), 1781.

subjectivité »[1], que cela constitue « une chance, une dimension inédite de la modernité, une liberté qui nous permet de poser des questions neuves »[2]. Les sciences du droit doivent donc donner lieu à des travaux foncièrement objectifs, ne passant jamais « du droit aux passions »[3]. Ensuite, ces travaux doivent également être foncièrement empiriques, étant entendu qu'il est difficile d'être objectif sans être empirique ou empirique sans être objectif. Les principes d'objectivité et d'empirisme, principes cardinaux de la recherche scientifique, sont indissolubles.

[1] F. FOURQUET, « La norme comme bien collectif civilisationnel », in A. BERTHOUD, É. SERVERIN, dir., *La production des normes entre État et société civile – Les figures de l'institution et de la norme entre État et sociétés civiles*, L'Harmattan, 2000, p. 253.
[2] *Ibid.*, p. 254.
[3] Réf. à N. ROULAND, *Du droit aux passions*, PUAM (Aix-en-Provence), coll. Iségoria, 2005.

Chapitre 4

Scientificité et caractère empirique de la recherche

L'empirisme, seconde condition de la scientificité des investigations et des conclusions

Il serait inquiétant de trouver avant même d'avoir cherché. « *Fabricando fabri fimus* »[1], disait-on déjà dans l'antique Rome. Il n'est cependant pas rare, dans le domaine de l'étude et de la pensée du droit, que des conclusions soient proposées spontanément, sans qu'aucune enquête « de terrain » n'ait été au préalable entreprise. Pourtant, « *res ipsa loquitur* »[2], notaient également les romains, à la suite des grecs. Il faut dire qu'Aristote[3], les sophistes et les épicuriens furent de premiers empiristes.

L'empirisme ne va pas de soi parmi ceux qui s'intéressent au droit et, par exemple, les options épistémologiques des jusnaturalismes, mais aussi celles des théories positivistes, ne permettent pas d'en faire des théories scientifiques puisqu'elles « déterminent *a priori* leur capacité explicative des théories juridiques, indépendamment de l'observation de leur pertinence quant à l'analyse du phénomène juridique »[4]. Et Carré de Malberg, ainsi que le note l'un de ses commentateurs, pouvait poursuivre l'ambition de « rechercher l'essence » des objets théoriques en cause, c'est-à-dire les « idées dont la valeur de vérité est indépendante de leurs réalisations empiriques »[5].

Tout au contraire de pareille conception de la recherche juridique, les sciences du droit sont par définition empiriques ; elles conduisent les

[1] « La pratique fait l'ouvrier » ou « c'est en forgeant qu'on devient forgeron ».

[2] « Les faits parlent d'eux-mêmes ».

[3] *Cf.* J. BENOIST, « Aristote – Éthique à Nicomaque, livre V », in O. CAYLA, J.-L. HALPÉRIN, dir., *Dictionnaire des grandes œuvres juridiques*, Dalloz, 2008, p. 1-2. L'auteur souligne notamment qu'Aristote refusait de séparer de l'être sensible sa structure intelligible et de faire de celle-ci un domaine de réalité séparé, ce que Platon appelait les « Idées » ; et qu'Aristote n'adoptait pas, comme le faisait Platon, l'attitude du philosophe législateur, qui se place dans la position, fictive, d'édicter lui-même ce que devrait être le droit, mais il essayait davantage de comprendre, de fait, ce qu'était le droit concrètement.

[4] R. RICCI, « Le statut épistémologique des théories juridiques : essai de définition d'une pratique scientifique juridique », *Dr. et société* 2002, p. 166.

[5] É. MAULIN, *La théorie de l'État de Carré de Malberg*, Puf, coll. Léviathan, 2003, p. 336.

chercheurs à travailler empiriquement et à ne pas commettre l'erreur de Gurvitch qui écrivit une théorie de la pratique mais ne la pratiqua pas sur le terrain, ce qui nuisit grandement à sa légitimité scientifique[1]. Les conclusions des travaux doivent être construites *a posteriori* et non *a priori*, avant de sélectionner en opportunité les arguments abondant dans le sens de la thèse défendue. Il incombe aux scientifiques du droit de réduire au strict minimum les structures conceptuelles — sans vouloir les supprimer totalement, car de simples données et observations ne sauraient constituer une science[2] — et d'étendre au maximum les constatations factuelles. Leur propos doit être descriptif, principalement, et explicatif, ensuite, mais en aucun cas stipulatif, prospectif, normatif, politique ou polémique.

La large acceptation de l'exigence d'empirisme dans la recherche jus-scientifique

Pareille aspiration à l'empirisme n'est cependant guère originale et on recourt souvent à la théorie du droit afin d'imposer une science empirique du droit[3], considérant à juste titre que les normes juridiques sont des faits[4] — des « faits normatifs »[5] en quelque sorte — susceptibles de

[1] J. LE GOFF, *Georges Gurvitch – Le pluralisme créateur*, Michalon, coll. Le bien commun, 2012.

[2] « Une pure collection de données d'observation ou d'expérience ne constitue pas une science : les “faits” doivent être ordonnés, interprétés, expliqués. En d'autres termes, c'est seulement lorsqu'elle est soumise à un traitement théorique qu'une connaissance des faits devient une science » (A. KOYRÉ, *Études d'histoire de la pensée scientifique*, Gallimard, 1973, p. 328 (cité par Ch. ATIAS, *Science des légistes, savoir des juristes*, 3e éd., PUAM (Aix-en-Provence), 1993, p. 207)). C'est assurément légitimement qu'on plaide pour un « équilibre entre la réflexion ésotérique sur des mondes imaginaires et le traitement irréfléchi des données » (A. SUPIOT, « État social et mondialisation : analyse juridique des solidarités », Leçon inaugurale au Collège de France, 29 nov. 2012). Et Kant de retenir, de façon très imagée, qu' « une doctrine uniquement empirique du droit est une tête qui peut être belle, mais dont il est simplement dommage qu'elle ne possède point de cervelle » (I. KANT, « Doctrine du droit », in *Métaphysique des mœurs*, trad. A. Philolenko, Vrin, 1979 (cité par J. JIANG, « *Quid jus* ? Esquisse d'une théorie dialectique de la définition du droit », *RRJ* 2002, p. 628)).

[3] Par exemple, M. TROPER, *Philosophie du droit*, Puf, coll. Que sais-je ?, 2003, p. 62 ; A. ROSS, *Introduction à l'empirisme juridique*, trad. E. Matzner, É. Millard, Bruylant-LGDJ (Bruxelles-Paris), coll. La pensée juridique, 2004, *passim* ; É. MILLARD, « Point de vue interne et science du droit : un point de vue empiriste », *RIEJ* 2007, n° 59, p. 59.

[4] Par exemple, V. PETEV, « Une conception socio-axiologique du droit », *Droits* 1989, n° 10, p. 70.

[5] G. GURVITCH, *L'expérience juridique et la philosophie pluraliste du droit*, Pedone, 1935, spéc. p. 17 (« la réalité du Droit saisie par l'expérience juridique est intermédiaire entre le monde des faits sensibles et le monde idéal ; l'expérience juridique, étant à mi-chemin entre l'expérience du sensible et l'expérience du spirituel, n'a pour données primordiales ni des valeurs idéales ni des faits sensibles mais des “faits normatifs”, des faits sensibles incarnant par leur existence même des valeurs »).

donner lieu à des « jugements de réalité »[1], *i.e.* des vérifications empiriques. L'empirisme est clairement « à la mode ». « Aujourd'hui, relève-t-on, tout discours dogmatique est disqualifié d'office »[2]. Cette « mode » est toutefois plus évidente hors de la recherche juridique qu'au sein de la recherche juridique. Il n'en demeure pas moins que de plus en plus d'universitaires-juristes estiment qu' « il conviendrait de rompre avec nos habitudes de pensée héritées du passé et de mettre résolument nos idées en accord avec les faits »[3]. On va même jusqu'à faire du réalisme la vocation première du philosophe-juriste[4] ; cela devrait néanmoins viser davantage le théoricien-juriste que le philosophe-juriste.

Contredisant l'affirmation de Karl Popper selon laquelle « les théories ne sont jamais vérifiables empiriquement »[5], il faut gager que la théorie du droit elle-même peut être empirique, spécialement dès lors que la définition syncrétique du droit doit être obtenue au terme d'une recherche empirique[6]. S'élevant contre l'idée que « la réalité mérite davantage de respect que la théorie »[7], la théorie syncrétique entend démontrer qu'une théorie du droit peut avoir pour seule fin de capter la réalité du droit et peut parvenir à capter la réalité du droit[8]. On retient toujours que la théorie analytique ou la théorie empirique du droit « prescrit/permet une approche scientifique du droit visant à décrire le droit tel qu'il est »[9] ; on assigne à la théorie le soin d'arrêter l'identité et l'envergure des faits sur lesquels porte la science

[1] M. Troper, *Pour une théorie juridique de l'État*, Puf, coll. Léviathan, 1994, p. 55.

[2] M. Girel, « La production du doute et de l'ignorance dans les sciences », Questions d'éthique, France culture, 25 avr. 2013.

[3] P. Amselek, « L'évolution générale de la technique juridique dans les sociétés occidentales », *RDP* 1982, p. 289.

[4] A. Punzi, « Pour une philosophie réaliste du droit – Villey et les équivoques sur le droit naturel », *Dr. et société* 2009, p. 69. Seulement, pour cet auteur, il s'agit de trouver une étonnante essence réaliste du droit.

[5] K. Popper, *La logique de la découverte scientifique* (1959), Payot (Lausanne), 1973, p. 37.

[6] *Cf.* B. Barraud, « L'échelle de juridicité : un outil pour mesurer le droit et fonder une théorie syncrétique (première partie : présentation) », *Arch. phil. droit* 2013, p. 365 s. ; B. Barraud, *Théories du droit et pluralisme juridique – t. II : La théorie syncrétique du droit et la possibilité du pluralisme juridique*, PUAM (Aix-en-Provence), coll. Inter-normes, 2017.

[7] M. Virally, *Le droit international en devenir*, Puf, p. 92, (cité par C. Thibierge, « Le droit souple – Réflexion sur les textures du droit », *RTD civ.* 2003, p. 599).

[8] On décrit souvent le normativisme comme un ensemble de modèles et de constructions caractérisés par un très haut degré d'abstraction et d' « éloignement de la réalité » (G. Timsit, « Raisonnement juridique », in D. Alland, S. Rials, dir., *Dictionnaire de la culture juridique*, Lamy-Puf, coll. Quadrige-dicos poche, 2003, p. 1291). Il est vrai que *Théorie pure du droit* frappe par son manque de liens tissés avec la sphère réelle, par ses carences en termes d'illustrations concrètes. La théorie syncrétique du droit, elle, se doit d'être concrète et proche de la réalité, en l'occurrence celle des usages faits des mots « droit » et « juridique ».

[9] É. Millard, « Rendre compte du droit dans un contexte de globalisation », in J.-Y. Chérot, B. Frydman B., dir., *La science du droit dans la globalisation*, Bruylant (Bruxelles), coll. Penser le droit, 2012, p. 57.

juridique[1], mais cette théorie n'est pas en soi empirique[2]. Normalement, « les expériences valables sont fondées sur une théorie [et] les moyens qui permettent de les réaliser ne sont rien d'autre que de la théorie incarnée »[3], mais la théorie ne peut pas être elle-même une expérience empirique. Et on trouve parfois des sondages et des statistiques dans les travaux des sciences du droit[4], mais rarement dans les travaux des théories du droit. De ce point de vue, la théorie syncrétique du droit proposée par ailleurs par l'auteur de ces lignes s'avère révolutionnaire[5]. Avec elle, c'est à la description de la notion de droit telle qu'elle est que doit s'attacher la « théorie empirique du droit », ce qui mène à opérer des sondages et à établir des statistiques. Dès lors, seules la philosophie du droit, la légistique et la politique juridique sont incompatibles avec les enquêtes empiriques.

Même si un certain nombre d'auteurs considèrent encore que les sciences du droit ne sauraient être que des sciences normatives et non des sciences empiriques et causales[6], il est aujourd'hui plutôt ordinaire de plaider

[1] Par exemple, É. MILLARD, *Théorie générale du droit*, Dalloz, coll. Connaissance du droit, 2006, p. 25.

[2] Ainsi le professeur Éric Millard souligne-t-il que la mission de la théorie du droit est, « en recourant à la posture analytique, de clarifier le langage nécessaire à la description » (É. MILLARD, « Présentation », in A. ROSS, *Introduction à l'empirisme juridique*, trad. E. Matzner, É. Millard, Bruylant-LGDJ (Bruxelles-Paris), coll. La pensée juridique, 2004, p. 8), donc de fournir des outils à la science juridique qui est empirique mais non d'être empirique soi-même, tout au contraire. *Cf.*, également, M. TROPER, « Science du droit », in D. ALLAND, S. RIALS, dir., *Dictionnaire de la culture juridique*, Lamy-Puf, coll. Quadrige-dicos poche, 2003, p. 1393-1394.

[3] A. KOYRÉ, *Études d'histoire de la pensée scientifique*, Gallimard, 1973, p. 328 (cité par Ch. ATIAS, *Science des légistes, savoir des juristes*, 3e éd., PUAM (Aix-en-Provence), 1993, p. 207).

[4] Ph. BONFILS, « L'outil statistique et son utilisation dans les sciences juridiques », *RRJ* 1996, p. 1129 s.

[5] La théorie juridique est l'un des rares domaines dans lesquels on peut encore en venir à regretter la servitude aux faits. Est affirmé avec force que la théorie syncrétique du droit est une théorie totalement servile et que l'auteur n'exerce sur elle qu'une influence marginale par rapport à la pression des faits.

[6] Une part non négligeable de la doctrine juge ainsi que le droit ne serait pas un phénomène empirique et/ou que la science juridique ne pourrait pas être une science empirique (par exemple, L. HABIB, « L'impur objet de la science du droit », *Droits* 1990, n° 11, p. 102 ; O. PFERSMANN, « Monisme revisité contre *juriglobisme* incohérent », in J.-Y. CHÉROT, B. FRYDMAN, dir., *La science du droit dans la globalisation*, Bruylant (Bruxelles), coll. Penser le droit, 2012, p. 64). Par ailleurs, d'aucuns rejettent les travaux « englués dans la factualité et dans l'empirie » (S. GOYARD-FABRE, *Critique de la raison juridique*, Puf, 2003, p. 20). Hart ne voyait dans l'empirisme qu'une « prétention sans substance » (H. L. A. HART, « Le réalisme scandinave », *Annales de la Faculté de droit de Strasbourg* 2000, n° 4, p. 43 (cité par É. SERVERIN, « Quels faits sociaux pour une science empirique du droit ? », *Dr. et société* 2002, p. 61). Et le professeur Michel Troper de noter qu' « il semblerait qu'on ne puisse éviter le Charybde d'une science du droit comme science du devoir-être que pour tomber dans le Scylla d'une science empirique dépourvue de toute spécificité et indissociable de la sociologie » (M. TROPER, « Kelsen, Ross et la validité », *Dr. et société* 2002, p. 57). Plus

en faveur de l'empirisme au sein de la recherche *jus*-scientifique et beaucoup de professeurs de droit en viennent à soutenir que « l'utilisation par le droit de la méthode sociologique est devenue une nécessité impérative »[1]. Ils suivent ainsi la méthode préconisée en son temps par Duguit, selon laquelle

> *Il faut constater les faits, n'affirmer comme vrai que ce que l'on constate par l'observation directe et bannir du domaine juridique tous les concepts* a priori, *objets de croyance métaphysique ou religieuse, qui prêtent à des développements littéraires, mais qui n'ont rien de scientifique. [...] Je persiste à penser que l'observation et le raisonnement sur les données de l'observation sont les seuls instruments d'investigation que l'homme possède pour arriver à découvrir la petite part de vérité qu'il lui est permis de connaître. Je persiste à penser que dans le domaine du droit on ne peut arriver à des solutions à la fois pratiques et justes qu'en écartant tous les concepts* a priori *et toute la vaine dialectique que l'on prétend y rattacher. [...] J'ai un profond respect pour les croyances religieuses sincères ; j'admire les rêveries métaphysiques traduites en un beau langage ; mais les unes et les autres n'ont que faire pour la découverte de la vérité positive. [...] Dans le siècle par excellence des sciences positives, le domaine du droit est resté encombré de notions d'ordre purement métaphysique ; on n'a pas su apporter à l'étude du problème juridique une méthode véritablement et exclusivement réaliste. [...] L'intuitionnisme d'un Bergson, l'immanentisme d'un Blondel, le mysticisme d'un Hauriou, me laissent totalement indifférent. J'admire leur talent ; j'aime les sonorités poétiques de la philosophie bergsonienne ; je m'incline devant l'obscurité transcendantale de Blondel et d'Hauriou ; mais je persiste à penser qu'on ne peut arriver à la connaissance de la petite part de réalité qu'il nous est permis d'atteindre que par l'observation directe des faits qui tombent sous la prise des sens. Tout le reste c'est de l'imagination, du mysticisme, du sentiment, de la poésie, ce n'est pas de la connaissance du réel.*[2]

Ainsi, à l'aune d'une approche empirique et non dogmatique, bien des professeurs en viennent-ils à retenir des définitions et des positions plus proches du droit tel que l'expérience quotidienne le révèle et à affirmer, par

généralement, on constate que la science et la pensée, en France, peinent à mettre en avant l'empirisme et demeurent très cartésiennes (D. BOURCIER, P. VAN ANDEL, *De la sérendipité dans la technique, la science et le droit*, Hermann, 2013).

[1] J.-L. BERGEL, *Théorie générale du droit*, 5e éd., Dalloz, coll. Méthodes du droit, 2012, p. 200.

[2] L. DUGUIT, *Traité de droit constitutionnel – Tome premier : La règle de droit, le problème de l'État*, 3e éd., De Boccard, 1927, p. XVI, 3 et 77. Cela amenait Duguit à demander : « Pourquoi inventer toutes ces entités imaginaires, droit subjectif, souveraineté, sujet de droit ? » ; et à répondre, sans doute très excessivement, que « tout cela s'évanouit à la simple observation des faits » (*ibid.*, p. 674).

exemple, contre l'article 5 du Code civil[1], que, en droit français, les juges disposent effectivement de la capacité de prononcer des arrêts de règlement[2] ; en viennent-ils à étudier les changements et l'instabilité du droit, contre toute essence atemporelle du droit[3] ; ou en viennent-ils à se concentrer sur la coutume, qui ne se définit pas autrement que comme une création de droit par des faits[4].

L'association indissoluble de l'objectivité et de l'empirisme

Gurvitch indiquait que « toutes les conceptions du droit sont purement constructives », alors qu' « une réalité ne peut jamais être construite dans sa spécificité, elle ne peut qu'être retrouvée, saisie dans une expérience particulière, où elle est éprouvée, vécue immédiatement »[5]. Et de citer Bergson qui disait : « Une existence ne peut être donnée que dans une expérience »[6]. Il faut suivre le sociologue et le philosophe dès lors que l'on est un scientifique du droit. À la suite d'Hauriou, qui se disait « positiviste comtiste »[7] et expliquait que « la méthode positive pratiquée sincèrement [l'avait] mis à l'abri de l'influence des doctrines spéculatives »[8], et comme Carré de Malberg lorsqu'il entendait trouver le ferment de sa théorie de l'État dans les institutions positives et uniquement en elles[9], il faut, dans le cadre de la recherche *jus*-scientifique, se borner à observer le droit positif et à en rendre compte de la manière la plus directe et transparente possible. En cela, l'empirisme rejoint l'objectivité, à tel point qu'il est permis de se demander si ces deux principes ne constituent pas, en réalité, un seul et même méta-principe.

[1] « Il est défendu aux juges de prononcer par voie de disposition générale et réglementaire sur les causes qui leur sont soumises ».

[2] Par exemple, J. MORAND-DEVILLER, *Droit administratif*, 13e éd., LGDJ, coll. Cours, 2013, p. 266.

[3] Par exemple, J.-L. HALPÉRIN, « Le droit et ses histoires », *Dr. et société* 2010, p. 305.

[4] P. DEUMIER, *Introduction générale au droit*, 2e éd., LGDJ, coll. Manuel, 2013, p. 327.

[5] G. GURVITCH, *L'expérience juridique et la philosophie pluraliste du droit*, Pedone, 1935, p. 13-14.

[6] H. BERGSON, *La pensée et le mouvant*, 1934, p. 59 (cité par G. GURVITCH, *L'expérience juridique et la philosophie pluraliste du droit*, Pedone, 1935, p. 14).

[7] M. HAURIOU, *Principes de droit public à l'usage des étudiants en licence et en doctorat ès sciences politiques*, 2e éd., Librairie du Recueil Sirey, 1916, p. VII.

[8] *Ibid.*, p. XXIV.

[9] R. CARRÉ DE MALBERG, *Confrontation de la théorie de la formation du droit par degrés avec les idées et les institutions consacrées par le droit positif français relativement à sa formation*, Librairie du Recueil Sirey, 1933, p. 16 (« nous douterions qu'il pût être reconnu une force juridique absolue à une logique qui prendrait son point de départ ailleurs que dans les institutions positives elles-mêmes. C'est pourquoi il nous semble qu'une théorie sur la formation du droit dans les divers États ne mérite de prendre place dans la théorie générale de l'État qu'autant qu'elle extrait ses matériaux ou éléments de justification des concepts et des systèmes de droit public qui, à une époque déterminée, se trouvent consacrés par les Constitutions et les lois de l'ensemble des États »).

Empirisme et objectivité forment un couple indivisible, si bien qu'il est impossible que des recherches ou des conclusions soient empiriques sans être objectives. Par définition, jamais des observations empiriques ne comporteront de jugements de valeur[1] — mais des observations empiriques de jugements de valeurs sont tout autre chose et sont possibles —. Il est cependant préférable de retenir explicitement que la recherche *jus*-scientifique doit être objective et empirique afin d'insister sur l'intention épistémologique à laquelle elle s'attache. De plus, ont existé, historiquement au moins, des courants objectivistes qui n'étaient pas empiristes[2]. Et pourrait être ajouté à l'objectivité et à l'empirisme le pragmatisme, à la suite de la célèbre incrédulité de Saint Thomas qui disait ne toujours croire qu'en ce qu'il voyait[3].

L'empirisme comme fondation du savoir sur l'expérience

En toute science, il est reconnu que « les connaissances jaillissent avant tout de l'expérience »[4]. Cette dernière permet de montrer et d'apprendre au chercheur, ce qui la rend pédagogiquement indispensable. Et l'expérience, suivant la définition proposée par Gurvitch, est la « connaissance acquise par une longue série d'observations qui ne peut jamais être close »[5] ; étant précisé qu'il semble pertinent de séparer l' « expérience spontanée » (le vécu ou l'intuition immédiat[e]) et l' « expérience réfléchie », qui seule peut être appelée « connaissance »[6].

Or l'empirisme, doctrine scientifique ou scientifiste développée notamment, en même temps que la modernité de la pensée, par Bacon,

[1] M. TROPER, « Entre science et dogmatique, la voie de la neutralité », in P. AMSELEK, dir., *Théorie du droit et science*, Puf, coll. Léviathan, 1994, p. 313.

[2] É. MILLARD, « Réalisme », in D. ALLAND, S. RIALS, dir., *Dictionnaire de la culture juridique*, Lamy-Puf, coll. Quadrige-dicos poche, 2003, p. 1297.

[3] L'incrédulité de Saint Thomas lui donne une place unique dans le récit des apparitions de Jésus. Dans l'*Évangile de Jean*, il refuse de croire avant d'avoir vu les marques de la Crucifixion : « Thomas, l'un des douze, n'était pas avec eux lorsque Jésus vint. Les autres disciples lui dirent donc : "Nous avons vu le Seigneur". Mais il leur dit : "Si je ne vois dans ses mains la marque des clous, et si je ne mets mon doigt dans la marque des clous, et si je ne mets ma main dans son côté, je ne croirai point". Huit jours après, les disciples de Jésus étaient de nouveau dans la maison, et Thomas se trouvait avec eux. Jésus vint, les portes étant fermées, se présenta au milieu d'eux, et dit : "La paix soit avec vous !" Puis il dit à Thomas : "Avance ici ton doigt, et regarde mes mains ; avance aussi ta main, et mets-la dans mon côté ; et ne sois pas incrédule, mais crois". Thomas lui répondit : "Mon Seigneur et mon Dieu !" Jésus lui dit : "Parce que tu m'as vu, tu as cru. Heureux ceux qui n'ont pas vu, et qui ont cru !" ».

[4] É. KLEIN, « Comment savons-nous ce que nous savons ? », conférence à l'Agora des savoirs, Centre Rabelais de Montpellier, 2 nov. 2011.

[5] G. GURVITCH, *L'expérience juridique et la philosophie pluraliste du droit*, Pedone, 1935, p. 19.

[6] *Ibid.*, p. 20.

Locke, Hume, Bentham puis Auguste Comte, est justement le fait de fonder le savoir sur l'expérience, donc sur l'observation objective des faits, sur des « démonstrations par le fait »[1]. Il faut établir une expérience réfléchie en focalisant l'attention sur une expérience spontanée, donc sur des faits bruts, immédiatement accessibles sans en passer par des reconstructions, se donnant à voir sans aucun travestissement dans le monde du réel, du sensible et du tangible. À cela, les jusnaturalistes, les post-positivistes, les criticistes et les rationalistes objectent que toute connaissance présupposerait l'intervention de la raison, en particulier du jugement qui serait un élément constitutif et formateur du fait — pour Bachelard, les faits seraient ni plus ni moins que fabriqués par la raison[2] —. Même Gurvitch acceptait que « le *connu* est toujours plus complexe et plus artificiel que le *donné*, car il suppose une synthèse réfléchie ne pouvant jamais exprimer adéquatement les données éprouvées. L'expérience intégrale de l'immédiat n'est qu'un des éléments constitutifs de la connaissance [...], la racine qui lui procure sa nourriture »[3].

L'observateur effacé ou transparent

La volonté de faire œuvre novatrice ou inédite peut amener à faire prévaloir l'observateur par rapport à l'objet observé, si bien que, en fonction de la personnalité de cet observateur, la description de l'objet en cause peut varier radicalement. Avec l'empirisme — et avec l'objectivité —, tout observateur quel qu'il soit devrait peindre le même portrait de l'objet observé, c'est-à-dire peindre sa réalité concrète et uniquement sa réalité concrète. En ce sens, tout expérimentateur placé dans de mêmes conditions doit effectuer les mêmes constats et obtenir les mêmes résultats. C'est parce que l'agent est interchangeable que l'expérience est dite scientifique et que l'observation est objective[4]. L'essentiel est la définition complète et

[1] É. DURKHEIM, *Les règles de la méthode sociologique*, 2e éd. (1937), Puf, coll. Bibliothèque de philosophie contemporaine, 1973, p. XII.

[2] Dans un passage célèbre de *La formation de l'esprit scientifique*, Bachelard soutenait que « la connaissance du réel est une lumière qui projette toujours quelque part des ombres. Elle n'est jamais immédiate et pleine. Les révélations du réel sont toujours récurrentes. Le réel n'est jamais "ce qu'on pourrait croire" mais il est toujours ce qu'on aurait dû penser. La pensée empirique est claire, après coup, quand l'appareil des raisons a été mis au point. Rien ne va de soi. Rien n'est donné. Tout est construit » (G. BACHELARD, *La formation de l'esprit scientifique – Contribution à une psychanalyse de la connaissance objective*, Vrin, 1938, p. 13 (cité par Ch. ATIAS, *Science des légistes, savoir des juristes*, 3e éd., PUAM (Aix-en-Provence), 1993, p. 23)). Également, G. BACHELARD, *La philosophie du non – Essai d'une philosophie du nouvel esprit scientifique* (1940), Puf, coll. Quadrige grands textes, 2005.

[3] G. GURVITCH, *L'expérience juridique et la philosophie pluraliste du droit*, Pedone, 1935, p. 51 (souligné dans le texte original).

[4] Ch. ATIAS, *Épistémologie juridique*, Dalloz, coll. Précis, 2002, p. 209.

rigoureuse des conditions de l'expérience et, notamment, le fait que celle-ci s'insère dans un cadre objectif et empirique.

Aussi n'est-il pas possible de retenir qu'il y aurait toujours dialectique et interaction entre le sujet connaissant et l'objet de connaissance[1]. Le premier doit être non un acteur mais un simple spectateur aussi transparent que possible, un prisme ou, mieux, un miroir non déformant. Il ne doit exister, paradoxalement, aucune relation entre le sujet-observateur et l'objet-observé, le premier dressant le portrait du second d'un point de vue extérieur et détaché ; la disjonction entre eux doit être nette et indiscutable. Si l'élément étudié présente certains traits particuliers, le chercheur doit s'efforcer de les refléter aussi exactement qu'il lui est possible de le faire, tant dans leur quantité que dans leur qualité.

L'empirisme permet, normalement, de ne pas encourir le reproche adressé par Carbonnier aux juristes qui ont « toujours tendance à prendre pour réalité sociologique leurs propres expériences du droit, qui sont pourtant limitées, déformées et déformantes »[2]. On voit dans l'idéalisme — idéalisme platonicien notamment, qui s'oppose à l'empirisme et au réalisme[3] — la « pathologie typique des penseurs modernes et contemporains de la philosophie, mais aussi de la science du droit, qui perdent le contact avec le monde [...] et font tourner la pensée sur soi-même »[4]. L'empirisme est le « remède » à cette « maladie ». Les ouvrages issus de la recherche *jus*-scientifique ne doivent s'intéresser à aucun objet non observable et ne doivent contenir aucune proposition aprioristique, aucun élément immobile et intangible, aucun concept ou principe « pur » car déduit de la « Raison », aucune définition strictement abstraite, aucun élément sans rapport avec la pratique juridique, aucun élément créé et non constaté.

Les faits, seuls objets des sciences du droit

En termes gnoséologiques ou épistémologiques, l'empirisme consiste donc à faire primer l'expérience sur toute autre forme d'accès à la connaissance, considérant que les faits sont les seuls critères de la certitude véritable, de la certitude non convictionnelle, et qu'ils orientent les

[1] F. OST, M. VAN DE KERCHOVE, *De la pyramide au réseau ? – Pour une théorie dialectique du droit*, Publications des Facultés universitaires Saint-Louis (Bruxelles), 2002, p. 474.
[2] J. CARBONNIER, *Sociologie juridique*, Puf, coll. Quadrige manuels, 2004, p. 155.
[3] É. MILLARD, « Réalisme », in D. ALLAND, S. RIALS, dir., *Dictionnaire de la culture juridique*, Lamy-Puf, coll. Quadrige-dicos poche, 2003, p. 1297.
[4] M. VILLEY, *Seize essais de philosophie du droit*, Dalloz, 1969 (cité par A. PUNZI, « Pour une philosophie réaliste du droit – Villey et les équivoques sur le droit naturel », *Dr. et société* 2009, p. 70).

jugements plus qu'ils sont orientés par eux[1]. Les faits sont des « données primitives avec lesquelles il est impossible de négocier »[2] et nul ne peut avoir raison contre les faits[3] ; en science, les faits sont plus forts que tout. Une connaissance empirique est une simple description objective d'un fait, un simple « jugement d'existence » consistant à constater que quelque-chose est matériellement[4]. Ainsi le savoir produit est-il un savoir empirique, un savoir non réflexif mais plutôt intuitif et spontané, ce qui conduit à parler également de « sensualisme »[5] puisque la priorité est donnée à ce qui se donne à voir aux sens.

Tout apriorisme est en conséquence exclu, ce qui, néanmoins, n'interdit pas d'émettre des hypothèses dès lors que celles-ci sont ensuite confirmées ou infirmées par une enquête de terrain[6]. L'approche empirique interdit toute forme de spéculation et l'ensemble des propositions du chercheur doivent pouvoir être confirmées empiriquement, pouvoir être dites « vraies » ou « fausses », une proposition étant vraie si l'état de choses qu'elle décrit existe réellement et peut être observé. Essentiellement, cette approche empirique du droit amène à constater la répétition de certains « faits juridiques » et, par induction, à en tirer des conclusions générales.

Par ailleurs, l'empirisme conduit à établir des « protocoles de vérification » permettant de s'assurer qu'aucune erreur ne s'est immiscée parmi les connaissances empiriques[7]. Grâce à eux, il est possible de retirer ultérieurement une donnée dans un premier temps acceptée mais s'avérant par la suite erronée, ce qui participe d'un constant affinement et perfectionnement du savoir en même temps que de son actualisation puisque ces protocoles servent également à vérifier que les faits en cause demeurent actuels et ne se sont pas éteints.

La connaissance empirique s'oppose à la connaissance analytique qui porte sur des constructions conceptuelles et qui, elle, peut être plus ou moins pertinente et efficace cognitivement et explicativement mais ne peut pas être

[1] G. GURVITCH, *L'expérience juridique et la philosophie pluraliste du droit*, Pedone, 1935, p. 20.

[2] É. KLEIN, « Comment savons-nous ce que nous savons ? », conférence à l'Agora des savoirs, Centre Rabelais de Montpellier, 2 nov. 2011.

[3] S. GOYARD-FABRE, *L'État, figure moderne de la politique*, Armand Colin, coll. Cursus philosophie, 1999, p. 149.

[4] É. SERVERIN, « Quels faits sociaux pour une science empirique du droit ? », *Dr. et société* 2002, p. 64 ; É. MILLARD, « Point de vue interne et science du droit : un point de vue empiriste », *RIEJ* 2007, n° 59, p. 59.

[5] J. JIANG, « *Quid jus* ? Esquisse d'une théorie dialectique de la définition du droit », *RRJ* 2002, p. 665.

[6] Par exemple, J. CHEVALLIER, « L'État post-moderne : retour sur une hypothèse », *Droits* 2004, n° 39, p. 107 s.

[7] É. MILLARD, « Présentation », in A. ROSS, *Introduction à l'empirisme juridique*, trad. E. Matzner, É. Millard, Bruylant-LGDJ (Bruxelles-Paris), coll. La pensée juridique, 2004, p. 8.

dite « vraie » ou « fausse »[1]. Partant, il se saurait y avoir, en science strictement entendue, que des connaissances empiriques. En outre, l'empirisme tire des conséquences générales au départ d'observations concrètes, ce qui en fait un inductivisme[2]. Et, bien entendu, dès lors qu'il n'a d'égards que pour ce qui appartient à l'ordre du factuel, il n'accepte pas les propositions métaphysiques, transcendantales, morales ou encore dogmatiques et est une forme de scepticisme et de relativisme. En cela, il forme bien avec l'objectivité un duo inséparable. En revanche, les propositions métaphysiques, transcendantales, morales ou dogmatiques sont des faits qu'un scientifique peut parfaitement décider d'étudier.

Par conséquent, l'empirisme — appelé parfois « positivisme critique »[3] — est certainement le point d'achèvement du positivisme et plus une recherche en droit ou sur le droit est empirique, plus elle est positive. Cela amène à nouveau à condamner la confusion généralement opérée entre normativisme kelsénien et positivisme juridique[4] : ce premier n'est pas le seul positivisme juridique et, de plus, il n'est pas la plus positiviste des approches du droit[5].

L'empirisme pour faire des sciences du droit de véritables sciences sociales

L'empirisme, ainsi que l'expliquait Karl Popper, conduit à ériger la « falsifiabilité » (ou « réfutabilité ») en critère exclusif de la science : pour faire partie de la science empirique, un système doit « pouvoir être réfuté par l'expérience »[6], pouvoir être confronté à des données positives le confirmant ou l'infirmant. Il s'agit là d'un « signe rassurant de l'exigence et de la vitalité de la science »[7]. Les apports de toute science du droit doivent donc

[1] Le professeur Éric Millard propose l'exemple suivant : « Si je définis la loi comme l'acte voté par le législateur selon la procédure législative, il est nécessairement vrai que la loi du 9 décembre 1905 est une loi ; et que les lois constitutionnelles de 1875 ne sont pas des lois » (É. MILLARD, *Théorie générale du droit*, Dalloz, coll. Connaissance du droit, 2006, p. 25).

[2] M. HAURIOU, *Précis élémentaire de droit constitutionnel*, 2e éd., Librairie du Recueil Sirey, 1930, p. 2-3 (« la méthode d'observation conduit à un certain emploi de la méthode déductive, à mesure qu'elle dégage des observations dont la constance paraît suffisante pour qu'elles soient érigées en principes »).

[3] L. WINTGENS, *Droit, principes et théories – Pour un positivisme critique*, Bruylant (Bruxelles), 2000.

[4] En ce sens, J. LECA, « Sur la gouvernance démocratique : entre théorie normative et méthodes de recherche empirique », in C. GOBIN, B. RIHOUX, dir., *La démocratie dans tous ses états – Systèmes politiques entre crise et renouveau*, Bruylant (Bruxelles), 2000, p. 17 s.

[5] *Cf.* É. SERVERIN, « Quels faits sociaux pour une science empirique du droit ? », *Dr. et société* 2002, p. 61 s.

[6] K. POPPER, *La logique de la découverte scientifique* (1959), Payot (Lausanne), 1973, p. 32.

[7] Ch. ATIAS, *Épistémologie juridique*, Dalloz, coll. Précis, 2002, p. 209.

être falsifiables, être susceptibles de se voir potentiellement invalidés par des tests reproductibles[1].

Dans le cadre de la recherche *jus*-scientifique, il appartient au chercheur d'envisager le droit en tant qu'ensemble d'être et non en tant qu'ensemble de devoir-être. Ce chercheur peut considérer que « la connaissance juridique a pour objet des normes juridiques »[2], mais à condition de sous-entendre qu'une norme est un fait — ou, du moins, que son existence est un fait —. Il lui incombe de comprendre la science du droit comme « une science des faits, et non une science des normes supposées situées dans un autre monde que celui des faits »[3].

Il est indispensable aux sciences du droit de se fondre, épistémologiquement parlant, dans un cadre sociologique, celui d'un positivisme sociologique[4] et d'une véritable science sociale[5], afin d'adopter les modes d'étude classiques en sociologie[6] et une conception expressive du droit[7]. Il faut, avec Durkheim, considérer que, « si les faits sont intelligibles tout entiers, ils suffisent à la science [...] car il n'y a pas alors de motif pour chercher en dehors d'eux les raisons qu'ils ont d'être »[8]. Partant, s'il est décisif que le droit pratiqué garde le contact avec les faits et même se place dans un rapport de dépendance par rapport à eux[9], le droit étudié doit être lui-aussi dépendant des faits. Si la science, chez Aristote (*Épistémè*), est la « connaissance des choses qui ne peuvent être autrement qu'elles ne sont, de ce qui existe nécessairement »[10], une étude scientifique du droit est

[1] W. SABETE, « La théorie du droit et le problème de la scientificité », *Arch. phil. droit* 1999, p. 303.

[2] H. KELSEN, *Théorie pure du droit*, 2e éd., trad. Ch. Eisenmann, Dalloz, 1962, p. 6.

[3] É. MILLARD, « Une théorie empiriste du droit est-elle possible ? Présentation », *Dr. et société* 2002, p. 15.

[4] L. DUGUIT, *L'État, le droit objectif et la loi positive*, Fontemoing, 1901 ; J. CARBONNIER, *Sociologie juridique*, Puf, coll. Quadrige manuels, 2004 ; J.-F. PERRIN, *Sociologie empirique du droit*, Helbing-Lichtenhahn (Bâle), 1997.

[5] É. MILLARD, « Ross Alf – On Law and Justice », in O. CAYLA, J.-L. HALPÉRIN, dir., *Dictionnaire des grandes œuvres juridiques*, Dalloz, 2008, p. 490.

[6] P. LASCOUMES, É. SERVERIN, « Théories et pratiques de l'effectivité du Droit », *Dr. et société* 1986, p. 129.

[7] É. SERVERIN, « Quels faits sociaux pour une science empirique du droit ? », *Dr. et société* 2002, p. 61.

[8] É. DURKHEIM, *Les règles de la méthode sociologique*, 2e éd. (1937), Puf, coll. Bibliothèque de philosophie contemporaine, 1973, p. IX.

[9] Par exemple, P. BASTID, *L'idée de Constitution*, Economica, 1985, p. 175.

[10] ARISTOTE, *Éthique à Nicomaque* (vers 340 av. J.-C.), Vrin, coll. Textes philosophiques, 1994 (cité par J.-P. CHAZAL, « Philosophie du droit et théorie du droit, ou l'illusion scientifique », *Arch. phil. droit* 2001, p. 325).

forcément une étude empirique du droit et est peut-être une « étude sociologique du droit »[1] ou une « étude de praticien »[2].

Accepter la factualité du droit positif, dans toutes ses dimensions

Encore faut-il accepter qu'une norme soit un fait, qu'un devoir-être soit un être ou, du moins, que l'apparition ou l'existence d'un devoir-être soit un être[3], mais aussi, avec Duguit, que l'existence d'une croyance ou d'une opinion soit un fait[4] et que les signifiés soient observables autant que les signifiants. Durkheim expliquait que, entre les choses et les idées, seules les premières sont factuelles et donc empiriquement étudiables. « La chose, écrivait-il, s'oppose à l'idée comme ce que l'on connaît du dehors à ce que l'on connaît du dedans. Est chose tout objet de connaissance qui n'est pas naturellement compénétrable à l'intelligence, tout ce dont nous ne pouvons nous faire une notion adéquate par un simple procédé d'analyse mentale, tout ce que l'esprit ne peut arriver à comprendre qu'à condition de sortir de lui-même, par voie d'observations et d'expérimentations, en passant progressivement des caractères les plus extérieurs et les plus immédiatement accessibles aux moins visibles est aux plus profonds »[5]. Seulement une idée, dès lors qu'elle se matérialise par des actes concrets, par exemple par des écrits, est-elle également une chose extérieurement observable. À Aristote qui notait que « la réalité fondamentale n'est pas dans les idées mais dans les choses concrètes »[6], il faut objecter qu'une idée peut légitimement se comprendre comme une chose concrète et comme une réalité fondamentale dès lors qu'elle produit des effets concrets, qu'elle est, en quelque sorte,

[1] Par exemple, T. PARSONS, *Essays in Sociological Theory Pure and Applied*, The Free Press (New York), 1957; P. LASCOUMES, É. SERVERIN, « Théories et pratiques de l'effectivité du Droit », *Dr. et société* 1986, p. 127 s.

[2] En ce sens, est remarquable qu'un professeur écrit, en préface à un ouvrage, que l'auteur de celui-ci, « par sa méthode et son style, pense et écrit en avocat, c'est-à-dire en praticien du droit, placé en première ligne pour connaître *in concreto* les dérives du droit moderne, ce qui n'est pas fréquent dans la production intellectuelle ordinaire où les théoriciens sont nombreux mais coupés de la pratique, et où les praticiens qui écrivent sont rares » (Ph. NÉMO, « Préface », in P. SIMON, *Le droit naturel – Ses amis, ses ennemis*, François-Xavier de Guibert, 2006).

[3] O. PFERSMANN, « Norme », in D. ALLAND, S. RIALS, dir., *Dictionnaire de la culture juridique*, Lamy-Puf, coll. Quadrige-dicos poche, 2003, p. 1081.

[4] L. DUGUIT, *Traité de droit constitutionnel – Tome premier : La règle de droit, le problème de l'État*, 3e éd., De Boccard, 1927, spéc. p. 652.

[5] É. DURKHEIM, *Les règles de la méthode sociologique*, 2e éd. (1937), Puf, coll. Bibliothèque de philosophie contemporaine, 1973, p. XII-XIIII.

[6] ARISTOTE, *Métaphysique*, IVe s. av. J.-C., L. A, chap. 7 (cité par H. ISAR, *Le service public et la communication audiovisuelle*, PUAM-Economica (Aix-en-Provence-Paris), coll. Droit de l'audiovisuel, 1996, p. 20)

publiée et qu'elle devient sensible[1]. Et il en va à l'identique des valeurs : l'adhésion à une valeur est une donnée factuelle empiriquement observable[2].

En somme, les idées et les valeurs sont susceptibles d'être l'objet d'une science empirique comme d'une idéologie — c'est-à-dire une « science des idées » —. Il n'est donc pas lieu d'exclure *ab initio* toutes les idées et toutes les valeurs du champ des études empiriques. S'il est vrai que, puisque toute science véritable repose sur l'empirisme, tout objet de science est une chose[3], cela n'interdit guère d'analyser scientifiquement ce qui ressort concomitamment de l'ordre des idées et de l'ordre des choses. Hannah Arendt remarquait que, lorsque Kafka fait référence à « l'expérience acquise par "lui", qui tient ferme entre l'affrontement des vagues du passé et du futur », l'expérience en cause est une expérience de pensée[4]. Ainsi une pensée, par exemple la pensée du droit, est-elle susceptible d'une connaissance empirique comme les normes et institutions positives.

La recherche **jus-*scientifique : des réponses objectives et empiriques à des questions de fait***

En 2010, un sujet du baccalauréat en philosophie, dans la section scientifique — symptomatiquement —, était « peut-on avoir raison contre les faits ? ». À cette question, il est possible de répondre que si, tout d'abord, il est possible d'avoir raison contre les faits car, souvent, les faits ne s'avèrent guère raisonnables, il est, en revanche, impossible d'avoir raison scientifiquement contre les faits puisque le scientifique doit accueillir objectivement et empiriquement tous les faits sans distinction et sans les juger à l'aune d'une quelconque raison.

Reste que la science est parfois surprenante et, par exemple, la coupure dite « galiléenne », au XVIIe s., a démontré combien la réalité scientifique des lois physiques pouvait sensiblement différer de la réalité observée de prime abord[5]. L'approche empirique n'en est pas moins la meilleure voie pour accéder à des connaissances scientifiques et les lois physiques, qui parfois sont déjà des découvertes permises par la réflexion et le calcul, n'en sont pas moins toujours soumises à l'expérience et à la

[1] G. GURVITCH, *Éléments de sociologie juridique*, Aubier, 1940, p. 266 (qui considère que même les données spirituelles s'incarnent dans des faits sensibles).

[2] *Contra*, R. GUASTINI, « Alf Ross : une théorie du droit et de la science juridique », in P. AMSELEK, dir., *Théorie du droit et science*, Puf, coll. Léviathan, 1994, p. 249 (qui explique que les valeurs sont insusceptibles de connaissance car seuls les faits peuvent être connus).

[3] É. DURKHEIM, *Les règles de la méthode sociologique*, 2e éd. (1937), Puf, coll. Bibliothèque de philosophie contemporaine, 1973, p. XIII.

[4] H. ARENDT, *La crise de la culture* (1968), trad. P. Lévy et *alii*, Gallimard, coll. Folio essais, 2011, p. 25.

[5] É. KLEIN, « Comment savons-nous ce que nous savons ? », conférence à l'Agora des savoirs, Centre Rabelais de Montpellier, 2 nov. 2011.

vérification empirique. De même, en matière de recherche *jus*-scientifique, il est permis d'émettre des hypothèses et des suggestions, mais à condition d'ensuite les valider ou invalider à l'aune de mises à l'épreuve empiriques.

Certainement Saint-Exupéry faisait-il dire à son Petit Prince que « les choses essentielles sont invisibles pour les yeux »[1] et sans doute cela est-il tout à fait vrai dans un sens philosophique. En revanche, qui entend s'adonner à quelque travail scientifique doit considérer que, même s'il faut parfois recourir à un télescope ou à un microscope, les choses essentielles sont celles qui sont données par les faits et qu'il est permis de saisir en procédant empiriquement. Ces choses doivent être régentées par l'expérience et uniquement par l'expérience ; elles doivent, ainsi que l'affirmait Hauriou, « s'établir en pleine expérience »[2]. Kelsen pouvait voir dans la « science empirique du droit » une science « trop limitée »[3], l'idée de « science empirique » est certainement un truisme, si bien qu'il serait inconséquent de vouloir se positionner dans un cadre scientifique mais non empirique. Le scientifique du droit ne peut donc qu'adopter la méthode réaliste de Duguit, laquelle repose sur « le raisonnement déductif, qui est l'instrument par excellence de l'investigation et de la découverte scientifiques, sous deux conditions toutefois, d'abord qu'il ait pour point de départ une donnée directement observée, et secondement que les conséquences auxquelles il conduit soient vérifiées par l'observation et abandonnées si les faits les contredisent »[4]. Les données du droit, des normes aux commentaires doctrinaux, sont justiciables de pareil mode de raisonnement, sont des données directement et factuellement observables — mais aussi quantitativement saisissables[5] —. L'empirisme, associé nécessairement à l'objectivité, permet à la recherche juridique — « miroir réfléchissant sans bavures l'objet-droit »[6] — de revêtir l'indispensable habit scientifique.

Enfin, encore faut-il que l'observateur se concentre sur des objets adéquats et tire des conséquences pertinentes de ses constatations. Aussi l'empirisme n'est-il pas une fin en soi et doit-il se décliner en diverses règles méthodiques plus précises. Par exemple, quand les tenants d'un « pluralisme

[1] A. DE SAINT-EXUPÉRY, *Le Petit Prince* (1943), Gallimard, coll. Folio, 1999.

[2] M. HAURIOU, *Principes de droit public à l'usage des étudiants en licence et en doctorat ès sciences politiques*, 2e éd., Librairie du Recueil Sirey, 1916, p. XXV.

[3] H. KELSEN, « Une Théorie "réaliste" et la Théorie pure du droit – Remarques sur *On Law and Justice* d'Alf Ross », *Annales de la Faculté de droit de Strasbourg* 2000, n° 4, p. 19 (cité par M. TROPER, « Kelsen, Ross et la validité », *Dr. et société* 2002, p. 54).

[4] L. DUGUIT, *Traité de droit constitutionnel – Tome premier : La règle de droit, le problème de l'État*, 3e éd., De Boccard, 1927, p. XVII.

[5] L. M. FRIEDMAN, « La sociologie du droit est-elle vraiment une science ? », *Dr. et société* 1986, p. 116.

[6] M. VOGLIOTTI, « La bande de Möbius : un modèle pour penser les rapports entre le fait et le droit », *RIEJ* 1997, n° 38, p. 105 (cité par F. OST, M. VAN DE KERCHOVE, *De la pyramide au réseau ? – Pour une théorie dialectique du droit*, Publications des Facultés universitaires Saint-Louis (Bruxelles), 2002, p. 474).

juridique radical » soutiennent que celui-ci « découle de constatations fondées sur des observations »[1], leurs travaux présentent cependant une maigre pertinence puisqu'ils tirent des conséquences à propos du droit à partir de l'observation des règles sociales dans leur ensemble, lesquelles ne sont certainement pas le droit au sens de la grande majorité des juristes.

Proche des présupposés scientifiques de la recherche juridique à cet instant, Hart notait que sa « règle de reconnaissance » n'existe « que sous la forme d'une pratique complexe, mais habituellement concordante, qui consiste dans le fait que [les juristes] et les simples particuliers identifient le droit en se référant à certains critères. Son existence est une question de fait »[2]. Ainsi nombre de problématiques juridiques, très au-delà des normes positives, ne sont-elles que des questions de fait et appellent-elles des réponses scientifiques, donc des réponses découlant de travaux objectifs et empiriques et étant en soi objectives et empiriques. Partant, la recherche *jus*-scientifique se borne à décrire le plus fidèlement possible les « faits juridiques ».

[1] S. LEBEL-GRENIER, *Pour un pluralisme juridique radical*, th., Université McGill de Montréal, 2002, p. 82.

[2] H. L. A. HART, *Le concept de droit*, trad. M. van de Kerchove, Publications des Facultés universitaires Saint-Louis (Bruxelles), 1994, p. 138.

Chapitre 5

Scientificité et caractère descriptif de la recherche

La descriptivité, source et conséquence de la scientificité

Classiquement, le propre de beaucoup d'analyses du droit est de chercher à s'imposer contre d'autres analyses du droit. On se positionne ainsi du côté du « savoir juridique », mais aussi du côté du « pouvoir juridique »[1]. Or un ouvrage *jus*-scientifique ne peut s'attacher qu'au seul savoir juridique. La « théorie pure » de Kelsen, par exemple, « se propose uniquement et exclusivement de connaître son objet, c'est-à-dire d'établir ce qu'est le droit et comment il est. Elle n'essaie en aucune façon de dire comment le droit devrait ou doit être »[2] ; mais, pour cela, elle ne procède pas de façon objective et empirique dans le but de fournir une description fidèle d'un objet préexistant ; elle opère largement par voie stipulative, si ce n'est idéologique[3], si bien qu'elle crée en même temps qu'elle décrit l'objet-droit. Au contraire, la recherche juridique, dès lors qu'elle est scientifique, doit se contenter de faire œuvre descriptive. Et cela peut valoir y compris en matière de théorie du droit, s'il s'agit pour elle d'identifier objectivement et empiriquement la définition du droit antérieurement et extérieurement présente au sein de la psyché juridique collective[4]. Encore une fois, seules ne

[1] Ch. ATIAS, *Épistémologie juridique*, Dalloz, coll. Précis, 2002, p. 139.

[2] H. KELSEN, *Théorie pure du droit*, 2e éd., trad. Ch. Eisenmann, Dalloz, 1962, p. 9.

[3] N. BOBBIO, *Essais de théorie du droit*, trad. Ch. Agostini, M. Guéret, LGDJ-Bruylant (Paris-Bruxelles), coll. La pensée juridique, 1998, p. 191.

[4] *Cf.* B. BARRAUD, « L'échelle de juridicité : un outil pour mesurer le droit et fonder une théorie syncrétique (première partie : présentation) », *Arch. phil. droit* 2013, p. 365 s. ; B. BARRAUD, *Théories du droit et pluralisme juridique – t. II : La théorie syncrétique du droit et la possibilité du pluralisme juridique*, PUAM (Aix-en-Provence), coll. Inter-normes, 2017. Également, F. GÉNY, « La notion de droit en France, son présent, son avenir », *Arch. phil. droit* 1931. Pour Kelsen, c'est la science du droit qui doit être scientifique, neutre axiologiquement, et non la théorie du droit (H. KELSEN, « Qu'est-ce que la théorie pure du droit ? » (1953), *Dr. et société* 1992, p. 560). L'auteur autrichien expliquait très explicitement que ce serait à la science du droit que s'imposerait l'exigence de « pureté » (H. KELSEN, *Théorie pure du droit*, 2e éd., trad. Ch. Eisenmann, Dalloz, 1962, p. 10). La théorie syncrétique interroge d'ailleurs la définition de la notion de « théorie » et d'aucuns pourront soutenir, sans doute non sans raisons dès lors qu'une théorie doit présenter les caractères d'abstractivité et de systématicité (P. MARTENS, *Théories du droit et pensée juridique contemporaine*, Larcier (Bruxelles), coll. Faculté de droit de l'Université de Liège, 2003,

sont aucunement concernées par le problème de la scientificité, parmi les quatorze branches de la recherche juridique, la philosophie du droit, la politique juridique et la légistique.

Les atours épistémologiques dont se pare la « théorie pure » kelsénienne sont néanmoins importants pour les progrès des sciences du droit. Cette théorie est incomparable aux propositions d'illustres théoriciens dont la fin, longtemps, est demeurée très politique, en particulier en matière de théorie générale de l'État où l'entreprise de rédaction théorique a souvent été soutenue par la prétention des juristes savants à se placer en position de législateurs matériels, usant de l'autorité que confère le prestige scientifique pour prescrire les principes généraux gouvernant l'État[1]. Et, après Kelsen, divers théoriciens, comme Alf Ross ou Norberto Bobbio, ont imposé à la science juridique le positivisme et l'obligation de n'émettre que des propositions descriptives exprimant ce qui est en droit et non ce qui devrait être en droit, c'est-à-dire des assertions — et non des directives —[2] portant sur le droit comme fait (ou « droit réel ») et non sur le droit comme valeur (ou « droit idéal »)[3].

Ross ou Bobbio, en tant que positivistes, prônaient une « attitude non appréciative »[4] et prohibaient les « prédictions doctrinales »[5]. Le droit positif est foncièrement contingent, est le produit volatile de choix politiques par nature subjectifs ; mais il peut être décrit scientifiquement. Plus encore, y compris des pensées, des valeurs ou d'autres constructions intellectuelles sont des données positives qui peuvent être décrites scientifiquement. La recherche *jus*-scientifique peut donc se rapprocher, en certaines de ses branches, de l' « épistémologie descriptive » que soutenait Christian Atias et qui « travaille sur l'état du savoir juridique tel qu'il est ; […] sur le discours des juristes. […] Elle dégage ainsi le phénomène épistémologique de la connaissance du droit et ses critères »[6].

p. 8), que ladite théorie syncrétique n'est pas une véritable théorie du droit. Normalement, théoriser revient à tenter d'imposer un mode de compréhension, et donc de reproduction, de l'objet en cause, à vouloir conditionner le regard de l'observateur.

[1] *Cf.* M. XIFARAS, « La *Veritas Iuris* selon Raymond Saleilles – Remarques sur un projet de restauration du juridisme », *Droits* 2008, n° 47, p. 77 s.

[2] A. ROSS, *On Law and Justice*, Stevens (Londres), 1958, p. 11.

[3] N. BOBBIO, *Essais de théorie du droit*, trad. Ch. Agostini, M. Guéret, LGDJ-Bruylant (Paris-Bruxelles), coll. La pensée juridique, 1998, p. 25.

[4] *Ibid.*, p. 26.

[5] Réf. à N. MOLFESSIS, « Les prédictions doctrinales », in *Mélanges François Terré*, Dalloz-Puf-Jurisclasseur, 1999, p. 141 s. En ce sens, Jacques Bourdon estimait que l'expression « droit prospectif » constituerait un oxymore (J. BOURDON, « Identité plurielle : quel dénominateur commun ? », Colloque international – Les trente ans du titre premier du statut général des fonctionnaires : et après ?, Besançon, 12 juill. 2013).

[6] Ch. ATIAS, *Épistémologie juridique*, Dalloz, coll. Précis, 2002, p. 9.

Partant, il incombe aux diverses sciences du droit de se contenter de chercher à saisir la réalité factuelle pleine et entière des aspects du phénomène juridique qui les intéressent, en dehors de toute forme d'évaluation quelle qu'elle soit. Elles doivent bannir toute intention normative, prospective, polémique ou critique. Il faut donc que la production scientifique de ces branches de la recherche juridique comporte uniquement des « jugements de faits » et aucun jugement de valeur ou « jugement de moyen » en rapport avec des fins particulières[1]. Le recours à l'objectivité et à l'empirisme est le garant de la qualité descriptive du discours ; cela même si on a pu avancer que « la science ne décrit pas » et que « les lois scientifiques ne sont pas des descriptions mais des outils fabriqués par l'esprit du savant, des outils élaborés à partir d'observations ou de descriptions, mais qui ne décrivent pas eux-mêmes le monde, [...] des espèces de "clefs" ou "grilles de lecture" qui, mentalement surimposées au monde, permettent de se repérer »[2]. Une description schématique demeure dans le registre du descriptif et même des concepts très abstraits peuvent servir à décrire des phénomènes. De plus, c'est l'intention descriptive qui confère à un travail son caractère descriptif, quelle que soit sa conformité imparfaite aux traits réels de l'objet décri. La descriptivité est donc indissociable de la scientificité : l'une implique l'autre ; l'autre implique l'une.

Reste qu'il est vrai qu'on ne peut pas décrire sans interpréter au moins en partie, que le sujet décrivant ne saurait être totalement transparent[3] et que les mots ne peuvent qu'être infidèles aux faits[4]. Il faut garder à l'esprit que le parfait descriptivisme, en droit, est utopique, comme l'est la parfaite scientificité ; le droit est ainsi fait qu'il est impossible d'en rendre compte en écartant entièrement le constructivisme[5]. La descriptivité est comme la vérité avec laquelle Socrate entretenait un rapport asymptotique : on peut tendre vers elle, mais on ne peut jamais l'atteindre exactement. Aussi parle-t-on d' « impossible "compréhensibilité" totale du réel »[6]. Le descriptivisme est

[1] O. PAYE, « Pour la gouvernance comme problématique générale de science politique », in G. DEMUIJNCK, P. VERCAUTEREN, dir, *L'État face à la globalisation économique – Quelles formes de gouvernance ?*, Sandre, 2009, p. 131.

[2] P. AMSELEK, « La part de la science dans les activités des juristes », *D.* 1997, p. 340.

[3] H. G. GADAMER, *Vérité et méthode – Les grandes lignes d'une herméneutique philosophique* (1960), Le Seuil, coll. L'ordre philosophique, 1996 (cité par J.-P. CHAZAL, « Philosophie du droit et théorie du droit, ou l'illusion scientifique », *Arch. phil. droit* 2001, p. 327).

[4] G. G. GRANGER, « À quoi sert l'épistémologie ? », *Dr. et société* 1992, p. 38.

[5] V. VILLA, « La science juridique entre descriptivisme et constructivisme », in P. AMSELEK, dir., *Théorie du droit et science*, Puf, coll. Léviathan, 1994, p. 290.

[6] R. PANIKKAR, « The Pluralism of Truth », in J. J. CARGER, dir., *Invisible Harmony – Essays on Contemplation and Responsibility*, Fortress Press (Minneapolis), 1990, p. 92 (cité par Ch. EBERHARD, « Penser le pluralisme juridique de manière pluraliste – Défi pour une théorie interculturelle du droit », *Cahiers d'anthropologie du droit* 2003, n° 2, p. 5).

un objectif dans la direction duquel il faut s'efforcer d'aller ; il n'est pas un absolu qui empreindrait comme tel la recherche *jus*-scientifique.

Les raisonnements de lege lata *du* jus-*scientifique*

Dans l'histoire de la recherche juridique, la description objective et empirique s'est très souvent effacée devant certaines formes d'absolutisme éthique ou d'absolutisme cognitif amenant, par exemple, à affirmer une certaine vision de la justice ou des fins du droit. L'intention descriptive n'est longtemps pas allée de soi parmi les spécialistes du droit et, aujourd'hui, elle peut encore être discutée. Cependant, dans le cadre des sciences du droit, loin de la vision d'un Marx[1] ou d'un Weber[2], qui faisaient des juristes les principaux promoteurs de certains principes économiques, loin de ceux qui estiment que tout juriste devrait nécessairement prendre position en fonction de ses convictions[3], et même si bien des auteurs, légitimement et heureusement, face, par exemple, à des « lois du passé inadaptées au monde du futur »[4], cherchent à influencer par leurs écrits le fond ou la forme[5] du droit positif, il est désormais tout à fait classique de considérer, après Carré de Malberg, que « le juriste n'a point à pourvoir à la *lex ferenda* : il opère seulement au service de la *lex lata*. Il ne lui appartient pas de refaire le monde juridique, mais seulement de constater comment ce monde est fait »[6].

Il ne faut toutefois pas oublier que les observateurs du droit peuvent à leur guise quitter l'espace *jus*-scientifique pour rejoindre l'espace *jus*-politique, où il ne saurait être question de recherches à finalité descriptive. Il est important d'insister sur le fait que ces pages ne portent que sur le pan scientifique de la recherche juridique, laquelle peut aussi consister en des réflexions critiques ou même politiques. Le scientifique du droit peut donc être également, mais par ailleurs, un *jus*-politicien, un *jus*-polémiste ou, plus

[1] Par exemple, Marx, dans *Critique du programme de Gotha* (1875), proposait de manière très prescriptive de supprimer le droit, expression des rapports sociaux propres au capitalisme (E. RENAULT, « Marxistes (doctrines du droit) », in D. ALLAND, S. RIALS, dir., *Dictionnaire de la culture juridique*, Lamy-Puf, coll. Quadrige-dicos poche, 2003, p. 1003 ; P. LASCOUMES, H. ZANDER, *Marx : du « vol de bois » à la critique du droit*, Puf, 1984).

[2] Spéc. M. WEBER, *L'Éthique protestante et l'esprit du capitalisme* (1920), Pocket, coll. Agora, 1967, p. 20.

[3] Par exemple, Ph. JESTAZ, « Une question d'épistémologie (à propos de l'affaire Perruche) », *RTD civ.* 2001, p. 547.

[4] G. BERRY, « Algorithmes, machines et langages », Éloge du savoir, France culture, 5 févr. 2013.

[5] Par exemple, K. GILBERG, *La légistique au concret : les processus de rationalisation de la loi*, th., Université de Paris I - Panthéon-Assas, 2007.

[6] R. CARRÉ DE MALBERG, « Réflexions très simples sur l'objet de la science du droit », in *Mélanges François Gény*, Sirey, 1934 (cité par É. MAULIN, « Positivisme », in D. ALLAND, S. RIALS, dir., *Dictionnaire de la culture juridique*, Lamy-Puf, coll. Quadrige-dicos poche, 2003, p. 1174).

simplement, un *jus*-commentateur. Le dualisme des fonctions généralement évoqué afin de séparer création du droit et observation du droit[1] existe également à l'intérieur de la recherche juridique, où peuvent être distinguées l'étude scientifique du droit et la pensée critique du droit.

Le scientifique du droit ne doit en aucun instant se placer dans l'ordre de l'action et vouloir agir sur la réalité qu'il étudie ; il ne doit jamais porter l'ambition de poser des normes, des préceptes, des principes qu'il conviendrait d'appliquer, de quelque manière que ce soit[2]. Les évolutions du droit ne peuvent être le résultat que de volontés politiques, pour ce qui est des normes et institutions positives, et de volontés doctrinales, pour ce qui est de la pensée du droit. Quant à la description et à l'explication du droit positif et des pensées du droit, elles ne peuvent qu'être le fruit du travail de scientifiques raisonnant *de lege lata* et en aucune façon *de lege feranda.* Il appartient aux chercheurs aspirant à contribuer au développement de la science du droit de suivre le principe méthodique formulé par Spinoza, selon lequel le scientifique ne doit « ni rire ni pleurer, mais uniquement comprendre »[3], c'est-à-dire se contenter de chercher à saisir l'objet observé sans jamais exprimer la moindre prise de position axiologique à son égard.

Mais ces chercheurs ne sauraient faire leur l'étonnante intention du philosophe Ludwig Wittgenstein d' « en finir avec ce qui est explication pour laisser la place à la seule description »[4]. L'explication, dès lors qu'elle est objective, va de pair avec la description. Il n'est pas de compréhension sans explication et une description est déjà, en soi, une explication, certaines descriptions se suffisant à elles-mêmes. Il faut suivre Pierre Bourdieu lorsqu'il invitait les sociologues et les scientifiques plus généralement à ne pas se contenter de décrire et à aussi expliquer, car ce n'est qu'à cette condition qu'une « connaissance savante » peut s'ajouter à la « connaissance pratique »[5]. En somme, descriptions et explications se mêlent assez largement et ce qui est exclu du propos du scientifique, ce sont les prescriptions et les stipulations.

La description n'est pas une fin en soi ; elle doit servir l'avancée des connaissances en et sur le droit. Quant à la compréhension, elle dépend non de l'émetteur mais du récepteur de la description ou explication, si bien que, ainsi que l'observait Hannah Arendt, « à la différence de la connaissance scientifique et de l'information exacte, la compréhension est un processus complexe qui n'aboutit jamais à des résultats univoques. C'est une activité sans fin, qui nous permet, grâce à des modifications et à des ajustements

[1] Notamment, M. TROPER, « Le positivisme juridique », *Revue de synthèse* 1986, n° 118-119, p. 187.
[2] J. CHEVALLIER, « Doctrine juridique et science juridique », *Dr. et société* 2002, p. 110.
[3] Cité par G. GURVITCH, *Éléments de sociologie juridique*, Aubier, 1940, p. 41.
[4] Cité par G. BURDEAU, *L'État* (1970), Le Seuil, coll. Points, 2009, p. 7.
[5] P. BOURDIEU, *Homo academicus*, Minuit, 1984, p. 18.

continuels, de composer avec la réalité »[1]. La compréhension est un but poursuivi par le chercheur, mais elle ne dépend pas, en dernière analyse, de lui et il n'est pas lieu de davantage y songer. Il y aura autant de compréhensions différentes que de lecteurs et de lectures des travaux et des conclusions dudit chercheur, quel que soit leur caractère scientifique.

« Servir la réalité »

Par suite, que l'intention soit descriptive implique un attachement rigoureux à la réalité et donc aux faits. C'est la description d'une réalité factuelle qui doit émaner de la recherche *jus*-scientifique et rien d'autre ; cela contre l'idée que, en droit comme ailleurs, la réalité et la factualité n'existeraient pas[2] ; contre Bachelard qui soutenait que « rien n'est donné, tout est construit »[3] ; contre les auteurs pour qui le droit serait une création psychologique qui n'aurait pas de réalité[4] ; contre l'affirmation de Ripert

[1] H. ARENDT, *La nature du totalitarisme – Compréhension et politique*, Payot (Lausanne), coll. Bibliothèque philosophique, 1990, p. 39.

[2] Nietzsche disait : « Il n'y a pas de faits, il n'y a que des interprétations » (F. NIETZSCHE, *Par-delà bien et mal* (1886), Folio, coll. Essais, 1987 (cité par R. HENTOVEN, « Par-delà bien et mal – Nietzsche », Le gai savoir, France culture, 20 janv. 2013)). Et, pour le philosophe Peirce — à l'origine d'une phénoménologie, c'est-à-dire d'une interrogation générale sur la façon dont le monde se donne à voir —, il n'y a pas d'accès direct au réel possible et toutes les pensées sont déjà des interprétations (M. OLIVIER, *Peirce : la pensée et le réel*, Hermann, 2013). On a pu écrire encore que, « de toutes les illusions, la plus périlleuse consiste à penser qu'il n'existe qu'une seule réalité. En fait, ce qui existe, ce sont différentes versions de la réalité, dont certaines peuvent être contradictoires, et qui sont toutes l'effet de la communication et non le reflet de vérités objectives et éternelles » (P. WATZLAWICK, *La réalité de la réalité*, Le Seuil, 1978, p. 7 (cité par B. FABRE, *La crise du droit d'auteur : une approche systémique*, th., Université d'Aix-Marseille, 2012, p. 30)). Traditionnellement, l'objet est réel si son être est indépendant de la façon dont il est pensé et si c'est cet être qui détermine la pensée. Descartes, notamment, concevait que le monde se donne à voir dans une intuition directe. La notion de « réalité » pose aujourd'hui plus que jamais question et on oppose parfois le virtuel des activités en ligne (sur internet) au réel du monde matériel ; mais les activités en ligne sont parfaitement réelles et n'ont rien de virtuelles (*cf.*, notamment, J.-F. FOGEL, B. PATINO, *La condition numérique*, Grasset, 2013 ; É. SADIN, *L'humanité augmentée – L'administration numérique du monde*, L'Échapée, 2013).

[3] Plus précisément, Bachelard expliquait que « la connaissance du réel est une lumière qui projette toujours quelque part des ombres. Elle n'est jamais immédiate et pleine. Les révélations du réel sont toujours récurrentes. Le réel n'est jamais "ce qu'on pourrait croire" mais il est toujours ce qu'on aurait dû penser. La pensée empirique est claire, après coup, quand l'appareil des raisons a été mis au point. Rien ne va de soi. Rien n'est donné. Tout est construit » (G. BACHELARD, *La formation de l'esprit scientifique – Contribution à une psychanalyse de la connaissance objective*, Vrin, 1938, p. 13 (cité par Ch. ATIAS, *Science des légistes, savoir des juristes*, 3e éd., PUAM (Aix-en-Provence), 1993, p. 23)).

[4] S. LEBEL-GRENIER, *Pour un pluralisme juridique radical*, th., Université McGill de Montréal, 2002, p. 352.

selon laquelle les juristes n'auraient que faire des réalités scientifiques[1] ; mais avec l'observation de Carbonnier selon laquelle la fonction première de toute discipline scientifique est de « servir la réalité »[2] ; et avec celle de Gurvitch selon laquelle la légitimité d'une analyse ou d'une réflexion, éventuellement abstraite, est proportionnelle à sa conformité à la « réalité immédiate des faits » et inversement proportionnelle à son caractère arbitraire et à son détachement par rapport au monde factuel[3].

Le scientifique est « amoureux de la réalité », « amoureux des faits » ; le scientifique du droit doit être « amoureux de la réalité juridique », « amoureux des faits juridiques ». On envisage souvent le droit comme quelque-chose qui toucherait le réel tout en étant extérieur à lui[4] ; mais le droit positif autant que la pensée du droit sont en soi des réalités susceptibles d'être étudiées telles des choses comme les autres. Assurément, la science n'est d'aucun secours là où la réalité n'est pas suffisamment déterminée[5], tandis que Duguit en venait à retenir que seule une « petite part de réalité » serait accessible au juriste[6]. Il faut néanmoins croire que le droit, de la norme à la pensée juridique, est une réalité aux contours assez précisément identifiables pour pouvoir former un objet de science.

Si « les faits sont la seule source de vérité »[7], la réalité est la seule source de vérité et c'est cela seul qui importe aux yeux du savant désireux d'augmenter le stock des connaissances, aspirant à perfectionner le savoir. « Réalité » est le mot qui permet de désigner la « vérité factuelle », laquelle constitue l'unique « véritable vérité » en définitive. Duguit donnait à ses étudiants la définition suivante de l'université : « C'est une institution qui a pour premier devoir de chercher la vérité »[8]. Peut-être vaudrait-il mieux retenir, y compris lorsque sont incluses des facultés de sciences humaines et sociales, qu'une université a pour premier devoir de chercher la réalité, cette

[1] G. RIPERT, *Les forces créatrices du droit*, LGDJ, 1955 (cité par J. HERVOIS, *La production de la norme juridique en matière scientifique et technologique*, th., Université de La Rochelle, 2011, p. 277).

[2] J. CARBONNIER, *Théorie sociologique des sources du droit*, Association corporative des étudiants en droit de l'Université Panthéon-Sorbonne, 1961, p. 34.

[3] G. GURVITCH, *L'expérience juridique et la philosophie pluraliste du droit*, Pedone, 1935, p. 81.

[4] Par exemple, I. PARIENTE-BUTTERLIN, *Le droit, la norme et le réel*, Puf, coll. Quadrige manuels philosophie, 2005.

[5] P. AUBENQUE, *La prudence chez Aristote*, Puf, 1976, p. 124, (cité par Ch. ATIAS, *Épistémologie juridique*, Dalloz, coll. Précis, 2002, p. 34).

[6] L. DUGUIT, *Traité de droit constitutionnel – Tome premier : La règle de droit, le problème de l'État*, 3e éd., De Boccard, 1927, p. 77.

[7] H. DE PAGE, *À propos du gouvernement des juges*, Librairie du Recueil Sirey, 1931, p. 188.

[8] L. DUGUIT, *Leçons de droit public général faites à la Faculté de droit de l'Université égyptienne pendant les mois de janvier, février et mars 1926*, De Boccard, 1926, p. 24. Et le maître bordelais de souligner qu'il faisait alors partie, à Paris, d'une société appelée « Union pour la Vérité » (*ibid.*).

dernière ayant une connotation scientifique, impliquant des travaux objectifs, empiriques et descriptifs, quand la vérité a une connotation philosophique renvoyant au besoin de spéculation et de stipulation[1], mais aussi au développement de controverses stériles. Ainsi Aristote pouvait-il soutenir que « la poésie est plus vraie que l'histoire »[2], tandis que Carré de Malberg notait fort justement que la vérité se situe potentiellement partout et nulle part à la fois[3]. Les professeurs François Ost et Michel van de Kerchove évoquent, pour leur part, le « pluralisme des vérités » jaillissant de la pluralité des conceptions de la connaissance et des méthodes[4]. Sans doute une même réalité est-elle justiciable de vérités plurielles, ce qui conforte la supériorité du besoin de trouver la réalité des choses sur celui de trouver une utopique vérité des choses.

Et Duguit de s'interroger, par ailleurs, en ces termes : « Peut-être [mes] idées ne sont-elles pas plus vraies que celles que [je] combats. Peut-être me suis-je trompé et la vérité est-elle ailleurs ; j'ai la conscience de n'avoir eu d'autre but que de la servir »[5]. Dans l'espace de la recherche *jus*-scientifique, c'est la réalité factuelle qu'il faut ambitionner de servir ; car seule la réalité peut être recherchée, décrite et expliquée objectivement et empiriquement. Lorsqu'Auguste Comte enseignait que la connaissance ne peut pas porter sur les causes premières ou finales, lesquelles sont « absolument inaccessibles et vides de sens »[6], il indiquait par-là que seul le monde de la réalité, et non celui de la vérité — qui, lui, est imprégné de morale et de métaphysique —, peut être investi par le scientifique. Aussi aurait-il mieux valu qu'Aristote retienne que « le bonheur consiste avant tout dans la contemplation du réel » — seul le réel peut au sens propre se contempler, se regarder — et non que « le bonheur consiste avant tout dans la contemplation du vrai »[7]. Et il aurait mieux valu que Montaigne fasse « fête à la réalité, se livre à elle et lui tende ses armes vaincues d'aussi loin qu'il la voit approcher » plutôt qu'il fasse « fête à la vérité, [...] [se] livre à elle et lui tend[e] [ses] armes vaincues d'aussi loin qu'[il] la voi[t]

[1] H. G. Gadamer, *Vérité et méthode – Les grandes lignes de l'herméneutique philosophique*, Le Seuil, 1976.

[2] Cité par S. Chavel, *Se mettre à la place d'autrui : l'imagination morale*, Presses universitaires de Rennes, 2012.

[3] R. Carré de Malberg, *Confrontation de la théorie de la formation du droit par degrés avec les idées et les institutions consacrées par le droit positif français relativement à sa formation*, Librairie du Recueil Sirey, 1933, p. 82.

[4] F. Ost, M. van de Kerchove, *De la pyramide au réseau ? – Pour une théorie dialectique du droit*, Publications des Facultés universitaires Saint-Louis (Bruxelles), 2002, p. 486.

[5] L. Duguit, *Traité de droit constitutionnel – Tome premier : La règle de droit, le problème de l'État*, 3e éd., De Boccard, 1927, p. XIII.

[6] A. Comte, *Cours de philosophie positive*, t. I, Bachelier, 1830, p. 16.

[7] Aristote, *Éthique à Nicomaque* (vers 340 av. J.-C.), Vrin, coll. Textes philosophiques, 1994 (cité par A. Sériaux, *Le Droit – Une introduction*, Ellipses, 1997, p. 317).

approcher »[1]. Néanmoins, à condition de préférer la réalité factuelle à la vérité métaphysique, les propos d'Aristote et de Montaigne peuvent être érigés en lignes directrices des sciences du droit.

Quelle qu'elle soit, la réalité du droit sera toujours la seule quête, le seul objectif, la seule destination de la science du droit. Celle-ci doit se fondre dans les pas d'Hannah Arendt lorsqu'elle expliquait que « le seul but de [ses] essais est d'acquérir de l'expérience ; ils ne contiennent pas de prescriptions quant à ce qu'il faut penser ou aux vérités qu'il convient d'affirmer. [...] Tout au long de ces exercices, le problème de la vérité est laissé en suspens »[2]. Si l'expérience ne mène pas directement sur le terrain de la vérité, la réalité, en revanche, étant d'ordre factuel tout comme l'est l'objet de l'expérience, apparaît de plus en plus explicitement à mesure que l'expérience est acquise.

L'attente de progrès réalistes de la recherche juridique

Se donner pour but principal de rendre justice de la réalité du droit, qu'il s'agisse du droit positif ou de la pensée du droit, est loin d'être anecdotique ou parfaitement banal dès lors qu'on dénonce souvent le manque de pragmatisme et d'attachement à la réalité juridique des travaux des juristes-universitaires[3], dès lors qu'on relève que les juristes romains et médiévaux avaient davantage d'égards pour la réalité du droit qu'en ont les juristes contemporains[4], qualifiés de « rois de la déformation »[5] ; et cela même si les courants dits « réalistes » — largement entendus, incluant les œuvres d'auteurs tels que Gény ou Saleilles —, en toute logique, se proposent d'étudier la réalité du droit, laquelle résiderait en premier lieu chez ses interprètes officiels ou authentiques, donc dans les cours et tribunaux. Mais cette réalité du droit est toute relative et, finalement, il est difficile de justifier irréfragablement en quoi le droit des juges serait plus réel que celui des législateurs[6]. Encore une fois, ce qui importe en premier lieu est l'intention de s'attacher à la réalité, même si vient ensuite le problème des moyens et du contenu de l'identification de cette réalité.

D'aucuns soulignent combien le droit serait en proie à l'irréalisme. D'une part, le souci d'harmonie formelle pousserait le spécialiste du droit à

[1] M. DE MONTAIGNE, *Les essais*, Abel Langelier, 1588, L. III, chap. 8.
[2] H. ARENDT, *La crise de la culture* (1968), trad. P. Lévy et *alii*, Gallimard, coll. Folio essais, 2011, p. 25.
[3] Par exemple, J.-L. HALPÉRIN, « Le droit et ses histoires », *Dr. et société* 2010, p. 307.
[4] J.-L. THIREAU, « Doneau Hugues – *Comentarii de jure civii* », in O. CAYLA, J.-L. HALPÉRIN, dir., *Dictionnaire des grandes œuvres juridiques*, Dalloz, 2008, p. 140.
[5] G. TIMSIT, « Raisonnement juridique », in D. ALLAND, S. RIALS, dir., *Dictionnaire de la culture juridique*, Lamy-Puf, coll. Quadrige-dicos poche, 2003, p. 1290.
[6] X. MAGNON, *Théorie(s) du droit*, Ellipses, coll. Universités droit, 2008, p. 12.

déformer sa réalité — « de servante, l'esthétique est devenue maîtresse »[1], ainsi qu'en témoigne l'usage du plan binaire[2] — ; d'autre part, l'abus d'abstraction logique l'amènerait à regarder les propositions qu'il pose comme se modelant exactement sur la réalité. Quelques efforts en termes de réalisme, au sein de la recherche juridique, seraient donc nécessaires. Et ce réalisme, pour toucher les résultats des travaux, devrait déjà toucher les méthodes des travaux.

Il faut convenir, avec Christian Atias, que les analyses qui l'emportent sont simplement celles qui rendent le mieux compte de l'état du droit, donc de sa réalité empirique et objective[3]. Or on ressent le besoin d'afficher explicitement que « les juristes ne se désintéressent pas du réel »[4], ce qui sous-entend que cela ne va pas de soi. Si bien des auteurs, de Gény à Ripert en passant par Savatier, Capitant et Demogue, ont proclamé haut et fort leur intention de ne porter d'intérêt qu'à la seule réalité juridique, cela a trop souvent tourné à la pure pétition de principe n'emportant guère de véritables conséquences concrètes, si ce n'est marginales[5]. À la suite de Maurice Hauriou, il importe de s'engager pleinement dans la recherche de la réalité juridique et d'abandonner les « vues intéressantes de l'auteur »[6].

Puisque sa finalité première est de décrire et d'expliquer la réalité du droit, la recherche *jus*-scientifique peut certainement s'analyser comme étant une phénoménologie juridique. Cette dernière se définit comme l' « étude descriptive de la succession des phénomènes et/ou d'un ensemble de phénomènes »[7], en l'occurrence les phénomènes juridiques. Elle « revient aux choses mêmes, à leur aspect phénoménal, et en observe la réalité sans idée préconçue »[8]. Aussi la recherche *jus*-scientifique devrait-elle se positionner au cœur du positivisme juridique ou, plus précisément, au sein du pan réaliste du positivisme juridique, lequel amène à envisager le droit comme une somme de faits ou de faits-normes ayant des causes et produisant des effets. Avec le positivisme réaliste, est considéré que tout dans le droit, de l'acte législatif à l'opinion doctrinale ou à la théorie stipulative du droit, est un fait justiciable d'une étude objective et empirique, ainsi que, *in fine*, d'une description.

[1] P. CONDOMINE, *Essai sur la théorie juridique et sa fonction*, th., Université de Lyon, 1912.
[2] *Cf.* B. BARRAUD, « L'usage du plan en deux parties dans les facultés de droit françaises », *RTD civ.* 2015, p. 807 s.
[3] Ch. ATIAS, *Épistémologie juridique*, Dalloz, coll. Précis, 2002, p. 206.
[4] R. SÈVE, *Philosophie et théorie du droit*, Dalloz, coll. Cours, 2007, p. 371.
[5] A.-J. ARNAUD, *Critique de la raison juridique – 1. Où va la sociologie du droit ?*, LGDJ, 1981.
[6] M. HAURIOU, *Précis élémentaire de droit constitutionnel*, 2e éd., Librairie du Recueil Sirey, 1930, p. V.
[7] V° « Phénoménologie », in *Le petit Larousse illustré 2011*, Larousse, 2010.
[8] P. AMSELEK, *Méthode phénoménologique et théorie du droit*, LGDJ, 1964.

L'interdiction de chercher à faire œuvre révolutionnaire ou œuvre conservatrice

Le poète René Char disait que « ce qui vient au monde pour ne rien troubler ne mérite ni égard ni patience »[1]. Aussi est-il naturellement tentant de vouloir se servir de ses activités de recherche *jus*-scientifique afin de proposer quelque observation, analyse ou concept révolutionnaire. Pareille intention est incompatible avec le caractère scientifique attendu de ces activités de recherche. Les observations, analyses et autres concepts doivent être les résultats d'une volonté de traduire le plus fidèlement la réalité du droit. Même si l'ambition de tout chercheur, en droit comme ailleurs, est de publier un jour un ouvrage ou un article fondateur[2], la recherche *jus*-scientifique, par définition, est fondamentalement descriptive, donne lieu à des études strictement objectives et empiriques, ne pouvant être influencées par quelques projets personnels des chercheurs. En d'autres termes, ces derniers ont pour mission de constater le droit et il leur est défendu de chercher à tirer un profit personnel de cette mission.

Cela vaut, par exemple, à l'égard de la théorie syncrétique du droit dès lors qu'elle se laisse envisager en tant que « théorie scientifique »[3] : s'il s'avère que l'intention épistémologique marquant cette théorie et, plus encore, la méta-théorie qui la recouvre est parfaitement originale, cela est un fait résultant de l'absence objectivement et empiriquement constatable de pareille intention jusqu'à présent au sein de la pensée théorico-juridique. Si ladite théorie ne méritait ni égard ni patience, il faudrait observer de même, objectivement et empiriquement, qu'elle ne mérite ni égard ni patience. Ses prémisses et ses conséquences ne sont en aucun instant le produit d'une quelconque volonté de « chambouler » la théorie du droit ; elles sont le produit de la volonté d'envisager sous un angle scientifique la théorie du droit[4]. D'ailleurs, en différents points, la théorie syncrétique rejoint certaines théories du droit préexistantes.

[1] R. CHAR, *À la santé du serpent*, Guy Lévis Mano, 1954 (cité par A. SÉRIAUX, *Le Droit – Une introduction*, Ellipses, 1997, p. 233).

[2] P.-Y. GAUTIER, « Les articles fondateurs (réflexions sur la doctrine) », in *Mélanges Pierre Catala*, Litec, p. 255 s.

[3] *Cf.* B. BARRAUD, « L'échelle de juridicité : un outil pour mesurer le droit et fonder une théorie syncrétique (première partie : présentation) », *Arch. phil. droit* 2013, p. 365 s. ; B. BARRAUD, *Théories du droit et pluralisme juridique – t. II : La théorie syncrétique du droit et la possibilité du pluralisme juridique*, PUAM (Aix-en-Provence), coll. Inter-normes, 2017.

[4] Avec la théorie syncrétique du droit, il s'agit de recenser les critères de juridicité possédant actuellement une force doctrinale significative parmi la psyché juridique collective. Il s'avère que ces critères sont au nombre de six. Ces six critères, parce qu'ils sont le résultat d'une étude objective et empirique, constituent une description fidèle de ce fait qu'est la réalité de la notion actuelle de droit.

Georges Burdeau enseignait que le devoir du chercheur est de « s'étonner »[1]. S'il doit sans doute savoir s'étonner, en tout cas ne doit-il jamais vouloir s'étonner et doit-il ne s'étonner rigoureusement que lorsque l'occasion lui en est donnée par les faits. Pour prendre un exemple bien connu de l'auteur de ces lignes, un ouvrage d'ordre *jus*-scientifique consacré au pluralisme juridique ne saurait être utilisé afin de plaider pour la confirmation ou pour l'infirmation de ce pluralisme[2]. Les auteurs qui s'intéressent au pluralisme juridique le font généralement avec une visée critique et subjective confinant à l'idéologie[3], dans le but de contester, sous un angle plus politique que juridique, le rôle de l'État[4], dans le but de mettre en avant les qualités et avantages des sources privées du droit par rapport aux sources publiques du droit[5]. Dans le cadre de la recherche *jus*-scientifique, il est uniquement permis au chercheur de voir dans le pluralisme juridique un paradigme théorico-juridique dont la réalité factuelle doit être confirmée ou infirmée au terme d'une analyse objective et empirique de l'état de la psyché juridique collective[6]. Si la majorité de ceux qui utilisent les termes « droit » et « juridique » considèrent, comme Ihering, que « ne sont règles de droit que celles que l'État investit de ce caractère »[7], alors il faut se borner à constater que seules sont juridiques les règles que l'État investit de ce caractère ; et si une proportion élevée de ceux qui utilisent les termes « droit » et « juridique » conçoivent que l'État n'a pas le monopole de la création et de la qualification juridique, alors il faut constater, sans autre forme de procès, que le pluralisme juridique est une réalité théorique ou, au moins, une possibilité théorique. Mais jamais l'espace de la recherche scientifique en droit ou sur le droit n'autorise à vouloir favoriser quelque renversement de l'ordre établi, qu'il s'agisse de l'ordre établi parmi le droit positif ou de l'ordre établi parmi la pensée juridique.

Ensuite, si le scientifique ne doit pas avoir pour ambition de faire œuvre révolutionnaire, il ne doit pas non plus avoir pour ambition de faire œuvre conservatrice. D'ailleurs, il semble que, dans le cercle des

[1] G. BURDEAU, *L'État* (1970), Le Seuil, coll. Points, 2009, p. 7.

[2] Par exemple, Y. LAURIN, « Préserver le pluralisme juridique », *LPA* 17 fév. 2000, p. 14 s.

[3] H. MOUTOUH, « Pluralisme juridique », in D. ALLAND, S. RIALS, dir., *Dictionnaire de la culture juridique*, Lamy-Puf, coll. Quadrige-dicos poche, 2003, p. 1158.

[4] *Cf.* O. BEAUD, « Ordre constitutionnel et ordre parlementaire – Une relecture à partir de Santi Romano », *Droits* 2001, n° 33, p. 85 s.

[5] P. FRAISSEX, « De l'État-nation à l'État "groupusculaire", chronique d'un dépérissement engagé », *D.* 2000, p. 61.

[6] *Cf.* B. BARRAUD, *Théories du droit et pluralisme juridique – t. I : Les théories dogmatiques du droit et la fragilité du pluralisme juridique*, PUAM (Aix-en-Provence), coll. Inter-normes, 2016.

[7] R. VON IHERING, *Der Zweck in Recht*, 3e éd., t. I, 1878, p. 311 (cité par L. INGBER, « Le pluralisme juridique dans l'œuvre des philosophes du droit », in J. GILISSEN, dir., *Le pluralisme juridique*, Éditions de l'Université de Bruxelles, 1972, p. 59).

universitaires-juristes, la menace du conservatisme soit plus pressante que celle de la révolution. Jean-Jacques Rousseau remarquait que bien des penseurs — il visait Grotius et Barbeyrac en particulier — se préoccupent peu de retranscrire la réalité car, souvent, celle-ci « mène moins à la fortune que de faire la cour aux rois »[1]. Certainement est-il plus de chances de « faire fortune doctrinale » en s'inscrivant dans les traces des conceptions dominantes qu'en suivant un chemin jusqu'alors jamais emprunté, quand bien même ce serait le chemin de la réalité et des faits. Pourtant, dès lors que l'intention est de s'inscrire dans un cadre objectif et empirique, cela devrait être une considération sans importance. Ensuite, c'est à d'autres qu'il revient de juger de la pertinence et de la légitimité, qu'elles soient scientifiques ou extra-scientifiques, des analyses opérées et des conclusions tirées. Comme disait Nietzsche, « la seule tâche [est de] voir les choses telles qu'elles sont », ce qui est facilité par le fait de posséder des « milliers d'yeux »[2].

À défaut de disposer de milliers d'yeux, il reste à s'efforcer de ne jamais sortir du cadre scientifique ; il reste à bannir autant que possible ces préjugés dont Montesquieu souhaitait plus que toute autre chose « guérir les hommes »[3] ; il reste à suivre scrupuleusement le conseil prodigué par Durkheim au sociologue qui « doit écarter les notions anticipées qu'il avait des faits pour se mettre en face des faits eux-mêmes ; il doit les atteindre par leurs caractères les plus objectifs »[4].

Il n'est pas vrai que « la réalité, c'est la panique »[5]. Et même si, *de facto*, la réalité n'était que panique, cela ne nuirait en rien au caractère parfaitement scientifique de sa description et au caractère absolument ascientifique de la spéculation et de la stipulation. Il n'en demeure pas moins possible, sans la travestir, d'organiser la réalité par le truchement de concepts et de catégories. Encore une fois, la description appelle l'explication ; elle ne l'interdit en aucune façon. La tâche du scientifique du droit est de décrire et d'expliquer le droit, étant définitivement accepté que font partie de ce droit tant les normes et les institutions positives que les commentaires et les doctrines proposés à l'occasion des activités non scientifiques de recherche juridique. Critiquer un régime juridique n'est pas

[1] J.-J. ROUSSEAU, *Du contrat social*, 1762, L. II, chap. 1er.

[2] F. NIETZSCHE, *Fragments posthumes*, Gallimard, coll. Nrf, 1977, p. 68 (cité par C. THIBIERGE, « Introduction », in C. THIBIERGE, dir., *La force normative – Naissance d'un concept*, LGDJ-Bruylant (Paris-Bruxelles), 2009, p. 52).

[3] MONTESQUIEU, *De l'esprit des lois*, 1748 (cité par Ch. BEHRENDT, F. BOUHON, *Introduction à la théorie générale de l'État – Recueil de textes*, Larcier (Bruxelles), coll. Faculté de droit de l'Université de Liège, 2009, p. 126).

[4] É. DURKHEIM, *Les règles de la méthode sociologique*, 2e éd. (1937), Puf, coll. Bibliothèque de philosophie contemporaine, 1973, p. 142.

[5] A. CARTY, « Du Postmodernisme en théorie et en sociologie du droit, ou Rousseau et Durkheim lus par Baudrillard », *Dr. et société* 1989, p. 384.

une attitude scientifique ; recenser, décrire et expliquer les critiques adressées à un régime juridique est une attitude scientifique.

Par ailleurs, l'objectivité et l'empirisme, en même temps qu'ils l'obligent à faire œuvre descriptive, obligent le chercheur à adopter un point de vue externe et non interne par rapport à l'objet juridique étudié. Il faut se convaincre, avec d'autres[1], que la qualité d'un travail de recherche *jus*-scientifique suit peu ou prou la qualité de la méthode qui l'accompagne et qui fait qu'il est ce qu'il est. Or l'extériorité n'est pas le moins important des principes méthodiques découlant de l'exigence d'objectivité et d'empirisme. Et cette extériorité doit être également une extériorité par rapport au dogmatisme ambiant, car l'objectivité et l'empirisme impliquent une totale liberté de la recherche ou, mieux, de l'investigation, sans quoi il n'est pas envisageable de quêter la réalité et d'œuvrer scientifiquement[2]. Les réquisits de la recherche *jus*-scientifique imposent ainsi au chercheur, non seulement de jouir d'une indépendance matérielle, mais aussi et surtout de faire preuve d'une totale indépendance d'esprit. « Le conformisme est incompatible avec l'esprit de recherche », disait fort justement Savigny[3].

[1] Par exemple, J. DAVIS, *Speech on the Legal Method*, Maryland University Press (Baltimore), 1971.

[2] É. PICARD, « Science du droit ou doctrine juridique », in *Mélanges Rolland Drago*, LGDJ, 1989, p. 12. Sur la « libre recherche scientifique », *cf.* F. GÉNY, *Méthode d'interprétation et sources en droit privé positif*, LGDJ, 1919.

[3] C. F. VON SAVIGNY, *System des heutigen ràmischen Rechts*, t. I, 1848 (cité par O. BEAUD, « Doctrine », in D. ALLAND, S. RIALS, dir., *Dictionnaire de la culture juridique*, Lamy-Puf, coll. Quadrige-dicos poche, 2003, p. 387). Est ici donnée l'occasion de rappeler ces mots de Guy Thuillier : « Il faut savoir désapprendre, c'est-à-dire se décharger d'un excès de savoir, rompre avec les coutumes de pensée, les habitudes corporatives, tenter de refaire son esprit, se débarrasser des préjugés et conventions qui s'attachent indûment à l'officium » (G. THUILLIER, « Penser par soi-même en droit », in D. ALLAND, S. RIALS, dir., *Dictionnaire de la culture juridique*, Lamy-Puf, coll. Quadrige-dicos poche, 2003, p. 1145).

Chapitre 6

Scientificité et point de vue externe du chercheur

L'objectivité et l'empirisme impossibles du point de vue interne

La recherche *jus*-scientifique, en quelque sorte, est une forme de droit hors du droit ; elle se situe non au milieu des normes, des institutions, des commentaires et des doctrines mais au-dessus d'eux, d'où elle peut les observer et les analyser empiriquement et objectivement. C'est une grande problématique, développée spécialement par Hart, que de savoir si le scientifique du droit doit se positionner ou est positionné à l'intérieur ou à l'extérieur de celui-ci. Un auteur, par exemple, soutient que le chercheur devrait se rapprocher au plus près de l'objet qu'il étudie afin de le saisir « de l'intérieur »[1] ; un autre invite les juristes à se placer d'un point de vue « authentiquement interne »[2].

Or, qu'il s'agisse de l'étude scientifique du droit positif, par exemple dans le cadre de la sociologie juridique[3], ou de l'étude scientifique de la

[1] R. BANAKAR, « Reflections on the Sociological Issues of the Sociology of Law », *Journal of Law and Society* 2000, p. 273 (cité par L. ISRAËL, « Question(s) de méthode – Se saisir du droit en sociologue », *Dr. et société* 2008, p. 389).

[2] A. AARNIO, *Le rationnel comme raisonnable*, Story-scientia-LGDJ (Bruxelles-Paris), 1992, p. 16 (cité par J.-P. CHAZAL, « Philosophie du droit et théorie du droit, ou l'illusion scientifique », *Arch. phil. droit* 2001, p. 328).

[3] Depuis Durkheim, il ne fait aucun doute que la sociologie repose sur une externalité nécessaire par rapport aux faits sociaux. Ainsi Carbonnier expliquait-il que le sociologue du droit « observe [ledit droit] du dehors, son opinion ne devant pas influencer son observation, et ne peut pas influencer le système juridique observé. Il existe une séparation radicale — qui est la séparation propre aux sciences dites expérimentales — entre l'observateur et la matière observée. C'est dans cette différence de position par rapport au droit qu'est la différence essentielle entre le droit dogmatique et la sociologie juridique » (J. CARBONNIER, *Théorie sociologique des sources du droit*, Association corporative des étudiants en droit de l'Université Panthéon-Sorbonne, 1961, p. 8). Aussi semble-t-il peu pertinent de retenir que la sociologie du droit connaîtrait une dichotomie entre « sociologie du droit des juristes » et « sociologie du droit des sociologues » correspondant à l'opposition entre point de vue interne et point de vue externe sur le droit (L. ISRAËL, « Question(s) de méthode – Se saisir du droit en sociologue », *Dr. et société* 2008, p. 382). Mieux vaut convenir qu'il n'y a de sociologie qu'à condition qu'il y ait point de vue externe. *Cf.*, également, J. COMMAILLE, « Sociologie juridique », in D. ALLAND, S. RIALS, dir., *Dictionnaire de la culture juridique*, Lamy-Puf, coll. Quadrige-dicos poche, 2003, p. 1426.

pensée du droit, il semble que seul un point de vue externe puisse permettre de satisfaire l'exigence d'objectivité et d'empirisme, laquelle permet ensuite de satisfaire l'exigence de scientificité. Seul le langage du point de vue externe est utile pour procéder à la description de réalités factuelles ; lui seul autorise une « connaissance désintéressée et gratuite »[1]. Le point de vue interne de celui qui veut prendre part au fonctionnement et à la production du droit (droit pratiqué et/ou droit pensé) ne peut qu'être subjectif, intéressé et influencé, ne peut qu'être idéologisé et idéologisant.

La séparation de la science et de son objet

Toute science se pratique nécessairement en dehors de son objet et les physiciens parlent de « recherche sur la physique » et non de « recherche en physique »[2]. À l'identique, il faut s'inscrire dans le cadre de la recherche sur le droit et non dans celui de la recherche en droit — cependant, les expressions « sur le droit » et « en droit » peuvent aussi servir à désigner le fait que le chercheur soit un non-juriste (recherche « sur le droit ») ou un juriste (recherche « en droit ») ; or la question du point de vue adopté se rapporte à la distinction du scientifique et du non-scientifique, non à la distinction du juriste et du non-juriste —.

Nombreux sont ceux qui ont, depuis un article fondateur de Joseph W. Bingham publié en 1912[3], défendu la nécessité d'adopter un point de vue extérieur pour accéder à une connaissance scientifique de l'objet-droit[4]. On distingue la « science sur le droit » et la « science dans le droit »[5] ; il faut croire que seule la première est véritablement scientifique et que la seconde interdit l'objectivité en s'ouvrant aux considérations politiques et aux intérêts de tous ordres. Il est difficile de suivre l'idée selon laquelle la science du droit permettrait de répondre à la question purement interne « faut-il autoriser le "mariage" des homosexuels ? »[6]. Mieux vaut retenir que le scientifique du droit est extérieur au droit, qu'il doit constater mais sur lequel il n'a pas à vouloir influer ou porter des jugements de valeur.

[1] J. CHEVALLIER, « Doctrine juridique et science juridique », *Dr. et société* 2002, p. 105.

[2] É. KLEIN, « Comment savons-nous ce que nous savons ? », conférence à l'Agora des savoirs, Centre Rabelais de Montpellier, 2 nov. 2011.

[3] J. W. BINGHAM, « What is the Law? », *Michigan Law Review* 1912 (cité par F. MICHAUT, « États-Unis (grands courants de la pensée juridique américaine contemporaine) », in D. ALLAND, S. RIALS, dir., *Dictionnaire de la culture juridique*, Lamy-Puf, coll. Quadrige-dicos poche, 2003, p. 663).

[4] Par exemple, C. VARGA, « Domaine "externe" et domaine "interne" en droit », *RIEJ* 1985, n° 14, p. 25 s.

[5] Ch. ATIAS, *Épistémologie juridique*, Dalloz, coll. Précis, 2002, p. 52.

[6] M. TROPER, « Science du droit », in D. ALLAND, S. RIALS, dir., *Dictionnaire de la culture juridique*, Lamy-Puf, coll. Quadrige-dicos poche, 2003, p. 1392.

Reste que tout travail produit à l'aune d'un point de vue externe sur le droit relève d'une science du droit quand tout travail produit à l'aune d'un point de vue interne au droit relève de la politique juridique, de la légistique ou de la philosophie du droit — pour une part, l'épistémologie juridique, la théorie du droit et l'analyse économique du droit peuvent aussi être concernées —. En définitive, la séparation des points de vue interne et externe n'est pas une autre que celle du droit et de la science du droit ou encore que celle de la doctrine et de la science du droit[1].

L'exigence épistémologique de faire le choix d'un point de vue

Bien entendu, le chercheur sur ou en droit peut à tout moment substituer une casquette à une autre et s'adonner à la politique juridique plutôt qu'à la science juridique. En revanche, il ne peut pas se coiffer concomitamment des deux casquettes, à moins de produire un discours très inconséquent. On peut parfaitement passer de la philosophie à la science ou de la science à la politique au sein d'un même ouvrage ou au sein d'un même article, mais il est décisif de toujours expliquer au lecteur quel angle d'approche est adopté et de toujours l'avertir dès lors qu'il en est changé.

Un auteur soutient que « le juriste qui réfléchit au droit est à la fois à l'intérieur et à l'extérieur de sa matière »[2] et que « cette double position est indivisible »[3]. Tout au contraire, il faut voir dans l'extériorité et dans l'intériorité deux attitudes par rapport à l'objet-droit totalement dissemblables et influençant grandement la teneur des travaux, si bien que quiconque se proposerait de se placer simultanément sous l'angle interne et sous l'angle externe ne pourrait aboutir qu'à rendre des conclusions imprécises, cacophoniques et irréfléchies car manquant par trop de base méthodique. Les résultats d'une recherche sont au moins autant dépendants de l'objet étudié que de la méthode mise en œuvre pour l'étudier.

Quant à la « dialectique des points de vue interne et externe »[4], elle ne semble pas pouvoir être davantage une perspective engageante tant l'un et l'autre ne peuvent et n'ont pas à se concilier ; il est loisible de les faire alterner, mais il apparaît aventureux épistémologiquement de vouloir les mêler ou, pire, les fusionner. Le point de vue interne et le point de vue externe doivent demeurer chacun de son côté. Ils n'ont pas à cohabiter ni à dialoguer.

[1] É. PICARD, « Science du droit ou doctrine juridique », in *Mélanges Rolland Drago*, LGDJ, 1989, p. 12.

[2] J.-P. CHAZAL, « Philosophie du droit et théorie du droit, ou l'illusion scientifique », *Arch. phil. droit* 2001, p. 328.

[3] *Ibid.*

[4] F. OST, M. VAN DE KERCHOVE, *De la pyramide au réseau ? – Pour une théorie dialectique du droit*, Publications des Facultés universitaires Saint-Louis (Bruxelles), 2002, p. 465.

Le point de vue externe comme neutralité

Hart, qui est donc l'auteur qui a le plus approfondi la question des points de vue applicables à l'étude du droit, soutenait que l'observateur externe ne pourrait pas comprendre les aspects internes des règles juridiques et devrait forcément s'en tenir au fait qu'elles soient ou non respectées, seule donnée accessible de l'extérieur ; les règles juridiques seraient invisibles aux yeux de qui les envisage d'un « *external point of view* ». Aussi affirmait-il qu'aucune théorie du droit ne saurait être élaborée à partir d'un point de vue externe[1]. Et différents théoriciens du droit ont retenu, après le maître anglais, que « ce n'est qu'en considérant d'un point de vue interne le système de normes qu'on peut reconnaître la validité juridique »[2]. Il est vrai que la théorie syncrétique du droit paraît être la seule théorie du droit à reposer sur un point de vue externe, à reposer sur des prémisses scientifiques[3].

Pourtant, il semble que le point de vue externe permette aussi bien que le point de vue interne, si ce n'est mieux que lui, de connaître le droit. Dès lors qu'une norme est, son existence est un fait qui peut être saisi objectivement et empiriquement, en termes d'effectivité mais aussi en termes de validité. Il faut dire qu'Hart voyait dans le point de vue interne celui de qui « accepte et utilise les règles comme modèles de conduite »[4] et dans le point de vue externe celui de qui « ne les accepte pas lui-même »[5]. Mais, d'un point de vue externe, il ne s'agit pas de juger les normes ; il s'agit seulement de constater leur existence. Ce point de vue est celui du scientifique qui s'abstrait autant que possible de sa personnalité et de sa subjectivité pour laisser s'exprimer l'objectivité. Ce n'est que sous l'angle interne qu'il est possible d'accepter ou de rejeter les normes, car le point de vue interne est celui de qui oriente son discours en fonction de ses intérêts subjectifs par rapport au contenu du droit et à son évolution, qui soit adhère aux règles et les soutient, soit les critique et plaide pour leur changement.

Loin de la question de l'acceptation du droit ou de l'opposition au droit, l'essentiel est donc que la distanciation par rapport à l'objet étudié est une condition de scientificité de la démarche et la conséquence inévitable du recours à l'objectivité et à l'empirisme. Ross retenait une conception proche

[1] H. L. A. HART, *Le concept de droit*, trad. M. van de Kerchove, Publications des Facultés universitaires Saint-Louis (Bruxelles), 1994, p. 89.

[2] U. SCARPELLI, *Qu'est-ce que le positivisme juridique ?*, trad. C. Clavreul, Bruylant-LGDJ (Bruxelles-Paris), coll. La pensée juridique, 1996, p. 39.

[3] *Cf.* B. BARRAUD, « L'échelle de juridicité : un outil pour mesurer le droit et fonder une théorie syncrétique (première partie : présentation) », *Arch. phil. droit* 2013, p. 365 s. ; B. BARRAUD, *Théories du droit et pluralisme juridique – t. II : La théorie syncrétique du droit et la possibilité du pluralisme juridique*, PUAM (Aix-en-Provence), coll. Inter-normes, 2017.

[4] H. L. A. HART, *Le concept de droit*, trad. M. van de Kerchove, Publications des Facultés universitaires Saint-Louis (Bruxelles), 1994, p. 55.

[5] *Ibid.*

lorsqu'il faisait de l'observateur extérieur celui qui, « sans accepter ou rejeter les règles, se contente d'en rendre compte »[1], dont « le rôle consiste à énoncer des propositions vraies relatives au droit réellement en vigueur »[2].

En outre, pour Hart, tout individu serait naturellement en situation d'intériorité ou d'extériorité par rapport au droit et ne pourrait jamais en changer. Il faut croire que le point de vue n'est pas une donnée naturelle mais un simple choix de l'observateur. En ces lignes, a déjà été souligné combien le chercheur peut à loisir présenter des résultats scientifiques ou exprimer des opinions personnelles, combien il est libre, donc, de modifier son point de vue, l'important étant de toujours préciser quel est l'angle d'approche adopté, quelle est l'intention épistémologique retenue.

La possibilité d'étudier les points de vue internes d'un point de vue externe

Hart a cependant écrit, plus tard, profitant de l'occasion offerte par la postface de son *Concept de droit*, que

> *Rien dans le projet d'une théorie générale du droit descriptive [...] n'empêche un observateur externe non participant de décrire la façon dont des participants considèrent le droit d'un certain point de vue interne. [...] Il est évident qu'un théoricien du droit faisant œuvre de description ne partage pas lui-même en tant que telle l'acceptation du droit que manifestent les participants de différentes manières, mais il peut et devrait décrire une telle acceptation [...]. Il est vrai que, à cet effet, le théoricien du droit faisant œuvre de description doit comprendre en quoi consiste l'adoption du point de vue interne et, en ce sens limité, il doit être capable de se mettre lui-même à la place d'un membre ; mais ceci ne consiste ni à accepter le droit, ni à partager ou approuver le point de vue interne du membre ou à abandonner de toute autre manière sa posture descriptive.*[3]

C'est bien ainsi qu'il faut entendre le point de vue externe — mais non « radicalement externe »[4] — du scientifique du droit, dont les travaux ne

[1] A. ROSS, *Introduction à l'empirisme juridique*, trad. E. Matzner, É. Millard, Bruylant-LGDJ (Bruxelles-Paris), coll. La pensée juridique, 2004, p. 188.
[2] *Ibid.*
[3] H. L. A. HART, « Postface », in *Le concept de droit*, trad. M. van de Kerchove, Publications des Facultés universitaires Saint-Louis (Bruxelles), 1994, p. 242.
[4] Hart opposait le point de vue « radicalement externe » de l'observateur qui n'a nul égard pour les points de vue internes et le point de vue « externe modéré » qui consiste à prendre en compte ces points de vue internes, mais sans adhérer à l'un d'eux en particulier (H. L. A. HART, *Le concept de droit*, trad. M. van de Kerchove, Publications des Facultés universitaires Saint-Louis (Bruxelles), 1994, p. 114). Ainsi celui qui adopte un point de vue « radicalement externe » risque-t-il de se couper de la réalité, si bien que le point de vue

revêtent qu'une visée descriptive et explicative. Ce scientifique peut parfaitement prendre pour objet d'étude les points de vue internes au droit — c'est-à-dire intéressés et subjectifs —. Lesdits points de vue internes sont des données juridiques comme les autres. Il faut suivre l'affirmation selon laquelle « se référer de l'extérieur au point de vue interne pour tenter d'en expliquer la normativité paraît caractériser une attitude scientifique à la fois féconde, explicative et adéquate à son objet »[1]. Le point de vue interne n'est pas scientifique, mais le point de vue externe sur le point de vue interne, lui, l'est.

Le professeur Jacques Chevallier peut retenir que le scientifique du droit n'a pas à se placer dans l'ordre de l'action, à vouloir agir sur la réalité, mais doit tenir l'objet étudié à bonne distance[2]. Toutefois, l'extériorité du point de vue désigne davantage une attitude épistémologique scientifiste qu'une véritable position « géographique » par rapport au droit. On a sévèrement dénoncé la possibilité d'observer d'un point de vue externe les points de vue internes au droit, si ce n'est « au prix d'un exercice de lévitation et de dédoublement qui relève de la foi plus que de la science »[3]. Cette critique repose notamment sur la confusion de cette attitude avec celle de qui aspire à être tout à la fois dans l'une et dans l'autre position, « sur la scène et au balcon »[4]. Or, avec les sciences du droit, est en cause uniquement le point de vue externe et l'observation d'un point de vue interne ne conduit en aucun instant à faire sien celui-ci.

Points de vue internes et point de vue externe

Alors qu'il existe une multiplicité de points de vue internes, à mesure de la diversité des opinions quant à ce que devrait[ent] être le fond et/ou la forme du droit, il n'y a qu'un seul et unique point de vue externe, car il n'y a qu'une seule et unique méthode scientifique. Où le recours au point de vue externe apparaît, en termes de qualité des connaissances produites, éminemment plus légitime que le recours à un point de vue interne parmi tant d'autres possibles.

« radicalement externe » pourrait être, en définitive, aussi peu scientifique que le point de vue interne.

[1] J. Lenoble, F. Ost, *Droit, mythe et raison – Essai sur la dérive mythologique de la rationalité juridique*, Publications des Facultés universitaires Saint-Louis (Bruxelles), 1980, p. 502 (cité par M. Troper, *Pour une théorie juridique de l'État*, Puf, coll. Léviathan, 1994, p. 32).

[2] J. Chevallier, « Doctrine juridique et science juridique », *Dr. et société* 2002, p. 110.

[3] A.-J. Arnaud, « La valeur heuristique de la distinction interne/externe comme grande dichotomie pour la connaissance du droit : éléments d'une démystification », *Dr. et société* 1986, p. 141.

[4] Réf. à F. Ost, M. van de Kerchove, « De la scène au balcon – D'où vient la science du droit ? », in F. Chazel, J. Commaille, dir., *Normes juridiques et régulation sociale*, LGDJ, coll. Droit et société, 1992, p. 67 s.

Le point de vue externe a pu être critiqué en raison du fait qu'une étude uniquement descriptive serait par trop incomplète[1]. Néanmoins, dans le cadre de la recherche *jus*-scientifique, il n'est pas d'autre possibilité que de le retenir et de le retenir exclusivement. Le point de vue interne est fort utile en droit lorsqu'il permet de créer ou d'appliquer les règles, notamment en les interprétant, en s'adonnant à la « dogmatique source du droit »[2]. Peut-être même est-il plus indispensable, dès lors qu'il est celui qu'adoptent les législateurs, les juges, les avocats, mais aussi les citoyens, que le point de vue externe du scientifique. C'est pourquoi il faut d'ores et déjà affirmer qu'une recherche juridique purement scientifique, ne s'accompagnant pas d'une part de recherche critique, serait une bien triste recherche juridique.

Enfin, reste que l'extériorité, ainsi que le soulignait Michel Villey, ne peut être qu'un objectif en direction duquel il faut s'efforcer d'avancer mais qui, pour des juristes de profession et/ou de formation, ne saurait être exactement atteignable[3]. Comme la scientificité dans son ensemble, l'extériorité du point de vue sur le droit ne saurait être parfaite. À nouveau, il faut convenir que ce qui importe avant tout est l'intention affichée par le chercheur. Le professeur Alain Supiot soutient que nul juriste ne saurait effectivement analyser le droit de l'extérieur[4]. Mais, si, certainement, il est inenvisageable de se situer dans un total contexte d'extériorité par rapport à l'objet-droit dès lors qu'on est soi-même une forme de droit, il est néanmoins permis de s'attacher à une intention épistémologique scientifiste et donc à l'extériorité de point de vue en tant que principe-cadre. Et le professeur d'avancer que « la science du droit ne saurait ignorer les valeurs qui l'animent »[5] ; seulement cela n'interdit-il en rien l'adoption d'un point de vue externe et la prise en compte objective et empirique de l'existence de ces valeurs.

Objective et empirique, la recherche *jus*-scientifique oblige encore le chercheur à faire preuve de pragmatisme.

[1] F. OST, M. VAN DE KERCHOVE, *Jalons pour une théorie critique du droit*, Publications des Facultés universitaires Saint-Louis (Bruxelles), Bruxelles, 1987, p. 49.

[2] J. CARBONNIER, *Théorie sociologique des sources du droit*, Association corporative des étudiants en droit de l'Université Panthéon-Sorbonne, 1961, p. 8.

[3] M. VILLEY, *La formation de la pensée juridique moderne*, Puf, coll. Quadrige manuels, 2006.

[4] A. SUPIOT, « Ontologie et déontologie de la doctrine », *D.* 2013, p. 1421.

[5] *Ibid.*

Chapitre 7

Scientificité et pragmatisme du chercheur

L'intérêt porté à la pratique du droit et l'indifférence par rapport à la pensée du droit

Si, au-delà des mots employés afin de la désigner, elle n'est que peu novatrice tant le droit a connu, comme de nombreux autres champs de la connaissance, un « tournant pragmatique » durant le XXe s.[1], l'intention de faire œuvre pragmatique en droit n'est cependant guère transparente et immédiatement saisissable. Entre le pragmatisme d'un Duguit[2], celui du professeur Jacques Chevallier — « incompatible avec une démarche scientifique »[3] — et celui proposé par l'auteur de ces lignes[4], il est difficile de percevoir ce que peut être exactement une étude pragmatique du droit et/ou en droit. Est pragmatique ce qui concerne le domaine des faits — les dictionnaires insistent en parlant de « faits réels »[5] —, ce qui présente la qualité de s'attacher à l'action pratique, à ses résultats et à ses conséquences, ce qui juge de la valeur des choses à l'aune de leur possibilité d'application pratique, ce qui œuvre dans le but de produire des effets en pratique ; et les dictionnaires de retenir symptomatiquement comme exemple la « politique pragmatique »[6].

Une étude pragmatique recherche ce que font les choses, non ce que sont les choses. Partant, le droit pragmatique semble être le parfait contraire du droit théorique et, plus encore, du droit philosophique. Si une étude pragmatique recherche ce que font les choses, non ce qu'elles sont, elle ne peut néanmoins accomplir sa tâche sans savoir ce que sont les choses. Autrement dit, la pratique ne peut se passer de la théorie et vient toujours à la suite de la théorie.

[1] D. KENNEDY, « Three Globalizations of Law and Legal Thought: 1850-2000 », in D. TRUBEK, A. SANTOS, dir., *The New Law and Economic Development, A Critical Appraisal*, Cambridge University Press, 2006, p. 19 (cité par M. XIFARAS, « Après les Théories Générales de l'État : le droit global ? », *Jus Politicum* 2012, n° 8, p. 54).

[2] Spécialement, L. DUGUIT, *Le pragmatisme juridique – Conférences prononcées à Madrid, Lisbonne et Coïmbre*, La mémoire du droit, 2008.

[3] J. CHEVALLIER, « Doctrine juridique et science juridique », *Dr. et société* 2002, p. 110.

[4] B. BARRAUD, *Repenser la pyramide des normes à l'ère des réseaux – Pour une conception pragmatique du droit*, L'Harmattan, coll. Logiques juridiques, 2012.

[5] V° « Pragmatique », in *Trésor de la langue française*.

[6] V° « Pragmatique », in *Le petit Larousse illustré 2011*, Larousse, 2010.

L'étudiant pragmatique, avec Durkheim et les sociologues, procède à des « démonstration[s] par le fait »[1], ce qui, inévitablement, interdit toute proposition d'ordre théorique, c'est-à-dire toute construction détachée des faits ou, du moins, cherchant à dépasser ou à transcender les faits. En particulier, une étude est foncièrement pragmatique dès lors qu'elle consiste uniquement en l'exposé des résultats procédant d'une expérience scientifique. L'expérimentation est la « méthode scientifique [qui] exige l'emploi systématique de l'expérience et de l'observation contrôlée afin de vérifier les hypothèses avancées et d'acquérir des connaissances positives dans les sciences expérimentales »[2]. Un chapitre de la quatrième partie à venir sera entièrement consacré à la question de savoir si la science du droit pourrait devenir une science expérimentale.

Et expérimenter est l'action consistant à « essayer ou tester les qualités de quelque chose »[3]. Là encore, faire œuvre pragmatique s'oppose au fait de faire œuvre stipulative, péremptoire, spéculative ou métaphysique. En une recherche *jus*-scientifique, il n'est lieu que d'observer la réalité factuelle du phénomène étudié. Les commentaires doivent être seconds par rapport aux données factuelles qui doivent pouvoir s'exprimer de la manière la plus brute. Mais, bien entendu, il n'est pas défendu, tout au contraire, de passer de temps à autre du cadre *jus*-scientifique au cadre *jus*-politique, y compris au sein d'un même ouvrage ou au sein d'un même article.

En outre, être pragmatique en droit signifie s'attacher principalement à la matière première juridique, à savoir les normes et les institutions. Les méthodes de la recherche en droit ne manquent pas de souligner à quel point « le retour aux textes est pour le chercheur en droit l'équivalent du retour aux faits pour le chercheur en sciences dures »[4]. C'est également cela qui justifie de n'aborder souvent que les seuls aspects pratiques et concrets des problématiques et d'ignorer leurs aspects théoriques et philosophiques, mais aussi leurs aspects politiques ou autrement polémiques, lesquels, si ils amènent sans doute à participer de l'évolution de la pensée juridique, n'obligent qu'à de très rares « retours aux textes » et, donc, ne donnent pas lieu à des travaux *jus*-scientifiques tels que ceux-ci sont le plus généralement envisagés — à raison — parmi les facultés de droit, où « la réalité mérite davantage de respect que la théorie »[5].

[1] É. Durkheim, *Les règles de la méthode sociologique*, 2e éd. (1937), Puf, coll. Bibliothèque de philosophie contemporaine, 1973, p. XII.

[2] V° « Expérimentation », in *Le petit Larousse illustré 2011*, Larousse, 2010 (non souligné dans le texte original).

[3] V° « Expérimenter », in *Le petit Larousse illustré 2011*, Larousse, 2010.

[4] R. Romi, *Méthodologie de la recherche en droit*, 2e éd., Litec, coll. Objectif droit, 2010, p. 21.

[5] M. Virally, *Le droit international en devenir – Essais écrits au fil des ans*, Puf, 1990, p. 92 (cité par C. Thibierge, « Le droit souple – Réflexion sur les textures du droit », *RTD civ.* 2003, p. 599).

L'étude pragmatique doit donc se focaliser entièrement sur les normes et les institutions juridiques, loin de consister en des « commentaires de commentaires » ou en des « pensées de pensées ». En somme, même s'il n'est guère inconséquent d'envisager une « théorie pragmatique du droit »[1], les théories du droit, le plus souvent, et les philosophies du droit, toujours, font appel non au pragmatisme mais à l' « art de rêver, d'investir en rêverie, d'exciter son imaginaire, d'orienter, de contrôler, de diriger ses rêveries »[2]. Une recherche axée sur la pratique juridique se doit de poursuivre constamment le pragmatisme, ce qui conduit, donc, à laisser au bord du chemin les interrogations d'ordre abstrait, car ceux qui répondent à ces interrogations avec le plus grand « sens pratique »[3] sont ceux qui n'y répondent pas et qui, de la sorte, y apportent des solutions très praticables, bien qu'implicites.

Quant à la rupture entre théorie et pratique que consacrerait, avec d'autres, l'ambition pragmatiste, il faut se convaincre, aux côtés de Gaston Jèze, que « toute théorie juridique qui n'a pas pour point de départ l'observation minutieuse des faits et qui n'en est pas la synthèse exacte et adéquate est dénuée de valeur »[4]. D'ailleurs, la théorie syncrétique du droit par ailleurs exposée a pour principe de se borner à synthétiser les différentes théories du droit possédant actuellement une force doctrinale significative, c'est-à-dire de formuler la définition lexicale du droit, ce qui revient à reposer fondamentalement sur des données factuelles et à faire œuvre éminemment pragmatique[5]. Il n'en demeure pas moins que les théories du droit sont pour beaucoup peu pragmatiques. Jusqu'à certaines formes de « réalisme » pêchent par manque de pragmatisme. Et une théorie est déjà la définition d'un objet d'étude et la prescription d'une méthode pour l'étude, ce qui implique de toujours faire au moins en partie œuvre personnelle et stipulative, y compris au moment de proposer une « théorie pragmatique »,

[1] B. BARRAUD, *Repenser la pyramide des normes à l'ère des réseaux – Pour une conception pragmatique du droit*, L'Harmattan, coll. Logiques juridiques, 2012.

[2] G. THUILLIER, « Probabilisme et art de juger », in D. ALLAND, S. RIALS, dir., *Dictionnaire de la culture juridique*, Lamy-Puf, coll. Quadrige-dicos poche, 2003, p. 1361.

[3] Réf. à P. BOURDIEU, *Le sens pratique*, Minuit, 1980.

[4] G. JÈZE, « De l'utilité pratique des études théoriques de jurisprudence », *RDP* 1914, p. 313 (cité par O. BEAUD, « L'œuvre de Gaston Jèze signifie-t-elle un repli de la doctrine publiciste française sur la technique juridique ? », *Jus Politicum* 2013, n° 11, p. 20).

[5] *Cf.* B. BARRAUD, « L'échelle de juridicité : un outil pour mesurer le droit et fonder une théorie syncrétique (première partie : présentation) », *Arch. phil. droit* 2013, p. 365 s. ; B. BARRAUD, *Théories du droit et pluralisme juridique – t. II : La théorie syncrétique du droit et la possibilité du pluralisme juridique*, PUAM (Aix-en-Provence), coll. Inter-normes, 2017.

expression ne constituant pas une *contradictio in adjecto*[1] — à l'identique de l'idée de « théorie scientifique »[2] —.

Pragmatisme juridique, droit réel, droit vivant

Le pragmatisme juridique est la qualité de ceux qui s'attachent aux faits juridiques plutôt qu'aux fictions, aux abstractions et aux idéaux juridiques. Il est incarné, par exemple, par Max Weber quand il déclare que « la volonté du peuple n'existe pas »[3] ou par les auteurs qui dénoncent le « mensonge démocratique »[4]. S'il est vrai que « les fictions, en droit, servent à contrer les réalités »[5], il faut alors choisir entre réalité et fiction et le pragmatique est celui qui choisira toujours la réalité, ce qui peut aussi vouloir dire choisir le fait contre la norme[6], ou bien encore choisir la norme effective contre la norme valide. Cela est tout sauf anecdotique puisque, selon que l'étudiant sera pragmatique ou ne le sera pas, ses méthodes, ses travaux et, surtout, ses conclusions pourront différer radicalement.

Par suite, c'est certainement un ouvrage entier qui pourrait être consacré au pragmatisme et à ses implications lorsqu'il est adopté en droit, lesquelles résident souvent dans le réalisme, soit dans les approches qui tendent à réduire le droit à son application, à son interprétation et, plus largement, à sa pratique[7] (incluant les « ressorts extrajuridiques de la réalité juridique »[8]), donc au droit vivant[9]. « *We decide, then we deduce* »[10] (les juges décident puis justifient juridiquement cette décision, loin du

[1] Par exemple, B. Z. TAMANAHA, *Realistic Socio-Legal Theory: Pragmatism and a Social Theory of Law*, Clarendon Press (Oxford), 1997.
[2] Pour une analyse contraire, *cf.* J.-P. CHAZAL, « Philosophie du droit et théorie du droit, ou l'illusion scientifique », *Arch. phil. droit* 2001, p. 303 s.
[3] Cité par P. ROSANVALLON, « La démocratie : esquisse d'une théorie générale – Cours au Collège de France (6/10) », L'Éloge du savoir, France culture, 30 avr. 2013.
[4] V. PARETO, *Traité de sociologie générale*, Droz (Genève), 1917.
[5] P. ROSANVALLON, « La démocratie : esquisse d'une théorie générale – Cours au Collège de France (9/10) », L'Éloge du savoir, France culture, 3 mai 2013.
[6] *Cf.* I. PARIENTE-BUTTERLIN, *Le droit, la norme et le réel*, Puf, coll. Quadrige manuels philosophie, 2005.
[7] *Cf.*, notamment, F. MICHAUT, « États-Unis (grands courants de la pensée juridique américaine contemporaine) », in D. ALLAND, S. RIALS, dir., *Dictionnaire de la culture juridique*, Lamy-Puf, coll. Quadrige-dicos poche, 2003, p. 662.
[8] Th. KIRAT, « Le pragmatisme de Richard Posner : un regard critique », communication à la journée d'étude sur les philosophes pragmatistes et les économistes, IDHE-ENS Cachan, 11 avr. 2005.
[9] B. FRYDMAN, « La méthode pragmatique du professeur van Ommeslaghe », allocution prononcée à l'occasion de la conférence Perelman exceptionnelle, 26 nov. 2010.
[10] O. W. HOLMES, *The Common Law* (1881), Little Brown (Boston), 1963 (cité par Th. KIRAT, « Le pragmatisme de Richard Posner : un regard critique », communication à la journée d'étude sur les philosophes pragmatistes et les économistes, IDHE-ENS Cachan, 11 avr. 2005).

syllogisme judiciaire), disait le juge Oliver W. Holmes, pionnier du réalisme américain.

Ici n'est toutefois pas le lieu où s'arrêter plus longuement sur la philosophie pragmatiste dont les tenants adoptent le principe du « doute organisé »[1], considèrent, avec Spinoza, qu'il faut « prendre la réalité pour ses désirs et non ses désirs pour la réalité »[2] et affirment qu' « une chose est ce qu'elle fait »[3], est les effets pratiques qu'elle produit[4], si bien qu'il s'avère inopportun de chercher à lui octroyer quelque essence. Simplement importe-t-il d'ajouter que, sous l'angle pragmatique, la qualité des instruments de recherche dépend de la congruence par rapport aux faits des résultats qu'ils permettent d'obtenir ainsi que de leur caractère opératoire. En ce sens, l'approche pragmatique, ni arcboutée sur quelque système de certitudes ni sceptique par principe[5], paraît être la plus équilibrée, la plus capable d'amener à des conclusions pertinentes, sous l'angle scientifique assurément, mais sous l'angle politique peut-être également.

Ainsi le pragmatisme devrait-il empreindre les réflexions portant sur les enjeux et les techniques légistiques, c'est-à-dire sur l'adaptation du droit et du droit de la création du droit à leur contexte, aux impératifs pratiques, à l' « expérience sociale »[6] et aux « nécessités ressenties du temps présent »[7], donc à un complexe d'éléments factuels et matériels. Finalement, les *jus*-scientifiques et les *jus*-politiques, s'ils ne le sont pas toujours, devraient être les uns comme les autres des pragmatiques. C'est donc en matière de sciences du droit mais aussi au-delà qu'il semble important de s'inscrire dans la lignée des manuels de droit dont « l'objectif est d'offrir aux étudiants, aux praticiens et à tous les juristes une réponse aussi concrète, utile et pragmatique que possible aux questions qu'ils rencontrent »[8].

[1] M. GIREL, « La production du doute et de l'ignorance dans les sciences », Questions d'éthique, France culture, 25 avr. 2013.
[2] Cité par R. ENTHOVEN, « Le réel et son double – Clément Rosset », Le gai savoir, France culture, 14 oct. 2012.
[3] F. S. COHEN (cité par F. MICHAUT, « États-Unis (grands courants de la pensée juridique américaine contemporaine) », in D. ALLAND, S. RIALS, dir., *Dictionnaire de la culture juridique*, Lamy-Puf, coll. Quadrige-dicos poche, 2003, p. 663).
[4] M. OLIVIER, *Peirce : la pensée et le réel*, Hermann, 2013
[5] *Ibid.*
[6] O. W. HOLMES, « The Path of the Law », *Harvard Law Review* 1897 (cité par Th. KIRAT, « Le pragmatisme de Richard Posner : un regard critique », communication à la journée d'étude sur les philosophes pragmatistes et les économistes, IDHE-ENS Cachan, 11 avr. 2005).
[7] R. POSNER, *Economie Analysis of Law*, 3e éd., Little Brown (Boston), 1986 (cité par F. OST, M. VAN DE KERCHOVE, *De la pyramide au réseau ? – Pour une théorie dialectique du droit*, Publications des Facultés universitaires Saint-Louis (Bruxelles), 2002, p. 332).
[8] P. VAN OMMESLAGHE, *Droit des obligations*, t. I, Bruylant (Bruxelles), 2010, p. 2 (cité par B. FRYDMAN, « La méthode pragmatique du professeur van Ommeslaghe », allocution prononcée à l'occasion de la conférence Perelman exceptionnelle, 26 nov. 2010).

D'aucuns soutiennent que le pragmatisme devrait être la qualité des acteurs du droit davantage que celle de ses commentateurs ; ainsi en va-t-il du professeur Jacques Chevallier qui considère, à l'inverse de l'auteur de ces lignes[1], que la science du droit, par définition, devrait refuser le pragmatisme, lequel ne pourrait exister que dans l'ordre de l'action et non dans l'ordre de l'observation[2]. Par exemple, il n'est que possible de se réjouir lorsqu'une cour d'appel refuse d'appliquer à un utilisateur du « réseau social » Facebook une clause des conditions d'utilisation du site alors que la clause en question était noyée dans le texte et qu'il suffisait d'un simple et unique clic pour que le consentement soit considéré comme acquis[3]. De même, il faut voir le fruit d'un heureux pragmatisme dans le choix de la Cour de cassation de faire du besoin d'ouvrir plusieurs fenêtres sur un site web pour pouvoir être informé de son caractère publicitaire une infraction à l'article 20 de la *Loi pour la confiance dans l'économie numérique* qui prévoit que toute publicité électronique doit pouvoir être clairement identifiée en tant que telle[4]. Et juger que la gratuité du service Google Maps est un prix anormalement bas enfreignant le droit de la concurrence et constituant un abus de position dominante sur le marché de la cartographie en ligne[5] est une autre illustration du pragmatisme dont peuvent faire montre les tribunaux. Mais nul doute que quelques exemples de dogmatisme, de manque de pragmatisme, de la part des acteurs du droit pourraient également être dénichés sans grande difficulté.

L'approche pragmatique des règles de droit et le « panjuridisme éclairé »

Selon l'acception pragmatique du droit, qui est spécialement celle des sociologues et des anthropologues du droit, toute norme est une règle de droit et, par conséquent, doit être incorporée par le chercheur en droit ou sur le droit dans son objet d'étude. Il serait fort peu conséquent d'écarter de l'analyse une part des normes applicables et, surtout, des normes appliquées car cela risquerait d'amener à obtenir des résultats non conformes à la réalité du « droit vécu », laquelle doit primer sur la réalité du « droit pensé ». Ainsi, concernant par exemple un travail de recherche touchant au droit de l'environnement, il serait peu pertinent d'ignorer une part des normes applicables et appliquées aux activités en lien avec la protection de l'environnement au motif que celles-ci ne seraient guère juridiques et de se concentrer sur quelques normes valides dans l'ordre juridique mais dans les

[1] Également, O. BEAUD, « Doctrine », in D. ALLAND, S. RIALS, dir., *Dictionnaire de la culture juridique*, Lamy-Puf, coll. Quadrige-dicos poche, 2003, p. 387.

[2] J. CHEVALLIER, « Doctrine juridique et science juridique », *Dr. et société* 2002, p. 110.

[3] CA Pau, 23 mars 2012, *Sébastien R. c/ Facebook*.

[4] Cass. com., 29 nov. 2011, *Kelkoo*.

[5] T. com. Paris, 15e ch., 31 janv. 2012, *Bottin Cartographes c/ Google France et Google Inc.*

faits ineffectives, *a fortiori* dès lors que ce travail serait destiné à un public de praticiens plus que d'universitaires.

Alors que l'expérience menée par ailleurs relativement aux aspects qualitatifs du pluralisme juridique, au moyen de l'échelle de juridicité et dans le cadre de la théorie syncrétique du droit, permet de constater qu'entre les normes d'origine publique et les normes d'origine privée il existe souvent un grand écart en termes de force juridique[1], il n'en demeure pas moins que toutes les règles applicables à un objet donné sont juridiques, quoiqu'elles ne le soient donc pas avec la même intensité. L'échelle de juridicité et la théorie syncrétique du droit offrent ainsi au pragmatisme juridique un espace dans lequel il peut s'épanouir sans pour autant devoir se révéler inconséquent théoriquement en ce qu'il trahirait l'autonomie du droit au sein des modes de régulation sociale que des générations de juristes ont patiemment construite. C'est pourquoi l'auteur de ces lignes a pu parler de « panjuridisme éclairé »[2]. Dès lors que sont acceptés les résultats obtenus par l'application de l'échelle de juridicité, il n'est plus lieu de s'interroger sur la problématique de la juridicité et de l'acceptabilité théorique du droit d'origine privée. Il faut convenir, sans autre forme de procès, qu'une norme quelle qu'elle soit est nécessairement juridique et, concernant par exemple une étude en droit de l'environnement, que toute norme applicable aux activités touchant à l'environnement fait partie du droit de l'environnement.

Qui accepte de la sorte de ne rejeter aucune norme hors de l'objet d'étude du scientifique du droit se positionne clairement et entièrement dans un cadre pragmatique, la pragmatique telle qu'ainsi comprise s'opposant à la dogmatique et à tout ce qui relève de la spéculation, de l'idéologie et de la stipulation, loin des activités et des enjeux les plus concrets auxquels sont confrontés les praticiens-juristes. Mais, selon une formule que Gaston Jèze aimait à exprimer devant ses étudiants, « faire fi de la théorie, c'est avoir

[1] *Cf.* B. BARRAUD, *Théories du droit et pluralisme juridique – t. II : La théorie syncrétique du droit et la possibilité du pluralisme juridique*, PUAM (Aix-en-Provence), coll. Inter-normes, 2017 ; B. BARRAUD, « L'échelle de juridicité : un outil pour mesurer le droit et fonder une théorie syncrétique (seconde partie : application) », *Arch. phil. droit* 2014, p. 503 s. Les expériences menées à l'occasion de ces travaux ont permis de démontrer qu'il existe, au sens de qui adopte la théorie syncrétique du droit, un pluralisme qualitatif dans le droit : si toute norme est juridique, il se trouve des normes fortement juridiques quand d'autres ne le sont que moyennement ou faiblement. L'autonomie ontologique du droit au sein de l'ensemble socio-normatif est ainsi entièrement sauvegardée sans que cela interdise de voir dans les normes d'origine privée des normes juridiques. Il est indispensable, en une étude relative au pluralisme juridique, d'admettre que le juridique est partout, dans toutes les formes de normativité. En revanche, l'absolument et le fortement juridique ne le sont pas ; il y a des sphères des activités sociales qui ne sont régulées que par des normes moyennement ou faiblement juridiques — mais cela est sans importance pour l'approche pragmatique du droit qui se concentre davantage sur la force factuelle des règles, sur leur effectivité —.

[2] B. BARRAUD, *Théories du droit et pluralisme juridique – t. II : La théorie syncrétique du droit et la possibilité du pluralisme juridique*, PUAM (Aix-en-Provence), coll. Inter-normes, 2017.

l'outrecuidance de soutenir qu'il serait inutile de savoir ce que l'on dit quand on parle, de savoir ce que l'on fait quand on agit »[1]. Aussi faut-il gager que la théorie syncrétique du droit, en tant que théorie autorisant et même justifiant l'approche pragmatique des règles de droit, peut être profitable aux sciences du droit. C'est à elle que devraient adhérer, notamment, les sociologues et anthropologues du droit.

Une fois éliminées les difficultés théoriques liées aux limites du territoire juridique dans le monde de la régulation sociale grâce à une théorie légitimant le panjuridisme, le chercheur peut se concentrer pleinement sur l'ambition de témoigner de façon brute de données *jus*-factuelles. En somme, les obstacles résidant dans la définition du droit sont alors écartés et ledit chercheur peut réfléchir aux aspects et implications concrets et pratiques de sa problématique en n'ayant plus à se soucier du besoin de justifier l'inclusion de tous les objets normatifs et institutionnels dans son objet d'étude, en ne devant pas opérer quelque discrimination *a priori* entre les normes en fonction de leurs origines formelles.

Que soit rappelé combien, « dans le divorce du fait et du droit, c'est le droit qui a tort »[2]. Cet aphorisme, emprunté au doyen Carbonnier, pourrait bien être la devise du pragmatisme juridique. Il invite à toujours chercher à faire coller le droit au fait, loin de vouloir faire coller le fait au droit.

Illustrations des différences entre approche pragmatique et approche non pragmatique

Des auteurs expliquent : « Les sociétés modernes se caractérisent par une juridicisation croissante. De plus en plus de normes sont inscrites dans le droit [...]. Ainsi, la première qualité des normes des sociétés occidentales modernes est qu'elles sont de plus en plus des normes juridiques »[3]. Pareille explication ne saurait être admise en une étude qui s'appuie sur le pragmatisme juridique et donc sur le présupposé selon lequel toute norme est une norme juridique, selon lequel il n'existe pas de normes non juridiques. 100 % des normes sont des normes juridiques et 100 % des institutions sont des institutions juridiques du point de vue *jus*-pragmatique ; si bien qu'il est impossible de parler de « juridicisation » ou de « déjuridicisation » des normes ou des institutions.

[1] Cité par O. BEAUD, « L'œuvre de Gaston Jèze signifie-t-elle un repli de la doctrine publiciste française sur la technique juridique ? », *Jus Politicum* 2013, n° 11, p. 20.

[2] J. CARBONNIER, *Flexible droit – Pour une sociologie du droit sans rigueur*, 8e éd., LGDJ, 1995.

[3] N. DOMPNIER, « Le renoncement à la légitimité démocratique au nom de la "qualité des normes" ? », in M. FATIN-ROUGE STÉFANINI, L. GAY, J. PINI, dir., *Autour de la qualité des normes*, Bruylant (Bruxelles), coll. À la croisée des droits, 2010, p. 78.

Il faut s'accorder — tout du moins dans le cadre de la recherche *jus*-scientifique — avec qui regrette que, trop souvent, le vide législatif soit assimilé au vide juridique[1]. Le vide juridique est une chose impossible ; même l'entière liberté est déjà un régime juridique. En réalité, qui dénonce le vide juridique dénonce l'absence de droit étatique, comme qui envisage des « "trous" dans le droit » ou l' « imperfection du droit »[2] — lorsque des comportements ne sont pas encadrés par des règles de droit — envisage des « trous » dans le droit étatique ou l'imperfection du droit étatique, et comme qui décrit des lacunes du droit[3] décrit des lacunes du droit étatique. « La loi peut avoir des lacunes, pas le droit », disait en ce sens Charles Beudant à la fin du XIXe s.[4].

Lorsque le Vice-président du Conseil d'État Jean-Marc Sauvé retient que « la saisie croissante du numérique par le droit est à la fois une réalité et une nécessité »[5], il faut comprendre que la saisie croissante du numérique par le droit d'origine publique est à la fois une réalité et une nécessité et que le recul du droit d'origine privée[6] est concomitamment une réalité et une nécessité. Mais il serait très inconsidéré d'opposer, à travers la dichotomie droit/non-droit, les normes d'origine publique et les normes d'origine privée. Si tel était le cas, la recherche *jus*-scientifique ne mériterait pas une minute d'effort.

En 2014, un observateur (non juriste) pouvait estimer que l'internet ne possédait pas d'encadrement juridique[7] ; mais dès les premières heures de son existence, dès que des ingénieurs ont fixé quelques normes technologiques permettant de constituer des réseaux informatiques, un droit de l'internet était en place. Nulle évolution ou révolution technique ou technologique ne peut exister sans droit puisque nulle évolution ou révolution technique ou technologique ne peut exister sans normes ; parfois même, elle est ces normes. On soutient qu'il n'y aurait de droit applicable aux communications par internet que concernant leurs contenus et qu'il

[1] R. MARTIN, « Désinflation législative ? », *RTD civ.* 1993, p. 554.
[2] M.-C. RONDEAU-RIVIER, « L'alibi du vide juridique », *Économie et Humanisme* 1991, n° 318, p. 24.
[3] Spécialement, Ch. PERELMAN, dir., *Le problème des lacunes en droit*, Bruylant (Bruxelles), 1968.
[4] Ch. BEUDANT, *Cours de droit civil français*, Rousseau et Cie, 1896 (cité par J.-P. GRIDEL, *Introduction au droit et au droit français*, Dalloz, 1994, p. 12).
[5] J.-M. SAUVÉ, « Avant-propos », in Conseil d'État, *Le numérique et les droits fondamentaux*, La documentation française, coll. Les rapports du Conseil d'État, 2014, p. 6.
[6] Les notions de « droit public » et de « droit privé » pourraient servir à désigner les origines des normes et non leurs destinataires. Hauriou, notamment, recourait de la sorte à ces deux expressions lorsqu'il faisait du droit privé le droit issu de la société civile et du droit public le droit issu de la société politique (M. HAURIOU, *Précis élémentaire de droit constitutionnel*, 2e éd., Librairie du Recueil Sirey, 1930, p. 9). Néanmoins, il est préférable de parler de « droit d'origine publique » et de « droit d'origine privée ».
[7] P. BELLANGER, *La souveraineté numérique*, Stock, 2014.

n'existerait aucun droit des contenants des communications par internet[1] ; mais ces derniers sont autant que ces premiers saisis par le monde des normes, donc par le monde du droit.

Et le Conseil d'État d'opposer le droit de la communication par internet et les usages forgés par les utilisateurs de l'internet[2], alors pourtant que, s'ils entendent faire œuvre utile, des juristes ne peuvent exclure lesdits usages de leur champ d'investigation. Pareille remarque doit être adressée à l'identique à qui sépare « système normatif juridique » et « système normatif technique »[3], ainsi qu'à qui distingue « aspects juridiques » et « aspects déontologiques »[4], s'interdisant de la sorte d'étudier les seconds dans le cadre de la recherche juridique puisque les objets de cette dernière, par définition, ne peuvent être que juridiques. D'aucuns soulignent que les difficultés rencontrées par les spécialistes du droit face à l'internet proviennent en particulier du fait qu'ils n'envisagent pas l'autorégulation comme un phénomène juridique[5]. Dès lors, ne pouvant l'intégrer dans leurs travaux alors pourtant qu'elle joue *de facto* un rôle décisif, ces travaux pêchent par manque de pragmatisme et de réalisme.

Quand on souligne que, après la Révolution française, la loi est devenue la seule source du droit[6], pareil propos est susceptible de signifier deux choses très différentes : soit les théoriciens du droit ont défini le droit en empruntant ses signes caractéristiques à la loi, éliminant ainsi l'ensemble des normes non législatives ou, du moins, non étatiques de l'empire du droit, soit les légistes ont à tel point recouru à la loi dans tous les domaines que celle-ci en est venue à cannibaliser les autres formes de normativité juridique, lesquelles se sont trouvées marginalisées, cantonnées à un rang de sources secondaires et complémentaires. Ces deux hypothèses impliquent des prémisses et des conséquences radicalement différentes. Et seule la seconde intéresse l'observateur pragmatique.

On en vient parfois à expliquer, par exemple, que la société civile occuperait une position centrale dans l'établissement du droit positif mais que celle-ci serait ignorée par les théoriciens du droit[7]. Pourtant, ce sont ces

[1] N. Chiche, *Internet : pour une gouvernance ouverte et équitable*, Éditions des journaux officiels, coll. Les études du Conseil économique, social et environnemental, 2014, p. 10.

[2] Conseil d'État, *Le numérique et les droits fondamentaux*, La documentation française, coll. Les rapports du Conseil d'État, 2014, p. 132.

[3] J. Cattan, *Le droit et les communications électroniques*, th., Université d'Aix-Marseille, 2012, p. 558.

[4] E. Derieux, A. Granchet, *Réseaux sociaux en ligne – Aspects juridiques et déontologiques*, Lamy, coll. Axe droit, 2013.

[5] Par exemple, B. Beaude, *Les fins d'Internet*, Fyp éditions, coll. Stimulo, 2014.

[6] J.-C. Bécane, M. Couderc, J.-L. Hérin, *La loi*, 2e éd., Dalloz, coll. Méthodes du droit, 2010, p. 22.

[7] A. Pomade, *La société civile et le droit de l'environnement – Contribution à la réflexion sur les sources et la validité des normes juridiques*, th., Université d'Orléans, 2009, p. 403.

derniers qui spécifient l'identité du droit, les critères qui permettent de le reconnaître et les limites qui le séparent du non-droit. Il n'est donc pas possible que quelque élément soit central dans le droit tout en laissant les théoriciens du droit indifférents puisque ce sont eux qui précisément arrêtent la liste des éléments centraux en droit. Quelque effort *jus*-théorique semble définitivement indispensable avant tout ouvrage *jus*-scientifique et même avant tout ouvrage *jus*-politique. Reste que les chercheurs en droit ou sur le droit pragmatiques sont le plus souvent des chercheurs qui ne se soucient guère de connaître les bornes et le cadre de leur objet d'étude et qui intègrent dans le monde juridique toute donnée à la seule condition qu'elle leur apparaisse utile, sans procéder à aucune vérification de sa juridicité.

Dès lors qu'elle est l'affaire des sciences du droit, la recherche juridique doit être développée par des chercheurs s'adonnant à des travaux objectifs et empiriques, foncièrement descriptifs et pragmatiques. Mais, si la recherche juridique se limitait à cette recherche *jus*-scientifique, elle serait une bien triste et pauvre recherche juridique. Heureusement, tel n'est pas le cas et il est important que le chercheur sache produire, au-delà des études scientifiques, une pensée critique. Il faut gager que la recherche juridique ne saurait se passer ni de sa part scientifique ni de sa part critique. Quant à savoir laquelle des deux est la plus importante, nul doute que la réponse varie en fonction des problématiques juridiques et des branches de la recherche juridique en cause, donc qu'il n'existe pas de réponse, dans l'absolu, à cette question. La pensée critique est le parfait complément de l'étude scientifique ; l'étude scientifique est le parfait complément de la pensée critique ; mais l'une sans l'autre ne peut que se retrouver fort dépourvue et embarrassée[1].

[1] Néanmoins, cela ne vaut pas à l'échelle de certaines branches de la recherche juridique. Ainsi la philosophie du droit, la légistique et la politique juridique ne sauraient-elles donner lieu à des études scientifiques.

Bibliographie de la deuxième partie

ALLIOT M., « Anthropologie et juristique – Sur les conditions de l'élaboration d'une science du droit », *Bulletin de liaison du LAJP* 1983, n° 6, p. 83 s.

AMSELEK P., dir., *Théorie du droit et science*, Puf, coll. Léviathan, 1994

AMSELEK P., « La phénoménologie et le droit », *Arch. phil. droit* 1972, p. 185 s.

AMSELEK P., « Kelsen et les contradictions du positivisme juridique », *Arch. phil. droit* 1983, p. 271 s.

AMSELEK P., « La part de la science dans les activités des juristes », *D.* 1997, p. 337 s.

ANCEL P., « Le droit *in vivo* ou le plaidoyer d'un membre de la "doctrine" pour la recherche juridique empirique », in *Mélanges Philippe Jestaz*, Dalloz, 2006, p. 13 s.

ANDRÉANI T., DESBROUSSES H., dir., *Objet des sciences sociales et normes de scientificité*, L'Harmattan, 1998

Arch. phil. droit 1991, « Droit et science »

ARNAUD A.-J., « La valeur heuristique de la distinction interne/externe comme grande dichotomie pour la connaissance du droit : éléments d'une démystification », *Dr. et société* 1986, p. 141 s.

ASEEVA A., « La production à la chaîne du savoir juridique », in FLÜCKIGER A., TANQUEREL Th., dir., *L'évaluation de la recherche en droit – Enjeux et méthodes*, Bruylant (Bruxelles), coll. Penser le droit, 2015, p. 277 s.

ATIAS Ch., *Science des légistes, savoir des juristes*, 2e éd., PUAM (Aix en Provence), 1991

ATIAS Ch., *Épistémologie juridique*, Dalloz, coll. Précis, 2002

ATIAS Ch., « Quelle positivité ? Quelle notion de droit ? », *Arch. phil. droit* 1982, p. 220 s.

ATIAS Ch., « Réflexion sur les méthodes de la science du droit », *D.* 1983, p. 145 s.

ATIAS Ch., « Des réponses sans questions : 1804-1899-1999 (quantitatif et qualificatif dans le savoir juridique) », *D.* 1998, p. 406 s.

AUDREN F., HALPÉRIN J.-L., *La culture juridique française – Entre mythes et réalités – XIXe-XXe siècles*, CNRS éditions, 2013

BACHELARD G., *La formation de l'esprit scientifique – Contribution à une psychanalyse de la connaissance objective*, Vrin, 1938

BARRAUD B., *Théories du droit et pluralisme juridique – t. II : La théorie syncrétique du droit et la possibilité du pluralisme juridique*, PUAM (Aix-en-Provence), coll. Inter-normes, 2017

BARRAUD B., « L'échelle de juridicité : un outil pour mesurer le droit et fonder une théorie syncrétique (première partie : présentation) », *Arch. phil. droit* 2013, p. 365 s.

BARRAUD B., « L'échelle de juridicité : un outil pour mesurer le droit et fonder une théorie syncrétique (seconde partie : application) », *Arch. phil. droit* 2014, p. 503 s.

BARRAUD B., « La science et la doctrine juridiques à l'épreuve de la polysémie des concepts », *RIEJ* 2016, n° 76

BEAUD O., WACHSMANN P., dir., *La science juridique française et la science juridique allemande de 1870 à 1918*, Presses universitaires de Strasbourg, 1997

BEAUD S., WEBER F., *Guide de l'enquête de terrain*, 2e éd., La découverte, coll. Repères, 2003

BERNARD A., POIRMEUR Y., dir., *La doctrine juridique*, Puf, 1993

BLOQUET S., « Quand la science du droit s'est convertie au positivisme », *RTD civ.* 2015, p. 59 s.

BOBBIO N., *Essais de théorie du droit*, trad. M. Guéret, Ch. Agostini, LGDJ-Bruylant (Paris-Bruxelles), coll. La pensée juridique, 1998

BOBBIO N., « Sur le positivisme juridique », in *Mélanges Paul Roubier*, t. I, Sirey, 1961, p. 53 s.

BONFILS Ph., « L'outil statistique et son utilisation dans les sciences juridiques », *RRJ* 1996, p. 1129 s.

BOUDON R., « Peut-on être positiviste aujourd'hui ? », in CUIN Ch.-H., dir., *Durkheim d'un siècle à l'autre*, Puf, 1998, p. 265 s.

BOURCIER D., « À propos des fondements épistémologiques d'une science du droit », in AGUILA Y. et *alii*, *Quelles perspectives pour la recherche juridique ?*, Puf, coll. Droit et justice, 2007, p. 69 s.

BOURCIER D., VAN ANDEL P., *De la sérendipité dans la technique, la science et le droit*, Hermann, 2013

BRUNET P., CHAMPEIL-DESPLATS V., HENNETTE-VAUCHEZ S., MILLARD É., « Mariage pour tous : les juristes peuvent-ils parler "au nom du droit" ? », *D.* 2013, p. 784 s.

CAILLÉ A., DUFOIX S., dir., *Le tournant global des sciences sociales*, La découverte, 2013

CAPELLER W., SIMOULIN V., « La gouvernance : du programme de recherche à la transdisciplinarité », *Dr. et société* 2003, p. 301 s.

CARRÉ DE MALBERG R., « Réflexions très simples sur l'objet de la science juridique », in *Mélanges François Gény*, Sirey, 1935, p. 192 s.

CAYLA O., « Kelsen, Théorie pure du droit », in CAYLA O., HALPÉRIN J.-L., dir., *Dictionnaire des grandes œuvres juridiques*, Dalloz, 2008, p. 320 s.

CHALMERS A. F., *Qu'est-ce que la science ?*, Le livre de poche, coll. Biblio essais, 1990

CHAMPEIL-DESPLATS V., *Méthodologies du droit et des sciences du droit*, Dalloz, coll. Connaissance du droit, 2014

CHAMPEIL-DESPLATS V., « Bobbio, Essais de théorie du droit », in CAYLA O., HALPÉRIN J.-L., dir., *Dictionnaire des grandes œuvres juridiques*, Dalloz, 2008, p. 61 s.

CHAZAL J.-P., « Philosophie du droit et théorie du droit, ou l'illusion scientifique », *Arch. phil. droit* 2001, p. 303 s.

CHAZAL J.-P., « Léon Duguit et François Gény, controverse sur la rénovation de la science juridique », *RIEJ* 2010, n° 65, p. 85 s.

CHAZEL F., « Émile Durkheim et l'élaboration d'un "programme de recherche" en sociologie du droit », in CHAZEL F., COMMAILLE J., dir., *Normes juridiques et régulation sociale*, LGDJ, coll. Droit et société, 1991

CHÉROT J.-Y., FRYDMAN B., dir., *La science du droit dans la globalisation*, Bruylant (Bruxelles), coll. Penser le droit, 2012

CHEVALLIER J., « Doctrine juridique et science juridique », *Dr. et société* 2002, p. 103 s.

COLONNA D'ISTRIA F., « Le concept méthodologique de la recherche juridique », in FLÜCKIGER A., TANQUEREL Th., dir., *L'évaluation de la recherche en droit – Enjeux et méthodes*, Bruylant (Bruxelles), coll. Penser le droit, 2015, p. 139 s.

COMTE A., *Discours sur l'esprit positif*, Carillan-Goeury et Vr. Dalmon, 1844

COMTE A., *Auguste Comte and Positivism, the Essential Writings*, University of Chicago Press, 1983

DE LAMBERTIE I., « Réflexions sur la recherche en sciences du droit », *Droits* 1994, n° 20, p. 159 s.

DELLEY J.-D., « Penser la loi – Introduction à une démarche méthodique », in MORAND Ch.-A., dir., *Légistique formelle et matérielle*, PUAM (Aix-en-Provence), 1999, p. 81 s.

DE PALMARI P.-A., « La norme et la liberté technique scientifique : une analyse critique de l'œuvre de François Gény », in THOMASSET C., VANDERLINDEN J., JESTAZ Ph., dir., *François Gény, mythes et réalités – 1899-1999 : centenaire de* Méthode d'interprétation et sources en droit positif – *Essai critique*, Dalloz-Bruylant-Yvon Blais (Paris-Bruxelles-Montréal), 2000, p. 233 s.

DESCARTES R., *Le discours de la méthode*, 1637

DEUMIER P., « Les autorités des doctrines », in FOYER J., LEBRETON G., PUIGELIER C., dir., *L'autorité*, Puf, coll. Cahiers des sciences morales et politiques, 2008, p. 291 s.

DE VISSCHER Ch., « Positivisme et *jus cogens* », *RGDI publ.* 1971, p. 5 s.

Droit et société 2010/2, « Sciences sociales, droit et science du droit : le regard des juristes »

Droit et société 1992/20-21, « Une science sociale pour la pratique juridique ? »

DUPRET B., « Droit et sciences sociales – Pour une respécification praxéologique », *Dr. et société* 2010, p. 315 s.

DUPUY J.-P., *Introduction aux sciences sociales - Logique des phénomènes collectifs*, Ellipses, 1992

DURKHEIM É., *Les règles de la méthode sociologique*, 2e éd. (1937), Puf, coll. Bibliothèque de philosophie contemporaine, 1973

DWARS I., « La rationalité du discours juridique selon Robert Alexy », *Arch. phil. droit* 1987, p. 291 s.

DWORKIN R., « Le positivisme », *Dr. et société* 1985, p. 35 s.

ECHAUDEMAISON C.-D., dir., *Dictionnaire d'économie et de sciences sociales*, Nathan, 1998

EDELMAN B., « Le droit, les "vraies" sciences et les "fausses" sciences », *Arch. phil. droit* 1991, p. 55 s.

ENCINAS DE MUNAGORRI R., « La communauté scientifique est-elle un ordre juridique ? », *RTD civ.* 1998, p. 247 s.

ERMINE J.-L., *Les systèmes de connaissances*, Hermès, 1996

FAROUKI N., SERRES M., dir., *Le Trésor – Dictionnaire des Sciences*, Flammarion, 1997

FONTAINE L., *Qu'est-ce qu'un « grand » juriste ? Essai sur les juristes et la pensée juridique moderne*, Lextenso éditions, coll. Forum, 2012

FRIEDMAN L. M., « La sociologie du droit est-elle vraiment une science ? », *Dr. et société* 1986, p. 113 s.
FRIEDMAN L. M., MACAULAY S, dir., *Law and the Behaviorial Sciences*, Bobbs-Merrill (Indianapolis), 1969
FRYDMAN B., « L'évolution des normes de scientificité en droit », in ANDRÉANI T., DESBROUSSES H., dir., *Objet des sciences sociales et normes de scientificité*, L'Harmattan, 1998
FRYDMAN B., « Le projet scientifique de François Gény », in JESTAZ Ph., THOMASSET C., VANDERLINDEN J., dir., *François Gény, mythes et réalités – 1899-1999 : centenaire de Méthode d'interprétation et sources en droit positif – Essai critique*, Dalloz-Bruylant-Yvon Blais (Paris-Bruxelles-Montréal), 2000, p. 213 s.
FRYDMAN B., « Y a-t-il en droit des révolutions scientifiques ? », *Journal des Tribunaux* 1996, p. 809 s.
FRYDMAN B., « La méthode pragmatique du Professeur Van Ommeslaghe – Allocution prononcée à l'occasion de la conférence Perelman exceptionnelle du 26 novembre 2010 », [en ligne] <philodroit.be>, 2010
GALANTER M., « The Modemization of Law », in FRIEDMAN L. M., MACAULAY S., dir., *Law and the Behaviorial Sciences*, Bobbs-Merrill (Indianapolis), 1969
GHESTIN J., « Les données positives du droit », *RTD civ.* 2002, p. 11 s.
GINGRAS Y., *Sociologie des sciences*, Puf, coll. Que sais-je ?, 2013
GOYARD-FABRE S., « L'illusion positiviste », in *Mélanges Paul Amselek*, Bruylant (Bruxelles), 2005, p. 357 s.
GRAFTON A., *Les origines tragiques de l'érudition – Une histoire de la note en bas de page*, trad. P.-A. Fabre, Le Seuil, coll. La librairie du XXe siècle, 1998
GRANGE J., *Auguste Comte, la politique et la science*, Odile Jacob, 2000
GRAWITZ M., *Méthodes des sciences sociales*, 11e éd., Dalloz, coll. Précis, 2000
GRZEGORCZYK Ch., « Évaluation critique du paradigme systémique dans la science du droit », *Arch. phil. droit.* 1986, p. 281 s.
GRZEGORCZIK Ch., MICHAUT F., TROPER M., *Le positivisme juridique*, LGDJ-Story Scientia (Paris-Bruxelles), coll. La pensée juridique, 1993
GUASTINI R., « Alf Ross : une théorie du droit et de la science juridique », in AMSELEK P., dir., *Théorie du droit et science*, Puf, coll. Léviathan, 1994, p. 249 s.
GUIGUE A., « Autour des méthodes positivistes », *RRJ* 2006, p. 1175 s.
GUSDORF G., « Histoire et sciences sociales », *Rev. int. sc. soc.* 1960, p. 421 s.
HABERMAS J., *La technique et la science comme idéologie*, Gallimard, coll. Les essais, 1973
HABIB L., « L'impur objet de la science du droit », *Droits* 1990, n° 11, p. 93 s.
HART H. L. A., *Le concept de droit* (1961), trad. M. van de Kerchove, Publications des Facultés universitaires Saint-Louis (Bruxelles), 1994
HAURIOU M., *La science sociale traditionnelle*, Larose-Librairie de la société du recueil général des lois et des arrêts, 1896
HUBERT R., « Science du droit, sociologie juridique et philosophie du droit », *Arch. phil. droit* 1931, p. 55 s.
ISRAËL I., « Question(s) de méthodes – Se saisir du droit en sociologue », *Dr. et société* 2008, p. 381 s.

JAMIN Ch., JESTAZ Ph., *La doctrine*, Dalloz, 2004
JESTAZ Ph., « Qu'est-ce qu'un résultat en droit ? », in *Mélanges Philippe Malinvaud*, LexisNexis-Litec, 2006
KALINOWSKI G., *Introduction à la logique juridique*, LGDJ, 1965
KALINOWSKI G., « Une théorie de la dogmatique juridique », *Arch. phil. droit* 1970, p. 407 s.
KALINOWSKI J., *Querelle de la science normative – Une contribution à la théorie de la science*, LGDJ, 1969
KANT E., *Prolégomènes à toute métaphysique future qui pourra se présenter comme science*, Vrin, 1993
KELSEN H., *Théorie pure du droit*, 1ère éd., trad. H. Thévenaz, La Baconnière, 1953
KELSEN H., *Théorie pure du droit*, 2e éd., trad. Ch. Eisenmann, Dalloz, 1962
KELSEN H., *Théorie générale du droit et de l'État – La doctrine du droit naturel et le positivisme juridique*, trad. B. Laroche, V. Faure, LGDJ-Bruylant (Paris-Bruxelles), coll. La pensée juridique, 1997
KELSEN H., « Positivisme juridique et doctrine du droit naturel », in *Mélanges Jean Dabin*, Sirey, 1963, p. 141 s.
KELSEN H., « Théorie pure du droit », in BEHRENDT Ch., BOUHON F., *Introduction à la théorie générale de l'État – Recueil de textes*, Larcier (Bruxelles), coll. Faculté de droit de l'Université de Liège, 2009, p. 9 s.
KELSEN H., « Qu'est-ce que la théorie pure du droit ? », *Dr. et société* 1992, p. 551 s.
KELSEN H., « Une Théorie "réaliste" et la *Théorie pure du droit* – Remarques sur *On law and Justice* d'Alf Ross », *Annales de la Faculté de droit de Strasbourg* 2000, n° 4, p. 15 s.
KUHN Th. S., *La structure des révolutions scientifiques* (1970), Flammarion, 1991
LACROIX B., « Transformations du champ juridique et crise dans les représentations savantes du droit », in ROUSSEAU D., dir., *Le droit dérobé*, Montchrestien, coll. Grands colloques, 2007, p. 27 s.
LECOURT D., dir., *Dictionnaire d'histoire et philosophie des sciences*, 4e éd., Puf, 2006
LÉVY E., « Notes sur le droit considéré comme science », *Questions pratiques de législation ouvrière et d'économie sociale* 1910, p. 299 s.
LIBCHABER R., *L'ordre juridique et le discours du droit – Essai sur les limites de la connaissance du droit*, LGDJ, 2013
LINDHAL L., PECZENIK A., VAN ROERMUND B., dir., *Theory of Legal Science*, Dordrecht (Boston), 1983
LIPSON L., WHEELER S., dir., *Law and the Social Sciences*, Russell Sage Foundation (New York), 1986
LOISELLE M., « L'analyse du discours de la doctrine juridique : l'articulation des perspectives interne et externe », in CURAPP, *Les méthodes au concret – Démarches, formes de l'expérience et terrains d'investigation en science politique*, Puf, 2000, p. 187 s.
LOSCHAK D., « La neutralité impossible », in AMSELEK P., dir., *Théorie du droit et science*, Puf, coll. Léviathan, 1994, p. 293 s.
MAGNON X., « En quoi le positivisme — normativisme — est-il diabolique ? », *RTD civ.* 2009, p. 269 s.

MALHERBE M., *La philosophie empiriste de David Hume*, Vrin, coll. Bibliothèque d'histoire de la philosophie, 2002
MAULIN É., « Positivisme », in ALLAND D., RIALS S., dir., *Dictionnaire de la culture juridique*, Lamy-Puf, coll. Quadrige dicos poche, 2003
MEYER M., *Découverte et justification en science – Kantisme, néo-positivisme et problématologie*, Klincksieck, 1979
MIAILLE M., « Désordre, droit et science », in AMSELEK P., dir., *Théorie du droit et science*, Puf, coll. Léviathan, 1994, p. 87 s.
MICHAUT F., « Le positivisme comme idéologie », in GRZEGORCZYK Ch., MICHAUT F., TROPER M., *Le positivisme juridique*, LGDJ, coll. La pensée juridique, 1993, p. 401 s.
MICHAUT F., « L'approche scientifique du droit chez les réalistes américains », in AMSELEK P., dir., *Théorie du droit et science*, Puf, coll. Léviathan, 1994, p. 265 s.
MIEDZANAGORA J., *Droit positif et théories positivistes du droit*, LGDJ, 1970
MILLARD É., « Point de vue interne et science du droit : un point de vue empiriste », *RIEJ* 2007, n° 59, p. 59 s.
MILLARD É, « Positivisme logique et réalisme juridique (Rencontres d'Aix 2008, "La distinction faits/valeurs") », [en ligne] <hal-ens.archives-ouvertes.fr>, 2009
MINEUR D., *Carré de Malberg, le positivisme impossible*, Michalon, coll. Le bien commun, 2010
MORIN E., *Science avec conscience*, Le seuil, coll. Point, 1990
NIORT J.-F., « Formes et limites du positivisme juridique », *RRJ* 1993, p. 157 s.
OST F., VAN DE KERCHOVE M., « De la scène au balcon – D'où vient la science du droit ? », in CHAZEL F., COMMAILLE J., dir., *Normes juridiques et régulation sociale*, LGDJ, coll. Droit et société, 1991, p. 67 s.
OST F., VAN DE KERCHOVE M., « De la "bipolarité des erreurs" ou de quelques paradigmes de la science du droit », *Arch. phil. droit* 1988, p. 199 s.
PAPAUX A., « De quelle scientificité parle-t-on en droit ? », in FLÜCKIGER A., TANQUEREL Th., dir., *L'évaluation de la recherche en droit – Enjeux et méthodes*, Bruylant (Bruxelles), coll. Penser le droit, 2015, p. 59 s.
PERRIN J.-F., « Les critères de vérité en droit », in BUSCAGLIA M. et *alii*, *Les critères de vérité dans la recherche scientifique*, Maloine, 1983, p. 125 s.
PIAGET J., *Épistémologie des sciences de l'homme*, Gallimard, 1972
PIAGET J., *Logique et connaissance scientifique*, 2e éd., Gallimard, coll. Encyclopédie de la Pléiade, 1986
PICARD É., « Science du droit ou doctrine juridique », in *Mélanges Rolland Drago*, Economica, 1996, p. 119 s.
POPPER K., *La logique de la découverte scientifique*, trad. N. Thyssen-Rutten, P. Devaux, Payot (Lausanne), 1973
POPPER K., *Conjectures et réfutations – La croissance du savoir scientifique*, trad. M.-I. Launay, M.-B. Launay, Payot (Lausanne), 1985
POPPER K., *Le réalisme et la science*, trad. A. Boyer, D. Andler, Hermann, 1990
POPPER K., *La connaissance objective*, Flammarion, coll. Champs, 1999
RENARD G., *Le droit, la logique et le bon sens*, Sirey, 1925
RICCI R., « Le statut épistémologique des théories juridique : essai de définition d'une pratique scientifique juridique », *Dr. et société* 2002, p. 151 s.

RICHARD G., « Le positivisme juridique et la loi des trois états », *Arch. phil. droit* 1931, p. 311 s.
RIGAUX F., *Introduction à la science du droit*, Vie ouvrière (Bruxelles), 1974
ROGUIN E., *La science juridique pure*, F. Rouge (Lausanne), 1923
ROSS A., *Introduction à l'empirisme juridique*, trad. É. Millard, E. Matzner, Bruylant-LGDJ (Bruxelles-Paris), coll. La pensée juridique, 2004
ROUVIÈRE F., « La vulnérabilité de la science du droit : histoire d'une science sans méthode », in ROUVIÈRE F., dir., *Le droit à l'épreuve de la vulnérabilité*, Bruylant (Bruxelles), 2011, p. 537 s.
ROUVIÈRE F., « Les règles de la méthode sociologique d'Émile Durkheim : des leçons méthodologiques pour la recherche juridique », *Jurisprudence revue critique* 2011, p. 325 s.
SABETE W., « La théorie du droit et le problème de la scientificité », *Arch. phil. droit* 1999, p. 303 s.
SABETE W., « La théorie de la connaissance scientifique en droit et le procès de la métaphysique », *Arch. phil. droit* 2002, p. 407 s.
SCARPELLI U., *Qu'est-ce que le positivisme juridique ?*, trad. C. Clavreul, Bruylant-LGDJ (Bruxelles-Paris), coll. La pensée juridique, 1996
SERVERIN É., « Quels faits sociaux pour une science empirique du droit ? », *Dr. et société* 2002, p. 59 s.
SERVERIN É., « Points de vue sur le droit et processus de production des connaissances », *RIEJ* 2007, n° 59, p. 73 s.
STENGERS I., *Sciences et pouvoirs*, La découverte, 1997
STEPHEN L., *The Science of Ethics*, Londres, 1982
STOIANOVITCH K., « Y a-t-il une science du droit ? Contribution à l'épistémologie générale », *Arch. phil. droit* 1959, p. 67 s.
TAGUIEFF P.-A., *Du progrès – Biographie d'une utopie moderne*, Librio, 2001
TAGUIEFF P.-A., *Le sens du progrès – Une approche historique et philosophique*, Flammarion, 2004
TAMANAHA B. Z., « The Folly of the "Social Scientific" Concept of Legal Pluralism », *Journal of Law and Society* 1993, p. 191 s.
TAMANAHA B. Z., « An Analytical Map of Social Scientific Approaches to the Concept of Law », *Oxford Journal of Legal Studies* 1995, p. 501 s.
THOMASSET C., LA PERRIERE R., « François Gény, la libre recherche scientifique et la nature des choses », in JESTAZ Ph., THOMASSET C., VANDERLINDEN J., dir., *François Gény, mythe et réalités – 1899-1999 – Centenaire de* Méthode d'interprétation et sources en droit positif – *Essai critique*, Dalloz-Bruylant-Yvon Blais (Paris-Bruxelles-Montréal), 2000, p. 251 s.
TROPER M., « Entre science et dogmatique, la voie étroite de la neutralité », in AMSELEK P., dir., *Théorie du droit et science*, Puf, coll. Léviathan, 1994, p. 315 s.
TROPER M., « Contribution à une critique de la conception kelsénienne de la science du droit », in *Mélanges Charles Chaumont*, Pedone, 1994, p. 530 s.
TROPER M., « Science du droit », in ALLAND D., RIALS S., dir., *Dictionnaire de la culture juridique*, Lamy-Puf, coll. Quadrige dicos poche, 2003
VILLA M., *La science du droit*, trad. O. Nerhot, P. Nerhot, LGDJ, 1991
VIRALLY M., « Le juriste et la science du droit », *RDP* 1964, p. 609 s.

WALINE M., « Empirisme et conceptualisme dans la méthode juridique : faut-il tuer les catégories juridiques ? », in *Mélanges Jean Dabin*, t. I, Bruylant (Bruxelles), 1963

WEBER M., *Essais sur la théorie de la science*, trad. J. Freund, Plon, 1965

WEBER M., *Le savant et le politique*, 10/18, coll. Bibliothèques, 2002

WEINBERGER O., « Droit et connaissance du droit au regard du positivisme juridique institutionnaliste », *Droits* 1989, n° 10, p. 109 s.

WINTGENS L., *Droit, principes et théories – Pour un positivisme critique*, Bruylant (Bruxelles), 2000

WRÓBLEWSKI J., « Problèmes méthodologiques pour définir le droit », *Droits* 1989, n° 10, p. 117 s.

Troisième partie

Recherche juridique, recherche critique

(ou la formation des connaissances juridiques par la pensée du droit)

Si le besoin de scientificité des travaux ne touche pas identiquement toutes les branches de la recherche juridique, car certaines peuvent ou doivent se passer de la science, il en va différemment du besoin d'adopter une posture critique par rapport à l'objet traité, par rapport aux résultats obtenus et par rapport au contexte et à l'environnement au sein desquels se situe la réflexion. En effet, le point de vue critique est celui qui permet le mieux de penser le droit, au-delà de ou après son étude. Or, de la philosophie du droit à la science du droit positif, de l'épistémologie juridique à la sociologie du droit, toutes les branches de la recherche juridique obligent, à un moment ou à un autre et plus ou moins complètement, à penser le droit ou, du moins, à penser un droit. La « pure » science du droit est possible, mais elle n'est pas souhaitable. La recherche juridique désigne un ensemble d'activités universitaires notamment parce que celui qui s'adonne à cette recherche doit toujours analyser, commenter, abstraire, réfléchir, proposer, déplorer, soutenir, loin de se contenter d'une simple description de l'état actuel du droit positif ou du phénomène juridique qu'il observe. C'est pourquoi la pensée du droit n'est pas l'apanage de la théorie et de la philosophie du droit mais touche l'ensemble des chercheurs qui s'intéressent au droit. Le savoir juridique est au moins autant le résultat de la pensée critique du droit que le résultat de l'étude scientifique du droit.

Par suite, la pensée du droit doit être critique par opposition à ce qui relève du discours dogmatique et passéiste. Un discours dogmatique est un discours de répétition, qui se borne à perpétuer les conceptions et opinions que les maîtres ont formulées, il y a plus ou moins longtemps. La pensée critique, au contraire, refuse d'accepter une idée uniquement parce que « *magister dixit* ». Elle s'efforce à systématiquement interroger la pertinence de l'idée, la pérennité de cette pertinence et l'opportunité de proposer de nouvelles formes de compréhension des données en cause. Ainsi le caractère critique implique-t-il « l'examen objectif et raisonné auquel on soumet quelqu'un ou quelque-chose en vue de discerner ses mérites et défauts, ses qualités et imperfections »[1], et correspond-il à ce qui possède la « faculté de ne pas admettre sans contrôle l'exactitude, la valeur ou la portée d'un fait, d'un phénomène, d'une idée ou d'une opinion »[2]. Et « pensée critique » est peut-être une *contradictio in adjecto* puisque les dictionnaires de la langue française voient dans la pensée le fait d' « exercer son sens critique, son jugement »[3]. Mais la pensée critique, si elle est une forme d'approche sceptique, n'est pas une forme d'approche iconoclaste, polémique ou idéologique. Elle se base sur l'objectivité, sur la logique et sur la raison.

Les évolutions paradigmatiques et « révolutions scientifiques » que la recherche juridique requiert peut-être et qui, en tout cas, ne sauraient être approchées *a priori* de façon négative ont besoin de la pensée critique pour advenir (*chapitre 1*). Une recherche critique est une recherche qui accueille la discussion et exclut le subjectivisme (*chapitre 2*), ainsi qu'une recherche qui accepte le changement et refuse le conservatisme (*chapitre 3*). Le sens critique est donc indispensable à la pensée en droit (*chapitre 4*) comme à la pensée du droit (*chapitre 5*) en ce qu'il autorise la libération de cet imaginaire et de cette intelligence juridiques souvent menacés par l'emprisonnement dans des carcans dogmatiques fort peu profitables au développement de la recherche juridique et, par conséquent, au perfectionnement du savoir juridique.

[1] V° « Critique », in *Trésor de la langue française*.
[2] *Ibid.*
[3] V° « Penser », in *Trésor de la langue française*.

Chapitre 1

De potentielles évolutions paradigmatiques et « révolutions scientifiques » en droit

La signification incertaine de la notion de paradigme

« De quoi l'avenir intellectuel sera-t-il fait ? »[1] est une question simple et délicate à la fois : autant il n'est pas douteux que cet avenir intellectuel sera fait de nouveaux paradigmes et de « révolutions scientifiques », autant le contenu de ceux-ci, quel que soit le domaine concerné, est forcément incertain. Il est donc plus aisé d'évoquer la forme des données intellectuelles que leur substance, bien que, *in fine*, ce soit essentiellement cette dernière qui importe. Il est plus facile de parler des idées génériques d'évolution paradigmatique et de « révolution scientifique » que d'imaginer quelle pourra être la teneur des évolutions paradigmatiques et des « révolutions scientifiques » qui adviendront dans un futur plus ou moins proche. Et cela est tout particulièrement vrai en matière de recherche juridique.

Concernant la notion de paradigme, dans *La structure des révolutions scientifiques*, l'épistémologue et philosophe des sciences Thomas Kuhn reconnaît l'utiliser dans vingt-deux sens différents[2] — le manque de rigueur sémantique et lexicale de son œuvre est souvent dénoncé[3] —. La confusion est donc grande autour de l'idée de paradigme, éminemment polysémique, d'autant plus que cet auteur n'est bien sûr pas le seul à avoir employé le « paradigme de paradigme »[4]. Par exemple, on discute le fait que seules les sciences connaissent des paradigmes car peut-être est-ce le cas de toute activité de pensée[5]. La rationalité scientifique, dans tous les cas, n'est guère étrangère à la rationalité juridique[6] et les sciences du droit débordent de

[1] Réf. à M. GAUCHET, P. NORA, *De quoi l'avenir intellectuel sera-t-il fait ?*, Gallimard, coll. Le débat, 2010.

[2] Th. KUHN, *La structure des révolutions scientifiques* (1962), Flammarion, coll. Champs, 1983, p. 237.

[3] Ch. ATIAS, *Épistémologie juridique*, Dalloz, coll. Précis, 2002, p. 47.

[4] *Cf.*, par exemple, P. NOUVEL, « Paradigme », in D. LECOURT, dir., *Dictionnaire d'histoire et de philosophie des sciences*, Puf, 1999, p. 718 s.

[5] E. MORIN, *La méthode – IV : Les idées, leur habitat, leur vie, leurs mœurs, leur organisation*, Le Seuil, 1991, p. 211 (cité par D. de BÉCHILLON, *Qu'est-ce qu'une règle de droit ?*, Odile Jacob, 1997, p. 111).

[6] B. DE SOUSA SANTOS, *Vers un nouveau sens commun juridique – Droit, science et politique dans la transition paradigmatique* (1995), trad. N. Gonzales-Lajoie, LGDJ, 2004, p. 116.

paradigmes qui les orientent et les limitent[1]. Mais il faut croire que ce sont toutes les branches de la recherche juridique qui s'organisent autour de paradigmes plus ou moins bien identifiés.

Kuhn expliquait qu'un paradigme est, dans un sens large, un « ensemble de valeurs, de croyances et de techniques communes aux membres d'une communauté scientifique » et qui constituent leur grille de lecture[2]. Par conséquent, les paradigmes sont des représentations à la grande force dogmatique qui servent à structurer une communauté de chercheurs et ils s'avèrent essentiels tant pour la science que pour l'épistémologie qui s'attache à la science. Dans un sens restreint, un paradigme est un modèle servant de mode de règlement de certaines problématiques scientifiques[3]. C'est un cadre de pensée commun à un ensemble de chercheurs et qui « leur fournit des problèmes et des solutions types »[4].

Edgar Morin, pour sa part, écrit que

> *Le paradigme contient, pour tout discours s'effectuant sous son empire, les concepts fondamentaux ou les catégories maîtresses de l'intelligibilité en même temps que le type de relations logiques d'attraction/répulsion (conjonction, disjonction, implication et autres) entre ces concepts ou catégories. Ainsi, les individus connaissent, pensent et agissent selon les paradigmes inscrits culturellement en eux. Les systèmes d'idées sont radicalement organisés en vertu de paradigmes. [...] Le paradigme est à la fois sous-cogitant et sur-cogitant. Au niveau paradigmatique, l'esprit du sujet n'a aucune souveraineté, de même que la théorie n'a aucune autonomie [...]. Le paradigme est infra-logique (souterrain par rapport à la logique), prélogique (antérieur à son utilisation), supra-logique (supérieur à elle). Il opère en quelque sorte le contrôle logiciel de la logique dans les propositions, discours, théories [...]. En bref, le paradigme institue les relations primordiales qui constituent les axiomes, déterminent les concepts, commandent les discours et/ou les théories.*[5]

[1] *Cf.* N. E. BELLABAS, « Les paradigmes et la pensée juridique », in D. ROUSSEAU, dir., *Le droit dérobé*, Montchrestien, coll. Grands colloques, 2007, p. 189 s.

[2] Th. KUHN, *La structure des révolutions scientifiques* (1962), Flammarion, coll. Champs, 1983, p. 238.

[3] *Ibid.*

[4] P. NOUVEL, « Paradigme », in D. LECOURT, dir., *Dictionnaire d'histoire et de philosophie des sciences*, Puf, 1999, p. 718. Également, M. MEKKI, *L'intérêt général et le contrat – Contribution à une étude de la hiérarchie des intérêts en droit privé*, LGDJ, 2004, p. 1 (cité par A. POMADE, *La société civile et le droit de l'environnement – Contribution à la réflexion sur les sources et la validité des normes juridiques*, th., Université d'Orléans, 2009, p. 264).

[5] É. MORIN, *La méthode – IV : Les idées, leur habitat, leur vie, leurs mœurs, leur organisation*, Le Seuil, 1991, p. 213-217 (cité par D. de BÉCHILLON, *Qu'est-ce qu'une règle de droit ?*, Odile Jacob, 1997, p. 111-112).

À l'aune de ces explications, il semble que le paradigme soit ô combien plus habituel, si ce n'est précieux, parmi les sciences humaines et sociales que parmi les sciences mathématiques et naturelles. Une « science littéraire », par définition, est dépendante de données psychologiques diverses et notamment de paradigmes. Nul doute que ces derniers sont nombreux à structurer et à orienter la recherche juridique, spécialement dès lors qu'il s'agit de théoriser le droit et, plus largement, de penser le droit. Or ils sont susceptibles d'évoluer, plus ou moins rapidement et plus ou moins radicalement. Le monisme et le pluralisme, par exemple, ou d'autres comme la complexité ou comme le jeu[1] sont autant de paradigmes passés, actuels ou en devenir, autant de manières implicites de percevoir les phénomènes juridiques qui influencent très directement les réflexions et peuvent se traduire par des théories ; car il est difficile d'échapper à la « force normative du paradigme »[2].

Aussi n'est-il pas question, pour le chercheur en droit ou sur le droit, de s'échapper de l'influence des paradigmes afin de faire œuvre rigoureusement objective et empirique, car la disparition d'un paradigme se traduit toujours par son remplacement par un autre. L'empirisme et l'objectivité rigoureux sont d'ailleurs déjà le fruit d'un paradigme : le paradigme scientifiste. Mieux vaut essayer de comprendre et d'expliquer quels sont les paradigmes qui guident les travaux. Il faut dire que tous les paradigmes ne se valent pas et que certains mènent à la science quand d'autres mènent à la philosophie ou à la politique. Et cette valeur des paradigmes est évidemment subjective ; il n'existe que de « bons » paradigmes puisqu'un chercheur ne retient toujours, quand bien même inconsciemment, que les lignes directrices qu'il juge les plus judicieuses.

La conscience et la connaissance des paradigmes

À l'inverse d'une règle scientifique explicite, le paradigme serait inconscient. Pour certains, il serait toujours imperceptible et s'il devenait perceptible, alors cela signifierait qu'il ne serait plus un paradigme et qu'il serait devenu une règle de conduite explicite. Ainsi un paradigme ne pourrait-il jamais se voir exprimé ; il ne pourrait exister qu'en tant que non-dit. Il serait impossible de lutter contre un paradigme et impossible de chercher à forger un paradigme.

[1] F. OST, M. VAN DE KERCHOVE, « Le jeu : un paradigme fécond pour la théorie du droit ? », *Dr. et société* 1991, p. 173 s.

[2] É. GAILLARD-SEBILEAU, « La force normative du paradigme juridique », in C. THIBIERGE, dir., *La force normative – Naissance d'un concept*, LGDJ-Bruylant (Paris-Bruxelles), 2009, p. 171 s.

Accéder aux paradigmes qui entourent et définissent une science ou une pensée semble être une périlleuse entreprise, parce qu'ils sont peut-être inconscients et parce que leurs caractères seraient les suivants :

> *1) Le paradigme est « non falsifiable », c'est-à-dire à l'abri de toute information-vérification empirique, bien que les théories qui en découlent soient elles-mêmes falsifiables [...]. 3) Le paradigme dispose d'un principe d'exclusion : il exclut non seulement les données, énoncés et idées qui ne lui sont pas conformes, mais aussi les problèmes qu'il ne reconnaît pas [...]. 4) Ce qu'il exclut n'existant pas, le paradigme rend aveugle [...]. 5) Le paradigme est invisible, situé dans l'ordre de l'inconscient et du sur-conscient, il est l'organisateur invisible du noyau organisationnel visible de la théorie, où il dispose d'une place invisible. [...] Le paradigme n'est jamais formulé en tant que tel ; il n'existe que dans ses manifestations. 6) Le paradigme crée de l'évidence en s'auto-occultant. Comme il est invisible, celui qui lui obéit croit obéir aux faits, à l'expérience, alors qu'il lui obéit en premier. [...] Le paradigme est récursivement lié aux discours et systèmes qu'il génère. C'est comme le voussoir qui maintient lié l'ensemble des pièces constituant la voûte, mais qui est maintenu par l'ensemble des pièces qu'il maintient. [...] Un grand paradigme détermine,* via *théories et idéologies, une mentalité, une vision du monde.*[1]

Néanmoins, d'aucuns voient dans les paradigmes des constructions psychiques autrement tangibles. Il faut croire qu'un paradigme peut être compris et même décrit, qu'il peut donc être conscient et que, plus encore, un nom peut lui être accolé afin de lui donner corps. Et il faut convenir qu'existent des paradigmes subjectifs (propres à un auteur) et des paradigmes objectifs (propres à un groupe d'auteurs et qu'on peut chercher à observer de l'extérieur).

En outre, puisqu'une théorie est le produit d'une foule de paradigmes qui la font être ce qu'elle est, expliquer quelle est sa théorie ou quelle est une théorie n'est pas autre chose que traduire en mots des paradigmes. D'ailleurs, des auteurs définissent simplement le paradigme comme une « conception théorique dominante »[2], quand d'autres font des théories une catégorie de paradigmes, aux côtés des valeurs et des concepts[3].

[1] É. MORIN, *La méthode – IV : Les idées, leur habitat, leur vie, leurs mœurs, leur organisation*, Le Seuil, 1991, p. 217-218 (cité par D. de BÉCHILLON, *Qu'est-ce qu'une règle de droit ?*, Odile Jacob, 1997, p. 112).

[2] J. VANDERLINDEN, « Réseaux, pyramide et pluralisme ou regards sur la rencontre de deux aspirants-paradigmes de la science juridique », *RIEJ* 2002, n° 49, p. 20.

[3] F. OST, M. VAN DE KERCHOVE, *De la pyramide au réseau ? Pour une théorie dialectique du droit*, Publications des Facultés universitaires Saint-Louis (Bruxelles), 2002, p. 21.

La relativité et l'évolutivité des paradigmes

Par suite, notamment parce qu'il s'en trouve davantage parmi les sciences humaines et sociales que parmi les sciences « dures », rien n'est plus relatif qu'un paradigme dominant et qu'un paradigme-cadre. Selon les temps et selon les lieux, les logiques varient, parfois diamétralement, et la recherche juridique n'échappe guère à ce constat. Aussi est-il permis d'aspirer à faire bouger les lignes des paradigmes, notamment si l'on souhaite donner toutes leurs chances à ceux qui sont les plus proches de l'idéal scientifique ou toutes leurs chances à ceux qui sont les plus proches de l'idéal critique.

Descartes est le meilleur exemple du fait qu'il est possible de douter des paradigmes dominants et de pressentir en même temps qu'encourager ceux qui, demain, seront les nouveaux paradigmes dominants. Dans le cours de ses *Méditations*, il entendait faire table-rase de tous les enseignements passés et partir en quête d'une certitude, d'une vérité fondamentale sur laquelle appuyer une science nouvelle, plus rationnelle[1]. Il érigeait le scepticisme en règle essentielle de la méthode : « Je récuse tout ce qui est douteux, tout ce qui n'est pas absolument certain, pour essayer de voir ce qui résiste et qui demeure vrai »[2]. Si, dans le domaine de la recherche juridique, il ne saurait être question de mettre en doute l'existence de toute chose et de vouloir effacer tous les enseignements du passé à la manière du philosophe-mathématicien, faire œuvre scientifique ou, plus encore, faire œuvre critique peut conduire à omettre, plus ou moins consciemment, certains paradigmes classiques et à s'orienter, toujours plus ou moins consciemment, à la lumière de paradigmes émergeants et de nouvelles logiques juridiques.

Cela n'est pas de peu d'importance dès lors que, selon certains, tout le monde juridique, de la loi la plus positive jusqu'à la philosophie la plus métaphysique, ne serait fait que de paradigmes[3]. C'est pourquoi bien des auteurs ont cherché et continuent de chercher à observer et/ou à influencer les paradigmes propres à la sphère juridique ou ayant quelque influence dans la sphère juridique[4]. Or chercher à observer et/ou à influencer les paradigmes propres à la sphère juridique ou ayant quelque influence dans la sphère juridique revient à chercher à observer et/ou à influencer les « révolutions

[1] R. DESCARTES, *Méditations métaphysiques*, 1647.

[2] R. DESCARTES, *Discours de la méthode – Pour bien conduire sa raison, et chercher la vérité dans les sciences*, Leyde, 1637.

[3] É. GAILLARD-SEBILEAU, « La force normative du paradigme juridique », in C. THIBIERGE, dir., *La force normative – Naissance d'un concept*, LGDJ-Bruylant (Paris-Bruxelles), 2009, p. 175.

[4] Par exemple, J.-P. DUPUY, *Ordres et désordres – Enquête sur un nouveau paradigme*, Le Seuil, 1986 ; N. E. BELABBAS, « Les paradigmes et la pensée juridique », in D. ROUSSEAU, dir., *Le droit dérobé*, Montchrestien, coll. Grands colloques, 2007, p. 47 s.

scientifiques » propres à la sphère juridique ou ayant quelque influence dans la sphère juridique.

La possibilité et la nécessité de « révolutions scientifiques » en droit

Tocqueville notait que, « de quelque manière qu'on organise une société […], il sera très difficile d'y croire ce que rejette la masse, et d'y professer ce qu'elle condamne. Ceci favorise merveilleusement la stabilité des croyances »[1]. Ces dires peuvent pertinemment être étendus aux « sciences littéraires », un milieu scientifique étant certainement une forme de société. Si, parmi les sciences de la nature, il est possible que ce qui est réel ne soit pas ce qui est cru comme réel, et si un chercheur peut potentiellement découvrir cette réalité factuelle jusqu'alors demeurée cachée, les sciences humaines et sociales, elles, reposent sur des constructions psychologiques qui sont les seuls faits et, partant, vouloir proposer aux autres « scientifiques » que la véritable réalité ne serait pas celle qu'ils partagent, ne serait pas celle en laquelle ils croient, peut paraître parfaitement inconséquent. C'est pourquoi, depuis des siècles, les philosophes demeurent attachés à Platon ou à Aristote. Dès lors qu'il n'est pas d'autre vérité que la vérité de la majorité, les « révolutions scientifiques » sont, si ce n'est impossibles, du moins possibles uniquement à long terme, après une lente et difficile mutation de l'opinion majoritaire. Il en va très différemment, par exemple, en science physique où, du jour au lendemain, une découverte peut obliger à accepter sans autre forme de procès quelques changements parmi les certitudes de tout physicien.

Seulement certaines sciences de la société, et particulièrement les sciences du droit, sont-elles peut-être à égale distance des sciences « dures » et des « sciences littéraires ». Elles se concentrent sur des réalités qui ne se réduisent pas aux pensées passées et actuelles qui les forgent. Elles portent sur des phénomènes sociaux qui, naturellement, sont appelés à évoluer et, partant, elles-mêmes sont destinées à changer et à voir les paradigmes qui les structurent changer. Pour ne prendre qu'un exemple, si le droit, longtemps, a été ordonné, tant dans son pan pratique que dans son pan théorique, par le paradigme du monisme, rien n'interdit que le paradigme du pluralisme, un jour, vienne le concurrencer pour, *in fine*, le supplanter. Cette évolution dépend à la fois de la malléabilité de la psyché juridique collective et des mouvements que peut connaître la part juridique de la société.

En tout cas faut-il gager, non pas que les sciences du droit vont connaître des « révolutions scientifiques », mais qu'elles peuvent, moins que les sciences « dures » et plus que les « sciences littéraires », connaître des

[1] A. DE TOCQUEVILLE, *De la démocratie en Amérique* (1835 et 1840), Flammarion, coll. GF, 2010, p. 247.

« révolutions scientifiques ». Et il faut gager que la pensée du droit, qui donne ses paradigmes à la science du droit, est plus encore concernée par ces « révolutions scientifiques » potentielles. Enfin, il faut gager que ces « révolutions scientifiques » sont indispensables à la recherche juridique puisque celle-ci porte sur des objets intrinsèquement évolutifs, *a fortiori* à l'heure de la globalisation et de la postmodernisation du droit. A déjà été souligné combien l'excès de conservatisme est une menace de taille planant sur la recherche juridique.

Il paraît pertinent, si ce n'est indispensable, de suivre la voie ouverte par qui explique combien il importe de savoir faire preuve d'indépendance d'esprit, ce qui signifie savoir se détacher des paradigmes dominants, du dogmatisme ambiant — cela confine sans doute à l'art puisque beaucoup de paradigmes sont insensibles, imperceptibles ; or combattre un ennemi invisible est une mission ô combien délicate — : « Tout mon apprentissage de la vie scientifique m'a convaincu de ne jamais penser en termes de paradigmes, si ce n'est celui de l'immense relativité de tout savoir et de la nécessité de sans cesse le remettre en question. [...] Le paradigme [...] est une telle source de reproduction de l'ordre établi, de conformisme à l'égard du "scientifiquement correct", de fermeture des esprits, que je préfère essayer de m'en passer plutôt que d'y succomber »[1]. L'heureux patronage de Descartes est, en ces mots, clairement affiché.

Le scientifique ou penseur du droit doit, comme tout scientifique ou penseur, être prudent, être « sage »[2], ce qui implique en particulier de faire en sorte de se tenir loin des influences idéologiques, politiques et même philosophiques. En revanche, il ne doit guère se montrer frileux ou pusillanime, hostile par principe à tout ce qui apparaît nouveau. Les « révolutions scientifiques » sont « un luxe rare que les scientifiques s'offrent en des moments privilégiés [car] la science est davantage un instrument de conservation qu'une machine à innover »[3]. Les périodes de stabilité scientifique sont le principe et les périodes de « révolution scientifique » l'exception.

Il ne faut pas, par suite, attendre de « révolutions scientifiques » soudaines au sein de la recherche juridique. Aussi ne serait-il permis de parler que d' « évolutions scientifiques » si l'expression de Thomas Kuhn ne possédait pas la gloire qui est la sienne. L'ingrédient principal du changement en matière de sciences de la pensée et de pensée des sciences est le temps ; en ce sens, Hannah Arendt disait que « les mouvements lents [et]

[1] J. VANDERLINDEN, « Réseaux, pyramide et pluralisme ou regards sur la rencontre de deux aspirants-paradigmes de la science juridique », *RIEJ* 2002, n° 49, p. 20.
[2] Réf. à G. CORNU, *L'art du droit en quête de sagesse*, Puf, 1998.
[3] Ch. ATIAS, *Épistémologie juridique*, Dalloz, coll. Précis, 2002, p. 45-46.

ordonnés sont la marche propre pour le cours des pensées »[1]. Nulle étude en droit, en sociologie ou en psychologie ne peut, à elle-seule et en soi, constituer une « révolution scientifique » ; mais il lui est possible d'enclencher pareille « révolution scientifique », selon l'accueil et la postérité qui lui seront réservés. Un paradigme est une œuvre collective ; nul auteur ne peut édicter, consacrer ou supprimer un paradigme, même s'il est le chef de file d'une école. Un paradigme est, par définition, toujours dominant, ce qui veut dire accepté, explicitement ou implicitement, par la majorité des scientifiques ou penseurs concernés. En revanche, il est permis de chercher à faire progresser un « aspirant-paradigme » jusqu'à atteindre un taux de pénétration parmi les esprits suffisant pour lui permettre d'acquérir le statut de « pseudo-paradigme » ou « quasi-paradigme ».

Il n'est, en résumé, pas assuré que le savoir juridique possède « des données acquises [...] qui ne se discutent pas ou ne se discutent plus [et qui] sont des repères qui ne réclament aucune vérification »[2]. Cela peut être vrai à un instant et en un endroit précis, mais non éternellement ni universellement. Paradoxalement, en même temps que les sciences humaines et sociales ne peuvent connaître d'évolutions que lentes et progressives, là où les sciences mathématiques et naturelles peuvent en connaître de soudaines et inattendues — comme en a largement témoigné le XXe s. —, elles ne se construisent sans doute sur aucune connaissance définitive, quand les sciences mathématiques et naturelles, pour leur part, avancent à coups de découvertes qui consacrent des certitudes irrévocables. S'il ne sera jamais démenti que « $e = mc^2$ », nul ne peut affirmer que, à jamais et partout, « la validité est le mode d'existence spécifique » des règles de droit[3].

En matière de recherche juridique, il n'existe guère de vérités scientifiques au sens strict. Les données les plus dignes d'une étude scientifique sont les normes et les institutions ; mais elles ne sont guère intemporelles et universelles. Et, au-delà des normes et des institutions positives, il ne se trouve, en droit, que des opinions, des convictions et des doctrines, lesquelles sont à la fois changeantes à long terme, variables à l'échelle globale, et stables à court terme, rigides à l'échelle d'un espace juridique. Selon le point de vue adopté, les évolutions paradigmatiques et les « révolutions scientifiques » apparaissent, en droit, rares et difficiles ou évidentes et permanentes.

[1] H. ARENDT, *La crise de la culture* (1968), trad. P. Lévy et *alii*, Gallimard, coll. Folio essais, 2011, p. 23.
[2] Ch. ATIAS, *Épistémologie juridique*, Dalloz, coll. Précis, 2002, p. 95 ; *cf.* J.-L. BERGEL, *Méthodologie juridique*, Puf, coll. Thémis droit privé, 2001, p. 17.
[3] H. KELSEN, *Théorie pure du droit*, 2e éd., trad. Ch. Eisenmann, Dalloz, 1962, p. 18.

La « structure des révolutions scientifiques »

Thomas Kuhn expliquait comment se « structurent les révolutions scientifiques », c'est-à-dire les changements de paradigmes dominants : un paradigme dominant est un paradigme qui guide la majorité des recherches entreprises dans un domaine scientifique ; mais, quand surviennent, dans les faits, des « anomalies », des « faits d'observation qui ne cadrent plus avec le modèle explicatif »[1], c'est-à-dire des évènements ou phénomènes que ce paradigme ne permet pas de comprendre et d'expliquer, les scientifiques, naturellement et progressivement, remplacent, dans leur psyché collective, le paradigme incorrect par un paradigme plus conforme aux réalités observées[2]. Tout d'abord, ils sont tentés de marginaliser lesdits évènements et phénomènes, en parlant d' « obstacles épistémologiques », ou de les intégrer artificiellement à la représentation dominante ; mais la déontologie scientifique, normalement, doit les amener, surtout si ces évènements et phénomènes prolifèrent, à reconsidérer les paradigmes dominants qui, alors, se retrouvent en « crise »[3].

Vient ainsi le temps des controverses indispensable au perfectionnement de toute science, le moment pré-paradigmatique de la « guerre des Écoles ». La crise des paradigmes, plus ou moins rapidement, se résorbe grâce à des changements paradigmatiques, soit par l'introduction puis la domination de nouvelles logiques dans les recherches et les enseignements. Plus des cours, des thèses, des colloques et, donc, la psyché scientifique collective se retrouvent imprégnés par les nouveaux paradigmes et plus cela signale que la « révolution scientifique » est en voie d'achèvement. Une nouvelle période de « science normale » est prête à faire suite à la période de « science extraordinaire »[4]. *In fine*, la « révolution scientifique » se traduit, selon Gaston Bachelard, par un bouleversement de l'esprit, une mutation de sa structure[5]. En matière juridique, on propose que ce scénario serait en train de se dérouler avec, parmi d'autres, la subrogation du paradigme de la souplesse à celui de la dureté[6].

[1] Th. KUHN, *La structure des révolutions scientifiques* (1962), Flammarion, coll. Champs, 1983, p. 10.
[2] *Ibid.*
[3] *Ibid.*
[4] *Ibid.*
[5] G. BACHELARD, *La philosophie du non – Essai d'une philosophie du nouvel esprit scientifique* (1940), Puf, coll. Quadrige grands textes, 2005.
[6] C. THIBIERGE, « Rapport de synthèse », in Association Henri Capitant, *Le droit souple*, Dalloz, coll. Thèmes et commentaires, 2009, p. 141 s. Cet auteur explique néanmoins que le paradigme de la souplesse ne remplacerait pas celui de la dureté car il l'inclurait puisqu'il serait un « paradigme inclusif et englobant » (p. 143). Ces propos, selon lesquels le droit souple ne s'opposerait pas au droit dur mais l'inclurait, traduisent le fait que le paradigme du flou — d'ailleurs on parle de « droit flou » — est aussi en passe de gagner le monde des juristes.

Reste que le niveau de développement scientifique d'une discipline se mesure sans doute à la capacité de ses paradigmes dominants à expliquer et prédire les données qui la concernent, à formuler des assertions précises et détaillées assurant la mise en relation et l'unification des problèmes[1]. Ainsi les paradigmes et les « révolutions scientifiques » concernent-ils bien au moins autant la réflexion critique sur le droit que l'examen scientifique du droit. Plus encore, il semble que les changements de paradigmes dominants se déroulent au sein de la pensée du droit et non au sein de l'étude scientifique du droit, laquelle, si elle est touchée fortement par ces changements, ne l'est qu'indirectement. Sous l'angle des paradigmes et des « révolutions scientifiques », tout se passe au niveau méta-scientifique, au niveau de la pensée de la science et des phénomènes qu'étudie ou que révèle la science. Si la science est entièrement dépendante des paradigmes qui l'orientent et qui peuvent aussi bien l'amener à la prospérité que l'amener à la déchéance, les travaux visant à influencer les paradigmes dominants, à favoriser ou à freiner une « révolution scientifique », ne sauraient donc être le fait que de penseurs et non le fait de scientifiques.

Enfin, peut-être, face à la théorie des « révolutions scientifiques » de Thomas Kuhn, serait-il judicieux d'avancer une théorie des « évolutions scientifiques » : dans ce cadre, les modèles antérieurs ne seraient pas écrasés par les nouveaux mais plus sûrement améliorés par eux. Le propre d'une révolution, qu'elle soit politique ou scientifique, est de constituer une rupture entre le passé et le futur. L'évolution, au contraire, assure le « changement dans la continuité ». Certainement l'histoire des sciences a-t-elle connu beaucoup plus d'évolutions que de « révolutions scientifiques » et est-il plus légitime de chercher à provoquer des évolutions que des « révolutions scientifiques ». Mais il n'est pas utile de développer ce point plus avant car c'est bien d'évolutions et non de « révolutions scientifiques » dont parlait Kuhn — ou ses traducteurs — ; lorsqu'un paradigme prend la place d'un autre, cela n'induit pas qu'une science prendrait la place d'une autre. Une science évolue à mesure que des révolutions paradigmatiques la touchent.

La pensée critique, condition des « révolutions scientifiques »

On a pu proposer de « libérer la science » en permettant de penser sans méthode et indépendamment de toute forme d'influence : « L'anarchie contribue au progrès [...]. Même une science fondée sur la loi et l'ordre ne

[1] K. POPPER, *La connaissance objective*, Flammarion, coll. Champs, 1999 (cité par C. THIBIERGE, « Rapport de synthèse », in Association Henri Capitant, *Le droit souple*, Dalloz, coll. Thèmes et commentaires, 2009, p. 147).

réussira que si des mouvements anarchistes ont le droit de se manifester »[1]. Il n'est pas garanti que l'anarchie scientifique puisse être le terreau de « révolutions scientifiques » et de transitions paradigmatiques importantes tant, en pareille conjoncture épistémique, il sera toujours difficile pour un aspirant-paradigme, quelles que soient ses qualités intrinsèques, de devenir majoritaire au sein de la psyché scientifique collective.

Pour autant, cela ne signifie pas qu'il faille se montrer conservateur et hostile au changement. Mieux que la pensée anarchiste, la pensée critique, raisonnablement libre et non absolument libre, est l'outil privilégié des « révolutions scientifiques ». Il importe donc, afin de favoriser le développement de la recherche juridique et le perfectionnement des connaissances juridiques, de se placer dans le cadre de la pensée critique. Le cadre de la pensée anarchiste, lui, n'est certainement guère plus favorable à ce développement et à ce perfectionnement que le cadre de la pensée dogmatique. Mais la pensée critique se place davantage du côté de la pensée anarchiste que du côté de la pensée dogmatique dès lors que cette dernière empreint profondément la recherche juridique contemporaine quand la pensée anarchiste en est largement absente.

Avec la pensée critique, il s'agit de rejoindre l'étude scientifique et de travailler au moyen d'arguments aussi objectifs que possible, d'entourer ses recherches de gages scientifiques suffisants, d'écarter les dogmes, les préconçus et les idées « prêtes à penser ». C'est ainsi que les propositions qui constituent les résultats de l'exercice de pensée critique pourront, éventuellement, gagner en force doctrinale et participer, dans une plus ou moins grande mesure, d'une quelconque « (r)évolution scientifique ». Mais, si ces propositions conduisaient à conforter les paradigmes existants, alors il conviendrait de s'en réjouir — ce serait un résultat heureux — et de ne surtout pas chercher à les falsifier afin de faire œuvre révolutionnaire, iconoclaste ou autrement anarchiste. Et cela est d'autant plus important que, dans les sciences du droit plus qu'ailleurs, la prime va souvent à la continuité plus qu'à l'innovation qui est source de rupture. Le conservatisme propre aux facultés de droit est parfois regrettable ; il n'est certainement pas systématiquement regrettable. Aussi est-ce là une grande différence entre la pensée anarchiste et la pensée critique : la fin poursuivie par la première est le changement et elle oblige à plaider pour des révolutions ; la fin poursuivie par la seconde est la lucidité et elle invite à soutenir les paradigmes dominants légitimes autant qu'à dénoncer les paradigmes dominants illégitimes (parce qu'archaïques, ascientifiques, impraticables, etc.).

[1] P. FEYERABEND, *Contre la méthode – Esquisse d'une théorie anarchiste de la connaissance* (1975), trad. B. Jurdant, A. Schlumberger, Le Seuil, 1979, p. 25 (cité par Ch. ATIAS, *Épistémologie juridique*, Dalloz, coll. Précis, 2002, p. 47).

Le droit compte assurément parmi les disciplines les moins sujettes aux évolutions paradigmatiques[1] ; peut-être même n'a-t-il jamais connu de véritables « révolutions scientifiques »[2]. Il accueille avec méfiance ceux qui sont animés par ce « ressentiment contre le passé qui donne à penser »[3] ; et « force est de constater que les exposés les plus plats et les moins imaginatifs figurent dans les bilans de recherche aux côtés immédiats des théories les plus novatrices »[4]. Cependant, de moins en moins rares sont les auteurs, bien que « la rupture épistémologique radicale n'a pas eu lieu »[5], à éprouver un « vertige devant l'ampleur des mutations en cours »[6] et à pointer du doigt « la crise de l'organisation juridique moderne ainsi que la mutation en cours [...] vers un nouveau paradigme, une nouvelle conception du droit et de la justice »[7]. Notamment, on en vient à faire de l'irruption des nouvelles technologies le vecteur de certaines transformations majeures des sociétés et des systèmes juridiques[8].

Une révolution dans la pensée juridique ne saurait être totalisante et radicale à l'instar d'une révolution politique et populaire. Elle ne peut qu'être une somme d'évolutions, c'est-à-dire progressive et en passant nécessairement par le stade pré-paradigmatique de la « crise » et de la « lutte des Écoles ». Alors qu'il peut être tentant d'affirmer trop rapidement qu'un nouveau paradigme se serait imposé afin de le faire subjectivement triompher, il convient, avec le professeur Pierre-Yves Gautier, de se « méfie[r] des pseudos révolutions, souvent dictées par l'affolement et l'amateurisme »[9]. La pensée critique, aussi bien critique envers les anciens paradigmes qu'envers les nouveaux paradigmes, doit aider à adopter pareille attitude réservée. Il n'est guère conforme à l'éthique du chercheur en sciences humaines et sociales de vouloir provoquer des transitions paradigmatiques avant d'ensuite rechercher en quoi celles-ci pourraient consister et essayer de les justifier au moyen de quelques artifices. Encore

[1] *Cf.* H. J. BERMAN, *Droit et révolution – La formation de la tradition juridique occidentale* (1983), trad. R. Audouin, Librairie de l'Université d'Aix-en-Provence (Aix-en-Provence), 2002.

[2] *Cf.* B. FRYDMAN, « Y a-t-il en droit des révolutions scientifiques ? », *Journal des Tribunaux* 1996, p. 809 s.

[3] M. HEIDEGGER, *Qu'appelle-t-on penser ?* (1954), trad. A. Becker, G. Granel, Puf, coll. Quadrige, 1999 (cité par Ch. ATIAS, *Épistémologie juridique*, Dalloz, coll. Précis, 2002, p. 191).

[4] Ch. ATIAS, *Épistémologie juridique*, Dalloz, coll. Précis, 2002, p. 70.

[5] D. DE BÉCHILLON, *Qu'est-ce qu'une règle de droit ?*, Odile Jacob, 1997, p. 217.

[6] *Ibid.*

[7] B. FRYDMAN, *Les transformations du droit moderne*, Fondation Roi Baudoin (Bruxelles), coll. Citoyen, droit et société, 1998, p. 9 ; également, B. DE SOUSA SANTOS, *Vers un nouveau sens commun juridique – Droit, science et politique dans la transition paradigmatique* (1995), trad. N. Gonzales-Lajoie, LGDJ, 2004.

[8] G. J. GUGLIELMI, « Les nouvelles technologies et le droit », *Jurisdoctoria* 2012, n° 8, p. 11.

[9] P.-Y. GAUTIER, « Immatériel et droit – Rapport de synthèse », *Arch. phil. droit* 1999, p. 234.

une fois, la pensée critique est à rapprocher de l'étude scientifique ; l'une et l'autre sont les deux jambes de la recherche juridique, sans lesquelles elle ne pourrait avancer, sans lesquelles elle ne pourrait progresser.

Et le professeur Yves Gaudemet de saluer la parfaite honnêteté intellectuelle de l'auteur d'une thèse consacrée à « l'unité des contrats publics »[1] qui aboutit à la conclusion selon laquelle son sujet n'existe pas[2]. C'est là une attitude parfaitement critique. Étudier un objet ne doit pas vouloir dire soutenir cet objet. Par exemple, étudier le pluralisme juridique ne doit pas vouloir dire soutenir le pluralisme juridique contre le monisme juridique[3]. Cela doit vouloir dire critiquer le pluralisme juridique — et critiquer le monisme juridique —. Il faut savoir être critique y compris envers soi-même, notamment envers sa production intellectuelle passée.

Nul doute que « “le maître l'a dit” est une formule dangereuse »[4] et qu'il paraît préférable de suivre la trace du sociologue Robert Castel, qui souhaitait « ne pas être l'homme d'une école, l'homme d'un paradigme », et qui se laissait « toujours bousculer par l'actualité »[5]. Partant, l'exigence de pensée critique qu'il importe d'assigner à la recherche juridique — mais à certaines de ses branches plus pressement qu'à d'autres — amène à penser librement, à accepter le changement et à refuser le conservatisme. Également, et en premier lieu, elle incite le chercheur à toujours discuter les données et les idées en cause, ce qui veut dire toujours les mettre en doute et les interroger, mais sans jamais polémiquer, la polémique étant l'antithèse de la discussion et donc du point de vue critique.

[1] L. MARCUS, *L'unité des contrats publics*, Dalloz, coll. Nouvelle bibliothèque de thèses, 2010.

[2] Y. GAUDEMET, « Les grandes mutations du droit administratif », conférence à l'École doctorale de sciences juridiques de Grenoble, 15 févr. 2011.

[3] En ce sens, B. BARRAUD, *Théories du droit et pluralisme juridique – t. I : Les théories dogmatiques du droit et la fragilité du pluralisme juridique*, PUAM (Aix-en-Provence), coll. Inter-normes, 2016.

[4] G. THUILLIER, « Penser par soi-même en droit », in D. ALLAND, S. RIALS, dir., *Dictionnaire de la culture juridique*, Lamy-Puf, coll. Quadrige-dicos poche, 2003, p. 1145.

[5] R. CASTEL, archive sonore entendue dans « Hommage au sociologue Robert Castel », La grande table, France culture, 19 mars 2013.

Chapitre 2

Accueillir la discussion, exclure le subjectivisme

La controverse scientifique : la discussion des faits au-delà de la description des faits

La pensée critique implique que le chercheur dont l'ambition est de penser le droit se place dans une optique de discussion continue, la discussion devant ici se comprendre par opposition à la polémique, au dogmatisme et au subjectivisme, ce dernier désignant l'« attitude de quelqu'un qui juge d'après ses seules opinions personnelles »[1]. Bien sûr, la discussion ne saurait porter que sur des idées ou des thèses, ne saurait s'inscrire ailleurs que dans l'ordre du non-démontrable, du non-vérifiable, du non-scientifique. Les faits, eux, sont indiscutables — leur réalité est indiscutable — ; et il faut rappeler, avec Aristote, que « la réalité fondamentale n'est pas dans les idées mais dans les choses concrètes »[2]. « Si chercher le paradoxe est d'un sophiste, enseignait Durkheim, le fuir, quand il est imposé par les faits, est d'un esprit sans courage ou sans foi dans la science »[3]. D'où qu'elle vienne, la réalité factuelle doit toujours s'imposer au chercheur qui doit en tirer toutes les conséquences, quelle que puisse être la mise en péril de ses conclusions antérieures. Mais il arrive toujours un moment où il faut aller au-delà des faits, où il faut abandonner le regard scientifique à finalité descriptive, où il faut proposer des commentaires, esquisser des théories ou émettre des réserves, donc où il faut discuter les faits (*i.e.* les implications, les conséquences ou la portée des faits) après avoir décrit les faits.

Ensuite, toute intention polémique doit être écartée *ab initio* et sans autre forme de procès, tant la polémique est au domaine idéologique ce que la controverse est au domaine scientifique ; cela même si Kant y avait repéré un moment de réflexion et si Montesquieu l'avait érigée en prémisse de la

[1] V° « Subjectivisme », in *Le petit Larousse illustré 2011*, Larousse, 2010.

[2] ARISTOTE, *Métaphysique*, IVe s. av. J.-C., L. A, chap. 8. Il est pour le moins surprenant de trouver pareille affirmation en un ouvrage intitulé « métaphysique ».

[3] É. DURKHEIM, *Les règles de la méthode sociologique*, 2e éd. (1937), Puf, coll. Bibliothèque de philosophie contemporaine, 1973, p. VII.

pensée constructive[1]. Sans doute ces philosophes ne distinguaient-ils guère discussion, dialectique, débat, dialogue, inter-monologisme, controverse et polémique. Or, semble-t-il, ces cadres d'intelligence et de réflexion correspondent à des intentions épistémologiques fort divergentes. En matière de recherche juridique, il n'est pas lieu de retenir les cadres de pensée issus des théories de la connaissance qui souhaitent placer la subjectivité de l'observateur au premier plan[2] ; il faut se concentrer sur ceux qui autorisent la pensée critique, laquelle, il faut croire, n'est pas une autre que la pensée scientifique, c'est-à-dire que la pensée dont la seule ambition est de comprendre et de faire comprendre du mieux possible l'objet pensé et qui, à ces fins, ferme la porte à toute forme d'influence anti-objective.

La discussion scientifique contre le discours politique, l'argument contre l'opinion

La mise en avant de la discussion est importante notamment en ce qu'elle interdit de tenir tout discours connoté politiquement et, surtout, motivé par des considérations politiques, si ce n'est « politiciennes ». En cela, l'éthique de la discussion est dans bien des cas incompatible avec la politique juridique, à laquelle il faut réserver un sort particulier au sein de ce chapitre. Il en va à l'identique de la philosophie du droit dès lors qu'elle repose essentiellement sur des suppositions d'ordre métaphysique, donc sur des idéologies plus que sur des arguments raisonnables. En revanche, sont ici visées complètement les douze autres branches de la recherche juridique, y compris la légistique.

Loin de l'affirmation d'Albert Camus selon laquelle, dans un contexte où la mode était aux « intellectuels de gauche », « si la vérité est de droite, j'en serai »[3], le domaine politique ou, mieux, « politicien » est par nature réfractaire à la discussion ; il est la terre d'élection de la polémique, du subjectivisme, de l'idéologie et, surtout, du dogmatisme et de la démagogie les plus effarants. Ainsi note-t-on souvent que, en politique, on n'échange jamais d'arguments mais toujours des opinions. Et Diderot d'en conclure qu' « ils ont tous raison »[4], chacun ayant raison de son point de vue et étant fermé aux points de vue des autres. Il en résulte que les échanges à teneur politique ou « politicienne » ne peuvent guère être que stériles. La politique est principalement affaire de convictions et, entre des individus aux

[1] S. LAUNAY, « La théorie réaliste est-elle morte pour cause de "mondialisation" ? », in G. DEMUIJNCK, P. VERCAUTEREN, dir, *L'État face à la globalisation économique – Quelles formes de gouvernance ?*, Sandre, 2009, p. 54.

[2] É. MORIN, *La méthode – t. III : La connaissance de la connaissance*, Le Seuil, coll. Points, 1992.

[3] Cité par P. GELINET, « Albert Camus », 2000 ans d'histoire, France inter, 22 mars 2006.

[4] D. DIDEROT, *Jacques le fataliste et son maître* (1796), Le livre de poche, coll. Classiques, 2000.

convictions différentes, seuls des monologues parallèles et infinis sont envisageables. Mais nul débat n'est possible. Les médias ne manquent pas d'en témoigner chaque jour.

Tout au contraire, parmi des chercheurs attachés à la seule réalité et à la seule raison scientifiques, il faut systématiquement accepter de retirer un argument faible face à un argument contradictoire fort ; il convient de laisser la réalité, la logique et la cohérence triompher des croyances et des opinions. En somme, alors qu'en science on discute de façon constructive, en politique on se dispute de façon improductive, si ce n'est destructive. Le discours politique est hermétique et borné ; le discours scientifique est ouvert et évolutif.

Aussi Gilles Deleuze pouvait-il regretter que le théâtre politique ne soit qu'une « juxtaposition de monologues nerveux »[1], loin de tout dialogue. Il ne fait aucun doute que peu ou prou l'ensemble du personnel politique cherche au moins autant à avoir raison des autres qu'à avoir objectivement raison, raisonnablement raison, et que la démocratie, alors qu'elle fait grand cas du débat, ne donne lieu qu'à trop peu de débats en bonne et due forme. Plus généralement, toute polémique s'assimile à un combat armé duquel toutes les parties ne sauraient sortir victorieuses. Dans le cas de la discussion, au contraire, il ne s'agit pas d'un combat qu'il faudrait remporter à tout prix mais d'une construction collective, chacun apportant tour-à-tour sa pierre à l'édifice et acceptant, le cas échéant, de retirer les pierres inadaptées pour les remplacer par d'autres plus adéquates.

Régulièrement, l'auteur de ces lignes entend des femmes et des hommes politiques dits « d'opposition » affirmer, avec une assurance défiant l'entendement, par exemple à propos d'un projet de loi fondamental pour l'avenir des finances publiques, que, « sur un sujet aussi important, je pourrais presque voter cette loi si elle était bonne »[2] ; ou, concernant une intervention militaire en Afrique centrale, que « la guerre est le seul sujet où l'opposition a le droit d'être d'accord avec ce que propose la majorité »[3]. De tels propos, dignes de la « politique politicienne », ne nécessitent guère de commentaires et il n'est pas lieu de pousser plus avant la mise en exergue des graves disfonctionnements du jeu politique contemporain qui aboutissent à le discréditer grandement. Simplement faut-il retenir que le recours à la discussion est très directement une exclusion des affirmations idéologiques, péremptoires ou dogmatiques et que la politique juridique n'est certainement pas la plus « noble » ni la plus digne d'intérêt des quatorze branches de la recherche juridique.

[1] Cité par R. ENTHOVEN, Tout et son contraire, France info, 26 févr. 2013.
[2] V. P., L'interview de 8h15, France info, 24 nov. 2012.
[3] J.-F. C., L'interview de 8h15, France info, 11 déc. 2013.

Néanmoins, il est parfaitement possible de proposer quelque évolution du droit positif à l'aune d'arguments objectifs, éventuellement juridiquement objectifs, et nul doute que beaucoup de réflexions d'ordre *jus*-politique des chercheurs en droit ne virent pas à la « politique politicienne », c'est-à-dire à la politique dogmatique. En ce sens, il faut convenir qu'un chercheur en droit doit préférablement se garder d'adhérer à tout parti politique, sans quoi sa liberté de penser et sa capacité à penser de façon critique risqueraient de se retrouver dangereusement malmenées.

La prohibition des propositions métaphysiques ou autrement irraisonnables

En outre, puisque la discussion doit mettre en scène des arguments raisonnables ou, plus encore, des faits objectivement et empiriquement constatés, elle interdit de tenir tout propos d'ordre métaphysique. Il est, par définition, impossible de construire et d'entretenir quelque discussion autour de problématiques métaphysiques. En un mot, la pensée critique, pour être pertinente et conséquente, interdit les considérations irrationnelles et spéculatives. À l'identique de la théorie kelsénienne, elle est « pure », soit « épurée de tout élément naturaliste »[1]. Il lui incombe, suivant la voie ouverte au début du XXe s. par le « Cercle de Vienne » — qui a allègrement influencé Kelsen[2] —, de ne s'attacher qu'à ce qui peut être objectivement défendu ou démontré, laissant à la philosophie du droit le soin de se pencher sur les difficultés métaphysiques que soulèvent les phénomènes juridiques[3] — telles que, par exemple, la question posée par Heidegger et consistant à savoir « pourquoi il y a du droit plutôt que rien »[4] —. La pensée critique est

[1] H. KELSEN, *Théorie pure du droit*, 1ère éd., trad. H. Thévenaz, La Baconnière (Neuchâtel), 1988, p. III.

[2] *Cf.* V. PETEV, « Hans Kelsen et le Cercle de Vienne », in P. AMSELEK, dir., *Théorie du droit et science*, Puf, coll. Léviathan, 1994, p. 233 s.

[3] Nombreux sont les penseurs du droit qui, lorsqu'ils décident d'intituler leurs travaux « théorie du droit » plutôt que « philosophie du droit », souhaitent par là marquer l'attachement de leurs réflexions à un cadre épistémologique positiviste et l'exclusion des considérations d'ordre métaphysique. Ainsi le jusnaturalisme correspondrait-il à des philosophies du droit plus qu'à des théories du droit. Un auteur relève en ce sens que la naissance de la théorie du droit n'a été qu'une « conséquence de la séparation du droit et de la philosophie qui le vivifiait » et que, dès lors, « la matière juridique est scindée en trois : le droit positif et technique, la philosophie du droit, essentiellement préoccupée de questions métaphysiques, et la théorie du droit » (J.-P. CHAZAL, « Philosophie du droit et théorie du droit, ou l'illusion scientifique », *Arch. phil. droit* 2001, p. 312).

[4] Cité par P. DEUMIER, Th. REVET, « Sources du droit (problématique générale) », in D. ALLAND, S. RIALS, dir., *Dictionnaire de la culture juridique*, Lamy-Puf, coll. Quadrige-dicos poche, 2003, p. 1430.

comme « la sociologie [qui] n'a pas à prendre parti entre les grandes hypothèses qui divisent les métaphysiciens »[1].

À l'heure où les juristes deviennent chaque jour un peu plus des juristes pragmatiques ou pragmatistes[2], il n'est guère original d'ainsi plaider en faveur de cette pensée positiviste qu'est la pensée critique. Aujourd'hui, une large majorité des auteurs et, spécialement, des théoriciens du droit entendent « construire le monde du droit sans métaphysique »[3], aspirent à faire le « procès de la métaphysique »[4]. De plus en plus rares sont les juristes à estimer que « l'exclusion de toute métaphysique est aussi critiquable que l'abus de métaphysique »[5] car cela « rétréci[rait] inopportunément le champ d'investigation »[6]. L'avis de Karl Popper selon lequel rechercher la « défaite de la métaphysique » reviendrait à rechercher la défaite de la science[7] ne peut plus prospérer en aucune façon. Il n'est donc pas lieu d'insister davantage sur ce point : les explications telles que « Dieu dit : "Que la lumière soit !" Et la lumière fut »[8] sont évidemment trop superficielles et inconséquentes pour des disciplines scientifiques. Et puis il est difficile de parler de quelque-chose qui n'existe pas, qui est « vide »[9].

Simplement faut-il encore souligner qu'est ici en cause le cadre épistémologique et méthodique qualifié de « pensée critique » et qu'en aucun instant celui-ci ne saurait interdire l'existence de la philosophie du droit, ne saurait interdire à une part non marginale de la pensée juridique contemporaine de persister à définir ou à commenter le droit à l'aune de valeurs ou d'intérêts éminemment subjectifs ou relatifs.

Montaigne comme guide

En matière de discussion ou, mieux, d'éthique de la discussion, c'est le chemin tracé par Montaigne qu'il faut emprunter :

> *Les contradictions des jugements ne me blessent ni ne m'émeuvent. Elles m'éveillent seulement et me mettent en action.*

[1] É. DURKHEIM, *Les règles de la méthode sociologique*, 2e éd. (1937), Puf, coll. Bibliothèque de philosophie contemporaine, 1973, p. 139.

[2] J.-L. THIREAU, « Le jurisconsulte », *Droits* 1994, n° 20, p. 24.

[3] A. ROSS, « Le problème des sources du droit à la lumière d'une Théorie réaliste du droit », *Arch. phil. droit* 1934, p. 187.

[4] Réf. à W. SABETE, « La théorie de la connaissance scientifique en droit et le procès de la métaphysique », *Arch. phil. droit* 2002, p. 407 s.

[5] J.-P. CHAZAL, « Philosophie du droit et théorie du droit, ou l'illusion scientifique », *Arch. phil. droit* 2001, p. 319.

[6] *Ibid.*

[7] K. POPPER, *La logique de la découverte scientifique* (1959), Payot (Lausanne), 1973, p. 32.

[8] *Livre de la Genèse*, entre le VIIIe et le IIe s. av. J.-C., 1, 3.

[9] V. PETEV, « Hans Kelsen et le Cercle de Vienne », in P. AMSELEK, dir., *Théorie du droit et science*, Puf, coll. Léviathan, 1994, p. 233.

> *Nous n'aimons pas la rectification de nos opinions. Il faudrait au contraire s'y prêter et s'y offrir, notamment quand elle vient sous forme de conversation, non de leçon magistrale. À chaque opposition, on ne regarde pas si elle est juste mais, à tort ou à raison, comment on s'en débarrassera. Au lieu de lui tendre les bras, nous lui tendons les griffes. Je supporterais d'être rudoyé par mes amis : « tu es un sot, tu rêves ! ». J'aime qu'entre hommes de bonne compagnie on s'exprime à cœur ouvert, que les mots aillent où va la pensée. Il faut fortifier notre ouïe et la durcir contre la mollesse du son conventionnel des paroles.*[1]

Et l'auteur des *Essais*, à la suite de Socrate qui déjà disait aimer autant être contredit que contredire autrui[2], de regretter que ses contemporains ne le contestaient pas assez par hantise qu'eux-mêmes soient contestés plus tard en retour. Il leur donnait raison même lorsqu'il pensait qu'ils avaient tort afin de les encourager à continuer à le contester[3]. Il aimait à ce point la contradiction qu'il suffisait à se la donner et multipliait les points de vue dans le but, par ses contradictions propres, de rendre justice de la complexité du monde et de la fragilité et de la contingence des savoirs[4]. « Je prends si grand plaisir à être jugé et connu, écrivait-il, qu'il m'est comme indifférent à laquelle des formes je le sois. Mon imagination se contredit elle-même si souvent, et condamne, que ce m'est tout un qu'un autre le fasse »[5].

De plus, Montaigne assurait respecter toute vérité, même lorsque prononcée par quelqu'un d'antipathique. Il expliquait ne pas ressentir la contradiction comme une humiliation et aimer à être corrigé systématiquement dès lors qu'il s'égarait. Mais, lui-même libéral et respectueux de toutes les idées, il avait peu d'égards pour les interlocuteurs arrogants, sûrs de leurs faits, adoptant un ton péremptoire et intolérants[6]. « Pourvu qu'on y procède d'une trogne trop impérieusement magistrale, notait-il encore, je prends plaisir à être repris et m'accommode aux accusateurs souvent plus par raison de civilité que par raison d'amendement, aimant à gratifier et à nourrir la liberté de m'avertir par la facilité de céder ».

[1] M. de Montaigne, *Les essais*, Abel Langelier, 1588, L. III, chap. 8.

[2] « Je suis de ceux qui sont bien aise d'être réfutés quand ils se trompent. Je n'aime pas moins être réfuté que réfuter les autres » (cité par R. Enthoven, « Lecture de Gorgias de Platon », Le gai savoir, France culture, 27 janv. 2013).

[3] « Je prête l'épaule aux reproches que l'on fait sur mes écrits. Je les ai même souvent modifiés, plus pour une raison de civilité que pour une raison d'amélioration, car j'aime à favoriser et à encourager la liberté de ceux qui me font des critiques par ma facilité à céder, même à mes dépends » (M. de Montaigne, *Les essais*, Abel Langelier, 1588, L. III, chap. 8).

[4] A. Compagnon, *Un été avec Montaigne*, Équateurs-France inter, coll. Parallèles, 2013.

[5] M. de Montaigne, *Les essais*, Abel Langelier, 1588, L. III, chap. 8.

[6] A. Compagnon, *Un été avec Montaigne*, Équateurs-France inter, coll. Parallèles, 2013.

À la suite de l'illustre essayiste du XVIe s., tout chercheur en droit doit accueillir pleinement la discussion, la contradiction et la controverse, doit se montrer « ouvert et disponible aux idées des autres »[1]. Le chercheur critique est celui qui pense les objets de manière objective ; il est aussi celui qui accepte la contradiction, qui est capable de se détacher de son argumentation propre pour envisager chaque proposition uniquement sous l'angle de sa validité réelle et retenir, *in fine*, celle dont la force logique et explicative est la plus élevée.

Plus encore, le chercheur critique est celui qui sait se donner seul la contradiction, qui connaît autant la contradiction interne que la contradiction externe et qui, par conséquent, est en mesure de modifier ses analyses, parfois radicalement, à mesure de l'évolution de ses observations et de ses réflexions. Ce chercheur critique est celui qui n'hésite pas à avouer qu'il a « commis » quelque article ou quelque ouvrage par le passé, un peu comme on commet des méfaits[2], qui n'hésite pas à « brûler [ses] écrits après les avoir adorés »[3] si le besoin s'en fait sentir. En droit comme dans tout champ de recherche, il est insuffisant de « penser par soi-même »[4], car encore faut-il savoir penser contre soi-même pour ne pas seulement œuvrer au renforcement de ses convictions personnelles[5]. En ce sens, est remarquable que la « falsifiabilité », avec laquelle se mesure la force d'une découverte scientifique selon Karl Popper, correspond à la faculté que possède cette dernière de « se faire des objections »[6]. Il importe, comme Sartre, de se « contester soi-même » et de pouvoir estimer, quant à « ceux qui critiquent mon dernier livre, [que] dans six mois je ne serai pas loin de partager leur avis »[7].

En somme, quelqu'un qui ne se contredit pas est quelqu'un qui a renoncé à penser pour croire, ce que Nietzsche soulignait lorsqu'il relevait que « beaucoup de gens croient qu'ils savent sans savoir qu'ils croient »[8]. Assurément faut-il préférer qui se contredit parce qu'il pense à qui ne se

[1] M. DE MONTAIGNE, *Les essais*, Abel Langelier, 1588, L. III, chap. 8.

[2] Ainsi Jacques Bourdon pouvait-il en venir à confesser, afin de souligner l'évolution de sa pensée, avoir par le passé « commis des écrits » (J. BOURDON, « Identité plurielle : quel dénominateur commun ? », Colloque international – Les trente ans du titre premier du statut général des fonctionnaires : et après ?, Besançon, 12 juill. 2013).

[3] J. VANDERLINDEN, « Vers une conception nouvelle du pluralisme juridique », *RRJ* 1993, p. 573.

[4] Réf. à G. THUILLIER, « Penser par soi-même en droit », in D. ALLAND, S. RIALS, dir., *Dictionnaire de la culture juridique*, Lamy-Puf, coll. Quadrige-dicos poche, 2003, p. 1145 s.

[5] C'est pourquoi on souligne souvent que l'intérêt de l'exercice spécifique qu'est la dissertation, notamment en philosophie mais aussi en droit, est d'obliger l'étudiant à apprendre à penser contre soi-même au moins autant que par soi-même.

[6] K. POPPER, *La logique de la découverte scientifique* (1959), Payot (Lausanne), 1973, p. 32.

[7] J.-P. SARTRE, archive sonore entendue dans « Les mots – Sartre », Le gai savoir, France culture, 14 avr. 2013.

[8] Cité par R. ENTHOVEN, « Le Gai savoir », Le gai savoir, France culture, 2 sept. 2012.

contredit pas grâce à ses croyances. Une pensée évolue à l'inverse d'une croyance, ce qui signifie qu'une pensée se perfectionne à l'inverse d'une croyance.

Les solutions aux différentes controverses susceptibles d'émerger doivent donc être recherchées dans l'espace de la pensée critique, loin de toute opinion personnelle et de tout présupposé dogmatique. Les développements doctrinaux ne doivent pas consister en des affirmations subjectives fixes et intangibles mais en des propositions aussi objectives, raisonnables et logiques que possible capables d'évoluer à mesure du progrès des connaissances et à mesure des nouvelles données obtenues. L'auteur d'une théorie, après avoir exposé celle-ci une première fois, doit être capable de la faire évoluer au gré des remarques qui lui seront adressées et au gré des nouvelles réflexions qu'il produira. En ce sens, Durkheim, qui, quant à ces problématiques épistémologiques, doit être un autre guide aux-côtés de Montaigne, ne manquait pas d'expliquer : « Sans doute plus d'une proposition nous est contestée. Mais nous ne saurions ni nous étonner ni nous plaindre de ces contestations salutaires ; il est bien clair, en effet, que nos formules sont destinées à être réformées dans l'avenir »[1].

Que soit ici rappelé que l'édit de Louis XIV d'avril 1679 portant réforme des études de droit avait institué le recrutement des professeurs de droit par dispute publique[2]. Et la soutenance de thèse est le modèle même de la *disputatio*, à condition d'accepter la discussion et d'évincer le dogmatisme. Il faut que l'auteur de tout travail de recherche soit en mesure, au moment de recevoir une objection, d'accepter autant que de rejeter celle-ci, cela uniquement à l'aune des pertinences respectives de chacune des positions. Or nul doute que, spécialement en matière de soutenance de thèse, le futur impétrant sera toujours influencé par l'envie de contrer l'argument du professeur, loin d'être capable d'évaluer objectivement sa légitimité et, le cas échéant, de l'accepter entièrement. La discussion est un objectif à poursuivre indéfectiblement dans le cadre de la recherche critique, mais sans ignorer combien il est difficile de s'abstraire de toute forme d'intérêt subjectif. Il s'agit presque d'un idéal et, dans les faits, les véritables discussions doctrinales sont rares ou peut-être même inexistantes.

Enfin, évoquer la discussion tout en convoquant Montaigne donne l'occasion de souligner que la pensée critique est aussi une pensée qui sait engager le débat avec le lecteur, qui sait l'amener, le plus souvent, si ce n'est à chaque instant, à douter, à forger sa propre analyse, à aiguiser son sens critique, à interroger sans cesse la pertinence et la légitimité de ce qu'il lit.

[1] É. DURKHEIM, *Les règles de la méthode sociologique*, 2e éd. (1937), Puf, coll. Bibliothèque de philosophie contemporaine, 1973, p. XI.

[2] J.-M. CARBASSE, « Professeurs à la faculté de droit », in D. ALLAND, S. RIALS, dir., *Dictionnaire de la culture juridique*, Lamy-Puf, coll. Quadrige-dicos poche, 2003, p. 1243.

Un travail de recherche appartient au moins autant à ses lecteurs qu'à son ou ses auteur(s).

Discussion et dialectique

Par ailleurs, accepter la discussion et la contradiction conduit très directement à interroger la possibilité et la pertinence de la mise en œuvre de la dialectique, célèbre mode de raisonnement initié par Socrate dans ses dialogues, théorisé par Aristote dans ses *Topiques*[1], puis prolongé par la méthode scolastique de Saint Thomas d'Aquin et abondamment repris par les philosophes modernes, Hegel et Merleau-Ponty[2] notamment. Les professeurs François Ost et Michel van de Kerchove en ont d'ailleurs fait un cadre essentiel de leurs réflexions[3]. Néanmoins, la méthode dialectique étant très connotée philosophiquement, il paraît préférable de se contenter de parler de discussion et de contradiction ; d'autant plus que celles-ci ne permettent pas d'aboutir exactement aux mêmes résultats que la dialectique car la discussion suppose de se placer au-dessus des arguments échangés afin de les analyser objectivement et de retenir les plus efficaces cognitivement, tandis que la dialectique implique de rechercher les arguments adverses afin de s'en prévenir et de pouvoir mieux les contrer. Avec la dialectique, il s'agit de ne tenir un argument pour justifié de façon décisive qu'une fois développée toute la chaîne des contre- et contre-contre-arguments : si, pour tout contre-argument de l'opposant, il est possible de trouver un contre-contre-argument en bout de chaîne, alors l'argument initial apparaît justifié[4]. Le processus thèse/antithèse/synthèse a pour finalité, logiquement, même s'il

[1] « À l'égard de toute thèse, décrivait le philosophe, il faut se mettre en quête d'arguments à la fois pour et contre et, une fois trouvés, rechercher aussitôt comment on peut les réfuter : car, de cette façon, il se trouvera qu'on s'est en même temps exercé à poser des questions et à y répondre. Et si nous n'avons personne d'autre avec qui discuter c'est avec nous même que nous le ferons » (ARISTOTE, *Topiques* (vers 340 av. J.-C.), Les belles lettres, coll. Universités de France, 2003, L. VIII, chap. 14 (cité par A. SÉRIAUX, *Le Droit – Une introduction*, Ellipses, 1997, p. 239)).

[2] M. MERLEAU-PONTY, *Les aventures de la dialectique*, Gallimard, 1955.

[3] *Cf.* F. OST, M. VAN DE KERCHOVE, *De la pyramide au réseau ? – Pour une théorie dialectique du droit*, Publications des Facultés universitaires Saint-Louis (Bruxelles), 2002. Les auteurs retiennent, entre autres, que, « alors que la pensée classique souligne les identités et renforce les différences, […] la dialectique montre comment chaque terme en présence, qui contient une part de l'autre, interagit avec celui-ci, faisant ainsi l'épreuve du passage de l'entre-deux […] qui le transforme : à la fois lui-même et autre. Ce processus d'engendrement réciproque […] est seul de nature à faire justice à la complexité dynamique du réel. […] Enseignant la relativité de toute chose (qui est et n'est pas ce qu'elle est) et la processualité de l'être (qui devient ce qu'il est), la dialectique conduit à penser l'interaction des termes habituellement distingués » (*ibid.*, p. 37).

[4] P. LIVET, « Argumentation et rhétorique juridique », in D. ALLAND, S. RIALS, dir., *Dictionnaire de la culture juridique*, Lamy-Puf, coll. Quadrige-dicos poche, 2003, p. 86 ; H. PRAKEN, G. SARTROR, *Logical Models of Legal Argumentation*, Klüwer (Dordrecht), 1997.

permet des ajustements successifs en fonction des arguments *pro* et *contra* avancés, de donner raison à la thèse contre l'antithèse plutôt qu'à l'antithèse contre la thèse. C'est à juste titre que le professeur Jean-Louis Bergel voit dans la dialectique un « ensemble de moyens en vue de démontrer, persuader, réfuter, emporter la conviction [qui] s'appliquent non aux démonstrations scientifiques mais aux délibérations »[1]. Elle n'a donc pas pour fin d'amener à laisser les arguments d'autrui l'emporter sur ses propres arguments dans l'hypothèse où ils s'avèreraient objectivement prévalents ; son but est d'apporter la preuve de la supériorité de ses arguments sur ceux d'autrui.

On retient que la dialectique est une « justice distributive donnant à chacun sa part de vérité »[2] ; mais il semble davantage qu'elle consiste en un moyen non autoritaire et très discursif d'imposer une thèse contre des antithèses. En tout cas est-ce comme cela que la plupart des philosophes usent de la dialectique : sous couvert de recherche dialectique de la vérité et de rigueur de la construction intellectuelle, ils entendent insidieusement mais certainement imposer leurs vérités. Cicéron voyait dans la dialectique la seule « discipline de l'esprit » qui permette de trouver la vérité[3] ; or a déjà été souligné combien la vérité est une donnée subjective, au contraire de la réalité objective, combien les affrontements de vérités sont moins porteurs scientifiquement que les affrontements de réalités — car il peut en ressortir l'affirmation de *la* réalité mais jamais celle de *la* vérité[4] —.

[1] J.-L. BERGEL, *Théorie générale du droit*, 5e éd., Dalloz, coll. Méthodes du droit, 2012, p. 306.

[2] A. SÉRIAUX, *Le Droit – Une introduction*, Ellipses, 1997, p. 233.

[3] CICÉRON, *Traité des lois*, 52 av. J.-C., L. I, chap. 23 (cité par A. SÉRIAUX, *Le Droit – Une introduction*, Ellipses, 1997, p. 233).

[4] Aussi Saint Thomas d'Aquin pouvait-il soutenir qu'« il faut aimer l'un et l'autre, et celui dont nous adoptons l'opinion, et celui que nous répudions ; car l'un et l'autre s'appliquèrent à la recherche de la vérité et en cela ils sont nos collaborateurs » (SAINT THOMAS D'AQUIN, *Commentaire sur la métaphysique d'Aristote*, 1267, L. XII, chap. 9 (cité par A. SÉRIAUX, *Le Droit – Une introduction*, Ellipses, 1997, p. 238)). Puisque toute vérité est relative et subjective, il paraît normal de respecter toutes les vérités et de ne pas s'arc-bouter sur sa vérité. En revanche, la science doit permettre à la réalité d'émerger et de s'imposer aux conceptions subjectives et personnelles. Ensuite, même si telle n'est pas la vision retenue en ces lignes, on pourra soutenir la dialectique philosophique contre la discussion scientifique en arguant que, « parce qu'elle évolue dans le domaine du raisonnable et non du rationnel, l'activité juridique est un haut-lieu de la dialectique. Elle ne s'appuie pas, à la manière des mathématiques, sur des démonstrations rigoureuses à partir de prémisses elles-mêmes certaines, mais sur des approximations successives à partir de prémisses probables » (A. SÉRIAUX, *Le Droit – Une introduction*, Ellipses, 1997, p. 233). Chaïm Perelman, notamment, arguait que la plupart des raisonnements juridiques et, en particulier, des raisonnements judiciaires reposent sur la dialectique (entre autres, L. OLBRECHTS-TYTECA, Ch. PERELMAN, *Traité de l'argumentation*, 6e éd., Éditions de l'Université de Bruxelles, coll. UB lire fondamentaux, 2008 ; également, E. BERTRAND, « Le rôle de la dialectique en droit privé positif », *D.* 1951, p. 151 s.). Et Duguit d'observer que « les juristes s'attachent souvent à créer des difficultés pour se livrer à un vain exercice de subtile dialectique » (L. DUGUIT,

Dans le cadre de la discussion, il s'agit de poser une question puis d'avancer tous les arguments potentiellement pertinents pour, *in fine*, tenter de trancher de façon objective et raisonnable la question initiale ; dans le cadre de la dialectique, il s'agit de partir *ab initio* d'une thèse donnée (« sa thèse »), si bien que le propos est d'office orienté dans un certain sens. La dialectique n'est donc pas conciliable avec la neutralité scientifique et critique, à l'inverse de la discussion. Elle appartient au domaine philosophique[1] quand la discussion est le propre de la recherche scientifique. Et, alors que le chercheur critique, grâce à la discussion et à l'acceptation de la contradiction, est amené tout au long de sa carrière à revoir à d'innombrables reprises sa copie, est amené à progresser, « un philosophe digne de ce nom n'a dit dans sa vie qu'une seule chose »[2], comme l'exprimait Bergson, témoignant par-là de l'adhésion indéfectible du philosophe, derrière le voile de la dialectique, à une conception des choses propre et qu'il doit défendre contre toutes les oppositions. Ainsi faut-il croire que, entre la philosophie dialectique et la « politique politicienne », les différences sont moins radicales qu'il n'y paraît au premier abord.

La discussion amène à la remise en question permanente, au doute pragmatique, à la modestie constructive, à l'écoute et, parfois, à l'appropriation des propositions des « associés scientifiques » ; la dialectique, elle, cherche à défendre des thèses subjectives contre les attaques des « adversaires philosophiques ». La pensée critique du droit doit donc s'appuyer sur la discussion bien davantage que sur la dialectique.

Toutefois, la discussion et la dialectique, si elles ne partagent pas les mêmes moyens, partagent un même objectif : ne pas encourir le reproche que Michel Villey adressait aux écrits de Jean Dabin dont il ne recommandait pas la lecture en raison de la méthode par trop solitaire et arbitraire utilisée par leur auteur : « La doctrine se déroule autoritaire ; les solutions, numérotées en paragraphes, s'imposent avec la certitude des articles du Code Civil ; peu de place pour une vraie discussion, mais toujours des décisions fermes »[3]. La recherche critique, au contraire, doit procéder de manière ouverte et dialogique, laissant à chaque argument la possibilité de s'exprimer. Si la discussion doit être préférée à la dialectique, cette dernière, en tant que « pensée à plusieurs centres et plusieurs entrées »[4], n'en apparaît

Traité de droit constitutionnel – Tome deuxième : La théorie générale de l'État – Première partie : Éléments, fonctions et organes de l'État, 3e éd., De Boccard, 1928, p. 56).

[1] *Cf.*, notamment, *Arch. phil. droit* 1984, « Dialogue, dialectique en philosophie et en droit ».

[2] H. BERGSON, *L'intuition philosophique*, Puf, coll. Quadrige grands textes, 2011.

[3] M. VILLEY, *Leçons d'histoire de la philosophie du droit*, Dalloz, 1957, p. 347 (cité par J.-P. CHAZAL, « Philosophie du droit et théorie du droit, ou l'illusion scientifique », *Arch. phil. droit* 2001, p. 320).

[4] M. MERLEAU-PONTY, *Le visible et l'invisible*, Gallimard, 1964, p. 172 (cité par F. OST, M. VAN DE KERCHOVE, *De la pyramide au réseau ? – Pour une théorie dialectique du droit*, Publications des Facultés universitaires Saint-Louis (Bruxelles), 2002, p. 37).

pas moins plus légitime, dans l'optique d'une marche vers une recherche juridique efficace épistémiquement, que le dogmatisme et que la polémique. La discussion est en quelque sorte le niveau supérieur par rapport à la dialectique, celui où le chercheur est en mesure de s'effacer, de s'abstraire de ses intérêts subjectifs et de laisser s'exprimer la logique et la raison.

L'admission du changement parmi les connaissances, suite logique de l'ouverture à la discussion

Afin de faire progresser la recherche juridique, mieux vaut préférer discuter avec qui l'on est en désaccord que préférer discuter avec qui l'on s'accorde. Et il faut être capable, à l'image de Ludwig Wittgenstein, de publier successivement des ouvrages et/ou des articles se contredisant largement[1]. Il s'agit alors de discussion interne et, par exemple, on évoque le « Kelsen des années 1930 » et le « dernier Kelsen »[2], le « premier Wittgenstein » et le « second Wittgenstein »[3].

La discussion est d'autant plus indispensable que le droit est une matière sensiblement ouverte à l'argumentation et à la rhétorique ; mais le chercheur en droit doit recourir à l'argumentation et non à la rhétorique[4]. Le professeur Pierre-Yves Gautier soutient que, par rapport au métier d'avocat

[1] En effet, les deux œuvres majeurs de Wittgenstein (*Tractatus logico-philosophicus* (1921) et *Investigations philosophiques*(1945)) varient sur certaines questions radicalement. On observe que la seconde philosophie de Wittgenstein, par rapport à la première, « n'est rien d'autre qu'une réhabilitation du provisoire contre le définitif, du divers contre l'un, de l'indétermination contre l'exactitude, des transitions graduelles contre les oppositions tranchées, de nos mathématiques contre les mathématiques en tant qu'artefact philosophique, et, d'une manière générale, des réalités "civiles" multiples et complexes contre les idéaux transcendants » (J. BOUVERESSE, *Wittgenstein : la rime et la raison – Science, éthique et esthétique*, Minuit, 1973, p. 33 (cité par Ch. ATIAS, *Épistémologie juridique*, Dalloz, coll. Précis, 2002, p. 39)). *Contra*, D. NICOLET, *Lire Wittgenstein – Études pour une reconstruction fictive*, Aubier, 1989.

[2] Par exemple, L. GIANFORMAGGIO, « La conception volontariste du droit du dernier Kelsen », *Droits* 1999, n° 28, p. 99 s. La pensée de Kelsen, entre son aurore et son crépuscule, a largement mué. Il est bien connu que, au cours de son séjour américain, l'auteur de la « théorie pure » a modifié assez radicalement sa conception de la science du droit et, par conséquent, sa conception de la nature des normes que décrit cette science, revenant spécialement sur le caractère cardinal conféré auparavant à la séparation de l'être et du devoir-être. *Cf.*, notamment, H. KELSEN, *Théorie générale des normes*, trad. O. Beaud, Puf, coll. Léviathan, 1996.

[3] O. PFERSMANN, « Morale et droit », in D. ALLAND, S. RIALS, dir., *Dictionnaire de la culture juridique*, Lamy-Puf, coll. Quadrige-dicos poche, 2003, p. 1044. Et il pourrait parfaitement exister un « troisième », un « quatrième », etc., Wittgenstein.

[4] L'usage est de dire que l'argumentation vise à convaincre, avec de bonnes raisons, et la rhétorique à persuader, fût-ce avec de mauvaises raisons. La rhétorique serait alors le lot des avocats et l'argumentation celui des juges (P. LIVET, « Argumentation et rhétorique juridique », in D. ALLAND, S. RIALS, dir., *Dictionnaire de la culture juridique*, Lamy-Puf, coll. Quadrige-dicos poche, 2003, p. 85).

et à l'exercice de la plaidoirie, le juriste-universitaire n'aurait pas à convaincre[1]. Cela est vrai s'il n'est possible de convaincre qu'au moyen des outils de la rhétorique ; en revanche, cela est faux s'il est permis de convaincre grâce à des arguments, donc dans le cadre d'une discussion, car l'activité de recherche du juriste-universitaire l'oblige à participer à des disputes doctrinales. Sur ce point, il est remarquable que Carbonnier faisait fréquemment, durant ses cours de droit civil, appel à un personnage imaginaire qui était toujours un contradicteur avec lequel il débattait. « J'avais, expliquait-il, introduit dans mes chroniques un personnage de comédie que je nommais le Sophiste ("""mais", dira le Sophiste…", "le Sophiste pourra répondre que…"). En général, il disait le contraire de ce que la Cour de Cassation avait affirmé »[2]. L'illustre professeur laissait ensuite à ses étudiants toute liberté pour arbitrer entre ses thèses et celles du « Sophiste ».

Reste que la recherche critique, si elle veut engendrer des résultats épistémiques pertinents, doit emprunter le chemin de la discussion. Elle ne peut qu'aller de pair avec une pensée non figée et gravée dans le marbre mais évolutive, plurielle, en mouvement et, même, hésitante, comme l'était la pensée de Montaigne[3]. La fin ultime de la science est de faire disparaître toute possibilité de contradiction et de discussion[4] ; seulement un savoir scientifique total et fini est-il bien illusoire, *a fortiori* parmi les sciences du droit. Si le droit pouvait donner lieu à des vérités scientifiques de même qualité que celles qui se retrouvent chez les sciences naturelles, il serait possible d'arrêter définitivement certaines théories. Mais la « fin des certitudes »[5] doit concerner en premier lieu la recherche juridique et il est impératif, plus encore que de s'ouvrir à la discussion, à la contradiction et à la controverse, de s'ouvrir à l'évolution — laquelle n'est que la suite logique de la discussion — et d'ériger le doute et la modestie en cadres structurants de la recherche et de la pensée juridiques.

Cette acceptation nécessaire du changement au sein du corpus des connaissances juridiques n'est pas anodine à l'heure où d'aucuns décrivent encore une « scène académique qui sait se complaire dans l'auto-satisfaction et dans le consensus sur une idéologie dominante, qui refuse que soient dérangées les certitudes établies et dont il ne fait pas bon se démarquer »[6].

[1] P.-Y. GAUTIER, « Sous la robe d'Assas (4/5) », Grantanfi, France culture, 17 oct. 2013.

[2] J. CARBONNIER, « Reflets d'arcades sur fond de droit : souvenirs d'un devenir à la Faculté de Poitiers », in *Écrits – 1908-2003*, Puf, 2008, p. 33.

[3] A. COMPAGNON, *Un été avec Montaigne*, Équateurs-France inter, coll. Parallèles, 2013.

[4] É. KLEIN, « Comment savons-nous ce que nous savons ? », conférence à l'Agora des savoirs, Centre Rabelais de Montpellier, 2 nov. 2011.

[5] Réf. à I. PRIGOGINE, *La fin des certitudes*, Odile Jacob, coll. Sciences, 1996.

[6] S. LAUNAY, « La théorie réaliste est-elle morte pour cause de "mondialisation" ? », in G. DEMUIJNCK, P. VERCAUTEREN, dir, *L'État face à la globalisation économique – Quelles formes de gouvernance ?*, Sandre, 2009, p. 53-54.

À l'opposé de pareil contexte universitaire conservateur, Caton l'Ancien, cité par Montaigne, disait : « Je m'instruis mieux par opposition aux modèles que par leur imitation, et en les évitant qu'en les suivant. Les sages ont plus à apprendre des fous que les fous des sages »[1]. Cette attitude n'est pas mieux que le suivisme et que le conformisme propice à la discussion et, donc, au progrès de la recherche. La discussion implique une approche objective et raisonnée des données en cause et un évolutionnisme à la fois provoqué et borné par ce que ces données requièrent.

En un mot, la recherche critique oblige à faire œuvre indépendante ; elle oblige à refuser de se conformer aux modèles par principe autant qu'à refuser de s'opposer aux modèles par principe ; elle oblige à ne vouloir ni forcer ni freiner la discussion et à ne vouloir ni forcer ni freiner l'évolution.

[1] Cité par M. DE MONTAIGNE, *Les essais*, Abel Langelier, 1588, L. III, chap. 8.

Chapitre 3

Accepter le changement, refuser le conservatisme

Le conservatisme traditionnel des universitaires-juristes

Le savoir juridique doit évoluer à mesure qu'évolue le droit positif et, plus largement, à mesure qu'évolue la société. La pensée critique implique que les chercheurs qui s'adonnent à la recherche juridique chérissent ou, du moins, tolèrent l'évolution et fassent preuve d'aversion envers le conservatisme. Le droit d'aujourd'hui est inéluctablement différent de celui d'hier comme de celui de demain et qui fait montre de davantage de conservatisme que d'évolutionnisme ne peut envisager objectivement et raisonnablement sa réalité.

Or, au sein des sciences humaines et sociales, c'est un lieu commun que les juristes sont des « conservateurs parmi les conservateurs » — même si le dogmatisme est partout présent[1] — ; ils sont souvent raillés, si ce n'est dénoncés, de ce fait[2]. Le professeur Rémy Cabrillac relève ainsi, de façon symptomatique, que les métaphores en droit se réfèrent presque toujours au style classique et presque jamais au style baroque, trop révolutionnaire[3]. Et Christian Atias d'observer combien les universitaires-juristes sont « naturellement conservateurs »[4] et combien « être conservateur serait même pour le juriste une qualité indispensable »[5] ; alors que Gurvitch, il y a longtemps déjà, soulignait que les transformations de la technique et de la

[1] P. LEGENDRE, *Sur la question dogmatique en occident*, Fayard, 1999. On observe que, parmi la société dans son ensemble, « la tentation, rassurante, est de s'accrocher aux formes existantes et familières qui nous ont accompagnées jusqu'alors. Il est plus facile de penser adaptation que rupture » (J.-P. CORNIOU, *Le Web, 15 ans déjà... et après ?*, Dunod, 2009, p. 3).

[2] Par exemple, P. BOURDIEU, « La force du droit – Éléments pour une sociologie du champ juridique », *Actes de la recherche en sciences sociales* 1986, n° 64, p. 3 s. ; P. BOURDIEU, « Les juristes, gardiens de l'hypocrisie collective », in F. CHAZEL, J. COMMAILLE, dir., *Normes juridiques et régulation sociale*, LGDJ, coll. Droit et société, 1991 ; A.-J. ARNAUD, *Les juristes face à la société – Du XIXe siècle à nos jours*, Puf, coll. Sup, 1975.

[3] R. CABRILLAC, « Le recours à la métaphore architecturale en droit : l'exemple des codes », Colloque transdisciplinaire Droit et Architecture – Reconsidérer les frontières disciplinaires, leurs interactions et leurs mutations, LID2MS, Aix-en-Provence, 11 avr. 2013.

[4] Ch. ATIAS, *Épistémologie juridique*, Dalloz, coll. Précis, 2002, p. 148.

[5] *Ibid.*

pensée juridiques s'accomplissent « avec infiniment plus de difficulté et de lenteur que les variations de l'expérience juridique et de la réalité du droit »[1] et que la science et la théorie du droit connaissent « un retard perpétuel, non seulement sur l'expérience juridique, mais aussi sur la philosophie du droit et sur la sociologie juridique »[2]. D'aucuns admettent que les professeurs de droit peinent à réinventer et à actualiser leur discipline, qu'ils sont « sujets à l'inertie, à la résistance au changement conceptuel [...] et au déterminisme social »[3], que les savoirs et les savoir-faire des juristes des universités sont légitimement accusés d'être en retard et, donc, d'être inadéquats[4].

Toutefois, le problème de l'évolutionnisme et du conservatisme tel qu'ici posé ne concerne que la pensée du droit, dans le cadre de la recherche juridique. Il n'est en aucun instant question de chercher à remettre en cause les us et coutumes ayant cours au sein des facultés de droit. Que les juristes soient conservateurs d'un point de vue institutionnel, du point de vue de l'organisation universitaire[5], est une tout autre problématique que celle du conservatisme épistémique et épistémologique — même si, sans doute, l'une et l'autre ne sont pas sans rapport —.

Et le conservatisme semble être une tendance empreignant le droit dans son ensemble, de la politique juridique[6] aux rouages de la justice, si

[1] G. GURVITCH, *L'expérience juridique et la philosophie pluraliste du droit*, Pedone, 1935, p. 86.

[2] *Ibid.*

[3] D. DE BÉCHILLON, *Qu'est-ce qu'une règle de droit ?*, Odile Jacob, 1997, p. 39.

[4] E. PUTMAN, « Éditorial », *RRJ* 2012, p. 1599 ; également, CIEDEL, *Le droit autrement : nouvelles pratiques juridiques et pistes pour adapter le droit aux réalités locales contemporaines*, Éditions Charles Léopold Mayer, 2001.

[5] Par exemple, concernant le recrutement des enseignants-chercheurs, d'aucuns conviennent que « l'enjeu d'une méthode de sélection des dossiers qui élimine majoritairement les candidats rebelles aux cloisonnements académiques officiels est de rester entre soi, dans le confort que fournira le recrutement de collègues qui ne mettront pas en cause le corpus sur lequel la discipline s'est construite » (Ch. FORTIER, « La qualification nationale aux fonctions universitaires, ou la faillite du CNU », *AJFP* 2013, p. 66). Et Marcel Gauchet d'ajouter : « Évaluons l'évaluation — c'est ce qui lui manque le plus — et nous verrons pourquoi, loin de stimuler l'inventivité et la création, comme promis, elle est le vecteur infaillible d'une stérilisation conformiste » (M. GAUCHET, « Vers une “société de l'ignorance”? », *Le Débat* 2009, n° 156, p. 159 (cité par Ch. FORTIER, « La qualification nationale aux fonctions universitaires, ou la faillite du CNU », *AJFP* 2013, p. 66)). En outre, on souligne que « le mode d'organisation du Conseil National des Universités, composé de 77 sections hyper-spécialisées, condamne toute démarche scientifique innovante, s'affranchissant des cloisonnements académiques officiels » (Ch. FORTIER, « La qualification nationale aux fonctions universitaires, ou la faillite du CNU », *AJFP* 2013, p. 69). *Cf.*, également, Ch. FORTIER, dir., *Université, universités*, Dalloz, coll. Thèmes et commentaires, 2010 ; D. MORTIER, « La “réforme” du CNU », in C.-A. BRISSET, dir., *L'Université et la recherche en colère*, Le Croquant, 2009, p. 197 s.

[6] Par exemple, P. NOREAU, « L'innovation sociale et le droit : est-ce bien compatible ? », in Association canadienne-française pour l'avancement des sciences, *Le développement social au rythme de l'innovation*, Presses de l'Université du Québec (Sainte-Foy), 2004, p. 73 s.

bien que les magistrats reconnaissent que « tout juge doit accepter de se soumettre à un certain conformisme »[1]. Ledit conformisme présente certainement des aspects positifs et mérite d'être encouragé. En ces lignes, il s'agit seulement de souligner son peu de légitimité dès lors qu'il s'immisce dans la recherche juridique — *a fortiori* concernant la recherche *jus*-scientifique —, dès lors qu'il conduit à nier le fait que les normes et les institutions, mais aussi les paradigmes et les conceptions dominantes, ne sont que des données contingentes résultant de facteurs historiques, sociaux, culturels et psychiques, si bien qu'ils sont appelés à muer au rythme de la mutation de ces facteurs.

Évolutionnisme et recherche critique

« Évolutionnisme » désigne ici, non la théorie darwinienne explicative de l'évolution des espèces animales au cours des âges en raison de la sélection naturelle, mais, plus généralement, l'acceptation, en science ou ailleurs, de l'évolutivité et de la non-fixité des choses. Il n'est pas de science ni de pensée possibles sans admission préalable de l'évolutionnisme. La pensée critique oblige tout chercheur qui, au terme d'une discussion, considérerait que l'explication ou la théorie la plus pertinente à propos d'une certaine problématique n'est pas du tout ou pas exactement celle qu'il a pu proposer par le passé à mécaniquement, automatiquement remplacer ses anciennes conclusions impropres par les nouvelles conclusions plus justes. L'attitude évolutionniste est donc intimement liée à l'ouverture à la discussion précédemment décrite et l'une ne saurait aller sans l'autre.

Sûrement le savoir et les connaissances croissent-ils à mesure que les doutes remplacent les convictions, les doutes autorisant l'évolution au contraire des convictions qui, relevant du dogmatisme, sont foncièrement hostiles à toute remise en cause. À nouveau, l'engagement à accepter toute forme d'évolution dès lors qu'elle se justifie scientifiquement, logiquement ou discursivement — c'est-à-dire dès lors qu'elle permet une mise en conformité du discours avec la réalité et un perfectionnement des connaissances — amène à rejeter les considérations et attitudes d'ordre politique ou autrement idéologique. En matière politique, le déni est érigé en principe de conduite[2] et l'objectivité et la neutralité sont, par définition, interdites. La pensée critique est donc par définition interdite. En ce sens, le cinéaste Jean-Luc Godard pouvait expliquer ne jamais regarder les « débats » politiques télévisés car « ils sont inutiles, personne n'y change

[1] R. VAN RUYMBEKE, « L'affaire de tous », Docs ad hoc, LCP Assemblée nationale, 6 juill. 2013.

[2] A. VITALIS, « Le déni du politique », in S. PROULX, A. VITALIS, dir., *Vers une citoyenneté simulée – Médias, réseaux et mondialisation*, Apogée, coll. Médias et nouvelles technologies, 1998, p. 35.

jamais d'avis »[1]. Il est vrai que, au cours desdits « débats » — qui revêtent davantage des allures de « pluri-monologues nerveux » —, aucun des supposés interlocuteurs ne peut dire à un autre « vous m'avez convaincu, vous avez raison », ce qui est pourtant la condition du débat. Pareille situation provient du fait que, en matière de joutes « politiciennes », l'humilité est tenue pour de la faiblesse et l'arrogance pour de la force[2]. Il doit en aller tout à l'inverse parmi la recherche juridique où l'arrogance doit être tenue pour de la faiblesse et l'humilité pour de la force.

Au contraire des postures adoptées par le personnel politique, le personnel scientifique, humble, objectif et disponible intellectuellement, uniquement guidé par les enseignements empiriques et par les apports des discussions et des contradictions, doit être prêt, à tout instant, à modifier ses écrits, ses affirmations, ses théories, ses conclusions et ses pensées — éventuellement de façon radicale — pour la seule mais bonne raison qu'une nouvelle donnée ou une nouvelle explication est apparue et qu'il importe de la prendre en compte.

Montaigne comme guide

À nouveau, Montaigne se présente tel celui qui a le mieux formulé la nécessité et la légitimité de l'évolutionnisme de la pensée, lui qui disait se sentir plus fier de changer d'avis que de contraindre l'autre à changer d'avis[3]. Cependant, la recherche critique n'incite en aucun instant à forcer ou contraindre le changement, à plaider pour un évolutionnisme de principe et désordonné. Ce qu'elle requiert, c'est que le chercheur modifie son analyse à chaque fois que mais seulement lorsque ses observations objectives et/ou ses réflexions raisonnées l'obligent à le faire. Le chercheur, critique aussi bien à l'égard de son environnement qu'envers lui-même, ne doit se sentir ni enorgueilli ni honteux d'avoir revu sa copie ; il doit simplement considérer que cela relève de l'office normal du chercheur.

Montaigne revenait sur ses écrits et les modifiait « plus pour une raison de civilité que pour une raison d'amélioration »[4], car, disait-il, « j'aime à favoriser et à encourager la liberté de ceux qui me font des critiques par ma facilité à céder »[5]. Mais l'évolution des écrits du chercheur-penseur doit surtout être dictée par la congruence épistémique, par l'adéquation à la réalité et à la logique, par la pertinence de l'analyse ou de

[1] Cité par R. ENTHOVEN, Tout et son contraire, France info, 26 févr. 2013.
[2] R. ENTHOVEN, « Matière-manière (III, 8) – Montaigne », Le gai savoir, France culture, 10 nov. 2013.
[3] M. DE MONTAIGNE, *Les essais*, Abel Langelier, 1588, L. III, chap. 8.
[4] *Ibid.*
[5] *Ibid.*

la théorie. « L'erreur est un début de connaissance »[1] à condition de savoir en tirer toutes les conséquences cognitives.

Reste qu'il faut absolument citer l'ami d'Étienne de La Boétie lorsqu'il expliquait : « Je me sens bien plus fort de la victoire que je remporte sur moi quand, dans l'ardeur même du combat, je m'oblige à plier sous la force du raisonnement de mon adversaire que je ne me sens gré de la victoire que je remporte sur lui grâce à sa faiblesse »[2]. Le chercheur en droit et penseur du droit doit faire sienne cette affirmation. Et il doit faire sienne la volonté de « fair[e] fête à la vérité et la chéri[r] en quelques mains qu'elle se trouve, […] [se] livr[er] à elle et lui tend[re] [ses] armes vaincues d'aussi loin qu'[on] la voi[t] approcher »[3]. Contre Bergson qui jugeait que le penseur ne devrait tout au long de sa carrière jamais se contredire[4], il faut soutenir qu'un même penseur peut aller de pair avec plusieurs pensées et même qu'il est heureux que cela advienne. Les réflexions du chercheur peuvent sensiblement muer au fur et à mesure de ses « investigations »[5], loin de toute « certitude »[6]. En témoignent, par exemple, Wittgenstein[7] ou Montaigne — lequel notait encore : « Nous nous corrigeons aussi souvent que nous corrigeons les autres. […] Moi à cette heure et moi tantôt sommes bien deux »[8] —. Pour ce qui est de la théorie du droit, Kelsen illustre allègrement le fait qu'un même auteur peut connaître au cours de sa carrière différentes « époques ». Et Hart est lui-aussi exemplaire puisqu'il a su saisir l'occasion donnée par la rédaction de la postface de son *Concept de droit* pour reconnaître s'être fourvoyé en différents points et pour procéder aux ajustements nécessaires[9].

Les ajustements successifs, condition du progrès du savoir

À l'heure du droit postmoderne et du droit global, de plus en plus de commentateurs-penseurs du droit invitent leurs contemporains à « privilégier

[1] B. Spinoza, *Éthique*, 1677.
[2] M. de Montaigne, *Les essais*, Abel Langelier, 1588, L. III, chap. 8.
[3] *Ibid.*
[4] H. Bergson, *L'intuition philosophique*, Puf, coll. Quadrige grands textes, 2011.
[5] Réf. à L. Wittgenstein, *Investigations philosophiques* (1945), trad. P. Klossowski, Gallimard, coll. Tel, 1986.
[6] Réf. à L. Wittgenstein, *De la certitude* (1958), trad. J. Fauve, Gallimard, coll. Idées, 1976.
[7] *Cf.* O. Pfersmann, « Morale et droit », in D. Alland, S. Rials, dir., *Dictionnaire de la culture juridique*, Lamy-Puf, coll. Quadrige-dicos poche, 2003, p. 1044.
[8] M. de Montaigne, *Les essais*, Abel Langelier, 1588, L. III, chap. 8.
[9] Hart écrivait : « Je dois admettre que, dans des cas plus nombreux que ceux auxquels je m'attendais, mes commentateurs ont eu raison et je saisis l'occasion de cette postface pour clarifier ce qui est obscur et revoir ce que j'ai écrit à l'origine lorsque cela était incohérent » (H. L. A. Hart, *Le concept de droit*, trad. M. van de Kerchove, Publications des Facultés universitaires Saint-Louis (Bruxelles), 1994, p. 239).

le dynamique sur le statique, les mouvements sur les modèles »[1], cela afin de rendre justice de toute la complexité et de toute la mouvance du réel. La recherche juridique doit adopter pareille proposition. Elle doit s'inscrire dans la lignée des observations de Maurice Hauriou selon lesquelles

> *L'édifice tout entier repose sur l'observation ; or l'observation est sous la dépendance des faits et de leur interprétation qui est toujours susceptible de progrès. Dans une première synthèse, les pièces détachées ont toutes été ajustées, l'ensemble paraît satisfaisant, on produit son système, on publie son livre. Puis, du temps passe, on continue à observer et à réfléchir, on aperçoit de nouveaux détails, auxquels il conviendrait de faire une place, la valeur de ces détails nouveaux modifie souvent celle des éléments anciens ; on reprend l'analyse, on retaille les pièces, on refait sa construction, elle a changé de forme puisqu'elle est une résultante, mais, dans l'ensemble, elle paraît mieux répondre à la réalité — on fait une nouvelle édition considérablement remaniée — ; et ainsi de suite. Au lecteur superficiel, ces remaniements périodiques peuvent donner l'impression d'une pensée subjective qui se cherche ; au lecteur averti et qui remarque qu'on va toujours dans la même direction, ils doivent donner celle d'un laboratoire où l'on travaille toujours avec la même méthode et avec les mêmes idées directrices et où l'on publie des résultats successifs, dont quelques-uns se détruisent, mais dont la grande majorité s'accumulent d'une façon cohérente. Et, sans doute, il vaudrait mieux alors garder par devers soi tous ces remaniements préalables et ne publier que les résultats définitifs, faire comme Montesquieu pour l'Esprit des lois, raturer pendant vingt ans son manuscrit. Oui, mais, depuis Montesquieu, on s'est aperçu qu'il n'y a jamais de résultats définitifs.*[2]

On ne saurait mieux dire. C'est exactement ainsi qu'il s'agit d'envisager le travail de chercheur en droit, dont la tâche consiste à fournir des explications et des propositions, afin de comprendre le droit dans ses multiples dimensions, qui ne sauraient procéder que d'ajustements continus et d'affinements permanents. Cette tâche suppose de convenir que nul conservatisme, nul dogmatisme ne doit venir empêcher ou freiner ces ajustements et ces affinements. « Le vieil idéal scientifique de l'épistêmê, précisait Karl Popper, l'idéal d'une connaissance absolument certaine et démontrable, s'est révélé être une idole. L'exigence d'objectivité scientifique rend inévitable que tout énoncé scientifique reste nécessairement et à jamais donné à titre d'essai. En effet, un énoncé peut être corroboré mais toute corroboration est relative à d'autres énoncés qui sont également

[1] M. DELMAS-MARTY, « Le pluralisme ordonné et les interactions entre ensembles juridiques », *D.* 2006, p. 951.

[2] M. HAURIOU, *Principes de droit public à l'usage des étudiants en licence et en doctorat ès sciences politiques*, 2e éd., Librairie du Recueil Sirey, 1916, p. XXVIII-XXIX.

proposés à titre d'essai »[1]. Aussi le chercheur doit-il accepter *ab initio* la relativité de sa production littéraire et scientifique et la potentialité de devoir tôt ou tard la reconsidérer, plus ou moins entièrement.

Un enjeu décisif pour la doctrine juridique de mieux en mieux compris

Christian Atias soulignait que « l'aptitude des juristes à accueillir l'innovation est un facteur déterminant dans la formation de leur savoir »[2]. C'est pourquoi, au-delà de sa pertinence et de sa légitimité intrinsèques, le succès d'une nouvelle thèse, théorie ou autre proposition relative au droit dépend étroitement de la propension du public des juristes à envisager sans apriori conservateur ou conformiste les thèses, théories et autres propositions inédites. Partant, l'appel lancé à l'acceptation du changement en droit ne s'adresse pas uniquement au chercheur qui écrit ; il s'adresse aussi et peut-être surtout au chercheur qui lit. Il concerne l'ensemble de la doctrine juridique et même l'ensemble des juristes, qu'ils soient actifs ou passifs en termes de recherche juridique. Dès lors que toute nouveauté se verrait systématiquement repoussée du seul fait qu'elle présente le caractère de nouveauté, tout mouvement du paysage épistémologico-juridique, scientifico-juridique et théorico-juridique serait inenvisageable. S'il est vrai, ainsi que l'observait Gurvitch, que « les juristes ont une tendance invétérée au dogmatisme et au conservatisme »[3] et que « la croûte conceptuelle particulièrement épaisse caractérisant toute technique juridique conduit à "momifier" les catégories et les formules employées, ce qui provoque de grandes lenteurs et de graves difficultés d'adaptation »[4], les travaux permis par la pensée critique ne sauraient prospérer, quels que soient leurs qualités et défauts objectifs.

« Je crois qu'il arrivera rarement, écrivait Tocqueville, qu'un homme vienne à concevoir, d'un seul coup, un système d'idées fort éloigné de celui qu'ont adopté ses contemporains ; et, si un pareil novateur se présentait, j'imagine qu'il aurait d'abord grand-peine à se faire écouter, et plus encore à se faire croire »[5]. Assurément cela vaut-il à plus forte raison dans le monde de la recherche juridique, surtout lorsqu'elle est le fait de juristes, ce monde étant un peu à l'image de la beauté qui, chez Baudelaire, « hait le mouvement qui déplace les lignes »[6].

[1] K. POPPER, *La logique de la découverte scientifique* (1959), Payot (Lausanne), 1973, p. 286.
[2] Ch. ATIAS, *Épistémologie juridique*, Dalloz, coll. Précis, 2002, p. 57.
[3] G. GURVITCH, *Éléments de sociologie juridique*, Aubier, 1940, p. 8.
[4] *Ibid.*, p. 9.
[5] A. DE TOCQUEVILLE, *De la démocratie en Amérique* (1835 et 1840), Flammarion, coll. GF, 2010, p. 246.
[6] Ch. BAUDELAIRE, « La beauté », in *Les fleurs du mal*, Poulet-Malassis et de Broise, 1857.

Néanmoins, bien qu'on remarque que « les juristes n'envisagent pas un seul instant que les choses pourraient être autrement qu'elles sont »[1], il semble que l'orthodoxie juridique s'estompe peu à peu, que de plus en plus nombreux soient les penseurs du droit qui voient dans une pensée statique et immuable une bien fade et sinistre pensée et qui abordent les essais innovants sans préconçu négatif aucun, cela *a fortiori* parmi les « postmodernes ». Il faut parier sur le fait que ne serait plus actuelle la description du juriste que donnait Georges Ripert, selon laquelle « tout juriste est le successeur d'un pontife. [...] Le texte promulgué au Journal officiel devient sacré. Les Universités et les tribunaux sont les édifices consacrés au culte. À tout le moins, les juristes sont les défenseurs de l'ordre établi, non pas seulement par devoir, mais aussi par conviction de la beauté de cet ordre »[2]. En tout cas, plus la pensée postmoderne se développe en contrepoids des dogmes et des œillères conceptuelles modernes et moins ce portrait apparaît correct. Sans doute même n'y a-t-il qu'une minorité de juristes — depuis Cujas dont la vision du droit était profondément marquée par les idées d'évolution historique et de changement d'époque[3] — qui nient la réalité de la « vie du droit »[4] et de la « vie de la pensée du droit », qui ne conçoivent pas que « se contenter, sa vie durant, de décliner le même Décalogue est moins faire œuvre de constance que d'autosatisfaction, ce qui est, sans doute, la génuflexion la plus ridicule et la moins juridique »[5]. Un nombre grandissant d'auteurs plaident en faveur d'une « ingénierie juridique toujours plus innovante »[6], d'une « pensée renouvelée du droit, innovatrice plutôt que conservatrice »[7], ou d'une « refonte de l'outillage théorique des juristes »[8].

[1] P. AMSELEK, « L'étonnement devant le droit », *Arch. phil. droit* 1968, p. 169 (cité par C. PÉRÈS, « La réception du droit souple par les destinataires », in Association Henri Capitant, *Le droit souple*, Dalloz, coll. Thèmes et commentaires, 2009, p. 93).

[2] G. RIPERT, *Le régime démocratique et le droit civil moderne*, LGDJ, 1936, n° 3 (cité par L. PECH, « Droit et gouvernance : vers une "privatisation" du droit ? », [en ligne] <ieim.uqam.ca>, 2004, p. 6).

[3] X. PRÉVOST, *Jacques Cujas (1522-1590) – Le droit à l'épreuve de l'humanisme*, th., Université Paris I - Panthéon-Sorbonne, 2012.

[4] Réf. à J. CRUET, *La vie du droit et l'impuissance des lois*, Flammarion, 1908 ; J. HILAIRE, *La vie du droit*, Puf, coll. Droit, éthique, société, 1994.

[5] J.-M. MOUSSERON, « Guide de la thèse en droit », [en ligne] <daniel-mainguy.fr>.

[6] E. PUTMAN, « Éditorial », *RRJ* 2012, p. 1599.

[7] L. COHEN-TANUGI, *Le droit sans l'État*, 2e éd., Puf, coll. Quadrige essais débats, 2007, p. 16.

[8] D. DOGOT, A. VAN WAEYENBERGE, « L'Union européenne, laboratoire du droit global », in J.-Y. CHÉROT, B. FRYDMAN, dir., *La science du droit dans la globalisation*, Bruylant (Bruxelles), coll. Penser le droit, 2012, p. 269.

S'attacher à tout le changement objectivement et raisonnablement motivé mais uniquement au changement objectivement et raisonnablement motivé

Si la pensée critique implique l'acceptation sans arrière-pensée du changement, il est impératif de répéter combien elle interdit, en revanche, de chercher, de quelque manière que ce soit, à forcer ou à imposer le changement. Il n'y a que le changement objectivement et raisonnablement motivé qui doit s'imposer à l'esprit du chercheur. Au premier rang des motifs qui peuvent conduire à repenser la pensée du droit ou à repenser sa pensée du droit figure le changement temporel, qui fait que le droit et la pensée juridique possèdent des histoires et qu'il est permis de parler de « pluralisme temporel »[1]. Mais qui porte l'ambition de faire œuvre révolutionnaire ou iconoclaste ne peut satisfaire les prémisses scientifiques associées à la pensée critique. Il n'est surtout pas question de suivre Descartes qui, dans le cours de ses *Méditations métaphysiques*, faisait table rase de tous les enseignements passés et était conduit à mettre en doute l'existence de toute chose, y compris du monde et de lui-même[2].

Il semble normal que celui qui aspire à mettre en place un système d'idées nouveau « contre les autres » et non « avec les autres » n'ait droit qu'à un maigre auditoire. Il paraît justifié, par exemple, de repousser une définition du droit stipulative proposée contre les définitions classiques du droit, alors que le droit n'est que ce que ceux qui utilisent les termes « droit » et « juridique » désignent à travers eux. En un mot, la pensée critique amène à retenir tout le changement objectivement et raisonnablement motivé et rien que le changement objectivement et raisonnablement motivé, le changement objectivement et raisonnablement motivé étant celui qu'imposent la discussion et la contradiction décrites au sein du chapitre précédent ; et cela même s'il est naturellement tentant de faire artificiellement œuvre créatrice[3], d'autant plus dès lors que le « bon » travail de recherche est celui « qui est novateur, qui trouve quelque-chose de nouveau, qui repose sur une position originale »[4].

Il importe donc de souligner combien il faut autant savoir faire droit aux changements légitimes que savoir résister à la « mode de voir du changement partout »[5]. Cela implique notamment de ne pas ériger en cas général ce qui n'est qu'un exemple susceptible de connaître des contre-

[1] F. OST, M. VAN DE KERCHOVE, « Pluralisme temporel et changement », in *Mélanges François Rigaux*, Bruylant (Bruxelles), 1993, p. 387 s.
[2] R. DESCARTES, *Méditations métaphysiques*, 1641.
[3] J. CHEVALLIER, *L'État post-moderne*, 3e éd., LGDJ, coll. Droit et société, 2008, p. 17.
[4] F. ROUVIÈRE, « Itinéraire de la recherche en droit – Qu'est-ce qu'une bonne thèse ? », conférence à la Faculté de droit et de science politique d'Aix-en-Provence, 10 janv. 2012.
[5] A. JEAMMAUD, É. SERVERIN, « Évaluer le droit », *D.* 1992, p. 263.

exemples[1]. Lorsqu'apparaissent quelques exceptions au principe, ce dernier n'en demeure pas moins le principe, jusqu'à ce que les exceptions deviennent si nombreuses et puissantes qu'elles aboutissent à le renverser. Il est ainsi nécessaire de mesurer quantitativement l'ampleur des phénomènes nouveaux et de baser les conclusions sur l'étude d'un échantillon suffisamment représentatif.

À Duguit qui avançait qu' « il n'y a rien de définitif en ce monde ; tout passe, tout change ; et le système juridique qui est en train de s'élaborer actuellement fera place un jour à un autre »[2], le civiliste Bonnecase répondait qu'il s'agissait là d'un « dogmatisme scientiste » à dénoncer de toutes ses forces[3] ; et un commentateur de demander : « Mais pourquoi l'histoire nous a-t-elle légué le nom de Duguit, et point celui de Bonnecase ? »[4]. Il est vrai que, en définitive, même si les obstacles sont parfois nombreux et de taille, ce sont les évolutionnistes et non les conservateurs qui peuvent laisser une trace dans l'histoire de la technique ou de la pensée juridique. Mais encore faut-il que les évolutions qu'ils soulignent leur soient révélées par une approche objective et raisonnée et non par quelque hasardeuse spéculation. Or c'est bien cela qu'il importe ici de retenir : la pensée critique soutient l'évolutionnisme, mais seulement dans le cadre tracé par l'objectivité, la logique et la raison. Si elle n'est pas une force de résistance, elle n'est pas davantage une force de changement. Elle mène seulement, loin de toute volonté de forcer le changement ou d'y résister, à prendre en compte sans apriori aucun les données nouvelles révélées par l'approche et la réflexion scientifiques.

D'aucuns signalent que la sclérose frapperait le droit à proportion du détachement des juristes par rapport à la réalité. La pensée critique,

[1] Un auteur note ainsi que « l'exemple est un allié dangereux pour qui cherche à évaluer le changement, dans la mesure même où il a été sélectionné en raison de son exemplarité et, donc, plus ou moins consciemment, du fait de son adéquation privilégiée au modèle théorique qu'il a pour fonction d'illustrer » (D. DE BÉCHILLON, « La structure des normes juridiques à l'épreuve de la postmodernité », in A. BERTHOUD, É. SERVERIN, dir., *La production des normes entre État et société civile – Les figures de l'institution et de la norme entre État et sociétés civiles*, L'Harmattan, 2000, p. 53). Et de citer fort pertinemment Jean Rivero qui disait que, si « l'océan est peuplé d'une infinité de sardines et de quelques cœlacanthes », il serait peu judicieux de « penser une théorie générale du peuplement halieutique à partir de la seule observation des cœlacanthes » (*ibid.*, p. 64). Sur ce point, il est remarquable que les ouvrages de référence en matière de droit dit « postmoderne » pêchent souvent par leurs manques d'illustrations concrètes venant attester de la congruence des assertions avancées.

[2] L. DUGUIT, *Les transformations générales du droit privé depuis le Code Napoléon*, Félix Alcan, 1912, p. 6 (cité par A.-J. ARNAUD, *Critique de la raison juridique – 1. Où va la sociologie du droit ?*, LGDJ, 1981).

[3] J. BONECASE, *Où en est le droit civil ?*, Bloud et Gay, 1925 (cité par A.-J. ARNAUD, *Critique de la raison juridique – 1. Où va la sociologie du droit ?*, LGDJ, 1981).

[4] A.-J. ARNAUD, *Critique de la raison juridique – 1. Où va la sociologie du droit ?*, LGDJ, 1981.

partenaire infaillible de l'étude scientifique, doit assurer l'adaptation de la technique et de la pensée juridiques aux mutations sociales et culturelles environnantes, ni plus ni moins. Rien dans le droit ne saurait être universel et intemporel ; l'examen critique permet de saisir ce qui change radicalement, ce qui change ponctuellement et ce qui ne change pas ; mais aussi ce qui doit évoluer radicalement, ce qui doit évoluer ponctuellement et ce qui ne doit pas évoluer. En ce sens, il faut se convaincre que « la pensée naît d'évènements de l'expérience vécue et doit leur demeurer liée comme aux seuls guides propres à l'orienter »[1]. Tocqueville pouvait relever que, en tout peuple — par exemple dans la population des juristes ou dans celle des chercheurs en droit ou sur le droit —, l'expérience est non seulement la seule source légitime de changement, mais aussi la seule source possible et réelle de changement[2].

Par ailleurs, la recherche *jus*-scientifique implique, avec Gurvitch, que, face à des mouvements quelconques, s'il est séduisant de poser la question « est-ce un progrès ou un recul ? », il faut répondre à celle-ci que « nous n'en savons rien ; en science sociale, pareille question n'a guère de sens »[3]. Il ne saurait être permis, dans le cadre de la recherche *jus*-scientifique, de juger positivement ou négativement les évolutions constatées. Il faut se contenter de les relever et de les expliquer objectivement. Que soit rappelée la mission de la science : « décrire son objet tel qu'il est effectivement »[4]. Or la pensée critique est l'alliée de l'étude scientifique et elle ne conduit pas davantage à juger les évolutions. La critique est bien une forme d'approche sceptique et non une forme d'approche iconoclaste, polémique ou idéologique.

La construction permanente et infinie du savoir juridique, y compris en théorie du droit

Reste que, comme l'exprimait déjà un auteur de la fin du XVIIIe s., « le plus grand obstacle que nous ayons à vaincre pour arriver à la découverte de la vérité n'est pas la difficulté de la découvrir, mais l'erreur qui nous persuade que nous l'avons trouvée ; car cette illusion retient notre esprit dans une sorte d'inertie, l'empêche de se livrer à de nouvelles recherches et nous prévient contre celles qu'osent tenter les autres »[5]. Parce que rien n'est et rien ne sera jamais définitivement acquis en matière

[1] H. ARENDT, *La crise de la culture* (1968), trad. P. Lévy et *alii*, Gallimard, coll. Folio essais, 2011, p. 26.
[2] A. DE TOCQUEVILLE, *De la démocratie en Amérique* (1835 et 1840), Flammarion, coll. GF, 2010, p. 244.
[3] G. GURVITCH, *Éléments de sociologie juridique*, Aubier, 1940, p. 106.
[4] H. KELSEN, *Théorie pure du droit*, 2e éd., trad. Ch. Eisenmann, Dalloz, 1962, p. 46.
[5] J. B. SALAVILLE, *L'Homme et la société ou nouvelle théorie de la nature humaine et de l'État social*, Carteret, 1798, p. VII.

juridique, la pensée critique est permise et, plus encore, est exigée. Et, pour la même raison, chaque thèse, théorie ou autre forme de proposition ne sera toujours qu'une étape dans l'infini processus d'évolution du savoir juridique. Le chercheur en droit doit « se concevoir comme un Sisyphe heureux construisant sans relâche l'édifice de son droit et reconstruisant avec la même énergie ce qui sans cesse tombe en ruine »[1]. Le savoir juridique, fruit de la recherche juridique, est tel un tonneau des Danaïdes, mais tel un tonneau des Danaïdes qui, s'il ne saurait être un jour parfaitement rempli, peut être rempli de plus en plus à mesure des apports successifs des juristes savants.

Par exemple, Bobbio remarquait que le positivisme juridique, globalement, n'a cessé d'évoluer en prenant en compte les critiques qui étaient adressées, notamment, à sa théorie des sources : ainsi, alors que, originellement, la loi et le « codicisme » étaient perçus comme le centre du droit, petit à petit a été reconnu, sous l'influence des courants réalistes, mais aussi à l'aune d'observations factuelles irréfutables, le pouvoir créateur et l'importance du juge, au moins égaux à ceux du législateur[2]. Et, actuellement, la postmodernité, à laquelle n'échappe pas le positivisme juridique, permet à certaines sources privées de normes de se voir reconnaître la qualité juridique[3]. Ainsi le positivisme juridique, et en particulier la théorie positiviste du droit, loin d'être figés depuis Kelsen ou depuis quiconque, évoluent-ils, s'adaptent-ils en fonction des critiques et des suggestions que des auteurs, à l'intérieur ou de l'extérieur, émettent.

Cela implique aussi qu'une théorie du droit puisse être potentiellement invalidée par le droit positif, ce qui n'est pas une évidence pour tous les théoriciens du droit, nombre d'entre eux préférant voir, avec Bachelard, un « monstre épistémologique [dans] l'idée d'une coïncidence entre pensée et réalité, [dans] l'idée d'une adéquation entre théorie et expérience »[4]. Mais, ainsi que le constatait Bobbio, l'identification du droit avec les règles produites par l'État a coïncidé, au début et au milieu du XXe s., avec la production de la majeure partie des normes par les organes de l'État, si bien que la théorie n'aurait alors fait que suivre la pratique[5]. Seulement n'est-il guère certain que tel soit le plus souvent le cas.

[1] D. GUTMANN, « Temps », in D. ALLAND, S. RIALS, dir., *Dictionnaire de la culture juridique*, Lamy-Puf, coll. Quadrige dicos poche, 2003, p. 1470.

[2] N. BOBBIO, *Essais de théorie du droit*, trad. Ch. Agostini, M. Guéret, LGDJ-Bruylant (Paris-Bruxelles), coll. La pensée juridique, 1998, p. 34.

[3] *Cf.* B. BARRAUD, *Théories du droit et pluralisme juridique – t. I : Les théories dogmatiques du droit et la fragilité du pluralisme juridique*, PUAM (Aix-en-Provence), coll. Inter-normes, 2016.

[4] G. BACHELARD, *Essai sur la connaissance approchée*, Vrin, 1928, p. 43 (cité par Ch. ATIAS, *Science des légistes, savoir des juristes*, 3e éd., PUAM (Aix-en-Provence), 1993, p. 23).

[5] N. BOBBIO, *Essais de théorie du droit*, trad. Ch. Agostini, M. Guéret, LGDJ-Bruylant (Paris-Bruxelles), coll. La pensée juridique, 1998, p. 27.

En tout cas cela s'applique-t-il à la théorie syncrétique du droit, théorie foncièrement en adéquation avec les prémisses de la pensée critique et qui, par définition, repose entièrement sur l'état de la pensée juridique positive, qui, en conséquence, doit impérativement lui correspondre et changer aussi souvent et aussi substantiellement qu'elle le fait[1]. Cette théorie doit, comme la théorie d'Hauriou, connaître des « remaniements provenant du caractère successif des résultats obtenus dans [...] le "laboratoire de recherches", par l'emploi continuel de la même méthode d'observation appliquée dans la même direction »[2]. Elle ne peut, à l'instar de celle du maître toulousain, qu'être temporaire, qu'être dans un état de perpétuel inachèvement ou, plutôt, d'achèvement précaire susceptible d'être remis en cause et d'obliger à tout instant à une refonte.

Aussi Hauriou notait-il encore, très justement, que son « emploi d'une méthode d'observation des faits tellement positive, tellement rigoureuse, tellement sincère » conduisait nombre de ses commentateurs à ne pas en comprendre les exigences « parce qu'ils s'attend[aient] à des systèmes achevés et que [ses] travaux n'[étaient] en réalité que des *bulletins successifs d'un laboratoire de recherches* »[3].

La recherche scientifique et critique : une thèse

Le chercheur inscrit dans le cadre de la recherche juridique, recherche à la fois scientifique et critique, doit être pareil au juge instruisant à charge et à décharge ; il ne doit jamais revêtir la robe d'avocat dans le but de défendre l'une ou l'autre thèse, l'un ou l'autre dogme, l'une ou l'autre conviction subjective. Et, pourtant, nul lecteur n'ignorera que la scientificité et la criticité prônées en ces pages est bien une thèse, une conviction personnelle, une posture. Soutenir qu'il ne faut pas défendre de thèse, cela revient bien entendu à défendre une thèse et peut-être même à défendre une thèse comme une autre. Ainsi l'auteur desdites pages, profondément convaincu que, puisqu'il faut nécessairement soutenir une thèse, il est préférable de soutenir la thèse de la recherche scientifique et critique plutôt que quelque thèse allant dans le sens d'une recherche abandonnée au subjectivisme et au conservatisme ascientifiques, écrivait-il déjà, plusieurs années avant de rendre public le présent ouvrage, que

[1] *Cf.* B. BARRAUD, « L'échelle de juridicité : un outil pour mesurer le droit et fonder une théorie syncrétique (première partie : présentation) », *Arch. phil. droit* 2013, p. 365 s. ; B. BARRAUD, *Théories du droit et pluralisme juridique – t. II : La théorie syncrétique du droit et la possibilité du pluralisme juridique*, PUAM (Aix-en-Provence), coll. Inter-normes, 2017.

[2] M. HAURIOU, *Principes de droit public à l'usage des étudiants en licence et en doctorat ès sciences politiques*, 2e éd., Librairie du Recueil Sirey, 1916, p. VII.

[3] *Ibid.*, p. XXVI (souligné dans le texte original).

> *La réalité — seule muse, seule égérie de ces dissertations — se situe — ou plutôt se promène — quelque part entre les pôles de parangons proposés et elle ne saurait constituer l'objet d'une quelconque description, si ce n'est de façon grossière ;* a fortiori *dès lors qu'elle n'a de cesse de se mouvoir et de se métamorphoser. Le droit, tel qu'il se trouve élaboré et pratiqué au jour le jour afin de pacifier et organiser les relations humaines, ne se confondra jamais avec l'une ou l'autre proposition tant il les ignore, les dénigre, les renie. Toute appréhension manichéenne de la conjoncture juridique ne serait évidemment que perfidie ; existent différentes théories et analyses parce que le droit que mettent en œuvre les praticiens ne se nourrie que de fragments de chacune de ces approches. La vérité réside quelque part au cœur de ces contrées, peut-être plus proche d'un précepte que d'un autre, mais elle se refuse à appartenir à un seul courant de pensée, à une seule école ou à un seul homme. Aussi l'enjeu — loin de quêter un chemin encore vierge de réflexions — consiste-t-il à ériger un juste milieu en profitant des propositions les plus percutantes de chacun. Suivant la trace mythique de Lao Tseu, il faut trouver la voie ; l'heure n'est plus aux Christophe Colomb du droit mais à ses Gandhi. L'objectivité, la prudence et la modestie seront donc les premiers outils à magner tout au long du chemin ; au sein du grand collège de la théorie et de la philosophie juridiques, les perdants se comptent par centaines, quand les triomphateurs ne sont qu'une fébrile poignée. À l'orée d'un tel ouvrage, l'alpiniste des mots ressent plus que jamais les frémissements propres aux veilles de légendaires ascensions. Or, en matière intellectuelle, il n'est qu'un sommet à gravir : l'Annapurna.*[1]

Certainement est-il impossible d'être, dans les sciences humaines et sociales tout du moins, parfaitement scientifique et parfaitement critique ; il n'en faut pas moins gager que ce sont là des leitmotivs que le chercheur en droit ou sur le droit doit conserver incessamment à l'esprit. Or le sens scientifique et le sens critique s'obtiennent en premier lieu grâce à la transparence, c'est-à-dire grâce à l'explication des choix épistémologiques opérés lorsqu'ils existent, que ce soit en termes de méthode, en termes de théorie ou en termes de science. Sera plus scientifique et critique l'étude ou la réflexion qui concède, sans chercher à camoufler ce fait, que sa scientificité et sa criticité ne sauraient être parfaites que l'étude ou la

[1] B. Barraud, *Repenser la pyramide à l'ère des réseaux – Pour une conception pragmatique du droit*, L'Harmattan, coll. Logiques juridiques, 2012, p. 97-98 (qu'il soit permis d'ainsi prendre la liberté de citer un court extrait de cet ouvrage).

réflexion qui essaye de travestir la réalité ontologique de la recherche juridique afin de faire croire à de possibles scientificité et criticité parfaites[1].

Plus généralement, puisque tout est affaire de thèses et de choix, y compris pour qui se place dans le cadre de la recherche scientifique et critique, décrire précisément et substantiellement les prémisses méthodiques retenues apparaît indispensable. De la théorie du droit à la politique juridique, toutes les branches de la recherche juridique invitent les chercheurs à rédiger de longues introductions afin de répondre à cette exigence épistémologique. Saleilles, il y a longtemps, a montré combien la pensée dépend de l'éducation[2] ; les résultats d'une étude ne sont que la conséquence quasi-mécanique de la méthode adoptée par son auteur. C'est pourquoi il est judicieux de classer les branches de la recherche juridique en fonction des attitudes épistémologiques qui les sous-tendent, qui les orientent[3].

Enfin, l'évocation de la thèse de la recherche scientifique et critique donne l'occasion de souligner que, alors qu'on dit souvent que « les études de droit sont pour ceux qui ne sont ni scientifiques ni littéraires »[4], lesdites études sont, tout au contraire, pour ceux qui sont à la fois scientifiques et littéraires. La théorie du droit ou la philosophie du droit, nécessairement, sont des branches de la recherche juridique éminemment littéraires qui, sans aucun doute, conduisent à écrire beaucoup. Mais il existe aussi des branches de la recherche juridique foncièrement scientifiques, amenant à effectuer des travaux empiriques, et, globalement, ladite recherche juridique est faite pour ceux qui sont capables de joindre la littérarité à la scientificité. La théorie syncrétique du droit esquissée par l'auteur de ces lignes espère pouvoir en témoigner[5].

[1] Ainsi faut-il reconnaître, par exemple, qu' « il y a une différence de qualité entre l'étude d'objets du monde physique et l'étude de systèmes juridiques », c'est-à-dire une différence de scientificité entre les sciences de la nature et les sciences de la société, et que « ce qui fait défaut, c'est une matière qui puisse être définie explicitement et sans ambiguïté, et qui puisse être soigneusement séparée du reste du monde social. C'est précisément ce que l'étude des systèmes juridiques ne peut faire » (L. M. FRIEDMAN, « La sociologie du droit est-elle vraiment une science ? », *Dr. et société* 1986, p. 117-118).

[2] R. SALEILLES, « Les méthodes d'enseignement du droit et l'éducation intellectuelle de la jeunesse », *Revue internationale de l'enseignement* 1902, p. 313 s.

[3] Cela vaut aussi concernant les pensées juridiques. Par exemple, M. VILLEY, *Philosophie du droit – Définitions et fins du droit – Les moyens du droit*, Dalloz, coll. Bibliothèque Dalloz, 2001 ; G. DEL VECCHIO, *Philosophie du droit*, trad. A. Aynac, Dalloz, 1953.

[4] M. QUENEHEN, « Sous la robe d'Assas (1/5) », Grantanfi, France culture, 14 oct. 2013.

[5] Il est remarquable que, du fait de la méta-théorie scientifique qui la recouvre, la théorie syncrétique du droit présente la spécificité d'être aussi scientifique que peut l'être une théorie du droit en fonction de ce que son ontologie permet ; notamment parce que le chercheur qui se propose de constater la définition syncrétique du droit doit procéder de façon objective et empirique, donc positiviste, occultant aussi totalement que possible ses appréciations et sensations personnelles ainsi que toute forme de subjectivité, de stipulation et de spéculation.

Par ailleurs — et surtout —, au-delà de l'ouverture à la discussion et de l'acceptation du changement, la recherche critique se définit comme une recherche libre. La pensée, pour être critique, doit être libérée de toutes les formes d'influence qui pourraient amener à rechercher la réalité aux yeux des autres, aux yeux des maîtres, plutôt que la réalité aux yeux de la science, aux yeux de la logique, aux yeux de la raison. Cette liberté est donc une indépendance d'esprit.

Partant, à ce point de vue, la théorie syncrétique et la méta-théorie scientifique apparaissent tout-à-fait originales parmi le paysage de la recherche théorico-scientifico-juridique. Peut-être même ce paysage apparaît-il en même temps que la théorie syncrétique et que la méta-théorie scientifique puisque, classiquement, théorie du droit et science du droit sont séparées comme le sont théorie syncrétique et méta-théorie scientifique. Si la méthode positiviste a fait depuis longtemps ses preuves, y compris en droit, elle a été appliquée en matière de théorie juridique afin d'encadrer la science juridique mais jamais en matière de méta-théorie juridique afin d'encadrer la théorie juridique. *Cf.* B. BARRAUD, « L'échelle de juridicité : un outil pour mesurer le droit et fonder une théorie syncrétique (première partie : présentation) », *Arch. phil. droit* 2013, p. 365 s. ; B. BARRAUD, *Théories du droit et pluralisme juridique – t. II : La théorie syncrétique du droit et la possibilité du pluralisme juridique*, PUAM (Aix-en-Provence), coll. Inter-normes, 2017. Comme le relevait Dewey, la méthode juridique s'est élaborée par strates, à la suite d'une « sélection naturelle » opérée progressivement par l'expérience. Ainsi le positivisme s'est-il imposé petit-à-petit mais inéluctablement (J. DEWEY, « Logical Method and the Law », *The Cornell Law Quarterly* 1925, n° 10, p. 17 (cité par D. GUTMANN, « Temps », in D. ALLAND, S. RIALS, dir., *Dictionnaire de la culture juridique*, Lamy-Puf, coll. Quadrige-dicos poche, 2003, p. 1470). *Cf.*, également, A. GUIGUE, « Autour des méthodes positivistes », *RRJ* 2006, p. 1175 s.

Chapitre 4

Penser librement en droit

La libre recherche à l'épreuve des habitus des universitaires-juristes

La liberté n'est pas toujours bonne conseillère. La recherche juridique est un monde de carcans généralement nécessaires et justifiés, parfois excessifs et inexplicables. Il est souvent plus opportun de ne pas faire de vagues et « l'âge, le tempérament, les ambitions et la carrière limitent la capacité à penser par soi-même »[1]. En matière d'intelligence et de réflexion, il est pourtant nécessaire d'emprunter la voie de la liberté et d'écouter la voix de la liberté, ce qui ne signifie ni « penser à contre-courant » ni « penser avec le courant », mais « penser loin du courant », indépendamment du courant.

Certains auteurs, incompréhensiblement, citent en exergue de leurs travaux cette phrase attribuée à Confucius : « J'ai réussi à finir mon plus grand livre et je suis fier de dire que pas une des idées qui s'y trouvent n'est de moi »[2]. C'est comme si un argument ne pouvait être fort qu'à condition d'être tiré d'ouvrages préexistants écrits par des maîtres à la grande notoriété, comme si sa valeur tenait plus à son origine qu'à son contenu. On dit habituellement que la valeur d'une thèse de doctorat se mesure à l'importance quantitative de sa bibliographie et, surtout, de ses notes de bas de page. Quant au présent ouvrage, sa rédaction a été précédée de longs mois de documentation qui ont, *in fine*, rendu cette écriture malaisée, car l'auteur avait déjà tant à faire avec « ce qu'en ont dit les autres » qu'il ne lui restait que trop peu de temps et d'énergie pour songer à « ce qu'il a à en dire ». Tout au contraire de Confucius et des commentateurs qui revendiquent sa succession, il faudrait pouvoir conclure en annonçant « je suis fier de dire que toutes les idées sont de moi ».

Mais l'important n'est toutefois pas d'être le premier ; l'important est de penser librement. Par suite, si cette pensée libre rejoignait celles d'autres auteurs, il faudrait s'en réjouir ; mais une pensée solitaire ne doit pas être interdite puisque toutes les pensées collectives ont été, un jour, lorsqu'elles

[1] G. THUILLIER, « Penser par soi-même en droit », in D. ALLAND, S. RIALS, dir., *Dictionnaire de la culture juridique*, Lamy-Puf, coll. Quadrige-dicos poche, 2003, p. 1145.

[2] D. BOURCIER, « Comment s'accorder sur les normes ? Le Droit et la Gouvernance face à Internet », *Lex electronica* 2006, vol. 10, n° 3, p. 1.

ont germé, des pensées solitaires. Et beaucoup de pensées collectives se sont écroulées après le développement d'une pensée concurrente qui semblait longtemps isolée et inacceptable, si ce n'est intolérable. Il suffit de songer à Galilée reconduit au cachot, une fois son procès achevé, et marmonnant : « Et pourtant elle tourne... ». Il n'y aurait évidemment jamais de « révolutions scientifiques » s'il était défendu de libre-penser, *a fortiori* en sciences humaines et sociales. Aussi apprendre aux étudiants à penser par soi-même devrait-il être un but premier de l'enseignement des facultés de droit.

Cependant, ne sont pas rares les méthodes de la recherche en droit qui expliquent que cet exercice aurait pour fonction, principalement, de permettre à un enseignant-chercheur de montrer qu'il a intériorisé les habitus du corps des universitaires-juristes[1] ; cela plus que de chercher à « faire des découvertes scientifiques » ou à ouvrir de nouvelles voies dans la montagne du droit ou de la pensée du droit. Il s'agirait de prouver que les codes et la hiérarchie propres au milieu sont compris et acceptés. Ainsi le directeur d'une thèse qui a été reconnue comme de grande qualité par le milieu professionnel mais pas par le milieu universitaire d'expliquer que, « dans l'univers de l'académisme, il n'est pas bon de travailler sur des sujets nouveaux, [...] et plus encore de soutenir fortement des idées hétérodoxes. L'on peut y avoir raison avant tous les autres, mais il n'est pas recommandé de le faire savoir trop tôt »[2]. Dès lors, suivisme et conformisme seraient les meilleurs garants d'un travail de qualité. Il faut, dans une certaine mesure du moins, accepter ces prérequis. Et cela vaut bien plus fortement à l'égard des jeunes enseignants-chercheurs en droit qu'à l'égard des professeurs émérites.

Néanmoins, il faut se convaincre que, si la valeur d'un ouvrage doctrinal dépend de sa forme comme de son contenu, tous deux — mais le contenu davantage que la forme — peuvent être originaux dès lors que cela est pertinent. Par suite, il suffirait que soit évalué librement, loin des présupposés et des habitus des pairs, ce qui a été pensé et élaboré librement. L'idéal serait que l'argument selon lequel « vous ne pouvez pas écrire cela car cela ne se dit pas dans notre École » ne soit plus acceptable, que seul soit admissible celui selon lequel « vous ne pouvez pas écrire cela car cela est faux ». Lors d'une récente soutenance de thèse, le professeur J.-L. B. expliquait au futur impétrant que, dans une thèse en droit, « tout peut être affirmé, à condition de le démontrer » ; et de rappeler la célèbre formule — bien qu'il s'agisse certainement d'une citation apocryphe ou, du moins, déformée — de Voltaire : « Je ne suis pas d'accord avec ce que vous dites, mais je me battrai pour que vous ayez le droit de le dire ».

[1] Par exemple, H. CAPITANT, *La thèse de doctorat en droit*, 3e éd., Dalloz, 1935 ; R. GASSIN, « Une méthode de la thèse de doctorat en droit », *RRJ* 1996, p. 1167 s.

[2] L. RAPP, « Préface », in M.-Ch. ROQUES-BONNET, *Le droit peut-il ignorer la révolution numérique ?*, Michalon, 2010, p. 16.

Il est peut-être possible d'aller plus loin et d'estimer que la valeur de réflexions, quelles qu'elles soient, dépend en premier lieu de la capacité à faire abstraction de l' « influence morale du passé »[1] et des « précédents » ou préjugés de toutes sortes, de la capacité à « gouverner librement sa pensée »[2], à suivre la première des règles du *Discours de la méthode* : « Ne recevoir jamais aucune chose pour vraie que je ne la connusse évidemment être telle : c'est-à-dire éviter soigneusement la précipitation et la prévention ; et ne comprendre rien de plus en mes jugements que ce qui se présenterait si clairement et si distinctement que je n'eusse aucune occasion de le mettre en doute »[3].

Une recherche critique doit se départir de tout dogmatisme ; elle ne saurait se concevoir autrement qu'entourée de certaines normes de discussion impliquant des présupposés logico-sémantiques proches du cartésianisme. Ces normes seraient, notamment, les suivantes : « Chacun doit pouvoir mettre en question toute affirmation quelle qu'elle soit » ; et « aucun locuteur ne doit être empêché par une pression autoritaire de mettre à profit ses droits établis de prendre part à la discussion »[4]. Ces prémisses seraient les « présupposés transcendantaux » de toute *disputatio*, indétachables d'une « morale de la discussion »[5]. Elles seraient essentielles à tout progrès du savoir scientifique, y compris à tout progrès du savoir juridique.

La faculté de penser par soi-même indispensable à la recherche critique

Il semble nécessaire de convenir que « l'activité de la doctrine, comme toute activité scientifique, suppose la possibilité même de rechercher la vérité, ce qui implique non seulement la liberté mais aussi la critique qui est inhérente à l'éthos scientifique »[6]. La « capacité doctrinale » se

[1] G. POSTEMA, « On the Moral Presence of our Past », *Revue de droit de McGill* 1991, p. 1153 s.

[2] G. THUILLIER, « Penser par soi-même en droit », in D. ALLAND, S. RIALS, dir., *Dictionnaire de la culture juridique*, Lamy-Puf, coll. Quadrige-dicos poche, 2003, p. 1145.

[3] R. DESCARTES, *Discours de la méthode – Pour bien conduire sa raison, et chercher la vérité dans les sciences*, Leyde, 1637.

[4] R. ALEXY, *Theorie der juristichen Argumentation*, Suhrkamp (Francfort-sur-le-Main), 1983 (cité par P. LIVET, « Argumentation et rhétorique juridique », in D. ALLAND, S. RIALS, dir., *Dictionnaire de la culture juridique*, Lamy-Puf, coll. Quadrige-dicos poche, 2003, p. 85).

[5] J. HABERMAS, *Morale et communication* (1986), Flammarion, coll. Champs, 1999 (cité par P. LIVET, « Argumentation et rhétorique juridique », in D. ALLAND, S. RIALS, dir., *Dictionnaire de la culture juridique*, Lamy-Puf, coll. Quadrige-dicos poche, 2003, p. 85).

[6] É. PICARD, « Science du droit ou doctrine juridique », in *Mélanges Rolland Drago*, LGDJ, 1989, p. 12.

résumerait à la capacité à penser par soi-même[1]. Déjà Savigny insistait sur l'indissociabilité du chercheur, du sens critique et de l'indépendance d'esprit, ajoutant que « le conformisme est incompatible avec l'esprit de recherche »[2]. Un chercheur qui, *ab initio*, s'auto-imposerait des barrières ou des interdits, qui se refuserait le droit à la libre critique, non parce qu'il jugerait cela pertinent mais parce que *magister dixit* (« le maître l'a dit »), ne pourrait qu'être un pauvre chercheur, soit un chercheur qui ne trouvera pas. Car suivre cet adage latin, sans aucun recul ni aucune « marge de pensée », conduit à renforcer la « pensée unique » et le « prêt-à-penser » que d'aucuns critiquent très au-delà de la sphère juridique[3].

Il faut emprunter à cette « intelligence sans attache » dans laquelle le philosophe Karl Mannheim voyait le modèle même du grand chercheur[4] ; il faut se risquer à « inquiéter les certitudes »[5] ; il faut « produire l'insécurité culturelle dont nous avons besoin pour comprendre le monde actuel »[6] ; il faut prendre le « temps de penser »[7] et prendre l'espace de penser, c'est-à-dire savoir s'isoler du magma des influences. Enfin, il faut s'inscrire, avec Albert Camus, dans « la classe de M. Germain »[8].

L'objectif de penser librement est particulièrement décisif parmi les sciences humaines et sociales, plus que dans les sciences dites « dures ». Ainsi est-il vrai à propos de ces premières que, pour reprendre une nouvelle fois un aphorisme de Montaigne, « nous progressons dans le savoir quand nous remplaçons une conviction par un doute »[9]. Les sciences mathématiques et naturelles, elles, régresseraient si elles subrogeaient le doute à la certitude et il serait inconvenant de leur souhaiter la « fin des certitudes »[10]. En droit, il n'est pas de « fin des certitudes » envisageable puisqu'il n'est pas de certitudes. Et, dès lors qu'il n'est pas de certitudes en droit, tout y est relatif, tout y est contestable, des philosophies du droit les

[1] G. THUILLIER, « Penser par soi-même en droit », in D. ALLAND, S. RIALS, dir., *Dictionnaire de la culture juridique*, Lamy-Puf, coll. Quadrige-dicos poche, 2003, p. 1145.
[2] C. F. VON SAVIGNY, *System des heutigen ràmischen Rechts*, t. I, Berlin, 1848 (cité par O. BEAUD, « Doctrine », in D. ALLAND, S. RIALS, dir., *Dictionnaire de la culture juridique*, Lamy-Puf, coll. Quadrige-dicos poche, 2003, p. 387).
[3] *Cf.*, par exemple, C. HAGÈGE, *Contre la pensée unique*, Odile Jacob, 2012.
[4] Cité par J.-A. MAZÈRES, « Préface », in J. JIANG, *Théorie du droit public*, L'Harmattan, coll. Logiques juridiques, 2010, p. 8.
[5] A. CAILLÉ, S. DUFOIX, dir., *Le tournant global des sciences sociales*, La découverte, 2013.
[6] *Ibid.*
[7] Réf. à M. GOBERT, « Le temps de penser de la doctrine », *Droits* 1994, n° 20, p. 97 s.
[8] « Dans les autres classes, on leur apprenait sans doute beaucoup de choses, mais un peu comme on gave les oies. On leur présentait une nourriture toute faite en les priant de vouloir bien l'avaler. Dans la classe de M. Germain, pour la première fois, ils sentaient qu'ils existaient […] : on les jugeait dignes de découvrir le monde » (A. CAMUS, *Le premier homme*, Gallimard, 1994).
[9] M. DE MONTAIGNE, *Les essais*, Abel Langelier, 1588, L. III, chap. 8.
[10] I. PRIGOGINE, *La fin des certitudes*, Odile Jacob coll. Sciences, 1996.

plus lointaines aux normes positives les plus concrètes, ces dernières n'étant que des interprétations et des interprétations d'interprétations, loin de toute vérité « irréfragable »[1].

Penser librement est pourtant, dans l'espace de l'une ou l'autre branche de la recherche juridique, une entreprise délicate et Émile Durkheim pouvait regretter que « nous sommes encore trop accoutumés à trancher [les] questions d'après les suggestions du sens commun pour que nous puissions facilement le tenir à distance des discussions sociologiques. Alors que nous nous en croyons affranchis, il nous impose ses jugements sans que nous y prenions garde »[2]. Avec Durkheim, il convient de s'imposer la scientificité, donc l'objectivité et l'empirisme, et la criticité comme principes, de tout mettre en œuvre pour éviter de se laisser guider par ce « sens commun ». Il faut, avec le sociologue,

> *Penser librement, se détacher des « habitudes collectives » : c'est ce qui est surtout évident de ces croyances et de ces pratiques qui nous sont transmises toutes faites par les générations antérieures ; nous les recevons et les adoptons parce que, étant à la fois une œuvre collective et une œuvre séculaire, elles sont investies d'une particulière autorité que l'éducation nous a appris à reconnaître et à respecter. Or il est à noter que l'immense majorité des phénomènes sociaux nous vient par cette voie. [...] Une fois que l'assemblée s'est séparée, que les influences sociales ont cessé d'agir sur nous et que nous nous retrouvons seul avec nous-même, les sentiments par lesquels nous sommes passés nous font l'effet de quelque-chose d'étranger où nous ne nous reconnaissons plus. Nous nous apercevons alors que nous les avons subis beaucoup plus que nous les avons faits. Il arrive même qu'ils nous fassent horreur tant ils étaient contraires à notre nature. [...] Ce que nous disons de ces explosions passagères s'applique identiquement à ces mouvements d'opinion plus durables qui se produisent sans cesse autour de nous, soit dans toute l'étendue de la société, soit dans des cercles plus restreints, sur les matières religieuses, politiques, littéraires, artistiques, etc.*[3]

[1] *Cf.*, par exemple, M. TROPER, « Une théorie réaliste de l'interprétation », *Annales de la Faculté de droit de Strasbourg* 2000, n° 4, p. 51 s. ; D. DE BÉCHILLON, « L'ordre de la hiérarchie des normes et la théorie réaliste de l'interprétation – Réflexions critiques », *RRJ* 1994, p. 247 s.

[2] É. DURKHEIM, *Les règles de la méthode sociologique*, 2e éd. (1937), Puf, coll. Bibliothèque de philosophie contemporaine, 1973, p. VII.

[3] *Ibid.*, p. 7-11.

La qualité d'un travail de recherche dépendante de son taux d'innovation

À propos des sources de l'obsolescence malheureusement rapide de beaucoup d'ouvrages censés contribuer à la recherche juridique, Guy Thuillier écrit :

> *Si on s'interroge sur les raisons profondes de l'obsolescence rapide de ces travaux, on s'aperçoit qu'on a été trop docile, trop bien élevé : on a été* où vont les autres, *par habitude, par paresse, par pression du groupe, sous prétexte d'avoir une audience, d'exercer une influence, on n'a pas su marquer sa différence, apporter des « innovations », on n'a pas assez pris de* risques *; or à quoi sert de publier un livre s'il n'est pas « risqué » ? On a cédé à la mode, on a fait « comme les autres », on n'a pas réussi à construire une œuvre : or l'*officium *du juriste n'est pas d'être un pion interchangeable sur l'échiquier.*[1]

Par ces mots, l'auteur vise particulièrement les jeunes chercheurs, soulignant combien il est « difficile d'écrire à 25 ou 30 ans car l'on subit la pression des modes universitaires »[2].

C'est non une possibilité mais une exigence première — en même temps que délicate à satisfaire — que de proposer des réflexions qui auront été librement construites, loin des habitudes, de la pression du groupe et des modes dénoncées. Une méthode de la thèse en droit note que « l'esprit de système est bon et même nécessaire s'il est hypothèse prolongée et se fleurit de points d'interrogation. S'il se veut passage en force d'arguments d'autrui, il devient caricatural »[3]. Une « bonne » recherche est certainement fonction, avant toute autre chose, de son taux d'innovation.

La rénovation de la culture juridique française qui a marqué le début du XXe s. n'aurait pas été possible si de jeunes chercheurs ne s'étaient pas libérés du pseudo-savoir existant pour se consacrer au savoir en devenir, restant à bâtir. Les idées de Capitant, Gény, Lévi-Ullmann, Pic, Thaller, Barthélémy, Duguit, Esmein, Hauriou ou Michoud[4] ne seraient pas aujourd'hui encore soutenues ou contestées si ces auteurs n'avaient pas fait œuvre innovante, souvent même révolutionnaire, sur bien des points[5].

[1] G. THUILLIER, « Obsolescence des travaux juridiques », in D. ALLAND, S. RIALS, dir., *Dictionnaire de la culture juridique*, Lamy-Puf, coll. Quadrige-dicos poche, 2003, p. 1102 (souligné dans le texte original).
[2] *Ibid.*
[3] J.-M. MOUSSERON, « Guide de la thèse en droit », [en ligne] <daniel-mainguy.fr>.
[4] Telle est la liste des auteurs auxquels une contribution est consacrée dans N. HAKIM, F. MELLERAY, dir., *Le renouveau de la doctrine française – Les grands auteurs de la pensée juridique au tournant du XXe siècle*, Dalloz, coll. Méthodes du droit, 2009.
[5] *Cf.* O. BEAUD, « Les *Principes de droit public* cent ans après – Pourquoi un tel ouvrage mérite une réédition », in M. HAURIOU, *Principes de droit public* (1910), Dalloz, 2010, p. X.

François Gény, par exemple, « jeune universitaire provincial »[1], s'est attaché, avec la parution en 1899 de la première édition de *Méthode d'interprétation et sources en droit privé positif*[2], à la destruction pure et simple de la « méthode classique » dont il dénonçait le caractère abusivement abstrait. Il s'est alors attaqué sans détour aux plus glorieux commentateurs du Code civil. Pourtant, il a très vite emporté la conviction de beaucoup de ses contemporains[3], simplement parce que ses thèses, bien qu'inédites et assez iconoclastes, leur sont apparues plus justes que celles qui jusqu'alors dominaient la psyché *jus*-civiliste collective.

Loin de l'École de l'exégèse, Gény encourageait les interprètes de la loi à s'affranchir de la volonté du législateur dès lors que des difficultés nouvelles apparaissaient et à préférer la « libre recherche scientifique ». Ces conseils peuvent, à l'heure de l'internet, de la globalisation et de la postmodernité, être étendus à toutes les strates de la recherche juridique. Il faut savoir s'affranchir des « normes » du passé dès lors que ce qui est étudié ou pensé aujourd'hui n'existait pas dans ce passé et, partant, ne pouvait guère être pris en compte. Kelsen n'écrirait assurément pas la même « théorie pure » que celle qu'il a proposée au milieu du XXe s. s'il réfléchissait à l'ère contemporaine, à l'aune du contexte nomo-institutionnel du XXIe s.

L'indépendance du professeur de droit, gage de liberté ?

On décrit le professeur de droit comme un être solitaire, l'élaboration des cours et la rédaction des écrits étant des exercices principalement individuels[4]. La situation paraît idéale afin d' « exprimer des conceptions originales, une doctrine pour les meilleurs, librement par rapport aux modes et au "prêt-à-penser ambiant" »[5].

De plus, existe une véritable tradition de l'indépendance professorale. La jurisprudence constitutionnelle consacre en effet « l'indépendance [des professeurs des universités, laquelle] résulte [...] d'un principe fondamental reconnu par les lois de la République, et notamment par les dispositions relatives à la réglementation des incompatibilités entre le mandat

[1] J. Boulaire, « François Gény et le législateur », in N. Hakim, F. Melleray, dir., *Le renouveau de la doctrine française – Les grands auteurs de la pensée juridique au tournant du XXe siècle*, Dalloz, coll. Méthodes du droit, 2009, p. 69.
[2] F. Gény, *Méthode d'interprétation et sources en droit privé positif*, Marescq-Aîné, 1899.
[3] Ch. Jamin, « Dix-neuf cent : crise et renouveau dans la culture juridique », in D. Alland, S. Rials, dir., *Dictionnaire de la culture juridique*, Lamy-Puf, coll. Quadrige-dicos poche, 2003, p. 382.
[4] J.-M. Carbasse, « Professeurs à la faculté de droit », in D. Alland, S. Rials, dir., *Dictionnaire de la culture juridique*, Lamy-Puf, coll. Quadrige-dicos poche, 2003, p. 1245.
[5] *Ibid.*

parlementaire et les fonctions publiques »[1]. Le professeur Alain Supiot commente : « Combinant différents niveaux d'analyse du droit, le travail doctrinal suppose le libre déploiement de toutes les argumentations inspirées par une recherche indépendante. Pour la doctrine juridique, comme pour la recherche scientifique dans son ensemble, l'indépendance que le Conseil constitutionnel reconnaît aux professeurs d'université n'est donc pas seulement une liberté ; elle est aussi un devoir »[2]. Penser librement — car être indépendant revient à pouvoir penser librement — n'est pas une possibilité ; c'est un devoir, une obligation ; et le Conseil constitutionnel protège cette « faculté impérative ».

Par suite, la recherche critique comprise telle une pensée libérée, telle une pensée risquée, ne saurait aller sans l'ouverture à la discussion et l'acceptation du changement évoquées au sein des chapitres précédents. Il faut penser par soi-même et seule la qualité objective du discours doit compter, peu important que celui-ci conforte ou combatte les thèses soutenues par le lecteur et/ou par la majorité des membres de la communauté scientifique. « Condamner avant de juger, a-t-on idée de cela ? (dit Alice) »[3].

Les dangers de la libre recherche

Penser librement est une gageure, presque un objectif inatteignable, un horizon vers lequel il faut ramer sans relâche mais, finalement, assez vainement. C'est « une expérience singulière, presque une aventure »[4], et les échecs sont nombreux. Car les obstacles fourmillent ; tandis que nombre d'entre eux s'appuient sur quelques motifs légitimes. Qui s'attache à penser par soi-même, loin des sentiers battus, et à faire œuvre personnelle « perd la sérénité, est souvent saisi par le doute, exige beaucoup de soi (il faut savoir s'observer attentivement, éviter le découragement, les crises) ; le milieu est souvent hostile […], on se heurte à l'esprit de corps (il n'est pas toujours "convenable" de penser par soi-même ; on excite la défiance, on va contre la coutume) »[5]. Surtout, le libre-chercheur risque plus que tout autre de commettre des erreurs ou des imprécisions, de trop considérer ce qui n'est qu'illusion ou donnée marginale, de tomber dans des impasses, de produire

[1] Cons. const., déc. 20 janv. 1984, n° 83-165 DC, *Loi relative à l'enseignement supérieur*. L'article L. 142 du Code électoral dispose que « l'exercice des fonctions publiques non électives est incompatible avec le mandat de député. Sont exceptés des dispositions du présent article : 1° les professeurs qui, à la date de leur élection, étaient titulaires de chaires données sur présentation des corps où la vacance s'est produite ou chargés de directions de recherches ».

[2] A. SUPIOT, « Ontologie et déontologie de la doctrine », *D.* 2013, p. 1421.

[3] L. CARROLL, *Les aventures d'Alice au pays des merveilles*, Macmillan (Londres), 1865.

[4] G. THUILLIER, « Penser par soi-même en droit », in D. ALLAND, S. RIALS, dir., *Dictionnaire de la culture juridique*, Lamy-Puf, coll. Quadrige-dicos poche, 2003, p. 1145.

[5] *Ibid.*

un travail relevant de l'inutilité théorique[1], de l'inutilité pratique ou de l'inutilité scientifique, si trop peu conforme à la réalité.

Ainsi un auteur, parce qu'il a pensé librement, loin du confort et de la sécurité intellectuels, peut-il en venir à écrire assez inconséquemment que « les français ne croient pas vraiment, par tradition historique, à la pertinence du droit pour la résolution des conflits [...], et la société manifeste une certaine permissivité à l'égard du non-respect de la règle de droit. L'attitude française à l'égard du droit est souvent faite d'un mélange de cynisme et de désinvolture. "La raison du plus fort est toujours la meilleure", telle paraît être son ultime maxime. [...] Au fond, les français ne prennent pas le droit au sérieux. [...] La France, qu'elle le veuille ou non, n'est pas un pays très juridique »[2]. D'autres, également parce qu'ils ont pensé par trop librement, proposent de « rompre avec l'usage consistant à employer "juridique" comme adjectif du substantif "droit" et [de] distinguer clairement "droit" (est droit le droit) et "juridique" (appartient au juridique non seulement le droit mais aussi ce qui n'est pas du droit et qui concerne [...] de plus en plus de situations qui se règlent par du presque-droit, du comme-droit, du quasi-droit, ou selon des formes plus ou moins reconnues ou admises par le droit) »[3].

Pareilles lignes sont insoutenables et penser librement ne veut évidemment pas dire penser en dehors de tout cadre et, notamment, en dehors des limites et de la rigueur sémantiques et lexicales. Penser librement, ce n'est pas penser différemment ; c'est penser indépendamment, objectivement, rationnellement, logiquement, constructivement. Or bien d'autres exemples de libres-propositions semble-t-il inconsidérées ou irréfléchies pourraient être exposés ici[4]. Plaider pour la liberté du chercheur, ce n'est en aucun instant soutenir l'anarchie scientifique, théorique ou doctrinale[5]. Cette liberté doit être associée aux autres principes exposés au sein du présent ouvrage, loin de s'y opposer ou de simplement s'en écarter.

La « souveraineté » de l'esprit doit amener à des libres-propositions qui, bien que peut-être fausses ou du moins incorrectes, contribuent toutefois à enrichir ou même à créer la discussion, à susciter le débat et la réfutation,

[1] Réf. à F. ROUVIÈRE, « La globalisation du droit : une idée théoriquement inutile », in J.-Y. CHÉROT, B. FRYDMAN, dir., *La science du droit dans la globalisation*, Bruylant (Bruxelles), coll. Penser le droit, 2012, p. 115 s.

[2] L. COHEN-TANUGI, *Le droit sans l'État*, 2e éd., Puf, coll. Quadrige essais débats, 2007, p. 67-68.

[3] A.-J. ARNAUD, M. J. FARINAS DULCE, *Introduction à l'analyse sociologique des systèmes juridiques*, Bruylant (Bruxelles), 1998, p. 37.

[4] Il y a, par exemple, l'idée de « remplacer le terme "droit" par le terme "juridique" » (J. COMMAILLE, « Sociologie juridique », in D. ALLAND, S. RIALS, dir., *Dictionnaire de la culture juridique*, Lamy-Puf, coll. Quadrige-dicos poche, 2003, p. 1423).

[5] *Cf.* P. FEYERABEND, *Contre la méthode – Esquisse d'une théorie anarchiste de la connaissance*, trad. B. Jurdant, A. Schlumberger, Le Seuil, 1979.

donc la réflexion de laquelle peut jaillir quelque progrès du savoir. Ainsi, si n'est que peu congruente l'affirmation selon laquelle « le caractère général, [le caractère] obligatoire, la sanction et l'effectivité ne permettent pas de distinguer la norme juridique des autres normes ; en revanche la qualité de modèle d'action […] le permet »[1], car toute norme paraît être un modèle d'action alors qu'une norme juridique (ou absolument juridique) ne saurait être individuelle, facultative, non sanctionnée ou ineffective ; pareil propos trouverait toute sa place parmi nombre de discussions relatives au concept de droit — à l'inverse d'une hypothèse telle qu' « est juridique ce qui n'est pas du droit » —.

Il demeure cependant très arbitraire de qualifier des observations ou des suggestions de « pertinentes » ou « impertinentes ». A déjà été souligné combien tout se défend à condition de le démontrer ou, au moins, de l'argumenter. Une illustration caractéristique réside en cette explication : « Alors que les propositions assertives sont susceptibles d'être vraies ou fausses, les propositions normatives ne le sont pas. Il n'est ni vrai ni faux qu'il est obligatoire de dire la vérité. En revanche, il peut être vrai ou faux qu'il existe une norme interdisant le mensonge »[2]. La totale pertinence comme la totale impertinence de ces dires semblent pouvoir être également soutenues, car tout dépend du point de vue adopté — le point de vue uniquement normativiste ou le point de vue uniquement réaliste —. Cela renforce la légitimité de la libre recherche, de la libre pensée, de la libre argumentation — qui ne doivent néanmoins pas virer à la libre idéologie —.

En outre, qui s'attache à penser par soi-même, « [à] se fixer ses propres règles du jeu et [à] inventer son chemin »[3], risque également de produire un travail ascientifique dès lors qu'être scientifique consiste à respecter strictement des méthodes, des procédures et des procédés précis et nombreux. Seulement faut-il redire à quel point cela est vrai concernant les sciences « dures » bien davantage que concernant les « sciences littéraires ». Chez ces dernières, il importe de suivre une méthode, afin d'éviter le désordre, mais il n'est pas nécessaire de suivre *la* méthode, laquelle n'existe de toute manière pas. Au contraire, il est même possible d'aspirer à davantage de scientificité, à augmenter « la part de la science dans les activités des juristes »[4], en « inventant » un nouveau cadre méthodique.

[1] L. ROBERT-WANG, « Règle de droit », in D. ALLAND, S. RIALS, dir., *Dictionnaire de la culture juridique*, Lamy-Puf, coll. Quadrige-dicos poche, 2003, p. 1327 ; *cf.*, également, A. JEAMMAUD, « La règle de droit comme modèle », *D.* 1990, p. 199 s.

[2] O. PFERSMANN, « Norme », in D. ALLAND, S. RIALS, dir., *Dictionnaire de la culture juridique*, Lamy-Puf, coll. Quadrige-dicos poche, 2003, p. 1082.

[3] G. THUILLIER, « Penser par soi-même en droit », in D. ALLAND, S. RIALS, dir., *Dictionnaire de la culture juridique*, Lamy-Puf, coll. Quadrige-dicos poche, 2003, p. 1145.

[4] P. AMSELEK, « La part de la science dans les activités des juristes », *D.* 1997, p. 337 s.

Par ailleurs, la libre recherche, associée au discussionnisme et à l'évolutionnisme, devrait aboutir à placer l'équilibre et la mesure au centre de nombre de réflexions. Or, par une sorte de rétroaction, équilibre et mesure viennent interroger la libre-pensée et posent la question d'une libre-pensée modérée. Sans doute convient-il d' « aller au-delà de la fausse impression d'immobilisme ou de continuité des mondes du droit si souvent cultivée par les juristes eux-mêmes »[1]. Mais, tout d'abord, cela ne vaut pas identiquement pour toutes les branches de la recherche juridique et pour toutes les branches du droit. Il se trouve des thématiques à propos desquelles il ne reste plus grand chose à penser librement, en tout cas dans un cadre juridiquement conséquent, logique et rationnel. Ensuite, les limites impliquées par le besoin de méthode ont déjà été signalées. Et puis la leçon formulée par Savigny doit être méditée : il existe « une double contrainte s'impos[ant] à tout travail juridique doctrinal : d'un côté, le respect de l'héritage scientifique légué par la tradition et les maîtres du passé ; de l'autre, le tout aussi nécessaire esprit critique grâce auquel les notions classiques subissent l'épreuve de la vérification scientifique »[2]. C'est bien dans la mesure, l'équilibre et la prudence que se situe la manière la plus juste d'aborder l'objet-droit. En un mot, il « suffit » de s'obliger à la scientificité, et notamment à l'objectivité, en même temps qu'à la criticité. Ainsi est-il possible d'emprunter les meilleures routes, qu'elles soient nouvelles ou bien tracées depuis longtemps.

Enfin, Chaïm Perelman insistait sur le concept de « valeurs de l'auditoire ». Suivant ce dernier, qui écrit est contraint avant toute autre chose par les valeurs portées par son public — lectorat plus qu'auditoire —, qu'il est important de ne jamais nier frontalement[3]. Aussi les idées avant-gardistes ne doivent-elles être exprimées qu'avec les plus grandes réserves, en ménageant au maximum lesdites valeurs lorsqu'elles entrent en conflit avec elles. Il est évident, d'une part, qu'il faut se refuser à accueillir le nouveau au seul motif qu'il est nouveau ; le nouveau ne peut être accepté qu'indifféremment à son caractère original, seules devant compter sa pertinence et sa légitimité objectives et raisonnables.

D'autre part, il faut savoir ménager les lecteurs susceptibles de se trouver en désaccord avec les positions soutenues, car ils risquent de s'enfuir — un lecteur est un trésor fragile et son droit le plus fondamental est celui « de ne pas finir un livre »[4] —. Duguit, Hauriou ou Carré de Malberg, comme beaucoup des professeurs qui ont écrit au début du XXe s.,

[1] J.-L. HALPÉRIN, « Le droit et ses histoires », *Dr. et société* 2010, p. 313.
[2] C. F. VON SAVIGNY, *System des heutigen ràmischen Rechts*, t. I, Berlin, 1848, p. XIII (cité par O. BEAUD, « Doctrine », in D. ALLAND, S. RIALS, dir., *Dictionnaire de la culture juridique*, Lamy-Puf, coll. Quadrige-dicos poche, 2003, p. 387).
[3] Ch. PERELMAN, *L'empire rhétorique*, Vrin, 1977.
[4] D. PENNAC, *Comme un roman*, Gallimard, 1992.

poussaient cet art jusqu'à la caricature lorsqu'ils prenaient systématiquement soin de noter combien étaient remarquables, par exemple, le style ou l'éloquence de ceux qu'ils contestaient ardemment sur le fond. Et, concernant justement le fond, ils s'attachaient à toujours attaquer non frontalement mais indirectement et prudemment, par exemple après avoir au préalable mis en exergue les éléments sur lesquels il y a accord ou en choisissant des termes euphémistiques. Sur ce point, il faut renvoyer le lecteur vers le tout dernier chapitre du présent ouvrage, consacré à « l'élégance, la modestie et la politesse du discours ».

La rupture étant, en droit plus qu'ailleurs, appréhendée *ab initio* par un regard noir, il est judicieux de camoufler les révolutions derrière les atours de l'évolution. Une révolution silencieuse fait nécessairement moins de bruit qu'une évolution criante. Et il est judicieux de faire passer les dénonciations radicales pour des conseils amicaux — surtout si la thèse ou l'explication dénoncée est celle d'un grand maître —.

Libre recherche et maturité intellectuelle

À titre de conclusion quant au besoin de penser librement en droit, il faut prêter la plume à Guy Thuillier, dont les conseils, prodigués au sein d'un article intitulé « Penser par soi-même en droit », sont ici accueillis avec beaucoup d'enthousiasme.

> *Penser par soi-même est chose difficile, pénible : or trop souvent le juriste ne fait pas d'effort pour penser par lui-même, il se contente de « faire comme des autres », de mettre ses pas dans les pas d'autrui, il vit commodément* à louage*, il subit des influences, la pression du groupe — qu'il soit juge, administrateur ou professeur — est très forte, les* entraves *au jeu de la pensée sont nombreuses. La pensée est en quelque sorte liée, prévisible, asservie (« le maître l'a dit » est une formule dangereuse), l'esprit perd sa souplesse, sa flexibilité, on ne sait plus imaginer, inventer, créer. [...] Il faut savoir désapprendre, c'est-à-dire se décharger d'un excès de savoir, rompre avec les coutumes de pensée, les habitudes corporatives, tenter de refaire son esprit, se débarrasser des préjugés et conventions qui s'attachent indûment à l'*officium.[1]

Plutôt que de chercher à s'inscrire dans un courant de pensée préexistant et d'en accepter sans réserve les préceptes et les augures, mieux vaut s'efforcer de produire une « œuvre libre ». Certainement « tenter de

[1] G. THUILLIER, « Penser par soi-même en droit », in D. ALLAND, S. RIALS, dir., *Dictionnaire de la culture juridique*, Lamy-Puf, coll. Quadrige-dicos poche, 2003, p. 1145 (souligné dans le texte original).

penser par soi-même est[-ce] une entreprise subversive *in principio* »[1]. Cela doit être parfaitement accepté et assumé. Il reste alors à espérer pouvoir être jugé sous l'angle de la qualité plus que sous l'angle de la conformité — quant au contenu matériel des travaux ; leur forme, elle, ne peut se voir appréciée qu'à l'aune de la qualité-conformité —.

Pour reprendre à nouveau quelques explications de Durkheim, penser librement revient à faire preuve de « maturité intellectuelle » et

> *Ce que réclame [la méthode sociologique], c'est que le sociologue se mette dans l'état d'esprit où sont physiciens, chimistes, physiologistes, quand ils s'engagent dans une région encore inexplorée de leur domaine scientifique. Il faut qu'en pénétrant dans le monde social il ait conscience qu'il pénètre dans l'inconnu ; il faut qu'il se sente en présence de faits dont les lois sont aussi insoupçonnées que pouvaient l'être celles de la vie quand la biologie n'était pas constituée ; il faut qu'il se tienne prêt à faire des découvertes qui le surprendront et le déconcerteront. Or il s'en faut que la sociologie en soit arrivée à ce degré de maturité intellectuelle.*[2]

Celui qui pense librement peut parfaitement, en définitive, s'avérer être en parfait accord avec les conceptions dominantes. Si celles-ci sont cohérentes et pertinentes, cet accord est plus que souhaitable et plus qu'heureux. Reste que ce qui importe n'est pas la fin mais bien le moyen. Qui affirme que « A n'est pas B » parce que « *magister dixit* » n'est pas un véritable chercheur ; qui affirme que « A n'est pas B » au terme d'une entreprise scientifique et critique, au sortir d'une réflexion libre et indépendante, est un véritable chercheur ; peut-être même est-il un « *magister* ».

En dernier lieu, il convient de rappeler que quelqu'un qui parvient à penser dans un espace de liberté et d'indépendance intellectuelles est aussi quelqu'un qui parvient à penser librement et indépendamment de lui-même. Mirabeau estimait : « Robespierre ira loin parce qu'il croit en ce qu'il dit »[3]. Dans le domaine de la recherche juridique, quelques rares branches de cette recherche étant mises à part, il faut au contraire se montrer capable de revenir sur ce que l'on a dit et écrit par le passé, de changer d'avis à chaque instant où la raison, la discussion ou l'observation y invite. « Travailler, disait Michel Foucault, c'est entreprendre de penser autre chose que ce qu'on pensait avant »[4]. Ainsi se présente aussi la maturité intellectuelle.

[1] *Ibid.*

[2] É. DURKHEIM, *Les règles de la méthode sociologique*, 2e éd. (1937), Puf, coll. Bibliothèque de philosophie contemporaine, 1973, p. XIV.

[3] Cité par P. GELINET, « Robespierre », 2000 ans d'histoire, France inter, 16 sept. 2004.

[4] M. FOUCAULT, « Le souci de la vérité – Propos recueillis par François Ewald », *Magazine littéraire* 1984, n° 207, p. 18 (cité par A. SUPIOT, « Les deux visages de la contractualisation –

Il ne faut pas davantage croire en ses écrits qu'en ceux des autres. Il faut savoir faire abstraction de ses « intérêts idéologiques » — c'est-à-dire l'ensemble de ses œuvres — qui, selon Sartre, empêcheraient tout intellectuel d'être neutre et objectif[1]. Aussi le jeune chercheur, qui n'a encore « commis » aucun écrit et qui est parfaitement « innocent intellectuellement », est-il possiblement le mieux en mesure de produire un travail objectif. Cependant, l'indépendance d'esprit ne lui est pas garantie car, pour le jeune chercheur, le danger est moins celui de subir ses propres influences que celui de subir des influences extérieures qui ne seraient pas toujours bonnes conseillères. Suivant l'aphorisme de Pierre Dac, « sur les bancs de la faculté, il faut bien que jeunesse se tasse »[2] ; rien ne saurait équivaloir à la sagesse, que la « jeune doctrine »[3] ne peut posséder puisqu'elle s'acquiert par l'expérience.

Il est, ensuite, probable qu'un esprit cartésien ne se contredira que rarement, bien qu'il se soit émancipé de lui-même, de ses « intérêts idéologiques ». Toutefois, la contradiction, qu'elle soit interne ou externe, ne doit pas être crainte ; un dialogue avec soi-même est tout autant stimulant qu'une discussion avec autrui. Dès qu'une réflexion a été traduite par écrit, elle peut être mise en doute par tous et à tout moment, ce qui implique qu'elle puisse l'être en particulier par son auteur. Peut-être même cet auteur peut-il se contredire à l'échelle d'un même livre — ou, mais plus difficilement, à l'échelle d'un même article —. Quand quelqu'un soutient une position puis, plus loin en son œuvre, s'attache à la thèse opposée, il n'est guère de difficulté : cela signifie que les deux positions lui sont apparues, bien qu'à des moments différents, judicieuses et justifiées. Il revient au lecteur, qui dispose alors d'arguments en faveur de l'une et de l'autre solutions, de juger de leurs recevabilités respectives et de trancher en son for personnel.

À l'aune du chapitre qui s'achève, il est permis de gager que la recherche juridique requiert la capacité de s'émanciper du « dogmatisme ambiant » afin de s'intéresser de manière libre et indépendante au droit, quel que soit l'aspect sous lequel il est étudié. Cependant, cela vaut tout particulièrement en matière de théorie du droit, ce qui n'est pas sans importance puisqu'a été expliqué précédemment, au sein de la première partie de cet ouvrage, que celle-ci est la première, à la fois qualitativement et

Déconstruction du droit et renaissance féodale », in S. CHASSAGNARD-PINET, D. HIEZ, dir., *Approche critique de la contractualisation*, LGDJ, coll. Droit et société, 2007, p. 19).

[1] J.-P. SARTRE, *Situations X*, Gallimard, 1976.

[2] P. DAC, *Arrière-pensées*, Le cherche midi, 1998 (cité par J.-M. SAUVÉ, « 2e édition du concours "Décrochez la Une" des éditions LexisNexis », [en ligne] <conseil-état.fr>, 21 juin 2013).

[3] J.-M. SAUVÉ, « 2e édition du concours "Décrochez la Une" des éditions LexisNexis », [en ligne] <conseil-état.fr>, 21 juin 2013.

chronologiquement, des branches de la recherche juridique[1]. Aussi convient-il de distinguer la pensée en droit et la pensée du droit et d'insister sur la nécessité de penser librement le droit.

[1] En effet, c'est au théoricien du droit qu'il appartient de donner sa substance à la notion de droit, au concept de droit. De la définition du droit retenue dépendent les champs d'investigation des treize autres branches de la recherche juridique. La théorie du droit est le plus fondamental des domaines de la recherche juridique en ce qu'elle délimite le périmètre du continent juridique à l'intérieur du monde social et, de la sorte, assigne aux scientifiques du droit les limites de leur objet d'étude. La recherche juridique s'appuie ainsi sur la théorie du droit plus que sur toute autre des spécialités qui la constituent.

Chapitre 5

Penser librement le droit

La libre recherche en théorie du droit : entre nécessité et danger

Alors que certains annoncent le « crépuscule de la modernité »[1], il serait grand temps de remettre sur l'établi beaucoup des fondements de cette modernité. Et le droit n'échapperait pas à ce déclin de ses bases, de ses fondements puisque sonnerait l'heure de la postmodernité de la pensée juridique. Dès lors, il serait impérieux de savoir s'émanciper des axiomes classiques, ce que soulignent ceux qui critiquent des juristes français « souvent dans un profond sommeil » et qui seraient incapables de voir et donc de prendre en compte les évolutions alentour[2].

Mais même celui qui n'adhère pas aux conceptions révolutionnaires doit s'efforcer de penser librement le droit. On remarque la multiplication des thèses et des colloques consacrés à la définition du droit[3]. Partant, il serait préférable de ne rien écrire plutôt que d'écrire un ouvrage de plus sur ce sujet en ne faisant qu'accepter et répéter la ou les théorie(s) dominante(s). Sacrifier des travaux universitaires à pareille thématique *jus*-théorique n'a de sens qu'à condition de s'engager dans une approche originale, ce qui veut dire peut-être risquée et, en tout cas, libre et indépendante.

Le danger, ensuite, est de sombrer dans la vaine stipulation, de succomber à la chimérique métaphysique ou de s'enliser dans l'insignifiante inconséquence. Aussi le libre-penseur ne peut-il être sauvé que par la rigueur d'une méthode et par le rationalisme et le formalisme cartésiens. Penser librement, ce n'est pas penser anarchiquement loin de tout cadre ; c'est penser en son propre cadre, en faisant preuve d'exigence, de détermination, d'honnêteté, de rectitude et de précision intellectuelles.

La libre pensée du droit et le positivisme juridique

L'article 1er du Code civil italien énonce une liste exhaustive (de son point de vue) des sources de l'ordre juridique. Que faut-il en déduire quant

[1] Y.-Ch. ZARKA, « L'ombre du Léviathan », *Cités* 2004, n° 18, p. 3.

[2] X. DE LEMOS CAPELLER, « Globalisation des échanges et espaces juridiques – Présentation du dossier », *Dr. et société* 1997, p. 10.

[3] P. DEUMIER, *Introduction générale au droit*, 2e éd., LGDJ, coll. Manuel, 2013, p. 10.

au périmètre du droit ? L'État est-il ainsi habilité à dire ce qu'est le droit ou revient-il aux penseurs et commentateurs d'arrêter les limites de la juridicité, les instances étatiques ne pouvant guère arrêter que les limites de la juridicité étatique ? C'est ici une question parmi les plus fondamentales auxquelles doit répondre la théorie du droit : « La pensée du droit est-elle nécessairement une pensée de l'État ? »[1].

À ce sujet, Bobbio enseignait fort justement :

> *Quant au positivisme comme théorie, il s'appuie sur un jugement de fait, ou plutôt sur une série de jugements de fait, et peut être résumé dans cette formule : « Il est en fait vrai que le droit en vigueur est un ensemble de règles de conduite, qui, directement ou indirectement, sont formulées et mises en valeur par l'État ». Qui veut repousser cette théorie ne devra pas diriger sa critique à prouver qu'elle ne sert pas au but, mais il devra prouver qu'elle est fausse, c'est-à-dire que les faits dénoncés par elle ne se sont pas vérifiés du tout, ou ne se sont pas vérifiés de la manière dont ils ont été interprétés. Qu'il soit bien clair cependant que ce second type de réfutation ne contient ni n'absorbe le premier ; on peut prouver que la théorie est fausse entièrement ou partiellement sans avoir pour cela prouvé l'inopportunité du mode d'approcher le droit ; du moment qu'il est vrai que certaines erreurs de fait peuvent être imputables à la mauvaise assiette de la méthode, les deux choses ne s'impliquent pas.*[2]

S'il est erroné de considérer que le positivisme juridique, en soi, réduirait le droit au droit de l'État — cela ne vaut que pour une partie des théories *jus*-positivistes —, il est, en revanche, parfaitement exact que la méthode positiviste est la seule admissible en théorie du droit en ce qu'elle oblige à étudier et penser le droit (notamment compris comme concept de droit) de manière scientifique et critique, de façon objective, raisonnable, discursive, sceptique et factuellement éclairée[3]. Les théories tirées des observations effectuées par les normativistes et par les réalistes ne doivent pas être acceptées sans vérification et sans réflexion critique à leur égard ; mais leur quête de scientificité doit être saluée et prolongée. Aussi s'agit-il bien moins d' « illusion positiviste »[4] que de « légitimité positiviste » et la libre recherche en théorie du droit ne saurait s'aventurer hors du positivisme

[1] J. FAVRE, « La pensée juridique est-elle nécessairement une pensée de l'État ? », in D. ROUSSEAU, dir., *Le droit dérobé*, Montchrestien, coll. Grands colloques, 2007, p. 97 s.
[2] N. BOBBIO, *Essais de théorie du droit*, trad. Ch. Agostini, M. Guéret, LGDJ-Bruylant (Paris-Bruxelles), coll. La pensée juridique, 1998, p. 30.
[3] Il faut rappeler que les « théories » jusnaturalistes sont en réalité des philosophies du droit plus que des théories du droit.
[4] S. GOYARD-FABRE, « L'illusion positiviste », in *Mélanges Paul Amselek*, Bruylant (Bruxelles), 2005, p. 357 s.

juridique — lequel constitue néanmoins un territoire fort vaste[1] —. Recourir à la méthode positiviste est certainement un gage de correction scientifique indispensable y compris dans le champ *jus*-théorique. C'est donc aux conclusions et aux propositions des théories positivistes bien davantage qu'à leur mode d'enquête et à leur mode de réflexion qu'il s'agit d'échapper — pour, éventuellement, les retrouver au terme de l'entreprise libre et indépendante, ce qui ne serait sans doute guère le fruit du hasard —.

Penser non contre les modèles mais loin des modèles

Montaigne disait : « Je m'instruis mieux par opposition aux modèles que par leur imitation, et en les évitant qu'en les suivant »[2]. Une réflexion doctrinale qui se bornerait à se fondre dans les traces des théories majoritaires, que cela soit par opportunité ou par manque de recul ou de maturité, n'en serait pas une. Il est éminemment nécessaire de songer à la pertinence de toute théorie au départ d'une parfaite — ou plutôt d'une plus parfaite — indépendance d'esprit. Contrairement à Montaigne, qui entendait réfléchir contre les modèles, il s'agit de réfléchir loin des modèles, indépendamment d'eux. Il va de soi que, si une étude *jus*-théorique quelconque était élaborée dans le cadre kelsénien ou dans le cadre réaliste scandinave, sa portée ne pourrait qu'être très limitée, du moins sous l'angle purement théorique. Mais pareil panurgisme dans le processus de connaissance du droit serait le fait d'un intellectuel « pensant assis » ; or il convient, aux côtés de Nietzsche, de « penser debout et en marchant »[3], c'est-à-dire en s'échappant du « *magister dixit* » et de l' « influence morale du passé »[4], quoiqu'il soit évidemment impossible de s'y soustraire totalement.

[1] Il importe de ne pas assimiler le positivisme juridique au normativisme ou à la théorie kelsénienne. Les conceptions sociologiques du droit, par exemple, sont aussi des théories positivistes.

[2] M. DE MONTAIGNE, *Les essais*, Abel Langelier, 1588, L. III, chap. 8.

[3] Le philosophe allemand, dans *Crépuscule des idoles*, écrivait : « "On ne peut penser et écrire qu'assis" (Gustave Flaubert). — Je te tiens nihiliste ! [...] Être cul-de-plomb, voilà, par excellence, le péché contre l'esprit ! Seules les pensées que l'on a en marchant valent quelque-chose » (F. NIETZSCHE, *Crépuscule des idoles* (1888), trad. J.-C. Hémery, Hatier, coll. Classiques philo, 2011 (cité par *Les plus belles citations*, Gallimard, 2011)). Quand à Montaigne, lui-aussi estimait qu'on ne peut bien penser qu'en mouvement : « Tout lieu retiré requiert un promenoir. Mes pensées dorment si je les assis. Mon esprit ne va pas seul, comme si les jambes l'agitent » (M. DE MONTAIGNE, *Les essais*, Abel Langelier, 1588 (cité par A. COMPAGNON, *Un été avec Montaigne*, Équateurs-France inter, coll. Parallèles, 2013)). Bien sûr, il ne s'agit dans ces formules que d'images et l'auteur de la présente étude l'a intégralement rédigée assis dans un fauteuil, ce qui ne l'empêchait pas de déambuler psychiquement, d'un pas plus ou moins assuré selon les moments.

[4] Réf. à G. POSTEMA, « On the Moral Presence of our Past », *Revue de droit de McGill* 1991, p. 1153 s.

C'est cependant Durkheim qui reste l'archétype du chercheur — très paradoxalement puisqu'il est un modèle en ce qu'il invite à ne pas avoir de modèle — : « Parce que la sociologie est née des grandes doctrines philosophiques, elle a gardé l'habitude de s'appuyer sur quelque système dont elle se trouve solidaire. C'est ainsi qu'elle a été successivement positiviste, évolutionniste, spiritualiste, alors qu'elle doit se contenter d'être la sociologie tout court »[1]. Duguit, qui fréquentait Durkheim à Bordeaux, retenait une conception de son office peu ou prou similaire et que le chercheur en droit, spécialement le théoricien, doit faire sienne : « Je ne saurais trop protester contre la tendance [...] d'après laquelle toute disposition régulièrement émanée de l'organe législatif d'un pays serait une norme de droit devant laquelle le juriste devrait s'incliner sans mot dire. S'il en est ainsi, l'étude du droit ne vaut pas une minute d'effort »[2]. Bien-sûr, le maître bordelais, à travers cette formule cinglante, souhaitait justifier une approche idéologique, quasi-jusnaturaliste, du droit, portant sur le droit tel qu'il devrait être plus que sur le droit tel qu'il est, ce qui ne saurait être l'intention d'une réflexion fixée dans un cadre positiviste. Mais il s'agit de ne pas s'incliner sans mot dire devant les théories étatistes en général et devant la théorie normativiste kelsénienne en particulier. Par exemple, il s'agit de ne pas s'incliner sans mot dire devant la conception hiérarchisée de l'ordre juridique « que l'on fit réciter religieusement par quelques générations d'étudiants »[3].

L'enjeu pour la recherche *jus*-théorique est d'aborder les problématiques que posent les théories du droit ou auxquelles elles doivent répondre en s'émancipant de ce que Pierre Bourdieu appelait le « fantasme de l'appareil »[4]. Toute libre pensée du droit est une pensée qui ne cherche pas à s'attacher *ab initio* à un paradigme quel qu'il soit. En ce sens, le professeur Jacques Vanderlinden avance à raison qu'

> *Il est préférable de ne jamais penser en termes de paradigmes, si ce n'est celui de l'immense relativité de tout savoir et de la nécessité de sans cesse le remettre en question. [...] Le paradigme — en tant que conception théorique dominante qui a cours à une certaine époque dans une communauté scientifique — est une telle source de reproduction de l'ordre établi, de conformisme à*

[1] É. DURKHEIM, *Les règles de la méthode sociologique*, 2e éd. (1937), Puf, coll. Bibliothèque de philosophie contemporaine, 1973, p. 139.

[2] L. DUGUIT, *Traité de droit constitutionnel – Tome premier : La règle de droit, le problème de l'État*, 3e éd., De Boccard, 1927, p. 175.

[3] M. MONIN, « Réflexions à l'occasion d'un anniversaire : trente ans de hiérarchie des normes », *D.* 1990, p. 27.

[4] P. BOURDIEU, « Droit et passe-droit », *Actes de la recherche en sciences sociales* 1990, n° 81-82, p. 88 (cité par F. OST, M. VAN DE KERCHOVE, *De la pyramide au réseau ? – Pour une théorie dialectique du droit*, Publications des Facultés universitaires Saint-Louis (Bruxelles), 2002, p. 323).

l'égard du "scientifiquement correct", de fermeture des esprits, que je préfère essayer de m'en passer plutôt que d'y succomber.[1]

Une liberté de penser encadrée

Savigny, dans son livre-testament sur la science du droit, formulait la leçon suivante qu'il faut rappeler : « Une double contrainte s'impose à tout travail juridique doctrinal : d'un côté, le respect de l'héritage scientifique légué par la tradition et les maîtres du passé ; de l'autre, le tout aussi nécessaire esprit critique grâce auquel les notions classiques subissent l'épreuve de la vérification scientifique »[2]. Aussi le chercheur-théoricien ne doit-il en aucun instant chercher à ébranler la culture juridique héritée du passé. Au contraire, une approche libre idéologiquement et théoriquement peut très bien amener à conclure que les propositions classiques sont les plus pertinentes ou que la modernité de la pensée juridique est plus conforme aux « faits juridiques » qu'une hypothétique postmodernité de la pensée juridique qu'il resterait à construire ; mais elle peut tout autant amener à considérer que de nouveaux essais méritent d'être tentés et que les théories postmodernes portent potentiellement une capacité explicative supérieure par rapport aux théories modernes. Avant l'étude, il est par définition impossible de trancher dans l'un ou l'autre sens[3].

Par suite, la liberté de penser et d'analyser le droit, peu important qu'elle ne soit pas celle que Benjamin Constant revendiquait pour « les Modernes »[4] ni celle que François Gény concédait aux jurislateurs et à leurs commentateurs[5], ne saurait être une liberté totale. S'attaquer aux dogmes ou s'évader des dogmes n'est pas chose aisée[6] ; surtout, cela n'est pas nécessairement pertinent et justifiable. Il n'est pas systématiquement légitime d'inviter les chercheurs-juristes à « changer de structure cognitive »[7] ou à « s'affranchir de tous les carcans »[1]. En particulier, il ne

[1] J. VANDERLINDEN, « Réseaux, pyramide et pluralisme ou regards sur la rencontre de deux aspirants-paradigmes de la science juridique », *RIEJ* 2002, n° 49, p. 20.

[2] C. F. VON SAVIGNY, *System des heutigen ràmischen Rechts*, t. I, Berlin, 1848, p. XIII (cité par O. BEAUD, « Doctrine », in D. ALLAND, S. RIALS, dir., *Dictionnaire de la culture juridique*, Lamy-Puf, coll. Quadrige-dicos poche, 2003, p. 387).

[3] Par ailleurs, nul doute que, souvent, la sphère pratique — *i.e.* les organes législatifs ou, du moins, normatifs — devrait autant que la sphère théorique s'attacher à une telle approche libre (mais rigoureuse) des données en cause. Par exemple, le Forum des droits sur l'internet notait que « l'enjeu, depuis 2001 [et la création de l'institution], était de construire les règles en évitant de plaquer sur l'internet des modèles du passé » (Forum des droits sur l'internet, « Construire ensemble la civilité de l'internet », oct. 2010, p. 11).

[4] Réf. à B. CONSTANT, *De la liberté chez les Modernes*, 1806.

[5] F. GÉNY, *Méthode d'interprétation et sources en droit privé positif*, 2e éd., LGDJ, 1919.

[6] P. LEGENDRE, *Sur la question dogmatique en occident*, Fayard, 1999.

[7] H. P. GLENN, « Penser le plurijuridisme », in J.-L. BERGEL, dir., *Le plurijuridisme*, PUAM (Aix-en-Provence), 2005, p. 29.

saurait être question de se détacher des sens des mots communément acceptés et de faire œuvre stipulative. Au contraire, une attitude scientifique consiste à accepter les acceptions dominantes et à réfléchir à partir d'elles. Il faut obéir à une certaine « éthique de la discussion » et à des « présupposés logico-sémantiques »[2], sans quoi la réflexion critique risquerait fort, d'une part, de paraître excessivement révolutionnaire et, d'autre part, d'être incompréhensible. Néanmoins, cette « éthique de la discussion » et ces « présupposés logico-sémantiques » impliquent notamment que « chacun doit pouvoir mettre en question toute affirmation quelle qu'elle soit » et qu' « aucun locuteur ne doit être empêché par une pression autoritaire de mettre à profit ses droits établis de prendre part à la discussion »[3] — ce qui est une invitation à l'approche autonome des phénomènes juridiques — ; mais ils impliquent aussi l'utilisation de méthodes et de vocabulaires permettant la dialectique et ménageant les arguments contraires, c'est-à-dire qu'ils obligent à une certaine modération dans la liberté, à tenir un discours ouvert et compréhensif et non un discours exclusif et violent à l'égard des tenants des positions concurrentes.

D'aucuns regrettent que la théorie du droit soit « monoculturelle »[4] et imprégnée d'un « positivisme ambiant »[5], souhaitent s'évader des « rhétoriques de la modernité »[6] pour donner « force normative » à de nouveaux paradigmes juridiques[7]. Mais l'ambition du chercheur critique ne doit pas être autre que vouloir faire œuvre objective et raisonnable, y compris en matière de théorie du droit. Cela signifie que les critiques ne doivent pas être purement subjectives mais doivent être partagées ou, du moins, partageables par beaucoup de penseurs du droit. Partant, la critique ne saurait être une fin ; elle ne peut qu'être la conséquence d'une approche objective et raisonnable des données et des enjeux en cause. Il ne saurait donc être question de vouloir « regretter » ou « dénoncer » quoi que ce soit *ab initio*. *Ab initio*, il s'agit seulement d'aspirer à « se rendre indépendant

[1] L. ASSIER-ANDRIEU, « Coutumes et usages », in D. ALLAND, S. RIALS, dir., *Dictionnaire de la culture juridique*, Lamy-Puf, coll. Quadrige-dicos poche, 2003, p. 317.

[2] R. ALEXY, *Theorie der juristichen Argumentation*, Suhrkamp (Francfort-sur-le-Main), 1983 ; J. HABERMAS, *Morale et communication* (1986), Flammarion, coll. Champs, 1999 (cités par P. LIVET, « Argumentation et rhétorique juridique », in D. ALLAND, S. RIALS, dir., *Dictionnaire de la culture juridique*, Lamy-Puf, coll. Quadrige-dicos poche, 2003, p. 85).

[3] P. LIVET, « Argumentation et rhétorique juridique », in D. ALLAND, S. RIALS, dir., *Dictionnaire de la culture juridique*, Lamy-Puf, coll. Quadrige-dicos poche, 2003, p. 85.

[4] Ch. EBERHARD, « Penser le pluralisme juridique de manière pluraliste – Défi pour une théorie interculturelle du droit », *Cahiers d'anthropologie du droit* 2003, n° 2, p. 4.

[5] A. SÉRIAUX, « Droit naturel », in D. ALLAND, S. RIALS, dir., *Dictionnaire de la culture juridique*, Lamy-Puf, coll. Quadrige-dicos poche, 2003, p. 509.

[6] Réf. à M. M. CARRILHO, *Rhétoriques de la modernité*, Puf, 1992.

[7] Réf. à É. GAILLARD-SEBILEAU, « La force normative du paradigme juridique », in C. THIBIERGE, dir., *La force normative – Naissance d'un concept*, LGDJ-Bruylant (Paris-Bruxelles), 2009, p. 171 s.

des préjugés que sa formation est susceptible d'avoir fait naître dans son appréhension du droit »[1]. Durkheim pouvait observer que « les croyances et les pratiques nous sont transmises toutes faites par les générations antérieures ; nous les recevons et les adoptons parce que, étant à la fois une œuvre collective et une œuvre séculaire, elles sont investies d'une particulière autorité que l'éducation nous a appris à reconnaître et à respecter »[2]. L'autorité et la pression du passé et des enseignements reçus sont indéniables et il est impossible de s'en détacher totalement. De plus, ainsi s'en détacher totalement serait dangereux puisque cela pourrait conduire à vouloir provoquer des révolutions fort peu opportunes.

Le professeur Olivier Beaud ne manque pas de noter que « la tradition juridique doit être écartée lorsqu'elle survit seulement par inertie »[3] ; mais encore faut-il se donner les moyens d'une pareille mise à l'écart de la tradition juridique puisque le problème est que, souvent, ce qui survit par inertie, ou par « mode »[4], semble survivre du fait de ses grandes légitimité et congruence.

Il paraît donc indispensable de citer et, surtout, de méditer la pensée de Descartes :

> *Cela fait déjà quelques temps que je me suis aperçu que dès mes premières années j'avais reçu quantité de fausses opinions pour véritables et que ce que j'ai depuis fondé sur des principes aussi mal assurés ne pouvait être que fort douteux et incertain, de façon qu'il me fallait entreprendre sérieusement, une fois en ma vie, de me défaire de toutes les opinions que j'avais reçues jusqu'alors en ma créance et commencer tout de nouveau dès les fondements si je voulais établir quelque-chose de ferme et de constant dans les sciences.*[5]

Seulement y a-t-il fort à parier qu'il est utopique de vouloir de la sorte « commencer tout de nouveau dès les fondements ». Et il y a fort à parier qu'il est utopique d'imaginer pouvoir « établir quelque-chose de ferme et de constant dans les sciences » en reprenant celles-ci de zéro.

[1] J.-L. HALPÉRIN, « Le droit et ses histoires », *Dr. et société* 2010, p. 296.
[2] É. DURKHEIM, *Les règles de la méthode sociologique*, 2e éd. (1937), Puf, coll. Bibliothèque de philosophie contemporaine, 1973, p. 11.
[3] O. BEAUD, *La puissance de l'État*, Puf, coll. Léviathan, 1994, p. 17.
[4] Par exemple, S. SUR, « Les phénomènes de mode en droit international », in SFDI, *Le droit international et le temps*, Pedone, 2001, p. 49 s.
[5] R. DESCARTES, *Méditations métaphysiques*, 1641.

Les conditions de possibilité de l'affirmation d'analyses et de pensées du droit originales

Durant l'automne 2012, à l'occasion de la soutenance d'une thèse de doctorat portant sur certaines mutations contemporaines du droit, le professeur M. V. soulignait, dans le sens du futur impétrant, qu' « il est indispensable, au XXIe s., de savoir refuser le dogmatisme classique ». Et de regretter que « les enseignements académiques sont de plus en plus aseptisés, de plus en plus éloignés de la réalité ». Aujourd'hui davantage qu'hier — et sans doute moins que demain —, penser librement le droit apparaît tel un enjeu capital : les normes et les institutions positives ne peuvent évoluer sensiblement, si ce n'est radicalement, et la pensée du droit demeurer inerte. Cette dernière ne peut ignorer le « droit vivant » ou le « droit vécu »[1]. Pour savoir rendre justice du droit tel qu'il se présente en réalité, dans les faits, spécialement du point de vue de ceux qui le pratiquent, il est indispensable de l'appréhender loin des influences et des traditions héritées d'un passé qui ressemble chaque jour un peu moins au présent. Les facultés de droit ne sauraient, « en s'isolant dans le formalisme », se contenter d'étudier un « droit momifié et adoré pour lui-même » à travers un « culte idolâtre du "droit pour le droit", un paganisme juridique qui fait du droit une nouvelle religion centrée sur elle-même, alors qu'il doit être une science insérée dans la réalité »[2]. C'est pourquoi un nombre croissant d'auteurs en viennent, après Santi Romano et ses continuateurs, à s'élever contre le fait qu' « imputer à l'État la totalité du phénomène juridique et même plus spécialement l'ensemble des normes juridiques n'est qu'une fiction »[3].

[1] A.-J. ARNAUD, *Critique de la raison juridique – 2. Gouvernants sans frontières – Entre mondialisation et post-mondialisation*, LGDJ, coll. Droit et société, 2003, p. 366.

[2] M. BEDJAOUI, *Pour un nouvel ordre économique international*, Unesco, 1979, p. 101 et 103 (cité par L. BAL, *Le mythe de la souveraineté en droit international – La souveraineté des États à l'épreuve des mutations de l'ordre juridique international*, th., Université de Strasbourg, 2012, p. 573).

[3] Ph. FRANCESCAKIS, « Introduction à l'édition française », in S. ROMANO, *L'ordre juridique* (1946), trad. L. François, P. Gothot, Dalloz, coll. Philosophie du droit, 1975, p. VIII. Toutefois, « droit », « juridique » et « juridicité » sont des signifiants et les signifiés à eux attachés ne peuvent être que la conséquence du passé autant que de l'actualité. Le sens attaché à tout concept est par nature une fiction ; aucune notion n'a de sens dans l'ordre du tangible et du palpable, elle ne peut en avoir que dans l'ordre du psychique. Dès lors, il n'est pas permis de revendiquer l'écrasement des signifiés de « droit », s'ils sont majoritaires dans la psyché juridique collective. Si la plupart de ceux qui parlent du droit estiment que « le droit, c'est la loi », il faut considérer que le droit se réduit à la loi et accepter ce fait tel qu'il se présente. Tel est le sens de la théorie syncrétique du droit (B. BARRAUD, « L'échelle de juridicité : un outil pour mesurer le droit et fonder une théorie syncrétique (première partie : présentation) », *Arch. phil. droit* 2013, p. 365 s. ; B. BARRAUD, *Théories du droit et pluralisme juridique – t. II : La théorie syncrétique du droit et la possibilité du pluralisme juridique*, PUAM (Aix-en-Provence), coll. Inter-normes, 2017).

Les auteurs qui refusent de s'insérer dans le cadre tracé par les normativistes kelséniens — qualifiés d'« auteurs les plus lucides »[1] —, qui préfèrent une théorie « ouverte »[2] ou « évolutionniste »[3] à la « théorie pure du droit », le font généralement, non afin d'aborder les phénomènes juridiques de la manière la plus impersonnelle possible, mais pour se fondre aussitôt dans un espace d'analyse tout autant circonscrit et précis, qu'il soit réaliste, jusnaturaliste, sociologique ou autre. L'approche critique, l'approche libre, parce qu'elle est également critique et libre vis-à-vis de l'auteur lui-même, doit l'amener à adopter une approche positiviste, donc objective, terre-à-terre, lucide et raisonnable, mais sans s'attacher à aucun point de vue plus précis.

Le rejet du normativisme est généralement motivé par son caractère excessivement formaliste — même si « formalisme » est assurément un « mot-valise »[4] —. Le professeur Jacques Chevallier évoque un « formalisme desséchant, ignorant tout des enjeux dont la norme juridique est porteuse »[5], tandis que Georges Gurvitch ne voyait dans la théorie kelsénienne du droit qu'« artifices et dogmatique »[6] et que Michel Virally y percevait une « simplification outrancière du phénomène juridique »[7] — à l'identique du professeur Paul Amselek[8] et de bien d'autres[9] — et invitait la science et la pensée du droit à se libérer « de la perspective strictement formaliste et statique où s'enferme le positivisme juridique, pour envisager l'ordre juridique en devenir, c'est-à-dire en formation et en action, dans une société réelle »[10]. Quant au philosophe Jacques Derrida, il pouvait postuler que « la forme fascine quand on ne sait pas comprendre la force en son dedans »[11].

Toutefois, peut-être toute la force du droit réside-t-elle dans sa forme, ainsi que le concevait Kelsen. Que soit réaffirmé une dernière fois combien il ne saurait être question, en tant que chercheur critique, de vouloir

[1] R. SÈVE, *Philosophie et théorie du droit*, Dalloz, coll. Cours, 2007, p. 363.

[2] C. THIBIERGE, « Le concept de force normative », in C. THIBIERGE, dir., *La force normative – Naissance d'un concept*, LGDJ-Bruylant (Paris-Bruxelles), 2009, p. 836.

[3] J.-L. BERGEL, *Théorie générale du droit*, 5e éd., Dalloz, coll. Méthodes du droit, 2012, p. 195.

[4] R. ENTHOVEN, « Le mensonge : la querelle Kant/Constant », Le gai savoir, France culture, 2 juin 2013.

[5] J. CHEVALLIER, « Doctrine juridique et science juridique », *Dr. et société* 2002, p. 112.

[6] G. GURVITCH, *Éléments de sociologie juridique*, Aubier, 1940, p. 5.

[7] M. VIRALLY, « Le phénomène juridique », *RDP* 1966, p. 56.

[8] P. AMSELEK, « Réflexions critiques autour de la conception kelsénienne de l'ordre juridique », *RDP* 1978, p. 13.

[9] Est soutenu, par exemple, que le normativisme est « un discours, un outillage mental, un raisonnement et une pratique qui occultent la réalité vivante du monde juridique » (S. GOYARD-FABRE, « Le droit, tâche infinie », *Droits* 1990, n° 11, p. 26).

[10] M. VIRALLY, « Le phénomène juridique », *RDP* 1966, p. 64.

[11] Cité par J. LÈBRE, *Derrida – La justice sans condition*, Michalon, coll. Le bien commun, 2013.

déconstruire ou même détruire la théorie normativiste kelsénienne (ou n'importe quelle autre théorie), de vouloir combattre la « fascination pour la forme des juristes »[1]. Il incombe à ce chercheur critique d'analyser et penser le droit indépendamment des analyses et pensées du droit préexistantes et en se montrant vis-à-vis d'elles sceptique — ce qui ne signifie pas réfractaire par principe —. En aucun instant son intention ne saurait être de faire comme Nietzsche : « Attaquer au marteau les idoles »[2] ; ou comme Gény qui, dans son ouvrage *Méthode d'interprétation et sources en droit privé positif*, publié au début du XXe s., s'est livré à une attaque en règle, explicite et ordonnée, contre la méthode classique des grands commentateurs du Code civil[3].

Aussi, par suite, est-il tout à fait possible — et cela arrivera même souvent — que les analyses et pensées du droit du chercheur critique s'avèrent très proches ou identiques à certaines des analyses et pensées du droit préexistantes. L'important est que cela ne soit pas la conséquence d'un quelconque attachement dogmatique à ces analyses et pensées préexistantes mais le résultat d'une recherche entreprise à l'aune des six éléments qui, selon Karl Popper, permettent de savoir si une théorie mérite d'être remplacée par une autre — le critère transversal étant l'adéquation par rapport aux faits que vise la théorie — :

> *Une théorie t2 paraît [...] mieux correspondre aux faits que t1 lorsque :*
> *1. t2 formule des assertions plus précises que ne le fait t1, et celles-ci résistent à des tests plus précis ;*
> *2. t2 prend en compte et explique davantage de faits que t1 [...] ;*
> *3. t2 décrit ou explique les faits de manière plus détaillée que t1 ;*
> *4. t2 a subi avec succès des tests où t1 avait échoué ;*
> *5. t2 a permis de nouveaux tests expérimentaux qui n'avaient pas été envisagés avant que cette théorie n'ait été conçue [...], et a subi ces tests avec succès ;*
> *6. t2 a permis d'unifier ou de relier divers problèmes qui étaient jusque-là sans rapport.*[4]

Ces observations de l'illustre philosophe des sciences austro-britannique obligent à considérer que les théories du droit qui aujourd'hui rencontrent le plus grand succès dans les pays occidentaux, à savoir le normativisme kelsénien et les réalismes, mériteraient d'être perfectionnées, si ce n'est remplacées. Elles sont loin de traduire et d'expliquer très congrûment la réalité des « faits juridiques », compris comme faits normatifs

[1] C. THIBIERGE, « Le concept de force normative », in C. THIBIERGE, dir., *La force normative – Naissance d'un concept*, LGDJ-Bruylant (Paris-Bruxelles), 2009, p. 838.
[2] L. FERRY, « Nietzsche et la philosophie au marteau » [en ligne] <lepoint.fr>, 12 mai 2013.
[3] F. GÉNY, *Méthode d'interprétation et sources en droit privé positif*, 2e éd., LGDJ, 1919.
[4] K. POPPER, *Conjectures et réfutations – La croissance du savoir scientifique*, trad. M.-I. et M. B. de Launay, Payot (Lausanne), 1985, p. 343-344.

et institutionnels, à l'heure de la *lex mercatoria* et du règne des conditions générales d'utilisation. La pensée critique trouve définitivement dans la théorie du droit une branche de la recherche juridique où elle peut grandement servir à l'amélioration du savoir juridique.

L'esprit critique contre le passéisme de la pensée juridique

La pensée juridique, spécialement lorsqu'elle prend la forme de la théorie du droit, est sans doute l'une des disciplines, parmi les sciences humaines et sociales, les plus passéistes[1], les moins tournées vers l'avenir[2]. « Le passé, disait Sartre, est un luxe de propriétaire »[3]. Or nul n'est propriétaire du droit ni de sa pensée. S'il n'est pas permis d'oublier ou d'ignorer le passé, il faudrait, avec Hannah Arendt, considérer que celui-ci « ne tire pas en arrière mais pousse en avant »[4]. Le passé donne à réfléchir et fournit des renseignements précieux ; mais il ne doit pas justifier quelque conservatisme ou dogmatisme aveugle. Il n'y a un passé que parce qu'il y a un présent et un futur différents de lui. Et ce présent et ce futur ne sont pas le fait des chercheurs qui recopient et perpétuent mécaniquement les enseignements de leurs maîtres ; ils sont le fait de ces « intelligences sans attache » dans lesquelles le sociologue-philosophe Karl Mannheim voyait le modèle du chercheur véritable[5].

Nul doute que le progrès des idées scientifiques ne se nourrit pas de la soumission à une quelconque orthodoxie ou de la pensée unique[6]. Alors qu'est annoncée la « fin des certitudes »[7], il importe en premier lieu de ne pas accueillir tel un donné intouchable le lien droit-État[8]. Au-delà, il est

[1] Les dictionnaires définissent le passéisme comme une « attitude de repli sur des valeurs du passé » (V° « Passéisme », in *Le petit Larousse illustré 2011*, Larousse, 2010).

[2] Par exemple, O. BEAUD, « Les *Principes de droit public* cent ans après – Pourquoi un tel ouvrage mérite une réédition », in M. HAURIOU, *Principes de droit public* (1910), Dalloz, 2010. La pensée juridique pourrait aller jusqu'à s'en remettre au destin (réf. à *Droits* 2008, n° 47, « La pensée juridique et le destin du code civil ») qui, seul, déciderait du sort des êtres juridiques.

[3] J.-P. SARTRE, *La nausée* (1938), Gallimard, coll. Folio, 1972.

[4] H. ARENDT, *La crise de la culture* (1968), trad. P. Lévy et *alii*, Gallimard, coll. Folio essais, 2011, p. 21.

[5] Cité par J.-A. MAZÈRES, « Préface », in J. JIANG, *Théorie du droit public*, L'Harmattan, coll. Logiques juridiques, 2010, p. 8.

[6] J. COMMAILLE, « Hommage à Pierre Bourdieu », *Dr. et société* 2002, p. 7.

[7] Réf. à I. PRIGOGINE, *La fin des certitudes*, Odile Jacob coll. Sciences, 1996.

[8] Par exemple, Jean Carbonnier, juriste-sociologue, notait que « "moins d'État", "plus d'État", "mieux d'État" [sont] des formules [...] qui ne correspondent pas à "moins de droit", "plus de droit", "mieux de droit" » (J. CARBONNIER, « L'État dans une vision civiliste », *Droits* 1992, n° 15, p. 37). Il est vrai que les juristes-sociologues, et plus encore les sociologues du droit, ont été, au XXe s., les principaux défenseurs du pluralisme juridique, donc de la non-assimilation du droit au droit étatique.

impératif de n'accueillir aucune affirmation tel un donné intouchable. C'est là le sens du criticisme en matière de recherche juridique.

Reste que, en droit plus encore qu'en sociologie eu égard au conservatisme qui empreint traditionnellement la recherche juridique, « quand, comme condition d'initiation préalable, on demande aux gens de se défaire des concepts qu'ils ont l'habitude d'appliquer à un ordre de choses, pour repenser celles-ci à nouveaux frais, on ne peut s'attendre à recruter une nombreuse clientèle »[1]. Cela ne doit pas constituer un obstacle interdisant au chercheur de penser ; cela doit motiver le chercheur à penser d'autant plus rigoureusement, profondément et intensément. Pour Gaston Bachelard, une science doit inlassablement « recommencer, renouveler, réorganiser »[2]. Certainement pareille observation s'applique-t-elle à plus forte raison à l'égard de la pensée — dont la pensée du droit —, qui ne saurait jamais s'achever et doit sans cesse se renouveler et se réorganiser. Alors que les « controverses autour de l'ontologie du droit »[3] sont loin d'être épuisées — et qu'elles ne pourront jamais l'être —, l'essentiel serait de s'efforcer à penser le droit en faisant preuve d'exigence, de détermination, d'honnêteté, de rectitude et de précision intellectuelles, loin de cette « anarchie intellectuelle » que dénonçait Tocqueville[4]. Or c'est bien entre la voie de l' « anarchie intellectuelle » et la voie du suivisme passéiste que se situe la recherche critique, recherche objectivement et raisonnablement sceptique.

La quatrième et dernière partie de cet ouvrage portera sur les défis qui interrogent la recherche juridique avec une acuité et une gravité croissantes au XXIe s.

[1] É. Durkheim, *Les règles de la méthode sociologique*, 2e éd. (1937), Puf, coll. Bibliothèque de philosophie contemporaine, 1973, p. 144.

[2] Cité par A. van Reeth, « Les vertus du non (4/4) : La philosophie du non de Gaston Bachelard », Les nouveaux chemins de la connaissance, France culture, 17 oct. 2013.

[3] Réf. à P. Amselek, Ch. Grzegorczyk, dir., *Controverses autour de l'ontologie du droit*, Puf, coll. Questions, 1989.

[4] A. de Tocqueville, *De la démocratie en Amérique* (1835 et 1840), Flammarion, coll. GF, 2010, p. 245.

Bibliographie de la troisième partie

ABÉLÈS M., *Penser au-delà de l'État*, Belin, 2014

ALEXY R. A., *Theory of Legal Argumentation*, Clarendon Press (Oxford), 1989

AMSELEK P., *Perspectives critiques d'une réflexion épistémologique sur la théorie du Droit (Méthode phénoménologique et théorie du Droit)*, LGDJ, 1964

AMSELEK P., *Cheminements philosophiques – Dans le monde du droit et des règles en général*, Armand Colin, coll. Le temps des idées, 2012

AMSELEK P., « Réflexions critiques autour de la conception kelsenienne de l'ordre juridique », *RDP* 1978, p. 13 s.

AMSELEK P., « Une fausse idée claire : la hiérarchie des normes juridiques », *RRJ* 2007, p. 557 s.

AMSELEK P., GREGORCZYK Ch., *Controverses autour de l'ontologie du droit*, Puf, coll. Questions, 2000

Arch. phil. droit 1965, « Philosophes d'aujourd'hui en présence du droit »

Arch. phil. droit 1984, « Dialogue, dialectique en philosophie et en droit »

Arch. phil. droit 2001, « L'américanisation du droit »

ARNAUD A.-J., *Critique de la raison juridique – 2. Gouvernants sans frontières – Entre mondialisation et post-mondialisation*, LGDJ, coll. Droit et société, 2003

ARNAUD A.-J., « La force normative, pierre angulaire d'une intelligence juridique », in THIBIERGE C., dir., *La force normative – Naissance d'un concept*, LGDJ-Bruylant (Paris-Bruxelles), 2009, p. 13 s.

ARNAUD A.-J., « Essai d'une définition stipulative du droit », *Droits* 1989, n° 10, p. 11 s.

ARNAUD A.-J., « Repenser un Droit pour l'époque postmoderne », *Le Courrier du CNRS* 1990, n° 75, p. 81 s.

ARNAUD A.-J., « Du jeu fini au jeu ouvert – Réflexions additionnelles sur le Droit post-moderne », *Dr. et société* 1991, p. 45 s.

ARNAUD A.-J., « Les juristes face à la société – 1975, 1993 », *Dr. et société* 1993, p. 525 s.

ARNAUD A.-J., « De la régulation par le droit à l'heure de la globalisation – Quelques observations critiques », *Dr. et société* 1997, p. 11 s.

ATIAS Ch., *Épistémologie juridique*, Dalloz, coll. Précis, 2002

ATIAS Ch., « La fin d'un mythe ou la défaillance du juridique », *D.* 1997, p. 44 s.

ATIAS Ch., « Des réponses sans questions : 1804-1899-1999 (quantitatif et qualificatif dans le savoir juridique) », *D.* 1998, p. 406 s.

AUBY J.-B., *La globalisation, le droit et l'État*, 2e éd., LGDJ, coll. Systèmes, 2010

AUDREN F., HALPÉRIN J.-L., *La culture juridique française – Entre mythes et réalités – XIXe-XXe siècles*, CNRS éditions, 2013

BARRAUD B., *Repenser la pyramide des normes à l'ère des réseaux – Pour une conception pragmatique du droit*, L'Harmattan, coll. Logiques juridiques, 2012

BARRAUD B., « L'échelle de juridicité : un outil pour mesurer le droit et fonder une théorie syncrétique (première partie : présentation) », *Arch. phil. droit* 2013, p. 365 s.

BARRAUD B., « L'échelle de juridicité : un outil pour mesurer le droit et fonder une théorie syncrétique (seconde partie : application) », *Arch. phil. droit* 2014, p. 503 s.
BEAUD O., *Les libertés universitaires à l'abandon ? Pour une reconnaissance pleine et entière de la liberté académique*, Dalloz, coll. Les sens du droit, 2010
BEAUD O., « Doctrine », in ALLAND D., RIALS S., dir., *Dictionnaire de la culture juridique*, Lamy-Puf, coll. Quadrige dicos poche, 2003
BEAUD O., « Carl Schmitt ou "l'art d'écrire" chez un juriste », in HERRERA C.-M., dir., *Le droit – Le politique autour de Max Weber, Hans Kelsen, Carl Schmitt*, L'Harmattan, p. 15 s.
BEAUD O., « Carl Schmitt, un juriste nazi ou un juriste qui fut nazi – Tentative d'examen critique », *Droits* 2004, n° 40, p. 207 s.
BEAUD O., « L'œuvre de Gaston Jèze signifie-t-elle un repli de la doctrine publiciste française sur la technique juridique ? », *Jus Politicum* 2013, n° 11
BEHAR-TOUCHAIS M., MARTIAL-BRAZ N., RIFFARD J.-F., dir., *Les mutations de la norme*, Economica, coll. Études juridiques, 2011
BELABBAS N. E., « Les paradigmes et la pensée juridique », in ROUSSEAU D., dir., *Le Droit dérobé*, Montchrestien, coll. Grands colloques, 2007, p. 47 s.
BELLEY J.-G., « Une métaphore chimique pour le droit », in BELLEY J.-G., dir., *Le droit soluble – Contributions québécoises à l'étude de l'internormativité*, LGDJ, 1993, p. 7 s.
BÉNATOUÏL Th. et *alii*, *Le scepticisme*, Flammarion, coll. GF corpus, 2015
BENYEKHLEF K. et *alii*, *Une possible histoire de la norme : les normativités émergentes de la mondialisation*, Thémis (Montréal), 2008
BERGEL J.-L., « Le processus des concepts émergeants », in LE DOLLEY E., dir., *Les concepts émergeants en droit des affaires*, LGDJ-Lextenso, 2010, p. 439 s.
BERGSON H., *L'intuition philosophique*, Puf, coll. Quadrige grands textes, 2011
BERNARD A., POIRMEUR Y., dir., *La doctrine juridique*, Puf, 1993
BERTRAND E., « Le rôle de la dialectique en droit privé positif », *D.* 1951, p. 151 s.
BOISVERT Y., *Le postmodernisme*, Boréal, coll. Boréal express, 1995
BOUDON R., *La place du désordre*, Puf, coll. Quadrige, 1984
BOUINNEAU J., « Révolution française et droit », in ALLAND D., RIALS S., dir., *Dictionnaire de la culture juridique*, Lamy-Puf, coll. Quadrige dicos poche, 2003
BOURCIER D., *La décision artificielle – Le droit, la machine et l'humain*, Puf, coll. Les voies du droit, 1995
BOURCIER D., « L'émergence d'une problématique : l'approche cognitive du droit », in BOURCIER D., MACKAY P., dir., *Lire le droit – Langue, texte, cognition*, LGDJ, coll. Droit et société, 1992, p. 11 s.
BOURCIER D., VAN ANDEL P., *De la sérendipité dans la technique, la science et le droit*, Hermann, 2013
BOURDIEU P., « Les juristes, gardiens de l'hypocrisie collective », in CHAZEL F., COMMAILLE J., *Normes juridiques et régulation sociale*, LGDJ, coll. Droit et société, 1991
BOURGEOIS B., « La fin de l'histoire, aujourd'hui ? », *Arch. phil. droit* 2003, p. 141 s.
BOURJOL M. et *alii*, *Pour une critique du droit*, Maspero-Presses universitaires de Grenoble, 1978

BROOKS P., GEWIRTZ P., *Law's Stories – Narrative and Rhetoric in Law*, Yale University Press (New Haven), 1996

BRUN Ph., « Les habitudes de penser », in DISSAUX N., GUENZOUI Y., dir., *Les habitudes du droit*, Dalloz, coll. Thèmes et commentaires, 2015

CAHIN G., « Apport du concept de mythification aux méthodes d'analyse du droit international », in *Mélanges C. Chaumont*, Pedone, 1984, p. 89 s.

CAILLÉ A., DUFOIX S., dir., *Le tournant global des sciences sociales*, La découverte, 2013

CAILLOSSE J., « Une approche "tranquillisante" de la post-modernité ? L'économie du droit post-moderne selon Jacques Chevallier », *Droits* 2004, n° 39, p. 121 s.

CARBONNIER J., *Flexible droit – Pour une sociologie du droit sans rigueur*, 8e éd., LGDJ, 1995

CARRILHO M. M., *Rhétoriques de la Modernité*, Puf, 1992

CARTUYVELS Y., DUMONT H., GÉRARD Ph., HACHEZ I., OST F., VAN DE KERCHOVE M., dir., *Les sources du droit revisitées – Volume 4 : Théorie des sources du droit*, Publications de l'Université Saint-Louis-Anthemis (Bruxelles), 2013

CARTY A., dir., *Post-Modern Law*, Edinburg University Press, 1990

CARTY A., « Présentation – Le siècle des lumières, la Révolution et la mort de l'Homme – Une approche post-moderne du droit », *Dr. et société* 1989, p. 311 s.

CARTY A., « Du postmodernisme en théorie et en sociologie du droit, ou Rousseau et Durkheim lus par Baudrillard », *Dr. et société* 1989, p. 371 s.

CAYE P., « La condition immatérielle du monde et la question du droit », *Arch. phil. droit* 1999, p. 225 s.

CHAMPEIL-DESPLATS V., *Méthodologies du droit et des sciences du droit*, Dalloz, coll. Connaissance du droit, 2014

CHARLE Ch., *La République des universitaires (1870-1940)*, Le Seuil, 1994

CHAZAL J.-P., « De la théorie générale à la théorie critique du contrat », *RDC* 2003, p. 27 s.

CHEMILLIER-GENDREAU M., MOULIER-BOUTANG Y., dir., *Le droit dans la mondialisation*, Puf, coll. Actuel Marx-confrontations, 2001

CHÉROT J.-Y., « Concept de droit et globalisation », in CHÉROT J.-Y., FRYDMAN B., dir., *La science du droit dans la globalisation*, Bruylant (Bruxelles), coll. Penser le droit, 2012, p. 3 s.

CHÉROT J.-Y., FRYDMAN B., dir., *La science du droit dans la globalisation*, Bruylant (Bruxelles), coll. Penser le droit, 2012

CHEVALLIER J., *L'État post-moderne*, 3e éd., LGDJ, coll. Droit et société, 2008

CHEVALLIER J., « Vers un droit postmoderne ? », in CLAM J., MARTIN G., dir., *Les transformations de la régulation juridique*, LGDJ, coll. Droit et société, 1998, p. 31 s.

CHEVALLIER J., « La fin des écoles ? », *RDP* 1997, p. 679 s.

CHEVALLIER J., « Vers un droit postmoderne ? Les transformations de la régulation juridique », *RDP* 1998, p. 659 s.

CHEVALLIER J., « La régulation juridique en question », *Dr. et société* 2001, p. 827 s.

CHEVALLIER J., « L'État post-moderne : retour sur une hypothèse », *Droits* 2004, n° 39, p. 107 s.

COMMAILLE J., « Nouvelles économies de la légalité, nouvelles formes de justice, nouveau régime de connaissance – L'anthropologie du droit avait-elle raison ? », in *La quête anthropologique du droit – Autour de la démarche d'Étienne Le Roy*, Karthala, 2006, p. 351 s.

CONSTANT B., *De la liberté chez les Modernes*, 1806

CORNU G., « Aperçu de la pensée juridique française contemporaine », *Annales de l'Université de Poitiers* 1960, n° 1

COURNOT A.-A., *Essai sur les fondements de nos connaissances et sur les caractères de la critique philosophique*, Paris, 1851

CROZIER M., « La crise des régulations traditionnelles », in MENDRAS H., dir., *La sagesse et le désordre*, Gallimard, coll. Bibliothèque des sciences humaines, 1980, p. 371 s.

DE BECHILLON D., dir., *Les défis de la complexité – Vers un nouveau paradigme de la connaissance ?*, L'Harmattan, 1994

DE BÉCHILLON D., « La structure des normes juridiques à l'épreuve de la postmodernité », in BERTHOUD A., SERVERIN É., *La production des normes entre État et société civile – Les figures de l'institution et de la norme entre État et sociétés civiles*, L'Harmattan, 2000, p. 47 s.

DECOCQ A., « Le désordre juridique français », in *Mélanges Jean Foyer*, Puf, 1997, p. 149 s.

DELAHAYE J.-P., *Outils logiques pour l'intelligence artificielle*, 3e éd., Eyrolles, 1988

DELMAS-MARTY M., *Pour un droit commun*, Le Seuil, 1994

DELMAS-MARTY M., *Trois défis pour un droit mondial*, Le Seuil, 1998

DELMAS-MARTY M., *Les forces imaginantes du droit – Le relatif et l'universel*, Le Seuil, coll. La couleur des idées, 2004

DELMAS-MARTY M., *Les forces imaginantes du droit – Le pluralisme ordonné*, Le Seuil, coll. La Couleur des idées, 2006

DELMAS-MARTY M., *Les forces imaginantes du droit – La refondation des pouvoirs*, Le Seuil, coll. La couleur des idées, 2007

DELMAS-MARTY M., « La grande complexité juridique du monde », in *Mélanges Gérard Timsit*, Bruylant (Bruxelles), 2004, p. 89 s.

DELMAS-MARTY M., « *Post-scriptum* sur les forces imaginantes », in THIBIERGE C., dir., *La force normative – Naissance d'un concept*, LGDJ-Bruylant (Paris-Bruxelles), 2009, p. 847 s.

DELMAS-MARTY M., « La mondialisation du droit : chances et risques », *D.* 1999, p. 43 s.

DELMAS-MARTY M., « L'espace juridique européen, laboratoire de la mondialisation », *D.* 2000, p. 421 s.

DELMAS-MARTY M., COSTE J.-F., « L'imprécis et l'incertain – Esquisse d'une recherche sur Logiques et droit », in BOURCIER D., MACKAY P., dir., *Lire le droit – Langue, texte, cognition*, LGDJ, coll. Droit et société, 1992, p. 109 s.

DEMBOUR M. B., « Le pluralisme juridique : une démarche parmi d'autres, et non plus innocente », *RIEJ* 1990, n° 24, p. 43 s.

DE MUNCK J., VERHOEVEN M., dir., *Les mutations du rapport à la norme – Un changement dans la modernité ?*, De Boeck (Bruxelles), 1997

DESCARTES R., *Le discours de la méthode*, 1637

DE SENARCLENS P., *La mondialisation – Théorie, enjeux et débats*, 4e éd., Armand Colin, 2005

DE SOUSA SANTOS B., *Vers un nouveau sens commun juridique – Droit, science et politique dans la transition paradigmatique*, trad. N. Gonzales Lajoie, LGDJ, 2004

DE SOUSA SANTOS B., « The Post-Modern Transition: Law and Politics », in SARAT A., KEARNS T. R., dir., The Fate of Law, University of Michigan Press (Ann Arbor), 1991

DE SOUSA SANTOS B., « Droit : une carte de lecture déformée – Pour une conception post-moderne du droit », *Dr. et société* 1988, n° 10, p. 379 s.

DIEBOLT S., « La complexité comme paradigme pour concevoir une régulation juridique adéquate », *Dr. et société* 2000, p. 485 s.

DOAT M., LE GOFF J., PÉDROT P., dir., *Droit et complexité – Pour une nouvelle intelligence du droit vivant*, Presses universitaires de Rennes, 2007

DOGOT D., VAN WAEYENBERGE A., « L'Union européenne, laboratoire du droit global », in CHÉROT J.-Y., FRYDMAN B., dir., *La science du droit dans la globalisation*, Bruylant (Bruxelles), coll. Penser le droit, 2012, p. 251 s.

DORE I. I., « L'influence française sur la nouvelle épistémologie juridique postmoderne aux États-Unis », *Arch. phil. droit* 2005, p. 368 s.

DROIT R.-P., *L'art est-il une connaissance ?*, Le Monde éditions, 1993

Droit et société 1989/13, « Lumières – Révolution – Post-modernisme »

Droits 1994, « Doctrine et recherche en droits », n° 20

Droits 2008, « La pensée juridique et le destin du Code civil », n° 47

DUGUIT L., *Le pragmatisme juridique – Conférences prononcées à Madrid, Lisbonne et Coïmbre*, La mémoire du droit, 2008

DULOT A., *Ce que penser veut dire*, L'Harmattan, coll. Pour comprendre, 2013

DUPLESSIS I., « Le vertige de la *soft law* – Réactions doctrinales en droit international », *Revue québécoise de droit international* 2007, p. 246 s.

DUPRE DE BOULOIS X., KALUSZYNSKI M., dir., *Le droit en révolution(s) – Regards sur la critique du droit des années 1970 à nos jours, LGDJ, coll. Droit et société, 2011*

DUPUY J.-P., *Ordres et désordres, enquête sur un nouveau paradigme*, Le Seuil, 1986

DURKHEIM É., *Les règles de la méthode sociologique*, 2e éd. (1937), Puf, coll. Bibliothèque de philosophie contemporaine, 1973

EBERHARD Ch., « Penser le pluralisme juridique de manière pluraliste – Défi pour une théorie interculturelle du droit », *Cahiers d'anthropologie du droit* 2003, n° 2

ERMINE J.-L., *Les systèmes de connaissances*, Hermès, 1996

FAVRE J., « La pensée juridique est-elle nécessairement une pensée de l'État ? », in ROUSSEAU D., dir., *Le droit dérobé*, Montchrestien, coll. Grands colloques, 2007, p. 97 s.

FERRARI G., « Le droit dans la forme praxéologique du jeu », *Dr. et société* 1991, p. 91 s.

FEYERABEND P., *Contre la méthode, esquisse d'une théorie anarchiste de la connaissance*, trad. B. Jurdant, A. Schlumberger, Le Seuil, 1979

FICHTE J. G., KANT E., *Qu'est-ce qu'un livre ?*, trad. J. Benoist, Puf, 1995

FINKIELKRAUT A., *La défaite de la pensée*, Gallimard, coll. Folio essais, 1989

FINKIELKRAUT A., *Le mécontemporain – Péguy, lecteur du monde moderne*, Gallimard, coll. Folio, 1999

FITZPATRICK P., « The Desperate Vacuum: Imperialism and Law in the Experience of Enlightenment », in CARTY A., dir., *Post-Modern Law*, Edinburg University Press, 1990

FLEURY-LE GROS P., dir., *Le temps et le droit*, LexisNexis, coll. Colloques et débats, 2010

FONTAINE L., *Qu'est-ce qu'un « grand » juriste ? Essai sur les juristes et la pensée juridique moderne*, Lextenso éditions, coll. Forum, 2012

FOUCAULT M., « Qu'est-ce qu'un auteur ? », *Bulletin de la société française de philosophie* 1969, n° 64, p. 75 s.

FRANCA-FILHO M.-T., « Westphalia: a Paradigm? A Dialogue Between Law, Art, and Philosophy of Science », *The German Law Journal* 2007, p. 955 s.

FRYDMAN B., « Négociation ou marchandage ? De l'éthique de la discussion au droit de la négociation », in GERARD P., OST F., VAN DE KERCHOVE M., dir., *Droit négocié, droit imposé ?*, Publications des Facultés universitaires Saint-Louis, 1996, p. 231 s.

FRYDMAN B., « Comment penser le droit global ? », in CHÉROT J.-Y., FRYDMAN B., dir., *La science du droit dans la globalisation*, Bruylant (Bruxelles), coll. Penser le droit, 2012, p. 17 s.

FRYDMAN B., « Y a-t-il en droit des révolutions scientifiques ? », *Journal des Tribunaux* 1996, p. 809 s.

FRYDMAN B., « Le droit, de la modernité à la postmodernité », *Réseaux* 2000, n° 88-90, p. 67 s.

FRYDMAN B., « Renouveau et avancée dans la définition du droit », *D.* 2014, p. 989 s.

FUKUYAMA F., *La fin de l'histoire et le dernier homme*, Flammarion, 1992

GADAMER H. G., *Vérité et méthode – Les grandes lignes de l'herméneutique philosophique*, Le Seuil, 1976

GAGLIO G., *Sociologie de l'innovation*, Puf, coll. Que sais-je ?, 2011

GAGNÉ G., « Les transformations du droit dans la problématique de la transition à la postmodernité », in BELLEY J.-G., ISSALYS P., dir., *Aux frontières du juridique – Études interdisciplinaires sur les transformations du droit*, Presses de l'Université Laval (Québec), 1993, p. 221 s.

GAILLARD-SEBILEAU É., « La force normative du paradigme juridique », in THIBIERGE C., dir., *La force normative – Naissance d'un concept*, LGDJ-Bruylant (Paris-Bruxelles), 2009, p. 171 s.

GAUCHET M., NORA P., *De quoi l'avenir intellectuel sera-t-il fait ?*, Gallimard, coll. Le débat, 2010

GAUTIER C., « De la liberté chez les Modernes : Fergusson, critique de la modernité », *Droits* 1992, n° 15, p. 125 s.

GAUTIER P.-Y., « Les articles fondateurs (réflexions sur la doctrine) », in *Mélanges Pierre Catala*, Litec, p. 255 s.

GERARD Ph., OST F., VAN DE KERCHOVE M., dir., *L'accélération du temps juridique*, Publications des Facultés universitaires Saint-Louis (Bruxelles), 2000

GINGRAS Y., *Controverses – Accords et désaccords en sciences humaines et sociales*, CNRS éditions, coll. Culture et société, 2014

GLENN H. P., « Penser le plurijuridisme », in BERGEL J.-L., dir., *Le plurijuridisme*, PUAM (Aix-en-Provence), 2005, p. 25 s.

GOBERT M., « Le temps de penser de la doctrine », *Droits* 1994, n° 20, p. 97 s.

GOLTZBERG S., *Chaïm Perelman – L'argumentation juridique*, Michalon, coll. Le bien commun, 2013

GOYARD-FABRE S., *Essai de critique phénoménologique du droit*, LGDJ, 1972

GOYARD-FABRE S., *Philosophie critique et raison juridique*, Puf, 2004

GOYARD-FABRE S., *Re-penser la pensée du droit*, Vrin, 2007

GOYARD-FABRE S., « Le droit et la société aujourd'hui », in CRDP, *Penser la justice*, CRDP Midi-Pyrénées (Toulouse), coll. Savoir et faire, 1998, p. 183 s.

GRAFTON A., *Les origines tragiques de l'érudition – Une histoire de la note en bas de page*, trad. P.-A. Fabre, Le Seuil, coll. La librairie du XXe siècle, 1998

GRAWITZ M., *Méthodes des sciences sociales*, 11e éd., Dalloz, coll. Précis, 2000

GROULIER C., « Peut-on penser la norme juridique sans l'impératif ? », *Droits* 2010, n° 50, p. 247 s.

GRZEGORCZYK Ch., « Évaluation critique du paradigme systémique dans la science du droit », *Arch. phil. droit.* 1986, p. 281 s.

GUTMANN D., « Temps », in ALLAND D., RIALS S., dir., *Dictionnaire de la culture juridique*, Lamy-Puf, coll. Quadrige dicos poche, 2003

GUYONNET J.-F., LE CARDINAL G., dir., *Du mépris à la confiance – Quels changements de comportement pour faire face à la complexité ?*, Éditions de l'Université de technologie de Compiègne, 1991

HABERMAS J., *De l'éthique de la discussion*, Flammarion, coll. Champs, 1999

HAGÈGE C., *Contre la pensée unique*, Odile Jacob, 2012

HAKIM N., MELLERAY F., dir., *Le renouveau de la doctrine française – Les grands auteurs de la pensée juridique au tournant du XXe siècle*, Dalloz, coll. Méthodes du droit, 2009

HAKIM N., MELLERAY F., « La belle époque de la pensée juridique française », in HAKIM N., MELLERAY F., dir., *Le renouveau de la doctrine française – Les grands auteurs de la pensée juridique au tournant du XXe siècle*, Dalloz, coll. Méthodes du droit, 2009, p. 1 s.

HALPÉRIN J.-L., *Profils des mondialisations du droit*, Dalloz, coll. Méthodes du droit, 2009

HARDY H., « La critique perelmanienne de la théorie pure du droit : essai de synthèse », *Revue canadienne droit et société* 2006, n° 21, p. 51 s.

HARVEY D., *The Condition of Postmodernity*, Blackwells (Oxford), 1989

HECQUARD M., KRYNEN J., dir., *Regards critiques sur quelques (r)évolutions récentes du droit, t. I : Bilans*, Presses universitaires des sciences sociales de Toulouse, coll. Les travaux de l'IFR, 2005

HEIDEGGER M., *Qu'appelle-t-on penser ?* (1951), Puf, 1959

HERRERA C. M., dir., *Actualité de Kelsen en France*, LGDJ, coll. La pensée juridique, 2001

HIEZ D., « Les conceptions du droit et de la loi dans la pensée désobéissante », in HIEZ D., VILLALBA B., dir., *La désobéissance civile – Approches politique et juridique*, Presses universitaires du Septentrion (Lille), 2008, p. 67 s.

HOOK S., *Academic Freedom and Academic Anarchy*, Dell (New York), 1969

HORKHEIMER M., *Théorie traditionnelle et théorie critique*, Gallimard, coll. Tel, 1996

HOUDÉ O., *Le raisonnement*, Puf, coll. Que sais-je ?, 2014
HUG C., VERNAY A., *Ordre et désordre – Imbrication et complémentarité des notions d'ordre et de désordre*, L'Harmattan, 2009
HUSSON L., *Nouvelles études sur la pensée juridique*, Dalloz, 1974
JAMIN Ch., « Dix-neuf cents (crise et renouveau dans la culture juridique) », in ALLAND D., RIALS S., dir., *Dictionnaire de la culture juridique*, Lamy-Puf, coll. Quadrige dicos poche, 2003
JAMIN Ch., JESTAZ Ph., *La doctrine*, Dalloz, 2004
JEAMMAUD A., « Le droit au musée ? Les avocats du déclin », *Économie et humanisme* 1991, n° 318, p. 7 s.
JESTAZ Ph., « Pour une définition du droit empruntée à l'ordre des Beaux-Arts – Éléments de méta-juridique amusante », *RTD civ.* 1979, p. 481 s.
JOUANJAN O., *Une histoire de la pensée juridique en Allemagne (1800-1918)*, Puf, 2005
JOUANJAN O., « Remarques critiques sur *L'ordre juridique et le discours du droit* », *D.* 2014, p. 995 s.
KAFKA F., *Le Procès* (1925), Gallimard, coll. Folio classique, 1987
KALINOWSKI G., *Introduction à la logique juridique*, LGDJ, 1965
KALINOWSKI G., « Une théorie de la dogmatique juridique », *Arch. phil. droit* 1970, p. 407 s.
KALINOWSKI G., « Une mise en question de la logique des normes », *Arch. phil. droit* 1980, p. 345 s.
KANT E., *Critique de la raison pratique*, 1788
KATSH E., *Law in a Digital World*, Oxford University Press, 1995
KENNEDY D., « Three Globalizations of Law and Legal Thought: 1850-2000 », in TRUBEK D., SANTOS A., dir., *The New Law and Economic Development – A Critical Appraisal*, Cambridge University Press, 2006, p. 19 s.
KESSEDJIAN C., LOQUIN É., dir., *La mondialisation du droit*, Litec, coll. Les travaux du CREDIMI, 2000
KLEINHANS M.-M., MACDONALD R. A., « What is a Critical Legal Pluralism », *Revue Canadienne Droit et Société* 1997, n° 12, p. 25 s.
KUHN Th. S., *La structure des révolutions scientifiques* (1970), Flammarion, 1991
LACROIX B., « Transformations du champ juridique et crise dans les représentations savantes du droit », in ROUSSEAU D., dir., *Le droit dérobé*, Montchrestien, coll. Grands colloques, 2007, p. 27 s.
LAGARDE P., « Approche critique de la *lex mercatoria* », in *Mélanges Berthold Goldman*, Litec, 1982, p. 125 s.
LASCOUMES P., ZANDER H., *Marx : du "vol de bois" à la critique du droit*, Puf, 1984
LASSERRE V., *Le nouvel ordre juridique – Le droit de la gouvernance*, LexisNexis, 2015
LAUNAY S., « La théorie réaliste est-elle morte pour cause de "mondialisation" ? », in DEMUIJNCK G., VERCAUTEREN P., dir, *L'État face à la globalisation économique – Quelles formes de gouvernance ?*, Sandre, 2009, p. 53 s.
LAVROFF D.-G., *Les grandes étapes de la pensée politique*, Dalloz, 1993
LEBEN Ch., « Une nouvelle controverse sur le positivisme en droit international public », *Droits* 1987, n° 5, p. 123 s.
LEGENDRE P., *Sur la question dogmatique en occident*, Fayard, 1999

LEHOT M., « Propositions pour une rénovation de la théorie générale des sources du droit », *RRJ* 2003, p. 2335 s.
LE MOIGNE J.-L., MORIN E., *L'intelligence de la complexité*, L'Harmattan, 1999
LEMPEREUR A., MEYER M., dir., *Figures et conflits rhétoriques*, Éditions de l'Université libre de Bruxelles, 1990
LENOBLE J., *Droit et communication*, Éditions du Cerf, 1994
LE ROY E., « L'hypothèse du multijuridisme dans un contexte de sortie de modernité », in LAJOIE A., MACDONALD R. A., JANDA R., ROCHER G., dir., *Théories et émergence du droit : pluralisme, surdétermination et effectivité*, Bruylant-Thémis (Bruxelles-Montréal), 1998, p. 29 s.
LÉVI-STRAUSS C., *La pensée sauvage*, Plon, 1962
LÉVY C., *Les scepticismes*, Puf, coll. Que sais-je ?, 2008
LIBCHABER R., *L'ordre juridique et le discours du droit – Essai sur les limites de la connaissance du droit*, LGDJ, 2013
LIBCHABER R., « Réflexions sur le "désordre juridique français" », in *Mélanges André Decocq*, Litec, 2004, p. 405 s.
LIVET P., « Argumentation et rhétorique juridique », in ALLAND D., RIALS S., dir., *Dictionnaire de la culture juridique*, Lamy-Puf, coll. Quadrige dicos poche, 2003
LORENZ K., *L'envers du miroir : Une histoire naturelle de la connaissance*, Flammarion, 1975
LYOTARD J. F., *La condition postmoderne*, Minuit, 1979
MAFFESOLI M., PERRIER B., *L'homme postmoderne*, François Bourin, coll. Société, 2012
MAISSANI P., WIENER F., « Réflexions autour de la conception postmoderne du droit », *Dr. et Société* 1994, p. 443 s.
MALAURIE P., « La pensée juridique du droit au XXe siècle », *JCP G* 2001, I, 283
MALINVAUD E., « Pourquoi les économistes ne font pas de découvertes ? », *Revue d'économie politique* 1996, n° 106
MANDERSON D., *Songs without Music: Aesthetic Dimensions of Law and Justice*, University of California Press (Berkeley), 2000
MARTENS P., *Théories du droit et pensée juridique contemporaine*, Larcier (Bruxelles), coll. Faculté de droit de l'Université de Liège, 2003
MARX K., *Contribution à la critique de la philosophie du droit de Hegel*, Éditions Allia, 1998
MATHIEU-IZORCHE M.-L., *Le raisonnement juridique*, Puf, coll. Thémis droit privé, 2001
MERLEAU-PONTY M., *Les aventures de la dialectique*, Gallimard, 1955
MERLEAU-PONTY M., *Le visible et l'invisible*, Gallimard, 1964
MERLEAU-PONTY M., *Sens et non-sens* (1948), Gallimard, coll. NRF - Bibliothèque de philosophie, 1996
MEYER M., *Qu'est-ce que l'argumentation ?*, Vrin, coll. Chemins philosophiques, 2005
MEYER M., *Maîtriser l'argumentation*, 2e éd., Armand Colin, coll. Cursus, 2011
MEYER M., *La rhétorique*, 3e éd., Puf, coll. Que sais-je ?, 2011
MIAILLE M., *Une introduction critique au droit*, François Maspero, 1982

MICHAUT F., « États-Unis (grands courants de la pensée juridique américaine contemporaine) », in ALLAND D., RIALS S., dir., *Dictionnaire de la culture juridique*, Lamy-Puf, coll. Quadrige dicos poche, 2003
MILANI C., « La complexité dans l'analyse du système-monde : l'environnement et les régulations mondiales », *Dr. et société* 2000, p. 425 s.
MILL J. S., *De la liberté de pensée et de discussion*, 1860
MILLARD É., « Rendre compte du droit dans un contexte de globalisation », in CHÉROT J.-Y., FRYDMAN B., dir., *La science du droit dans la globalisation*, Bruylant (Bruxelles), coll. Penser le droit, 2012, p. 49 s.
MITCHEL DE S.-O., « La MacDonald-isation du discours judiciaire français », *Arch. phil. droit* 2001, p. 137 s.
MOLFESSIS N., « Les prédictions doctrinales », in *Mélanges François Terré*, Dalloz-Puf-Jurisclasseur, 1999, p. 141 s.
MOOR P., *Pour une théorie micropolitique du droit*, Puf, coll. Les voies du droit, 2005
MORAND Ch.-A., dir., *Le droit saisi par la mondialisation*, Bruylant (Bruxelles), 2001
MORAND Ch.-A., « Le droit saisi par la mondialisation : définitions, enjeux et transformations », in MORAND Ch.-A., dir., *Le droit saisi par la mondialisation*, Bruylant (Bruxelles), coll. Droit international, 2001, p. 81 s.
MORAND Ch.-A., « Régulation, complexité et pluralisme juridiques », in *Mélanges Paul Amselek*, Bruylant (Bruxelles), 2005, p. 615 s.
MORIN E., *Introduction à la pensée complexe*, ESF, coll. Communication et complexité, 1990
MORIN E., *Science avec conscience*, Le seuil, coll. Point, 1990
MORIN É., « L'inséparabilité des notions d'ordre et de désordre », in BUTOR M., DUPUY R.-J. et *alii*, *Ordre et désordre*, La Baconnière (Neuchâtel), 1984, p. 269 s.
MOULY C., « Crise des introductions au droit », *Droits* 1986, n° 4, p. 99 s.
NIETZSCHE F., *Le gai savoir*, 1882
NIETZSCHE F., *Ainsi parlait Zarathoustra*, 1883
NOUVEL P., « Paradigme », in LECOURT D., dir., *Dictionnaire d'histoire et philosophie des sciences*, Puf, 1999, p. 718 s.
NYE J., *The Future of Power*, Public Affairs, 2011
OLIVIER M., *Peirce : la pensée et le réel*, Hermann, 2013
OPPETIT B., « L'hypothèse du déclin du droit », *Droits* 1986, n° 4, p. 9 s.
OST F., « Mondialisation, globalisation, universalisation : s'arracher encore et toujours à l'état de nature », in MORAND Ch.-A., dir., *Le droit saisi par la mondialisation*, Bruylant (Bruxelles), 2001, p. 5 s.
OST F., « Jupiter, Hercule ou Hermès : quel modèle pour un droit postmoderne ? », *Journal des Procès* 1990, n° 179-180
OST F., « Pour une théorie ludique du droit », *Dr. et société* 1992, p. 93 s.
OST F., VAN DE KERCHOVE M., *De la pyramide au réseau ? Pour une théorie dialectique du droit*, Publications des Facultés universitaires Saint-Louis (Bruxelles), 2002
OST F., VAN DE KERCHOVE M., « Présentation – Droit et jeu », *Dr. et société* 1991, p. 5 s.

OST F., VAN DE KERCHOVE M., « Le jeu : un paradigme fécond pour la théorie du droit ? », *Dr. et société* 1991, p. 173 s.

PASCAL B., *Pensées*, 1669

PASCAL B., *De l'Esprit géométrique et de l'Art de persuader*, 1658

PECH L., « Le droit à l'épreuve de la gouvernance », in CANET R., DUCHASTEL J., dir., *La régulation néolibérale – Crise ou ajustement ?*, Athéna éditions (Montréal), 2005

PELLET A., « Le bon droit et l'ivraie – Plaidoyer pour l'ivraie », in *Mélanges Charles Chaumont*, Pedone, 1984, p. 465 s.

PERELMAN Ch., *Traité de l'argumentation – La nouvelle rhétorique*, Institut de sociologie de Bruxelles, 1970

PERELMAN Ch., *Logique juridique – Nouvelle rhétorique*, 2e éd., Dalloz, coll. Bibliothèque Dalloz, 1999

PERELMAN Ch., *L'empire rhétorique – Rhétorique et argumentation*, Vrin, coll. Textes philosophiques, 2000

PERELMAN Ch., « L'usage et l'abus des notions confuses », in *Le raisonnable et le déraisonnable en droit – Au-delà du positivisme juridique*, LGDJ, coll. Bibliothèque de philosophie du droit, 1984, p. 163 s.

PFERSMANN O., « Monisme revisité contre juriglobisme incohérent », in CHÉROT J.-Y., FRYDMAN B., dir., *La science du droit dans la globalisation*, Bruylant (Bruxelles), coll. Penser le droit, 2012, p. 63 s.

PFERSMANN O., « Contre le néo-libéralisme juridique, pour un débat sur l'interprétation », [en ligne] <giuri.unige.it>, 2010

PIMENTEL C.-M., « Quelques remarques sur les origines intellectuelles du pluralisme politique », in FONTAINE L., dir., *Droit et pluralisme*, Nemesis-Bruylant (Bruxelles), coll. Droit et justice, 2007, p. 29 s.

PITAMIC M., « Les déformations du raisonnement, source d'erreur dans la théorie de l'État », *Revue internationale de théorie du droit* 1927, n° 2

PONTHOREAU M.-C., « Trois interprétations de la globalisation juridique – Approche critique des mutations du droit public », *AJDA* 2006, p. 20 s.

POSNER R. A., *Droit et littérature*, trad. Ch. Hivet, Ph. Jouary, Puf, coll. Droit, éthique, société, 1996

PRIGOGINE I., *La fin des certitudes*, Odile Jacob, coll. Sciences, 1996

RADBRUCH G., « L'abrutissement des consciences », in GRZEGORCZYK Ch., MICHAUT F., TROPER M., *Le positivisme juridique*, LGDJ-Story Scientia (Paris-Bruxelles), coll. La pensée juridique, 1993, p. 505 s.

RAUCENT L., *Pour une théorie critique du droit*, Duculot, 1975

RAYNAUD Ph., « Anciens et modernes », in ALLAND D., RIALS S., dir., *Dictionnaire de la culture juridique*, Lamy-Puf, coll. Quadrige dicos poche, 2003

REBOUL O., *Introduction à la rhétorique – Théorie et pratique*, 2e éd., Puf, coll. Quadrige manuels, 2013

RENAUT A., « L'idée contemporaine du droit », *Droits* 1989, n° 10, p. 73 s.

RIGAUX F., *Ordonnancements juridiques et conversion numérique*, Larcier, coll. Petites fugues, 2014

ROUVIÈRE F., « La globalisation du droit : une idée théoriquement inutile », in CHÉROT J.-Y., FRYDMAN B., dir., *La science du droit dans la globalisation*, Bruylant (Bruxelles), coll. Penser le droit, 2012, p. 115 s.

RUBINLICHT-PROUX A., « Penser le droit : la fabrique romanesque », *Dr. et société* 2001, p. 495 s.
SALAS D., « Le droit entre mondialisation et universalisme », *Revue des deux mondes* 2000
SAMPFORD C., *The Disorder of Law*, Basil Blackwell (Oxford), 1989
SÉRIAUX A., « Question controversée : la théorie du non droit », *RRJ* 1995, p. 13 s.
SERRES M., *Hermès ou la communication*, Minuit, 1968
SIM S., dir., *The Routledge Critical Dictionnary of Postmodern Thought*, Routledge (New York), 1999
SMITH C., *Postmodern Winemaking: Rethinking the Modern Science of an Ancient Craft*, University of California Press (Berkeley), 2013
SORMAN G., dir., *Les vrais penseurs de notre temps*, Fayard, 1989
TAYLOR Ch., *Sources of the Self, the Making of the Modern Identity*, Harvard University Press (Cambridge), 1989
TAYLOR Ch., *Grandeur et misère de la modernité*, trad. Ch. Melançon, Bellarmin (Montréal), 1992
TAYLOR Ch., « Critique de la post-modernité », *Société* 1998, n° 18-19
TERRÉ F., « Esprit juridique et esprit de système », *Arch. phil. droit* 2003, p. 357 s.
TEUBNER G., « After Legal Instrumentalism? Strategy Models of Post-Regulatory Law », in TEUBNER G., dir., *Dilemmas of Law in the Welfare State*, Walter de Gruyter (Berlin-New York), 1986, p. 299 s.
TEUBNER G., « *Altera pars audiatur* : le droit dans la collision des discours », *Dr. et société* 1997, p. 105 s.
THIBIERGE C., dir., *La force normative – Naissance d'un concept*, LGDJ-Bruylant (Paris-Bruxelles), 2009
THIBIERGE C., « Synthèse : La force normative », in THIBIERGE C., dir., *La force normative – Naissance d'un concept*, LGDJ-Bruylant (Paris-Bruxelles), 2009, p. 741 s.
THIBIERGE C., « Conclusion : Le concept de force normative », in THIBIERGE C., dir., *La force normative – Naissance d'un concept*, LGDJ-Bruylant (Paris-Bruxelles), 2009, p. 813 s.
THIBIERGE C., « Le droit souple – Réflexion sur les textures du droit », *RTD civ.* 2003, p. 599 s.
THOMASSET C., LA PERRIERE R., « François Gény, la libre recherche scientifique et la nature des choses », in JESTAZ Ph., THOMASSET C., VANDERLINDEN J., dir., *François Gény, mythe et réalités – 1899-1999 – Centenaire de* Méthode d'interprétation et sources en droit positif – *Essai critique*, Dalloz-Bruylant-Yvon Blais (Paris-Bruxelles-Montréal), 2000, p. 251 s.
THUILLIER G., « Penser par soi-même en droit », in ALLAND D., RIALS S., dir., *Dictionnaire de la culture juridique*, Lamy-Puf, coll. Quadrige dicos poche, 2003
TOURAINE A., *Critique de la modernité*, Fayard, 1993
TROPER M., « La pyramide est toujours debout ! Réponse à Paul Amselek », *RDP* 1978, p. 1523 s.
TROPER M., « Pour une définition stipulative du droit », *Droits* 1989, n° 10, p. 101 s.
TRUFFIER J.-P., « Critique de la légitimité axiologique », in ROUSSEAU D., dir., *Le droit dérobé*, Montchrestien, coll. Grands colloques, 2007, p. 169 s.
TUNC A., « Le droit en miettes », *Arch. phil. droit* 1977, p. 31 s.

TUSSEAU G., « Un chaos conceptuel qui fait sens : la rhétorique du constitutionnalisme global », in CHÉROT J.-Y., FRYDMAN B., dir., *La science du droit dans la globalisation*, Bruylant (Bruxelles), coll. Penser le droit, 2012, p. 182 s.

TWINING W., *Globalization and Legal Theory*, Butterworths (Londres), 2000

VAN DE KERCHOVE M., « De la pyramide au réseau : pour une théorie dialectique du droit », *RID comp.* 2003, p. 730 s.

VANDERLINDEN J., « Réseaux, pyramide et pluralisme ou regards sur la rencontre de deux aspirants-paradigmes de la science juridique », *RIEJ* 2002, n° 49, p. 11 s.

VIALA A., « La pensée juridique peut-elle se passer de la dualité être/devoir être ? », in ROUSSEAU D., dir., *Le droit dérobé*, Montchrestien, coll. Grands colloques, 2007, p. 73 s.

VILLEY M., *La formation de la pensée juridique moderne*, Montchrestien, 1975

VILLEY M., *Critique de la pensée juridique moderne*, Dalloz, 1976

VILLEY M., *Réflexions sur la philosophie du droit*, Puf, coll. Les carnets, 1995

VINCENT P., « Les nouvelles caractéristiques du droit contemporain », in CIEDEL, *Le droit autrement : nouvelles pratiques juridiques et pistes pour adapter le droit aux réalités locales contemporaines*, Éditions Charles Léopold Mayer, 2001, p. 59 s.

VIRALLY M., *La pensée juridique*, LGDJ, 1960

VISSER'T HOOFT H. Ph., « Pour une mise en valeur non positiviste de la positivité du droit », *Droits* 1989, n° 10, p. 105 s.

VOGLIOTTI M., « La bande de Möbius : un modèle pour penser les rapports entre le fait et le droit », *RIEJ* 1997, n° 38, p. 105 s.

VOGLIOTTI M., « La "rhapsodie" : fécondité d'une métaphore littéraire pour repenser l'écriture juridique contemporaine », *RIEJ* 2001, n° 46, p. 141 s.

VON GLASERFELD E., *The construction of Knowledge – Contribution to conceptual semantics*, Intersystems Publications (Londres), 1988

VYGOTSLI L., *Pensée et langage*, trad. F. Sève, Messidor, 1985

WACHSMANN P., « Le kelsénisme est-il en crise ? », *Droits* 1986, n° 4, p. 56 s.

WAGNER P., *La logique*, 2e éd., Puf, coll. Que sais-je ?, 2011

WEBER M., *L'éthique protestante et l'esprit du capitalisme*, Pocket, coll. Agora, 1994

WINTGENS L., *Droit, principes et théories – Pour un positivisme critique*, Bruylant (Bruxelles), 2000

XIFARAS M., dir., *Généalogie des savoirs juridiques contemporains – Le carrefour des lumières*, Bruylant (Bruxelles), 2008

Quatrième partie

Enjeux actuels de la recherche juridique

En cette quatrième et dernière partie, il convient d'expliquer et de discuter certaines des problématiques qui touchent tout particulièrement la recherche juridique à l'ère contemporaine. Le choix de ces difficultés a été opéré assez arbitrairement et nul doute que d'autres pourraient être abordées. Ces défis actuels auxquels les scientifiques et les penseurs du droit sont confrontés sont les suivants :

- la question de l'interdisciplinarité, à l'heure où la science du droit est, parmi les sciences humaines et sociales, celle qui tarde le plus à s'y ouvrir, peut-être pour de bonnes raisons (*chapitre 1*) ;

- la question de la polysémie des concepts, à l'heure où se développent les modes terminologiques telles que celle consistant à utiliser le nom « gouvernance » afin de désigner des objets divers et variés, ce qui malmène la scientificité des travaux (*chapitre 2*) ;

- la question de la complexité inutile des productions *jus*-scientifiques, à l'heure où la simplicité et la fluidité du discours deviennent des conditions *sine qua non* de leur succès (*chapitre 3*) ;

- la question de la longueur excessive des publications, à l'heure où le temps que les lecteurs sont prêts à consacrer à chacune d'elles diminue à mesure qu'augmente leur nombre (*chapitre 4*) ;

- la question de l'obsolescence rapide des recherches, à l'heure où les normes et, plus encore, les objets que les normes doivent régir changent chaque jour un peu plus rapidement et radicalement, à tel point qu'on s'interroge sur la capacité de la doctrine à suivre la mutation du droit (*chapitre 5*) ;

- la question de l'opportunité de l'usage du plan en deux parties et quatre sous-parties, à l'heure où les pratiques scientifiques devraient peut-être prendre le pas sur les pratiques rituelles et mythologiques (*chapitre 6*) ;

- la question de l'évolution des critères de la « bonne » recherche en droit, à l'heure où, notamment, la quête de l'exhaustivité paraît ne plus pouvoir être un élément déterminant tant, d'une part, les outils numériques et internetiques rendent aisée la consultation de la plupart des documents et, d'autre part, la multiplication exponentielle des normes et des commentaires des normes rend le travail de recension à la fois pénible pour l'auteur et rébarbatif pour le lecteur (*chapitre 7*) ;

- la question de l'avènement d'une science du droit devenue science expérimentale, à l'heure où l'intention de procéder à des expériences scientifiques en droit n'est peut-être plus aussi détonante qu'autrefois, lorsque Carbonnier faisait œuvre iconoclaste en affirmant qu' « il faut bien nous habituer à cette idée qu'un jour viendra où, dans les Facultés de droit, les codes et les recueils de jurisprudence cèderont, au moins pour partie, la place à des instruments de laboratoire. Enfin nous pourrons faire des expériences ! »[1] (*chapitre 8*) ;

- la question de la déliquescence de l'élégance du discours, à l'heure où le besoin d'écrire de plus en plus vite, le besoin, en quelque sorte, de « produire » toujours plus, met à mal les canons formels qui ont fait la beauté, en particulier, des joutes doctrinales de la première moitié du XXe s. (*chapitre 9*).

[1] J. CARBONNIER, *Flexible droit – Pour une sociologie du droit sans rigueur*, 8e éd., LGDJ, 1995, p. 363.

Chapitre 1

Le problème de l'interdisciplinarité dans ou avec la « science juridique du droit »

Interdisciplinarité, pluridisciplinarité et transdisciplinarité

La livraison de novembre 2013 de le revue *Hermès* s'intitule « Interdisciplinarité : entre disciplines et indiscipline » ; on ne saurait dire mieux. Respecter les frontières de sa discipline, c'est être discipliné ; chercher à les dépasser, c'est être indiscipliné.

En tout premier lieu, un avertissement s'impose : ne sera interrogée, au sein de ce premier chapitre, que la seule interdisciplinarité du point de vue des juristes et, plus précisément encore, que la seule interdisciplinarité du point de vue des universitaires-juristes. Aussi ne s'agira-t-il en aucun instant de revenir sur l'existence, au-delà de ces universitaires-juristes, de la sociologie du droit, de l'anthropologie du droit, de l'analyse économique du droit, etc. Que soit à cet instant rappelé combien la recherche juridique dépasse allègrement la recherche en droit des juristes. Toutefois, le présent chapitre ne s'intéressera qu'à cette recherche en droit des juristes, qu'à la « science juridique du droit », qu'à l'interdisciplinarité qui implique ou qui impliquerait des universitaires-juristes.

Il faut, ensuite, distinguer l'interdisciplinarité, la pluridisciplinarité et la transdisciplinarité. L'interdisciplinarité peut se concevoir comme le genre qui regroupe la pluridisciplinarité (lorsque plusieurs matières sont mobilisées à tour de rôle, sans se confondre jamais, l'analyse restant divisée en autant de parties distinctes qu'il y a d'approches différentes) et la transdisciplinarité (quand l'observateur relie ou mélange les apports de plusieurs sciences, lesquelles s'effacent alors pour laisser place à un commentaire original et unitaire)[1]. Avec la transdisciplinarité, les disciplines tendent à s'allier autour de nouveaux objets, de nouveaux outils et d'une nouvelle langue, sorte d' « esperanto scientifique »[2]. La transdisciplinarité est un art rare ; et, si c'est un art, c'est que ce n'est pas une science. Toutefois, à l'heure actuelle, certainement l'interdisciplinarité se résume-t-elle le plus souvent à la

[1] *Cf.*, également, B. NICOLESCU, *La transdisciplinarité*, Le rocher, 1996.

[2] F. OST, M. VAN DE KERCHOVE, *De la pyramide au réseau – Pour une théorie dialectique du droit*, Publications des Facultés universitaires Saint-Louis (Bruxelles), 2002, p. 468.

pluridisciplinarité, notamment lorsque des colloques, des revues ou des ouvrages collectifs se définissent comme « interdisciplinaires ».

Pourrait également être estimé, même si tel n'est pas la conception ici retenue, que l'interdisciplinarité serait le degré intermédiaire entre la pluridisciplinarité (aucune intégration et pluralisme) et la transdisciplinarité (totale intégration et monisme), lorsque la recherche s'opère à partir du champ théorique d'une discipline précise puis développe des problématiques recoupant partiellement celles qu'élaborent, de leurs côtés, d'autres disciplines. Il s'agirait, dans ce cas, d' « une véritable articulation de savoirs, qui entraîne, par approches successives, comme dans un dialogue, des réorganisations partielles des champs théoriques en présence »[1].

L'interdisciplinarité interdite par le « purisme » kelsénien

Dans l'histoire des sciences et des techniques, bien des découvertes et des innovations ont été permises non par la rigueur et la logique des disciplines constituées mais par l'audace et l'esprit de liberté des chercheurs. Et d'aucuns ont pu plébisciter les franchissements des frontières disciplinaires. Se pose la question de savoir si l'émancipation du cloisonnement des sciences peut s'étendre jusqu'à une matière aux spécificités fortes telle que le droit.

Le problème de la possibilité épistémologique de travaux tout à la fois juridiques et interdisciplinaires a déjà été mis sur la table, donnant lieu à d'interminables controverses dans différents pays et notamment aux États-Unis[2]. Le *Legal Realism* et, en particulier, sa branche la plus radicale qui est le mouvement *Critical Legal Studies* ont introduit les problèmes économiques, sociaux, politiques et culturels dans l'analyse et l'enseignement du droit[3]. En France et dans les pays dont le droit est d'inspiration romano-germanique, le retard — ou l'avance ? — est conséquent puisque la problématique commence seulement, timidement, à émerger parmi l'océan normativiste dans lequel baignent, classiquement, les juristes.

Sans doute l'une des premières différences entre ces traditions juridiques se situe-t-elle dans l'importance conférée à la pensée kelsénienne. Hans Kelsen impose, dans *Théorie pure du droit*, le « purisme » méthodique aux juristes[4]. Qui entend étudier les normes juridiques scientifiquement doit

[1] J.-P. RESWEBER, *La méthode interdisciplinaire*, Puf, 1980, p. 16.

[2] *Cf.*, par exemple, L. LIPSON, S. WHEELER, dir., *Law and the Social Sciences*, Russell Sage Foundation (New York), 1986.

[3] *Cf.*, par exemple, O. W. HOLMES, *The Common Law*, Little Brown (Boston), 1963 ; L. COHEN-TANUGI, *Le droit sans l'État*, 2e éd., Puf, 2007, p. 71 s.

[4] Il semble que l'œuvre de Kelsen se soit petit à petit radicalisée puisque, en 1923, il écrivait encore : « Peut-être puis-je espérer que nos efforts, qui tendent à approfondir

s'efforcer de demeurer à l'écart de toutes considérations politiques, philosophiques, sociologiques, psychologiques, religieuses ou économiques[1]. Il doit se contenter d'« exposer le droit tel qu'il est, [...] recherche[r] le droit réel et possible »[2]. À cette condition, la théorie et la science du droit sont « pures » ; elles se bornent à « la connaissance du droit, du seul droit, en excluant de cette connaissance tout ce qui ne se rattache pas à l'exacte notion de cet objet »[3]. Reprenant un plein pan de la philosophie kantienne[4], Kelsen rejette tout syncrétisme ou pluralisme méthodique — ce qui correspond, respectivement, à la trans- et à la pluridisciplinarité — ; il prohibe expressément et pour longtemps tout lien entre le droit et les autres sciences sociales. Il entend, par là, tenir à l'écart tout ce qui pourrait « obscurci[r] l'essence propre de la science du droit et rend[re] floues et vagues les bornes qui lui sont assignées par la nature de son objet : le droit »[5]. Or cette doctrine kelsénienne domine les esprits juridiques dans les pays de *civil law* mais pas dans les pays de *common law*.

Dès lors que la science juridique s'imagine ainsi « débarass[ée] de tous les éléments qui lui sont étrangers »[6], « protégée de l'extérieur »[7], toute immixtion de l'interdisciplinarité est par définition et sans autre forme de procès exclue et comprise comme intention inconséquente épistémologiquement. Cependant, il ne s'agit aucunement de nier la possibilité d'appréhender les normes juridiques d'un point de vue sociologique, politique, historique ou philosophique. Aucun juriste positiviste ne conteste la possibilité offerte à tout savoir socio-scientifique ou humano-scientifique de traiter des normes et des institutions ; seulement, ce seront alors des analyses sociologiques, politiques, historiques ou philosophiques qui seront produites et en aucune façon des analyses juridiques[8].

philosophiquement les problèmes de la théorie du droit et de l'État, en les liant aux problèmes analogues des autres sciences, libérant ainsi la nôtre de son isolement malsain et l'insérant comme membre à part entière dans le système des sciences, se trouvera justement compris, même par nos adversaires » (H. KELSEN, *Hauptprobleme der Staatsrechtslehre entwickelt aus der Lehre vom Rechtssatze*, Tübingen, 1923, p. XXIII (cité par N. BOBBIO, *Essais de théorie du droit*, trad. Ch. Agostini, M. Guéret, LGDJ-Bruylant (Paris-Bruxelles), coll. La pensée juridique, 1998, p. 213)).

[1] H. KELSEN, *Théorie pure du droit*, 2e éd., trad. Ch. Eisenmann, Dalloz, 1962, p. I et p. 257.

[2] *Ibid.*, p. I.

[3] *Ibid.*

[4] *Cf.* S. GOYARD-FABRE, « L'inspiration kantienne de Hans Kelsen », *Revue de métaphysique et de morale* 1978, p. 205 s.

[5] H. KELSEN, *Théorie pure du droit*, 2e éd., trad. Ch. Eisenmann, Dalloz, 1962, p. 2.

[6] *Ibid.*, p. 9.

[7] A. GARAPOND, « La pensée de Yan Thomas - Les opérations du droit », Le bien commun, France culture, 17 nov. 2011.

[8] É. MILLARD, *Théorie générale du droit*, Dalloz, coll. Connaissance du droit, 2006, p. 52. L'auteur explique que, « même si certains faits peuvent se recouvrir, le droit de ces sciences

Si cela ne devrait contribuer à évincer que la seule transdisciplinarité, il en va de même de la pluridisciplinarité, et donc de l'interdisciplinarité en général, car les juristes s'estiment incompétents dans ces autres matières qui sont, autant que le droit, des affaires de spécialistes. Or il y a pluridisciplinarité, non pas lorsque l'auteur d'un ouvrage s'autorise, au détour d'une introduction, quelque considération historique ou sociologique, mais seulement quand les diverses disciplines mobilisées le sont, peu ou prou, de manière quantitativement et qualitativement égale, ce qui, *de facto*, ne peut guère être le cas qu'au sein de travaux collectifs.

Au sens de la doctrine normativiste kelsénienne, l'œuvre du légiste se concentre essentiellement sur la norme, sur sa forme et sur son contenu, loin de tous éléments de compréhension extérieurs, moraux, sociologiques ou historiques, quand bien même ils pourraient expliquer les raisons de l'édiction de cette norme et permettre d'envisager son avenir. Ce qui importe est la reconnaissance par le système juridique de la juridicité des compétences, faits, règles, concepts ou arguments en cause. La science du droit des juristes s'attache ainsi à une connaissance de son objet qui est non seulement interne et formelle[1], mais aussi fermée. Nulle donnée externe au système juridique ne saurait pénétrer l'analyse et y prospérer.

La grande méfiance des universitaires-juristes à l'égard de l'interdisciplinarité

Certainement la prédominance de la parole kelsénienne chez les juristes n'est-elle pas infondée ou hasardeuse, cela en premier lieu car, dans cette hypothèse, elle n'aurait jamais rencontré pareil succès — qui confine au plébiscite — parmi les facultés de droit. Par exemple, a été souligné combien il existe des différences irréductibles de points de vue, de méthodes et de définitions entre les diverses sciences sociales[2] ; c'est là sans doute une explication à la qualification de « sciences molles » en comparaison des « sciences dures » dont la neutralité et l'objectivité scientifiques paraissent éminemment plus hautes. En tout cas, Herbert Hart a pu souligner à son tour l'irrésistible autonomie du discours juridique : « L'étude des significations des concepts juridiques constitue une étude importante qu'il faut distinguer

n'est pas le droit d'une théorie générale du droit. Toute science [...] construit son objet dans la démarche scientifique. Le droit de l'histoire (y compris de l'histoire du droit) est la conceptualisation de certains phénomènes dans une démarche de connaissance historique dont les méthodes et les fins sont propres. L'histoire construit son objet de connaissance. Il en va évidemment de même des autres sciences ».

[1] É. MILLARD, « Point de vue interne et science du droit : un point de vue empiriste », *RIEJ* 2007, n° 59, p. 63 s.

[2] « La même définition du droit ne saurait convenir au savant, à l'historien, au sociologue, qui jugent le droit de l'extérieur, et au juriste » (J. DABIN, « La définition du droit – À propos d'une étude récente », in *Mélanges Paul Roubier*, Dalloz-Sirey, 1961, p. 201).

[…] des recherches historiques, des recherches sociologiques et de l'évaluation critique du droit au regard de la morale, des finalités sociales, des fonctions »[1]. Et, aujourd'hui, les meilleurs spécialistes de l'épistémologie juridique, assurément très au fait des limites des modes d'étude du droit, d'affirmer sans ambages que, quand bien même un argument ou une observation serait « fondé(e), voire éclairant(e) et utile », il convient de l' « écarter irrémédiablement sans [le/la] combatt[re] ou conteste[r] si [il/elle] est disqualifié(e) comme non juridique »[2]. Une information économique, sociologique ou politique ne peut, par nature, revêtir quelque pertinence en droit ; elle ne le peut qu'en économie, en sociologie ou en science politique.

> *Le décret nommant Dupont à la tête de tel établissement public est un acte juridique sous l'aspect de la théorie des actes administratifs. C'est aussi un acte psychologique (le président aime bien Dupont), politique (Dupont est de droite), sociologique (Dupont et le président allaient au même cours de judo quand ils étaient petits) etc. Mais, précisément, ce qui intéresse la théorie juridique […] c'est l'aspect juridique de ce que fait le président. Le sociologue nous apprend que Dupont et le président faisaient du judo ensemble, le politiste que Dupont est de droite, le psychologue que le président aime bien Dupont etc. Dans ce concert, il revient au juriste de produire le savoir qui porte spécifiquement sur la juridicité du phénomène considéré (Dupont est nommé par décret en conseil des ministres, ce décret n'est valide que s'il est signé de telle et telle manière, il est susceptible de recours sous certaines conditions etc.).*[3]

Des auteurs tels que Gunther Teubner[4] vont jusqu'à soutenir que lesdits éléments d'analyse extrajuridiques n'existeraient pas. Le système juridique serait un ensemble hiérarchisé de règles répondant à une logique autoréférencielle : le droit se règlerait lui-même ; seul le droit pourrait expliquer le droit puisque ce sont des normes qui habilitent des institutions et des organes à créer d'autres normes. Nul doute que c'est là un excès qu'il convient de marginaliser ; la procédure juridique habilitant le président à nommer discrétionnairement quiconque à un poste ne suffit pas à expliquer pourquoi il a choisi Dupont plutôt que Durand. Même si cet élément n'intéresse pas directement le droit, rappeler que le président aime bien

[1] H. L. A. HART, *Le concept de droit*, trad. M. van de Kerchove, Publications des Facultés universitaires Saint-Louis (Bruxelles), 2006, p. 301.
[2] Ch. ATIAS, *Épistémologie juridique*, Dalloz, coll. Précis, 2002, p. 97.
[3] M. XIFARAS, « Après les Théories Générales de l'État : le droit global ? », *Jus Politicum* 2012, n° 8, p. 47.
[4] G. TEUBNER, *Droit et réflexivité – L'autoréférence en droit et dans l'organisation*, trad. N. Boucquey, LGDJ, 1994 ; G. TEUBNER, *Le droit, un système autopoïétique*, Puf, coll. Les voies du droit, 1993.

Dupont et abhorre Durand n'est alors pas inutile. Dans tous les cas, cela ne suffit pas à passer du monisme disciplinaire à la pluridisciplinarité : le juriste qui évoque un élément psychologique au sein d'un commentaire juridique demeure pleinement juriste et, fort heureusement, ne s'improvise pas de ce seul fait psychologue.

C'est cette conception positiviste-normativiste de la science juridique qui est enseignée, inculquée actuellement parmi les facultés de droit françaises, ce qui, nécessairement, participe de sa perpétuation et du fait que « les juristes sont les grands champions de l'enfermement disciplinaire »[1]. L'influence de la formation des étudiants sur leurs constructions intellectuelles futures n'est évidemment pas à démontrer. D'aucuns regrettent ce quasi-monopole dont jouit le kelsénisme : « En se focalisant sur la règle et la technique, nous ne formons que des hordes de plombiers du droit »[2]. Vu depuis les autres disciplines ou du haut d'une revue interdisciplinaire, nul doute que le droit des juristes apparaît tel « un ensemble peu convivial »[3].

On a pu également expliquer cet enfermement des universitaires-juristes par des éléments moins nobles et défendables, soit des éléments d'ordre corporatiste, spécialement leur constitution en clan clôt et impénétrable ou leur volonté de préserver leurs intérêts et le caractère exclusif de leur maîtrise du juridique[4]. Peut-être le phénomène est-il aussi intelligible grâce à l'observation selon laquelle la science juridique serait, avec l'économie, la seule science sociale à afficher une volonté hégémoniste, impérialiste et modélisatrice[5].

C'est un fait relevé par beaucoup : les juristes des universités sont davantage conservateurs que la plupart des autres scientifiques. Néanmoins, il se trouve de plus en plus de pensées dissonantes qui regrettent l'enclavement du droit et aspirent à de nouvelles ouvertures. Mais les révolutions ne se font pas en un jour et les juristes progressistes, en cela « postmodernes », doivent ménager les « modernes »[6]. Pour l'heure, les mouvements vont vers toujours plus de spécialisation juridique. En 1896, les

[1] A. SUPIOT, « État social et mondialisation : analyse juridique des solidarités », Leçon inaugurale au Collège de France, 29 nov. 2012.

[2] J.-F. RIFFARD, « La mutation de la norme : l'avènement d'un droit nivelé ? Ou retour sur quelques aspects de l'unification et la globalisation des droits », in M. BEHAR-TOUCHAIS, N. MARTIAL-BRAZ, J.-F. RIFFARD, dir., *Les mutations de la norme*, Economica, coll. Études juridiques, 2011, p. 113.

[3] A.-J. ARNAUD, « Le droit, un ensemble peu convivial », *Dr. et société* 1989, p. 81 s.

[4] P. BOURDIEU, « La force du droit – Éléments pour une sociologie du champ juridique », *Actes de la recherche en sciences sociales* 1986, n° 64, p. 1 s. ; A.-J. ARNAUD, *Les juristes face à la société du XIXe siècle à nos jours*, Puf, 1975.

[5] A. CAILLÉ, S. DUFOIX, dir., *Le tournant global des sciences sociales*, La découverte, 2013.

[6] *Cf.*, par exemple, A. BAILLEUX, H. DUMONT, « Esquisse d'une théorie des ouvertures interdisciplinaires accessible aux juristes », *Dr. et société* 2010, p. 275 s.

facultés de droit avaient été divisées en quatre sections : droit privé et criminel, droit public, histoire du droit et sciences économiques. Plus tard, en 1971, la science politique s'était séparée du droit public[1]. Les branches ont poussé les unes après les autres et il semble périlleux de chercher à s'asseoir sur plusieurs d'entre elles à la fois, en tout cas du point de vue de la logique universitaire, notamment celle qui préside au recrutement des jeunes enseignants-chercheurs qui formeront la doctrine juridique de demain[2]. Peut-être y aura-t-il une agrégation de droit fiscal avant qu'il y ait une agrégation de droit. C'est y compris l'interdisciplinarité intra-juridique qui se trouve relativement dénigrée par les universitaires-juristes. Ainsi mieux vaut-il ne pas mélanger droit public et droit privé[3].

Et les travaux de juristes qui désireraient s'inscrire, par exemple, dans une perspective de sociologie du droit risqueraient d'être considérés avec suspicion, si ce n'est déconsidérés ; les carrières universitaires de leurs auteurs seraient alors gravement menacées puisqu'ils n'entreraient guère dans quelques cases du découpage canonique[4]. À nouveau, ce constat vaut principalement pour la France ; dans de nombreux pays, la Belgique ou l'Italie par exemple, les enseignements de sociologie du droit ou de philosophie du droit s'avèrent tout à fait communs.

De rares immixtions de l'interdisciplinarité dans la « science juridique du droit »

Si le droit est largement refermé et hermétique et s'il ne s'attache guère aux savoirs produits par les autres sciences sociales, cela fait longtemps, en revanche, que lesdites autres sciences sociales se préoccupent du droit. En témoignent l'analyse économique du droit, la sociologie du droit, l'anthropologie du droit, l'histoire du droit, la philosophie du droit et même la géographie du droit. Cependant, évoquer ici ces disciplines est peu pertinent puisqu'il ne s'agit guère de connaissances juridiques produites par des juristes, mais bien de savoirs économiques, sociologiques, anthropologiques, historiques, philosophiques et géographiques forgés par des économistes, des sociologues, etc., peu important qu'ils soient économistes, sociologues, etc., par formation ou par destination. Tous les juristes, du magistrat au professeur, ne sont à proprement parler juristes qu'à l'instant où ils manient la technique juridique ou produisent un savoir sur les normes positives ; ils retirent cette casquette dès qu'ils s'enquièrent de

[1] M. MILET, « L'autonomisation d'une discipline – La création de l'agrégation de science politique en 1971 », *Revue d'histoire des sciences humaines* 2001, n° 4, p. 95 s.
[2] J.-M. CARBASSE, « L'agrégation des Facultés de droit », *RDP* 2009, p. 300 s. ; F. MELLERAY, « Les concours nationaux d'agrégation de l'enseignement supérieur », *AJFP* 2013, p. 70 s.
[3] Sur la *summa divisio*, *cf.* B. BARRAUD, « Droit public-droit privé : de la *summa divisio* à la *ratio divisio* ? », *RRJ* 2014, p. 1101 s.
[4] J. CHEVALLIER, « Doctrine juridique et science juridique », *Dr. et société* 2002, p. 113.

données politiques ou économiques. Partant, seule l'interdisciplinarité avec le droit apparaît possible ; l'interdisciplinarité dans le droit est une *contradictio in adjecto*.

Malgré l'omnipotence du positivisme juridique qui prohibe, non pas la participation des juristes à des travaux interdisciplinaires[1], mais le recours à l'interdisciplinarité par les juristes, la question de la possibilité de cette interdisciplinarité est chaque jour posée avec un peu plus d'insistance dans l'espace *jus*-universitaire[2]. De rares juristes avant-gardistes soutiennent que les travaux juridiques gagneraient en profondeur, en précision et en portée s'ils ouvraient la porte, non à la transdisciplinarité — car ils deviendraient alors confus et inintelligibles —, mais à la pluridisciplinarité. Quelques brèches dans la clôture positiviste du droit seraient une avancée formidable et ces auteurs plaident en faveur d'enseignements de philosophie du droit ou de sociologie du droit dans les facultés de droit, regrettant que l'absence de ces matières de réflexion empêche les étudiants d'acquérir la hauteur de vue et le recul nécessaires[3]. Pour l'heure, lesdits étudiants ne percevraient les normes que sous un angle purement technique et utilitaire[4].

Déjà en 1935 Gurvitch déplorait que « la distinction tranchante entre “science du droit”, “sociologie du droit” et “philosophie du droit” paraît être, aux yeux de la plupart des juristes, le dernier mot de la sagesse méthodologique, tandis qu'elle est, en réalité, [...] tout à fait artificielle et stérile car elle conduit à l'impuissance de chacune de ces disciplines. [...] L'hostilité entre [elles] est la cause de leurs tendances dogmatiques et de leur retard frappant sur l'évolution générale de la pensée philosophique et scientifique »[5]. Il semble que, depuis que le sociologue a écrit ces lignes, les disciplines non juridiques se soient détachées du droit, lequel demeure obstinément solitaire tandis que ces premières, désormais, collaborent, spécialement au moyen de revues interdisciplinaires.

Beaucoup d'universitaires-juristes perpétuent la « contemplation narcissique »[6]. Peut-être est-ce parce que, tandis que l'essentiel des sciences

[1] La pertinence de pareils travaux est une autre question. La participation à un projet interdisciplinaire ne signifie pas que ladite participation serait en elle-même interdisciplinaire.

[2] Par exemple, R. LANNEAU, « L'interdisciplinarité comme questionnement – Penser et dépasser les limites des approches juridiques traditionnelles », *RRJ* 2014, p. 557 s.

[3] M. GRAWITZ, *Méthodes des sciences sociales*, 11e éd., Dalloz, coll. Précis, 2000, p. 153.

[4] J.-F. RIFFARD, « La mutation de la norme : l'avènement d'un droit nivelé ? Ou retour sur quelques aspects de l'unification et la globalisation des droits », in M. BEHAR-TOUCHAIS, N. MARTIAL-BRAZ, J.-F. RIFFARD, dir., *Les mutations de la norme*, Economica, coll. Études juridiques, 2011, p. 113 ; J. CHEVALLIER, « Doctrine juridique et science juridique », *Dr. et société* 2002, p. 113.

[5] G. GURVITCH, *L'expérience juridique et la philosophie pluraliste du droit*, Pedone, 1935, p. 15-17.

[6] A.-J. ARNAUD, *Critique de la raison juridique – 2. Gouvernants sans frontières – Entre mondialisation et post-mondialisation*, LGDJ, coll. Droit et société, 2003, p. 368.

humaines et sociales sont des sciences « molles », le droit serait une science « mi-molle » ou, mieux, « mi-dure », soit une science plus rigoureuse méthodiquement que les autres. Mais alors les juristes, pourtant présentés comme conservateurs, seraient ceux qui, au cours du XXe s., parmi les sciences humaines et sociales, auraient vu leur science se perfectionner le plus profondément. Il convient assurément de distinguer qualité du changement et quantité de changements.

On soutient qu'une analyse du droit enrichie pourrait être une analyse ouverte aux influences de l'environnement social, politique et économique sur le système juridique. Le système resterait système, mais « système assoupli »[1], comprenant les éléments purement formels et normatifs identifiés par Kelsen, mais sans s'y réduire. Profitant de pareille « systématisation externe »[2], le droit ne serait plus coupé de la société et des valeurs qu'elle porte, ce qui ne serait pas sans importance à l'heure de la globalisation et de l'accélération du changement. La science du droit des juristes est un mur important — un mur porteur même — parmi les sciences sociales. Imaginer qu'elle n'entretiendrait aucune relation d'interdépendance avec les autres disciplines serait fort peu judicieux. Certainement « tout se tient[-il] », ainsi que l'a relevé il y a longtemps Antoine-Augustin Cournot[3]. Et l'analyse juridique devrait être menée dans la perspective épistémique d'une contribution partielle à l'intelligibilité de phénomènes dont aucune science ne pourrait prétendre détenir toutes les clés, mais à laquelle toutes auraient quelque-chose à apporter[4].

Assouplir la science du droit des juristes pour la rendre plus dure, voilà qui paraît à tout le moins contradictoire. Pourtant, de l'autre côté de l'Atlantique, se trouvent de nombreuses études interdisciplinaires sur le droit menées par des juristes de formation[5]. Quant à certains auteurs wallons, ils peuvent définir la théorie générale du droit comme « une science positive [...] qui étudie, d'un point de vue externe, les problèmes qui sont communs à tous les systèmes de droit, en utilisant une méthode pluri- ou interdisciplinaire »[6] ; et les mêmes auteurs de proposer de recourir à un

[1] J.-L. BERGEL, *Méthodologie juridique*, Puf, coll. Thémis droit privé, 2001, p. 25.
[2] *Ibid.*
[3] A.-A. COURNOT, *Essai sur les fondements de nos connaissances et sur les caractères de la critique philosophique*, Paris, 1851.
[4] A. SUPIOT, « État social et mondialisation : analyse juridique des solidarités », Leçon inaugurale au Collège de France, 29 nov. 2012.
[5] Par exemple, J.-G. BELLEY, P. ISSALYS, dir., *Aux frontières du juridique – Études interdisciplinaires sur les transformations du droit*, Presses de l'Université Laval (Québec), 1993. *Cf.* A. VAUCHEZ, « Entre droit et sciences sociales – Retour sur l'histoire du mouvement *Law and Society* », *Genèses* 2001, n° 45, p. 134 s. ; M. GARCIA VILLEGAS, « Champ juridique et sciences sociales en France et aux États-Unis », *L'Année sociologique* 2009, n° 59, p. 29 s.
[6] F. OST, M. VAN HOECKE, « Théorie du droit », in A.-J. ARNAUD, *Dictionnaire encyclopédique de théorie et de sociologie du droit*, 2e éd, LGDJ, 1993.

« pluralisme des connaissances, des méthodes, des points des vue [...] et des disciplines »[1]. Ici ou là, il se trouve également l'un ou l'autre juriste français positiviste glissant discrètement quelque appel en faveur de l'interdisciplinarité[2], jugée « parfois irritante mais toujours stimulante »[3]. Mais il ne faudrait surtout pas imaginer qu'il s'agirait d'un mouvement de masse car « qui ne dit mot consent » et l'écrasante majorité des professeurs de droit, s'ils n'abordent pas ces questionnements épistémologiques, n'en témoignent pas moins tacitement, au travers de leurs écrits technico-formalistes, d'un respect — si ce n'est d'un attachement — à l'héritage kelsénien monodisciplinaire.

Enfin, il se pourrait que les phénomènes de globalisation et de pluralisme juridiques, qu'il est de moins en moins possible de nier ou d'ignorer, obligent à écouter les enseignements des disciplines non juridiques, à « se désencastrer »[4] et à engager le « dialogue des savoirs »[5], sous peine de voir le droit académique perdre toute pertinence, spécialement car par trop détaché des « faits juridiques ». D'aucuns soutiennent que le positivisme normativiste, hier parfaitement congruent, serait désormais inadéquat devant des mouvements qu'il ne parviendrait pas à correctement et utilement saisir[6]. Le droit changerait, doucement mais sûrement, de nature, des paradigmes postmodernes subrogeraient les paradigmes classiques[7], ce qui favoriserait la constitution d'un « carrefour interdisciplinaire »[8]. En particulier, le droit deviendrait « souple » et on construirait des ponts afin de le relier aux autres sciences sociales et à leurs conceptions plus extensives de la juridicité[9]. La notion de « gouvernance » et son utilisation par beaucoup ne sont pas étrangères à ces évolutions[10].

[1] F. OST, M. VAN DE KERCHOVE, *De la pyramide au réseau – Pour une théorie dialectique du droit*, Publications des Facultés universitaires Saint-Louis (Bruxelles), 2002, p. 466.

[2] Par exemple, D. DE BÉCHILLON, *Qu'est-ce qu'une règle de droit*, Odile Jacob, 1997, p. 157.

[3] J.-M. SOREL, « Le rôle du droit international dans le développement du pluralisme (et vice versa) : une liaison moins naturelle qu'il n'y paraît », in L. FONTAINE, dir., *Droit et pluralisme*, Nemesis-Bruylant (Bruxelles), coll. Droit et justice, 2007, p. 98.

[4] J.-J. SUEUR, « Analyser le pluralisme pour comprendre la mondialisation ? », in J.-Y. CHÉROT, B. FRYDMAN, dir., *La science du droit dans la globalisation*, Bruylant (Bruxelles), coll. Penser le droit, 2012, p. 93.

[5] F. OST, M. VAN DE KERCHOVE, *De la pyramide au réseau – Pour une théorie dialectique du droit*, Publications des Facultés universitaires Saint-Louis (Bruxelles), 2002, p. 316.

[6] M. XIFARAS, « Après les Théories Générales de l'État : le droit global ? », *Jus Politicum* 2012, n° 8, p. 44.

[7] F. OST, M. VAN DE KERCHOVE, *De la pyramide au réseau – Pour une théorie dialectique du droit*, Publications des Facultés universitaires Saint-Louis (Bruxelles), 2002, *passim*.

[8] A.-J. ARNAUD, « Droit et société – Un carrefour interdisciplinaire », *RIEJ* 1988, n° 21, p. 7 s. ; J. COMMAILLE, « La sociologie et les sens du droit », *Droits* 1989, n° 10, p. 23 s.

[9] C. THIBIERGE, « Le droit souple – Réflexions sur les textures du droit », *RTD civ.*, 2003, p. 599.

[10] W. CAPELLER, V. SIMOULIN, « La gouvernance : du programme de recherche à la transdisciplinarité », *Dr. et société* 2003, p. 301 s.

L'interdisciplinarité comprise telle une menace

Si ces phénomènes en développement, qui ne peuvent être ignorés, interrogent la théorie, l'épistémologie et la science juridiques modernes, et si ces dernières doivent sans doute muer et accueillir de nouveaux concepts, de nouvelles prémisses et de nouvelles constructions cognitives, il semble préférable que lesdits concepts, prémisses et constructions soient façonnés par et pour les juristes plutôt que par et pour les non juristes. Que les connaissances relatives au droit ne soient plus l'apanage de ceux que l'État a formé afin qu'ils les établissent et dont, pour la plupart, il finance les recherches ne serait pas le moindre des paradoxes. Aussi est-il permis de gager que, à l'intérieur de la sphère juridique, on continuera encore longtemps de repousser le recours à la transdisciplinarité, jugée ascientifique, et à la pluridisciplinarité, difficilement praticable.

Toute discipline scientifique se constitue autour d'objets, de méthodes et d'intentions spécifiques. Si la pluridisciplinarité, consistant à juxtaposer les enseignements produits par différentes sciences, est possible et peut être pertinente, tandis que la transdisciplinarité se révèle être une impasse épistémologique, l'ouverture de la science juridique aux autres sciences sociales, même dans le cadre de la pluridisciplinarité, ne paraît que peu souhaitable. Cette pluridisciplinarité, en effet, implique la quasi-égalité, quantitativement, entre les disciplines mobilisées dans l'étude. Or ce n'est que ponctuellement que la science politique, l'économie ou la philosophie peuvent servir à l'enrichissement de travaux principalement juridiques. Seule une conception magique du travail scientifique peut permettre d'envisager que de la simple juxtaposition de savoirs parallèles pourrait surgir une problématique commune. La pluridisciplinarité est toujours une addition de monologues inaccessibles du point de vue des scientifiques non attachés à la matière qui a la parole[1]. A déjà été souligné combien, à l'occasion des colloques interdisciplinaires, les différents publics présents ne sont souvent attentifs qu'aux contributions intéressant leurs domaines respectifs. Chaque secteur scientifique possède « sa langue et son génie propre »[2] ; s'ils n'étaient plus respectés au nom de la démocratisation et du syncrétisme, si les sciences devenaient parfaitement compréhensibles et praticables par tout profane, ce serait sans doute que la scientificité aurait grandement — dangereusement ? — diminué, ce qu'il faudrait qualifier de « recul » plutôt que de « progrès ».

[1] A déjà été souligné combien, lors des colloques interdisciplinaires, les différents publics ne sont attentifs qu'aux contributions touchant à leurs domaines respectifs. *Cf.*, par exemple, M. DE WACHTER, « Bioéthique et pluridisciplinarité : discours parallèles ou vrai dialogue ? », *Journal international de bioéthique* 2000, n° 11.

[2] F. OST, M. VAN DE KERCHOVE, *De la pyramide au réseau – Pour une théorie dialectique du droit*, Publications des Facultés universitaires Saint-Louis (Bruxelles), 2002, p. 468.

Mais tel n'est guère le constat qui, aujourd'hui, peut être établi. Le courant « droit et littérature », par exemple, qui postule que l'art des romanciers devrait être mobilisé par les juges afin d'atteindre l'idéal de justice[1], s'il se développe aux États-Unis, n'en demeure pas moins embryonnaire et, dans tous les cas, le fait de philosophes plus que de juristes ; leurs propositions ne revêtent donc aucune portée scientifique en droit.

En outre, démonstration a déjà été faite que, lorsqu'on fait cohabiter plusieurs domaines scientifiques, l'un finit souvent par cannibaliser les autres[2]. En général, il s'agit de celui avec lequel l'auteur — ou le directeur ou la majorité des auteurs pour les projets collectifs — entretient les plus grandes affinités. Ainsi la science des juristes pourrait-elle être malmenée depuis l'extérieur mais pas en son intérieur ; or les remparts qu'elle a érigés sont hauts et solides. Qui aborde la règle de droit, non plus du point de vue interne du juriste, mais avec l'œil de l'anthropologue ou de l'historien franchit les frontières et sort du cadre de la « science juridique du droit ». Dès lors, il n'est pas permis d'avancer que ladite science se serait ouverte ; simplement l'observateur a-t-il changé de lunettes, déposant les juridiques pour en chausser des non juridiques. C'est bien que seule la question de la pluridisciplinarité peut se poser.

Le moment n'est donc pas venu, en tout cas selon les juristes, de « briser les murs entre les sciences sociales »[3] et de fonder un « pluriversalisme épistémologique dans le cadre d'une science sociale générale »[4]. Il semble difficile d'envisager ce à quoi ressemblerait cette « science sociale générale » ou bien une science juridique qui « recour[rait] aux autres disciplines sociales, à la philosophie, à l'histoire, à l'économie, à l'anthropologie, à la politique »[5]. Concernant la matière politique, par exemple, déjà Goethe pouvait écrire que « là où commence le pays des juristes s'arrête la politique »[6]. Ainsi faudrait-il s'opposer à qui invite les scientifiques du droit à « ranger [leurs] habits de juristes obtus et endosser ceux d'une vision plurielle des sciences sociales. Tordre le cou à la croyance de la séparation du politique et du juridique est déjà un premier pas. Faut-il rappeler quelques grands anciens comme Gény pour lequel “le droit, c'est de

[1] *Cf.* A.-M. Luciani, C. Grall, *Imaginaires juridiques et poétiques littéraires*, Puf, 2013 ; R. A. Posner, *Droit et littérature*, trad. Ch. Hivet, Ph. Jouary, Puf, coll. Droit, éthique, société, 1996.

[2] J. Carbonnier, « Droit privé et sociologie », in Centre international de synthèse, *Le droit, les sciences humaines et la philosophie*, Vrin, 1973, p. 35.

[3] A. Caillé, S. Dufoix, dir., *Le tournant global des sciences sociales*, La découverte, 2013.

[4] *Ibid.*

[5] H. Lévy-Bruhl, *Aspects sociologiques du droit*, Marcel Rivière, 1955, p. 33.

[6] Cité par A. Leca, *La genèse du droit – Essai d'introduction historique au droit*, 3e éd., Librairie de l'Université d'Aix-en-Provence, 2002, p. 16.

la politique qui a réussi" ? »[1]. Certainement le droit est-il de la politique qui a réussi ; c'est même là sa logique première. Il n'en demeure pas moins que, à l'aune des découpages académiques — qui ne vont que rarement de pair avec les découpages de la recherche juridique opérés en ce livre —, le droit est étudié par la science juridique et la politique est étudiée par la science politique. Quant au moment intermédiaire durant lequel la politique réussit et devient droit, il est à analyser en tant que politique par la science politique et en tant que droit par la science juridique. Les mêmes remarques peuvent être adressées à la « sociologie politique du droit »[2] ou à la « sociologie historique du droit »[3], qui semblent mêler les disciplines mais qui sont, en réalité, de la sociologie spécialisée, donc de la sociologie.

Les sciences sociales non juridiques, dès l'instant où elles désirent pénétrer la « science juridique du droit », ne contribuent qu'à la brouiller et à lui faire perdre une part de sa scientificité, quand bien même elles se révèleraient extrêmement fécondes dans leurs cercles propres ; car ce sont bien les juristes et eux seuls qui, de tout temps, identifient l'irréductible originalité des règles de droit, spécifient leur autonomie et imposent leurs propres procédés et moyens d'investigation et de réflexion. « Les méthodes et les savoirs des juristes sont nécessairement juridiques » ; cette affirmation semble s'apparenter à un truisme et pourtant elle est de plus en plus discutée.

Les sciences humaines et sociales, comme le rappelait Gaston Bachelard[4] — et à l'inverse des sciences naturelles —, ne sont pas données mais construites, et en cela éminemment humaines et sociales et fort peu naturelles. Est-il, dès lors, légitime et congruent de chercher à renverser des traditions scientifiques parfois ancestrales au nom du progrès scientifique ? Sans doute faut-il répondre par l'affirmative, mais seulement à condition que la possibilité de ce progrès soit avérée.

[1] J.-M. SOREL, « Le rôle du droit international dans le développement du pluralisme (et vice versa) : une liaison moins naturelle qu'il n'y paraît », in L. FONTAINE, dir., *Droit et pluralisme*, Nemesis-Bruylant (Bruxelles), coll. Droit et justice, 2007, p. 97. *Cf.* H. BATIFFOL, « Problèmes de frontières : droit et politique », *Arch. phil. droit* 1971, p. 1 s. ; J. FREUND, « Droit et politique – Essai de définition du droit », *Arch. phil. droit* 1971, p. 15 s.

[2] J. CAILLOSSE, « La sociologie politique du droit, le droit et les juristes », *Dr. et société* 2011, p. 187 s.

[3] J. GAUDEMET, *Sociologie historique du droit*, Puf, coll. Doctrine juridique, 2000. Aussi est-il difficile d'expliquer le choix de publier pareil ouvrage dans une collection dénommée « doctrine juridique ».

[4] « La connaissance du réel est une lumière qui projette toujours quelque part des ombres. Elle n'est jamais immédiate et pleine. […] La pensée empirique est claire après coup, quand l'appareil des raisons a été mis au point. Rien ne va de soi. Rien n'est donné. Tout est construit » (G. BACHELARD, *La formation de l'esprit scientifique – Contribution à une psychanalyse de la connaissance objective*, Vrin, 1938, p. 13).

Conclusion sur la difficile ouverture de la « science juridique du droit » à l'interdisciplinarité

Il convient d'insister sur le fait que la problématique de l'ouverture de la science juridique ici en cause n'existe que du point de vue des juristes. Cela fait longtemps que des sociologues mais aussi des économistes ou des philosophes s'intéressent au droit ; mais, parce que positionnés en son extérieur, ils ne peuvent matériellement décider des conditions épistémologiques ayant cours en son intérieur. Seuls les juristes, qui plus et mieux que les autres définissent la juridicité et ses critères, possèdent le « droit » de décider ou non de la fracturation de leurs acquis.

Rien n'interdit au juriste de recourir, lorsque cela peut servir à éclairer son propos, à l'une ou l'autre bribe de savoir ajuridique. L'exigence fondamentale garante de la qualité du discours et de son caractère scientifique consiste simplement à toujours souligner explicitement quel point de vue est adopté ainsi que lorsqu'il en est changé. Il appartient moins au juriste de ne jamais déborder le domaine strictement juridique que de préciser, lorsqu'il le fait, qu'il le fait et pourquoi il le fait. Mais il faut certainement savoir se garder, même en prenant ces précautions, des excès. Le juriste est, en conséquence de sa formation et de son expérience, spécialiste du droit et de la méthode juridique ; il lui sera difficile de tenir, dans le même temps, un propos scientifique cohérent, novateur et porteur en sociologie ou en économie — comme il est difficile pour un sociologue ou un économiste de tenir un propos scientifique cohérent, novateur et porteur en droit —. Et il ne s'agira pas, le cas échéant, de pluridisciplinarité puisque celle-ci implique un recours aux différentes sciences quantitativement et qualitativement peu ou prou équivalent.

Comme souvent, Carbonnier visait juste lorsqu'il concluait l'un de ses écrits par ce raisonnement par l'absurde : « La sociologie juridique et le droit ont tout à gagner à respecter mutuellement leur autonomie intellectuelle. Il existe une sociologie de la musique ; elle peut rendre service, en les orientant, aux imprésarios et même aux musiciens ; mais elle ne fait pas de musique »[1]. La « science juridique du droit » ne doit pas et même ne peut pas être dans le même temps philosophie, anthropologie ou sociologie ; la transdisciplinarité apparaît telle une incongruité épistémologique.

Quant à la pluridisciplinarité, qui n'est pas sujette aux mêmes critiques mais qui se révèle source de réserves concernant son intérêt et sa praticabilité, elle se situe par définition au-dessus des disciplines qui la composent. Au sein de la science des juristes, il peut y avoir pluridisciplinarité juridique lorsque sont convoquées plusieurs matières juridiques, mais il ne saurait se trouver de pluridisciplinarité générale, *i.e.* de

[1] J. CARBONNIER, « Gurvitch et les juristes », *Dr. et société* 1986, p. 433.

cohabitation entre plusieurs sciences humaines et sociales. Partant, si les juristes ne font pas grand cas de l'interdisciplinarité, ce n'est de toute manière pas à eux, ni à d'autres spécialistes, de chercher à régler pareille problématique qui les englobe mais les dépasse. Il revient plus sûrement aux théoriciens des sciences de se prononcer.

Ensuite, un autre problème qui se pose à la recherche juridique lorsqu'elle est le fait de juristes est celui de l'usage du plan en deux parties. Celui-ci, s'il permet à ces juristes de « se reconnaître », n'est certainement pas un gage de scientificité ni de criticité. Il est davantage un gage de suivisme et de conservatisme — ce qui n'est pas inéluctablement dénonçable —.

Chapitre 2

Le problème de l'usage du plan binaire dans la « science juridique du droit »

Un usage propre à la recherche juridique des juristes

La problématique de l'usage du plan en deux parties a été approfondie par l'auteur de ces lignes au sein d'un article publié par la *Revue trimestrielle de droit civil* et où il aboutit à la conclusion selon laquelle cet usage est « un usage irrationnel auquel il est rationnel de se conformer »[1]. Aussi convient-il, en ces pages, de proposer un simple aperçu des réflexions esquissées à cette occasion et de renvoyer le lecteur audit article pour obtenir davantage de précisions et de références bibliographiques. Il y trouvera notamment une enquête statistique portant sur la réalité de l'usage du plan binaire parmi différentes populations et en fonction de différents types de travaux (thèses de doctorat en droit, articles d'universitaires-juristes, articles de praticiens-juristes, ouvrages (hors thèses) d'universitaires-juristes, articles d'universitaires-juristes étrangers, articles d'universitaires non juristes).

En un mot, il ressort de cette enquête statistique que chez les étudiants auteurs de thèses en droit ainsi que chez les universitaires-juristes auteurs d'articles et de contributions à des ouvrages collectifs, l'usage du plan binaire est très fortement développé ; chez les juristes-praticiens auteurs d'articles et chez les universitaires-juristes auteurs de monographies, il l'est faiblement ; parmi les universitaires-juristes étrangers auteurs d'articles ainsi que parmi les universitaires non juristes auteurs d'articles sur des objets juridiques, cet usage n'a aucune prise. Aussi le problème du plan binaire évoqué en ces pages ne concerne-t-il que certaines branches de la recherche juridique et est-il circonscrit aux facultés de droit. Les sociologues du droit,

[1] B. BARRAUD, « L'usage du plan en deux parties dans les facultés de droit françaises », *RTD civ.* 2015, p. 807 s. Le plan de l'article est le suivant :
I. Le plan en deux parties comme usage contestable d'un point de vue extérieur aux facultés de droit
A. La réalité statistique relative de l'usage du plan binaire
B. La qualité scientifique introuvable de l'usage du plan binaire
II. Le plan en deux parties comme usage incontestable d'un point de vue intérieur aux facultés de droit
A. L'indispensable respect de l'usage du plan binaire par l'étudiant en droit
B. L'impensable réforme de l'usage du plan binaire par le professeur de droit

les anthropologues du droit, les économistes du droit et les politistes ne sont pas touchés par cette difficulté. Et il faut insister sur le fait que l'usage du plan binaire est plus développé chez les praticiens auteurs d'articles que chez les universitaires auteurs d'ouvrages (hors thèses), si bien que, davantage que sur la partition universitaires/praticiens, c'est sur la partition articles/livres que paraît reposer la coupure entre usage fortement respecté et usage faiblement respecté. Et la différence radicale qui s'observe entre les thèses de doctorat et les ouvrages des professeurs conduit, pour sa part, à faire également dépendre ladite coupure de la partition étudiants/enseignants.

En résumé, l'usage du plan en deux parties s'applique aux universitaires français et non aux universitaires étrangers ; aux universitaires juristes et non aux universitaires non juristes ; aux étudiants plus qu'aux universitaires et aux universitaires plus qu'aux praticiens ; à la rédaction d'articles plus qu'à la rédaction de livres.

L'absence de justification scientifique à l'usage du plan en deux parties

Dans la littérature juridique française, il se trouve très peu d'essais de justification du recours impératif au plan binaire. Alors que cet usage s'avère être, globalement, excessivement contraignant au sein des facultés de droit, il est difficile de trouver, sous la plume de quiconque parmi ceux qui étudient le droit, la description et l'explication des arguments qui soutiendraient son éventuelle congruence scientifique. Ce qui explique qu'il soit indispensable d'emprunter la voie du plan en deux parties semble être exclusivement le fait que soit en cause un usage désormais très bien établi, ainsi que le fait que « *magister dixit* ». La plupart des « méthodes de la recherche en droit », très symptomatiquement, se bornent à relever qu'il faut indéfectiblement dessiner des plans en deux parties parce que tel est l'usage au sein des facultés de droit françaises, sans avancer aucune autre forme de justification. Il semble difficile de ne pas aboutir à pareille conclusion. Le droit se doit *a priori* de présenter le maximum de traits scientifiques que ses spécificités ontologiques autorisent, ce qui n'est pas conciliable avec le fait de reposer sur quelques préconçus indiscutables et de devoir satisfaire des réquisits d'essence mythique. Or le plan en deux parties obligatoire semble relever de ces derniers bien plutôt que d'exigences scientifiques ou logiques, lui qui se présente tel un élément clé des activités quotidiennes des professeurs et des étudiants en droit. Alors que l'absence de discours doctrinal autour de cette pratique fondamentale étonne l'observateur autant que l'étonne la pratique elle-même, il paraît possible et peut-être même utile d'engager la réflexion et de réfléchir à cet objet épistémologique extraordinaire, sorte de jardin à la française des facultés de droit, qu'est l'usage du plan bipartite.

Dans l'article précité, publié par la *Revue trimestrielle de droit civil*, sont passés en revue les différents arguments qui sont donnés ou qui pourraient être donnés afin de justifier scientifiquement ou épistémologiquement l'usage du plan binaire. Aucun parmi eux ne parvient à convaincre. Par exemple, on peut chercher à motiver le « bipartisme » par le fait qu'une présentation binaire, consistant en une alternative simple, serait nécessairement plus pédagogique, claire, lisible et opérationnelle qu'une présentation ternaire, quaternaire, etc. Mais cela ne saurait valoir que dans les situations où deux idées principales ou deux ensembles d'idées principaux sont à exposer. Dans les autres cas, le plan en deux parties sera source de confusion, d'incertitude et d'incompréhension bien plus que de pédagogie, de clarté, de lisibilité et d'opérationnalité. Lorsque le raisonnement comporte substantiellement trois temps, qu'il ne comporte formellement que deux temps ne saurait être le gage d'une accessibilité et d'une compréhension directe, aisée et intuitive par le lecteur.

In fine, peut-être l'argument le plus pertinent au soutien du plan binaire obligatoire réside-t-il dans l'analyse selon laquelle le scientifique du droit doit être capable d'opérer des synthèses et des abstractions ; il ne saurait se contenter de recopier tel un scribe l'état positif de la législation et de la jurisprudence. À moins que ce soit le plan en deux parties qui soit à l'origine du besoin de synthèse et d'abstraction plutôt que le contraire. Ce n'est pas parce que le droit serait, en lui-même, fondamentalement et naturellement binaire mais parce qu'une dissertation doit se détacher du droit, doit prendre du recul pour pouvoir le comprendre et le penser, que la bipartie est possible. Mais cela ne saurait la rendre indispensable et justifier plus efficacement son caractère systématique, alors que des synthèses et abstractions aboutissant à des conceptions tricéphales sont tout à fait envisageables. Il en va similairement de l'acception selon laquelle le plan du *jus*-scientifique devrait être un « plan d'idées » détaché de la technique et des faits juridiques : rien de rationnel ne légitime le sentiment suivant lequel deux idées vaudraient toujours mieux que trois.

Il paraît impossible de soutenir la légitimité et la pertinence scientifiques et logiques du plan binaire automatique par suffisamment d'arguments conséquents, cela en premier lieu car, s'il existait des moyens de motiver la préférence donnée aux présentations bicéphales — et nul doute qu'il en existe —, rien n'empêcherait, alors que le plan en deux parties ne serait pas une obligation, de néanmoins recourir à une articulation binaire à chaque fois que la quantité et la qualité des observations et des arguments à exposer s'y prêteraient. La pierre d'achoppement ne réside pas dans le plan bipartite mais dans le caractère impératif de la norme. L'exigence scientifique et, plus simplement, l'exigence de clarté et de précision de la démonstration et/ou de la description devraient conduire à retenir autant de parties et de sous-parties qu'il y a d'éléments ou d'ensembles d'éléments particuliers à interroger et/ou à synthétiser. Que la dichotomie soit la « forme par excellence, parfaite, de classification »[1] est une affirmation bien relative, car tout dépend du contenu de la matière à classer. Lorsque trois éléments d'importances équivalentes et relativement indépendants les uns des autres sont isolés au terme des recherches, devoir rattacher deux d'entre eux à une catégorie commune artificielle, uniquement dans le dessein de dresser un plan bipartite et sans autre motivation, n'est pas défendable logiquement et scientifiquement.

Le fond au service de la forme

Le scientifique, ordinairement, raisonne en termes de logique et de pertinence du propos puis constate, simplement à titre anecdotique, le nombre de parties et de sous-parties que comporte son exposé ou sa démonstration. Que les étudiants et les enseignants-chercheurs en droit inversent ce mode de travail, qu'ils voient leurs cheminements intellectuels dictés par une exigence formaliste, ne peut que constituer un frein de taille à la scientificité de la « science juridique ». Suivant un aphorisme célèbre mais peut-être apocryphe attribué à Victor Hugo, « la forme est le fond qui remonte à la surface »[2]. En droit, il faut préférablement retenir que « le fond est la forme qui descend dans les profondeurs ». Le professeur et l'étudiant en droit se situent alors à mille lieues de l'idée selon laquelle « la forme est le fond rendu visible »[3] ou de celle selon laquelle « la forme est le reflet du fond »[4]. Tout au contraire, en droit, « le fond est le reflet de la forme ». Apparaît patent le risque de se retrouver pris au piège d'une prison formelle, alors pourtant que la forme ne devrait toujours que seconder le fond, loin de lui imposer des réquisits excessivement contraignants. La forme devrait être la servante du fond, un outil lui permettant de s'exprimer pleinement, c'est-à-dire aussi explicitement et directement que possible. En raison de l'obligation incontournable de bicéphalie du plan, tel n'est pas le cas en droit où le fond est l'esclave de la forme. La bipartie est astreignante et semble desservir la substance des démonstrations plus souvent qu'elle ne la conforte.

D'aucuns pourraient donc en venir à dénoncer l'usage du plan bipartite comme procédant d'une rigidité formelle abusive et ascientifique, notamment car risquant trop souvent d'amener à déformer la réalité des

[1] V. CHAMPEIL-DESPLATS, *Méthodologies du droit et des sciences du droit*, Dalloz, coll. Méthodes du droit, 2014, p. 334.

[2] Plus précisément, Hugo aurait dit ou écrit que « le fond travaille à travers la forme, il la traverse, l'anime. Le plus important est de voir ce qui se cache derrière la forme, la substance de la forme. La forme, c'est le fond qui remonte à la surface ».

[3] V. HUGO, « Le goût », in *Proses philosophiques de 1860-65*, Books LLC (Memphis), 2011.

[4] V. HUGO, « L'utilité du beau », in *Proses philosophiques de 1860-65*, Books LLC (Memphis), 2011.

phénomènes juridiques, du droit positif, mais aussi des intuitions et des pensées juridiques. Pourtant, à moins de décider consciemment de braver la norme, le professeur et, plus encore, l'étudiant en droit doivent, quels que soient le sujet traité, les observations effectuées et les réflexions proposées, recourir irrésistiblement à deux parties principales scindées chacune en deux sous-parties. Pareille obligation est perçue, parmi les autres disciplines académiques et parmi les facultés de droit étrangères, telle une étrange habitude, tel un surprenant objet épistémologique, *a fortiori* dès lors qu'est dans le même temps revendiquée l'étiquette de « science ». Et il est également étonnant que les universitaires-juristes respectent machinalement cette règle, ne cherchant jamais à la mettre en question, à peser ses avantages et ses inconvénients en termes de logique, de scientificité et/ou de pragmatisme.

En définitive, sans doute l'usage du plan en deux parties relève-t-il d'une élégance rhétorique rapprochant le droit de la philosophie et de la littérature et l'éloignant de la science et de la praticabilité, ce qui explique qu'il soit plus scrupuleusement respecté au sein qu'en dehors des universités, même si celles-ci ont principalement pour mission de former des professionnels. Cette norme limite les progressions scientifiques et les questionnements vivants, en empêchant de recourir à autant d'étapes qu'il serait besoin, pour privilégier une beauté et une « pureté » formelles qui, elles, sont difficilement discutables, d'autant plus lorsqu'à la binarité du nombre des parties s'ajoute la symétrie et la résonnance des intitulés.

Si le plan bipartite impératif n'est pas une barrière infranchissable, il peut sûrement s'analyser comme une entrave au progrès scientifique du droit et en droit. Reste alors à savoir quelle place le droit occupe et quelle place le droit doit occuper dans le champ des savoirs et si l'une est suffisamment proche ou excessivement éloignée de l'autre. Les réflexions en ces lignes proposées ne valent qu'à condition de considérer que le droit devrait constituer une science au sens plein, ce qui ne va pas de soi car « science juridique » est peut-être avant tout une métaphore. Surtout, l'attention portée sur certains enjeux et intérêts extra-scientifiques, extra-logiques et extra-objectifs pourrait permettre de compenser l'appréhension négative qu'induisent les regards de la science, de la logique et de l'objectivité.

Le plan binaire, symbole de l'École française du droit

En effet, que nul argument scientifico-logique n'appuie la pertinence de l'usage du plan en deux parties ne signifie pas que nul argument ne l'appuie. Le monde du droit, y compris dans son pan académique, est loin de se réduire à des considérations scientifiques et, notamment, il est pour une bonne part un univers symbolique à l'affermissement duquel participe allègrement ledit usage. Dans le cercle universitaire, ce dernier contribue à sauvegarder l'autonomie de la matière juridique, à conserver son originalité ontologique, alors que d'autres traits caractéristiques se sont effacés ou tendent à s'effacer, à l'image du port de la robe de professeur. Le plan en deux parties est une pratique d'école, un signe de reconnaissance, une marque de fabrique. Aussi faut-il croire que l'identité du droit peut l'emporter à raison sur sa scientificité.

Gardiens des facultés de droit, véritables temples au sein des ensembles universitaires, et des traditions académiques qui y ont cours, les professeurs de droit sont seuls habilités à décider, collectivement et progressivement, de l'avenir de l'usage du plan binaire. Or, s'ils voient en ce dernier un carcan, c'est un carcan utile et même revendiqué en tant que signe d'appartenance, de discipline, de rigueur et d'autonomie, non un carcan inacceptable qu'il faudrait détruire. Plutôt qu'un usage ancestral que l'on observerait sans même songer à peser les poids respectifs de sa pertinence et de son inconséquence, le plan en deux parties semble alors constituer un signe distinctif que les enseignants-chercheurs en droit soutiennent, si ce n'est explicitement par quelques publications *ad hoc*, du moins implicitement au travers de leurs activités quotidiennes.

Aussi serait-il fort peu correct d'imaginer que, dans un futur plus ou moins proche, les professeurs des facultés de droit pourraient en venir à remettre collectivement en cause cet usage, en écrivant régulièrement des articles en trois ou quatre parties et en enseignant que « le nombre de parties et de sous-parties de la dissertation est laissé à la libre appréciation de l'étudiant ». Il est avéré que « le plan en deux parties est au droit ce que Marianne est à la République française [...] : un symbole culturel et national »[1]. Les universitaires-juristes sont une population de « scientifiques » à part, à l'identité fermement affirmée grâce à quelques symboles ; et ils souhaitent légitimement le demeurer. Le plan binaire obligatoire s'est affirmé telle une pierre angulaire de l'enseignement et de la recherche juridiques « à la française », si bien que, sous l'angle du pragmatisme et de la défense d'intérêts propres, loin de l'objectivité du regard extérieur, il ne paraît ni utile ni possible de le réformer, lui qui à la fois garantit et témoigne de l'autonomie du droit dans le champ des disciplines académiques. Le plan en deux parties est la clé qui ouvre les portes de la doctrine et du savoir juridiques. Il semble nécessaire de soigneusement, jalousement le conserver. En somme, défendre le plan en deux parties, c'est défendre les facultés de droit.

Certainement l'usage du plan binaire régira-t-il encore les activités de plusieurs générations de juristes-professeurs et de juristes-étudiants. Ensuite, les mouvements épistémologiques qui empreignent le monde de la recherche

[1] M. TOUZEIL-DIVINA, « Le plan est en deux parties… parce que c'est comme ça », *AJDA* 2011, p. 473.

juridique, s'ils ne remettent pas en cause l'usage du plan en deux parties au sein de la « science juridique du droit », font planer différentes menaces sur cette recherche, en particulier dès lors qu'elle est comprise telle une activité gouvernée par des principes scientifiques. Parmi ces menaces tout spécialement patentes à l'ère contemporaine figure celle du développement de l'utilisation des concepts flous, alors que la scientificité dépend de la rigueur et de la précision sémantiques et lexicales du propos.

Chapitre 3

La menace de la polysémie des concepts

Les concepts au cœur de la recherche juridique

Un concept est un outil linguistique (un mot ou une expression) servant à désigner abstraitement des objets « réels » — ce qui ne signifie pas « tangibles » ou « naturels » —. Participant d'un métalangage — un langage sur le langage —, les concepts permettent de condenser des informations, de généraliser des faits constatés par observation dans le monde empirique, de classer, différencier, ordonner, clarifier pour, *in fine*, comprendre puis expliquer le droit. Le concept est ainsi une garantie contre le risque de journalisme juridique, soit le risque de se borner à la simple description de « faits normatifs », sans apport conceptuel et cognitif aucun. Il est donc au centre de la structure épistémique du droit. Le concept ne sert pas uniquement à désigner un objet, sinon il serait appelé « notion » ; il permet de traduire une prise de position par rapport à celui-ci, si bien que, souvent, plusieurs concepts désignent un même objet — mais, normalement, plusieurs objets ne peuvent pas être désignés par un même concept —. Le concept n'est pas qu'une représentation verbale d'une ou plusieurs données brutes ; il est une représentation orientée, faisant sens. Un concept, c'est une idée qui accompagne un objet. Le langage devient alors plus qu'un moyen ; il devient une fin.

Par suite, puisque son propre doit être de faire sens, la monosémie est la première qualité à rechercher chez un concept. La problématique de la polysémie des concepts a été envisagée par l'auteur de ces lignes au sein d'une étude publiée par la *Revue interdisciplinaire d'études juridiques*[1]. Aussi convient-il de présenter en ces pages uniquement les grandes lignes de cette réflexion et de renvoyer vers cette publication *ad hoc* le lecteur à la recherche d'un exposé plus détaillé ou d'autres références bibliographiques.

[1] B. BARRAUD, « La science et la doctrine juridiques à l'épreuve de la polysémie des concepts », *RIEJ* 2016, n° 76. Le plan de l'article est le suivant :
I. Les concepts monosémiques et la scientificité du discours doctrinal
A. L'utilisation des concepts, marque de la doctrine juridique
B. La précision des concepts, exigence de la science juridique
II. Les concepts polysémiques et l'ascientificité du discours doctrinal contemporain
A. L'usage de concepts polysémiques, propre de la doctrine juridique contemporaine
B. La lutte contre les concepts polysémiques, enjeu de la science juridique contemporaine

Scientificité et monosémie

Si le droit peut être l'objet d'une science, cette dernière ne saurait revêtir les mêmes atours que la chimie ou la physique ; elle est une science verbale qui étudie des ensembles verbaux au moyen d'autres ensembles verbaux. Aussi la scientificité des travaux des chercheurs en droit ou sur le droit est-elle, dans une large mesure, dépendante de la précision et de la non-équivocité de ces ensembles verbaux. Comme « $e = mc^2$ » exprime de façon claire et précise une vérité scientifique, les propositions quant à ce qu'est le droit, comment est le droit, pourquoi est le droit et, éventuellement, que doit être le droit doivent être claires et précises, dépourvues d'ambiguïtés. Il incombe aux *jus*-chercheurs de recourir à un langage monosémique et non polysémique, c'est-à-dire que, en contexte au moins, les signifiants employés doivent s'attacher à des signifiés uniques et non à des signifiés potentiellement multiples. Les descriptions et explications construites à partir de mots qui ont la « propriété de renvoyer à plusieurs signifiés présentant des traits sémantiques communs »[1] portent une moindre scientificité que celles qui se composent d' « unités significatives, lexicales ou grammaticales, qui n'ont qu'un seul sens »[2].

Le juriste, qu'il se borne à décrire — et, nécessairement, à interpréter — le droit positif ou qu'il cherche à le comprendre, à l'expliquer ou à l'influencer, recourt à des méthodes particulières composées de logiques, de modes de raisonnement, de classifications, de techniques d'expression, mais aussi de concepts, c'est-à-dire de mots-clés ou mots-cadenas permettant, mieux que de longues tirades, d'exprimer en un instant une ou même plusieurs idée(s)-force(s). La méthode juridique repose ainsi sur une terminologie et sur un arsenal conceptuel qui doivent être riches mais aussi précis. Un concept peut être pertinent formellement, parce qu'il permet, comme un intitulé, de dire beaucoup en peu de mots, mais son utilisation se justifie principalement, en théorie, sous l'angle substantiel, en ce qu'il sert à exprimer un principe ou une notion cardinale. Or, s'il n'exprime pas un principe ou une notion capitale mais potentiellement plusieurs principes ou notions différentes, obligeant le lecteur à faire œuvre interprétative, il perd une large part de sa qualité significative et, dès lors, de sa qualité scientifique. Paradoxalement, il ne dit alors non pas beaucoup mais peu.

Le droit est avant toute autre chose une pratique ; et la praticabilité du droit dépend spécialement de la praticabilité de son langage. Les mots du droit doivent être des mots clairs et précis, ne laissant aucune place à l'incertitude ou, en tout cas, le moins de place possible à l'incertitude puisque l'ouverture du langage interdit d'imaginer que les sens de certains

[1] V° « Polysémie », in *Trésor de la langue française*.
[2] V° « Monosémie », in *Trésor de la langue française*.

termes et expressions pourraient se laisser saisir sans interprétation aucune. S'il va de soi que la réalité de l'expression juridique n'est pas tout à fait celle-là, *a fortiori* dès lors que le législateur recourt parfois volontairement à des notions floues afin de se délester au profit des interprètes officiels que sont les juges, il lui incombe de tendre vers cet idéal, notamment quant à son pan scientifique.

Nicolas Boileau enseignait que « ce qui se conçoit bien s'énonce clairement, et les mots pour le dire viennent aisément »[1]. Or il semble que les bouleversements ou, moins fortement, les mutations qui imprègnent les phénomènes juridiques à l'heure du XXIe s. aient pour effet de rendre ceux-ci moins aisément intelligibles. Dès lors, « ce qui se conçoit mal s'énonce obscurément, et les mots pour le dire viennent difficilement ». Cela interroge la scientificité des « sciences » du droit, lesquelles — telles que les conçoit l'auteur de ces lignes du moins — ne peuvent faire l'économie de l'usage d'un ensemble relativement complet de concepts clairs et précis, de concepts univoques et monovalents. La connaissance est la mise en relation d'un sujet et d'un objet par le truchement d'une structure opératoire. L'irruption de la polysémie casse cette relation et, partant, ébranle la gnoséologie juridique et met en péril les sciences du droit.

Avec les plus éminents penseurs de la science juridique, il convient donc d'affirmer qu' « un langage clair et précis est la première condition de toute étude scientifique »[2] ; que « c'est seulement parce que la tâche fondamentale de la science juridique consiste dans la construction d'un langage rigoureux, c'est-à-dire scientifique, qu'elle est une science au même titre que n'importe quelle autre science empirique ou formelle »[3]. Plus le concept est monosémique, plus l'intermédiaire langagier est transparent et moins la différence entre le phénomène brut et l'objet étudié, soit le phénomène à travers le filtre des concepts, est grande.

La prolifération actuelle des concepts polysémiques

L'invitation à la conservation et à la promotion de la monosémie dans les discours des scientifiques du droit pourrait recevoir un accueil chaleureux puisque le juriste est réputé intransigeant et rigide concernant le maniement du vocabulaire juridique et, au-delà, du langage commun. Néanmoins, la sensible transition de la modernité à la postmodernité qui empreint la culture juridique contemporaine se caractérise, en particulier, par la prolifération des

[1] N. BOILEAU, *L'art poétique*, 1674, Chant Ier.
[2] R. CARRÉ DE MALBERG, *Contribution à la théorie générale de l'État spécialement d'après les données fournies par le droit constitutionnel français*, t. I, Librairie du Recueil Sirey, 1920, p. 259-260.
[3] N. BOBBIO, *Essais de théorie du droit*, trad. Ch. Agostini, M. Guéret, LGDJ-Bruylant (Paris-Bruxelles), coll. La pensée juridique, 1998, p. 269.

« notions à contenu variable ». La pensée du droit, aujourd'hui, se voit contrainte d'accompagner ce passage de la modernité à la postmodernité, ce qui ne peut se faire sans quelques difficultés et, spécialement, sans une excroissance de concepts aux sens mal fixés. Il serait tout autant inconséquent d'ignorer les nouveaux phénomènes juridiques qui se donnent à voir au XXIe s. que de les commenter et de les analyser au moyen de l'arsenal conceptuel moderne. Aussi, nombreux sont les auteurs qui proposent et développent des concepts qui, il y a peu, étaient encore inconnus du vocabulaire *jus*-scientifique.

Si la présence de quelques concepts polysémiques est naturelle et inévitable, car s'attacher à l'évolution d'un droit positif qui lui-même s'attache à l'évolution de la société et de son environnement oblige à édifier « dans l'urgence » de nouveaux concepts, il semble néanmoins qu'il soit, actuellement, fait un usage déraisonnable des termes et expressions plurivoques. Le début du XXIe s. ne peut qu'être, pour les sciences du droit, une période de transition paradigmatique par conséquent caractérisée par l'instabilité du sens ; mais les scientifiques du droit ne doivent pas voir en cela un prétexte pour ne pas, malgré tout, chercher à attacher à leurs travaux le plus haut niveau de scientificité qu'il soit permis d'envisager dans le contexte théorico-épistémologique actuel.

Or, par exemple, on convoque de plus en plus fréquemment l'idée de « paradigme », terme très « à la mode » dans la doctrine juridique, alors que d'aucuns soulignent combien nul ne paraît savoir ce qu'est un paradigme, si ce n'est vaguement en en faisant une conception théorique dominante dans une communauté scientifique. Mais ce sont principalement certains concepts récents et d'usage devenu trop prématurément courant qui sont caractéristiques de l'appétence de la postmodernité de la pensée juridique pour la polysémie. Tout d'abord, le concept de « postmodernité juridique » ou de « postmodernité de la pensée juridique » est lui-même parfaitement incertain et amphigourique.

Parmi les nombreux concepts polysémiques qui sont la marque de la recherche juridique au début du XXIe s., « gouvernance » et « régulation » semblent être les plus symptomatiques. Mais de multiples autres concepts sont actuellement mis sur le devant de la scène *jus*-scientifique alors que leurs sens sont exagérément incertains. Or leur succès, qui fait que de plus en plus nombreuses sont les études à les évoquer, est une barrière à leur « conceptualisation » — c'est-à-dire à leur précision — qui ne peut être que le fait d'une école ou, du moins, d'un ensemble d'auteurs liés par une harmonie cognitive. Que ces concepts soient à la fois émergents et dans le « commerce » doctrinal, pour reprendre le mot de Deleuze et Guattari, les empêche de trouver un terreau serein où se développer et s'épanouir scientifiquement parlant ; un peu à l'image d'un tableau qui ne serait pas peint par l'artiste puis divulgué et exposé mais exposé *ab initio*, en tant que toile quasi-vierge, pour être ensuite composé petit-à-petit, par touches successives, par le public ; nul doute que l'œuvre du maître serait autrement unitaire et cohérente que cette dernière.

Comptent au nombre des concepts actuellement par trop polysémiques, par exemple, celui de « source du droit », que Kelsen qualifiait déjà d'« inutilisable » car trop « étendu et imprécis »[1], celui de « réseau » — un « sac à métaphores »[2] « encombré de sens »[3] —, celui de « société civile », expression assimilée à un « terrain vague »[4] et à un « gadget »[5], ou celui de « puissance », à propos duquel Raymond Aron soulignait que « peu de concepts ont été aussi couramment employés et sont aussi équivoques »[6]. « Droit mou » et « droit souple », qui ressemblent fort à des *contradictio in adjecto*, sont assurément à ajouter à la liste. Pourrait encore être cité le concept de « droit global », caractéristique autant de la postmodernité de la pensée juridique que des ambiguïtés qui l'imprègnent. Également, « système » aurait toute sa place dans la liste des concepts plurivoques, lui dont « la générosité dans l'emploi par les juristes n'a d'égale que la disparité des significations qu'ils lui attribuent »[7]. Et « pluralisme juridique » est assurément un autre concept extraordinairement polysémique. Entre celui décrit par Santi Romano[8] et celui qu'envisagent les sociologues et anthropologues du droit, il y a un fossé, si ce n'est un gouffre sémantique. La liste n'est évidemment pas exhaustive.

La crainte de l'essor d'une « culture du flou » dans la recherche juridique

À l'aune de ces quelques témoignages, apparaît combien, aujourd'hui plus que jamais, prévenir le développement de l'équivocité dans le discours des chercheurs en droit ou sur le droit semble être une condition essentielle de la préservation de la scientificité de ce discours. Plus les concepts auront des allures de « décepts », *i.e.* de termes « tellement surchargés de

[1] H. KELSEN, *Théorie pure du droit*, 2e éd., trad. Ch. Eisenmann, Dalloz, 1962, p. 134 ; également, P. AMSELEK, « Brèves réflexions sur la notion de sources du droit », *Arch. phil. droit* 1982, p. 254.

[2] P. MUSSO, *Télécommunications et philosophie des réseaux – La postérité paradoxale de Saint-Simon*, Puf, 1997, p. 36.

[3] H. BAKIS, *Les réseaux et leurs enjeux sociaux*, Puf, 1993, p. 8.

[4] R. DRAÏ, *L'État purgatoire – La tentation postdémocratique*, Michalon, 2005, p. 100.

[5] D. LOSCHAK, « La société civile : du concept au gadget », in CURAPP, *La société civile*, Puf, 1986, p. 43 s.

[6] R. ARON, *Paix et Guerre entre les nations*, Calmann-Lévy, 1962, p. 58.

[7] G. TIMSIT, « Système », in D. ALLAND, S. RIALS, dir., *Dictionnaire de la culture juridique*, Lamy-Puf, coll. Quadrige dicos poche, 2003, p. 1462.

[8] S. ROMANO, *L'ordre juridique* (1946), trad. L. François, P. Gothot, Dalloz, coll. Philosophie du droit, 1975, *passim*.

significations qu'ils en perdent toute signification »[1], et moins il sera légitime de qualifier l'activité de ces chercheurs de « scientifique ».

Beaucoup de concepts postmodernes procèdent d'une logique inverse par rapport à celle dont relèvent les concepts modernes : alors que ces derniers ont été façonnés par quelques auteurs avant de prospérer dans la psyché juridique collective aux côtés d'un sens unique par eux arrêté, les concepts tels que « gouvernance » ou « droit souple » se développent — du reste assez inexplicablement — dans cette psyché juridique collective et, une fois que tout le monde en use en les attachant à des sens multiples et parfois antagonistes, on songe à l'utilité de mener une recherche synthétique dans le but de dégager un sens unitaire. Mais il est alors trop tard et seuls le temps et la patience peuvent permettre aux significations surabondantes de s'estomper puis de s'effacer pour laisser place à une signification principale puis à une signification unique (ou, du moins, proche de l'unité car n'exigeant plus qu'un effort d'interprétation et de compréhension minimal). Ordinairement, la rationalisation scientifique d'un concept précède sa popularisation ou « commercialisation », ce qui est conforme à une certaine logique linguistique puisque, en temps normal, le chercheur est tenté de recourir à un concept en premier lieu parce que celui-ci est rationnel, pertinent, légitime, donc « efficace » scientifiquement. Mais, actuellement, le fonctionnement de la pensée juridique semble en proie à quelques défaillances qui, peut-être, sont annonciatrices d'une crise plus profonde à venir.

En tout cas l'attitude des *jus*-chercheurs est-elle à interroger — si ce n'est à dénoncer — dès lors qu'ils en viennent, face aux idées de « droit mou » et de « droit souple », à exiger que leur soient proposées des « expressions plus englobantes »[2], ainsi que des concepts « poreux et expansifs »[3], et que leur soit concédée une « marge d'incertitude dans le vocabulaire »[4], alors qu'il faudrait exiger à l'inverse des expressions plus précises et sémantiquement mieux fixées. Et certains de ces *jus*-chercheurs, devant un concept de « pluralisme juridique » qui se conjugue au pluriel — « les "pluralismes juridiques" sont aussi nombreux que les personnes qui s'y intéressent »[5] —, d'inviter à penser cette notion pourtant

[1] P. MUSSO, *Critique des réseaux*, Puf, coll. La politique éclatée, 2003.

[2] C. THIBIERGE, « Le droit souple – Réflexion sur les textures du droit », *RTD civ.* 2003, p. 599.

[3] M. XIFARAS, « Après les Théories Générales de l'État : le droit global ? », *Jus Politicum* 2012, n° 8, p. 4.

[4] Ch.-A. MORAND, « Le droit saisi par la mondialisation – Définitions, enjeux et transformations », in Ch-A. MORAND, dir., *Le droit saisi par la mondialisation*, Bruylant (Bruxelles), 2001, p. 81.

[5] Ch. EBERHARD, « Penser la pluralisme juridique de manière pluraliste – Défi pour une théorie interculturelle du droit », *Cahiers d'anthropologie du droit* 2003, n° 2.

déjà intrinsèquement plurielle « de manière pluraliste »[1], au lieu de chercher à en déterminer une (utopique) acception unifiée.

Les législateurs peuvent soutenir que « l'indéterminé et l'incertain [sont] des moyens de s'adapter aux courbures de l'espace et du temps »[2] ; les scientifiques du droit, eux, ne devraient guère le pouvoir puisque l'indéterminé et l'incertain sont ascientifiques en ce qu'ils ne satisfont pas l'exigence de précision et de rigueur qui est l'une des premières exigences de toute science. Il semble donc impératif de s'opposer fermement à la thèse selon laquelle « une nouvelle approche, particulièrement adaptée au droit, est celle de la "logique floue", qui utilise des standards et des concepts flexibles »[3]. Tout au contraire, la recherche juridique, philosophie du droit mise à part, ne saurait se nourrir que d'exactitude.

L'enjeu de borner la créativité et la liberté lexicales des chercheurs

La créativité lexicale (formulation de néologismes) et la liberté lexicale (modification des sens de termes déjà « en vigueur ») doivent se limiter à la désignation et à l'explication de phénomènes nouveaux qu'aucun concept moderne ne peut adéquatement désigner ou expliquer[4].

Au-delà, il est interdit, dans le « laboratoire de recherche » au sein duquel Hauriou disait travailler[5], de laisser entrer l'incertitude, le vague et le flou, lesquels forment pourtant le cadre dans lequel certains chercheurs en droit contemporains souhaitent explicitement s'inscrire. Par exemple, il est difficile d'accueillir la proposition selon laquelle il faudrait remplacer le nom « droit » par le nom « juridique »[6], alors que « juridique » est classiquement et pertinemment utilisé en tant qu'adjectif servant à qualifier ce qui appartient au monde du droit.

Une autre difficulté particulièrement sensible à l'ère contemporaine, intimement liée à l'enjeu de borner la créativité et la liberté lexicales des scientifiques du droit, réside dans la tendance de ceux-ci à confectionner des

[1] *Ibid.*

[2] M. DELMAS-MARTY, « La grande complexité juridique du monde », in *Mélanges Gérard Timsit*, Bruylant (Bruxelles), 2004, p. 93.

[3] J.-L. BERGEL, « Méthodologie juridique », in D. ALLAND, S. RIALS, dir., *Dictionnaire de la culture juridique*, Lamy-Puf, coll. Quadrige dicos poche, 2003, p. 1024.

[4] En ce sens, Santi Romano observait que « les inexactitudes dans les définitions d'idées très abstraites naissent et se perpétuent souvent à la faveur de l'indétermination des mots qui y correspondent, de la pauvreté d'un langage qui ne fournit pas de termes différents pour distinguer ces idées de leurs voisines » (S. ROMANO, *L'ordre juridique* (1946), trad. L. François, P. Gothot, Dalloz, coll. Philosophie du droit, 1975, p. 6).

[5] M. HAURIOU, *Principes de droit public à l'usage des étudiants en licence et en doctorat ès sciences politiques*, 2e éd., Sirey, 1916, p. VII.

[6] J. COMMAILLE, « Sociologie juridique », in D. ALLAND, S. RIALS, dir., *Dictionnaire de la culture juridique*, Lamy-Puf, coll. Quadrige-dicos poche, 2003, p. 1423.

travaux excessivement complexes, tant sur le fond que, ce qui est plus grave, sur la forme. Cette complexité formelle, lorsqu'elle se confond avec l'ambiguïté, est liée à l'usage de termes polysémiques. Du point de vue du récepteur du discours, la monosémie va de pair avec la simplicité et la limpidité quand la polysémie est surtout synonyme de complexité et d'incompréhensibilité. La meilleure manière de rendre publique simplement une pensée densément construite ou de décrire simplement une réalité complexe consiste à recourir à un langage précis et incontestable — en même temps qu'à un style épuré et fluide —.

Duguit pouvait dresser un constat peu réjouissant à propos des manières d'écrire des penseurs du droit de son temps : « Je sais bien que l'on ne paraît profond que si l'on est obscur. Certains de mes collègues […] m'ont traité avec une pitié dédaigneuse parce que je ne partage pas leur foi enthousiaste et ils sont tout près de voir en moi un pauvre d'esprit parce que je veux qu'on bannisse des études juridiques ces formules creuses et ces développements métaphoriques […] qui ont submergé les études philosophiques »[1]. Alors que le « temps de cerveau disponible » pour la lecture d'un article ou d'un livre se réduit de jour en jour, il semble de plus en plus indispensable d'emprunter la voie ouverte par l'illustre professeur bordelais et de plaider pour la confection de travaux simples et clairs, abandonnant lesdits « développements métaphoriques » et lesdites « formules creuses ». En un mot, il faudrait être intelligible au moins autant qu'intelligent.

[1] L. DUGUIT, *Traité de droit constitutionnel – Tome premier : La règle de droit, le problème de l'État*, 3e éd., De Boccard, 1927, p. XVI. Et Duguit d'évoquer « Hauriou, qui, comme son modèle Bergson, affectionne particulièrement le langage métaphorique, si commode pour cacher l'imprécision des idées et le vague de la pensée » (*ibid.*, p. 30).

Chapitre 4

La menace de la complexité abusive des travaux

Pensée complexe et expression simple : une problématique très actuelle

« Nos pensées naissent tout habillées de mots », disait Oscar Wilde. Il semble pourtant que penser et écrire soient deux faces bien distinctes d'une même activité et que la pensée ne soit rien sans l'expression de la pensée. Il en va ainsi en matière d'études du droit. Y compris dans leur pan le plus scientifique, la part de la littérarité est importante et le scientifique du droit est aussi un écrivain. Il faut s'élever contre qui estime que, en droit, « les mots importent peu »[1]. Le droit, qu'il soit droit positif, droit commenté ou droit pensé, n'est toujours fait que de mots et l'activité du juriste, qu'il rédige la loi, qu'il commente la jurisprudence ou qu'il pense l'idéal de justice, consiste principalement à choisir et à articuler des mots. Si les chiffres sont les instruments du mathématicien, les symboles chimiques ceux du chimiste et les dessins ceux du mécanicien, les mots sont les outils du juriste.

Or, à l'ère contemporaine, une tendance à la surcomplexification formelle des travaux juridiques se laisse observer, en particulier parmi ceux des jeunes chercheurs. Par exemple, un auteur commente la définition du droit que retenait Hugo Grotius après l'avoir citée dans sa version originale — *i.e.* en latin — et sans la traduire[2]. Cet auteur se doute pourtant que nombre de ses lecteurs ne comprennent pas ou comprennent mal le latin. Son discours devient ainsi difficilement accessible uniquement en raison des choix formels opérés. On fait du caractère « illisible » de certaines publications l'explication du « découragement de leurs lecteurs » et de leur courte durée de vie[3]. Et c'est de manière générale, très au-delà du droit, que,

[1] J.-P. CHAZAL, « Philosophie du droit et théorie du droit, ou l'illusion scientifique », *Arch. phil. droit* 2001, p. 328.

[2] A. PAYNOT-ROUVILLOIS, « Sujet de droit », in D. ALLAND, S. RIALS, dir., *Dictionnaire de la culture juridique*, Lamy-Puf, coll. Quadrige-dicos poche, 2003, p. 1453 (« *Jus est qualitas moralis personae competens ad aliquid juste habendum vel agendum* »).

[3] G. THUILLIER, « Obsolescence des travaux juridiques », in D. ALLAND, S. RIALS, dir., *Dictionnaire de la culture juridique*, Lamy-Puf, coll. Quadrige-dicos poche, 2003, p. 1102.

au XXIe s., l'évolution de la langue et des mots tend à laisser perplexe celui qui l'observe[1].

La pensée complexe ne va pas nécessairement de pair avec l'expression complexe. Plus encore, il faut gager que la pensée complexe ne doit pas aller de pair avec l'expression complexe. La substance du propos peut être complexe, « les mots pour le dire »[2] doivent être les plus simples, les plus directs, les plus expressifs, les moins hermétiques qu'il soit possible. Le succès d'un ouvrage doctrinal, au-delà de la problématique abordée et des réponses apportées, dépend en premier lieu du style de son auteur. Par exemple, la gloire rencontrée par Carbonnier est moins due aux idées qu'il a exprimées qu'à la façon dont il l'a fait[3]. À l'heure de l'explosion des informations et des publications, il devient de plus en plus difficile, sur un sujet juridique quelconque, de tenir un discours court, clair et précis. La tentation des digressions, des incises et des notes de bas de page interminables se renforce. La simplification des travaux des *jus*-scientifiques, condition de leur accessibilité et donc de leur diffusion, est un enjeu de plus en plus important.

La prise en compte des destinataires de la recherche : écrire non pour soi mais pour ses lecteurs

« La parole est moitié à celui qui parle et moitié à celui qui écoute », notait Montaigne[4]. Ce qui doit importer avant toute autre chose à celui qui parle ou qui écrit est que celui qui l'écoute ou qui le lit le comprenne, et le comprenne directement, sans devoir recourir à quelques interprétations ou spéculations. Un mot ne prend sens qu'en situation ; le sens n'est pas une réalité autonome préexistante qui résiderait dans le mot mais la résultante de l'interaction entre le locuteur et l'interlocuteur qui le « négocient ». Dans

[1] *Cf.* F. HÉRITIER, *Le goût des mots*, Odile Jacob, 2013. L'auteur relève, par exemple, que, là où certains mots collent phonétiquement aux réalités qu'ils désignent, à l'image d' « éternuer » ou « explosif », d'autres, comme « procrastiner » qui semble vouloir dire « injurier ou invectiver », s'en éloignent radicalement.

[2] Réf. à M. CARDINAL, *Les mots pour le dire*, Grasset, 1975 ; Ch. ATIAS, « Les maux du droit et les mots pour le dire », *D.* 1997, p. 231 s.

[3] Par exemple, Carbonnier, à propos du fait qu'il est difficile de contester la réalité des droits subjectifs, pouvait demander : « Qui ne les a pas entendus crier pour peu qu'on leur ait marché sur les pieds ? » (J. CARBONNIER, *Droit et passion du droit sous la Ve République*, Flammarion, coll. Champs essais, 1996, p. 124). Carbonnier pouvait aussi développer les idées de « droit enfantin imposé », celui imposé aux enfants par les adultes, et de « droit enfantin imité », quand « les enfants singent dans leurs jeux les jeux juridiques de leurs parents » et que, par exemple, « les fillettes jouent à la marchande, donc aux contrats » (J. CARBONNIER, *Sociologie juridique*, Puf, coll. Quadrige manuels, 2004, p. 370). Et l'illustre civiliste de noter : « C'est un droit de caricature, mais le grossissement caricatural facilite l'observation » (*ibid.*).

[4] M. DE MONTAIGNE, *Les essais*, Abel Langelier, 1588.

cette négociation, l'interlocuteur a toujours le « dernier mot » : il lui appartient d'arrêter définitivement le sens des mots, des expressions et des phrases. C'est pourquoi l'émetteur du message doit au maximum aider son destinataire en utilisant des énoncés explicites et monosémiques.

La communication, y compris scientifique ou philosophique, n'est faite que d'interrelations entre l'auteur et son lecteur ; et, entre les deux, c'est le lecteur qui possède tout le pouvoir. Ainsi l'auteur doit-il en permanence avoir à l'esprit cette question : « Qu'en pensera mon lecteur ? ». Le droit peut être un domaine particulier à de nombreux points de vue, sur ce point, il fonctionne exactement comme les autres[1]. Aussi, pour ne prendre que quelques exemples, le néologisme, la métaphore et le jeu de mots sont-ils, sous cet angle, des outils à manier avec beaucoup de précaution.

La recherche juridique entre littérarité et scientificité, le chercheur en droit entre « matière du dire » et « manière de dire »

Il faut abonder dans le sens de Jean-Claude Ameizen lorsqu'il explique que « la science sert à mieux comprendre, l'art sert à mieux ressentir. Le drame est qu'en France on sépare dès le lycée les littéraires et les scientifiques. On a besoin de la science et de la littérature ; les deux sont complémentaires »[2]. En tout cas cela vaut-il concernant la recherche juridique en général et dans certaines de ses branches telles que la théorie du droit plus particulièrement, tant celles-ci paraissent se situer à mi-chemin entre science et littérature. Or l'art de l'écrivain, *a fortiori* s'il s'associe au scientifique, est de s'exprimer de la manière la plus fluide et transparente. Il faut croire que plus une chose complexe est expliquée de façon simple, sans la dénaturer ou la trahir, plus le scientifique ou le penseur peut être considéré comme un grand scientifique ou comme un grand penseur[3].

À l'inverse, il serait fort inconséquent de chercher à faire passer pour complexe ce qui en réalité est simple. Ainsi, par exemple, Bergson pouvait-il, à propos de Spinoza, regretter : « Je ne connais rien de plus saisissant que le contraste entre le fond et la forme d'un livre comme *L'Éthique*. D'un côté, ces choses énormes qui s'appellent l'attribut, le mode, et le formidable attirail des théorèmes avec l'enchevêtrement des définitions, corollaires et scolies, et cette complication de machinerie et cette puissance d'écrasement qui font que le débutant, en présence de *L'Éthique*, est frappé d'admiration et de terreur comme devant un cuirassé du type *Dreadnought*. De l'autre,

[1] *Cf.* E. PATTARO, « Interprétation, systématisation et science juridique », in P. AMSELEK, dir., *Interprétation et Droit*, Bruylant-PUAM (Bruxelles-Aix-en-Provence), 1995, p. 108.

[2] J.-C. AMEIZEN, Un monde d'idées, France info, 10 déc. 2013.

[3] Par exemple, R. CARRÉ DE MALBERG, « Réflexions très simples sur l'objet de la science juridique », in *Mélanges François Gény*, Sirey, 1935, p. 191 s.

quelque-chose de très léger, de presque aérien »[1]. Et Bergson d'ajouter : « Il ne faut pas que la complexité de la lettre fasse perdre de vue la simplicité de l'esprit »[2].

Revient alors la distinction opérée par Montaigne entre « matière du dire » et « manière de dire »[3]. Si la manière de dire n'est rien sans matière à dire, la matière à dire n'est également rien sans manière de la dire. En droit, on enseigne souvent, notamment en référence à l'usage du plan en deux parties, que « la forme est aussi importante que le fond ». En tout cas semble-t-il de plus en plus nécessaire de travailler autant la forme que le fond. Faut-il rappeler cet aphorisme — sans doute apocryphe — attribué à Victor Hugo, selon lequel « la forme, c'est le fond qui remonte à la surface » ? La forme, pour exprimer directement et entièrement le fond, doit être aussi transparente que possible, éliminant les artifices en tous genres, spécialement ceux servant à « faire savant » et qui le plus souvent ne servent qu'à « faire pédant ».

La distinction de la complexité du vocabulaire et de la complexité du style

En outre, l'exigence de simplicité et de non hermétisme s'applique parfaitement aux praticiens du droit. Un auteur a présenté comme un exemple d'obscurité du discours juridique la phrase suivante, prêtée à un notaire chargé de régler une succession, s'adressant à la veuve et aux enfants d'un cultivateur décédé :

> *Puisque le de cujus est mort ab intestat, nous allons d'abord liquider la communauté, établir les reprises et les récompenses et, au résultat de cette première opération, nous procèderons à un partage, avec soultes sans doute, mais qui sera facilité par l'absence d'avancements d'hoirie, de tout préciput et conséquemment par l'inutilité de calculer la quotité disponible.*[4]

Toutefois, il serait incorrect de confondre précision du vocabulaire et complexité du langage. Ladite complexité renvoie davantage au style qu'au vocabulaire. L'ambition de rendre le vocabulaire du droit accessible au plus

[1] H. BERGSON, *L'intuition philosophique*, Puf, coll. Quadrige grands textes, 2011 (cité par G. CLAISSE, « Pourquoi faire simple ? », Le gai savoir, France culture, 8 déc. 2013).

[2] *Ibid.* (cité par R. ENTHOVEN, « Pourquoi faire simple ? », Le gai savoir, France culture, 8 déc. 2013). Mais Bergson remarquait aussi qu' « en ce point est quelque-chose de simple, d'infiniment simple, de si extraordinairement simple que le philosophe n'a jamais réussi à le dire, et c'est pourquoi il a parlé toute sa vie » (*ibid.*).

[3] M. DE MONTAIGNE, *Les essais*, Abel Langelier, 1588, L. III, chap. 8 (cité par cité par R. ENTHOVEN, « Matière-manière (III, 8) – Montaigne », Le gai savoir, France culture, 10 nov. 2013).

[4] R. LINDON, *Le style et l'éloquence judiciaires*, Albin Michel, 1968, p. 20 (cité par J.-L. BERGEL, *Théorie générale du droit*, 5e éd., Dalloz, coll. Méthodes du droit, 2012, p. 271).

grand nombre ne saurait porter atteinte à la rigueur et à la précision d'un langage technique de spécialité tel que l'est celui des juristes ; en revanche, l'ambition de rendre l'expression et le style des juristes et autres *jus*-chercheurs accessibles au plus grand nombre doit être entière. Il existe des métiers juridiques notamment parce que le droit vit grâce à un vocabulaire technique que seuls des spécialistes peuvent maîtriser[1]. Comme l'écrit le professeur Jean-Louis Bergel, « il est dangereux, sous prétexte de vulgariser la médecine, d'inciter le malade à se soigner seul »[2]. Il ne faut méconnaître ni les exigences d'un langage précis et sûr dont la nécessité est liée aux fonctions essentielles de la technique juridique, ni les artifices et les obscurités de certains abus de langage juridique.

Aussi ne s'agit-il guère d'affirmer que les travaux des scientifiques du droit devraient être aisément accessibles à tout profane ; ils doivent être aisément accessibles à tout juriste ou, pour les recherches les plus spécifiques, à tout juriste spécialiste de la branche du droit en cause. L'objectif ne saurait être de proposer des écrits « également évidents pour les ignorants et pour les savants »[3]. La simplicité en cause ne saurait être qu'une simplicité relative, ne valant que du point de vue des spécialistes des sujets abordés.

Par exemple, lorsque Gurvitch évoquait le « droit social particulariste de la masse unifonctionnelle »[4], le « droit commun d'intégration dans la communion supra-fonctionnelle »[5] ou le « bloc de groupements de localité »[6] (pour désigner l'État), il s'exprimait au moyen d'un vocable (le sien) difficile d'accès y compris pour les sociologues travaillant sur les questions politiques et juridiques. D'ailleurs, Claude Lévi-Strauss disait : « Plus je lis Gurvitch, moins je le comprends »[7].

Il n'en demeure pas moins que le praticien, lorsqu'il s'adresse aux individus non juristes qui recourent à ses services, se doit de traduire le

[1] Gérard Cornu expliquait, en ce sens, que, « lorsque l'on prétend remplacer un terme juridique ou technique par un terme courant, un seul critère : se demander si le terme courant exprime la notion avec autant d'exactitude et de précision. "Exécution", qui a de multiples sens, ne peut remplacer "exequatur", qui a un sens spécifique » (G. CORNU, « Linguistique juridique », in D. ALLAND, S. RIALS, dir., *Dictionnaire de la culture juridique*, Lamy-Puf, coll. Quadrige-dicos poche, 2003, p. 955).

[2] J.-L. BERGEL, *Théorie générale du droit*, 5e éd., Dalloz, coll. Méthodes du droit, 2012, p. 268.

[3] H. GROTIUS, *Le droit de la guerre et de la paix* (1625), Guillaumin, 1867, p. XXXIX (cité par Ch. BEHRENDT, F. BOUHON, *Introduction à la théorie générale de l'État – Recueil de textes*, Larcier (Bruxelles), coll. Faculté de droit de l'Université de Liège, 2009, p. 318).

[4] G. GURVITCH, *Éléments de sociologie juridique*, Aubier, 1940, p. 166.

[5] *Ibid.*

[6] *Ibid.*, p. 191.

[7] Cité par A. GARAPOND, « La pensée de Georges Gurvitch », Le bien commun, France culture, 26 avr. 2012. On souligne la grande créativité lexicale de Gurvitch. Par exemple, il appelait « autotéurgisme » l'idée que « l'humanité participe à l'œuvre créatrice » (cité par J. LE GOFF, « La pensée de Georges Gurvitch », Le bien commun, France culture, 26 avr. 2012).

langage juridique dans le langage courant. Il recourra au langage technique seulement au moment de rédiger des actes officiels ou au moment de communiquer avec ses confrères. Quant aux savants travaillant en droit ou sur le droit, qui s'adressent essentiellement à d'autres savants travaillant en droit ou sur le droit, ils ne doivent surtout pas oublier que « parler du droit, c'est déjà, toujours, parler droit »[1].

Joindre « la clarté et la transparence du style [à] l'implacable rigueur du raisonnement »

La simplicité, ainsi que le Conseil constitutionnel a eu à plusieurs reprises l'occasion de l'affirmer, est un objectif premier en matière d'élaboration du droit positif dès lors qu'on juge que « nul n'est censé ignorer la loi ». Le même objectif devrait s'imposer à ceux qui commentent et pensent le droit, à plus forte raison à l'heure de la démultiplication des publications qui fait que le temps moyen que l'on est prêt à consacrer à la lecture d'un ouvrage ou d'un article se réduit de jour en jour. Le devoir impérieux du discours législatif est de progresser par propositions brèves et concises, de la façon la plus simple, la plus claire, la plus logique et la mieux ordonnée, discipline rédactionnelle qui commande le style[2]. Et la technique et la méthode juridiques font appel à une logique assez rigide de concepts et de catégories à fin proprement utilitaire, destinée à induire dans la masse des règles clarté et praticabilité[3]. Il apparaît de plus en plus nécessaire que les sciences du droit s'appuient elles aussi sur une telle logique, qu'elles aussi progressent par propositions brèves et concises, de la façon la plus simple, la plus claire, la plus logique et la mieux ordonnée. L'ambition de tout auteur écrivant en droit ou sur le droit devrait être qu'on en vienne à lui adresser les mêmes compliments que ceux qu'Alf Ross adressait à Hans Kelsen, dont il saluait « la clarté et la transparence du style et l'implacable rigueur du raisonnement »[4].

Un professeur s'impose de respecter le principe suivant : « Aie à cœur de faire comprendre à tes élèves en peu de temps ce qui t'a demandé des heures d'étude pour arriver à y voir clair »[5]. On ne saurait mieux dire. Les enseignants-chercheurs qui travaillent en droit ou sur le droit doivent, tant quand ils enseignent que quand ils exposent le fruit de leur activité de recherche, s'efforcer de faire simple. Demeurent aujourd'hui pleinement

[1] L. ASSIER-ANDRIEU, *Le droit dans les sociétés humaines*, Nathan, 1996, p. 8.

[2] G. CORNU, « Linguistique juridique », in D. ALLAND, S. RIALS, dir., *Dictionnaire de la culture juridique*, Lamy-Puf, coll. Quadrige-dicos poche, 2003, p. 958.

[3] J.-L. BERGEL, « Méthodologie juridique », in D. ALLAND, S. RIALS, dir., *Dictionnaire de la culture juridique*, Lamy-Puf, coll. Quadrige-dicos poche, 2003, p. 1023.

[4] A. ROSS, *Introduction à l'empirisme juridique*, trad. E. Matzner, É. Millard, Bruylant-LGDJ (Bruxelles-Paris), coll. La pensée juridique, 2004, p. 117.

[5] A. SÉRIAUX, *Le Droit – Une introduction*, Ellipses, 1997, p. 5.

valables les observations formulées il y a longtemps par Justinien : « Il vaut mieux expliquer chaque chose d'une manière simple et abrégée. Car si, dès les premiers pas, nous surchargeons d'une multitude de détails divers l'esprit encore jeune de l'étudiant, de deux choses l'une : ou nous le forcerons à renoncer à cette étude, ou nous l'amènerons lentement, après un travail long et rebutant, au point où, par une route plus facile, il se fût trouvé porté sans peine et sans dégoût »[1]. Il faut gager que pareil goût pour la simplicité et la brièveté doit animer les auteurs d'ouvrages juridiques scientifiques ou philosophiques. Tous, y compris les auteurs de thèses de doctorat, devraient avant tout poursuivre l'ambition de vulgariser les résultats de leurs recherches.

Dans les méthodes de la recherche en droit, on souligne que chaque auteur possède un style littéraire et un style scientifique[2]. L'un comme l'autre doivent servir la simplicité et la clarté pour permettre au lecteur, qu'il se trouve au sein de l'introduction ou bien au cœur des développements, d'aller droit au but. Et c'est de manière très à propos que l'on explique dans ces méthodes qu'il ne faudrait pas parler de rédaction mais plutôt d'écriture des thèses et autres travaux de recherche[3]. Il est remarquable que la section 02 (droit public) du Conseil National des Universités, dans ses rapports d'activité annuels, insiste sur les « qualités formelles (notamment, clarté et simplicité du style) » indispensables à la confection d'une « bonne » thèse. Nombreux sont les professeurs à avoir déjà fait remarquer, lors de diverses soutenances de thèses, combien les « envolées lyriques » ou le « style pompeux » ne sont pas le ton attendu dans une thèse de doctorat en droit. Ainsi, un jour, à l'occasion de l'une de ces soutenances, un membre du jury pouvait-il dire au futur impétrant, dont il n'appréciait guère la formulation des intitulés : « Cher monsieur, votre thèse est comme une très belle jeune femme qui porterait des vêtements un peu fripés »[4].

On ne félicite jamais un auteur au motif qu'il écrit de manière complexe ; en revanche, on félicite souvent qui exprime de façon simple et claire ses idées, ses analyses et les données qu'il a recueillies. C'est pourquoi, au-delà de ses apports à la pensée du « droit des gens », du droit international, Hugo Grotius reste comme celui qui entendait avant tout « prendre soin » de ses lecteurs : « Pour ce qui est du style, je n'ai pas voulu, en ajoutant une abondance de paroles à la multitude des choses à traiter, causer du dégoût au lecteur, dont j'avais en vue l'intérêt. Aussi ai-je employé autant que je l'ai pu le style concis et qui convient à

[1] JUSTINIEN, *Institutes*, 533, I, i (cité par R. SÈVE, *Philosophie et théorie du droit*, Dalloz, coll. Cours, 2007, p. 282).
[2] R. ROMI, *Méthodologie de la recherche en droit*, 2e éd., Litec, coll. Objectif droit, 2011, p. 52.
[3] J.-M. MOUSSERON, « Guide de la thèse en droit », [en ligne] <daniel-mainguy.fr>.
[4] Cité par D. MAINGUY, « La soutenance de thèse », in *Mélanges Jean Calais-Auloy*, Dalloz, 2003.

l'enseignement »[1]. C'est là un modèle à suivre et « ses discussions simples et nettes resteront l'éternel honneur de Grotius »[2].

Quant à l'ère contemporaine, et pour ne prendre qu'un seul exemple, on souligne combien « le réalisme tropérien [*i.e.* de Michel Troper] rencontre un franc succès auprès de la doctrine et des étudiants notamment grâce à la pédagogie de son auteur. Y compris pour un non initié, ses écrits sont beaucoup plus accessibles que ceux de nombre de théoriciens »[3]. Aussi Christian Atias pouvait-il considérer non sans raisons qu' « une proposition théorique qui n'est pas exprimée en termes simples n'emporte pas la conviction ; du moins rencontre-t-elle des difficultés tellement accrues que l'échec est probable. […] Ce qui emporte la conviction, ce n'est pas une conformité, voire une adéquation à l'état du droit ; c'est une convenance esthétique. […] L'image règne en maîtresse »[4].

La menace de la simplicité abusive des travaux ?

Néanmoins, la simplicité du discours ne saurait être excessive, ne saurait amener à trahir les idées, les analyses ou les données recueillies. La quête de vulgarisation doit être mesurée pour ne pas devenir abusive et, de la sorte, dangereuse pour la recherche juridique. S'il importe d' « accepter de faire plier la nuance et la précision devant la pédagogie »[5], cela ne saurait constituer le premier des objectifs attachés à l'écriture. Qu'on n'oublie pas combien Durkheim « [se] refus[ait] à expliquer le plus complexe par le plus simple »[6] et pouvait imaginer « le moment […] venu pour la sociologie de renoncer aux succès mondains et de prendre le caractère ésotérique qui convient à toute science ; elle gagnera ainsi en dignité et en autorité ce qu'elle perdra peut-être en popularité »[7]. Quant à Jean Rivero, il enseignait qu'une réalité complexe serait forcément mieux exprimée par un langage complexe que par un langage simple par définition arbitraire et déformant[8].

[1] H. GROTIUS, *Le droit de la guerre et de la paix* (1625), Guillaumin, 1867, p. LIX (cité par Ch. BEHRENDT, F. BOUHON, *Introduction à la théorie générale de l'État – Recueil de textes*, Larcier (Bruxelles), coll. Faculté de droit de l'Université de Liège, 2009, p. 320).

[2] M. P. PRADIER-FODÉRÉ, in H. GROTIUS, *Le droit de la guerre et de la paix* (1625), Guillaumin, 1867, p. LVIII (cité par Ch. BEHRENDT, F. BOUHON, *Introduction à la théorie générale de l'État – Recueil de textes*, Larcier (Bruxelles), coll. Faculté de droit de l'Université de Liège, 2009, p. 320).

[3] X. MAGNON, *Théorie(s) du droit*, Ellipses, coll. Universités-Droit, 2008, p. 139.

[4] Ch. ATIAS, *Épistémologie juridique*, Dalloz, coll. Précis, 2002, p. 182 et 184.

[5] P. DEUMIER, *Introduction générale au droit*, 2e éd., LGDJ, coll. Manuel, 2013, p. 11.

[6] É. DURKHEIM, *Les règles de la méthode sociologique*, 2e éd. (1937), Puf, coll. Bibliothèque de philosophie contemporaine, 1973, p. IX.

[7] *Ibid.*, p. 144.

[8] J. RIVERO, « Existe-t-il un critère du droit administratif ? », *RDP* 1953, p. 292.

Nul doute qu'un langage scientifique peut pêcher par excès de simplicité. La complexité qui découle de l'ambiguïté ou de l'extravagance n'est pas la même complexité que celle qui procède de la recherche de précision. L'une est dangereuse, l'autre est légitime. Et il ne faudrait pas aller jusqu'à décolorer, dépersonnaliser ses textes. Un style vif et alerte ainsi qu'un vocabulaire riche (et exact) rendront l'écriture autant que la lecture stimulantes, donc agréables. La trop grande simplicité n'est dès lors pas moins critiquable que la trop grande complexité. Seulement, à l'heure actuelle, la recherche juridique est-elle bien davantage menacée par l'excès de complexité formelle que par l'excès de simplicité formelle.

Alors que Paul Valéry pouvait juger à bon droit que « ce qui est simple est faux ; ce qui est complexe est inutile »[1], c'est, comme toujours, un savant équilibre qu'il faut rechercher, soit, en l'occurrence, une simplicité qui ne soit pas simpliste. La simplification doit uniquement toucher l'expression et cesser dès l'instant où elle commence à malmener le fond du propos. Le cadre qui rend le plus service au tableau est celui que l'on ne voit pas, qui n'attire pas l'attention. Le style scientifique est celui qui, dès les premières lignes, sait se faire oublier du lecteur.

C'est pourquoi Montaigne peut définitivement être adopté en tant que modèle stylistique, lui qui écrivait dans un langage fin et précis mais en ne recourant à aucun ornement superflu, lui qui entendait toujours aller droit au but et qui dénonçait tous les effets de style. « Il refusait, commente-t-on, d'utiliser les mots pour cacher des choses, de dissimuler les idées sous des figures. Pour lui, les mots sont des vêtements qui ne doivent pas déformer le corps mais le mouler, le laisser deviner comme une seconde peau soulignant les formes naturelles. Il récusait tout artifice, tout maquillage. Aux grands lieux de l'éloquence rhétorique, l'école, la chaire et le barreau — le pédantesque, le fratesque et le plaideresque —, Montaigne opposait le parler militaire de Jules César, son style coupé, serré, fait de phrases courtes »[2]. Et le penseur aquitain d'affirmer : « Je veux que les choses remplissent l'imagination de celui qui écoute de façon qu'il n'ait aucune souvenance des mots. Le parler que j'aime, c'est un parler simple et naïf, tel sur le papier qu'à la bouche ; un parler succulent et nerveux, court et serré »[3].

Si la simplicité de la forme doit rendre justice de la complexité du fond et non la galvauder, cette simplicité est, en droit, une élégance qui confine à l'exigence. L'enjeu de « faire simple » est de taille puisque, comme le disait Gustave Flaubert, « il n'y a rien de plus compliqué que de

[1] Cité par F. ROUVIÈRE, « Itinéraire de la recherche en droit – Qu'est-ce qu'une bonne thèse ? », conférence à la Faculté de droit et de science politique d'Aix-en-Provence, 10 janv. 2012.
[2] A. COMPAGNON, *Un été avec Montaigne*, Équateurs-France inter, coll. Parallèles, 2013.
[3] M. DE MONTAIGNE, *Les essais*, Abel Langelier, 1588, L. I, chap. 25 (cité par A. COMPAGNON, *Un été avec Montaigne*, Équateurs-France inter, coll. Parallèles, 2013).

faire simple »[1]. Un autre enjeu de taille — au sens propre comme au sens figuré cette fois —, intimement lié à celui de « faire simple », est celui de « faire court ».

[1] G. FLAUBERT, *Dictionnaire des idées reçues* (1911), Le livre de poche, coll. Classiques, 1997.

Chapitre 5

La menace de la longueur excessive des travaux

La lutte contre la « graphomanie », une problématique réelle pour la recherche juridique

Quoique cela puisse être relativisé à l'aune du fait que la taille de certains dossiers traités par les tribunaux se mesure en mètres cubes[1], il apparaît que nombre de travaux de recherche en droit ou sur le droit donnent lieu à des publications excessivement complètes et complexes, donc longues et lourdes. Certainement cette vastitude s'explique-t-elle en premier lieu par l'ampleur de certains sujets qui, même sans être traités exhaustivement, ne peuvent qu'amener à beaucoup écrire. Néanmoins, les dimensions quantitatives des ouvrages sont aussi le fruit, semble-t-il, de la tendance de leurs auteurs à être, comme Sartre — mais, évidemment, dans un tout autre registre —, « graphomanes »[2]. Or il faut convenir sans réserve que, entre l'attitude d'un Sartre et celle d'un Giacometti, qui n'était jamais satisfait de ses créations dont il reprenait jusqu'à l'épuisement chaque détail[3], celle du sculpteur-peintre ne peut que beaucoup mieux que celle du philosophe être à l'origine de grandes œuvres, la qualité étant rarement l'enfant de la quantité.

A fortiori à l'heure où le « temps de cerveau disponible » pour la lecture d'un article ou d'un livre se réduit de jour en jour, il importe de toujours « écrire prudemment », de « ne jamais prendre la plume qu'en tremblant »[4]. C'est à raison qu'Érasme professait que « parler beaucoup n'est pas parler bien »[5], que Voltaire brocardait les « déluges de mots sur des déserts d'idées »[6] et qu'Albert Camus observait combien « les plus grands

[1] G. THIEL, « L'affaire de tous », Docs ad hoc, LCP Assemblée nationale, 6 juill. 2013.
[2] Sartre est réputé pour avoir été « graphomane », pour avoir ressenti tout au long de sa vie le besoin d'écrire sans arrêt. Il aurait publié plus de 20 000 pages au total (R. ENTHOVEN, « Les mots - Sartre », Le gai savoir, France culture, 14 avr. 2013).
[3] Giacometti disait ainsi « je ne construis le plus souvent qu'en détruisant » (cité par F. MAUBERT, « Alberto Giacometti », Affaires sensibles, France inter, 26 juin 2015).
[4] M. VAN DE KERCHOVE, « Avant-propos », in F. RIGAUX, *Ordonnancements juridiques et conversion numérique*, Larcier (Bruxelles), coll. Petites fugues, 2014, p. 5.
[5] ÉRASME, *Éloge de la folie*, 1509.
[6] Cité par M. DE LACÉPÈDE et *alii*, « Vue générale des progrès de plusieurs branches des Sciences naturelles, depuis le milieu du dernier siècle », *Revue encyclopédique, ou analyses et*

livres ne sont pas les plus épais »[1]. Non seulement « un petit livre peut être une grande œuvre »[2], mais, plus encore, il semble que la qualité d'un livre ou, du moins, son succès — ce qui est peut-être différent — soit, dans la majorité des cas, inversement proportionnel(le) à sa quantité, *i.e.* à sa longueur. Ainsi célèbre-t-on « les livres qui tiennent en quelques pages, dont la densité compense le volume, dont chaque phrase est une perle et dont chaque page contient une idée neuve »[3].

Dans la bouche d'Archibald Haddock, « polygraphe » est une injure[4]. Beaucoup de chercheurs en droit peuvent pourtant être qualifiés de « polygraphes », le présent chapitre consacré à « la menace de la longueur excessive des travaux » en étant le meilleur témoignage. Le risque est évidemment, à vouloir aborder trop de questions éparses, de ne pas pouvoir toutes les traiter rigoureusement. D'ailleurs, le présent ouvrage n'est qu'une partie parmi des recherches plus vastes et il est tentant de citer Rousseau qui, à propos de son *Contrat social*, précisait à ses lecteurs : « Ce petit livre est extrait d'un ouvrage plus étendu, entrepris autrefois sans avoir consulté mes forces, et abandonné depuis longtemps. Des divers morceaux qu'on pouvait tirer de ce qui était fait, celui-ci est le plus considérable, et m'a paru le moins indigne d'être offert au public. Le reste n'est déjà plus »[5]. Le *Contrat social* n'aurait certainement pas connu la postérité qui a été la sienne s'il avait comporté mille pages ou s'il n'avait constitué qu'un chapitre dans un traité envisageant de multiples autres thématiques.

L'intérêt des écrits courts

En outre, « l'une des manières les plus sûres de tuer la réflexion, c'est de l'étouffer sous un surcroît de savoir »[6]. Par conséquent, la lourdeur, si ce n'est la pesanteur, d'un écrit, provoquée notamment par l'abondance des citations et des notes de bas de page, risque de faire disparaître la pensée de son auteur, la réflexion laissant alors la place à la compilation. « On ne doit rendre que des papiers lisibles, tant par le dessein que par la forme, qui ne

annonces raisonnées des productions les plus remarquables dans la Littérature, les Sciences et les Arts 1819, n° 3, p. 7.

[1] A. CAMUS, *L'étranger* (1942), Gallimard, coll. Folio, 1971 (cité par P. GELINET, « Albert Camus », 2000 ans d'histoire, France inter, 22 mars 2006).

[2] S. GOYARD-FABRE, *L'État, figure moderne de la politique*, Armand Colin, coll. Cursus philosophie, 1999, p. 75.

[3] R. ENTHOVEN, « La Force majeure - Clément Rosset », Le gai savoir, France culture, 30 juin 2013 (qui parle de la sorte de *La Force majeure* de Clément Rosset (Minuit, coll. Critique, 1983)).

[4] HERGÉ, *L'affaire Tournesol*, Casterman, 1956, p. 34 ; A. ALGOUD, *Le Haddock illustré – L'intégrale des jurons du capitaine Haddock*, Casterman, 2004, p. 72.

[5] J.-J. ROUSSEAU, *Du contrat social*, 1762, L. I, chap. 1.

[6] R. ENTHOVEN, « Matière-manière (III, 8) - Montaigne (partie 2) », Le gai savoir, France culture, 17 nov. 2013.

soient pas ennuyeux, qui n'utilisent pas le jargon, qui n'exigent pas trop d'efforts du lecteur », enseigne-t-on[1]. Seulement faut-il demander s'il n'existe pas des barrières ontologiques interdisant à la véritable recherche en droit de pouvoir être un tel « papier lisible ». La première d'entre elles serait l' « exhaustivité strictement nécessaire au traitement honorable du sujet »[2].

Le principal intérêt des ouvrages courts est que leur brièveté favorise la clarté des exposés qu'ils contiennent. Il conviendrait, surtout si l'intention est scientifique, de toujours suivre la consigne exprimée par Nietzsche : « Simplifier ce qui est compliqué ; ne pas compliquer ce qui est simple »[3], car « qui se sait profond s'efforce à la clarté ; qui veut paraître profond s'efforce à l'obscurité »[4]. « Si vous ne pouvez pas expliquer un phénomène de manière simple, disait pour sa part Einstein, c'est que vous ne le comprenez pas »[5]. Par suite, qui peut expliquer un phénomène de manière simple se doit de l'expliquer de manière simple, ce qui implique de le faire de la façon la plus directe et explicite, loin des excès et des abus sous toutes leurs formes.

Et les méthodes de la thèse de doctorat en droit de retenir qu'il faut à tout prix se garder de mêler droit et littérature[6]. Stendhal disait lire chaque jour quelques articles du Code civil pour s'imprégner du style lapidaire de ses rédacteurs[7]. *A fortiori* l'auteur d'une recherche en droit devrait-il en faire autant : « La clarté doit être la première qualité de la loi »[8] ; elle devrait également être la première qualité des travaux de recherche en droit ou sur le droit. Mais vouloir construire pareil travail de recherche clair et simple, est-ce bien raisonnable ? En tout cas faut-il s'efforcer de tendre vers cette clarté et cette simplicité, tout en n'ignorant pas que les canons de la scientificité — qui, notamment, obligent à justifier très minutieusement toute assertion — interdisent d'imaginer que cet objectif pourrait être entièrement atteint.

Une tendance de fond au sein des facultés de droit conduit les jeunes chercheurs à écrire des thèses de plus en plus courtes et amène les professeurs à exiger de leurs doctorants qu'ils limitent autant que possible le volume de leurs travaux. Déjà Carbonnier notait que le fait que le doctorat en droit soit de plus en plus fréquent favorise les « dissertations non

[1] G. THUILLIER, « Obsolescence des travaux juridiques », in D. ALLAND, S. RIALS, dir., *Dictionnaire de la culture juridique*, Lamy-Puf, coll. Quadrige-dicos poche, 2003, p. 1102.
[2] R. ROMI, *Méthodologie de la recherche en droit*, 2e éd., Litec, coll. Objectif droit, 2010, p. 29.
[3] F. NIETZSCHE, *Le gai savoir* (1882), trad. A. Vialatte, Gallimard, coll. Idées, 1950.
[4] *Ibid.*
[5] Cité par É. LICHTFOUSE, « La publication scientifique en question », journée d'étude du Laboratoire d'analyse et d'architecture des systèmes de Toulouse, 23 nov. 2012.
[6] R. GASSIN, « Une méthode de la thèse de doctorat en droit », *RRJ* 1996, p. 1180.
[7] A. LECA, *La lyre de Thémis ou la poésie du droit*, PUAM (Aix-en-Provence), 2011, p. 60.
[8] J.-C. BÉCANE, M. COUDERC, J.-L. HÉRIN, *La loi*, 2e éd., Dalloz, coll. Méthodes du droit, 2010, p. 209.

massives »[1]. S'il en va ainsi concernant les thèses, il devrait en aller ainsi concernant l'ensemble de la recherche juridique. Désormais, la longueur d'une publication semble se présenter mécaniquement comme l'une de ses limites, ce qui n'était pas le cas par le passé.

La menace de la concision excessive des travaux ?

Si les résultats d'une recherche en droit ou sur le droit ne sauraient revêtir les caractères de « brièveté » et d' « extrême densité » des maximes de La Rochefoucauld[2], il n'est que possible d'accueillir favorablement la règle posée dans le *Répertoire encyclopédique du droit français* de Fernand Labori, à la fin du XIXe s. : « être complet tout en observant une grande concision »[3]. Mais il faut ajouter, avec Durkheim, que, « si on croit pouvoir, en quelques pages ou en quelques phrases, atteindre l'essence même des phénomènes les plus complexes, de semblables théories expriment, non les faits qui ne sauraient être épuisés avec cette rapidité, mais la prénotion qu'en avait l'auteur antérieurement à la recherche »[4]. Le danger de produire une étude trop succincte et légère n'existe pas moins que celui de rendre une étude trop détaillée et lourde ; l'excès de synthèse n'est pas moins grave que le manque de synthèse ; un écrit trop complet n'est pas moins utile qu'un écrit trop laconique. Reste que ce sont le manque de synthèse et l'abus de détails qui peuvent être reprochés aux « longues thèses » et, plus généralement, à toute une part de la production *jus*-scientifique.

Jean Cocteau écrivait, au sujet d'*À la recherche du temps perdu* de Marcel Proust, qu' « il y a des œuvres longues qui paraissent courtes et des œuvres courtes qui paraissent longues »[5]. Une première question serait de savoir si les ouvrages juridiques peuvent être des œuvres longues qui paraissent courtes ou, mieux, des œuvres courtes qui paraissent courtes ou bien s'ils sont condamnés à toujours se présenter telles des œuvres longues qui paraissent longues. Et Cocteau d'ajouter, encore à propos du roman de Proust, qu' « il y a des œuvres qui ont besoin d'être longues »[6]. Une autre

[1] J. CARBONNIER, « Reflets d'arcades sur fond de droit : souvenirs d'un devenir à la Faculté de Poitiers », in *Écrits (1908-2003)*, Puf, 2008, p. 29.
[2] R. ENTHOVEN, « Les Maximes - La Rochefoucauld », Le gai savoir, France culture, 11 nov. 2012.
[3] Cité par L. DE CARBONNIÈRES, « Documentation juridique (de 1789 à 1945) », in D. ALLAND, S. RIALS, dir., *Dictionnaire de la culture juridique*, Lamy-Puf, coll. Quadrige-dicos poche, 2003, p. 397.
[4] É. DURKHEIM, *Les règles de la méthode sociologique*, 2e éd. (1937), Puf, coll. Bibliothèque de philosophie contemporaine, 1973, p. XV.
[5] Cité par L. EL MAKKI, « Le temps long », Un été avec Proust, France inter, 2 juill. 2013.
[6] Cité par L. EL MAKKI, « Le temps long », Un été avec Proust, France inter, 2 juill. 2013. *À la recherche du temps perdu* se divise en sept tomes et compte plus de 3 000 pages.

question serait de savoir si les ouvrages juridiques ont de la sorte « besoin d'être longs ».

Marcel Proust justifiait en ces termes l'étendue de ses écrits : « Il faut épuiser une idée, l'approfondir tant qu'elle a des choses différentes à livrer »[1]. Mais, en définitive, le problème des dimensions idéales de la « bonne recherche » appelle des réponses éminemment subjectives et que seuls les lecteurs sont en droit d'apporter, eux qui sont tout à la fois les co-auteurs et les juges des livres qu'ils lisent. Dès lors, il faut sans tarder clôturer ce chapitre et envisager une autre problématique qui touche aujourd'hui plus fortement que jamais la recherche juridique : celle de l'obsolescence rapide des publications.

[1] M. PROUST, « Lettre à Cocteau du 11 février 1919 », in *Correspondance,* t. XVIII, Plon, 1990, p. 101.

Chapitre 6

La menace de l'obsolescence rapide des travaux

Réflexions à partir d'un article de Guy Thuillier

Concernant le problème abordé en ce chapitre, un écrit apparaît incontournable tant il vise excessivement juste : la contribution relative à l'« Obsolescence des travaux juridiques » du *Dictionnaire de la culture juridique* dirigé par les professeurs Denis Alland et Stéphane Rials[1], qui y figure tel un « objet littéraire non identifié », entre « Obligations » et « Offices ». Il n'est pas inutile de s'arrêter un instant sur ce petit texte rédigé certainement le temps d'une soirée ou d'un après-midi, en suivant le fil spontané de l'inspiration et au moyen d'un style sans ambages, donc efficace. Sa lecture semble pouvoir profiter à tout chercheur en droit ou sur le droit s'apprêtant à réfléchir et à écrire. Son auteur, Guy Thuillier, débute ainsi son exposé :

> *Personne n'ose trop parler de l'obsolescence des travaux juridiques : c'est un sujet tabou — et pourtant chacun sait d'expérience que le déclassement des études est rapide, que la durée de vie « probable » d'un livre est de plus en plus brève. L'obsolescence est chose cruelle : la* mort de l'œuvre *renvoie à* ma mort, *ce qui explique sans doute qu'on fasse silence sur le jeu de l'obsolescence ; pourtant, combien de livres de 1930 ou 1960 lit-on, cite-t-on encore aujourd'hui ? L'obsolescence est certaine,* prévisible *: mais on ne cherche pas à réfléchir sur les conditions de cette obsolescence, à prendre les contre-mesures nécessaires, on ne met pas en garde les jeunes contre la cruauté du jeu ; or on n'écrit peut-être pas de la même façon quand on saisit clairement le rôle de l'obsolescence.*[2]

Assurément, la prise de conscience de la réalité de cette obsolescence rapide, parfois même instantanée, des travaux juridiques est, ou devrait être, un enjeu important pour tout *jus*-chercheur, spécialement en matière de science du droit positif.

[1] G. THUILLIER, « Obsolescence des travaux juridiques », in D. ALLAND, S. RIALS, dir., *Dictionnaire de la culture juridique*, Lamy-Puf, coll. Quadrige-dicos poche, 2003, p. 1102 s.
[2] *Ibid.*, p. 1102 (souligné dans le texte original).

La pérennité de plus en plus chaotique des publications micro-juridiques

En particulier quant au choix du sujet d'un livre appelé à comporter plusieurs centaines de pages — sujet qui, au contraire de celui d'un article, va être fréquenté par l'auteur durant une ou plusieurs année(s) et non durant quelques semaines, quelques jours ou le temps d'une soirée ou d'une après-midi —, on relève à quel point le danger afférent aux thèmes d'actualité est leur évolutivité et leur contingence[1], à l'inverse des problématiques touchant à la philosophie du droit, à la théorie du droit, à l'épistémologie juridique ou encore à l'histoire du droit. En outre, les études à portée micro-juridique (interrogeant une norme précise ou un régime juridique précis) deviennent beaucoup plus rapidement désuètes que les études à portée macro-juridique (interrogeant une branche du droit, un ordre juridique, un système juridique, une pensée juridique ou tout élément appartenant à la culture juridique). Qui travaille pendant de longs mois sur le régime juridique spécifique à un objet particulier risque, à tout instant, de voir une intervention du législateur ou du juge rendre caduques ses analyses et ses propositions. Pire encore est l'hypothèse dans laquelle un acte officiel viendrait modifier l'ordre existant peu de temps après la publication de l'étude, celle-ci ne pouvant alors plus être modifiée.

Cela vaut, par exemple, en droit de la communication par internet, ce droit étant un droit jeune et donc par essence mouvant, à l'avenir incertain[2]. Différents ouvrages ont été consacrés à des points de droit positif relevant de cette branche du droit, mais l'écriture et la publication sont périlleuses tant les régimes juridiques concernés peuvent à tout moment connaître quelque bouleversement. Il est difficile d'entreprendre la confection d'un exposé du droit positif de la communication par internet ou d'une réflexion sur l'état du droit positif de la communication par internet. Comme le temps de la loi est incompatible avec le temps de l'internet, le temps de la recherche est incompatible avec le temps de l'internet. Les rapporteurs d'une récente mission parlementaire portant sur la « révolution numérique » expliquent que, « faisant le choix d'un travail à long terme [une année en l'occurrence], la mission a assumé un risque : celui de devoir sans cesse renouveler ses informations tant les techniques numériques et les enjeux qui s'y attachent évoluent rapidement. Chaque jour, un événement nouveau intervient qui change la donne, qui apporte des éclairages inédits au risque de laisser

[1] F. ROUVIÈRE, « Itinéraire de la recherche en droit – Qu'est-ce qu'une bonne thèse ? », conférence à la Faculté de droit et de science politique d'Aix-en-Provence, 10 janv. 2012.

[2] En ce sens, notamment, D. DE BELLESCIZE, L. FRANCESCHINI, *Droit de la communication*, 2e éd., Puf, coll. Thémis droit, 2011 (« si la matière est récente, elle évolue très vite » (p. 1) ; « le droit de la communication est un droit en mutation constante » (p. 4)).

penser que ce qui a été écrit sera déjà dépassé au moment même où il sera publié »[1].

Sont tout spécialement concernés par la question de l'obsolescence rapide les jeunes chercheurs et, plus précisément, les doctorants. En effet, le temps du doctorat est trois à six fois plus long que celui de la mission parlementaire. Dernièrement, un chercheur s'étant attaché au sein de son travail doctoral au droit applicable aux noms de domaine pouvait regretter ouvertement, au moment de soutenir devant un jury les résultats dudit travail : « Il est déprimant pour le doctorant de devoir reprendre des dizaines de fois son étude car les normes évoluent constamment : à la différence d'un traité international négocié pendant une longue période, la norme applicable à un nom de domaine peut changer substantiellement par la simple stipulation d'un des acteurs de la chaîne contractuelle. Le phénomène est épuisant pour qui prétend l'étudier. Si c'était à refaire, je ne m'attaquerais pas à une thèse sur cette question »[2]. Dit autrement, le doctorant qui entreprend une thèse d'ordre micro-juridique autour d'un régime juridique relevant d'une branche du droit mouvante et mal fixée aura tout au long de son aventure doctorale au-dessus de la tête une épée de Damoclès fort perturbante, si ce n'est fort démotivante. Or, au XXIe s., de plus en plus de branches du droit sont ainsi mouvantes et mal fixées, spécialement parmi les branches du droit au sein desquelles on recherche des sujets inédits à étudier.

La légitimité du choix de la recherche macro-juridique

Un ouvrage relevant d'une approche macro-juridique peut, lui, espérer rester actuel et pertinent quand bien même les jurislateurs en viendraient à faire évoluer plus ou moins profondément le contenu du droit positif.

Cependant, si la philosophie ne fait pas de progrès, ce qui explique pourquoi les philosophes les plus souvent cités sont aujourd'hui encore Platon et Aristote, le droit, pour sa part, est en perpétuelle évolution, ce qui justifie qu'Ulpien ou Gaius ne soient plus des références que sous les seuls aspects historiques. L'idée d'une organisation juridique définitive doit être salutairement abandonnée[3] et les propos macro-juridiques ne peuvent être autre chose qu'une photographie d'un moment du droit voué à se voir tôt ou tard supplanté par un autre.

[1] P. BLOCHE, P. VERCHÈRE, « Les droits de l'individu dans la révolution numérique », rapport d'information n° 3560, Assemblée nationale, 2011, p. 15.

[2] C. MANARA, « Texte de présentation de ma thèse de doctorat, le 21 juin 2011 » (seul le prononcé fait foi), [en ligne] <cedricmanara.com>, 2011. Le hasard fait que, alors qu'ils se rencontrent fortuitement en ce passage du texte, cette thèse a été soutenue la veille de la remise du rapport parlementaire cité dans la note précédente.

[3] A. LECA, *La genèse du droit – Essai d'introduction historique au droit*, 3e éd., Librairie de l'Université d'Aix-en-Provence, 2002, p. 418.

Les ouvrages juridiques sont ontologiquement destinés à devenir obsolètes et l'œuvre d'un chercheur en droit ou sur le droit qui ne pourrait pas être, un jour, dépassée ne serait tout simplement pas juridique. Il n'en demeure pas moins que, en prenant de la hauteur — ce qui permet de voir en profondeur — et en observant le Droit au-delà du droit positif contingent et fluctuant, ce sont des plaques tectoniques aux mouvements lents bien que continus qui se laissent décrire, quand le droit le plus fin et concret présente, lui, davantage l'aspect de sables mouvants.

Par suite, Guy Thuillier cite, parmi les causes de l'obsolescence rapide des travaux juridiques,

> *la qualité insuffisante du produit : travaux peu accessibles (écriture dans le langage des pairs, avec des sous-entendus et des arrière-pensées difficiles à décoder), études trop spécialisées, trop limitées, qui ne donnent pas à réfléchir, qui ne remontent pas aux principes, qui « n'apportent rien », travaux trop liés à l'actualité, à durée de vie brève, ou biaisés par l'idéologie, les engagements politiques, ou par le « politiquement correct », qui prêtent à soupçons de partialité ou de manipulation des esprits.*[1]

Ce sont autant d'écueils dont il convient de se préserver ou, du moins, qu'il s'agit de conserver à l'esprit afin de tenter de s'en préserver. Il est préférable de

> *choisir des sujets importants, éviter les travaux « à la mode », faire des théories générales, à longue durée de vie, plutôt que des manuels ou des écrits « de commande », rapidement déclassés, étudier les* principia rationis *plutôt que commenter des arrêts, s'intéresser aux méthodes (l'art de juger, l'art de dire le droit, l'art d'administrer) plus qu'aux commentaires des commentaires.*[2]

Au lieu de rechercher, en concurrence avec les législateurs et les magistrats, des solutions à des problématiques juridiques très terre-à-terre, et donc au lieu de s'intéresser au micro-droit, à la science du droit positif et à la politique juridique, il est commode, en tant que chercheur, de « se tenir sur les épaules des géants et voir plus loin »[3], de s'élever au-dessus du droit positif pour bénéficier d'un panorama sur toute la carte du droit, de préférer le Droit au droit. Partant, le choix d'un objet d'étude devrait se justifier en premier lieu par le souhait de produire un ensemble littéraire et scientifique relativement indépendant de l'état du droit positif à l'heure où celui-ci rime de plus en plus avec instabilité et frénésie normatives.

[1] G. THUILLIER, « Obsolescence des travaux juridiques », in D. ALLAND, S. RIALS, dir., *Dictionnaire de la culture juridique*, Lamy-Puf, coll. Quadrige-dicos poche, 2003, p. 1102.
[2] *Ibid.*
[3] Phrase introductive de J.-C. AMEISEN, Sur les épaules de Darwin, France inter.

C'est très légitimement que le chercheur peut s'accrocher à une thématique davantage marquée par « la constance des méthodes, des notions fondamentales, des procédés techniques, des instruments juridiques et des modes de raisonnement »[1] que par « la contingence et l'hétérogénéité des normes juridiques »[2]. C'est très légitimement qu'il peut s'inscrire dans « la perspective de la culture juridique [qui] incite moins à la description de la réglementation et du contenu des règles de droit positif regroupées dans une discipline [...] qu'à suggérer leur esprit, les idées force qui les animent »[3]. C'est très légitimement qu'il peut quêter « [ces] données universelles indépendantes des contingences locales et temporaires des sociétés, [ces] solutions permanentes à des problèmes fondamentaux »[4].

Et René David de montrer à son tour le chemin à suivre :

> *Ce qu'il est fondamental d'enseigner en droit n'est pas la connaissance de règles en vigueur en un temps donné, souvent fluctuantes, mais celle de la structure du droit, des classifications qu'il admet, de son vocabulaire, des concepts en usage, des types de règles sur lesquelles il est fondé et du mode de raisonnement qui en découle, toutes choses stables qui n'évoluent qu'avec une extrême lenteur, au point qu'elles subsistent parfois après avoir cessé d'être utiles. En d'autres termes, le but des études de droit ne peut qu'être de dispenser une culture juridique, c'est-à-dire la formation d'esprit pour comprendre le droit.*[5]

Où le macro-droit paraît triompher du micro-droit aux yeux de l'un des plus illustres professeurs. À l'aune de ce texte, il semble fort opportun de vouloir s'inscrire dans le cadre de la pensée juridique, à laquelle Michel Virally a consacré un livre demeuré célèbre[6] et qui a donné son nom à une importante collection de l'un des principaux éditeurs juridiques français, ainsi que dans le cadre de la culture juridique, que détaille un impressionnant dictionnaire publié en 2003[7]. Il apparaît ainsi légitime de chercher à contribuer à la recherche macro-juridique plutôt qu'à la recherche micro-juridique.

[1] J.-L. BERGEL, « Méthodologie juridique », in D. ALLAND, S. RIALS, dir., *Dictionnaire de la culture juridique*, Lamy-Puf, coll. Quadrige-dicos poche, 2003, p. 1022.
[2] *Ibid.*
[3] D. ALLAND, « Droit international public », in D. ALLAND, S. RIALS, dir., *Dictionnaire de la culture juridique*, Lamy-Puf, coll. Quadrige-dicos poche, 2003, p. 498.
[4] J.-L. BERGEL, « Méthodologie juridique », in D. ALLAND, S. RIALS, dir., *Dictionnaire de la culture juridique*, Lamy-Puf, coll. Quadrige-dicos poche, 2003, p. 1022.
[5] R. DAVID, *Les grands systèmes de droit contemporains*, 5e éd., Dalloz, 1972, p. 347-348.
[6] M. VIRALLY, *La pensée juridique*, LGDJ, 1960.
[7] D. ALLAND, S. RIALS, dir., *Dictionnaire de la culture juridique*, Lamy-Puf, coll. Quadrige-dicos poche, 2003.

L'innovation, secret des ouvrages à longue durée de vie

À l'occasion de l'un de ses célèbres aphorismes, Pascal affirmait : « Je puis bien concevoir l'homme sans mains, tête, pieds […]. Mais je ne puis concevoir l'homme sans pensée. Ce serait une pierre ou une brute »[1]. Un ouvrage à vocation académique — il peut en aller différemment d'un ouvrage à vocation professionnelle —, pour ne pas revêtir les traits d'un monolithe inerte mais plutôt ceux d'un être vivant, doit peut-être se présenter avant toute autre chose telle une œuvre de la pensée et de la raison propres et indépendantes de son auteur. Sur ce dernier point, Guy Thuillier écrit encore qu'

> *Il faut apprendre aux jeunes chercheurs à inventer les contre-mesures nécessaires, à se méfier de l'idéologie qui abrège la durée de vie des écrits, mais aussi de leur propension à imiter ou à vivre à louage, à se soucier de leurs lecteurs, à ne travailler que sur des choses importantes ; ce n'est pas le nombre de livres ou d'articles qui assure une certaine durée de vie, mais le* taux d'innovation.[2]

Peut-être le secret des « grands » travaux, des rares études qui restent quand la plupart passent, réside-t-il dans ce « taux d'innovation » ; mais, évidemment, à condition que l'innovation soit jugée pertinente et utile. C'est pourquoi il est compréhensible que nombre de chercheurs privilégient l'écriture d'essais à l'écriture de manuels dans lesquels, par définition, l'auteur doit s'effacer afin de restituer de manière brute la réalité momentanée du droit positif. Le jeu de l'obsolescence est tel qu' « un papier bien réfléchi de 40 pages, qui remonte aux principes, a une durée de vie plus longue qu'un traité de 600 pages où il y a trop de prêt à penser, de non-réfléchi et d'emprunté sans contrôle »[3]. Ainsi la question de l'obsolescence rapide des ouvrages rejoint-elle celle de leur longueur excessive. Puisqu'elle amène également à identifier et à séparer le macro-droit et le micro-droit, il convient de conclure ce chapitre par un aparté visant à préciser cette distinction.

Une digression utile : la distinction de la recherche macro-juridique et de la recherche micro-juridique

Le risque de l' « obsolescence programmée » incite le chercheur à situer ses travaux dans l'espace de la recherche macro-juridique, par

[1] B. PASCAL, « Grandeur », in *Pensées*, 1669.
[2] G. THUILLIER, « Obsolescence des travaux juridiques », in D. ALLAND, S. RIALS, dir., *Dictionnaire de la culture juridique*, Lamy-Puf, coll. Quadrige-dicos poche, 2003, p. 1103 (non souligné dans le texte original).
[3] *Ibid.*, p. 1102-1103.

opposition à l'espace de la recherche micro-juridique — que privilégie, par exemple, la « méthode pragmatique de l'École de Bruxelles »[1] — dans lequel il s'agit d'étudier un régime juridique spécifique ou, plus finement encore, un(e) ou plusieurs norme(s), institution(s) ou principe(s) juridique(s) particulier(s). Avec le macro-droit, l'intention est d'éclairer la réflexion sur les caractéristiques, la structure et les tendances générales du droit, en interrogeant une branche du droit, un ordre juridique, un système juridique, une pensée juridique ou tout élément appartenant à la culture juridique.

Les recherches touchant à la théorie du droit, à la philosophie du droit ou à l'épistémologie juridique se situent par définition au niveau macro-juridique. Celles qui relèvent de la science du droit positif, de la méthodologie juridique, de la légistique ou de la politique juridique sont nécessairement micro-juridiques. Quant à l'histoire du droit, le comparatisme juridique, la sociologie du droit, l'anthropologie du droit, l'analyse économique du droit et la linguistique juridique, ils peuvent donner lieu à des études macro-juridiques comme à des études micro-juridiques.

Par ailleurs, le caractère macro- ou micro-juridique d'un ouvrage peut sans doute être déterminé grâce à l'observation de ses notes de bas de page : une réflexion macro-juridique amène à citer principalement des sources doctrinales quand une réflexion micro-juridique amène à citer principalement des sources normatives, c'est-à-dire le droit positif — ainsi que, néanmoins, les commentaires de ce droit positif —. Par exemple, le présent livre, qui appartient à l'épistémologie juridique, s'inscrit assurément dans le pan macro-juridique de la recherche juridique.

Plus le droit évolue et se complexifie, plus le rôle des commentateurs et penseurs du droit devient vital, car il importe de comprendre, ordonner et expliquer ces mutations. Cela est l'affaire de la recherche macro-juridique. Aussi, alors que « l'heure n'est plus à la stabilité mais à la souplesse, à la créativité et au pluralisme »[2], appel est-il lancé à de « puissantes synthèses

[1] B. Frydman, G. Lewkowicz, A. van Waeyenberge, « De l'étude à l'enseignement du droit global », [en ligne] <philodroit.be>, 2013, p. 1. Les auteurs expliquent, notamment, que cette méthode pragmatique « privilégie une approche "micro-juridique" du droit au départ des cas pratiques et de la perspective des acteurs, par opposition aux approches "macro-juridiques" qui préconisent l'étude du droit au départ des concepts, du catalogue des sources ou de l'ordre juridique » (*ibid.*). Et de noter également que « là où une perspective macro-juridique observe une société globale bien ordonnée, divisée en États qui s'accordent sur des règles de droit international public et privé, une approche micro-juridique laisse apparaître, au contraire, dans la perspective des acteurs, un marché des ordres juridiques au sein duquel ceux-ci peuvent faire leur shopping » (*ibid.*, p. 9), ce avec quoi il est difficile de s'accorder puisque la question des ordres juridiques intéresse logiquement le macro-droit et non le micro-droit, tandis qu'une étude macro-juridique peut au moins autant qu'une étude micro-juridique permettre de révéler quelque cacophonie au sein du monde du droit. *Cf.*, sur l'« École de Bruxelles », B. Frydman, G. Lewkowicz, dir., *Le droit selon l'École de Bruxelles*, Académie Royale de Belgique (Bruxelles), 2015.

[2] C. Thibierge, « Le droit souple – Réflexion sur les textures du droit », *RTD civ.* 2003, p. 602.

autour des sujets théoriques fondamentaux »[1]. Les travaux macro-juridiques seraient dès lors opportuns à double titre à l'ère contemporaine : en soi et comparativement aux pierres d'achoppement que rencontre la recherche micro-juridique.

Enfin, la distinction du macro-droit et du micro-droit pourrait concurrencer à l'avenir une *summa divisio* droit public/droit privé de plus en plus relative[2]. Mais ce point constitue une digression à l'intérieur de la digression et il n'est pas lieu de davantage l'approfondir, surtout après avoir insisté, dans le chapitre précédent, sur « la menace de la longueur excessive des travaux ».

À l'aune de tout ce qui a été dit au sein de ce livre et, en particulier, au sein de cette quatrième et dernière partie, il est permis d'interroger la pérennité des critères classiquement associés à la « bonne » recherche en droit.

[1] *Ibid.*

[2] *Cf.* B. BARRAUD, « Droit public-droit privé : de la *summa divisio* à la *ratio divisio* ? », *RRJ* 2014, p. 1101 s.

Chapitre 7

Vers de nouveaux critères de la « bonne » recherche en droit ?

Précisions liminaires

Au sein de ce chapitre, sera envisagée la « bonne » recherche en droit. Cela appelle trois commentaires introductifs. Tout d'abord, les guillemets entourant le qualificatif « bonne » sont indispensables tant les caractères de cette « bonne » recherche sont incertains, subjectifs et discutables. Les guillemets doivent donc être non pas maître-mot mais maîtresse-ponctuation. La « bonne » recherche absolue n'existe pas. Et il n'appartient évidemment pas à l'auteur de ces lignes d'arrêter arbitrairement la liste des critères permettant de séparer le travail remarquable du travail quelconque et du travail médiocre.

Ensuite, si est évoquée la « bonne » recherche en droit, sont également concernées les recherches sur le droit, à savoir celles dont les auteurs ne sont pas des juristes (de formation et/ou par destination) mais qui prennent le droit pour objet. C'est simplement parce qu'il serait inesthétique d'évoquer tout au long du chapitre la « "bonne" recherche en droit ou sur le droit » que sera uniquement fait référence à la « "bonne" recherche en droit ». Il faut néanmoins croire que la « bonne » recherche des non-juristes n'est que peu différente de la « bonne » recherche des juristes, bien que l'une et l'autre se distinguent parfois, comme en témoigne le problème du plan en deux parties qui n'intéresse que la recherche juridique des juristes.

Enfin, la question de la « bonne » recherche en droit recouvre largement celle de la « bonne » thèse en droit tant la thèse de doctorat est généralement considérée comme le prototype de la recherche aboutie, comme la quintessence de la recherche universitaire.

L'abandon de l'exhaustivité ?

Le premier critère classiquement associé à la « bonne » recherche en droit et qu'il semble justifié d'interroger « à l'ère du Net »[1] est celui de l'exhaustivité des développements. Cette exhaustivité — soit la présentation de toutes les informations ou, du moins, de toutes les informations pertinentes en lien avec le sujet, qu'elles soient normatives ou doctrinales — devient un objectif inatteignable, quel que soit le niveau d'investissement mis en œuvre, en raison de la multiplication exponentielle des publications et de l'inflation normative (législative mais aussi et surtout jurisprudentielle). Or la conception ordinaire de la « bonne » recherche en droit est très attachée au dernier des principes du *Discours de la méthode* : « Faire partout des dénombrements si entiers, et des revues si générales, que je fusse assuré de ne rien omettre »[2].

La « Charte des thèses » énonce qu'un sujet, pour pouvoir être choisi par un doctorant, doit être « faisable ». S'il faut comprendre par « faisable » que ledit sujet doit être susceptible d'un traitement exhaustif, alors il existe de moins en moins de sujets « faisables ». Pour beaucoup de problématiques, il est permis de craindre que seules des « introductions » soient envisageables, loin de toute complétude ; même réaliser de simples introductions serait parfois une intention utopique[3]. À la suite de Max Weber, il faudrait le plus souvent « se résoudre dès le départ à une réussite incomplète »[4]. Et, avec Montaigne, il conviendrait de concéder que, « les choses [ayant] pour plus universelle qualité leur diversité, tout ce à quoi je puis prétendre est d'éclairer l'un ou l'autre de leurs aspects »[5]. La profusion

[1] Réf. à M. BEAUD, *L'art de la thèse – Comment préparer et rédiger un mémoire de master, une thèse de doctorat ou tout autre travail universitaire à l'ère du Net*, 2e éd., La découverte, coll. Grands repères, 2006.

[2] R. DESCARTES, *Discours de la méthode – Pour bien conduire sa raison, et chercher la vérité dans les sciences*, Leyde, 1637.

[3] P. DEUMIER, *Introduction générale au droit*, 2e éd., LGDJ, coll. Manuel, 2013, p. 10 (« en gagnant en généralité, l'introduction au droit perd en délimitation du propos : droit privé, droit public, droit pénal ; droit interne, droit international, droit européen ; droit français, droit étranger ; droit d'hier et droit d'aujourd'hui ; droit des textes et droit vivant ; "droit" tout court : comment prétendre introduire à un tel ensemble ? À la réflexion, l'ambition est irréalisable ; elle demeurera un simple objectif et sa poursuite un travail sans cesse renouvelé »).

[4] M. WEBER, *L'Éthique protestante et l'esprit du capitalisme* (1920), Pocket, coll. Agora, 1967, p. 23. En outre, alors qu'il est de plus en plus tentant de recourir à des sujets vastes plutôt qu'à des sujets confidentiels, il faut se résoudre à une réussite incomplète en termes d'exhaustivité mais aussi en ce qu'il n'est pas possible de maîtriser plusieurs disciplines ou sous-disciplines avec autant de précision que quelqu'un qui n'en approfondirait qu'une seule — c'est là tout le problème de l'interdisciplinarité lorsqu'elle est le fait d'un chercheur unique —. Weber disait en ce sens que ceux qui s'adonnent à des travaux comparatifs rendent nécessairement des copies moins précises que ceux qui se concentrent sur une matière dont ils sont spécialistes (*ibid.*).

[5] M. DE MONTAIGNE, *Les essais*, Abel Langelier, 1588, L. II, chap. 37.

de matière, tant normative que doctrinale, mais aussi la méconnaissance des langues étrangères, ce qui interdit l'accès à nombre de documents pertinents, empêchent de mener des enquêtes totales. Ainsi sont-ce peut-être y compris les objets juridiques les plus confidentiels qui ne sauraient donner lieu à des recherches exhaustives. Et certains observateurs de voir dans l'exhaustivité des recherches « un rêve inaccessible ou un symptôme névrotique »[1].

Habituellement, est pourtant considéré que le propre des travaux doctoraux, en droit en tout cas, résiderait dans le fait qu'ils consisteraient en des études parfaitement intégrales et contrôlées. Dans son rapport d'activité pour l'année 2012, la section « droit public » du Conseil National des Universités exige ainsi explicitement que soit procédé à un « traitement exhaustif et maîtrisé des données disponibles sur le sujet ». Des méthodes de la thèse en droit récemment publiées évoquent elles-aussi l' « exhaustivité strictement nécessaire au traitement honorable du sujet »[2]. Et les professeurs de conseiller à leurs doctorants de « lire cinq ou dix fois » chaque document[3] — sans quoi leurs portées demeureraient inaccessibles — tout en concevant une « bibliographie complète »[4].

Au-delà des thèses — et peut-être même en les incluant —, il n'est pas certain que l'exhaustivité doive être aujourd'hui encore considérée comme une condition *sine qua non* de toute « bonne » recherche en droit. Alors qu'entre 1920 et 1950 les travaux les plus méritants étaient ceux qui parvenaient à réunir toutes les normes et toute la littérature autour d'un problème de droit donné, l'émergence des bases de données et les actuelles facilités d'accès aux informations amenuisent fortement la prévalence de cet aspect — ce qui n'atténue pas mais au contraire renforce les complications par ailleurs inhérentes à l'explosion des publications doctrinales et à l'inflation normative —. Avant l'entrée dans l'ère de l'information et de la communication, le premier — si ce n'est le seul — enjeu en même temps que la première difficulté pour quiconque s'adonnait à la confection d'une « véritable » recherche en droit était de tout lire et de tout dire sur son sujet. Les obstacles étaient de taille puisque de nombreux documents précieux pour le chercheur étaient difficiles d'accès. Il fallait s'armer de patience et, parfois, voyager beaucoup[5]. Aujourd'hui, le journal officiel, une grande

[1] M. XIFARAS, « Après les Théories Générales de l'État : le Droit Global ? », *Jus Politicum* 2012, n° 8, p. 42.

[2] R. ROMI, *Méthodologie de la recherche en droit*, 2e éd., Litec, coll. Objectif droit, 2010, p. 29.

[3] J.-M. MOUSSERON, « Guide de la thèse en droit », [en ligne] <daniel-mainguy.fr>.

[4] *Ibid.* Aussi invitent-ils à opter pour des thématiques excessivement restrictives telles que « la jurisprudence du Conseil d'État en matière d'expropriation » (M. XIFARAS, « Après les Théories Générales de l'État : le Droit Global ? », *Jus Politicum* 2012, n° 8, p. 42).

[5] En ce sens, on remarque que, avant 1945, « le défi [était] l'accès au renseignement juridique, [...] s'appuyer sur une documentation abondante et précise » (L. DE CARBONNIÈRES, « Documentation juridique (de 1789 à 1945) », in D. ALLAND, S. RIALS, dir., *Dictionnaire de la culture juridique*, Lamy-Puf, coll. Quadrige-dicos poche, 2003, p. 398).

partie des revues et nombre d'ouvrages se consultent en ligne, tandis que la plupart des décisions de justice notables sont accessibles à travers des bases de données. Ainsi juge-t-on, concernant les recherches doctorales, que « les thèses exhaustives, autrefois les plus méritoires, ne présentent plus grand intérêt »[1].

La hiérarchisation des sources plutôt que l'exhaustivité ?

Si l'exigence d'exhaustivité peut difficilement perdurer, toute exigence ne saurait cependant disparaître. « Ce qui se joue, note-t-on, est moins l'affaissement de la rigueur et du sérieux que leur transformation [autour] des standards et des critères de nouveaux modes de raisonnement fondés sur l'originalité des thèses, la clarté des synthèses, la puissance prospective, la fécondité des perspectives et l'intérêt des projets rendus pensables »[2]. Les recherches en droit de 2020 — « postmodernes » ? — ne pourront pas reposer sur les mêmes piliers que les recherches en droit de 1920 — « modernes » ? —, lesquelles étaient rédigées en des temps où beaucoup restait à penser, à dire et à écrire, en des temps où des pans entiers du droit positif, de la théorie du droit et de la culture juridique demeuraient inexplorés. Désormais, ce sont peut-être de nouvelles formes de rigueur et de sérieux dans l'étude et la pensée du droit, de nouvelles formes de technique et de rationalité juridiques, qui sont attendues, loin de la reformulation, quand bien même elle serait exhaustive et parfaitement exacte, de normes, d'hypothèses et de commentaires déjà plusieurs fois exposés.

D'autres nécessités viendraient donc remplacer peu à peu celle du traitement exhaustif du sujet. Notamment, la question de la hiérarchisation des sources (documentaires) se pose aujourd'hui avec beaucoup plus d'acuité qu'hier[3]. Alors que l'« âge d'or des professeurs de droit » appartiendrait au passé[4], que les publications de qualité supérieure peinent à émerger dans l'océan des éditeurs, des collections et des périodiques, que la

[1] F. Rouvière, « Itinéraire de la recherche en droit – Qu'est-ce qu'une bonne thèse ? », conférence à la Faculté de droit et de science politique d'Aix-en-Provence, 10 janv. 2012.

[2] M. Xifaras, « Après les Théories Générales de l'État : le Droit Global ? », *Jus Politicum* 2012, n° 8, p. 42.

[3] Une « bonne » recherche est certainement un travail qui s'inspire d'auteurs dont les écrits revêtent une importante force doctrinale et qui ne les oppose pas à quelques auteurs dont les productions scientifiques ne revêtent qu'une faible autorité.

[4] L'« âge d'or des professeurs de droit, apogée de leur prestige et de la qualité de leurs publications », correspondrait aux années 1860-1960 (J.-M. Carbasse, « Professeurs à la faculté de droit », in D. Alland, S. Rials, dir., *Dictionnaire de la culture juridique*, Lamy-Puf, coll. Quadrige-dicos poche, 2003, p. 1244-1245). Des auteurs confirment cela en parlant de « belle époque de la pensée juridique » (N. Hakim, F. Melleray, « La belle époque de la pensée juridique française », in N. Hakim, F. Melleray, dir., *Le renouveau de la doctrine française – Les grands auteurs de la pensée juridique au tournant du XXe siècle*, Dalloz, coll. Méthodes du droit, 2009, p. 1 s.).

consultation des écrits a remplacé leur lecture[1], la capacité à hiérarchiser les informations et leurs sources pourrait être le nouveau prisme à l'aune duquel il faudrait évaluer la qualité des ouvrages *jus*-scientifiques. Il s'agirait, pour le chercheur, de savoir avant tout trier les documents en fonction de leur « force normative » ou de leur « force doctrinale » afin de ne pas produire, à la manière de Montaigne dans ses *Essais*, un « pêle-mêle où se confondent comme à plaisir les choses importantes et futiles, les côtés vite surannés et l'éternel »[2].

Et, si l'exhaustivité en venait à définitivement s'effacer, il resterait à prendre en compte tous les autres éléments qui permettent de reconnaître une « véritable recherche » au sens de la section « droit public » du Conseil National des Universités, soit un ouvrage qui « procède d'une démarche de nature scientifique — c'est-à-dire rigoureuse, objective, ordonnée, raisonnée, critique [...] — et [qui] apporte de nouveaux éléments de connaissance, d'explication et surtout de compréhension du sujet considéré, comme de la matière dont il relève et même du droit en général »[3].

Préférer le macro-juridique, le théorique, le pensé et l'abstrait au micro-juridique, au concret, au pratiqué et au factuel ?

La fin de la précédente explication du Conseil National des Universités, qui rappelle la distinction de la recherche macro-juridique et de la recherche micro-juridique et qui souligne l'intérêt de privilégier la première par rapport à la seconde, est importante. Des professeurs considèrent en ce sens que la « bonne » recherche en droit serait celle qui « s'intéresse aux grandes tendances du droit »[4]. Ainsi serait-il préférable de se consacrer à des sujets vastes et transversaux plutôt qu'à des sujets resserrés et intimistes.

Christian Atias mettait en garde quant au fait que, « à différentes époques, notamment la nôtre, [la] perspective [du droit] a été brouillée par l'abondance des règles de détail, une des manifestations de ce passage du qualitatif au quantitatif qui menace sans doute en permanence l'esprit humain »[5]. Et, plus tôt, Léon Duguit pouvait regretter que la doctrine se

[1] L. DE CARBONNIÈRES, « Documentation juridique (de 1789 à 1945) », in D. ALLAND, S. RIALS, dir., *Dictionnaire de la culture juridique*, Lamy-Puf, coll. Quadrige-dicos poche, 2003, p. 397.

[2] H. FRIEDRICH, *Montaigne*, Gallimard, 1984.

[3] Section 02 (droit public) du Conseil National des Universités, « Rapport d'activité 2012 », p. 15-16. Dans cette citation, le marqueur « [...] » remplace « et complète », expression qui renvoie à l'exigence d'exhaustivité toujours présente du point de vue du Conseil National des Universités.

[4] F. ROUVIÈRE, « Itinéraire de la recherche en droit – Qu'est-ce qu'une bonne thèse ? », conférence à la Faculté de droit et de science politique d'Aix-en-Provence, 10 janv. 2012.

[5] Ch. ATIAS, *Épistémologie juridique*, Dalloz, coll. Précis, 2002, p. 15.

perde souvent dans des analyses techniques, plus quantitatives que qualitatives. Il en venait à juger que, « entendu de la sorte, l'étude du droit ne vaut pas une minute d'effort »[1]. Ainsi le qualitatif (donc le macro-juridique, le théorique, le pensé et l'abstrait) serait-il fondamentalement plus « noble » ou, en tout cas, plus digne d'intérêt que le quantitatif (donc que le micro-juridique, le concret, le pratiqué et le factuel), du moins sous l'angle de la « bonne » recherche en droit envisagée tel un travail d'universitaire et non tel un travail de praticien.

Peu après la Terreur de la fin du XVIIIe s., qui a notamment passé à la guillotine une bonne partie du droit et l'enseignement du droit en son entier[2], il ne se trouvait plus parmi les juristes, selon le témoignage d'un contemporain, que de « misérables praticiens sans théorie, [...] sans autre instruction qu'une routine obscure »[3]. Être un bon praticien est certainement tout aussi louable qu'être un bon théoricien ; et être un bon praticien est plus utile puisque le droit est avant tout une technique appliquée au service de la régulation des sociétés. Si ses théoriciens étaient plus nombreux que ses praticiens, cela signifierait que le droit se serait perdu dans des limbes métaphysiques, spéculatifs ou autrement abstraits et il faudrait sans demi-mesure dénoncer pareils travers des juristes. Seulement constate-t-on plutôt que, au cours du XXe s., les juristes-universitaires se sont rapprochés des juristes-praticiens et que la doctrine est devenue la « servante » de la jurisprudence[4], ce que François Gény déjà redoutait lorsqu'il mettait en garde contre la « mode » des notes d'arrêt qui risquait, selon lui, de conduire à « la mutilation de la doctrine en la confinant à la pure et simple classification des précédents »[5]. Or, selon le professeur Olivier Beaud, le « répertoire de jurisprudence » ne serait assurément pas une œuvre scientifique digne de la doctrine[6]. Pourtant, la croisée des XXe et XXIe s.

[1] L. DUGUIT, *Traité de droit constitutionnel – Tome deuxième : La théorie générale de l'État – Première partie : Éléments, fonctions et organes de l'État*, 3e éd., De Boccard, 1928, p. 104.

[2] En 1793, souhaitant faire table rase du passé, la Convention avait supprimé les facultés de droit, les collèges, les grades et les diplômes. Selon ces révolutionnaires, l'enseignement du droit n'était plus nécessaire puisqu'allait être rédigé un « code de lois » si simple et clair qu'il serait directement compréhensible de tous (J.-M. CARBASSE, « Professeurs à la faculté de droit », in D. ALLAND, S. RIALS, dir., *Dictionnaire de la culture juridique*, Lamy-Puf, coll. Quadrige-dicos poche, 2003, p. 1244). Par la suite, une loi du 22 ventôse an XII (13 mars 1804) a créé les écoles de droit, lesquelles ont retrouvé le nom de facultés en 1808.

[3] H. HAYEM, « La renaissance des études sous le Consulat », *NRHD* 1905, p. 115 (cité par Ch. CHÊNE, « Enseignement du droit », in D. ALLAND, S. RIALS, dir., *Dictionnaire de la culture juridique*, Lamy-Puf, coll. Quadrige-dicos poche, 2003, p. 623).

[4] O. BEAUD, « Doctrine », in D. ALLAND, S. RIALS, dir., *Dictionnaire de la culture juridique*, Lamy-Puf, coll. Quadrige-dicos poche, 2003, p. 388.

[5] F. GÉNY, *Méthode d'interprétation et sources en droit privé positif*, t. I, LGDJ, 1954 (cité par O. BEAUD, « Doctrine », in D. ALLAND, S. RIALS, dir., *Dictionnaire de la culture juridique*, Lamy-Puf, coll. Quadrige-dicos poche, 2003, p. 388).

[6] O. BEAUD, « Doctrine », in D. ALLAND, S. RIALS, dir., *Dictionnaire de la culture juridique*, Lamy-Puf, coll. Quadrige-dicos poche, 2003, p. 388.

correspond à l'ère du règne ou du culte de la jurisprudence dans l'univers *jus*-académique[1].

Gérard Cornu relevait la dérive propre aux chercheurs en droit qui « suivent la pente des faits ou de la jurisprudence, serviteurs dociles de l'actualité, prisonniers de l'évènement et de l'écume des choses, voués à la paraphrase des arrêts »[2]. La paraphrase : il n'est rien de plus désagréable que la paraphrase, tant du point de vue d'un lecteur que du point de vue d'un auteur. Il semble néanmoins qu'elle soit d'un précieux secours dès lors que « la doctrine ne jouit plus du recul nécessaire et de l'esprit critique revendiqués par les juristes novateurs »[3].

Il manquerait ainsi à la recherche juridique contemporaine le « temps de penser » indispensable à la confection de tout ouvrage remarquable[4]. Plus sûrement, il lui manquerait cruellement la « liberté de penser », ainsi que cela a été souligné à l'occasion du précédent chapitre relatif au besoin de penser librement le droit et en droit[5]. La plupart des chercheurs en droit, situés au niveau micro-juridique, ne feraient guère que du journalisme juridique, se bornant à décrire les « faits juridiques » et, éventuellement, à assortir ces descriptions de quelques commentaires. Choisir une problématique macro-juridique, théorique et abstraite, peut-être est-ce « s'éprendre d'un problème insoluble et stérile », ainsi que le suggère un anathème baudelairien[6]. Peut-être est-ce aussi la clé ou, du moins, une clé de la « bonne » recherche en droit.

Dépasser le droit positif ?

Durant l'hiver 2012, le professeur Frédéric Rouvière proposa, à la faculté de droit d'Aix-en-Provence, dans le cadre de la formation doctorale, un ensemble de conférences autour du thème « Itinéraire de la recherche en

[1] J.-D. BREDIN, « Remarques sur la doctrine », in *Mélanges Pierre Hébraud*, Dalloz, 1981, p. 111 s.

[2] G. CORNU, « Aperçu de la pensée juridique française contemporaine », *Annales de l'Université de Poitiers* 1960, n° 1 (cité par O. BEAUD, « Doctrine », in D. ALLAND, S. RIALS, dir., *Dictionnaire de la culture juridique*, Lamy-Puf, coll. Quadrige-dicos poche, 2003, p. 388).

[3] O. BEAUD, « Doctrine », in D. ALLAND, S. RIALS, dir., *Dictionnaire de la culture juridique*, Lamy-Puf, coll. Quadrige-dicos poche, 2003, p. 388.

[4] M. GOBERT, « Le temps de penser de la doctrine », *Droits* 1994, n° 20, p. 97 s.

[5] Troisième partie, chapitres 4 et 5. En particulier, du point de vue de la « bonne » recherche, chercher quelque réponse « loin des autres » est peut-être plus louable que de chercher les réponses « des autres ». Ensuite, ces réponses trouvées « loin des autres » seront possiblement les mêmes que celles « des autres » ; ce serait là un indice de leur valeur ou validité, mais un indice seulement et non une preuve puisque les erreurs collectives sont malheureusement une chose commune.

[6] Ch. BAUDELAIRE, « Femmes damnées (Delphine et Hippolyte) », in *Les Fleurs du mal*, Poulet-Malassis et de Broise, 1857.

droit ». La première d'entre elles s'intitulait « Qu'est-ce qu'une bonne thèse ? »[1]. Le professeur fit, à cette occasion, « salle comble ». Si la thèse de doctorat en droit est bien le prototype du « véritable » travail de recherche en droit, il n'est pas inutile de reprendre ici les divers éléments caractéristiques de ce que serait, aujourd'hui, une thèse de qualité et qui ont alors été présentés à un auditoire très attentif.

Les dictionnaires de la langue française définissent la thèse comme une « proposition ou théorie que l'on tient pour vraie et que l'on soutient par une argumentation pour la défendre contre d'éventuelles objections »[2]. Il s'agit donc avant tout d'une proposition théorique argumentée ou d'un ensemble de propositions théoriques argumentées, à l'opposé d'un exposé ordonné de l'état du droit positif dans une matière ou autour d'un problème de droit. Se retrouve ici la distinction que Carbonnier opérait entre un « cours de licence » et un « cours de doctorat » : « Un cours de licence en droit est nécessairement quelque chose d'élémentaire [...]. À ce degré, le devoir est d'enseigner des certitudes, la positivité. [...] Un cours de doctorat permet à la fois la recherche, la systématisation et la controverse »[3]. Frédéric Rouvière professe, à la suite de Carbonnier, que « le droit des manuels n'a pas sa place dans une thèse »[4]. Négativement, la « bonne » recherche en droit ne serait donc pas celle qui décrit des régimes juridiques ou, du moins, pas celle qui se borne à cela. Le droit positif n'est utile que s'il sert de « prétexte » ou s'il permet d'illustrer des apports conceptuels, des propositions théoriques ou de nouvelles classifications. La « bonne » recherche devrait préférer la pensée à la technique ; elle devrait redonner toute sa place à la réflexion et chercher à contredire la « défaite de la pensée »[5] qui caractériserait l'époque contemporaine.

[1] F. ROUVIÈRE, « Itinéraire de la recherche en droit – Qu'est-ce qu'une bonne thèse ? », conférence à la Faculté de droit et de science politique d'Aix-en-Provence, 10 janv. 2012.

[2] V° « Thèse », in *Trésor de la langue française*. Les dictionnaires définissent également la thèse, en histoire de l'éducation, en ces termes : « Proposition ou série de propositions que le candidat à un grade de bachelier, de licencié, de docteur s'engageait à soutenir publiquement dans une université » (*ibid.*).

[3] J. CARBONNIER, « Reflets d'arcades sur fond de droit : souvenirs d'un devenir à la Faculté de Poitiers », in *Écrits (1908-2003)*, Puf, 2008, p. 29.

[4] F. ROUVIÈRE, « Itinéraire de la recherche en droit – Le plan de la thèse », conférence à la Faculté de droit et de science politique d'Aix-en-Provence, 3 mars 2012. Sur ce point, bien que ce ne soit pas là un clivage officiel, il faudrait distinguer les thèses en fonction des objectifs professionnels de leurs auteurs : la thèse d'un aspirant professeur (« thèse d'universitaire » axée sur le « droit savant ») n'exigerait pas les mêmes qualités que la thèse d'un aspirant praticien (« thèse de professionnel » axée sur le « droit vivant »). En l'occurrence, c'est bien de la « bonne » thèse « agrégative » dont il est question, même si cette distinction est exagérément manichéenne.

[5] Réf. à A. FINKIELKRAUT, *La défaite de la pensée*, Gallimard, 1987.

Une œuvre originale ?

Peut-être une « bonne » recherche en droit est-elle aujourd'hui un « travail présenté sous forme d'ouvrage exposant les résultats d'une étude originale »[1]. L'idée d'originalité est importante. Il est probable que la « bonne » recherche en droit soit une œuvre personnelle — mais sur le fond plus que sur la forme — ; elle ne doit pas être telle la « cour caméléon » dont La Fontaine dénonçait le comportement, qui change de couleurs pour toujours revêtir celles des plus puissants[2]. Des professeurs, comme J. L. à l'occasion d'une soutenance de thèse s'étant déroulée en 2012, n'hésitent pas à avancer qu' « une vraie thèse est la réalisation d'un travail de création, empreint de personnalité ».

Néanmoins, « recherche originale » signifie avant tout « première recherche », « recherche pionnière », « recherche novatrice ». « Une bonne thèse, enseigne le professeur Frédéric Rouvière, est un discours qui unifie la diversité et comble les vides du savoir »[3]. Partant, il conviendrait de traiter principalement, si ce n'est exclusivement, des sujets neufs ou des sujets à propos desquels il reste beaucoup à dire et à écrire. Et de poursuivre : « Une bonne thèse est une thèse novatrice, qui trouve quelque-chose de nouveau, une position originale sur le droit »[4] ; ce que confirment le professeur J.-L. B., lorsque, à l'occasion d'une soutenance de thèse s'étant tenue en 2012, il affirme qu' « une vraie thèse est la défense d'une position originale », ou le professeur J. H., lorsqu'il souligne qu' « une vraie thèse est la présentation et l'examen d'opinions et de propositions nouvelles, pas un simple exposé de la matière en cause ».

Le chercheur doit penser par lui-même, librement, loin de toute influence mais aux côtés de « la nécessaire réflexion critique sur l'esprit juridique »[5]. La « bonne » recherche serait donc la « recherche libre », la « recherche indépendante », capable de répondre au besoin de « ne pas céder aux modes et aux mots d'ordre »[6]. Au moins le chercheur doit-il s'attacher à une « filiation intellectuelle revendiquée sans affiliation »[7]. En somme, une

[1] V° « Thèse », in *Trésor de la langue française*.

[2] « Je définis la cour un pays où les gens, / Tristes, gais, prêts à tout, à tout indifférents, / Sont ce qu'il plaît au Prince, ou, s'ils ne peuvent l'être, / Tâchent au moins de le paraître, / Peuple caméléon, peuple singe du maître » (J. DE LA FONTAINE, « Les obsèques de la lionne », in *Les fables*, 1678, L. VIII, chap. 14).

[3] F. ROUVIÈRE, « Itinéraire de la recherche en droit – Qu'est-ce qu'une bonne thèse ? », conférence à la Faculté de droit et de science politique d'Aix-en-Provence, 10 janv. 2012.

[4] *Ibid.*

[5] J.-P. CHAZAL, « Philosophie du droit et théorie du droit, ou l'illusion scientifique », *Arch. phil. droit* 2001, p. 326.

[6] J.-M. CARBASSE, « Professeurs à la faculté de droit », in D. ALLAND, S. RIALS, dir., *Dictionnaire de la culture juridique*, Lamy-Puf, coll. Quadrige-dicos poche, 2003, p. 1246.

[7] F. AUDREN, *Les juristes et les mondes de la science sociale en France*, th., Université de Dijon, 2005, p. 23 (cité par F. MELLERAY, « Léon Duguit – L'État détrôné », in N. HAKIM,

recherche serait remarquable à proportion de son « taux d'innovation », lequel dépend autant de l'originalité du sujet abordé que de l'originalité de la façon de le traiter et que de l'originalité des réponses apportées.

Une belle discussion et le foyer de belles discussions ?

Par ailleurs, le professeur Frédéric Rouvière explique que, « aujourd'hui, une bonne thèse est une belle discussion, une belle argumentation »[1]. La « bonne » recherche en droit ne serait donc plus la recherche qui s'appuie sur une « documentation abondante et précise »[2], mais davantage celle qui constitue une belle discussion et qui donne matière à de belles discussions. Il faut se souvenir que, à la suite de l'édit royal de 1679 portant réforme des études de droit, qui institua le recrutement des professeurs par concours et dispute publique, l' « authentique » recherche universitaire était celle donnant lieu à une véritable *disputatio*. Cependant, il ne fait aucun doute que, si s'appuyer sur une documentation opulente ne garantit pas le succès des travaux, ne pas s'appuyer sur de riches données et sur une bibliographie consistante assure leur échec.

À l'heure de l'internet, alors que rien n'échappe au changement, la « bonne » recherche serait donc devenue la « belle discussion ». Au cours d'une soutenance de thèse datée de 2012, le professeur J. Ch. relevait que, « lorsqu'une discussion peut s'engager, c'est le signe d'une bonne thèse ». Il est commun de dire que plus un travail est discuté, plus cela est le signe de sa grande valeur[3]. Aussi la « bonne » recherche en droit devrait-elle consister en un ouvrage critique, la critique étant, selon le professeur Yves Gaudemet, « le meilleur exercice universitaire »[4]. Mais encore faut-il que cette critique soit modérée et scientifiquement appuyée, ne prenant pas des allures de plaidoyer politique ; elle peut être forte et sévère sur le fond, mais à condition qu'elle soit formellement entourée de toutes les précautions, spécialement afin de ménager les auteurs susceptibles de ne pas être d'accord avec les opinions avancées.

F. MELLERAY, dir., *Le renouveau de la doctrine française*, Dalloz, coll. Méthodes du droit, 2009, p. 223).

[1] F. ROUVIÈRE, « Itinéraire de la recherche en droit – Qu'est-ce qu'une bonne thèse ? », conférence à la Faculté de droit et de science politique d'Aix-en-Provence, 10 janv. 2012.

[2] L. DE CARBONNIÈRES, « Documentation juridique (de 1789 à 1945) », in D. ALLAND, S. RIALS, dir., *Dictionnaire de la culture juridique*, Lamy-Puf, coll. Quadrige-dicos poche, 2003, p. 398.

[3] Ch. JAMIN, Ph. JESTAZ, *La doctrine*, Dalloz, coll. Méthodes du droit, 2004, p. 131.

[4] Y. GAUDEMET, « Les grandes mutations du droit administratif », conférence à l'École doctorale de sciences juridiques de Grenoble, 15 févr. 2011.

Une contribution au progrès épistémique ?

En outre, mieux que la « bonne » recherche, il y aurait la « vraie bonne » recherche, comme il y a la « vraie bonne » thèse : « La vraie bonne thèse est la thèse scientifique, celle qui fait avancer les connaissances scientifiques, [celle qui] constitue un progrès ou même une découverte scientifique »[1]. La principale fin poursuivie par tout chercheur devrait, en effet, être celle-là : faire des découvertes scientifiques ou, *a minima*, faire progresser le savoir scientifique, c'est-à-dire la connaissance et la compréhension de l'objet étudié. Or s'inscrire dans le cadre des sciences du droit ou dans celui des sciences humaines et sociales en général n'atténue en rien cet objectif supérieur. A déjà été mis en évidence, précédemment en ces pages, combien il faut chercher à fournir un travail scientifique, combien la scientificité doit être le premier des leitmotivs pour tout « véritable » chercheur, combien chercher revient à adopter une attitude objective et empirique.

Mais les sciences du droit et les sciences humaines et sociales en général sont particulières en ce qu'elles autorisent une connaissance et une compréhension des objets étudiés dépassant les observations et conclusions objectives et empiriques. Alors que sont dénoncés les travaux *jus*-universitaires « qui virent au journalisme juridique en ce qu'ils se limitent à la simple description de faits »[2], la « bonne » recherche en droit paraît être celle qui comporte des apports théoriques et, plus spécialement, des apports conceptuels : « Le vrai progrès est l'avancée conceptuelle, l'innovation par les concepts, la proposition d'outils pour mieux expliquer et mieux interpréter le droit »[3]. Une recherche en droit, pour être remarquable, se devrait donc d'identifier et de proposer de nouveaux instruments de compréhension des phénomènes juridiques, permettant de distinguer, d'ordonner et de classer en différentes catégories les normes et les institutions qui composent le droit. Elle devrait, de la sorte, concourir à la clarification du droit, spécialement en « inventant un métalangage »[4] — ce qui n'est pas sans danger car la polysémie n'est jamais loin —.

Partant, une recherche en droit pertinente devrait bel et bien s'inscrire dans l'espace macro-juridique de la culture, de la pensée et de la théorie juridiques plutôt que dans l'espace micro-juridique du droit positif sur lequel elle ne peut avoir, de toute manière, aucune prise. Cela ne signifie pas

[1] F. Rouvière, « Itinéraire de la recherche en droit – Qu'est-ce qu'une bonne thèse ? », conférence à la Faculté de droit et de science politique d'Aix-en-Provence, 10 janv. 2012.

[2] F. Rouvière, « Épistémologie de la recherche en droit », conférence à la Faculté de droit et de science politique d'Aix-en-Provence, 7 févr. 2012.

[3] *Ibid.*

[4] *Ibid.*

qu'elle devrait se tenir loin à l'écart dudit droit positif ; il lui appartient de se situer juste au-dessus de lui.

Où réapparaît à nouveau l'importance du « taux d'innovation ». Peut-être même la qualité d'un travail de recherche en droit se mesure-t-elle au nombre de ses apports conceptuels. Mais encore faut-il que ceux-ci se révèlent pertinents et utiles ; en témoignent ces propos que l'on attribue à différents professeurs lors de différentes soutenances de thèses : « Cher monsieur, il y a dans votre thèse des choses nouvelles et des choses bonnes. Malheureusement, ce qui est nouveau n'est pas bon et ce qui est bon n'est pas nouveau »[1].

En tout cas, si le droit est à la fois une pratique sociale et une discipline académique productrice de savoirs sur elle-même, assurément est-ce essentiellement ce second pan de la figure juridique qui intéresse la recherche *jus*-universitaire. Pour autant, le chercheur en droit doit s'efforcer de chercher mais il ne doit pas s'efforcer de trouver. En d'autres termes, il lui incombe de ne pas forcer les découvertes ou le progrès et, s'il s'avérait que sa problématique était peu porteuse, alors il devrait se borner à constater que sa problématique est peu porteuse et ne surtout pas inventer quelques apports incorrects afin de donner l'illusion d'une problématique de première importance. Illustre cette exigence d'honnêteté intellectuelle, indissociable de toute « bonne » recherche, le professeur Yves Gaudemet lorsqu'il salue l'auteur d'une thèse sur « l'unité des contrats publics »[2] qui aboutit à la conclusion selon laquelle son sujet n'existe pas et qui ne cherche pas à travestir ce constat afin de rendre son sujet plus légitime[3].

Par ailleurs, la « bonne » recherche en droit serait encore celle qui recourt abondamment à l'argumentation. Cette dernière s'oppose à la rhétorique en ce qu'elle est l'instrument de celui qui est convaincu et qui veut convaincre, tandis que la rhétorique est l'instrument de celui qui cherche à persuader, fût-ce avec de mauvaises raisons[4]. Dès lors, la rhétorique est le lot des avocats et l'argumentation celui des enseignants-chercheurs et des juges.

Et peut-être la « bonne » recherche en droit est-elle aussi celle qui parvient à éviter le piège de l' « obsolescence programmée » interrogé au sein d'un précédent chapitre. Des professeurs, à l'instar de J. L. lors de la soutenance en 2012 d'une thèse portant pourtant sur le droit des nouvelles

[1] D. MAINGUY, « La soutenance de thèse », in *Mélanges Jean Calais-Auloy*, Dalloz, 2003.

[2] L. MARCUS, *L'unité des contrats publics*, Dalloz, coll. Nouvelle bibliothèque de thèses, 2010.

[3] Y. GAUDEMET, « Les grandes mutations du droit administratif », conférence à l'École doctorale de sciences juridiques de Grenoble, 15 févr. 2011.

[4] P. LIVET, « Argumentation et rhétorique juridique », in D. ALLAND, S. RIALS, dir., *Dictionnaire de la culture juridique*, Lamy-Puf, coll. Quadrige-dicos poche, 2003, p. 85. *Cf.*, également, Ch. PERELMAN, *Traité de l'argumentation*, 3e éd., Presses universitaires de Bruxelles, 1976.

technologies, c'est-à-dire sur une branche du droit foncièrement instable, soutiennent qu' « il faut savoir construire une structure cognitive capable de résister à l'épreuve du temps ». Indirectement, revient la nécessité, non pas d'éviter le droit positif qui demeure la matière première de toute étude juridique, mais de ne pas s'y fixer, de ne pas en dépendre, d'être capable de s'en échapper à travers ses conclusions et ses propositions.

« Bonne » recherche, « belle » recherche ?

Enfin, une « bonne » recherche, en droit plus qu'ailleurs mais concernant la recherche juridique des juristes autrement plus que concernant la recherche juridique des non-juristes, est une « belle » recherche sous l'angle formel, sous l'angle esthétique, sous l'angle géométrique. Peut-être, aux yeux des universitaires-juristes, la forme importe-t-elle autant que le fond. Et le professeur M. C. pouvait dire un jour à un futur impétrant dont il n'appréciait guère les intitulés de sa composition : « Cher monsieur, votre thèse est comme une très belle jeune femme qui porterait des vêtements un peu fripés ».

Pour être formellement adéquats, respectueux des canons plastiques en vigueur, les travaux des juristes doivent se conformer à la règle du plan bipartite qui impose de diviser les développements en couples de parties et de sous-parties. Il ne fait aucun doute que l'accent ainsi mis sur la forme — quand bien même elle serait « le fond qui remonte à la surface » — peut porter gravement préjudice à la logique substantielle de la démonstration. On observe que, normalement, « la forme est au service du fond, non l'inverse »[1]. Mais, puisqu'il s'agit d'une tradition aujourd'hui profondément ancrée dans l'univers *jus*-académique, le chercheur en droit *stricto sensu* doit considérer qu'il lui est tout simplement défendu de la bafouer[2].

En outre, il convient d'apporter le soin le plus attentif à la formulation des couples d'intitulés qui, comme s'ils étaient les membres d'une même famille, doivent se ressembler sans se confondre et entretenir savamment le dialogue, la démonstration et l'harmonie — la mélodie même — de la recherche. C'est ainsi que le fond peut espérer rattraper la forme. La « bonne » recherche en droit est en conséquence celle dont l'essentiel peut être compris par la simple consultation de sa table des matières.

Au-delà, puisqu'il faut être intelligible au moins autant qu'intelligent, le chercheur en droit devrait s'inspirer du style et du ton d'un Carbonnier : il devrait s'exprimer au moyen d'un langage épuré et clair en même temps que précis et scientifique ; il ne devrait pas se faire remarquer par un verbe

[1] D. Mainguy, « La soutenance de thèse », in *Mélanges Jean Calais-Auloy*, Dalloz, 2003.

[2] *Cf.* B. Barraud, « L'usage du plan en deux parties dans les facultés de droit françaises », *RTD civ.* 2015, p. 807 s.

pédant, pompeux, emphatique, exubérant, prétentieux, goguenard, cuistre ou faussement littéraire ou perfectionné. Selon Gustave Flaubert, « il n'y a rien de plus compliqué que de faire simple »[1]. Peut-être la solution est-elle de délaisser, dans une certaine mesure, le perfectionnement formel de son travail, c'est-à-dire de ne pas, au travers de longues relectures, rechercher le synonyme le plus savant pour chaque mot et la tournure la plus sophistiquée pour chaque phrase. La qualité de la forme dépendrait paradoxalement du peu de soin apporté à la forme.

Le sens de la formule et la fluidité caractéristiques de l'écriture de Carbonnier sont bien une autre clé de la « bonne » recherche en droit. Il est d'autant plus indispensable d'écrire simplement que l'auteur d'un long et laborieux ouvrage, qui, durant des mois, ne fréquente plus que lui-même, risque d'attribuer des sens à certains termes qui lui sembleront aller de soi alors qu'ils seront en réalité incompréhensibles de ses lecteurs.

Et les résultats d'un travail de recherche en droit doivent être communiqués dans un style équilibré, ni neutre et dépersonnalisé ni polémique ou excessivement démonstratif. Ils ne sont pas davantage l'occasion de s'exprimer selon le « style Conseil d'État » que l'occasion de s'exprimer selon le « style journalistique » ou selon le « style chroniqueur ». Il ne faut paraître ni dépassionné ni passionné — il est ô combien préférable d'être passionné, mais cela ne doit pas se traduire dans le texte par quelque emballement, grandiloquence ou dénonciation immodérée —.

Avant de clôturer ce livre en revenant et en insistant sur la problématique de la forme du discours du chercheur en droit, il s'agit de poser la question de la possibilité de voir, à l'heure de la mesure et de l'évaluation généralisées, certaines sciences du droit devenir de véritables sciences expérimentales.

[1] G. FLAUBERT, *Dictionnaire des idées reçues* (1911), Le livre de poche, coll. Classiques, 1997.

Chapitre 8

Vers des sciences du droit devenues sciences expérimentales ?

La réalité et la relativité des sciences du droit

La langue allemande étiquette comme « science » tout corps à peu près organisé de connaissances, de la philosophie la plus métaphysique à la physique nucléaire. La langue anglaise, elle, réserve ce nom aux domaines qui recourent à de vraies méthodes scientifiques, c'est-à-dire qui vérifient leurs hypothèses empiriquement, par des observations, des tests et des expériences[1]. La langue française, pour sa part, définit la science comme la « connaissance approfondie des choses en ce qu'elles sont »[2], ce qui est synonyme de savoir, et surtout comme tout « ensemble structuré de connaissances qui se rapportent à des faits obéissant à des lois objectives et dont la mise au point exige systématisation et méthode »[3]. Suivant ce dernier sens, une activité est d'autant plus scientifique qu'elle obéit à des méthodes rigoureuses, objectives et empiriques et qu'elle exclut toute subjectivité et toute immixtion de la personnalité du chercheur. Où se comprend le fait que les sciences humaines et sociales, si elles sont qualifiées de « sciences », sont aussi qualifiées de « molles » par opposition aux sciences « dures » ou « exactes » que sont les mathématiques, la physique, la chimie, la biologie, la géologie ou encore l'informatique.

Les sciences du droit sont classiquement rattachées aux sciences sociales qui, en ce qu'elles ont pour objet d'étude les sociétés organisées, sont opposées aux sciences humaines, lesquelles s'attachent davantage aux cultures, notamment à l'histoire et à la littérature. Les « sciences » sociales sont certainement plus ouvertes à la scientificité que les « sciences » humaines. Et, parmi ces sciences sociales, les sciences du droit comptent sans doute au nombre des plus rigoureuses, aux côtés de la sociologie. Elles obéissent à des méthodes, par exemple en matière d'interprétation ou en matière d'enseignement, précisément fixées et relativement stables. Partant, il serait erroné d'affirmer que les sciences du droit connaîtraient aujourd'hui

[1] L. M. FRIEDMAN, « La sociologie du droit est-elle vraiment une science ? », *Dr. et société* 1986, p. 116.
[2] V° « Science », in *Trésor de la langue française*.
[3] *Ibid.*

de profondes carences en termes de scientificité. Elles se révèlent relativement évoluées et, si une certaine marge de progression scientifique existe toujours, celle-ci s'avère plutôt ténue comparativement à celle que connaissent d'autres sciences humaines et sociales.

Bien sûr, les « sciences » du droit ne sont pas toutes identiquement scientifiques et certaines font face à des limites que d'autres parviennent à surpasser. Et différentes branches de la recherche juridique, ainsi qu'expliqué au sein de la première partie du présent ouvrage, ne peuvent certainement pas être qualifiées de « sciences ». Il en va de la sorte, par exemple, de la théorie du droit, laquelle n'est, le plus souvent, que spéculation, stipulation et dispute[1]. Bien que dominent les courants d'inspiration positiviste, les principes fondamentaux du positivisme (neutralité axiologique, distinction des faits et des valeurs, vérifiabilité ou réfutabilité, etc.) peinent à être respectés par les *jus*-théoriciens. Et on a pu remarquer que « la méta-science [du droit] a un siècle de retard en ce qu'elle met en œuvre des modèles scientifiques auxquels les scientifiques eux-mêmes ont renoncé depuis le début du XXe siècle »[2]. La vérité est qu'une théorie du droit peut difficilement être objective et empirique[3] ; en témoigne le fait que beaucoup, aujourd'hui encore, confondent théorie et philosophie du droit. Les théories du droit se présentent sous un jour multiple, complexe et contradictoire, ce qui n'est guère signe de scientificité. Il faut rappeler que seuls portent un regard scientifique sur le droit les scientifiques du droit positif, les historiens du droit, les *jus*-comparatistes, les sociologues du droit, les anthropologues du droit, les économistes du droit (mais avec quelques réserves tant leur discipline est à-moitié scientifique et à-moitié politique), les jurilinguistes et les méthodologistes du droit.

Karl Popper définissait la science, de façon large, comme « l'*explication satisfaisante* de tout ce qui étonne et paraît exiger une explication. Par *explication*, on entend un ensemble d'énoncés dont l'un décrit l'état de choses à expliquer, alors que les autres, les énoncés

[1] W. SABETE, « La théorie du droit et le problème de la scientificité », *Arch. phil. droit* 1999, p. 303.

[2] J.-P. CHAZAL, « Philosophie du droit et théorie du droit, ou l'illusion scientifique », *Arch. phil. droit* 2001, p. 326.

[3] Toutefois, B. BARRAUD, « L'échelle de juridicité : un outil pour mesurer le droit et fonder une théorie syncrétique (première partie : présentation) », *Arch. phil. droit* 2013, p. 365 s. ; B. BARRAUD, *Théories du droit et pluralisme juridique – t. II : La théorie syncrétique du droit et la possibilité du pluralisme juridique*, PUAM (Aix-en-Provence), coll. Inter-normes, 2017. L'enjeu premier de ces travaux a été de fonder, au travers d'une théorie syncrétique, sorte de méta-théorie — qui étudie les théories du droit, lesquelles se préoccupent de la science du droit qui, elle, se préoccupe du droit —, une théorie scientifique du droit ou, mieux, une science des théories du droit.

explicatifs, forment l'explication au sens strict du terme »[1]. La science ainsi comprise, il n'est guère douteux que la science du droit positif, l'histoire du droit, le comparatisme juridique, la sociologie du droit, l'anthropologie du droit, l'analyse économique du droit, la linguistique juridique et la méthodologie juridique peuvent constituer et, le plus souvent, constituent des sciences du droit.

Néanmoins, dans le domaine de ces sciences du droit, il n'est que possible, à la suite de Max Weber, de « se résoudre, dès le départ, à une réussite incomplète »[2]. Il demeure et demeurera toujours une différence irréductible de qualités entre les objets d'étude des sciences naturelles et ceux, fluctuants, contingents et plus ou moins incertains, des sciences sociales. Quant aux droits — *i.e.* au droit dans ses différents aspects —, objets de recherche des sciences du droit, il n'est pas rare qu'ils s'avèrent fort ambigus, évanescents et protéiformes. Les normes, les institutions et les pensées du droit ne sont compréhensibles que par le biais d'intermédiaires cognitifs qui tendent nécessairement à les déformer, à les subjectiver, loin des objets saisissables et palpables qui intéressent les sciences naturelles. Généralement, les sciences juridiques se consacrent à des formations psychiques collectives, à des conventions langagières relatives et problématiques, qui n'ont pas d'essence et qui sont fragiles. Par exemple, le concept d'État possède divers sens ; il faut alors considérer le contexte de son emploi pour « deviner » et non « observer » de quel État il s'agit[3].

Toutefois, une convention langagière, tout autant qu'une réaction chimique, est un fait réel empiriquement et objectivement étudiable[4]. Lorsque quelqu'un dit « cette norme est juridique » ou « il est obligatoire de faire ceci », c'est un fait incontestable, non pas que la norme est juridique ou qu'il est obligatoire de faire ceci, mais que cette personne s'est exprimée en ces termes. Contre Durkheim qui soutenait qu'un fait ne pourrait être qu'une

[1] K. Popper, *Le réalisme et la science*, trad. D. Andler, A. Boyer, Hermann, 1990, p. 152 (cité par R. Ricci, « Le statut épistémologique des théories juridiques : essai de définition d'une pratique scientifique juridique », *Dr. et société* 2002, p. 158 ; souligné dans le texte original).

[2] M. Weber, *L'Éthique protestante et l'esprit du capitalisme* (1920), Pocket, coll. Agora, 1967, p. 23.

[3] *Cf.* B. Barraud, *L'État – Entre fait et droit*, L'Harmattan, coll. Logiques juridiques, 2015, p. 11 s.

[4] Mais il importe de garder à l'esprit l'observation de Popper selon laquelle « le vieil idéal scientifique de l'épistêmê, l'idéal d'une connaissance absolument certaine et démontrable, s'est révélé être une idole. L'exigence d'objectivité scientifique rend inévitable que tout énoncé scientifique reste nécessairement et à jamais donné à titre d'essai. En effet, un énoncé peut être corroboré mais toute corroboration est relative à d'autres énoncés qui sont eux aussi proposés à titre d'essai » (K. Popper, *La logique de la découverte scientifique* (1934), trad. N. Thyssen-Rutten, P. Devaux, Payot (Lausanne), 1973, p. 286).

chose et jamais une idée[1], que quelqu'un exprime une idée, la traduise verbalement, est une donnée qui appartient au monde du factuel.

Par ailleurs, la plupart des chercheurs en droit considèrent qu'ils s'adonnent à des activités scientifiques et qu'il n'est pas usurpé de parler de « sciences du droit ». Il faut donc définitivement affirmer la scientificité d'une grande part de la recherche juridique. Mais, en même temps, il importe de ne pas ignorer les nombreux « obstacles épistémologiques »[2] qui freinent ou malmènent les démarches des scientifiques du droit. D'aucuns peuvent considérer que les chercheurs en droit ne contribueront toujours, quels que soient les efforts entrepris, qu'à l'art juridique et nullement à quelque science juridique[3]. Et il se trouve très certainement des degrés de scientificité ; or aucune science du droit ne saurait se situer au faîte de l'échelle de scientificité.

S'il est utopique d'imaginer atteindre le plus haut niveau de scientificité, il ne l'est pas d'aspirer à atteindre le plus haut niveau de scientificité possible eu égard aux spécificités ontologiques de la recherche juridique. Les sciences du droit ne peuvent pas être des « sciences au microscope » ; seul le statut de « sciences à la cuillère » leur est accessible. Reste à en faire des « sciences à la petite cuillère » plutôt que des « sciences à la grosse cuillère ».

Pour cela, il est nécessaire de « critiquer et désorganiser le complexe impur des intuitions premières »[4], de ne pas céder aux « passions »[5], de s'échapper des idoles et de ses propres idoles, « sortes de fantômes qui nous défigurent le véritable aspect des choses […] et que nous prenons pourtant pour les choses mêmes »[6]. Positivement, il importe de spécifier des méthodes rigoureuses et indiscutables, axées sur l'objectivité et l'empirisme ; et peut-être de recourir aux mathématiques. L'un des deux concours d'entrée dans la section des lettres et des sciences sociales de l'École normale supérieure de la rue d'Ulm ne comporte-t-il pas une épreuve de mathématiques ? Il faut en tout cas s'efforcer de contredire qui annonce que le social, donc le juridique, correspondrait au « triomphe des illusions

[1] É. Durkheim, *Les règles de la méthode sociologique*, 18e éd. (1937), Puf, 1973, p. 18.

[2] G. Bachelard, *La formation de l'esprit scientifique – Contribution à une psychanalyse de la connaissance objective*, Vrin, 1938.

[3] Par exemple, J.-P. Chazal, « Philosophie du droit et théorie du droit, ou l'illusion scientifique », *Arch. phil. droit* 2001, p. 310.

[4] G. Bachelard, *La formation de l'esprit scientifique – Contribution à une psychanalyse de la connaissance objective*, Vrin, 1938, p. 14 (cité par Ch. Atias, *Science des légistes, savoir des juristes*, 3e éd., PUAM (Aix-en-Provence), 1993, p. 23).

[5] Réf. à N. Rouland, *Du droit aux passions*, PUAM (Aix-en-Provence), coll. Iségoria, 2005.

[6] É. Durkheim, *Les règles de la méthode sociologique*, 18e éd. (1937), Puf, 1973, p. 18.

sur l'esprit scientifique »[1] et à « l'abolition du réel par l'hyperréel »[2] (*i.e.* par les modèles).

Des « expériences scientifiques » dans le domaine de la recherche juridique ?

Par suite, la scientificité implique de toujours en revenir aux faits les plus purs des études juridiques : les normes et les institutions. À ces fins, il est impératif de systématiquement mettre à l'épreuve les hypothèses et les conclusions, de systématiquement vérifier leur réalité ou praticabilité concrète. Déjà Descartes imposait d' « élabore[r] la méthode à partir du particulier et non à partir du général »[3]. Et on souligne combien « rien n'est compréhensible sans exemples »[4]. Plus encore, il faudrait utiliser « exemple » au singulier, car un exemple cohérent, logique et à la bonne échelle doit être préféré à des exemples choisis au hasard ou en opportunité[5]. Cet exemple, pour être pertinent et signifiant, devrait être préférablement tiré tant « des situations moyennes et normales » que « des cas extrêmes [et] des possibilités extraordinaires »[6]. Plus qu'à des exemples multiformes, il s'agirait donc de recourir à un « sujet d'expérience » unitaire, représentatif et symptomatique. C'est pourquoi il est permis d'interroger la possibilité d'introduire la notion d' « expérience scientifique » et le procédé de l'expérience scientifique dans les sciences du droit — ou, du moins, dans certaines d'entre elles —. Les chercheurs en droit peuvent-ils non indument travailler au sein de laboratoires et au moyen d'instruments de laboratoire[7] ?

[1] J. BAUDRILLARD, *À l'ombre des majorités silencieuses – La fin du social*, Denoël, 1982, p. 87 (cité par A. CARTY, « Du Postmodernisme en théorie et en sociologie du droit, ou Rousseau et Durkheim lus par Baudrillard », *Dr. et société* 1989, p. 383).

[2] É. DURKHEIM, *Les règles de la méthode sociologique*, 18e éd. (1937), Puf, 1973, p. 8.

[3] R. DESCARTES, *Discours de la méthode – Pour bien conduire sa raison, et chercher la vérité dans les sciences*, Leyde, 1637.

[4] M. OLIVIER, *Peirce : la pensée et le réel*, Hermann, 2013.

[5] Un auteur note ainsi que « l'exemple est un allié dangereux pour qui cherche à évaluer le changement, dans la mesure même où il a été sélectionné en raison de son exemplarité et, donc, plus ou moins consciemment, du fait de son adéquation privilégiée au modèle théorique qu'il a pour fonction d'illustrer » (D. DE BÉCHILLON, « La structure des normes juridiques à l'épreuve de la postmodernité », in A. BERTHOUD, É. SERVERIN, dir., *La production des normes entre État et société civile – Les figures de l'institution et de la norme entre État et sociétés civiles*, L'Harmattan, 2000, p. 53). Et de citer fort pertinemment Jean Rivero qui disait que, si « l'océan est peuplé d'une infinité de sardines et de quelques cœlacanthes », il serait peu judicieux de « penser une théorie générale du peuplement halieutique à partir de la seule observation des cœlacanthes » (*ibid.*, p. 64).

[6] R. CARRÉ DE MALBERG, *Contribution à la théorie générale de l'État spécialement d'après les données fournies par le droit constitutionnel français*, t. I, Sirey, 1920, p. XIII-XIV.

[7] Au sens le plus commun, un laboratoire est une pièce, au sein d'un centre de recherches, dans lequel est procédé à des expériences scientifiques ; c'est un « local pourvu des installations et des appareils nécessaires à des manipulations et des expériences effectuées dans le cadre de recherches scientifiques, d'analyses médicales ou de matériaux, de tests techniques ou de

Lorsque des recherches se concentrent sur un exemple particulier qui vient servir une réflexion plus globale, sont employées généralement les expressions « l'exemple de... », « une illustration par... », « à l'épreuve de... », « à partir de... », « à la lumière de... », « autour de... » ou encore « le cas de... ». Mais le recours à l'expression « sujet d'expérience » serait une parfaite novation ; il est seulement fait parfois usage de la notion d' « expérience » dans certains ouvrages de droit comparé, par exemple en retenant un sous-titre tel que « comparaison des expériences française et mexicaine ». Le sujet d'expérience en ces lignes évoqué est bien le sujet d'expérience des médecins, des biologistes ou des chimistes. Pour être de qualité scientifique, les hypothèses et les conclusions doivent être testées sur un sujet d'expérience. Si celui-ci les valide, elles ne pourront plus être disqualifiées en tant que spéculatives puisqu'elles auront été vérifiées empiriquement et objectivement.

Des sondages montrent que 80 % de la population fait confiance aux scientifiques, alors que moins de 50 % de la population fait confiance aux personnalités politiques ou aux journalistes[1]. Bien que cette foi en la science diminue puisque ce taux s'élevait à 90 % dans les années 1960[2], ces chiffres rendent plus légitime celui qui entend s'adonner à la science juridique que celui qui souhaite faire œuvre de politique juridique ou de journalisme juridique.

Il y a longtemps, quelques auteurs ont voulu élever la recherche juridique au niveau des sciences de la nature — pas nécessairement pour de bonnes raisons —, affirmant que « le droit est une science naturelle comme la botanique ou la zoologie, une science de faits susceptibles d'observation scientifique, et non pas un ensemble de concepts cérébraux »[3] ; que « les sciences morales ne procèdent pas autrement que les sciences naturelles »[4] ; ou que « nous étudions le droit d'un point de vue analytique et synthétique, comme le chimiste étudie les corps qu'il décompose et classifie. [...] Par leur nature même, nos conclusions sont tout aussi rigoureuses que celles de la science des corps matériels »[5]. Et Pufendorf, bien plus tôt encore, de

l'enseignement scientifique et technique » (V° « Laboratoire », in *Trésor de la langue française*). Or l'auteur de ces lignes, chercheur en droit, est membre d'un laboratoire officiellement reconnu comme tel (Laboratoire interdisciplinaire droit, médias et mutations sociales de l'Université d'Aix-Marseille (LID2MS, équipe d'accueil n° 4328)). Il ne serait donc guère surprenant de constater que, effectivement, au sein de ce laboratoire, seraient réalisées des expériences.

[1] Y. GINGRAS, *Sociologie des sciences*, Puf, coll. Que sais-je ?, 2013.

[2] *Ibid.*

[3] E. PICARD, *Le droit pur* (1908), Kessinger Publishing (Whitefish), 2010.

[4] A. JOURDAN, *Le droit français*, 1875, p. 20 (cité par J.-P. CHAZAL, « Philosophie du droit et théorie du droit, ou l'illusion scientifique », *Arch. phil. droit* 2001, p. 310).

[5] E. ROGUIN, *La règle de droit*, F. Rouge (Lausanne), 1889, p. VI (cité par J.-P. CHAZAL, « Philosophie du droit et théorie du droit, ou l'illusion scientifique », *Arch. phil. droit* 2001, p. 310).

concevoir la possibilité de « conférer au Droit naturel la forme d'une science rigoureuse dont toutes les parties se tiennent et découlent les unes des autres »[1]. Le juriste-philosophe admettait un principe de certitude dans les « sciences morales » grâce à l'utilisation du syllogisme démonstratif : « La morale, qui a pour objet la régularité ou l'irrégularité des actions humaines [...], est appuyée sur des fondements inébranlables, d'où l'on peut tirer de véritables démonstrations, capables de produire une science solide »[2].

Si l'attrait des chercheurs en droit pour les mathématiques et les sciences expérimentales n'est donc pas chose nouvelle, il n'en demeure pas moins chose rare. Certes, on recourt souvent à des métaphores qui empruntent aux jargons de ces disciplines, mais, concrètement, les juristes ne font jamais d'expériences ni de calculs — en tout cas au niveau de la recherche juridique, car les législateurs, eux, recourent parfois aux « lois expérimentales » —. Pourtant, il est communément admis que, en tant que science sociale, le droit ne se situerait certainement pas en dehors du champ scientifique et que nulle de ses composantes n'interdirait une pratique scientifique[3]. N'est jamais mis en doute le fait que « la confection d'une thèse [en droit] est un travail scientifique »[4] et que le premier critère d'évaluation de pareil travail de recherche doit être son « efficacité scientifique »[5], ce qui importe étant « moins le résultat que la manière d'obtenir le résultat »[6]. Seulement, les plus fortes conséquences de ces affirmations ne sont jamais tirées ; « science sociale », le droit ne devrait pas, ni ne pourrait, quêter le statut de « science ». Si « le rôle du juriste est de faire œuvre de clinicien, pas de prêtre ou d'apprenti-sorcier »[7], il devrait, à quelque niveau qu'il se trouve, non seulement œuvrer scientifiquement mais, plus encore, œuvrer le plus scientifiquement possible et ne jamais entrouvrir la porte du laboratoire aux idéologies ou simples sensations extérieures ou personnelles. Pour cela, le chercheur en droit devrait indéfectiblement laisser reposer ses pratiques sur des procédures précises, rigoureuses et pérennes.

[1] S. VON PUFENDORF, *Specimen Controversiarum circa Jus Naturale*, 1674, L. IV, § 1 (cité par J.-P. CHAZAL, « Philosophie du droit et théorie du droit, ou l'illusion scientifique », *Arch. phil. droit* 2001, p. 310).

[2] S. VON PUFENDORF, *Le droit de la nature et des gens*, trad. J. Barbeyrac, Bâle 1732, L. I,, chap. 2, § 4 (cité par J.-P. CHAZAL, « Philosophie du droit et théorie du droit, ou l'illusion scientifique », *Arch. phil. droit* 2001, p. 310).

[3] R. RICCI, « Le statut épistémologique des théories juridique : essai de définition d'une pratique scientifique juridique », *Dr. et société* 2002, p. 178.

[4] R. ROMI, *Méthodologie de la recherche en droit*, 2e éd., Litec, coll. Objectif droit, 2010, p. 45.

[5] *Ibid.*

[6] F. ROUVIÈRE, « Itinéraire de la recherche en droit – Le plan de la thèse », conférence à la Faculté de droit et de science politique d'Aix-en-Provence, 3 mars 2012.

[7] A. LECA, *La genèse du droit – Essai d'introduction historique au droit*, 3e éd., Librairie de l'Université d'Aix-en-Provence (Aix-en-Provence), 2002, p. 37.

Pas de science sans expérience ?

Une expérience est une « mise à l'essai de ce qui est nouveau dans son usage et dans sa pratique ; [une] épreuve destinée à vérifier une hypothèse ou à étudier des phénomènes »[1]. Toutes les données juridiques, y compris les théories du droit et autres pensées du droit[2], peuvent être objets d'expériences. Et l'expérience est aussi la « connaissance acquise soit par les sens, soit par l'intelligence, soit par les deux, et s'opposant à la connaissance innée impliquée par la nature de l'esprit ; [le] fait d'acquérir, volontairement ou non, ou de développer la connaissance des êtres et des choses par leur pratique et par une confrontation plus ou moins longue de soi avec le monde »[3]. Où l'importance des principes d'objectivité et d'empirisme s'affirme. Dans ce second sens au moins, il n'est pas de science sans expérience.

Il serait peut-être temps de considérer que la valeur scientifique d'une étude juridique serait proportionnelle à sa faculté à être testée, réfutée et invalidée par l'expérience[4], ce que Karl Popper — ou ses traducteurs — appelait assez improprement « falsifiabilité »[5]. Pour l'illustre philosophe des sciences, la pratique scientifique dépendrait de la possibilité de réaliser la dérivation d' « énoncés de base » susceptibles d'être confrontés à la réalité, un « énoncé de base » étant « un énoncé qui peut servir de prémisse dans une falsification empirique ; en bref, c'est l'énoncé d'un fait singulier »[6]. Plus clairement, être scientifique, c'est « émettre des hypothèses puis observer empiriquement si elles sont vérifiées »[7]. Acquérir de l'expérience en procédant à des expériences serait ainsi tout à fait normal au sein des sciences du droit. Peut-être même cela est-il ou devient-il une exigence scientifique.

Par ailleurs, doit être souligné que la méthode d'observation ne peut suffire à garantir la scientificité des conclusions. Compte tout autant la façon de lire et d'interpréter les résultats. Ainsi est-il erroné de noter, par exemple,

[1] V° « Expérience », in *Trésor de la langue française*.

[2] En ce sens, B. BARRAUD, *Théories du droit et pluralisme juridique – t. II : La théorie syncrétique du droit et la possibilité du pluralisme juridique*, PUAM (Aix-en-Provence), coll. Inter-normes, 2017 ; B. BARRAUD, « L'échelle de juridicité : un outil pour mesurer le droit et fonder une théorie syncrétique (seconde partie : application) », *Arch. phil. droit* 2014, p. 503 s.

[3] V° « Expérience », in *Trésor de la langue française*.

[4] K. POPPER, *Conjectures et réfutations – La croissance du savoir scientifique*, trad. M.-I. Launay, M.-B. Launay, Payot (Lausanne), 1985, p. 65.

[5] K. POPPER, *La logique de la découverte scientifique* (1934), trad. N. Thyssen-Rutten, P. Devaux, Payot (Lausanne), 1973.

[6] *Ibid.*, p. 40.

[7] J. CHEVALLIER, « L'État post-moderne : retour sur une hypothèse », *Droits* 2004, n° 39, p. 107. *Cf.*, également, Ch. ATIAS, *Science des légistes, savoir des juristes*, 3e éd., PUAM (Aix-en-Provence), 1993, p. 25.

que « “nature” est susceptible de 17 sens et “droit” de 15, donc “droit naturel” doit comporter 255 significations distinctes »[1]. Sur ce point, peut être citée, à titre de clin d'œil et en guise de « repos de l'esprit » plus qu'en tant que caution scientifique, cette fable rapportée par un professeur de la faculté de droit d'Aix-en-Provence :

> *Deux chercheurs procédaient à des expériences sur une puce. Tout d'abord, ils lui dirent « saute » ; elle sauta. Ensuite, ils lui retirèrent une patte et lui dirent « saute » ; elle sauta à nouveau. Puis, ils l'amputèrent d'une deuxième patte et lui redirent « saute » ; elle bondit encore. Enfin, ils lui ôtèrent les pattes restantes et lui répétèrent une dernière fois « saute » ; elle ne sauta plus. Les deux chercheurs en conclurent : « une puce à qui l'on retire toutes les pattes devient sourde ».*

Reste qu'il apparaît de plus en plus justifié de vouloir soumettre la rationalité juridique à la rationalité scientifique[2] et de vouloir accroitre la scientificité des sciences du droit. Mais semblable ambition ne peut qu'être source de nouvelles controverses engendrées par la résolution des anciennes. La difficulté est qu'un puits sans fond est impossible à combler[3]. Il faut néanmoins se convaincre que des progrès scientifiques sont possibles et que le chemin y menant passe par l'étude de sujets d'expériences. Et puis il importe de se souvenir que, selon les plus grands scientifiques, « l'important n'est pas de trouver mais de chercher »[4]. Une recherche scientifique en droit doit déjà être une enquête de terrain ; la découverte n'est qu'une récompense incertaine qui advient, éventuellement, si cette enquête a été rigoureusement et patiemment conduite.

Recherche juridique, recherche pragmatique ?

Lorsqu'est affirmé que les principales sources du droit sont la loi, la jurisprudence et la coutume[5], et lorsque cela est accepté sans autre forme de procès par des milliers d'étudiants, il est peut-être regrettable que ce propos ne soit pas la conséquence logique tirée d'analyses factuelles mais plutôt la répétition d'un lieu-commun incontestable et incontesté. S' « il est rare pour un juriste français de croiser une coutume »[6], n'est-il pas nécessaire de

[1] A. SÉRIAUX, « Droit naturel », in D. ALLAND, S. RIALS, dir., *Dictionnaire de la culture juridique*, Lamy-Puf, coll. Quadrige-dicos poche, 2003, p. 508. Cependant, il s'agit bien sûr, de la part de cet auteur, davantage d'ironie que d'un réel calcul.

[2] B. DE SOUSA SANTOS, *Vers un nouveau sens commun juridique – Droit, science et politique dans la transition paradigmatique* (1995), trad. N. Gonzales-Lajoie, LGDJ, 2004, p. 116.

[3] J.-P. CHAZAL, « Léon Duguit et François Gény – Controverse sur la rénovation de la science juridique », *RIEJ* 2010, n° 65, p. 85 s.

[4] B. PICARD, Tout et son contraire, France info, 7 janv. 2013.

[5] P. DEUMIER, *Introduction générale au droit*, 2e éd., LGDJ, coll. Manuel, 2013, p. 53.

[6] *Ibid.*, p. 55.

considérer que ces principales sources ne seraient que la loi et la jurisprudence ? Et d'autres sources, hier marginales, ne sont-elles pas aujourd'hui suffisamment importantes, ou en tout cas plus importantes que la coutume, si bien qu'elles devraient être ajoutées à la liste ? L'auteur de ces lignes a déjà pu plaider pour davantage de pragmatisme au sein du droit, des études du droit et des réflexions autour du droit[1], ce qui conduirait à intégrer, parmi les grandes familles de sources du droit, les sources privées très au-delà de la seule coutume. Le Conseil d'État[2] et, plus généralement, la sphère des juristes-praticiens ont depuis longtemps accueilli ces sources privées.

Il semble que la théorie peine à suivre la pratique, notamment parce qu'elle s'attache à des œuvres et à des noms qui, s'ils faisaient face au monde normatif du XXIe s., reverraient sans doute leurs copies. Lorsque Kelsen a envisagé l'ordre juridique sous une forme pyramidale, il pouvait constater que, de fait, l'ordre juridique présentait une forme pyramidale. Mais, aujourd'hui, il convient *a minima* de s'assurer que ces propositions sont toujours « valides » avant d'affirmer à son tour que l'ordre juridique peut se figurer telle une pyramide.

La problématique de l'actualisation du savoir juridique touche actuellement de façon patente la question de la possibilité et de la réalité d'un « droit global sans État »[3], dont l'un des plus anciens et des plus fervents défenseurs est symptomatiquement un avocat[4]. Ce n'est pas d'autre chose que de conflits entre « progressistes » et « conservateurs » dont il s'agit. Est discutée l'existence d'un droit transnational échappant aux droits étatiques et au droit inter-étatique ; ce droit est parfois perçu comme une évidence face à laquelle il serait impossible de demeurer impassible[5], mais il est plus souvent qualifié de « désordre » fort peu juridique[6]. Le recours à des expériences scientifiques, neutres car débarrassées de toute idéologie et de tout présupposé, devrait permettre d'apporter quelques éléments de réponse

[1] B. BARRAUD, *Repenser la pyramide des normes à l'ère des réseaux – Pour une conception pragmatique du droit*, L'Harmattan, coll. Logiques juridiques, 2012 ; B. BARRAUD, « La justice au hasard – De quelques motifs juridiques de supprimer les jurys populaires », *Rev. pénit.* 2013, p. 287 s.

[2] EDCE 2013, *Le droit souple*. Le Conseil d'État y traite « tant [du] droit souple qui émane des pouvoirs publics que [du] droit souple des acteurs privés ».

[3] G. TEUBNER, *Global law without a state*, Dartmouth Publishing (Aldershot), coll. Studies in Modern Law and Policy, 1997.

[4] L. COHEN-TANUGI, *Le droit sans l'État*, 2e éd., Puf, coll. Quadrige essais débats, 2007.

[5] A.-J. ARNAUD, *Critique de la raison juridique – 2. Gouvernants sans frontières – Entre mondialisation et post-mondialisation*, LGDJ, coll. Droit et société, 2003, p. 227.

[6] Réf. à Th. CAO-HUY, « Désordre, désordres – Le discours du désordre international », in J. CHEVALLIER et *alii*, *Désordre(s)*, Puf, 1997.

parmi les débats contemporains, y compris si ceux-ci sont d'ordre théorique[1].

À l'aune du chapitre qui se termine, il faut s'opposer fermement aux juristes-chercheurs qui en viennent à affirmer, tels des « principes sacrés de la recherche juridique », que « nous sommes des chercheurs et nous nous soucions peu de la vérité puisque nous pouvons prétendre la posséder. Nous vous manipulerons constamment durant notre ouvrage. Peu importe que ce que nous vous présentons soit vrai ou non, valable ou non du point de vue juridique [...]. On croit dans la thèse que l'on formule. [...] Ce qu'on dit est inventé de toutes pièces. Mais bon nombre de nos mensonges peuvent produire d'excellents résultats lorsque nous nous en servons comme s'ils exprimaient la pure vérité. *Nous sommes tout simplement à la recherche d'approches qui produisent les résultats désirés* »[2]. Bien au contraire, un chercheur en droit, un *jus*-scientifique digne de ce nom doit avoir pour objectif premier, si ce n'est unique, d'atteindre la vérité qui, souvent, se confond avec la réalité[3].

À ces fins, il convient de s'appuyer sur une méthode claire, précise et transparente, ainsi que sur des observations incontestables, à l'opposé des idées de manipulation des lecteurs, de mensonge et d'invention. Encore, il faut se soumettre aux résultats obtenus et en aucun cas « rechercher des approches qui produisent les résultats désirés ». Au moment où une recherche est entreprise, son auteur ne sait par définition pas à quels résultats elle aboutira. Ce dont il doit être certain, en revanche, c'est qu'il devra les accepter mécaniquement, machinalement, sans jamais chercher à les trier ou à les falsifier.

Le dernier chapitre de cette quatrième partie en même temps que de cet ouvrage portera sur les problèmes de moins en moins anecdotiques de l'élégance, de la modestie et de la politesse des discours des scientifiques et des penseurs du droit.

[1] *Cf.* B. BARRAUD, *Théories du droit et pluralisme juridique – t. II : La théorie syncrétique du droit et la possibilité du pluralisme juridique*, PUAM (Aix-en-Provence), coll. Inter-normes, 2017.

[2] M. A. DELPLANQUE, *La Gouvernance Globale – Fin de l'ordre juridique international*, th., Université de Nice Sophia Antipolis, 2000, p. 5 (souligné dans le texte original).

[3] Où il s'avère que tous les chercheurs en droit n'ont pas — et cela est sans doute heureux — la même conception de leur travail et des enjeux qui s'y attachent.

Chapitre 9

L'élégance, la modestie et la courtoisie du discours

L'esthétique, une condition plus qu'un accessoire de la recherche juridique

L'objet de ce dernier chapitre est d'attirer l'attention du lecteur sur une problématique d'ordre exclusivement formel : celle de l'élégance du discours *jus*-scientifique et *jus*-doctrinal. Il semble, en effet, que le fait de devoir écrire de plus en plus, donc de devoir écrire de plus en plus vite, conduise à accorder de moins en moins d'attention au cadre formel des ouvrages, articles et autres commentaires. Des professeurs dressent ainsi le constat selon lequel, « aujourd'hui, la recherche de l'esthétique dans le droit a disparu »[1].

Ce dernier chapitre est aussi l'occasion de souligner combien la recherche juridique est depuis longtemps et doit demeurer un « art littéraire ». La part de la littérarité, de l'art, de la poésie même, est excessivement importante en droit et, plus particulièrement, dans le pan universitaire du droit. C'est pourquoi a pu être considéré, à l'aune du canon du plan binaire en usage dans les facultés de droit françaises, que le droit est un art davantage qu'une science et qu'il existe une *École française du droit* dont il faut adopter les *règles de l'art* afin de pouvoir l'intégrer[2]. On peut chercher à renforcer la scientificité des travaux relatifs au droit, la présentation des prémisses et des résultats de ces travaux doit préférablement revêtir des habits élégants plutôt que des habits inélégants.

Cette question de l'élégance du discours de ceux qui étudient et pensent le droit renvoie à de multiples problèmes particuliers, dont certains ont déjà été étudiés au sein de la quatrième partie de l'ouvrage. Il n'est pas lieu de détailler l'ensemble de ces difficultés spécifiques, au nombre desquelles compte, par exemple, l'usage fait par les chercheurs en droit des notes de bas de page[3]. Ce chapitre a simplement vocation à insister sur le fait

[1] A. LECA, *La lyre de Thémis ou la poésie du droit*, PUAM (Aix-en-Provence), 2011, p. 72.
[2] B. BARRAUD, « L'usage du plan en deux parties dans les facultés de droit françaises », *RTD civ.* 2015, p. 807 s.
[3] *Cf.* P.-Y. GAUTIER, « Les notes de bas de page chez les juristes », in *Mélanges Philippe Malaurie*, Defrénois, 2005, p. 283 s. ; Th. CORTÈS, « Une incursion dans les sous-sols des

que, si les scientifiques du droit ne sont pas des scientifiques comme les autres, c'est notamment parce qu'ils doivent être des scientifiques-écrivains. Pour le dire autrement, le fait qu'un fond pertinent exprimé par une belle forme soit plus digne d'intérêt et agréable à lire qu'un fond pertinent exprimé par une forme quelconque ou par une forme maladroite se vérifie bien davantage parmi les sciences humaines et sociales que parmi les sciences exactes ; et cela vaut tout spécialement à l'égard des sciences du droit.

En premier lieu, le discours élégant est le discours simple et direct, qui va de l'écrivain au lecteur par la route la plus courte, en prenant soin d'éviter les chemins de traverse. « La simplicité est une élégance », disait ainsi le philosophe Félix Ravaisson[1]. Sur ce point, un modèle du genre est certainement Carbonnier, dont d'aucuns ont déjà pu saluer le style et relever à quel point il est entré au Panthéon des juristes français du XXe s. moins en raison de ce qu'il a pu dire qu'en raison de la façon dont il l'a dit. D'autres juristes-écrivains pourraient bien sûr être cités ici[2]. Le droit positif peut lui

textes juridiques – À propos des notes en bas de page », *JCP G* 2013, p. 1532 s. En un mot, la recherche d'élégance des productions scientifiques pourrait conduire à limiter les notes de complément mais non les notes de référence, les secondes étant indispensables quand les premières ne le sont pas et tendent à alourdir inutilement le texte. L'auteur de ces lignes, se basant sur son expérience de lecture d'ouvrages volumineux, a pu constater combien des notes de bas de page longues et denses sont souvent une gêne importante pour la lecture. Aussi faudrait-il le plus possible faire économie de ces notes et préférer écarter nombre de commentaires parallèles ou complémentaires plutôt que de les insérer dans le texte sous cette forme. En revanche, il ne saurait être question de faire économie des notes de bas de page qui renvoient à des références, à des sources, l'honnêteté intellectuelle défendant absolument d'opérer pareil choix. En ce sens, on souligne que la note de bas de page est devenue le « lieu privilégié de ce que l'on appelle communément l'“appareil scientifique” » (Th. CORTÈS, « Une incursion dans les sous-sols des textes juridiques – À propos des notes en bas de page », *JCP G* 2013, p. 1532) et qu'elle possède une « fonction probatoire impliquée par la déontologie scientifique » (*ibid.*). Aussi semble-t-il inévitable, y compris en matière d'essais, de systématiquement préciser — ce qui donne lieu à d'abondantes mais brèves notes de bas de page — quelles sont les origines ou les sources d'inspiration doctrinales, normatives et institutionnelles du propos, peu important que certains professeurs dénoncent des notes souvent trop nombreuses dans les thèses en droit (par exemple, S. CASSESE, *Culture et politique du droit administratif*, trad. M. Morabito, Dalloz, coll. Rivages du droit, 2008, p. 89 (cité par Th. CORTÈS, « Une incursion dans les sous-sols des textes juridiques – À propos des notes en bas de page », *JCP G* 2013, p. 1532)) ou en viennent à qualifier la note de bas de page de « quintessence de l'absurdité académique et de l'effort mal employé » (A. GRAFTON, *Les origines tragiques de l'érudition – Une histoire de la note en bas de page*, trad. P.-A. Fabre, Le Seuil, coll. La librairie du XXe siècle, 1998, p. 29 (cité par Th. CORTÈS, « Une incursion dans les sous-sols des textes juridiques – À propos des notes en bas de page », *JCP G* 2013, p. 1532)).

[1] Cité par P. RAIMAN, « La Force majeure - Clément Rosset », Le gai savoir, France culture, 30 juin 2013.

[2] *Cf.*, par exemple, O. BEAUD, « Carl Schmitt ou “l'art d'écrire” chez un juriste », in C.-M. HERRERA, dir., *Le droit, le politique – Autour de Max Weber, Hans Kelsen, Carl Schmitt*, L'Harmattan, 1995, p. 15 s.

aussi être un modèle, quand il est traduit en termes clairs et simples, et Stendhal disait lire chaque jour quelques articles du Code civil afin de s'imprégner du style lapidaire de ses rédacteurs[1]. Et on observe que « les canons de l'éloquence universitaire ne sont pas ceux du barreau : dans une chaire, les effets de manche importent moins que la clarté du propos et l'élégance des démonstrations »[2]. Si le professeur, lorsqu'il s'adresse à ses étudiants, doit le faire aussi simplement et clairement que possible, nul doute qu'il en va identiquement lorsqu'il s'adresse aux autres juristes, universitaires et/ou praticiens, par l'intermédiaire d'un livre ou d'un article. Pour le chercheur en droit ou sur le droit, la simplicité est plus qu'une élégance : elle est la première des élégances, une élégance qui confine à l'exigence.

Poésie et recherche juridique

Par suite, vouloir enrichir ses travaux de manière formelle amène à rapprocher la recherche juridique de la poésie. En effet, « Bien placés bien choisis, / Quelques mots font une poésie. / Les mots il suffit qu'on les aime / Pour écrire un poème »[3]. La poésie n'est pas l'apanage de ceux que l'on appelle « poètes ». Quiconque écrit, sur quelque sujet que ce soit, peut donner à son propos un caractère poétique dès lors qu'il « aime les mots ». « Tout a droit de cité en poésie, écrivait Victor Hugo, même les sujets non poétiques »[4]. La poésie, comprise comme élégance du phrasé, comme recherche de l'esthétique et de l'harmonie[5], possède des buts et des destinataires potentiellement très variés. Elle peut être « aussi bien philosophique, religieuse ou politique que sociale »[6]. Le droit, les sciences du droit et, plus encore, la pensée du droit peuvent donc parfaitement marcher côte à côte avec la poésie. Le droit positif lui-même ne manque souvent pas de poésie[7] ; « droit et poésie sont l'un et l'autre des créations de

[1] A. LECA, *La lyre de Thémis ou la poésie du droit*, PUAM (Aix-en-Provence), 2011, p. 60.

[2] J.-M. CARBASSE, « Professeurs à la faculté de droit », in D. ALLAND, S. RIALS, dir., *Dictionnaire de la culture juridique*, Lamy-Puf, coll. Quadrige-dicos poche, 2003, p. 1245.

[3] R. QUENEAU, « L'instant fatal » (extrait), in *Si tu t'imagines*, 11ᵉ éd., Gallimard, coll. Le point du jour, 1952, p. 24.

[4] Cité par A. LECA, *La lyre de Thémis ou la poésie du droit*, PUAM (Aix-en-Provence), 2011, p. 13.

[5] La poésie ne se réduit pas au lyrisme, même si, au XIXᵉ s., le romantisme a identifié l'une à l'autre (A. LECA, *La lyre de Thémis ou la poésie du droit*, PUAM (Aix-en-Provence), 2011, p. 24). La poésie englobe un grand nombre de formes littéraires et, comme le notait déjà Pascal, « on ne sait pas en quoi consiste l'agrément qui est l'objet de la poésie » (cité par A. LECA, *La lyre de Thémis ou la poésie du droit*, PUAM (Aix-en-Provence), 2011, p. 24).

[6] A. DE LAMARTINE, « Destinées de la poésie », in *Méditations*, 1849 (cité par A. LECA, *La lyre de Thémis ou la poésie du droit*, PUAM (Aix-en-Provence), 2011, p. 13).

[7] *Cf.* A. LAINGUI, « La poésie dans le droit », *Arch. phil. droit* 1996, p. 133 s.

l'art humain »[1]. Parmi les maximes de conduite qui régissent la vie juridique des individus, bon nombre paraissent sorties tout droit des Fables de La Fontaine, lesquelles comportent fréquemment un arrière-plan juridique[2]. D'ailleurs, Jean de La Fontaine a été avocat et a servi comme juge.

Il faut néanmoins rappeler que le rapprochement des sciences du droit et de la poésie ne vaut qu'à condition de faire de la poésie un allié formel du fond scientifique et de ne jamais voir dans la « poésie juridique » une fin en soi. Dès lors qu'elle risque de desservir la scientificité du propos, la poésie doit s'effacer. En d'autres termes, le mot juste doit toujours l'emporter face au beau mot, si bien que les atours poétiques ne sauraient être utilisés autrement qu'avec parcimonie, ne sauraient être utilisés qu'afin de renforcer la force signifiante du message. On a pu, par exemple, proposer une complète reformulation en vers et en rimes des articles du Code civil[3] ; pareille entreprise est évidemment ascientifique et conduit à faire de la poésie bien plus que du droit. Or, si la poésie peut et même doit servir le droit et la doctrine, il importe de faire preuve de mesure et de prendre garde à ce qu'elle ne desserve pas le droit et la doctrine. Et nul doute que certaines branches de la recherche juridique, telles que la théorie du droit ou la philosophie du droit, sont davantage propices à la rédaction de véritables œuvres littéraires que d'autres. Il n'en demeure pas moins que ce sont tous les scientifiques et penseurs du droit qui peuvent tirer profit d'une relecture attentive et active de leurs travaux visant à en améliorer le style, à en perfectionner l'habit, et que le manque de temps à consacrer à cette tâche est, dans une certaine mesure, préjudiciable à la qualité de ces travaux.

Par sa forme, « le cours magistral du professeur de droit tient de la prédication et du théâtre »[4]. C'est ainsi qu'il peut être original, surtout si la substance du discours est elle-même originale, et qu'il peut attirer l'attention. Cela vaut sans doute aussi concernant les écrits, si leurs auteurs souhaitent qu'ils soient marquants. Ce qui est à dire n'est dès lors pas plus

[1] M. CHASSAN, *Essai sur la symbolique du droit, précédé d'une introduction sur la poésie du droit primitif*, Videcoq, 1847, p. LXXII (cité par A. LECA, *La lyre de Thémis ou la poésie du droit*, PUAM (Aix-en-Provence), 2011, p. 19).

[2] A. LECA, *La lyre de Thémis ou la poésie du droit*, PUAM (Aix-en-Provence), 2011, p. 51.

[3] B.-M. DESCOMBEROUSSE, *Code civil des français mis en vers*, 1811 (cité par A. LECA, *La lyre de Thémis ou la poésie du droit*, PUAM (Aix-en-Provence), 2011, p. 94-99). Par exemple, art. 149 (« Si l'un des deux est mort ou s'il est dans l'impossibilité de manifester sa volonté, le consentement de l'autre suffit ») : « Si l'un des deux est mort, ou s'il est impossible / Qu'il donne, à cet égard, quelque signe sensible / Qui rende clairement quelle est sa volonté, / Il suffit de l'aveu que l'autre aura porté » ; art. 172 (« Le droit de former opposition à la célébration du mariage appartient à la personne engagée par mariage avec l'une des deux parties contractantes ») : « Le droit de s'opposer à la cérémonie / Par laquelle à l'époux une épouse est unie / Appartient à celui que son destin jaloux / Avec l'un des futurs a lié comme époux ».

[4] J.-M. CARBASSE, « Professeurs à la faculté de droit », in D. ALLAND, S. RIALS, dir., *Dictionnaire de la culture juridique*, Lamy-Puf, coll. Quadrige-dicos poche, 2003, p. 1245.

important que le choix des « mots pour le dire »[1]. En droit, que l'on soit étudiant ou professeur, praticien ou universitaire, juge ou avocat, théoricien du concept de droit ou observateur du droit positif, scientifique ou critique, la forme importe autant que le fond. Et la forme ne doit pas être austère mais stimulante, donc vive, alerte, dynamique, ce qui incite à introduire une part de poésie dans son discours.

Un auteur qui a consacré un livre aux rapports entre droit et poésie note que « le mariage du droit et de la poésie aurait certainement suscité les doutes de Corneille et des nombreux poètes pour qui les hommes de loi ne sont que de tristes laquais au service du pouvoir… sans même parler du scepticisme de nombreux juristes d'aujourd'hui pour qui le terme de poète désigne un esprit rêveur, étranger à la rigueur et à la précision du droit »[2]. L'observation de l'histoire de la pensée juridique montre pourtant que les œuvres qui ont laissé une trace ne sont pas les moins poétiques, pas les moins bien écrites, tout au contraire. Ces œuvres ont été le fait d'auteurs capables d'associer l'élégance de la poésie à « la rigueur et la précision du droit ». Il n'est donc en aucun instant lieu de suivre qui plaide pour « le remplacement des écoles de droit par des écoles de musique »[3] ; il s'agit d'aspirer à la sauvegarde du minimum de musique sans lequel le droit comme la pensée du droit ne seraient pas ce qu'ils sont.

La modestie du ton et la recevabilité des travaux

Par ailleurs, la quête d'originalité du discours ne doit pas amener à manquer de modestie, que ce soit à l'oral ou, plus encore, à l'écrit. Or, aujourd'hui, il arrive que des chercheurs en droit se citent eux-mêmes en exergue de leurs écrits[4]. L'humilité et la pudeur scientifiques invitent à rechercher ses exergues, davantage que dans ses propres travaux, dans les ouvrages de Kelsen, Carbonnier, Duguit, Gény, etc. Au-delà de cet exemple, rares sont les lecteurs qui goûtent aux écrits immodestes, c'est-à-dire aux écrits marqués par un ton péremptoire, impérieux, catégorique, dogmatique, usant de l'indicatif là où le conditionnel serait davantage approprié, notamment parce que les idées avancées sont nouvelles ou amplement discutées par nombre d'auteurs. Tandis que Gurvitch pouvait relever combien « la modestie est certainement une très bonne chose pour une

[1] Réf. à M. Cardinal, *Les mots pour le dire*, Grasset, 1975 ; Ch. Atias, « Les maux du droit et les mots pour le dire », *D.* 1997, p. 231 s.
[2] A. Leca, *La lyre de Thémis ou la poésie du droit*, PUAM (Aix-en-Provence), 2011, p. 18.
[3] J. de Dieu d'Olivier, *L'Esprit d'Orphée, ou de l'influence respective de la musique, de la morale et de la législation*, Pougens, 1804, p. 59-60 (cité par A. Leca, *La lyre de Thémis ou la poésie du droit*, PUAM (Aix-en-Provence), 2011, p. 59).
[4] Ainsi, V. Lasserre, *Le nouvel ordre juridique – Le droit de la gouvernance*, LexisNexis, 2015, p. XI (« L'ordre est le dessein du droit. C'est peut-être aussi sa misère. Valérie Lasserre »).

science »[1], des professeurs, aujourd'hui, rappellent que « la vertu cardinale des juristes devrait être l'humilité »[2].

Il importe de paraître formellement modeste et, plus encore, il importe d'être réellement modeste, car le premier bénéficiaire de cette modestie, lorsqu'elle conduit à douter et donc à réfléchir, est soi-même. En particulier, il convient de ne pas généraliser les conclusions tirées à partir de l'observation d'un ou de quelques cas, ou bien à partir de l'observation d'une ou de quelques branches du droit. Faut-il rappeler à quel point « l'exemple est un allié dangereux dans la mesure même où il a été sélectionné en raison de son exemplarité et donc, plus ou moins consciemment, du fait de son adéquation privilégiée au modèle théorique qu'il a pour fonction d'illustrer »[3] ? Et il faut savoir ne pas voir de vérité immuable dans ce qui n'est qu'une réalité instable et temporaire, ne pas voir de vérité incontestable dans ce qui n'est qu'un phénomène en train d'émerger et fragile. La modestie ici en cause est déjà une forme de lucidité. Elle est aussi une forme de scepticisme qui invite à toujours vérifier et relativiser ses observations et, surtout, ses propositions. Elle est, encore, une forme d'humilité devant permettre au scientifique du droit de se méfier, avant toute autre chose, de lui-même et d'accepter que rien ne saurait épuiser la réalité[4].

Ces considérations sont valables à propos de tous les écrits en droit ou sur le droit. Néanmoins, elles concernent plus fortement les auteurs œuvrant à la mise en lumière des mutations du droit, à l'identification des traits caractéristiques d'un « droit postmoderne » qui aurait remplacé ou qui serait en passe de remplacer le droit moderne du XXe s. Les ouvrages, en la matière, sont souvent — si ce n'est systématiquement — coupables d'une illustration insuffisante ou excessivement hétéroclite des conclusions opérées, ce qui conduit le lecteur à se demander s'il n'est pas rendu compte de phénomènes marginaux dont l'impact sur le système juridique serait artificiellement amplifié. Il est certain que l'aspiration naturelle du chercheur à produire des travaux originaux et innovants peut le conduire à créer ou à renforcer inconsidérément des objets juridiques qui n'existent pas ou qui

[1] G. GURVITCH, *Éléments de sociologie juridique*, Aubier, 1940, p. 21.

[2] E. PUTMAN, « Éditorial », *RRJ* 2012, p. 1599.

[3] D. DE BÉCHILLON, « La structure des normes juridiques à l'épreuve de la postmodernité », in A. BERTHOUD, É. SERVERIN, dir., *La production des normes entre État et société civile – Les figures de l'institution et de la norme entre États et sociétés civiles*, L'Harmattan, 2000, p. 47. Et l'auteur de noter, à propos de la question du « *soft law* » et en reprenant une métaphore de Jean Rivero, que « l'océan est peuplé d'une infinité de sardines et de quelques cœlacanthes. L'invocation du triomphe généralisé [du] *soft law* fait irrésistiblement penser à une théorie générale du peuplement halieutique qui serait établie sur l'observation des seules cœlacanthes et qui aurait totalement laissé les sardines de côté » (*ibid.*).

[4] Ch. EBERHARD, « Penser le pluralisme juridique de manière pluraliste – Défi pour une théorie interculturelle du droit », *Cahiers d'anthropologie du droit* 2003, n° 2, p. 6.

n'existent que de façon marginale et/ou fragile. Être modeste, c'est être scientifique en ce que cela incite à ne toujours rendre compte que des résultats obtenus, sans y ajouter ou y retrancher quoi que ce soit.

Et la modestie évoquée en ces lignes est également une forme d'honnêteté en ce qu'elle oblige à ne jamais s'attribuer les idées, les beaux mots et, plus largement, les travaux d'autrui. L'ouvrage scientifique, en droit comme ailleurs, est celui qui cite ses sources, qui, pour le dire très directement, ne recourt à aucune bribe de plagiat[1]. À l'« ère du copier/coller », cette dernière facette de la modestie semble ne pas être la moins actuelle. En outre, il convient de prendre garde à la déformation des propos d'autrui, de s'efforcer de ne pas les trahir, notamment en recourant improprement au fameux outil typographique « [...] ». « Rien n'est pire que de mal lire », jugeait à raison Stendhal[2]. Il faut non seulement bien lire et relire les auteurs pertinents relativement au sujet abordé, mais aussi faire montre d'honnêteté intellectuelle à leur égard en ne déformant jamais leurs pensées afin de servir ses intérêts propres. Au-delà, il va de soi qu'il serait très inconséquent d'attribuer à quiconque quelque citation apocryphe ou créée de toutes pièces.

Quant à la question des citations de seconde main (sans avoir consulté le texte original), s'il est de plus en plus difficile d'éviter d'y recourir tant les citations, dans la plupart des ouvrages consultés, foisonnent, il est impératif de préciser entre parenthèses que l'exactitude de la citation en cause n'a pas été vérifiée, en écrivant « (cité par [référence de l'ouvrage ou article citant]) ». Et il convient de limiter autant que possible l'usage de ces citations de seconde main[3]. À l'heure actuelle plus que jamais, il s'avère impossible de tout lire sur un sujet et la quête de l'exhaustivité, qu'elle vise

[1] Il n'est donc guère permis de suivre la méthode de Montaigne lorsqu'elle l'amenait à passer sous silence les noms des auteurs à qui il empruntait des idées afin d'éviter que ses lecteurs s'inclinent devant le prestige des anciens, pour qu'ils osent réfuter leur autorité autant qu'ils se permettent de contester la sienne. En ce qu'elle permet d'apprendre aux lecteurs à se méfier des arguments d'autorité, cette méthode présente un intérêt certain. Néanmoins, elle est parfaitement incompatible avec toute intention scientifique dès lors qu'elle oblige à laisser de côté l'honnêteté intellectuelle indispensable à la confection de tout ouvrage scientifique. « Je ne compte pas mes emprunts, écrivait le philosophe aquitain, je les pèse. Et si j'eusse voulu les faire valoir par nombre, je m'en fusse chargé deux fois autant. Ils sont tous, ou fort peu s'en faut, de noms si fameux ou anciens qu'ils me semblent se nommer assez sans moi. Je veux que [les lecteurs] donnent une nasarde à Plutarque sur mon nez, et qu'ils s'échaudent à injurier Sénèque en moi » (M. DE MONTAIGNE, *Les essais*, Abel Langelier, 1588 (cité par A. COMPAGNON, *Un été avec Montaigne*, Équateurs-France inter, coll. Parallèles, 2013)).

[2] STENDHAL, *Journal*, 5 avr. 1802.

[3] Sur ce point, il est remarquable que le professeur Dominique Rousseau observe que, de plus en plus, il arrive qu'un auteur fasse une erreur dans un manuel de droit constitutionnel et que, « comme les autres recopient ensuite sans consulter le texte original, celle-ci se développe de manière exponentielle » (D. ROUSSEAU, « Les grandes mutations du droit constitutionnel », conférence à l'École doctorale de sciences juridiques de Grenoble, 3 mars 2010).

le droit positif ou la doctrine en rapport avec le sujet, devient de plus en plus illusoire, à moins de choisir un objet d'étude excessivement sophistiqué et confidentiel. Par conséquent, il importe de prendre exemple sur la philosophie, où l'on précise très généralement qu'un auteur A est « un lecteur de B » mais « n'a pas lu C », cela afin d'expliquer ses influences.

La modestie du savoir comme intelligence

Nombreux sont ceux qui ont souligné le besoin de modestie et d'humilité dans la recherche, de Francis Bacon, selon qui, « si vous commencez par la certitude, vous finirez par le doute »[1], à Descartes, qui a écrit « je doute donc je suis » (« *dubito, ergo sum* »)[2] avant d'écrire « je pense donc je suis » (« *cogito, ergo sum* »)[3]. Celui qui doute réfléchit et raisonne plus et mieux que celui qui ne doute pas. Cela vaut parfaitement concernant le droit, lequel est une « véritable machine à douter »[4]. Le scientifique du droit « véritable » est celui dont les travaux obéissent au schéma « réflexion / écriture / doute / rectification ». « Le contraire de l'erreur n'est pas la vérité mais le doute », dit-on très pertinemment[5]. Et Montaigne pouvait convenir, dans la leçon finale de ses *Essais*, que « l'ignorance est ma maîtresse forme »[6]. Mais ce n'est pas là « l'ignorance primitive, la bêtise-ignorance de celui qui refuse de connaître, qui n'essaye pas de savoir, mais l'ignorance savante, celle qui a traversé les savoirs et s'est aperçue qu'ils n'étaient jamais que des demi-savoirs »[7]. Contre Pascal qui assénait qu' « il n'y a rien au monde de pire que les demi-savants »[8], il faut gager que le savant véritable est celui qui n'ignore pas qu'il ne possède et qu'il ne possèdera toujours qu'un demi-savoir, qu'il « ne sait rien » comme aurait dit Socrate[9]. Celui qui sait dit « je ne sais pas » ; celui qui ne

[1] Cité par J. B. SALAVILLE, *L'Homme et la société ou nouvelle théorie de la nature humaine et de l'État social*, Carteret, 1798, p. VI.

[2] R. DESCARTES, « Recherche de la Vérité par les lumières naturelles », in *Opuscola posthuma, physica & mathematica*, Amsterdam, 1701.

[3] R. DESCARTES, *Discours de la méthode – Pour bien conduire sa raison, et chercher la vérité dans les sciences*, Leyde, 1637 ; R. DESCARTES, *Méditations métaphysiques*, 1647.

[4] J. CARBONNIER, « Il y a plus d'une définition dans la maison du droit », *Droits* 1990, n° 11, p. 5.

[5] R. ENTHOVEN, « Le mensonge : la querelle Kant/Constant », Le bien commun, France culture, 2 juin 2013.

[6] M. DE MONTAIGNE, *Les essais*, Abel Langelier, 1588 (cité par A. COMPAGNON, *Un été avec Montaigne*, Équateurs-France inter, coll. Parallèles, 2013).

[7] A. COMPAGNON, *Un été avec Montaigne*, Équateurs-France inter, coll. Parallèles, 2013.

[8] Cité par A. COMPAGNON, *Un été avec Montaigne*, Équateurs-France inter, coll. Parallèles, 2013.

[9] Dans le *Ménon* de Platon, Socrate enseigne que l'ignorance se conquiert et que, sans cette conquête, il n'y a pas de place pour le savoir (PLATON, *Ménon*, trad. M. Canto-Sperber, Flammarion, 1999, p. 157).

sait pas dit « je sais »[1]. Et peut-être faut-il se réjouir de ne pas tout connaître, car cela serait mortifère[2].

Aussi est-ce en particulier sur cette question que la philosophie du droit peut aider les autres branches de la recherche juridique. En effet, la philosophie est, étymologiquement, l' « amour de la sagesse ». Or la sagesse, qui conduit à la prudence et à la modestie, serait « la perfection suprême dans l'ordre des connaissances »[3]. Le philosophe enseigne que le grand paradoxe de l'humanité est de chercher des réponses qui la désespèreraient si elle les obtenait (l'après la mort, l'existence de Dieu(s) etc…)[4]. Il estime qu'il est préférable d'accepter de ne pas savoir plutôt que de « croire savoir » ou de faire semblant de savoir. De ce point de vue, « la philosophie garde un temps d'avance sur toute autre forme de rapport au monde. Si, en philosophie, les questions sont plus essentielles que les réponses, c'est parce que toute ignorance est une connaissance de plus »[5]. Ces explications ne sont-elles pas valables en matière de philosophie du droit et de formes de rapport au droit ?

Une modestie du quotidien

Tout cela invite à la modestie, laquelle doit se traduire dans le style, dans l'expression du chercheur-écrivain. À contenus des propos identiques, celui exprimé dans un langage modeste, à grand renfort de conditionnel, de « peut-être » et de verbes tels que « sembler » ou « paraître », sera autrement apprécié et, paradoxalement, jugé convainquant que celui exprimé dans un langage immodeste, c'est-à-dire affirmatif, s'appuyant sur le lexique de la

[1] Aristote pouvait ainsi avancer que « l'ignorant affirme, le savant doute, le sage réfléchit » (cité par N. MARTIAL-BRAZ, « Propos introductifs », in M. BEHAR-TOUCHAIS, N. MARTIAL-BRAZ, J.-F. RIFFARD, dir., *Les mutations de la norme*, Economica, coll. Études juridiques, 2011, p. 3). En ce sens, par exemple, M. BEAUD, *L'art de la thèse*, 2e éd., La découverte, coll. Grands repères, 2006, p. 176 (« plus s'étend et s'approfondi le champ de ma connaissance, plus s'aiguise la conscience de l'étendue de mon ignorance. Ce qui m'amène à retrouver cet aphorisme, sans doute aussi ancien que la philosophie : la prise de conscience de ce que l'on ne connaît pas est une dimension essentielle de la connaissance »).

[2] Outre le fait que certaines choses, y compris en droit, gagnent davantage à ne pas être connues qu'à être connues, il faut, avec Jorge Luis Borges, faire observer que « quelqu'un qui a une mémoire parfaite a besoin d'une journée pour se remémorer une journée » (J. L. BORGES, *Fictions* (1944), Gallimard, coll. Folio, 1974).

[3] ARISTOTE, *Éthique à Nicomaque* (vers 340 av. J.-C.), Vrin, coll. Textes philosophiques, 1994, VI, 7 (cité par A. SÉRIAUX, *Le Droit – Une introduction*, Ellipses, 1997, p. 219).

[4] En ce sens, le professeur Norbert Rouland rapporte qu'un esquimau philosophe lui expliqua un jour que « trop penser ne conduit qu'au désordre. Nous, les Inuits, nous ne prétendons pas donner des solutions à toutes les énigmes. […] Vous voulez toujours que les choses surnaturelles aient un sens, mais nous, nous ne nous tracassons pas à ce sujet. Nous sommes contents de ne pas comprendre » (cité par N. ROULAND, *Anthropologie juridique*, Puf, coll. Droit fondamental, 1988, p. 190).

[5] R. HENTOVEN, « Jacques le fataliste, Diderot », Le gai savoir, France culture, 5 mai 2013.

certitude (« incontestablement », « définitivement », « assurément », « nul doute », « en vérité », « s'avérer », etc.). Bien sûr, il importe de séparer ce qui relève de la factualité et ce qui relève de l'opinion. Il ne faut enrober son propos de précautions que lorsque celui-ci ne consiste pas en la simple description de faits — qui peuvent être des « faits normatifs » en cas d'étude d'actes législatifs ou règlementaires ou de décisions de justice —. La modestie vise ce qui appartient à l'ordre du prédictif, du spéculatif, du stipulatif, non ce qui appartient à l'ordre du donné factuel.

Mirabeau disait, à propos de Robespierre, « il ira loin parce qu'il croit en ce qu'il dit »[1]. Il faut gager que, dans des disciplines semi-scientifiques telles que les sciences du droit, trop croire en ce que l'on dit peut être préjudiciable, surtout si cette croyance se manifeste explicitement parmi ses écrits. La croyance, y compris la croyance en soi-même, peut difficilement aller de pair avec la recherche de scientificité et de criticité. Et même lorsqu'un auteur jouissant d'une grande notoriété tel que Rousseau avertit ses lecteurs en ces termes : « Je vous prie de bien vouloir mettre à part mon beau style »[2], cela suscite chez lesdits lecteurs un sentiment plus négatif que positif. Mais affirmer sans ambages que sa forme est une « belle forme » ou que son fond est un « bon fond » est un cas extrême et la modestie ici en cause est davantage une modestie du quotidien, que le chercheur-écrivain doit garder constamment à l'esprit.

Reste que, au sens de Jules Renard, « la modestie est le genre d'orgueil qui déplaît le moins »[3]. La modestie scientifique consiste à faire preuve de modération et de tempérance à travers ses activités de recherche et ses publications mais certainement pas à affirmer « je suis modeste ». Rien ne saurait être plus immodeste. Mieux vaut simplement, à l'instar de Max Weber, « mettre en garde le lecteur contre une surestimation des présentes études »[4], donc être conscient des limites de la connaissance humaine comme des limites de ses propres connaissances et ne pas chercher à les camoufler.

La courtoisie et le respect dans les joutes doctrinales

Enfin, ces pages sont l'occasion d'insister sur un dernier problème d'ordre formel qui affecte de plus en plus les travaux des scientifiques et des penseurs du droit à l'ère contemporaine : celui de la courtoisie ou politesse

[1] Cité par P. GELINET, « Robespierre », 2000 ans d'histoire, France inter, 16 sept. 2004.
[2] J.-J. ROUSSEAU, « Avertissement », in *Lettres écrites de la montagne*, 1764.
[3] J. RENARD, *Journal 1887-1910*, Actes sud, coll. Babel, 2008 (cité par R. ENTHOVEN, « Rousseau : le progrès impossible », Le gai savoir, France culture, 13 oct. 2013).
[4] M. WEBER, *L'Éthique protestante et l'esprit du capitalisme* (1920), Pocket, coll. Agora, 1967, p. 22.

du discours, spécialement à l'occasion des joutes doctrinales[1]. Ce qui est entendu derrière l'idée de courtoisie du discours est une forme de « critique respectueuse ». En effet, longtemps, et spécialement durant les premières décennies du XXe s., les grands auteurs se sont adressés des critiques aussi fermes sur le fond que douces sur la forme. Cette habitude d'insérer les charges doctrinales dans un cadre fort cordial semble s'être petit à petit perdue et, désormais, les attaques plus radicales dans leur mode d'expression que quant à leur teneur substantielle ne sont pas rares. Aujourd'hui, d'aucuns estiment que « l'appréhension doctrinale d'un problème passe par une grande liberté de ton et la possibilité de dire les choses de manière abrupte »[2], loin des canons de cordialité qui ont pu empreindre les disputes impliquant Duguit, Hauriou, Carré de Malberg, Esmein, Michoud, Barthélémy, Capitant, Gény, Lévi-Ullmann, Pic, Thaller, etc.

Par exemple, à l'occasion des débats *jus*-politiques ayant entouré la proposition et le vote de la loi ouvrant le mariage aux couples de personnes de même sexe, des professeurs ont pu s'écharper en ces termes :

> *Alexandre Viala a publié le 21 janvier 2013 un article intitulé « Un PFRLR contre le mariage gay ? Quand la doctrine fait dire au juge le droit qu'elle veut qu'il dise ». Ayant eu l'honneur d'y être citée comme « représentative de la croisade » contre le mariage gay et accusée de m'enfermer « dans l'impasse d'une contradiction performative » en subordonnant la reconnaissance d'un tel mariage à l'intervention du pouvoir constituant, je souhaite ici répondre à l'auteur pour lui prouver que sa « science » est au moins aussi idéologique que celle des collègues qu'il dénonce et qu'en matière de « liberté avec l'éthique du juriste universitaire » il n'a peut-être pas de leçons à donner. Si Alexandre Viala avait fait preuve d'objectivité, il aurait d'abord relevé que les affreux juristes « dénués de tout scrupule déontologique » (sic) qu'il dénonce expriment simplement, comme il le fait lui-même, leur interprétation de la philosophie politique inscrite dans la Constitution. [...] Il n'est pas certain que le positiviste « éclairé » qui prétendrait écrire dans le Code civil que deux hommes ou deux femmes peuvent se marier, ou dans le Code de l'urbanisme que la terre est plate, ou dans une directive communautaire que les vaches sont carnivores, fasse preuve d'une démarche parfaitement raisonnable et raisonnée. [...] Mais, quand un PFRLR ne rentre pas du tout dans la grille d'analyse de l'auteur, [...] il le traite marginalement de « logique de circonstance » qui « ne mérite pas d'être prise en*

[1] Sur les « querelles doctrinales », *cf.* Y. GUENZOUI, « Les querelles doctrinales », *RTD civ.* 2013, p. 47 s.

[2] F. MELLERAY (cité par E. KERVICHE, « Débats et discussions », in M. FATIN-ROUGE STÉFANINI, L. GAY, J. PINI, dir., *Autour de la qualité des normes*, Bruylant (Bruxelles), coll. À la croisée des droits, 2010, p. 296).

> *considération » ! L'affirmation prête à sourire... Cachez ce PFRLR que je ne saurais voir puisqu'il dessert ma scientifique démonstration. Trop fort !*[1]

Et un autre auteur, réagissant au même article du même professeur, a pu

> *déplorer le ton employé par A. Viala pour porter la contradiction à des collègues, dans le cadre de ce qui devrait pourtant demeurer une controverse académique. La publication sous la forme originale d'une revue électronique [...] justifie sans doute une certaine liberté de plume pouvant aller jusqu'à manier la dérision. Elle ne devrait cependant autoriser ni l'outrance (v. la référence à la « croisade » contre le « mariage pour tous » à laquelle A. M. Le Pourhiet prêterait son concours), ni surtout les attaques* ad hominem *visant des universitaires accusés d'être « dénués de tout scrupule déontologique » ! Formons le vœu que pareille injure, qui sonne comme une sentence excommunicatrice, ne traduise pas l'avènement d'un climat d'intolérance intellectuelle tout à fait contraire à la tradition universitaire [...]. Car le développement d'un tel climat finirait par justifier la curieuse pratique des interventions d'universitaires sous couvert d'anonymat.*[2]

Si les critiques peuvent et même doivent être claires et précises, elles seront d'autant mieux comprises qu'elles sont pondérées, modérées, adoucies dans leur mode d'expression. C'est pourquoi Léon Duguit pouvait en venir à remarquer, séparant la forme et le fond porté par la forme : « Certains de mes collègues, au reste en termes courtois, m'ont traité avec une pitié dédaigneuse […] et ils sont tout près de voir en moi un pauvre d'esprit »[3].

Quelques autres citations permettront d'illustrer cet enjeu. Ainsi François Gény s'en prenait-il aux écrits de son « savant collègue et ami Duguit »[4]. Quant à ce dernier, il pouvait asséner tour à tour qu' « Hauriou ne démontre pas [quelque affirmation] plus que les autres auteurs de droit public français ou étrangers, et cela malgré deux pages très brillantes, mais desquelles il m'est impossible d'extraire une idée saisissable »[5] ; que,

[1] A.-M. Le Pourhiet, « Un PFRLR contre le mariage gay ? Réponse à Alexandre Viala », *RDLF* 2013, n° 5. Il s'agissait d'une réponse à A. Viala, « Un PFRLR contre le mariage gay ? Quand la doctrine fait dire au juge le droit qu'elle veut qu'il dise », *RDLF* 2013, n° 4.

[2] J. Roux, « Le "mariage pour tous" et la Constitution : La méthode et le fond (Réponse à Alexandre Viala) », *RDLF* 2013, n° 6.

[3] L. Duguit, *Traité de droit constitutionnel – Tome premier : La règle de droit, le problème de l'État*, 3e éd., De Boccard, 1927, p. XVI.

[4] F. Gény, *Science et technique en droit privé positif*, t. IV, Librairie du Recueil Sirey, 1924, p. 123.

[5] L. Duguit, *Traité de droit constitutionnel – Tome premier : La règle de droit, le problème de l'État*, 3e éd., De Boccard, 1927, p. 547.

toujours à l'égard d'Hauriou, « nous employons des formules plus précises et plus claires que l'éminent auteur quand nous écrivons »[1] ; ou encore que « [quelques] observations nous paraissent réfuter d'avance le raisonnement par lequel notre savant et regretté collègue Esmein veut démontrer la vérité du principe de la souveraineté nationale »[2].

Quant à Alf Ross, après avoir vertement dénoncé le normativisme de Kelsen, par trop détaché selon lui de la « réalité juridique », il rendait hommage à l'auteur de *Théorie pure du droit* en ces termes : « Si le moineau s'élève haut dans le ciel, c'est qu'il est sur le dos de l'aigle »[3]. Et déjà au XVIIe s. Rousseau pouvait regretter la pauvreté de la conception du « droit politique » de Grotius, « le maître de tous nos savants »[4].

Le problème de la disparition de la courtoisie, de la disparition des marques de respect et de déférence dans les recherches juridiques est peut-être moins anecdotique qu'il n'y paraît au premier abord. Possiblement, il serait l'un des signes du délitement de certaines des fondations sur lesquelles ont été construites les facultés de droit. En ce sens, Carbonnier observait, il y a maintenant longtemps, que « les facultés de droit [...] affectionnent, pour leurs controverses, le ton feutré [car], par maintes fibres, elles se sentent liées au métier d'avocat, où c'est presque un devoir d'État de ne prendre aucune thèse au tragique »[5].

Il importe de garder à l'esprit l'opportunité du recours à ce ton feutré tant il est ce qui autorise à critiquer la pensée ou les analyses d'autrui. Sans cela, l'écrit jugé trop agressif risque fort d'être non seulement ignoré par ceux qui s'y trouvent attaqués mais aussi délaissé par les autres, jugeant l'auteur de cet écrit bien inélégant. La prise en compte des valeurs de l'auditoire, c'est-à-dire des sensibilités propres à ceux qui sont les destinataires de la publication, qu'il ne faut jamais nier ou contredire frontalement[6], n'est assurément pas moins décisive aujourd'hui qu'hier. En droit, l'élégance doit être recherchée au moins autant que la pertinence.

[1] L. DUGUIT, *Traité de droit constitutionnel – Tome deuxième : La théorie générale de l'État – Première partie : Éléments, fonctions et organes de l'État*, 3e éd., De Boccard, 1928, p. 44.
[2] L. DUGUIT, *Traité de droit constitutionnel – Tome premier : La règle de droit, le problème de l'État*, 3e éd., De Boccard, 1927, p. 584.
[3] A. ROSS, *Introduction à l'empirisme juridique*, trad. E. Matzner, É. Millard, Bruylant-LGDJ (Bruxelles-Paris), coll. La pensée juridique, 2004, p. 125.
[4] J.-J. ROUSSEAU, *Émile ou de l'éducation*, 1762 (cité par J.-P. SIMÉON, « La démocratie selon Rousseau », in J.-J. ROUSSEAU, *Du contrat social*, Le Seuil, coll. Points politique, 1977, p. 39). Mais Rousseau en venait aussi à écrire que « Grotius n'est qu'un enfant et pis qu'un enfant de mauvaise fois » (*ibid.* (cité par J.-P. SIMÉON, « La démocratie selon Rousseau », in J.-J. ROUSSEAU, *Du contrat social*, Le Seuil, coll. Points politique, 1977, p. 39)).
[5] J. CARBONNIER, « Gurvitch et les juristes », *Dr. et société* 1986, n° 4, p. 431.
[6] Ch. PERELMAN, *L'empire rhétorique*, Vrin, 1977.

Conclusion

Tandis que Rabelais souhaitait, comme en témoigne la lettre de Gargantua à son fils Pantagruel, que ce dernier devînt un « abîme de science »[1], Montaigne préférait, à l'inverse, « un homme à la tête bien faite plutôt qu'un homme à la tête bien pleine »[2]. S'opposent ainsi compétences et connaissances. Le savoir semble importer moins que le savoir-faire et il conviendrait de chercher à être « mieux-savant plutôt que plus-savant »[3]. Dans cette perspective, l'intention première de l'ouvrage qui s'achève était d'observer et d'interroger les savoir-faire et, plus encore, les savoir-savoir de ceux qui, à l'intérieur ou à l'extérieur des facultés de droit, étudient les normes, les institutions et les pensées juridiques. Ces pages avaient pour objet premier non le contenu mais les moyens de la connaissance juridique ; elles ne se demandaient pas « qu'est-ce que le droit ? » mais « comment répondre à la question "qu'est-ce que le droit ?" ? ».

S'enquérir des savoir-faire ou savoir-savoir, rechercher comment devenir mieux-savant, c'est s'intéresser en premier lieu aux méthodes qui servent la connaissance, à l'épistémologie. Alors qu'ils pourraient potentiellement concerner tout étudiant et tout professeur possédant l'une ou l'autre discipline juridique dans son domaine de travail, rares sont les ouvrages d'épistémologie juridique. Un enjeu important attaché à ce livre était ainsi de combler, bien que partiellement, ce vide dans lequel se situe, pour l'heure, l'épistémologie des sciences et des pensées du droit.

Les choix d'une branche de la recherche juridique et d'une méthode d'étude du droit influençant directement le contenu épistémique, il ne paraît pas anodin ou anecdotique de vouloir faire évoluer, de vouloir faire progresser les connaissances épistémologiques relatives à la recherche juridique. A été largement souligné combien les sciences sociales en général et les sciences juridiques en particulier, par opposition aux « sciences scientifiques » ou « dures », ont souffert et continuent de souffrir de l'instabilité de leurs méthodes[4], notamment quant aux définitions et aux classifications[5]. Chercher à renforcer la scientificité des sciences du droit peut être une intention louable dès lors que leur ascientificité actuelle les

[1] F. Rabelais, *Gargantua*, 1534.
[2] M. de Montaigne, *Les essais*, Abel Langelier, 1588, L. I, chap. 25.
[3] *Ibid.*
[4] M. Grawitz, *Méthodes des sciences sociales*, 11e éd., Dalloz, coll. Précis, 2001, *passim*.
[5] Ch. Eisenmann, « Quelques problèmes de méthodologie des définitions et des classifications en science juridique », *Arch. phil. droit* 1966, p. 25 s.

rendrait « vulnérables »[1]. Finalement, pour être juste, il faudrait écrire « “sciences” sociales » et « “sciences” juridiques ». C’est à la possibilité d’abolir ces guillemets incommodes que s’est intéressé tout spécialement l’ouvrage qui s’achève. Une « théorie anarchiste de la connaissance »[2] ne paraît pas être un spectacle réjouissant ni une perspective engageante pour le droit. Pourtant, qui observe le tableau de la théorie-philosophie-science du droit peinera assurément à en distinguer les lignes de fuite. La connaissance du droit, aujourd’hui, demeure relativement confuse, tant du point de vue de ses prémisses que du point de vue de son contenu ou du point de vue des ses conséquences.

Néanmoins, les difficultés qu’éprouve le droit devant l’exigence de scientificité ne proviennent pas que de ses méthodes insuffisamment précises et rigoureuses. Elles incombent également à l’objet d’étude, c’est-à-dire au droit lui-même. Les sciences sociales se développent sur un terrain terriblement aléatoire et évanescent : l’homme, le corps social, Dieu parfois. Les sciences du droit ne sont qu’un peu mieux loties avec le droit. Est-ce parce que la méthode d’étude est instable et incertaine que l’objet d’étude est instable et incertain ou parce que l’objet d’étude est instable et incertain que la méthode d’étude est instable et incertaine ? S’exerce certainement un jeu dialectique entre ces éléments : la fragilité de l’un accentue celle de l’autre qui à son tour renforce la première, etc. Il conviendrait, en axant les efforts sur l’un des deux pôles — en l’occurrence celui des méthodes —, de favoriser la stabilité, et donc la scientificité, de l’ensemble. Par suite, cet « enchaînement raisonné de moyens en vue d’une fin »[3] devrait très directement favoriser l’enrichissement des connaissances relatives à l’objet d’étude. Tous les chemins ne mènent pas à Rome ; la destination diffère nécessairement en fonction de la voie empruntée. Reste à trouver la meilleure route, celle qui pourrait permettre, au terme d’un parcours objectif et empirique, d’atteindre l’essence du droit par la science du droit.

Au cours des XIXe et XXe s., les sciences naturelles ont bénéficié de bouleversements fondamentaux parmi leurs connaissances et leurs méthodes, alors pourtant que celles-ci paraissaient solidement ancrées depuis longtemps. Il y a peu, le boson de Higges était découvert et permettait à la science physique de connaître une avancée formidable. Si les sciences « dures » sont aujourd’hui encore capables d’avancées formidables, il faut gager que les sciences « molles » possèdent un potentiel évolutif important. À l’aube du IIIe millénaire, les sciences du droit sont en construction.

[1] F. Rouvière, « La vulnérabilité de la science du droit : histoire d’une science sans méthode », in F. Rouvière, dir., *Le droit à l’épreuve de la vulnérabilité*, Bruylant (Bruxelles), 2011, p. 537 s.

[2] Réf. à P. Feyerabend, *Contre la méthode – Esquisse d’une théorie anarchiste de la connaissance*, trad. B. Jurdant, A. Schlumberger, Le Seuil, 1979.

[3] J.-L. Bergel, *Méthodologie juridique*, Puf, coll. Thémis droit privé, 2001, p. 17.

Et l'objet de cet ouvrage était aussi d'apporter une nouvelle pierre à cet édifice en cours de fondation.

En ce sens, l'étude scientifique et la pensée critique du droit, expliquées et discutées respectivement dans la deuxième partie et dans la troisième partie, sont les deux jambes de la recherche juridique, sans lesquelles elle n'avancerait pas, sans lesquelles elle stagnerait et, finalement, péricliterait. Il était donc utile d'insister sur ces ingrédients qui seuls sont capables de la nourrir. Déjà bien des auteurs ont pu dénoncer l'excès de dogmatisme qui risque d'endormir la recherche juridique, alors pourtant que le contexte social et culturel au sein duquel s'inscrit son objet se fait de plus en plus mouvant. Mais nombreux sont aussi ceux qui s'en accommodent sans autre forme de procès. C'est pourquoi il s'est agi de mettre en exergue la différence fondamentale qui existe entre des travaux imprégnés de dogmatisme — d'aucuns qualifient de manière on ne peut plus symptomatique la science du droit positif de « dogmatique juridique » — et des travaux reposant sur des études scientifiques et sur des pensées critiques.

Ensuite, une étude en sciences sociales, une étude en droit n'est guère différente — en tout cas ne doit-elle pas l'être — d'une étude en chimie ou en biologie. Elle doit suivre de nouvelles pistes de réflexion et d'action et avoir pour principale hantise la crainte de participer de la stagnation de la pensée et du savoir. Évidemment, le chercheur ne trouve pas toujours, ou du moins pas toujours complètement ou pas toujours ce qu'il cherchait. Mais ses efforts, ses propositions et ses investigations ne sont jamais vains. Repris et complétés plus tard par d'autres, ils contribuent à chaque fois, dans une plus ou moins grande mesure, au progrès. Une réflexion, dans quelque domaine que ce soit, peut (et peut-être doit) être risquée, ouvrir de nouvelles voies plutôt que de cheminer le long des sentiers battus de la connaissance. Lorsque tout aura été dit et écrit, l'Homme ne pourra plus que se retourner et contempler son ouvrage gigantesque. Évidemment — et heureusement —, tout ne sera jamais dit et écrit ; il restera toujours des territoires inexplorés car, sur les terres conquises, des herbes folles repoussent inexorablement et la découverte du boson de Higges, si elle permet de répondre à quelques interrogations, en fait naître des dizaines de nouvelles.

Or, si toute réflexion peut (et peut-être doit) être risquée, novatrice, ambitieuse, cela ne veut pas dire être irréfléchie, inconsidérée, irrationnelle ou inconséquente. Il est indispensable que la recherche soit entreprise dans un cadre épistémologique précis, conscient et assumé, loin de toute approximation et de toute improvisation quant à la ou aux branche(s) de la recherche juridique choisie(s) et aux éléments de méthode mis en œuvre. C'est pourquoi le présent ouvrage a entendu fournir des informations et émettre des propositions utiles à la définition de ce cadre épistémologique. Il a donc vocation à être au service de quiconque exerce une activité de recherche en droit ou sur le droit, spécialement en l'aidant à rédiger les introductions de ses travaux, pages où sont exposés leurs intentions et leurs moyens.

D'aucuns pourraient estimer que vouloir décrire et expliquer la recherche juridique serait une ambition peu pertinente, que ces quatre parties et trente-cinq chapitres auraient gravi de vieux volcans endormis et que cela ne saurait être que peu porteur dès lors que, aujourd'hui, ce seraient principalement des promeneurs qui s'y rencontreraient. En effet, il devrait aller de soi que, parmi les facultés de droit du moins, on connaisse depuis longtemps le droit et on sache depuis longtemps comment connaître le droit. Or des développements permettant seulement de faire une promenade épistémologique ne peuvent être que modestement utiles.

Cependant, c'est bien à un Annapurna épistémique que ce livre s'est attaqué. Si la connaissance du droit est imparfaite, la connaissance de la connaissance du droit est, elle, balbutiante et même, sous bien des aspects, inexistante. L'épistémologie juridique est encore loin d'avoir apporté aux scientifiques et aux penseurs du droit tous les enseignements qu'elle est en mesure de leur fournir. Pour que les « sciences » du droit deviennent des sciences véritables, il faudrait que l'épistémologie juridique, qui permet d'identifier les forces et les faiblesses cognitives et scientifiques du droit, gagne en attractivité et en notoriété, passe du rang de discipline-accessoire au rang de discipline-cadre de la recherche juridique.

Connaître sa connaissance, étudier ses études, élaborer une science de sa science est indispensable au progrès et à la consolidation de cette connaissance, de ces études et de cette science. Le droit doit en prendre conscience. Finalement, *La recherche juridique* est peut-être surtout un plaidoyer pour l'épistémologie juridique.

Bibliographie complémentaire

AFNED, *La thèse de doctorat en droit et la recherche juridique*, LGDJ, 1993

AGUILA Y. et *alii*, *Quelles perspectives pour la recherche juridique ?*, Puf, coll. Droit et justice, 2007

AMSELEK P., « Éléments d'une définition de la recherche juridique », *Arch. phil. droit* 1979, p. 297 s.

ANCEL P., « Le *Dalloz*, source du droit », *RRJ* 2006, p. 453 s.

ANCEL P., « Le droit *in vivo* ou le plaidoyer d'un membre de la "doctrine" pour la recherche juridique empirique », in *Mélanges Philippe Jestaz*, Dalloz, 2006, p. 13 s.

ARABEYRE P., HALPERIN J.-L., KRYNEN J., dir., *Dictionnaire historique des juristes français (XIIe-XXe siècle)*, Puf, 2008

Arch. phil. droit 1961, « La réforme des études du droit »

Arch. phil. droit 1995, « Droit et esthétique »

Arch. phil. droit 1997, « Le privé et le public »

ARDISSON D., « Observations sur la recherche, l'enseignement et les pratiques du droit », *Dr. et Société* 1993, p. 143 s.

ARNAUD A.-J., « Droit et société – Un carrefour interdisciplinaire », *RIEJ* 1988, n° 21, p. 7 s.

ARNAUD A.-J., « Le Droit, un ensemble peu convivial » *Dr. et société* 1989, p. 81 s.

ASEEVA A., « La production à la chaîne du savoir juridique », in FLÜCKIGER A., TANQUEREL Th., dir., *L'évaluation de la recherche en droit – Enjeux et méthodes*, Bruylant (Bruxelles), coll. Penser le droit, 2015, p. 277 s.

ATIAS Ch., *Devenir juriste – Le sens du droit*, 2e éd., LexisNexis, coll. Carré droit, 2014

ATIAS Ch., « Debout les ouvriers du droit ! Autorité et poids de la doctrine », in *Mélanges Jean-Luc Aubert*, Dalloz, 2005, p. 361 s.

ATIAS Ch., « La controverse doctrinale dans le mouvement du droit privé », *RRJ* 1983, p. 427 s.

ATIAS Ch., « La controverse et l'enseignement du droit », *Annales d'histoire des facultés de droit et de la science juridique* 1985, n° 2, p. 107 s.

AUDREN F., « Comment la science sociale vient aux juristes ? Les professeurs lyonnais et les traditions de la science sociale (1875-1930) », in DEROUSSIN D., dir., *Le renouvellement des sciences sociales et juridiques sous la IIIe République*, La Mémoire du Droit, 2007, p. 3 s.

AUDREN F., « Les professeurs de droit, la République et le nouvel esprit juridique », *Mil neuf cent – Revue d'histoire intellectuelle* 2011, n° 29, p. 7 s.

AUDREN F., FILLON C., « Louis Josserand ou la construction d'une autorité doctrinale », *RTD civ.* 2009, p. 39 s.

AUDREN F., HALPÉRIN J.-L., *La culture juridique française – Entre mythes et réalités – XIXe-XXe siècles*, CNRS éditions, 2013

AYNÈS L., GAUTIER P.-Y., TERRÉ F. « Antithèse de "l'entité" (à propos d'une opinion sur la doctrine) », *D.* 1997, p. 229 s.

BACHELARD G., *La formation de l'esprit scientifique – Contribution à une psychanalyse de la connaissance objective*, Vrin, 1938

BAILLEUX A., DUMONT H., « Esquisse d'une théorie des ouvertures interdisciplinaires accessible aux juristes », *Dr. et société* 2010, p. 275 s.

BARRAUD B., « Droit public-droit privé : de la *summa divisio* à la *ratio divisio* ? », *RRJ* 2014, p. 1101 s.

BARRAUD B., « La science du droit parmi les sciences sociales : la tradition de l'autonomie et la tentation de l'ouverture », *RRJ* 2015, p. 27 s.

BARRAUD B., « L'usage du plan en deux parties dans les facultés de droit françaises », *RTD civ.* 2015, p. 807 s.

BARRAUD B., « La science et la doctrine juridiques à l'épreuve de la polysémie des concepts », *RIEJ* 2016, n° 76

BART J., « Documentation juridique (avant l'imprimerie) », in ALLAND D., RIALS S., dir., *Dictionnaire de la culture juridique*, Lamy-Puf, coll. Quadrige dicos poche, 2003

BARTENSTEIN K., LANDHEER-CIESLAK Ch., « Pour la recherche en droit : quel(s) cadre(s) théorique(s) ? », in FLÜCKIGER A., TANQUEREL Th., dir., *L'évaluation de la recherche en droit – Enjeux et méthodes*, Bruylant (Bruxelles), coll. Penser le droit, 2015, p. 83 s.

BEAUD M., *L'art de la thèse – Comment préparer et rédiger un mémoire de master, une thèse de doctorat ou tout autre travail universitaire à l'ère du Net*, 2e éd., La découverte, coll. Grands repères, 2006

BEAUD O., *Les libertés universitaires à l'abandon ? Pour une reconnaissance pleine et entière de la liberté académique*, Dalloz, coll. Les sens du droit, 2010

BEAUD O., « La distinction entre droit public et droit privé : un dualisme qui résiste aux critiques », in AUBY J.-B., FREEDMAN M., dir., *La distinction entre droit public et droit privé – Regards français et britanniques*, Éditions Panthéon-Assas, 2004, p. 29 s.

BEAUD O., CAILLE A., ENCRENAZ P., GAUCHET M., VATIN F., *Refonder l'université*, La découverte, 2010

BEAUD O., LIBCHABER R., « Où va l'Université ? Les chemins de la liberté », *JCP G* 2014, doctr. 1264

BEAUVOIS J.-L., DUBOIS N., PANSU P., *Dis-moi qui te cite, et je saurai ce que tu vaux*, Presses universitaires de Grenoble, coll. Points de vue et débats scientifiques, 2013

BÉGUIN J., « L'éditeur juridique, intermédiaire entre auteurs et lecteurs », in *Mélanges Philippe Simler*, Dalloz-Litec, 2006, p. 11 s.

BÉNABENT A., « Doctrine ou Dallas ? », *D.* 2005, p. 852 s.

BERGEL J.-L., « Essai de définition de la recherche juridique », in FLÜCKIGER A., TANQUEREL Th., dir., *L'évaluation de la recherche en droit – Enjeux et méthodes*, Bruylant (Bruxelles), coll. Penser le droit, 2015, p. 165 s.

BERGEL J.-L., « Esquisse d'une approche méthodologique de la recherche juridique », *RRJ* 1996, p. 1075 s.

BERNAUDEAU V., « Les enseignants de la faculté libre de Droit d'Angers – Entre culture savante et engagement militant (fin XIXe-début XXe siècles) », *Mil neuf cent – Revue d'histoire intellectuelle* 2011, n° 29, p. 99 s.

BLOQUET S., « Quand la science du droit s'est convertie au positivisme », *RTD civ.* 2015, p. 59 s.

BOITEAU C., « Recherches et sources du droit », in AGUILA Y. et *alii*, *Quelles perspectives pour la recherche juridique ?*, Puf, coll. Droit et justice, 2007, p. 275 s.

BONNARD J., *Méthodes de travail de l'étudiant en droit*, 6e éd., Hachette, coll. Les fondamentaux, 2013

BONNARD J., « Variations sur le plan en deux parties en usage dans nos facultés de droit », *LPA* 19 juin 2012, p. 12 s.

BONNET B., DEUMIER P., dir., *De l'intérêt de la* summa divisio *droit public-droit privé*, Dalloz, coll. Thèmes et commentaires, 2010

BOURCIER D., « À propos des fondements épistémologiques d'une science du droit », in AGUILA Y. et *alii*, *Quelles perspectives pour la recherche juridique ?*, Puf, coll. Droit et justice, 2007, p. 69 s.

BRUN Ph., « Les habitudes de penser », in DISSAUX N., GUENZOUI Y., dir., *Les habitudes du droit*, Dalloz, coll. Thèmes et commentaires, 2015

BUREAU D., « Les préfaces », in *Mélanges Michelle Gobert*, Economica, 2004, p. 61 s.

BUREAU D., MOLFESSIS N., « L'asphyxie doctrinale », in *Mélanges Bruno Oppetit*, Litec, 2009, p. 47 s.

CAPITANT R., *La thèse de doctorat en droit*, Dalloz, 1926

CAPELLER W., SIMOULIN V., « La gouvernance : du programme de recherche à la transdisciplinarité », *Dr. et société* 2003, p. 301 s.

CARBASSE J.-M., « Professeurs à la faculté de droit », in ALLAND D., RIALS S., dir., *Dictionnaire de la culture juridique*, Lamy-Puf, coll. Quadrige dicos poche, 2003

CARBASSE J.-M., « L'agrégation des Facultés de droit », *RDP* 2009, p. 300 s.

CAYLA O., HALPÉRIN J.-L., dir., *Dictionnaire des grandes œuvres juridiques*, Dalloz, 2008

CHAMPEIL-DESPLATS V., *Méthodologies du droit et des sciences du droit*, Dalloz, coll. Méthodes du droit, 2014

CHAMBOST A.-S., dir., *Histoire des manuels de droit*, LGDJ, 2014

CHARLE Ch., *La République des universitaires (1870-1940)*, Le Seuil, 1994

CHÊNE Ch., « Manuels, traités et autres livres (période moderne) », in ALLAND D., RIALS S., dir., *Dictionnaire de la culture juridique*, Lamy-Puf, coll. Quadrige dicos poche, 2003

CHERFOUH F., « L'impossible projet d'une revue de la Belle Époque – L'émergence d'un juriste scientifique », *Mil neuf cent – Revue d'histoire intellectuelle* 2011, n° 29, p. 59 s.

CHÉROT J.-Y., « Usages de l'évaluation de la recherche et pilotage du secteur public académique – Enjeux pour la recherche en droit », in FLÜCKIGER A., TANQUEREL Th., dir., *L'évaluation de la recherche en droit – Enjeux et méthodes*, Bruylant (Bruxelles), coll. Penser le droit, 2015, p. 239 s.

CHÉROT J.-Y., FRYDMAN B., dir., *La science du droit dans la globalisation*, Bruylant (Bruxelles), coll. Penser le droit, 2012

CHEVALLIER J., « Doctrine juridique et science juridique », *Dr. et société* 2002, p. 103 s.

CHEVRIER G., « Remarques sur l'introduction et les vicissitudes de la distinction du *jus privatum* et du *jus publicum* dans les œuvres des anciens juristes français », *Arch. phil. droit* 1952, p. 1 s.

COLONNA D'ISTRIA F., « Le concept méthodologique de la recherche juridique », in FLÜCKIGER A., TANQUEREL Th., dir., *L'évaluation de la recherche en droit – Enjeux et méthodes*, Bruylant (Bruxelles), coll. Penser le droit, 2015, p. 139 s.

CONSTANT A.-S., LÉVY A., *Réussir mémoire, thèse et HDR*, 5e éd., Gualino, coll. Mémentos LMD, 2015

CORTÈS Th., « Une incursion dans les sous-sols des textes juridiques – À propos des notes en bas de page », *JCP G* 2013, p. 1532 s.

CUBERTAFOND B., « Retour aux sources ? », in *Mélanges Guy Chambon*, Puf, 1992, p. 215 s.

DE BÉCHILLON D., « Porter atteinte aux catégories anthropologiques fondamentales ? Réflexions à propos de la controverse Perruche, sur une figure contemporaine de la rhétorique universitaire », *RTD civ.* 2002, p. 47 s.

DE CARBONNIÈRES L., « Documentation juridique (de 1789 à 1945) », in ALLAND D., RIALS S., dir., *Dictionnaire de la culture juridique*, Lamy-Puf, coll. Quadrige dicos poche, 2003

DECOCQ G., « Réflexions sur l'influence doctrinale », in *Mélanges Philippe Jestaz*, Dalloz, 2006, p. 111 s.

DE LAMBERTIE I., « Réflexions sur la recherche en sciences du droit », *Droits* 1994, n° 20, p. 159 s.

DE LA PRADELLE G., VAISSE S., « Estimer la doctrine : l'art… et la manière », *RTD civ.* 1996, p. 313 s.

DE LUGET A., FLORES-LONJOU M., LARONDE-CLÉRAC C., dir., *Quelle pédagogie pour l'étudiant juriste ? Expérimentations, modélisations, circulation*, Bruylant (Bruxelles), 2012

DESMONS É, « Droit privé / droit public », in ALLAND D., RIALS S., dir., *Dictionnaire de la culture juridique*, Lamy-Puf, coll. Quadrige dicos poche, 2003

DEUMIER P., « Les habitudes : problème de sources », in DISSAUX N., GUENZOUI Y., dir., *Les habitudes du droit*, Dalloz, coll. Thèmes et commentaires, 2015

DEUMIER P., « La doctrine collective législatrice : une nouvelle source du droit ? », *RTD civ.* 2006, p. 63 s.

DE WACHTER M., « Bioéthique et pluridisciplinarité : discours parallèles ou vrai dialogue ? », *Journal international de bioéthique* 2000, n° 11

DIENER P., « Pathologie juridique et doctrine universitaire en droit des affaires », *D.* 1997, p. 147 s.

DISSAUX N., GUENZOUI Y., dir., *Les habitudes du droit*, Dalloz, coll. Thèmes et commentaires, 2015

DRAGO G., « Une ambition pour la recherche dans les domaines du droit et de la justice », in AGUILA Y. et *alii*, *Quelles perspectives pour la recherche juridique ?*, Puf, coll. Droit et justice, 2007, p. 34 s.

Droit et société 2013, n° 83, « Les enjeux contemporains de la formation juridique »

Droit et société 2005, n° 60, « Savoirs académiques, savoirs pour l'action ? »

Droit et société 2003, n° 54, « La gouvernance : une approche transdisciplinaire »

Droit et société 1988, n° 10, « Pratiques de recherche, questions théoriques et problèmes épistémologiques sur le droit et la société »
Droits 1994, n° 20, « Doctrine et recherche en droits »
DUPRÉ DE BOULOIS X., KALUSZYNSKI M., dir., *Le droit en révolution(s) – Regards sur la critique du droit des années 1970 à nos jours*, LGDJ, coll. Droit et société, 2011
DUPRET B., *Droit et sciences sociales*, Armand Colin, coll. Cursus, 2006
DUPUIS G. et *alii*, *La recherche juridique – Droit public*, Economica, 1981
DURKHEIM É., *Les règles de la méthode sociologique*, 2e éd. (1937), Puf, coll. Bibliothèque de philosophie contemporaine, 1973
EISENMANN Ch., « Droit public, droit privé », *RDP* 1952, p. 903 s.
EISENMANN Ch., « Quelques problèmes de méthodologie des définitions et des classifications en science juridique », *Arch. phil. droit* 1966, p. 25 s.
FLÜCKIGER A., TANQUEREL Th., dir., *L'évaluation de la recherche en droit – Enjeux et méthodes*, Bruylant (Bruxelles), coll. Penser le droit, 2015
FONTAINE L., *Qu'est-ce qu'un « grand » juriste ? Essai sur les juristes et la pensée juridique moderne*, Lextenso éditions, coll. Forum, 2012
FORTIER Ch., dir., *Université, universités*, Dalloz, coll. Thèmes et commentaires, 2010
FORTIER Ch., « La qualification nationale aux fonctions universitaires, ou la faillite du CNU », *AJFP* 2013, p. 62 s.
GARCIA VILLEGAS M., « Champ juridique et sciences sociales en France et aux États-Unis », *L'Année sociologique* 2009, n° 59, p. 29 s.
GASSIN R., « Une méthode de la thèse de doctorat en droit », *RRJ* 1996, p. 1167 s.
GATTI-MONTAIN J., *Le système d'enseignement du droit en France*, Presses universitaires de Lyon, 1987
GAUTIER P.-Y., « Les articles fondateurs (réflexions sur la doctrine) », in *Mélanges Pierre Catala*, Litec, 2001, p. 255 s.
GAUTIER P.-Y., « Nombres du droit », in ALLAND D., RIALS S., dir., *Dictionnaire de la culture juridique*, Lamy-Puf, coll. Quadrige dicos poche, 2003
GAUTIER P.-Y., « Les notes de bas de page chez les juristes », in *Mélanges Philippe Malaurie*, Defrénois, 2005, p. 283 s.
GAUTIER P.-Y., « L'influence de la doctrine sur la jurisprudence », *D.* 2003, p. 2839 s.
GAUTIER P.-Y., « Les auteurs du Recueil Dalloz », *RRJ* 2006, p. 445 s.
GEERKENS É., NISSEN C., SIBONY A.-L., ZIANS A., *Méthodologie juridique – Méthodologie de la recherche documentaire juridique*, 5e éd., Larcier (Bruxelles), 2014
GÉNY F., *Science et technique en droit privé positif – Nouvelle contribution à la critique de la méthode juridique*, Sirey, t. I, II, III et IV, 1914-1924
GERNET L., *Recherches sur le développement de la pensée juridique et morale en Grèce* (1917), Albin Michel, 2001
GESLIN A., « L'épistémologie des sciences du droit : un impensé de la recherche juridique ? », [en ligne] <triangle.ens-lyon.fr>, 2015
GINGRAS Y., *Les dérives de l'évaluation de la recherche – Du bon usage de la bibliométrie*, Raisons d'agir, 2014
GINGRAS Y., KEATING P., LIMOGES C., *Du scribe au savant – Les porteurs du savoir de l'Antiquité à la révolution industrielle*, Boréal, coll. Compact, 2009

GOBERT M., « Le temps de penser de la doctrine », *Droits* 1994, n° 20, p. 97 s.
GOHIN O., « Recherches en droit *vs* recherches sur le droit », in AGUILA Y. et *alii*, *Quelles perspectives pour la recherche juridique ?*, Puf, coll. Droit et justice, 2007, p. 280 s.
GOUBEAUX G., « Il était une fois... la Doctrine », *RTD civ.* 2004, p. 239 s.
GOYARD-FABRE S., *Re-penser la pensée du droit*, Vrin, 2007
GRAFTON A., *Les origines tragiques de l'érudition – Une histoire de la note en bas de page*, trad. P.-A. Fabre, Le Seuil, coll. La librairie du XXe siècle, 1998
GRANGER G.-G., *Essai d'une philosophie du style*, Odile Jacob, 1988
GRUMBACH T., « Doctrine et déontologie », *Dr. soc.* 1999, p. 323 s.
GRZEGORCZIK Ch., MICHAUT F., TROPER M., *Le positivisme juridique*, LGDJ-Story Scientia (Paris-Bruxelles), coll. La pensée juridique, 1993
GUENZOUI Y., « Les querelles doctrinales », *RTD civ.* 2013, p. 47 s.
GUENZOUI Y., « Un conflit de doctrines – Doctrine universitaire *versus* Doctrine de la Cour de cassation », *RTD civ.* 2014, p. 275 s.
GUILLIEN R., « Droit public et droit privé », in *Mélanges Brethe de la Gressaye*, 1967, p. 311 s.
GUTMANN D., « La fonction sociale de la doctrine », *RTD civ.* 2002, p. 455 s.
HALPÉRIN J.-L., « Manuels, traités et autres livres (période contemporaine) », in ALLAND D., RIALS S., dir., *Dictionnaire de la culture juridique*, Lamy-Puf, coll. Quadrige dicos poche, 2003
HERRERA C. M., « Anti-formalisme et politique dans la doctrine juridique sous la IIIe République », *Mil neuf cent – Revue d'histoire intellectuelle* 2011, n° 29, p. 145 s.
HOUTCIEFF D., ROLIN F., « Blogs juridiques contre édition juridique traditionnelle – Concurrence ou complémentarité ? », *D.* 2006, p. 596 s.
JAILLARDON E., ROUSSILLON D., *Outils pour la recherche juridique – Méthodologie de la thèse de doctorat et du mémoire de master en droit*, Éditions des archives contemporaines, coll. Manuels, 2007
JAMIN Ch., *La cuisine du droit*, Lextenso, 2012
JAMIN Ch., « Les habitudes d'enseigner », in DISSAUX N., GUENZOUI Y., dir., *Les habitudes du droit*, Dalloz, coll. Thèmes et commentaires, 2015
JAMIN Ch., « Cliniques du droit : innovation versus professionnalisation ? », *D.* 2014, p. 675 s.
JAMIN Ch., JESTAZ Ph., *La doctrine*, Dalloz, 2004
JAMIN Ch., JESTAZ Ph., « L'entité doctrinale française », *D.* 1997, p. 167 s.
JAMIN Ch., XIFARAS M., « De la vocation des facultés de droit (françaises) de notre temps pour la science et l'enseignement », *RIEJ* 2014, p. 107 s.
JAMIN Ch., XIFARAS M., « Retour sur la “critique intellectuelle” des facultés de droit », *JCP G* 2015, p. 155 s.
JEAMMAUD A., « L'interdisciplinarité, épreuve et stimulant pour une théorie des règles juridiques », in KIRAT T., SERVERIN É., dir., *Le droit dans l'action économique*, CNRS éditions, 2000, p. 221 s.
JEAN J.-P., « La recherche dans le domaine du droit et de la justice pénale », in AGUILA Y. et *alii*, *Quelles perspectives pour la recherche juridique ?*, Puf, coll. Droit et justice, 2007, p. 217 s.
JESTAZ Ph., « Qu'est-ce qu'un résultat en droit ? », in *Mélanges Philippe Malinvaud*, LexisNexis-Litec, 2006

JESTAZ Ph., « Déclin de la doctrine ? », *Droits* 1994, n° 20, p. 85 s.
JESTAZ Ph., « Le beau droit », *Arch. phil. dr.* 1995, p. 14 s.
JESTAZ Ph., « Une question d'épistémologie – À propos de l'affaire Perruche », *RTD civ.* 2001, p. 547 s.
KACZMAREK L., « Faut-il repenser les exercices juridiques ? », in DE LUGET A., FLORES-LONJOU M., LARONDE-CLÉRAC C., dir., *Quelle pédagogie pour l'étudiant juriste ? Expérimentations, modélisations, circulation*, Bruylant (Bruxelles), 2012
LEVY-BRUHL H., « Les sources, les méthodes, les instruments de travail », in DE LA MORANDIERE J., dir., *Introduction à l'étude du droit*, t. I, Rousseau et Cie, 1951
LIBCHABER R., *L'ordre juridique et le discours du droit – Essai sur les limites de la connaissance du droit*, LGDJ, 2013
LIBCHABER R., « Retour sur la motivation des arrêts de la Cour de cassation, et le rôle de la doctrine », *RTD civ.* 2000, p. 679 s.
KAHN P. W., *The Cultural Study of Law: Reconstructing Legal Scholarship*, University of Chicago Press, 1999
KÖHLER M., « Le droit pénal entre public et privé », *Arch. phil. droit* 1997, p. 199 s.
LAINGUI A., « La poésie dans le droit », *Arch. phil. droit* 1996, p. 134 s.
LANNEAU R., « L'interdisciplinarité comme questionnement – Penser et dépasser les limites des approches juridiques traditionnelles », *RRJ* 2014, p. 557 s.
LECA A., *La lyre de Thémis ou la poésie du droit*, PUAM (Aix-en-Provence), 2011
Le Courrier du CNRS 1990, n° 75, « Les sciences du droit – Les terrains nouveaux de la recherche juridique »
LEGRAND A., « Le recrutement local des universitaires », *AJFP* 2013, p. 67 s.
LEMIEUX M., « La récente popularité du plan en deux parties », *RRJ* 1987, p. 823 s.
LE MOIGNE J.-L., *Le constructivisme – t. II : Épistémologie de l'interdisciplinarité*, L'Harmattan, 2003
LEQUETTE Y., « Compte-rendu du compte-rendu de "L'avenir du droit" », *Rev. crit. DIP* 1999, p. 911 s.
LIBCHABER R., « Une transformation des missions de la doctrine », *RTD civ.* 2002, p. 608 s.
LUCIANI A.-M., GRALL C., *Imaginaires juridiques et poétiques littéraires*, Puf, 2013
MAINGUY D., « La soutenance de thèse », in *Mélanges Jean Calais-Auloy*, Dalloz, 2003
MANDERSON D., *Songs without Music: Aesthetic Dimensions of Law and Justice*, University of California Press (Berkeley), 2000
MARAIN G., *Méthodologie et aspects formels de la recherche – Petit manuel à l'usage des juristes*, L'Harmattan, 2015
MASSÉ M., « À la recherche d'un plan, peut-être même d'un titre… », in *Mélanges Claude Lombois*, Presses universitaires de Limoges, 2004, p. 725 s.
MATHIEU-IZORCHE M.-L., *Le raisonnement juridique*, Puf, coll. Thémis droit privé, 2001
MELLERAY F., « Les concours nationaux d'agrégation de l'enseignement supérieur », *AJFP* 2013, p. 70 s.

MICHEL P., « La recherche juridique au CNRS – État des lieux et perspectives », in AGUILA Y. et *alii*, *Quelles perspectives pour la recherche juridique ?*, Puf, coll. Droit et justice, 2007, p. 52 s.

Mil neuf cent – Revue d'histoire intellectuelle 2011, n° 29, « La Belle Époque des juristes – Enseigner le droit dans la République »

MOLFESSIS N., « La controverse doctrinale et l'exigence de transparence de la doctrine », *RTD civ.* 2003, p. 161 s.

MORIN E., *La méthode – T. III : La connaissance de la connaissance*, Le Seuil, 1992

MOULY C., « Crise des introductions au droit », *Droits* 1986, n° 4, p. 99 s.

NICOLESCU B., *La transdisciplinarité*, Éditions du rocher, 1996

OST F., *Le temps du droit*, Odile Jacob, 1999

OST F., VAN DE KERCHOVE M., « De la "bipolarité des erreurs" ou de quelques paradigmes de la science du droit », *Arch. phil. droit* 1988, p. 199 s.

PAPAEFTHYMIOU S., *La distinction droit public-droit privé dans la théorie du droit et de l'État*, th., Université Paris X - Nanterre-La Défense, 1994

PAPAUX A., « De quelle scientificité parle-t-on en droit ? », in FLÜCKIGER A., TANQUEREL Th., dir., *L'évaluation de la recherche en droit – Enjeux et méthodes*, Bruylant (Bruxelles), coll. Penser le droit, 2015, p. 59 s.

PERELMAN Ch., « La réforme de l'enseignement du droit et la nouvelle rhétorique », *Arch. phil. droit* 1975, p. 165 s.

POPPER K., *La logique de la découverte scientifique*, trad. N. Thyssen-Rutten, P. Devaux, Payot (Lausanne), 1973

POSNER R. A., *Droit et littérature*, trad. Ch. Hivet, Ph. Jouary, Puf, coll. Droit, éthique, société, 1996

QUENEUDEC J.-P., « Quelques remarques sur un centenaire : le concours d'agrégation de droit public », in *Mélanges Georges Dupuis*, LGDJ, 1997, p. 271 s.

RESWEBER J.-P., *La méthode interdisciplinaire*, Puf, 1980

Revue d'histoire des sciences humaines 2001, « La science juridique entre politique et sciences humaines »

Revue d'histoire des sciences humaines 2006, « Naissances de la science sociale – 1750-1850 »

RIVAL M., *Les grandes expériences scientifiques*, Le Seuil, coll. Points sciences, 1998

RIVERO J., « Apologie pour les "faiseurs de système" », *D.* 1951, p. 99 s.

RIVERO J., « Les droits et les obligations du professeur d'enseignement supérieur », *Rev. enseignement supérieur* 1960, n° 4, p. 128 s.

ROLIN F., « Les principes généraux gouvernant l'élaboration des volumes de mélanges », in *Mélanges Benoît Jeanneau*, Dalloz, 2002, p. 221 s.

ROME F., « Propos iconoclastes sur la "bloghorrée" », *D.* 2007, p. 361 s.

ROME F., « La doctrine aboie, la Cour de cassation passe… », *D.* 2011, p. 1273 s.

ROMI R., *Méthodologie de la recherche en droit*, 2e éd., Litec, coll. Objectif droit, 2010

ROUVIÈRE F., « Qu'est-ce qu'une recherche juridique ? », in FLÜCKIGER A., TANQUEREL Th., dir., *L'évaluation de la recherche en droit – Enjeux et méthodes*, Bruylant (Bruxelles), coll. Penser le droit, 2015, p. 117 s.

ROUVIÈRE F., « Les règles de la méthode sociologique d'Émile Durkheim : des leçons méthodologiques pour la recherche juridique », *Jurisprudence revue critique* 2011, p. 325 s.

ROUX A., « Recherches en droit constitutionnel », in AGUILA Y. et *alii*, *Quelles perspectives pour la recherche juridique ?*, Puf, coll. Droit et justice, 2007, p. 292 s.

SALEILLES R., « Les méthodes d'enseignement du droit et l'éducation intellectuelle de la jeunesse », *Revue internationale de l'enseignement* 1902, p. 313 s.

SAVATIER R., *Les métamorphoses économiques et sociales du droit civil d'aujourd'hui – L'universalisme renouvelé des disciplines juridiques*, Dalloz, 1959

SAVATIER R., « Droit privé et droit public », *D.* 1946, p. 25 s.

SCHMITT C., *Les trois types de pensée juridique*, 2e éd., Puf, coll. Quadrige, 2015

SEYDOUX P., « La vie du Recueil Dalloz », *RRJ* 2006, p. 469 s.

STROBEL P., « Déficit structurel de la recherche juridique », in AGUILA Y. et *alii*, *Quelles perspectives pour la recherche juridique ?*, Puf, coll. Droit et justice, 2007, p. 61 s.

SUPIOT A., « Grandeur et petitesse des professeurs de droit », *Les Cahiers du droit* 2001, p. 595 s.

SUPIOT A., « Ontologie et déontologie de la doctrine », *D.* 2013, p. 1421 s.

TAORMINA G., *Introduction à l'étude du droit*, PUAM (Aix-en-Provence), 2005

TERRÉ F., « La doctrine de la doctrine », in *Mélanges Philippe Simler*, Dalloz-Litec, 2006, p. 59 s.

TERRÉ F., « La recherche en droit », in AGUILA Y. et *alii*, *Quelles perspectives pour la recherche juridique ?*, Puf, coll. Droit et justice, 2007, p. 132 s.

TERRÉ F., « À propos de la doctrine de la doctrine de la doctrine », *Rev. droit d'Assas* févr. 2011, p. 38 s.

TESTU F.-X., « La distinction du droit public et du droit privé est-elle idéologique ? », *D.* 1998, p. 345 s.

THALER M., VERPEAUX M., dir., *La recherche en droit constitutionnel comparé*, L'Harmattan, coll. Logiques juridiques, 2014

THIREAU J.-L., « Documentation juridique (de l'imprimerie à la Révolution) », in ALLAND D., RIALS S., dir., *Dictionnaire de la culture juridique*, Lamy-Puf, coll. Quadrige dicos poche, 2003

THUILLIER G., « Obsolescence des travaux juridiques », in ALLAND D., RIALS S., dir., *Dictionnaire de la culture juridique*, Lamy-Puf, coll. Quadrige dicos poche, 2003

THUILLIER G., « Penser par soi-même en droit », in ALLAND D., RIALS S., dir., *Dictionnaire de la culture juridique*, Lamy-Puf, coll. Quadrige dicos poche, 2003

THUILLIER G., « Rêverie et droit », in ALLAND D., RIALS S., dir., *Dictionnaire de la culture juridique*, Lamy-Puf, coll. Quadrige dicos poche, 2003

THUNIS X., « La recherche juridique à contretemps », in GÉRARD Ph., OST F., VAN DE KERCHOVE M., dir., *L'accélération du temps juridique*, Publications des Facultés universitaires Saint Louis (Bruxelles), 2000, p. 911 s.

THUNIS X., « Libres propos sur les recherches en Faculté de droit », *RIEJ* 1995, n° 35, p. 121 s.

TOUZEIL-DIVINA M., « Le plan est en deux parties… parce que c'est comme ça », *AJDA* 2011, p. 473 s.
TROPER M., « La distinction droit public-droit privé et la structure de l'ordre juridique », *Politiques et management public* 2011, p. 181 s.
VAUCHEZ A., « Entre droit et sciences sociales – Retour sur l'histoire du mouvement *Law and Society* », *Genèses* 2001, n° 45, p. 134 s.
VEDEL G., « Indéfinissable mais présent », *Droits* 1990, n° 11, p. 67 s.
VILLEY M., *Critique de la pensée juridique moderne – Douze autres essais*, Dalloz, coll. Bibliothèque Dalloz, 2009
VILLEY M., *La formation de la pensée juridique moderne*, Puf, coll. Quadrige, 2013
VIRALLY M., *La pensée juridique*, LGDJ, 1960
VIVANT M., « Le plan en deux parties, ou de l'arpentage considéré comme art », in *Mélanges Pierre Catala*, Litec, 2001, p. 969 s.
WALINE M., « Empirisme et conceptualisme dans la méthode juridique : faut-il tuer les catégories juridiques ? », in *Mélanges Jean Dabin*, t. I, Sirey-Bruylant (Paris-Bruxelles), 1963, p. 359 s.

Table des matières

Questions juridiques aux éditions L'Harmattan

Dernières parutions

CONCILIATION ET MÉDIATION DEVANT LA JURIDICTION ADMINISTRATIVE
Actes du colloque du Conseil d'État du 17 juin 2015
Sous la direction de Jacques Biancarelli et Béatrice Blohorn-Brenneur
Voici près de 25 ans que le Conseil d'État, confronté à une judiciarisation croissante de la société, réfléchit aux modes alternatifs de règlement des différends afin de les pacifier et de rendre les justiciables davantage confiants en la justice administrative. Après avoir rappelé le contexte juridique et les enjeux d'une telle impulsion, un bilan comparatif des pratiques du juge administratif et du juge judiciaire a permis de mesurer combien il est nécessaire et urgent de compléter la boîte à outils dont dispose le premier. Voici une réflexion, les références et les outils nécessaires à la juridiction administrative.
(Coédition GEMME, 24.00 euros, 246 p.)
ISBN : 978-2-343-07270-8, ISBN EBOOK : 978-2-336-39774-0

L'ERREUR JUDICIAIRE
Apprendre à douter pour lutter contre les erreurs judiciaires
Sous la direction de Xavier Pin
L'erreur judiciaire hante autant qu'elle jalonne l'histoire de notre justice pénale. Nous avons tous en mémoire de retentissants procès ayant vu des individus accusés ou condamnés, avant d'être disculpés, graciés ou réhabilités. Le législateur y est sensible au point de réformer régulièrement la procédure pénale pour tenter d'éviter, de corriger ou de réparer, autant que possible, de telles erreurs. Une loi du 20 juin 2014 réforme les procédures de révision et de réexamen des condamnations pénales définitives : elle est l'occasion d'essayer de comprendre ces fiascos judiciaires.
(Coll. Droit privé et sciences criminelles, 15.00 euros, 126 p.)
ISBN : 978-2-343-07284-5, ISBN EBOOK : 978-2-336-39807-5

LE DROIT CONSTITUTIONNEL DE LA Ve RÉPUBLIQUE
(Treizième édition)
Lascombe Michel, Toulemonde Gilles
Cet ouvrage s'adresse aux étudiants en droit, aux élèves des instituts d'études politiques et aux candidats aux concours administratifs. Il couvre l'essentiel du programme de droit constitutionnel, c'est-à-dire aussi bien les constitutions françaises depuis 1789 que l'actuel texte constitutionnel. Cette nouvelle édition tient compte des derniers développements induits par les changements politiques, des dernières réformes des règlements des assemblées et de la jurisprudence la plus récente.
(Coll. Logiques Juridiques, 42.00 euros, 506 p.)
ISBN : 978-2-343-07916-5, ISBN EBOOK : 978-2-336-39877-8

LA PROXIMITÉ EN DROIT INTERNATIONAL PRIVÉ DE LA FAMILLE
Bouyahia Sabrine Maya - Préface de Lotfi Chedly et Marie Goré
Parmi les méthodes proposées pour trancher les litiges présentant un élément d'extranéité, figure celle reposant sur le principe de proximité. L'étude porte sur deux systèmes de droit international privé de la famille différents (droit français et droit tunisien) pour mettre en exergue d'une

part l'adaptation de cette méthode aux spécificités de chaque ordre étatique et d'autre part son adéquation avec tous les différents systèmes de droit.
(Coll. Logiques Juridiques, 54.00 euros, 618 p.)
ISBN : 978-2-343-05464-3, ISBN EBOOK : 978-2-336-39866-2

QUARTIER-FEMMES ÉCROU 10970
Boh-Petit Dominique
Cellule 24 : une femme dit toute sa souffrance d'être enfermée. Elle a tué. Son histoire est à la rubrique des faits divers. La Cour d'assises la jugera. Bien des années plus tard, elle est libérée. La vie doit reprendre. Ce récit est parfaitement conforme à la réalité. Tout a existé et existe encore.
(Coll. La justice au quotidien, 15.00 euros, 130 p.)
ISBN : 978-2-343-07436-8, ISBN EBOOK : 978-2-336-39812-9

GABELOUS ET CONTREBANDIERS
Histoire des fermiers généraux de Dijon (1760-1780)
Evrard Sébastien - Préface de Marc Fradet
En exhumant un registre du personnel de la direction des fermes de Dijon, l'auteur retrace, entre 1760 et 1780, la vie méconnue de centaines d'agents au service du doit et de l'impôt. Ces derniers servaient un système protecteur (la retraite fait son apparition dès 1768), parfois très rémunérateur, mais qui s'avère aussi, sous certains aspects, une machine à broyer les hommes : le régime des sanctions que met en place la Ferme est d'une efficacité redoutable. En définitive, la Ferme présente un aspect mitigé.
(Coll. Mémoires des Douanes, 28.50 euros, 278 p.)
ISBN : 978-2-343-06683-7, ISBN EBOOK : 978-2-336-39845-7

DICTIONNAIRE OHADA
(3e édition)
Bitsamana Hilarion Alain
Ce dictionnaire spécial du droit des affaires OHADA propose une définition claire et précise, avec tous les compléments nécessaires, des principaux termes utilisés tous les jours se rapportant à l'OHADA. Un ouvrage de référence permettant de décoder l'OHADA, accessible à toute personne s'intéressant au monde des affaires en Afrique comme à l'étranger.
(39.00 euros, 398 p.)
ISBN : 978-2-343-07656-0, ISBN EBOOK : 978-2-336-39786-3

LA DÉJUDICIARISATION ET LES PROCÉDURES NON CONTENTIEUSES EN AFRIQUE
Amboulou Hygin Didace
La déjudiciarisation comprend l'ensemble des mécanismes de gestion des différends en rationalisant les moyens matériels et humains de la justice, afin de pallier les déficiences du système judiciaire et de limiter les surcharges des juridictions. Les institutions de nombreux pays sont analysées et les déjudiciarisations en droit public et en droit privé sont abordées.
(Coll. Études africaines, 17.50 euros, 156 p.)
ISBN : 978-2-343-06928-9, ISBN EBOOK : 978-2-336-39805-1

COMMENT RENFORCER L'INDÉPENDANCE DE LA MAGISTRATURE AU SÉNÉGAL ?
Ngom Babacar
Préface de Amadou Mahtar Mbow
L'ouvrage présente dans une première partie les garanties légales d'indépendance de la justice, notamment la règle de la séparation des pouvoirs, le principe de la soumission des juges à l'autorité de la loi et celui de l'inamovibilité du magistrat du siège. Après une analyse critique de ces dispositions, l'auteur formule des propositions de renforcement de l'indépendance de la magistrature.
(13.50 euros, 124 p.)
ISBN : 978-2-343-05158-1, ISBN EBOOK : 978-2-336-39837-2

LE DROIT PÉNAL DES AFFAIRES AU CAMEROUN
Djila Kouayi Kemajou Rose
Préface de Victor-Emmanuel Bokalli
Dans le domaine des affaires, la liberté d'entreprendre et d'investir comporte de nombreux risques, au rang desquels le risque pénal. La délinquance en col blanc n'étant plus réservée aux grandes sociétés commerciales, les moyens de lutte et de sécurisation des investisseurs nécessitent un droit pénal des affaires dont l'objectif est la recherche d'une éthique dans ce domaine.
(Coll. Études africaines, 35.50 euros, 350 p.)
ISBN : 978-2-343-07840-3, ISBN EBOOK : 978-2-336-39777-1

50 ANS DE MARIAGE
Réflexions d'un notaire sur l'évolution du couple ces cinquante dernières années
Dauptain Pierre
De la pilule contraceptive jusqu'au mariage pour tous, l'auteur nous propose une réflexion sur les lois qui ont accompagné l'évolution du couple au cours des cinquante dernières années. Il analyse cette évolution pour aborder les problématiques juridiques et morales qui font tant débat de nos jours. Il s'appuie sur des travaux de juristes ou de sociologues, des articles de presse, mais aussi sur les chansons et les films qui ont marqué ces années et qui témoignent de façon si éclairante des changements de mentalités.
(Éditions Pepper, 16.50 euros, 148 p.)
ISBN : 978-2-343-07677-5, ISBN EBOOK : 978-2-336-39690-3

MÉTHODOLOGIE ET ASPECTS FORMELS DE LA RECHERCHE
Petit manuel à l'usage des juristes
Marain Gaëtan
L'ouvrage propose un véritable apprentissage du formalisme qui doit permettre aux étudiants et aux professionnels confrontés à la rédaction d'une thèse ou d'un mémoire juridique d'aborder ce travail avec sérénité. L'auteur donne une méthode de recherche pour définir le sujet, trouver et compulser les références utiles, échafauder un plan. Il aborde également les thèmes des citations d'auteur, notes de bas de page, mise en page. Il traite enfin du travail de relecture et de l'épreuve de soutenance.
(19.00 euros, 178 p.)
ISBN : 978-2-343-07638-6, ISBN EBOOK : 978-2-336-39556-2

RISQUES, ACCIDENTS ET CATASTROPHES
Liber amicorum
En l'honneur de Madame le professeur Marie-France Steinlé-Feuerbach
Sous la direction Hervé Arbousset, Caroline Lacroix et Benoît Steinmetz
L'étude et l'analyse des risques sont au cœur des réflexions du Professeur Steinlé-Feuerbach. Ses nombreux écrits de doctrine sur la thématique des accidents et des catastrophes ont amené à ce que ses collègues et amis lui dédient cet ouvrage. Ces mélanges donnent une vue d'ensemble d'une matière devenue une véritable discipline transcendant le clivage droit public-droit privé.
(Coll. Sciences criminelles, 34.00 euros, 334 p.)
ISBN : 978-2-343-07169-5, ISBN EBOOK : 978-2-336-39677-4

ÉTAT, COLLECTIVITÉS TERRITORIALES ET DROITS SOCIAUX
Étude du droit comparé
Sous la direction d'Olivier Lecucq
Comment, selon leur organisation territoriale respective, La France, l'Espagne et l'Italie œuvrent à la satisfaction des droits sociaux. Quels sont les rôles de l'État en ce domaine ? Quelles sont les actions qui en découlent et comment se coordonnent-elles ? Quelles en sont les implications en termes d'égalité des citoyens et des territoires ? L'ouvrage tente de répondre à ces questions en interpellant la réalisation de l'État social dans un contexte de crise, de réduction des déficits et de maîtrise des dépenses.
(Coll. Bibliothèques de droit, 22.50 euros, 221 p.)
ISBN : 978-2-343-07585-3, ISBN EBOOK : 978-2-336-39683-5

LE PRINCIPE DE PRÉCAUTION

Au carrefour de la philosophie, du droit et des sciences

Calderaro Norbert

La notion de principe de précaution, qui donne lieu à beaucoup de controverses, nécessite de la part d'un juriste une analyse objective pour écarter ce qu'elle n'est pas et définir son contenu véritable. Après un aperçu des sources philosophiques, l'auteur réalise une synthèse du principe de précaution en droit international, européen, en droit comparé et en droit interne. Il intègre notamment les tout derniers développements de la jurisprudence du Conseil d'État.

(18.50 euros, 180 p.)

ISBN : 978-2-343-05457-5, ISBN EBOOK : 978-2-336-39452-7

LES COLLECTIVITÉS TERRITORIALES ET LA SPÉCULATION

Goasdoué Mélissa - Avant-propos de Michel Verpeaux

Préface de Julien Martin

L'ancien dispositif empêchant la conclusion d'opérations financières spéculatives par les collectivités locales ayant échoué, un nouveau dispositif fonctionnant au cas par cas a été mis en place. Après une étude des imperfections de la notion de spéculation puis des liens unissant ces imperfections à l'échec du précédent dispositif dans la protection des collectivités contre les risques spéculatifs, le présent ouvrage s'attache à démontrer comment et dans quelle mesure cette protection est désormais rendue possible.

(Coll. Droit des collectivités territoriales, série Travaux, 15.00 euros, 140 p.)

ISBN : 978-2-343-07619-5, ISBN EBOOK : 978-2-336-39520-3

LE DROIT DE LA GUERRE

Traité sur l'emploi de la force armée en droit international (3 volumes)

Cumin David

Aussi ancien que la guerre et que le droit international dont il constitue le cœur historique, le droit de la guerre existe. Croisant droit et polémologie, portant sur les conflits armés internationaux et internes, ce traité expose, explique et reconstruit l'ensemble du droit international contemporain relatif à l'emploi de la force armée - auteurs et acteurs de la belligérance, ses buts, moyens, théâtres, régimes - et propose une analyse critique de la responsabilité réparatrice et punitive.

Volume 1 (Coll. Droit comparé, 46.00 euros, 458 p.)

ISBN : 978-2-343-06498-7, ISBN EBOOK : 978-2-336-39588-3

Volume 2 (Coll. Droit comparé, 60.00 euros, 760 p.)

ISBN : 978-2-343-07707-9, ISBN EBOOK : 978-2-336-39589-0

Volume 3 (Coll. Droit comparé, 48.00 euros, 468 p.)

ISBN : 978-2-343-07708-6, ISBN EBOOK : 978-2-336-39590-6

LA RESPONSABILITÉ DE PROTÉGER

Nouvelle approche du droit international

Gandou D'Isseret Crépin Gyscard

Le droit d'ingérence humanitaire se comprend comme une éthique de détresse, une obligation de protéger les personnes en danger de mort. La responsabilité de protéger traduit en acte la nécessité impérative de prendre soin de l'homme, ou de la collectivité humaine en général, quand les conditions de son existence connaissent une détérioration significative ou quand elles sont sur le point de le devenir.

(Coll. Harmattan Congo, 16.50 euros, 152 p.)

ISBN : 978-2-343-06724-7, ISBN EBOOK : 978-2-336-39575-3

L'HARMATTAN ITALIA
Via Degli Artisti 15; 10124 Torino
harmattan.italia@gmail.com

L'HARMATTAN HONGRIE
Könyvesbolt ; Kossuth L. u. 14-16
1053 Budapest

L'HARMATTAN KINSHASA
185, avenue Nyangwe
Commune de Lingwala
Kinshasa, R.D. Congo
(00243) 998697603 ou (00243) 999229662

L'HARMATTAN CONGO
67, av. E. P. Lumumba
Bât. – Congo Pharmacie (Bib. Nat.)
BP2874 Brazzaville
harmattan.congo@yahoo.fr

L'HARMATTAN GUINÉE
Almamya Rue KA 028, en face
du restaurant Le Cèdre
OKB agency BP 3470 Conakry
(00224) 657 20 85 08 / 664 28 91 96
harmattanguinee@yahoo.fr

L'HARMATTAN MALI
Rue 73, Porte 536, Niamakoro,
Cité Unicef, Bamako
Tél. 00 (223) 20205724 / +(223) 76378082
poudiougopaul@yahoo.fr
pp.harmattan@gmail.com

L'HARMATTAN CAMEROUN
BP 11486
Face à la SNI, immeuble Don Bosco
Yaoundé
(00237) 99 76 61 66
harmattancam@yahoo.fr

L'HARMATTAN CÔTE D'IVOIRE
Résidence Karl / cité des arts
Abidjan-Cocody 03 BP 1588 Abidjan 03
(00225) 05 77 87 31
etien_nda@yahoo.fr

L'HARMATTAN BURKINA
Penou Achille Some
Ouagadougou
(+226) 70 26 88 27

L'HARMATTAN SÉNÉGAL
10 VDN en face Mermoz, après le pont de Fann
BP 45034 Dakar Fann
33 825 98 58 / 33 860 9858
senharmattan@gmail.com / senlibraire@gmail.com
www.harmattansenegal.com

L'HARMATTAN BÉNIN
ISOR-BENIN
01 BP 359 COTONOU-RP
Quartier Gbèdjromèdé,
Rue Agbélenco, Lot 1247 I
Tél : 00 229 21 32 53 79
christian_dablaka123@yahoo.fr

701594 - Février 2017
Achevé d'imprimer par

1livre.com
du rêve à la réalité !

www.ingramcontent.com/pod-product-compliance
Lightning Source LLC
LaVergne TN
LVHW011223061026
849535LV00001BA/161
* 9 7 8 2 3 4 3 0 9 1 7 0 9 *